“十三五”国家重点出版物出版规划项目

中国当代法学家文库·吴汉东知识产权研究系列

我为知识产权事业鼓与呼

（修订版）

吴汉东 著

中国人民大学出版社
·北京·

2019年7月摄于中央电视台《法治中国说》节目现场

总　序

我与知识产权四十年

从读书到从教，我与知识产权结伴同行已有近四十年。读书、教书、写书，一直秉持学者本色，自诩中国知识产权法学的研究者和传播者；学法、讲法、立法[①]，践行法治理想，是为中国知识产权事业的见证者和推动者（《光明日报》语）。我是“文化大革命”前的“老三届”毕业生（1967级初中毕业生），亦是恢复高考后的“新三级”学人（1977级本科生），自1982年年初从教以来，教研活动从罗马法到民法均有涉猎，而后转向专治知识产权。从我的第一本教材《知识产权法概论》（1986年编著，1987年出版）、第一篇文章《试论〈民法通则〉中的知识产权制度》（1986年）乃至新中国第一篇知识产权专题硕士学位论文（1986年）[②] 开始，我的研究成果多集中于知识产权领域，时至今日已有十多本著作、百余篇论文、百余场讲座。

近四十年来，我致力于知识产权问题研究，专注于两个方面：一是知识产权法律科学的基础理论体系，二是知识产权制度建设的重大现实问题。坚持自由探索与问题导向、坚执学理探究与术用应对、坚守专业研究与学科融通，这是法学工作者应有的学者品格和学术素养。就理论联系实际而言，我认为，知

---

① 笔者曾被选任为湖北省人大常委会委员、湖北省人大法制委员会副主任委员，并作为诸多知识产权法案的咨询专家，参加了地方立法工作和国家立法活动。

② 参见杜学亮主编：《著作权研究文献目录汇编》，北京，中国政法大学出版社，1995。

识产权的学术研究，既不能坐而论道，也不能就事论事，而应是学理研究和应用研究两者的结合。著名教育家蔡元培先生将学术解析为“学理”和“术用”。他认为，“学必借术以应用，术必以学为基本”。我的理解是：知识产权学理研究必须以应用为目标，如果纯粹理论探究而失去应用目的，就没有常青的学术生命活力；知识产权术用研究又要以一定的学理为指引，倘若应用研究缺乏深厚的学理，就没有可持续发展的学术生命基础。因此，知识产权学者一定要把学理研究和应用研究紧密地结合起来，既要避免学理研究中的法学浪漫主义、唯美主义和空想主义，也要防止应用研究中的法律机械主义、教条主义和形式主义。

近四十年来践行此道，虽谓有果却未有大成。2010 年，承蒙中国人民大学出版社不弃，将我的著述列入“中国当代法学家文库”，经过两年的整理、加工，先后有六部著述陆续出版。时隔 5 年，已有出版著述即告售罄，同时新的著述有望成书。在中国人民大学出版社法律分社的精心安排下，我对新老作品进行重要修订和整理，重新结集出版，它们是《著作权合理使用制度研究》、《知识产权总论》、《无形财产权基本问题研究》、《知识产权基础问题研究》（论文集）、《知识产权前沿问题研究》（论文集）、《知识产权应用问题研究》（论文集）、《我为知识产权事业鼓与呼》（演讲、访谈集）。上述作品涉及知识产权基础理论研究和知识产权主要制度研究，同时包括民法乃至法治的相关问题；写作的时间跨度从 20 世纪 80 年代到 21 世纪当下之年，多为 20 世纪 90 年代中期以后的研究成果，反映了我从事知识产权教研工作以及相关法律实务的心路历程。

该系列的出版和再版，得益于各位同行、学生乃至许多读者的帮助和支持。感谢腾讯基金会为文集精装本的出版所给予的大力资助；感谢中国人民大学出版社各位编辑的精心专业指导和辛苦编辑工作；感谢我的学生熊琦博士、李瑞登博士、瞿昊晖博士、锁福涛博士、张颖博士、宋戈博士和博士生刘鑫、周澎、司马航、李安，研究生夏壮壮、万俊、张倩、魏宵林、高婧为文集初版、再版的打印、校对、查找资料所付出的艰辛劳动；感谢全国法学界特别是知识产权界同行、读者对本人著述给予的厚爱与关注。

近四十年来，我一直在知识产权园地教书、写作，但“教习”不为晋仕途，“学究”并非为稻粱谋。微博言：今天做了明天还想做的是事业，今天做了明天还得做的是职业。我以“学术为志业”（马克斯·韦伯语），有幸将自己所追求的事业与所喜欢的职业合为一体，因而是苦中有乐，乐之不疲。我的学术生涯还在继续，我虽已过耳顺之年，但常以“70后”自居。以书为伴，书伴人生；与法同行，法行天下；释放知识产权制度“正能量”，发出知识产权事业“好声音”，这就是我——一个中国知识产权学人的光荣与梦想。

吴汉东

2019年暑期于武昌寓所

前 言

讲学授课、立论建言，是教师的职责和学者的本分。自 20 世纪 80 年代初期以来，我一直从事“嘴力”劳动（贺卫方教授语），致力于知识产权的知识传播和政策宣传，即为中国知识产权事业鼓与呼。

传道授业，立三尺讲台，育三千桃李，我司职知识产权课堂教学已近四十年。讲课的心得被编进了教材，包括全国最早的自编教材、司法部法学主干课程教材、教育部重点规划教材等。教材中以本科教材为主，也涉及全国自学考试指定教材、全国党校培训教材、高校通识教材和研究生参考教材等。

游学布道，行千里路，与万人呼，我进行知识产权专题讲座和普及宣传近三十年。我将讲课的体会列入了“知识产权研究系列”，名为《我为知识产权事业鼓与呼》，是与论文集相区别的演讲集。上编是“讲座与发言”，既有在中央政治局、中央党校、国家行政学院、商务部、国家知识产权局、国家新闻出版广播电影电视总局、广东省委、陕西省委、湖北省委等领导机关的专题讲解，也有在北京大学、中国人民大学、吉林大学、中国政法大学等高校的学术讲座，此外还有在国家部委、地方政府、大型企业举办的研讨会上所作的主题发言。除个别授课遵规定有文字稿外，其他均根据大纲演讲，然后录音整理。凡讲座内容有重复的，本书未予收录。下编为“访谈与建言”，既有接受中央媒体采访所形成的文字记录稿、与学生进行学术交流的录音整理稿，也有应邀在《人民日报》《光明日报》《法制日报》《中国知识产权报》等发表的理论宣传文章，最后还收录了我提交给中央及地方机关的一些专门建议。

需要说明的是，本书所录之讲学资料，时间跨越二十余年，其中信息、数据多有变化，在一定程度上反映了中国知识产权制度的发展历程；评价、看法则与时俱进，记录了我对中国知识产权问题的思考与观察；唯一不变的是中国知识产权事业前进的方向和学人对中国知识产权事业坚守的信念。多年以来，我的演讲与发言多有遗漏，未曾专心留存，现有资料也仅为提纲，收集录音讲话并进行文字整理的工作非常琐碎和艰辛。初版、修订版虽同一书名，但修订版增添了近五年来新的讲座、访谈和建言，从一个侧面记录了我对中国知识产权事业最新成就的所思、所言、所行。感谢熊琦博士、孙松博士、宋戈博士和研究生刘晓怡、陈小茹、张倩、高婧、魏宵林为本书所付出的劳动，感谢中国人民大学出版社为本书提供的出版机会。

吴汉东

2019 年 8 月

目　录

上编　讲座与发言

下编　访谈与建言

上编　讲座与发言

我国知识产权保护的法律和制度建设*

一、我国知识产权法律和制度建设的发展过程

改革开放以后，我国迎来了知识产权法律制度建设的春天。这一历程可以分为三个阶段。

第一阶段为制度初建阶段。从 20 世纪 80 年代起到 90 年代初，我国先后颁布了《商标法》《专利法》《著作权法》《反不正当竞争法》等法律法规，并加入了多数重要的知识产权国际公约。经过短短十多年的建设，我国知识产权法律和制度的基本框架已经初步完成。世界知识产权组织前总干事鲍格胥在回顾该组织与中国合作 20 年的历史时指出，“在知识产权史上，中国完成所有这一切的速度是独一无二的”。

第二阶段为制度发展阶段。从 20 世纪 90 年代初至 90 年代末，我国在对已有知识产权法律进行修订的基础上，颁布了《计算机软件保护条例》《音像制品管理条例》《植物新品种保护条例》《知识产权海关保护条例》《特殊标志管理条例》等知识产权法律法规，并颁布了一系列相关实施细则和司法解释，使中国知识产权保护的法律法规体系不断趋于完善。

第三阶段为制度完善阶段。为了对知识产权实行切实有效的法律保护，

---

* 2006 年 5 月 26 日，作者与郑成思教授在中央政治局第 31 次集体学习会上作了题为“国际知识产权保护和我国知识产权保护的法律和制度建设”的讲座。本文系作者主讲部分的讲稿。

2001 年我国加入世界贸易组织前后，对已有的知识产权法律法规和司法解释进行了全面修改，并颁布了《集成电路布图设计保护条例》和《奥林匹克标志保护条例》。我国知识产权法律法规不但在立法精神、权利内容、保护标准、法律救济手段等方面更加突出了促进科技进步与创新的目标，而且实现了与《与贸易有关的知识产权协议》以及其他知识产权保护国际规则的一致。

为了促进知识产权法律的实施，我国建立了较为齐全的知识产权管理和执法体系。在行政管理和行政执法方面，我国目前有多个部门负责知识产权的行政管理，主要包括国家知识产权局（负责专利事务）、国家工商行政管理总局商标局（负责商标事务）、国家版权局（负责版权事务）、文化部（负责电影、音像版权事务）、农业部和林业局（负责植物新品种管理事务）、国家质量检验检疫总局（负责地理标志管理事务）、海关总署（负责实施知识产权海关保护）、公安部（负责知识产权刑事案件查处）等。在司法执法方面，我国由各级人民法院、人民检察院负责知识产权的司法保护，一些人民法院设立了专门审理知识产权纠纷的知识产权审判庭。

为了进一步加大知识产权保护力度，推动知识产权制度建设，国务院于 2004 年和 2005 年分别成立了以国务院副总理吴仪为组长的国家保护知识产权工作组和国家知识产权战略制定工作领导小组，统筹协调全国知识产权行政保护工作和国家知识产权战略制定工作。

经过二十余年的努力，我国知识产权工作取得了重大进展，主要体现在以下几个方面。

1. 我国知识产权的申请量与授权量迅速增加，审批效率和质量不断提高

就专利而言，国家知识产权局受理的专利申请数量从 1984 年的 1.44 万件上升到 2005 年的 47.6 万件，增长了 32 倍。截至 2005 年年底，国家知识产权局累计受理专利申请 276 万件，累积授予专利权 146 万件。2005 年授予本国申请人的发明、实用新型和外观设计专利权分别占当年三种专利授权总量的 38.8%、98.5%和 89.5%。

就商标而言，国家商标局受理的商标注册申请量从 1980 年的 1.66 万件上升到 2005 年的 66.4 万件，增长了约 39 倍。截至 2005 年年底，我国注册商标累计总量已达 249.9 万件。

就版权而言，为了进一步加强版权保护，我国在强化版权行政管理的同时，高度重视版权社会服务体系的建设，已初步建立起由版权集体管理机构、版权代理机构、版权保护协会以及各相关行业协会和权利人组织等组成的版权社会管理和服务体系。

2. 我国的知识产权成果逐渐在产业中得到实施应用，推动了经济的健康发展和社会的全面进步

我国通过创建国家高新技术产业化示范工程、筹办高新技术开发区、设立高新技术成果转化服务机构等方式，促进了知识产权成果的产业化。“十五”期间，我国科技成果交易量和转化率大幅度提高，2001 年、2002 年、2003 年、2004 年全国技术市场合同成交额分别为 782 亿元、884 亿元、1 084 亿元、1 334 亿元，年增长率分别为 20%、13%、23%、23%。王选教授发明的计算机汉字激光照排系统和电子出版系统在我国不但获得了专利权，而且在 99%的国内报业和 99%的书刊出版业以及 80%的海外华文报业得到应用，推动了报业和印刷出版业的技术更新，创造了巨大的经济和社会效益。

3. 我国的知识产权行政执法和司法执法日益加强，知识产权保护力度不断增强

随着我国知识产权法律和制度的逐步完善，我国知识产权工作的重点逐渐由立法转向执法，加大了知识产权保护的执法力度。根据我国的具体国情，我国建立了行政执法和司法执法“两条途径，并行运作”的知识产权保护模式。就行政执法而言，我国各级政府主管部门除了依法处理、调解知识产权纠纷案件之外，还开展了保护知识产权专项行动，各有关部门在货物进出口、各类展会和商品批发市场等重点环节，在制假售假活动相对集中的重点地区，以查处重大侵权案件作为突破口，积极行动、严格执法，打击侵犯知识产权的违法分子，取得积极成效。就司法保护而言，今年来，我国司法机关依法审理了一大批侵犯知识产权的各类案件，使侵权行为及时得到制止，权利人的经济损失及时得到赔偿。我国人民检察院、人民法院认真履行职责，对侵犯知识产权刑事案件及时起诉、及时审理。2005 年，我国人民检察院共对 537 起知识产权侵权事件提起公诉，人民法院共审结知识产权犯罪案件 3 529 件，审结知识产权一审民事案件 13 393 件。

上述成效的取得，说明我国社会公众的知识产权保护意识有了明显的提升，权利人的利益逐步得到了法律的保护。我国知识产权制度的进步促进了企业的自主创新，促进了社会主义精神文明和物质文明的发展。

二、对我国建立知识产权制度的基本认识

知识产权制度是科技、经济和法律相结合的产物，发挥着保护权利、平衡利益、推动科技进步、文化繁荣和经济增长的社会作用。

1. 完善的知识产权制度是建设创新型国家的战略支撑

建设创新型国家，必须大力提高自主创新能力，必须拥有更多的自主产权。在新经济增长理论中，促进经济增长的要素主要来自技术创新和制度创新。其中，技术创新是经济增长的动力机制，制度创新是经济增长的保障机制，两者相辅相成，不可或缺。在发达国家的历史进程中，知识产权是财产权制度变革与创新的结果，对其获得优势地位发挥了重要作用；在我国当今形势下，知识产权制度是提升我国自主创新能力的重要制度，是实现创新型国家宏伟目标的战略支撑。

完善的知识产权制度能够为创新活动提供有效和持久的激励动力。知识产权制度使创新者在一定期间内对其创新成果享有专有权。任何他人要想使用其创新成果必须征得其同意并支付相应的费用。这样，创新者能够收回进行创新活动的成本，使持续不断地进行创新活动成为可能，实现创新、壮大、再创新、再壮大的良性循环。

完善的知识产权制度能够为创新者提供丰富的信息资源。任何创新活动都是在前人研究工作的基础之上进行的，因此创新活动的规模和水平取决于各种信息资源的及时获得。除了商业秘密之外，知识产权的特性在于“权利是垄断的，知识是公开的”。创新者取得知识产权的前提条件，是公开自己的知识信息。在开展创新活动前查询这些已经公开的信息，一方面，可以了解世界科技文化发展的最新动态，提高创新活动的起点；另一方面，也能够避免因低水平重复研究造成的浪费，节约研究资源和时间，提高产出效率。

完善的知识产权制度能够促进创新成果产业化、商业化，进而赢得市场。

我国企业要想使自己的商品和服务最大限度地占领国内外市场，不但需要就涉及的新技术和新样式本身拥有专利权，还要综合运用商标权、著作权、商业秘密权等各种类型的知识产权，对其商品和服务的品牌标识、包装装潢、产品说明书、广告宣传、营销模式、商业渠道等各方面进行综合保护，构成一种维护自身利益的立体防线，否则就难以在市场竞争中获胜。这种模式为发达国家的跨国公司普遍采用，是其取得成功的重要因素之一。

完善的知识产权制度能够构建和维护公平有序的创新环境。在市场经济条件下，创新活动主要是作为一种商业行为而存在的，必须在一个公平有序的竞争环境中进行。知识产权制度的重要性之一，在于规定了对侵犯知识产权行为的各种法律制裁措施。这样，就可以有效地制止未经创新者许可而违法使用其创新成果行为的发生，保持一个国家旺盛的创新动力。另外，知识产权制度与其他有关制度相配合，也对创新者滥用权利的行为进行限制，以实现创新者个体利益与社会公共利益之间的平衡，促进社会整体创新水平的发展。

2. 拥有自主知识产权是提高国家核心竞争力的战略重点

国家竞争力是反映一个国家在世界经济的大环境下，与各国的竞争力相比较，其创造增加值和国民财富持续增长的能力，包括核心竞争力、基础竞争力、环境竞争力。其中核心竞争力，主要表现为科技实力和经济实力。在知识经济时代，衡量一个国家的科技实力与经济实力，往往就是看它拥有知识产权的数量和质量。从这个意义上说，世界未来的竞争就是知识产权的竞争。

中国是世界第一人口大国，但是丰富的劳动力资源尚未转化为智力资源；中国是世界制造业大国，有近二百多种产品的产量位居世界第一，但产业优势并不明显。与发达国家相比，我国产业的比较优势在于廉价的劳动力，最大的差距是缺乏创新能力，表现为缺乏核心技术的专利和国际知名品牌。截至2005年，在我国发明专利授权总量中，国内申请人取得的授权量仅占37%。在汽车、飞机、仪器仪表、信息、生物、新材料等“含金量”较高的技术领域中，我国授予的专利多为外国公司所拥有，其份额占80%～90%。实施商标法以来，虽然国内商标注册数量一路攀升，但我国企业拥有的国际知名品牌极少。在全国进出口企业200强中，有80%使用的是外国商标；在连续几年进行的全球100个国际品牌评选中，我国无一入选。

目前，我国的产业结构调整、经济增长方式转变、技术升级和企业改造已经进入关键阶段。在此关头，引导我国企业学会制订并实施其“专利战略”“品牌战略”，利用其自主知识产权参与国际竞争，逐步减少采用一味靠“血拼价格”这种对内导致没有赢家、对外将本来可以获得的利益拱手相让的低水平竞争策略，完成从“中国仿造”到“中国制造”，再到“中国创造”的转变，对于中国未来的发展具有重要的战略意义。

3. 加强知识产权保护是促进市场经济健康发展的战略举措

市场经济的健康发展，有赖于明确界定产权，规范产权市场，加强产权的保护与管理。知识产权是市场经济发展的制度产物，同时也是世界市场经济体制的基本法律。无论国内市场还是国际市场，中国经济的发展都离不开对知识产权的有效保护。

当今世界，只有拥有高质量并得到有效保护的知识产权才能拥有市场竞争优势。如果知识产权制度形同虚设，就会损害企业创新的积极性。如果盗版、假冒等各种侵权行为泛滥，产业链的高端将乏人问津，而在产业链的低端却可能形成价格战的恶性竞争。这既会破坏国内市场经济的正常秩序，又会导致对外贸易环境的恶化。

有效的知识产权保护既是技术引进的先决条件，也是外商投资合作的环境要素。知识产权保护状况如何，已经成为国际社会对投资、贸易环境进行评估的重要内容。对知识产权侵权行为如果打击不力，将会对我国引进和利用国外资本和智力资源构成严重障碍。随着我国劳动力和原材料成本的提高，以及受政治环境、意识形态、外交因素的影响，如果发达国家将已经许可使用的知识产权抽出，将加工或装配基地转移出境，我们剩下的只是失去灵魂的厂房、设备和大量闲置的劳动力，这将会对我国经济安全造成严重威胁。

在世界贸易组织框架下，权利人可以通过手中的知识产权轻而易举地控制货物贸易和服务贸易。我国经济对对外贸易的依存度达到60%以上，因此不能脱离对外贸易来谈经济发展；而知识产权已经构成国际贸易体制的主体制度，因此也不能离开知识产权保护来谈中国的对外贸易。

三、我国知识产权工作中存在的主要问题

从增强自主创新能力，建设创新型国家的要求和目标出发，当前我国知识产权工作中存在的问题主要包括：

（1）知识产权意识有待进一步加强，知识产权文化尚未形成。知识产权的概念在我国出现只有短短二十余年，而逐渐为公众所知则是在加入世界贸易组织以后。国内最为权威、使用最为广泛的《现代汉语词典》，直至2002年才将“知识产权”作为新词收录。知识产权文化强调知识是有价和有偿的，注重知识创造者个性的发挥，鼓励独立思考和自主创新。但是，当前我国公众和企事业单位知识产权意识比较薄弱的状况还没有从根本上得到扭转，尊重他人知识产权、维护自身合法权益的意识和能力普遍缺乏。多数国内企业、高等学校、科研院所还没有建立专门的知识产权管理机构和机制，对知识产权国际规则的了解还比较贫乏，运用知识产权制度参与市场竞争尤其是国际市场竞争的能力和经验普遍不足。

（2）知识产权政策导向尚待进一步明确，知识产权管理的措施亟待充实。知识产权政策作为国家政策体系的重要组成部分，与经济政策、产业政策、科技政策、外贸政策等紧密关联，需要形成政策合力以促进企业掌握自主知识产权。目前，我国对科技、文化创新活动还没有全面建构起明确有力的知识产权政策导向，在通过税收政策、金融政策、政府采购政策等措施，激励市场主体加大创新投入方面存在政策障碍；在制定和完善各项配套政策，建立“归属清晰、权责明确、保护严格、流转顺畅”的现代知识产权制度方面还有很多工作要做。

（3）知识产权的战略地位有待进一步提升，市场主体创造、运用和保护知识产权的能力亟待提高。在制定经济结构、产业结构的调整方案和科技发展规划时，研究和运用知识产权战略的观念不强，还没有将其上升为关系到富国强邦和国际力量对比的政治、经济战略高度。我国多数行业和企业应用的核心技术和关键设备基本上依赖国外，缺乏能够支撑经济结构调整和产业技术升级并拥有自主知识产权的技术体系。据统计，当前国内拥有自主知识产权核心技术

的企业，仅占大约万分之三。2004年国内发明专利申请10强中，有4家是独资或合资企业，3家是高校，2家是民营企业，只有中石化一家国企，排在倒数第二。

（4）知识产权保护不力的状况还没有完全改观，知识产权执法保护力度需要进一步加强。侵犯知识产权的违法行为在某些地方、某些领域还比较严重，美国国际知识产权联盟称，2004年中国盗版率为85%～95%；欧盟委员会估计，中国市场上出售的品牌产品中有15%～20%的为假冒产品；日本《产业竞争力和知识产权政策报告》称，侵害日本企业利益的假冒产品，来自中国的占居首位，达到33%。这些统计虽然有夸大成分，但是已经在一定程度上影响了我国的国际形象，不利于我国改善引进外资环境、提高引进外资质量。

（5）知识产权中介服务体系发育还不成熟，知识产权信息的传播与服务还不能适应现实的需求。知识产权中介服务体系包括知识产权获权代理、知识产权诉讼代理、知识产权转让许可服务、创新成果推广应用服务、知识产权信息服务、知识产权资产评估等。是否拥有齐全、成熟的知识产权中介服务体系，也是一个国家知识产权制度是否完善的重要标志之一。与发达国家相比，当前我国的知识产权中介服务机构存在数量较少、类型发展不均衡、服务内容单一、服务水平不高的缺点，远不能适应我国经济、贸易、科技、社会发展的需求。一方面，许多希望靠技术更新实现发展的企业无从获得新技术；另一方面，又有不少确有价值的专利被束之高阁，而这正是知识产权中介服务体系的用武之地。

（6）知识产权行政管理较为分散，知识产权司法审判工作需要进一步加强。当前，我国知识产权的行政管理处于多头和分散的状态，国务院有近十家分管部门，各地地方人民政府也同样如此。这种分散的管理体制导致在知识产权管理工作中政出多门，造成了行政效能低、执法成本高、管理职责不清等诸多问题。知识产权纠纷案件处理的行政、司法程序周期长、层级多，不能为知识产权权利人提供及时有效的法律保护，同时，处理、审理纠纷案件的水平也需进一步提高。

（7）知识产权专门人才还相对匮乏，影响各项知识产权工作的能力建设。我国知识产权人才匮乏，主要表现在数量和质量两方面。当前无论是立法机关、司法机关、行政管理机关，还是中介服务行业、企业、科研机构、大专院校等，都有着对知识产权人才的强烈需求。从长远来看，我国每年需要至少新产生数千名知识产权专门人才，才能适应我国经济发展的需要，但是当前的知识产权教育还未实现专门化，全国受过高校知识产权正规教育的专门法律人才，总共不超过 3 000 名。除了数量上的紧缺外，我国知识产权人才的质量也有待提高。一个高素质的知识产权人才应当是既掌握法律、理工、管理、国际贸易、外语等多方面的知识，又必须在知识产权领域有较长的从业时间、具备丰富实践经验的专门人才。近年来，在我国几个有影响的涉外知识产权纠纷案件中，中国企业都是用重金聘请外国律师为自己辩护，其原因在很大程度上就是国内的律师不能胜任该项工作。

（8）对知识产权国际规则制定的参与程度和产生的影响还十分有限，知识产权制度的国际话语权有待进一步提高。伴随着改革开放的不断深入以及中国逐渐融入世界经济体系，我国加入了一系列与知识产权有关的国际条约。作为国际条约的成员国，我国应承担履行条约规定的国际义务，因此这些国际条约的具体规定对我国知识产权工作影响重大。国际条约从本质上来说是成员国之间相互协商、利益平衡的结果，我国要想在这些国际条约中体现本国的利益，就应当积极参与知识产权国际保护制度的创建过程。当前，知识产权国际新规则的制定活动十分活跃，对现有知识产权体系和规则进行改革的呼声也很强烈，但总体上说，我国参与知识产权国际事务处理和国际规则制定的经验还不足，能力还不够，资源积累有限，需要与其他发展中国家进一步加强沟通与合作，否则不利于充分反映我国的需求，不利于维护我国的正当利益。

四、对完善我国知识产权法律和制度的主要思考

党的十六届五中全会通过的《中共中央关于制定国民经济和社会发展第十一个五年规划的建议》，为我国今后若干年的知识产权法律和制度建设指明了方向。为了更好地发挥知识产权法律和制度在推进社会主义经济建设、政治建设、文化建设、和谐社会建设和创新型国家建设中的作用，针对我国知识产权工作中存在的主要问题，我们认为应当从国内和国际两个层面着手，通过制定

和实施国家知识产权战略，在以下几个方面进一步加强我国知识产权法制建设。

第一，紧密结合我国的具体国情和实践经验，完善知识产权法律体系。我国知识产权法律制度已基本符合国际规则，但也有一些不完善的地方。因此要进一步完善相关的法律、法规，增强可操作性，并配套制定一批鼓励创新、促进智力成果产业化的法律法规，同时对遗传资源、传统知识、民间文艺等我国有优势的领域提供综合保护。要在即将制定的我国“民法典”中确立知识产权的一般性原则，在条件成熟时制定“知识产权法典”，整合知识产权法律法规。考虑到我国知识产权法律体系建立时间还不长，在许多方面借鉴国外经验较多、结合我国具体国情不足，同时知识产权国际规则又有变化频繁的特点，有必要缩短现有知识产权法律的修订周期，建立一种针对已经认清的问题作出快速调整的立法机制。

第二，贯彻落实科学发展观和创新型国家建设目标，积极制定和实施知识产权战略。将知识产权作为贯彻科学发展观、建设创新型国家的基本制度，与国家的产业政策、经济安全和国家利益紧密结合，加快制定国家知识产权战略。在制定国家知识产权战略的同时，各地区、各行业、各企业也要根据自身的具体情况，抓紧制定各自的知识产权战略，使之成为自身发展战略的组成部分。通过鼓励政策并提供便利，引导企事业单位及时将科研成果、核心技术和名优产品申请知识产权保护，特别要鼓励先进技术到国外申请知识产权保护。进一步推进知识产权中介服务机构的建设，促进知识产权的产业化和市场化。

第三，通过深化体制与机制改革，优化和完善现有知识产权管理体制和司法机制，切实加强知识产权保护。在国务院设立统一的知识产权行政管理部门，整合知识产权行政管理资源，提高行政效率，降低行政成本。通过深化司法改革，秉承公正与效率的宗旨，在法院系统设立统一的知识产权上诉法院，整合知识产权案件的司法管辖。建构起知识产权日常监管与专项治理相结合、行政保护和司法保护相配套、中央领导和地方负责相呼应的工作机制，确保知识产权保护工作的真正落实。

第四，紧密结合科教兴国战略和人才强国战略，大力加强知识产权专门人才的培养。通过各种途径，采取多种措施，培养能够胜任国内、国际知识产权工作的高素质专门人才，保护知识产权行政和企业管理人员、行政和司法执法人员、学术专家、知识产权律师和代理人。充分发挥高等教育在知识产权人才培养中的作用，提升知识产权的学科地位，加强对各级领导干部、行政执法和司法人员的培训。

第五，紧密结合以爱国主义为核心的民族精神和以改革创新为核心的时代精神，努力加强知识产权创新文化和意识的培育。在全社会倡导和形成以创新为荣，以形成自主知识产权为荣的社会风尚，通过知识产权保护激励创新文化，通过创新文化推动知识产权事业。将着力提高全社会的知识产权意识作为当前工作的重点之一，针对不同对象，综合运用公众宣传、专题培训、基础教育等形式培养全民族的知识产权意识。特别是要通过宣传教育，让企业切实提高知识产权自我保护意识、尊重他人知识产权的意识以及运用知识产权进行创新发展的意识。

第六，紧密结合国家的外交政策和国际知识产权制度变革的最新动向，积极加强知识产权国际事务的交流与合作。我国作为一个在全球有重大政治影响力的发展中大国，应当与其他国家、国际组织和外商投资企业在知识产权领域广泛开展对话与沟通。根据国际知识产权制度变革的最新动向，通过宣传我国知识产权保护的决心和举措，妥善应对某些发达国家在知识产权保护方面日益突出的诉求。通过对我国具有优势的知识产权资源加强国际保护，团结其他发展中国家，在国际知识产权保护规则的修订和制定方面增加话语权。

概而言之，在当前及今后一段时期，完善我国知识产权法律和制度，应该注重“两层面（国际和国内层面）、三整合（整合立法、司法和行政执法资源）、五加强（加强知识产权保护、加强知识产权的产业化应用、加强知识产权人才培养、加强知识产权文化意识培育、加强知识产权国际合作和交流）、六结合（结合国情和实践经验、结合行政体制和司法机制、结合科教兴国战略和人才强国战略、结合民族精神和时代精神、结合科学发展观和创新型国家建设目标、结合外交政策和国际知识产权制度变革的最新动向）”，利用好 21 世纪头 20 年的重要战略机遇期，瞄准建设创新型国家的发展目标，齐心协力，奋力推进我国的知识产权建设事业。

附：

胡锦涛在中共中央政治局第三十一次集体学习时强调
切实加强我国知识产权制度建设　为建设创新型国家提供有力支撑

新华社北京5月27日电 中共中央政治局5月26日下午进行第三十一次集体学习，中共中央总书记胡锦涛主持。他强调，加强我国知识产权制度建设，大力提高知识产权创造、管理、保护、运用能力，是增强我国自主创新能力、建设创新型国家的迫切需要，是完善社会主义市场经济体制、规范市场秩序和建立诚信社会的迫切需要，是增强我国企业市场竞争力、提高国家核心竞争力的迫切需要，也是扩大对外开放、实现互利共赢的迫切需要。要充分发挥知识产权在增强国家经济科技实力和国际竞争力、维护国家利益和经济安全方面的重要作用，为我国进入创新型国家行列提供强有力的支撑。

中共中央政治局这次集体学习安排的内容是国际知识产权保护和我国知识产权保护的法律和制度建设。中国社会科学院法学所郑成思研究员、中南财经政法大学知识产权研究中心主任吴汉东教授就这个问题进行讲解，并谈了他们的有关看法和建议。

中共中央政治局各位同志认真听取了他们的讲解，并就有关问题进行了讨论。

胡锦涛在主持学习时发表了讲话。他指出，当今世界，国家核心竞争力越来越表现为对智力资源和智慧成果的培育、配置、调控能力，表现为对知识产权的拥有、运用能力。面对世界经济科技发展的大势，面对日趋激烈的国际竞争，我们要抓住机遇、迎接挑战，实现全面建设小康社会的宏伟目标，加快推进社会主义现代化，必须贯彻落实科学发展观，大力实施科教兴国战略，大力增强自主创新能力，不断提高我国的国际竞争力和抗风险能力，推动我国经济社会又快又好发展。

胡锦涛强调，知识产权工作在建设创新型国家中具有重要地位和作用。知识产权工作要以科学发展观为统领，围绕全面建设小康社会和建设创新型国家的重大战略任务，正确处理激励科技创新和鼓励科技运用的关系、自主创新和引进吸收国外先进技术的关系、保护知识产权和维护公众利益的关系、适应现阶段生产力发展水平和满足国家长远发展需要的关系，加强知识产权工作，完善知识产权制度，健全知识产权保护体系。

胡锦涛指出，当前和今后一个时期，要重点抓好以下工作。一是抓紧制定并实施国家知识产权战略，从知识产权的创造、管理、保护、运用等各个方面采取措施，支持形成一批对经济社会发展具有重大带动作用的核心技术和关键技术装备的自主知识产权，形成一批拥有自主知识产权和知名品牌、国际竞争力较强的优势产业。二是要按照履行承诺、适应国情、完善制度、积极保护的方针，适应我国经济社会发展的需要，适应国际知识产权保护的发展趋势，完善知识产权法律法规体系，从行政、司法等方面落实知识产权法律法规，为鼓励自主创新和维护权利人合法权益提供有力的法制保障。三是要完善自主知识产权保护和运用的政策措施，提高知识产权宏观管理水平，加强知识产权信息服务系统建设，加快建立健全社会化、网络化的知识产权中介服务体系，促进自主创新成果的知识产权化、商品化、产业化。要加大执法力度，依法严厉打击和有效遏制侵犯知识产权违法犯罪行为。四是要在全社会提高知识产权意识特别是知识产权保护意识，提高企事业单位运用知识产权制度的能力和水平，形成有利于推动自主创新和拥有自主知识产权的创新文化，让保护知识产权成为全社会的共同行动。五是要积极参与国际知识产权领域的交流合作，为我国实施互利共赢的对外开放战略、扩大国际经济技术合作创造良好条件。

胡锦涛强调，各级党委和政府要高度重视知识产权工作，把知识产权工作纳入重要议事日程，完善和落实责任制。要加强知识产权专门人才的培养，特别是要加大知识产权高层次人才培养的力度。要加强对党政领导干部、行政执法和司法人员、企事业管理人员的知识产权工作培训，提高他们做好知识产权工作的能力和水平。全社会要共同努力，把我国知识产权工作提高到一个新的水平。

知识产权的制度创新与理论创新*

中国加入世界贸易组织前后，知识产权保护问题是个热门话题。对国人来说，关于知识、知识经济、知识产权的了解正在不断深化。我记得四百年前英国科学家培根有句名言："知识就是力量。"培根讲这句话的时候，正好是欧洲工业革命、产业革命、技术革命的前夕。他的话在17、18世纪得到验证，人们可以看到：正是由于蒸汽机、纺织机、内燃机这些近代科学技术，牵引着时代列车从自然经济时代步入工业经济时代，所以我们完全有理由说知识的力量是伟大的。四百年过去了，我觉得人们对于知识的认知还在不断地深化。

当今国际社会对知识形成一个新的共识："知识就是财富。"它所强调的是以知识、技术、信息为对象，以知识产权为载体的无形财产，在整个社会中占有越来越重要的地位。据资料统计：在20世纪初期的时候，企业之间的竞争主要凭借的是资本、资源和劳动力，技术对经济增长的贡献是相当有限的，有的说不到20%，有的说只有5%。但这个状况到20世纪60年代发生了变化。在西方发达国家，GDP总量的增长大部分来自科学技术，在有的国家达到60%，在美国、德国甚至达到80%以上。20世纪90年代中期，美国有一个世纪富豪排行榜，过去工业时代的钢铁大王、汽车大王、石油大王逐渐地被那些芯片制造、软件设计的科技精英所取代。知识变为财富是一个不争的事实。黑格尔在《法哲学原理》中发问，像精神技能、科学知识、艺术和发明等精神的

---

* 本文系作者2002年4月6日在中国人民大学法学院所作的专题讲座，根据录音摘要整理而成，原载《民商法前沿论坛》，第1辑，北京，人民法院出版社，2004。

内在的东西，怎么可以成为人们控制、利用的客体？我的理解是：它凭借国家法律的特别保护，这个法律就是知识产权。知识产权法与科技创新活动是什么关系？在当今社会，知识经济的发展动力在于科技创新活动，而科技创新活动离不开产权制度包括知识产权法的制度创新。

创新理论最初是由美籍经济学家熊彼特在20世纪20年代提出的。他在《经济发展理论》一书中引进了创新概念，提出了在经济增长过程中必须考虑的创新的五个要素，包括使用新产品、新技术、控制新材料的供应来源、开辟新市场、实现新的企业组织，这就是著名的熊彼特的创新理论。他的这个理论在20世纪下半叶被一些经济学家丰富和发展，其中最重要的是制度创新问题。在经济增长过程中有两个因素是最为重要的，一个是技术创新因素，另一个是制度创新因素。我们从法学专家的眼光来看，制度是什么？它不过是某个社会全体成员必须遵守的行为规则，这个规则往往是通过法律加以确认和保障的。所以我们讲到制度创新时，实际上指的是法律制度的变革和发展。关于财产权制度的历史，我曾经说过这么一句形象的话："学哲学的人，言必称希腊；学民商法的人，言必称罗马。"但是，与传统民商事法律制度不同，知识产权是近代科学技术和商品经济的产物，它不是从来就有的，不可以追溯到罗马法。一部知识产权法律发展的历史，也就是科技进步、科技创新的历史。

首先谈近代法时期，时间跨度大约为17至19世纪。刚才我说了，知识产权法是近代科技和商品经济发展的产物，为什么在这一时期产生了知识产权制度？从社会背景和条件来说，取决于三方面原因。

一是社会生产的科学技术化。

从自然经济向商品经济的发展过程中，劳动产品中的智力因素逐渐地战胜了体力因素，这段时期科技广泛应用于生产。对此经典作家有过精辟的阐述，《共产党宣言》这样说道：资产阶级在最初的一百年中创造了前所未有的生产力，机器的采用，化学在工业、农业中的使用，轮船的行驶，铁路的开通，电报的使用，使科学技术与社会生产紧密联系在一起。我想，社会生产的科学技术化，应该是知识产权法产生的第一个社会原因。

二是知识产品的商品化。

在这一时期发生一个非常重要的变化：以往知识不被作为商品看待，知识的转移靠家传秘方、父传子授，技术往往被局限在一个狭隘的家庭手工作坊之中。后来由于商品经济发展和资本主义经济结构建立，技术被迫向社会大规模转移。马克思、恩格斯也有一个精辟说法：资本的神奇力量在哪里？就在于把工匠变为雇佣劳动者，使他们的身体和技能都成为商品。我想这是第二个原因。

三是知识财产的法律制度化。

从古代罗马法一直到前资本主义时代，整个企业法、财产法都没有一个保护和调整知识产品生产、传播的法律制度，在这个时期不可能产生知识产权。到近代社会，由于产生了这样一种社会需求，立法者就创制了知识产权法。1623 年英国垄断法规，1709 年英国《安娜法令》和 1857 年法国《商标法》，这三部法律被公认为近代知识产权法产生的典范。对此经典作家也有一句话："每当工业和商业的发展产生新的交往方式的时候，法便不得不承认这是获取财产的新方式。"所以我认为知识产权法是市民阶级获取财产的新方式。

以上是对知识产权法产生背景的概括，下面回到主题：知识产权法本身就是私法领域产权创新的结果。在这里我借用 19 世纪美国法学家的话来讲，它是私权领域中"财产非物质化革命"的结果。为什么这样说？我想谈谈以下几点认识。

第一，知识产品的财产化对传统物化财产结构的冲击。从古罗马到前资本主义时期，立法者所构建的财产权结构基本上是一个物化的财产权体系。大家都知道，罗马法把物分为有体物和无体物，有体物包括动产和不动产，这显然是物质性财产。即使是无体物，专指具有财产性质的权利，这些权利所指向的对象也是实在之物。可以说，罗马人建立的物、物权、物法的理论基本上是一个物质性的财产结构。知识产权法的产生，使整个财产权体系发生了变化：一个是有形财产所有权，另一个是无形财产所有权，后者也就是知识产权。在近代社会有两类客体被抽象化、非物质化，成了私法的保护对象：一类是王利明老师在他的著作中谈到的，像股票、债券这些票据所记载的、代表一定数量的财产。我将它概括为"实在之物抽象化"。第二类就是我想介绍的知识产品，或称智力成果，我想借用黑格尔的话称其为"精神之物定在化"。黑格尔在书中谈到：精神产品虽然是精神的内在东西，但是它要通过一定形式的表达而取得外部的定在。这个“定在”指外部表现形式。但是精神产品的价值是内在的，而不是体现在它的“定在”的载体之上。知识产权制度的确立，打破了传统的物化财产权利结构。这就是我发表的第一个观点：说明为什么说知识产权法的产生是“财产的非物质化革命”。

第二，知识财产的权利组合对传统单一财产权利形式的挑战。我记得谢怀栻先生曾写过一篇文章，叫作《民事权利体系》，他把民事权利最概括地分为财产权利和非财产权利。所有权是典型的财产权利。为什么称其为单一财产权利形式，这可从两方面分析：一是这种权利性质的单一性，它是百分之百的财产权利；二是强调这类权利的权能类型化。不管是动产所有权还是不动产所有权，它们的权能是一样的，即占有、使用、收益、处分。我将它称为单一性的财产权利形式。知识产权出现了，但它是一束权利，英文是“a bound of rights”，是组合性的权利。知识产权不同在哪里？用谢老的话说：很多知识产权都是混合性权利，例如著作权、商誉权、商号权，当然也有一些权利是典型的财产权。我认为，除了它是一个混合性权利外，还在于每一知识产权都表现为“权利束”，是一种权能的组合。比如说在著作权的名义下，它集合了复制权、广播权、表演权、翻译权、改编权，以及最近通过的一个信息网络传播权，等等；从专利权来讲，除了我们过去所讲的制造权、销售权、使用权，还应该包括前几年新规定的进口权。所以每一知识产权的权能都是丰富多彩的。这种权利组合与单一性的有形财产所有权是完全不同的。

第三，知识产权的非绝对化对传统财产所有权基本属性的改变。从罗马人到近现代民法学家，对所有权的属性都有经典的说法。一般认为所有权具有排他性、绝对性、永续性三大特征。在早期的知识产权理论中，曾经也用古典所有权理论来解释知识产权属性，后来被证明是行不通的。这是因为知识产权具有不同于所有权的基本属性。我认为从罗马法到近代民法，所有权所涉及的领域是一个绝对化的私权领域，而知识产权从它产生之初就注重在保护创造者权利的基础上来平衡个人利益和社会利益的关系。这里我举两个立法例：一是1709年英国《安娜法令》，它设定了一个文学艺术的公共领域，这个公共领域就用于协调作品创造者、传播者、使用者之间的关系。二是1787年美国宪法规定的有关知识产权的3P原则。第一个原则是促进知识的传播（promotion），第二个是公共领域的保留（preservation），第三个是保护创造者（protection）。早期的著作权法或者说某个知识产权法，在保护个人权益的基础上非常注重私益与公益的协调，所以简单延用所有权理论来解释知识产权法，我认为是不合适的。

基于上述三个理由，我认为整个知识产权的产生就是一个私权领域的非物质化革命的结果。刚才我谈到知识产权是科技创新的产物，现在讲另外一个观点，就是制度创新激励科技创新。以英国为例，它是近代社会知识产权法发祥地，第一部著作权法、专利法都产生于英国，同时英国又是近代工业革命的策源地。有人作了一个非常有趣的统计，英国在颁布专利法近一百年的时间内，推动了像纺织、交通运输、采矿、冶炼等各个产业的发展，所创造的生产力是英国建国以来十几个世纪的总和。正是由于有了知识产权这种新型产权制度，很多的发明家变成企业家，推动了西方经济在近代社会的飞速发展。最近史学家经常讨论一个问题，就是为什么工业革命发生在英国、发生在欧洲，而不是中国。传统观点认为中国的科学发现、技术创新的水平不及英国，这种观点现在被史实证明是错误的。因为在 14 世纪的时候，当时中国应该是在明朝时期，科技、教育、资本总量的积累超过了英国。但是为什么工业革命发生在英国而不是在中国？经济学家有一个新说法：中国没有一个具有创新精神的企业家阶层。诺思是诺贝尔奖获得者，他认为：中国在封建社会向近代社会的转型期间，缺乏一个保护企业家成长发展的产权制度。所以说，没有一个法律有效保护的有形财产所有权和无形财产所有权，就不可能产生一个企业家阶层。我想，工业革命没有出现在中国，与我们的法律制度有关系，即没有任何革命意义上的制度创新，没有一个促进企业家成长的产权制度。这是我谈到的关于近代社会问题。

下面，谈谈现代法时期。这一时期应在第三次技术革命前后，具体时间指 20 世纪 50 年代至 80 年代这一阶段。所谓新技术革命，是以微电子技术、新材料技术、微生物工程技术为代表，这场技术革命始于美国，波及东欧、西欧、日本，最终影响到全球。自从 20 世纪 60 年代以来，东西方各国纷纷制定本国的高科技发展战略计划，像美国的“星球大战计划”、欧共体的“尤利卡计划”、日本的“振兴科技基本政策”、中国的“新技术革命对策”。这些高科技发展的战略计划，推动了一大批高科技产业群的出现，像原子能工业、半导体工业、高分子合成工业、空间工业、计算机工业，都是这一时期的代表性产业。知识产权制度显然要对技术创新作出回应，这就涉及制度创新的问题。根据我的考察，知识产权制度在这一时期主要采取了三种方式：第一种是边缘保护法，融合了著作权法和专利法的原则，设计出一种亦此亦彼的“工业版权制度”来保护高新技术，最有代表的是关于集成电路布图设计的保护。第二种是单独保护法，也就是在传统知识产权制度以外，创设专有的保护制度，或称为准专利制度，它的保护水平一般来讲要低于专利保护，最典型的当属植物新品种保护。第三种是传统保护法，主要是对传统知识产权制度（如著作权、专利权）在规则、规范方面作出一些修改，使之适应高新技术发展的需要，如网络版权、基因专利等。

最后，我重点讲当代法。自20世纪80年代以来，发生了知识革命或称信息革命，到现在仍是浪潮滚滚、方兴未艾。整个国际社会，特别是发达国家，在实现工业化以后已率先向第三代生产力发起进攻。所谓三代生产力，指的是自然经济时代、工业经济时代和知识经济时代。第三代生产力有哪些特征？学者到目前还没能够作出完整的、系统的描述，但是有一点是可以肯定的，第三代生产力的形成来自技术和信息。在这一时期，我觉得有两个标志性的成就是值得整个人类关注的，这就是计算机及其网络所构成的信息技术革命和以人类基因图谱破译为代表的生物学革命。知识产权就涉及网络版权和基因专利的问题，它要求知识产权法作出回应、作出变革。在这里，我就当代知识产权制度特征作一个描述。知识产权法的变革与发展，从实质上讲是一种产权制度创新。

第一，知识产权是一个不断变革、动态的法律体系。这主要表现在两个方面：一方面，传统知识产权的保护范围在不断扩大。就著作权而言，从1709年《安娜法令》到19世纪的法律，这一时期保护的对象主要是书籍、地图等印刷品，所以说这个时期我们形象地称之为“印刷版权时代”。20世纪出现了以电子为媒介的各种新作品，如视听作品、卫星广播节目、电缆电视节目以及计算机软件，这四类作品都称为电子作品。整个20世纪可以概括为“电子版权时代”。21世纪是要把著作权保护从有形的物质空间扩展到虚拟的网络空间，所以21世纪被称作“网络版权时代”。从印刷版权时代、电子版权时代到网络版权时代，著作权的客体范围在不断扩大。再来看看专利法。专利法从英国 1623 年垄断法规一直到 19 世纪的法律，其主要保护的专利类型是技术发明。到 1803 年，法国率先保护外观设计，1843 年英国开始保护实用新型，到了 19 世纪下半叶专利法才形成了发明专利、实用新型专利和外观设计专利的基本类型，这为 1883 年的《保护工业产权巴黎公约》所确认。到了现代社会是一个什么变化？我认为不是专利类型的变化，而是保护对象的变化。专利权客体是技术，其保护程度的高低与一国的经济、技术发展水平相关联。一般来说，发展中国家并不想制定一个高标准的专利法，即使是日本这种发达国家在早期的时候，也不保护它所没有的、落后的技术。日本在明治维新后制定专利法，长达 90 年不保护药品，一旦保护药品，就相当于保护外国专利。中国 1984 制定专利法，到 1992 年修改才开始保护药品和化学物质。自 20 世纪 90 年代以来，无论是发达国家还是发展中国家，都得顺应国际知识产权制度发展的要求，保护药品和化学物质专利，这是一个趋势。最后说说商标法。有两个变化值得关注：其一，为推动第三产业发展，把服务标记作为商品商标等同看待并纳入商标法体系。我国在 1993 年修改商标法时，开始明确规定保护服务标记。其二，对驰名商标特别保护。驰名商标没有注册，也要进行保护，防止他人抢注；在非类似商品上，注册驰名商标也享有禁止权。另一方面，经典知识产权的内容在不断扩充。刚才我讲了知识产权是一种权利束，或者说是多项权利的一种组合。在当代法时期，各项知识产权的权能更加丰富多彩，而且这些新增加的权能具有明显的技术特征。以著作权为例，增加了广播权、机械复制权、信息网络传播权，这些都具有明显的技术特征，使各项权利丰富多彩。

第二，知识产权是一个不断发展的、开放的法律体系。这个制度体系，我想用两个变化说明我的观点：一是新的知识财产陆续出现。主要包括以下新制度：其一，为了保护半导体、微电子技术所设计的集成电路布图设计专有权制度。自从美国 20 世纪 50 年代末在德州生产第一块芯片以来，全世界芯片业发展非常迅速，半导体芯片用途广泛，其特点是体积小、容量大、更新换代快。目前在国际上芯片制造业最发达的是美国，其次是日本，中国的份额非常有限，每年要花几百亿元去买人家的芯片。如何对布图设计给予保护？这种芯片上的点和线的设计被称为布图设计，对它进行专有权保护，采取了专利权和版权相融合的保护方法，这种保护应该说是以美国为首的发达国家所强烈要求的。中国于1989年参加了《关于集成电路保护的知识产权条约》，但是中国一直没有制定相关的国内法。2001年为了参加WTO，6月份由国务院颁布了相应的保护条例。其二，为保护现代生物技术成果而创设的新植物品种专有权制度。根据《与贸易有关的知识产权协议》（以下简称《知识产权协议》）的要求，对植物新品种的保护，可以给予专利的保护，也可以给予准专利的保护。这种准专利也就是我们所说的专有权保护。我国于1996年由国务院颁布了相关条例。植物新品种不是天然形成的，而是人工培育或开发的，涉及花卉、林木、农作物。中国作为一个农业资源丰富的农业大国，制定相应法律来保护中国的植物品种权是非常有意义的，这对促进农业发展、保护农作物品种是有益的。据说最近袁隆平院士开发了新一代杂交水稻，生产周期只有120天，亩产达到两吨。这种杂交水稻就是专有权所保护的新植物品种。以上讲的是新的财产制度不断出现。二是相关法律制度得以补充。这是指商业秘密保护和反不正当竞争正式成为知识产权法的新成员。商业秘密保护在大陆法系和英美法系有不同做法，大陆法系国家更多是凭借合同法、侵权法加以保护，而英美法历来将其作为单独的产权来看待。这种差异是客观存在的，因为商业秘密与知识产权的保护对象确有差别。基于我二十多年的教学经验，可以用一句形象的话来描述知识产权和它的保护对象："知识是公开的，权利是垄断的。"但商业秘密不同，它是未公开的信息，要靠保密来维系它的利益，一旦泄密，一钱不值。商业秘密保护确有与一般知识产权保护不同的特征。这样的情况在20世纪60年代发生变化，首先是国际商会承认商业秘密是一项财产。然后1967年《成立世界知识产权组织公约》暗示商业秘密可以作为一种智力成果纳入知识产权保护对象。1995年生效的《知识产权协议》，规定所有缔约方要保护未公开的信息，这个未公开信息就是商业秘密。还有就是反不正当竞争。广义竞争法包括三方面内容，反垄断、反限制竞争、反不正当竞争。广义的竞争法在发达国家的地位非常崇高，在美国被称为美国经济政策的基石，在日本被称为经济大宪章，在德国被称为经济宪法。但是这里所说的反不正当竞争制度是一个狭义的竞争法，它于19世纪末期产生于德国，最初就是作为著作权法、专利法、商标法保护的一种补充，其本身不是知识产权法的一部分。但这样的传统做法在20世纪60年代也发生了变化，首先是《保护工业产权巴黎公约》的斯德哥尔摩文本，强调工业产权包括三方面内容，专利保护、商标保护和反不正当竞争。然后是《成立世界知识产权组织公约》，将反不正当竞争明文规定作为知识产权法的一部分。所以，当代知识产权法的体系非常庞大，是一个发展、开放的法律体系。在这个问题上，我历来主张一个观点：知识产权是私权，是民事权利的一部分，反对那些想将知识产权异化，将其另立门户，将其游离民法体系以外的做法；同时，也不赞成将来民法典的制定要写进知识产权，这在立法技术上难以奏效的。

第三，知识产权是一个不断创新、最具科技含量的法律制度体系。关注中国发展的法学工作者，应当研究中国当代科技、经济与法律三者的协调关系。就知识产权而言，它本身就是科技、经济和法律相结合的产物，在这个协调机制中，知识产权有何功用？它和科技、经济是何关系？我想这样表述：在这个机制当中，处于中轴地位的是经济，科技创新、法制进步就是为了实现经济增长的目标，其中科技创新是经济增长的动力机制，法制进步是经济增长的保障机制。知识产权发展能够推动科技进步，最终促进经济增长。它总是要最快、最敏捷地反映高新技术的变化。21世纪肯定是一个高新技术层出不穷的时代，也是知识产权法律不断发展、变革的时代。

互动

问：国际上对知识产权侵权责任认定在主观过错方面的通说认为：关于侵权认定和请求停止侵害应该采用无过错原则，对损害赔偿采用过错原则，请问：在知识产权侵权责任中，主观要件的认定应该采取什么原则？现在司法实务当中倾向于哪一个原则？

答：我对你提的问题很感兴趣，这也是这几年来我和郑成思研究员争议的一个问题。关于知识产权侵权行为的归责原则是有不同看法的。首先对于归责原则，应按照民法学理论对其做严格解释。现在教科书称侵权行为的归责原则，侵权行为法的归责原则，侵权赔偿的归责原则，说法不一。我建议你看王泽鉴先生关于无过错责任那篇文章中所引用的德国学者的观念，我倾向于这个理论。我们所讲的侵权归责原则，实际上讲的是侵权赔偿的归责原则，因为侵权行为之债是请求赔偿。关于财产保护方法，民法中有物权保护方法和债权保护方法，债权保护方法主要是两个，即返还不当得利和损害赔偿。归责原则应该是针对侵权损害的赔偿而言的。有的学者主张中国在知识产权侵权责任中规定无过错责任原则，并引用 TRIPs 有关规定，引用德国的有关规定加以证明。我有不同看法，在《法学研究》《法商研究》上都有系统的论述。这里简单介绍一下。

一些学者引用 TRIPs 第 45 条第 2 款内容：对有些侵权行为，即使侵权人无过错，也要返还所得利益。我认为第 45 条第 1 款是强制性条款，规定的是过错责任原则。第 2 款是选择性条款，成员国可以这样做，也可以不这样做，不违反国际协议。我们是发展中国家，没有必要作出此类规定。此外“返还所得利益”可以理解为返还不当得利，或是适用公平责任原则，这里讲的是返还，而不是赔偿。至于德国的商标法、专利法和著作权法规定，则分为物权之诉和侵权之诉，如果你有侵权行为，不管有无过错，先停止侵权。物权保护方法的构成要件中没有过错这一说，只要实施侵权行为，则必须先停下来。但如果是赔偿，则要求有过错。

最新的专利法修改，规定“善意第三人的使用”为侵权使用。1984 年的专利法、1992 年的专利法修正案都规定善意第三人使用他人的专利产品，在主观上没有恶意，不构成侵权。新专利法规定，即便是善意使用，依然构成侵权，但是证明其有合法来源的可以免除其赔偿责任。这句话是讲适用物权保护方法时，只要有使用行为，就足以构成侵权；但是要是行使侵权损害赔偿请求权，则要求主观上有过错。为了打击目前的盗版、假冒行为，我主张以过错责任作为一般归责原则时，可以补充适用过错推定责任。对这个问题，近年蒋志培博士所在的最高人民法院知识产权庭专门有一个研究成果发表，大家可以看国家法官学院学报的文章，他们也主张适用过错责任原则和过错推定责任原则，并不主张适用无过错责任原则。

问：您讲的内容中提到知识产权是私权，郑成思研究员否定制定物权法，而要制定财产法。现代社会无形财产地位越来越重要，也出现多样化趋势，我们在制定物权法时不能只考虑有体物，无体物也应涉及。你认为在制定物权法时有没有必要涉及知识产权？

答：我认为真理总是在不断的争辩和撞击中得到发展。我尊重郑教授在中国知识产权立法中作出的杰出贡献，包括最近提出的民法典草案的知识产权编，但这是他的一家之言。我认为采用什么样的立法例与一国法律文化传统相关。制度创新并不等于隔绝传统，脱离我们的法律文化土壤。坦率地说，我不太赞成这种做法，将物权法说成是财产法，那是英美法的传统。而在大陆法系国家，财产法包括物权法、知识产权法以及债权法、继承法等。同时，我也不赞成一些民法同行要把知识产权法写进民法典。我可以从刚才讲的三点概括出一个看法：知识产权是一个动态的开放的体系，现在还处在不断变化发展中，怎么能够写进一个相对稳定的民法典之中。

问：民法典的起草曾经有两个泛世界的民法典起草运动，一个是以 1804 年法国民法和 1896 年的德国民法为代表，另一个是 1992 年荷兰民法、1995 年俄罗斯民法，这是为现在民法学界所推崇的两部民法典。这两部民法典都想或者说已经将知识产权写进民法典。你如何看待这个问题？

答：1992 年荷兰民法典实际上集合了法、德民法两种立法例，创立了一种新的法典体例，其中一编准备规定知识产权。但据我所知，到目前为止，知识产权还没有写进来。为什么？它存在技术不能，有两个问题是需要解决的：第一，知识产权本应为私法，但我们看到知识产权中，有很多公法规定，所以说是以私法规范为主体，但公法规范穿插其间。第二，知识产权本为实体法，但也有很多程序法规定。一部民法典要把这些动态、开放的体系，程序性、公法性的规范都写进民法典是做不到的，荷兰民事立法就是一个实例。再看 1995 年的俄罗斯联邦民法典。应该说越南民法典和俄罗斯联邦民法典有相同之处，它们试图把知识产权写进民法典。我认为俄罗斯联邦民法典的例子是不成功的，它规定了保护著作权、发明权、发现权，但是对于工业产权，包括商标权和专利权，另外颁布单行法。我认为发明权、发现权不是具有私人独占意义的知识产权，而是一种科技奖励制度。我的主张是：现在的民法典可以系统规定物权或有形财产所有权，有关知识产权可以仅作原则规定，同时另外制定单行法律制度。

问：您刚才提到的知识产权、无形财产权问题，那么您如何区分民法上原有的债权和物权？

答：我倡导这个理论并没有破坏物权和债权的私权体系。我想讲的无形财产权是相对于有形财产所有权而言的。依梁慧星老师在其《民法总论》中的观点，所有权的客体以有体物为限，但抵押权、用益权可以以财产权利为标的。我们理解的物是有体物，包括动产和不动产。但他物权可以以权利作为标的，作为标的的财产权利在罗马法中称为无体物，是主观上拟制的物。知识产权采用特别立法方式，并没有破坏民法典的传统结构。在立法上已经有这样的先例了，如法国有知识产权法典。据我所知，葡萄牙及我国澳门特区有所谓的五小法典，其中包括知识产权法典。在大陆法系国家，除个别国家外，绝大多数国家都没有把知识产权写进民法典。

问：我觉得无形财产权这个提法本身有点问题，因为任何法律所调整的是人和人的关系，物只是一种媒介，而权利是一种法律关系。如果要说无形财产权，那物权和债权本身也是一种无形的东西，它的客体都是人的行为，权利支配的标的是人的行为，所以无形财产好像难以反映这类财产的特征。

答：这个问题涉及民事法律关系三要素的基本理论问题，已故民法学家佟柔先生在 80 年代主编《民法总论》这部教材时，介绍了几种关于民事法律关系客体的观点。有一种认为民事客体是一种行为，这个行为的客体是物化的对象。这是一种理论，但它是一家之言。从罗马法到现代法，关于民事权利客体有不同称谓，如物权的客体是物，债权的客体是给付。知识产权的标的是什么，我认为是知识产品。人身权的客体是人身利益。关于物的理解本身就有分歧，罗马人把物分为两种，即有体物和无体物，无体物是特指具有财产内容的权利，如用益权、使用权、地役权，从罗马人到法国人都是这个理论。德国人和日本人就不同了，他们称：本法所指的物以有体物为限，不承认无体物。在他们的书中，无体物指的是智力成果，那就和罗马人的理论相去甚远。我还是信奉罗马人的理论，无体物特指具有财产内容的权利。它可以作为其他权利的标的。知识产权保护的对象不能说是无体物，而应表述为知识产品。两者都表现为人们主观所认知的智力产物，但是前者属于一种制度产品，后者是一种智力创造产品。作为社会资源来讲，这两种产品的意义是不同的，制度产品是一种法律制度的设计和创新，它不会构成社会财富的总量，但是智力成果本身就是社会财富的一部分，能够产生物质财富和精神利益。

《知识产权协议》与中国知识产权保护*

今天的讲座主要是阐述《知识产权协议》与中国知识产权保护的有关问题，其中涉及国际贸易与知识产权保护、中美知识产权冲突、世界贸易组织的《知识产权协议》等热点话题，这些都是中国 2001 年“入世”以后所面临的挑战。

知识产权是近代科学技术和商品经济发展的产物。西方发达国家相继在 17、18、19 世纪就建立和健全了自己的知识产权制度。在当今时代，知识产权保护不再是一个国家的内部法律事务，它更多地与国际政治、国际经济、国际文化与科技交流联系在一起。这是我们今天讨论知识产权保护的一个国际化背景。

一、国际贸易政策与知识产权保护制度

国际贸易又称进出口贸易或对外贸易。在国际社会中，贸易政策可概括分为两类，一是贸易自由主义政策，即以降低关税为手段，以提供最惠国待遇为基础所采取的一种贸易政策。根据比较优势的法则，在市场中只要有竞争就会有比较价格的优势，因为在不同地区、不同国度存在着生产成本和价格的相对

---

* 本文系作者 2004 年 2 月在最高人民法院主办、广西高级人民法院承办“WTO 与知识产权保护培训班”上所作的专题讲座，根据录音整理。原文载《中国知识产权保护·前沿问题与 WTO 知识产权协议》，北京，法律出版社，2004。

差异，那么就会有利可图，就会产生对外贸易，作为自由主义贸易政策的核心就是降低关税，提供最惠国待遇。二是贸易保护主义政策。很多国家出于政治、经济主权的需要，出于保护本国企业利益的需要，也会采取贸易保护主义政策，这种政策的核心是采取关税壁垒和非关税壁垒。一种是所谓关税壁垒，主要指的是高关税制，现在发展中国家的关税水平平均为14%，实行贸易保护主义政策的国家的关税也许会超过30%。这次美国对中国出口的钢铁就采取了贸易保护措施，适用所谓的“210条款”，征收中国出口的钢铁产品高达30%的关税。所以说，在世界贸易组织制度的框架内还会有一些关税壁垒，其原因非常复杂。另一种是非关税壁垒，例如对进口商品实行配额制，以往美国对中国出口的纺织品实行严格的配额限制，就是贸易保护的一种做法；再就是对出口产品的补贴制，比如中国“入世”前每创汇1美元，政府补贴1～2分钱，这就是一种政府补贴，是为了鼓励出口。按照世界贸易组织规则，这种出口产品的补贴制也属于一种贸易保护主义的做法。还有一种非关税壁垒，就是对于服务贸易的市场准入问题，比如外国人能否在中国兴办旅游、金融、保险、运输和教育事业，如果实行贸易保护主义政策的话，它就有一个市场准入审查的问题。

不同历史时期的不同国家，曾经采取过上述两种不同的国际贸易政策。在19世纪的欧洲，当时英法联手，相互减让关税，提供最惠国待遇，实行货物贸易的自由流通。与此同时，美国作为一个新兴的工业化国家，为了保护本国所谓的幼稚工业却采取了一种贸易保护主义的做法。到20世纪就发生变化了，特别是第二次世界大战以后，以美国为首的西方国家倡导在全球范围内建立一个新的自由贸易体制，这就是1946年的《关贸总协定》体系。《关贸总协定》体系就是全面减让关税，以最惠国待遇为基础。现在我们所讨论的世界贸易组织的相关问题，都是建立在以贸易自由主义原则为基础的《关贸总协定》体系之上的。

国际贸易政策怎么与知识产权联系在一起？那就要讨论下面一个问题。大家都知道，世界贸易组织的制度框架有三大主体制度：那就是《货物贸易协议》《服务贸易协议》《知识产权协议》。它们之间是有关联性，出于以下两个原因。

第一，现代国际贸易中技术因素的增长。根据世界贸易组织的有关规定，作为国际贸易中的货物分为三类产品：第一类被称为初级产品，像农产品、矿产品，都属于初级产品。第二类被称为合成制品，就是人工所制造的产品，像钢铁、化工产品、动力机械、办公设备、通信设施、服装、纺织品等，作为第二类产品的合成制品很多是高科技产品。自从世界贸易组织取代关贸总协定以来，在20世纪90年代中期，国际贸易的增长比例一般是4%～5%，但在货物贸易中，高科技产品的贸易增长幅度要快得多，特别是计算机、芯片、通信设备等。第三类是其他产品，包括了化妆品、金银饰品以及不能归于第一类、第二类的产品。总的说来，这三类产品中合成制品的科技含量最高，进行有形货物的贸易必然会涉及对知识产权的保护。这是我们谈到的货物贸易。关于服务贸易，世界贸易组织将之共分为11类，包括商业服务、销售服务、建筑及工程服务、环境服务、教育服务、金融服务、体育与娱乐服务、健康与社会服务、运输服务等。在国际服务贸易中，美国无疑占据着支配性的地位。在90年代末期，美国贸易服务的进出口占全球总量的1/7。服务贸易说到底是一种信息、思想和观念的交换，很多也都涉及知识产权。在服务贸易中有三大服务是最重要的，那就是金融、海运和通信服务。比如说，金融服务涉及存贷款，涉及证券交易、货币交易、金融信息的处理，这些问题都需要高科技手段，同时也需要高科技人员。所以不管是在货物贸易中还是服务贸易中都出现了一些所谓的高科技产品，产品当中的高技术必然会带来高附加值，高附加值就是知识产权所凝结的价值。这样，在国际贸易中理所当然产生了知识产权的保护问题。以上我是从静态的角度分析了国际贸易与知识产权保护的关系问题，这是谈的第一个理由。

第二，现代国际贸易中技术优势与成本优势的较量。这二者的较量，说到底是发达国家与发展中国家在国际贸易中的较量。一般说来，西方国家早在20世纪80年代，其生产经营活动就实现了科研与技术密集型的转化，换句话说，它们已经走向了高新技术的产业化和传统产业的高新技术化。美国率先实行产业结构调整和传统产业改造，早在80年代，美国已经淘汰和限制那些耗费原材料、聚集劳动力、容易造成环境污染的传统产业，美国的钢厂是成建制地迁移到南美，美国基本没有什么纺织品生产，鞋类都靠进口。现今美国最时兴的三大产业是软件设计、芯片制造和生物制药，它们被称为朝阳产业。美国的出口产品分为两类，这两类产品都具有相当的技术优势。它出口的传统产品包括药品、化肥、化工产品；新兴的出口产品就是芯片、软件和通信设备。所以，以美国为首的发达国家在国际贸易中拥有的是技术优势，由于这种技术优势，它担心的是贸易对手盗版和假冒，要求在国际领域内给予相应的知识产权保护。而作为发展中国家更多的是成本优势，即丰富的自然资源、低廉的劳动力价格。从某种意义上讲，发展中国家在国际贸易中的成本优势，更多是劳动力价格优势。发展中国家出口的产品，主要是集中于劳动力密集型的行业。中国与美国进行双边贸易，改革开放到现在已有二十多年，中国可以说外贸一直做得不错，但中国的出口产品主要有四类：成衣、纺织品、鞋类和玩具。服装大概占到美国进口同类产品份额的11%，纺织品达到17%，鞋类达到45%，玩具达到47%，这种产品科技含量不高。与此相反，那些技术含量较高的像动力机械、办公自动化设备这两类产品，在美国的市场份额中只有5%和7%。所以说在国际贸易中，发展中国家更多的只是成本优势，它们理所当然在国际贸易中要求取消关税壁垒，给予最惠国待遇。发达国家和发展中国家这种不同的需求会产生利益冲突。这种对抗以至达到妥协的结果，就是在世界贸易组织框架内通过乌拉圭回合谈判达成了一揽子协议，这就是我刚才谈到的《货物贸易协议》《服务贸易协议》《知识产权协议》。所以《知识产权协议》的出现不是孤立的，必须放在新的国际贸易经济体制中加以理解。

二、美国知识产权保护战略与中美知识产权冲突

在此我想从动态的历史分析来谈《知识产权协议》所产生的社会背景。美国在20世纪特别是第二次世界大战后迅速崛起，成为世界上头号政治、经济、军事、科技、文化的超级大国。50年代，美国GDP的总量曾占到全球的40%。在这里我进行一个比较分析。前泰国副总理、新任世界贸易组织主席的素帕差写了一篇文章，分析中国参加WTO后的发展前景，列举了非常重要的数据。他说，在19世纪初时，即1820年，中国居然是全球最大的经济实体，当时国民生产总值占全球总量的28%，而美国只有区区1.8%。不到200年的时间，美国经济总量就发生了极大的飞跃。其中的原因是多方面的，今天就不

探讨了。美国的经济力量在20世纪50年代显然是一枝独秀，但到20世纪60年代由于西欧和日本的相继崛起，美国地位开始下降，但它的GDP总量依然占到全球的20%，其经济、科技实力是其他国家所不可比拟的。自20世纪70年代开始，美国开发软件的产值是每年一千多亿美元，生产的新药占全球的2/3。它的经济、科技实力非常强大，但日子并不好过，主要表现为国内财政赤字连年增加，最坏的年景居然达到财政赤字14万亿美元，也就是美国在20世纪70年代两年国民生产总值的总和。当时美国一年的GDP总量是7万亿美元，现在是9.8万亿美元，(美国现在是中国的8倍，中国去年GDP合1.2万亿美元)，这是对内。对外是贸易逆差有增无减，据说最好的年景它的贸易逆差也达到了2 000亿美元。在这种情况下，美国的贸易保护主义思潮就抬头了。

众所周知，美国在这个时候就通过它的《综合贸易法》，规定了“特别301条款”，把给予贸易对手最惠国待遇和要求贸易对手保护美国知识产权直接挂钩。美国的贸易代表每年要考察与美国进行贸易的所有国家和地区，把凡是不保护、不充分保护、不合理保护美国知识产权的国家和地区分为重点国家、重点观察国家和观察国家。如果不保护知识产权的重点国家不在规定期限内加以改正，美国就实行制裁，取消它的最惠国待遇。中国在改革开放后与美国的双边贸易迅速增长，在1991年被美国列为重点国家。美国政府扬言，在1992年2月17日前，如果中国没有在限期内改正的话，就对中国出口的105种商品增收高达30%的关税，涉及的商品价值高达15亿美元。当时中美关系相当紧张，我正好在美国留学，有机会观察了这个过程。当时中美关系实际上有三大问题，一是人权问题，二是武器扩散问题，三是贸易逆差问题，这些政治、经济、法律问题都混在一起，集中的爆发点表现为中美第一次知识产权冲突。美国除了开出贸易报复清单外，提出中国必须限期改变知识产权保护现状，比如说修改著作权法，要求对外国人境外发表的作品必须给予保护，敦促中国参加《伯尔尼公约》和《世界版权公约》；中国对软件实行登记，美国要求按文字作品实行保护。又如，中国要求专利权人3年之内必须实施，否则国家可以强制实施，美国说不能强制实施，认为把专利产品从他国进口到中国境内也视为实施，所以进口也是实施；美国同时还认为中国没有法律保护商业秘密，要求加快立法。当然这次谈判，最后是以达成谅解备忘录而告终，美国放弃了对中国的无理要求，承诺支持中国加入关贸总协定，继续保留中国的最惠国待遇。中国也信守了谅解备忘录的有关承诺，在20世纪90年代初期修改了《商标法》和《专利法》，制定了《反不正当竞争法》，颁布了中国加入著作权国际公约后的条例。这是在20世纪90年代初期出现的大规模的修法和立法的背景。

中美第二次知识产权冲突发生在1994年。美国的中期选举使得民主党失去了在国会的多数党席位，这时朝野两党又竞相打中国牌。他们害怕强大的中国成为美国的竞争对手，所以酿发了中美第二次知识产权冲突，其主要理由是中国的知识产权保护不力，侵权行为已达到失控的地步。当时有两个非常突出的事件引起了国际舆论关注：在北方是美国软件同盟状告中国中关村的几个科技企业侵犯美国的软件版权，即软件盗版。最初告两三家企业，经过调查取证和美方的举证，作为被告的企业越来越多，以至于《纽约日报》质疑中国的中关村一条街到底是科技一条街还是盗版一条街。中国知识产权保护的国际形象受到严重损害。在南方是另一种情形，广东省二十多家地下工厂专门复制盗版的VCD。好莱坞的大片投资是几亿美元、十几亿美元，生产周期是几年，但不到3个月广东就有复制品，这种盗版VCD不仅满足国内文化市场的需要，而且还出口港、澳、台以至东南亚，好莱坞公司为此痛心疾首。这场知识产权纠纷最后以中美达成和解告终。外电评论说，小小的“两片”（软件、唱片）险些引发两个世界大国之间的贸易大战。知识产权问题历来是中美双方冲突的一个焦点，直到1996年，美国政府作出承诺，今后中国最惠国的待遇问题不再与知识产权保护挂钩，才终止了每年一度的所谓知识产权审查。那么是不是美国政府突然表示亲善和友好呢？我认为不是，这是美国的知识产权保护方略发生调整。在20世纪90年代中期之前，美国知识产权保护更多的是凭借它的国内法，把给贸易对手的最惠国待遇和要求对方保护美国知识产权进行挂钩，就是说，把最惠国待遇的年度审查与知识产权保护状况的法律审查联系起来。在20世纪90年代中期之后，由于世界贸易组织的出现与《知识产权协议》的形成，美国更多的是凭借《知识产权协议》这种国际法和各个成员国修改的国内法，使美国的知识产权得到保护，同时美国承诺给予任何一个成员国无差别的最惠国待遇。为什么“入世”的成员国，都要按照《知识产权协议》修改本国的法律，这是因为提高知识产权保护的水准，可以取得其他成员国提供的最惠国待遇。

通过上述分析我们不难得出这样的结论，知识产权问题绝对不是一国内部问题，而是国际问题；不仅仅是一个法律问题，也是一个国际经济贸易问题。在这种情况下，我们作为发展中国家，如何来应对，如何来处置，是一个非常重要的课题。平心而论，《知识产权协议》的形成，对发达国家是有利的。其理由有三点：第一，以美国为代表的发达国家实现了乌拉圭回合谈判中所希望达到的目的，就是将电影业、传媒业、通信业的知识产权问题纳入世界贸易组织的制度框架内，应该说这个目的达到了。第二，《知识产权协议》与以往的国际公约不同，它规定很多是实质性的义务条款，而且非常严密，没有漏洞，凡是不能够有效地保护知识产权就会受到国际社会的制裁。第三，它建立了一个有效的争端多边解决机制，容易解决知识产权冲突问题，比过去的国际公约更具有可操作性。我认为，以美国为首的发达国家正是凭借《知识产权协议》维系了它们在国际贸易当中的技术优势，也就是体现为知识产权的技术优势。为什么发展中国家要接受《知识产权协议》呢？对这个问题也应该客观公正地加以分析，我认为也有三点原因：第一，发展中国家在乌拉圭回合谈判中也得到了想得到的一些利益，比如市场准入。发达国家对那些具有成本优势的产品取消了配额，实行了市场准入，这显然对发展中国家有好处。再比如说，关于世界贸易组织实行零关税的目标，对不同类型国家有不同的规定，对发展中国家来说，到 2020 年实行零关税，对发达国家则要求 2010 年实行零关税。这种比较长的过渡期，对发展中国家来说是有好处的。所以发展中国家接受知识产权协议不是完全的妥协，而是有偿的交换。第二，来自美国“胡萝卜加大棒”的政策。美国说如果不把《知识产权协议》和《货物贸易协议》、《服务贸易协议》捆绑在一起，美国国会就不批准。可以说，没有美国存在的世界贸易和没有中国参加的世界贸易组织都是不可以想象的，所以说它的“胡萝卜加大棒”政策还是有用的。第三，知识产权保护说到底也是发展中国家经济发展和科学进步的内在要求。20 世纪 80 年代以来，许多发展中国家实行对外开放，中国理所当然也要保护知识产权，因为知识产权制度对一个国家特别是新型工业化国家的经济成长和科技进步的推动是显而易见的。通过这个利与弊的分析，我们应该清醒地认识到，中国只要达到《知识产权协议》所要求的最低标准即可。我历来主张，知识产权立法的现代化和一体化是不能逆转的，但是切记我们是发展中国家，一体化不是西方化，更不是美国化。用美国的标准来保护知识产权，忘记了国情，离开了现实，是不合时宜的。

三、WTO的《知识产权协议》与WIPO的知识产权公约

WTO是世界贸易组织的英文缩写，WIPO是世界知识产权组织的英文缩写。以往的知识产权国际公约都是由世界知识产权组织来管理的。WIPO所管理的知识产权公约，最有代表性的有两个：一是1883年签订的《保护工业产权巴黎公约》，简称《巴黎公约》。由其成员所组建的有巴黎公约联盟，管辖着《巴黎公约》本身以及其他的专门性国际公约，比如说《商标注册马德里协议》《专利合作华盛顿公约》《保护录音制品日内瓦公约》《保护表演者、录音制品制作者和广播组织罗马公约》等。二是《知识产权协议》。《知识产权协议》与以往的国际公约有哪些不同？这两类公约有何关系？在此，我讲三个问题。

（一）《知识产权协议》对原有公约的继承和肯定

《知识产权协议》对原有公约的继承和肯定集中在该协议的第2条规定之中。这种继承和肯定表现在两个方面：第一，对《巴黎公约》《伯尔尼公约》《罗马公约》以及其他的公约所规定的缔约国必须承担的义务加以肯定。《知识产权协议》没有推翻原有的公约，《巴黎公约》和《伯尔尼公约》规定成员国应该遵守哪些义务，《知识产权协议》继续承认；此外，对《巴黎公约》的子公约基本加以肯定。《巴黎公约》第19条允许其成员国制定若干个保护工业产权的专门国际公约，比如说我刚才谈到的《商标注册马德里协定》《专利合作华盛顿条约》，这些都称为《巴黎公约》的子公约。作为成员国必须首先参加《巴黎公约》，才能参加《巴黎公约》之下的子公约。《知识产权协议》对于《巴黎公约》以下的若干个子公约都是基本肯定的，协议要求成员国对以往的国际公约必须遵守。第二，《知识产权协议》对原有公约的继承还表现在基本内容上。《知识产权协议》重申了以往的知识产权国际公约重大原则，那就是

国民待遇原则、公共利益原则和对权利合理限制原则。下面我对这三大原则简单做一个介绍。首先谈国民待遇原则，国民待遇原则应该说是《伯尔尼公约》《巴黎公约》以及其他知识产权国际公约普遍奉行的一个重要的、基本的原则。国民待遇原则的基本含义就是给予成员的国民与本国国民的同等待遇。用一句形象的话说，不能内外有别，必须是内外平等。国民待遇原则应该是民法处理涉外民事法律关系的一个基本准则。《民法通则》第一章规定的是“公民”，这一章的最后条款是这样规定的：本章关于公民的规定适用于中华人民共和国境内的外国人、无国籍人。后面有一个“但书”，法律另有规定的除外。《民法通则》规定一般民事法律关系，奉行的是国民待遇原则，规定中国公民所享有的各项权利义务，在中国境内的外国人、无国籍人同样享有，但法律另有规定的除外。这个“但书”表明了一般民事法律关系奉行的是有限制的国民待遇原则，关键在“但书”上，法律另有规定的除外。很多国家规定，外国人在本国没有采矿权、没有土地权、不能从事只有本国国民才能从事的某种职业。知识产权法也奉行国民待遇原则，但它是一种不同的国民待遇原则，我把它称为有条件的国民待遇原则。就是说，只要符合国际公约所规定的条件，而在权利行使内容方面没有差别。比如说对著作权的享有，凡是任何一个成员国的国民在成员国内发表了作品，或者是非成员国的国民在成员国中发表了作品，都可以享有国民待遇。只要符合条件，在权利的内容方面没有任何限制，这与一般财产权的有限制国民待遇原则是不同的。其次是公共利益原则。知识产权制度与一般民事权利制度的区别是十分明显的。近代民法有三大原则，私有权无限制原则、过错责任原则、契约自由原则。所有权在近代社会得到了无限制的关照和保护，但是同样在近代社会所产生的知识产权法，不管是1623年英国《垄断法规》、1709年英国《安娜法令》还是1857年法国《商标法》，这三大制度在设定之初都非常强调一种利益平衡，既保护个人的专有权利，同时也维系社会的公众利益。从知识产权产生之初，就有这样一个原则精神，强调保护权利人的利益，但是也防止权利滥用，因为要保证信息、技术的自由传播和利用。在这里我想借用美国著名的知识产权学者Patterson教授的话，“一部现代著作权法就是关于作品的创作者、传播者、使用者权利的平衡法”。所以我认为，知识产权协议依然强调社会公众利益的维系问题。最后就是对权利合理限制的原则。实际上这是保护社会公益原则的一个延伸和具体化。知识产权法创建了很多这样的制度：合理使用制度、法定许可使用制度、强制许可使用制度，都表现了对知识产权以合理的必要限制。知识产权制度发展的趋势是对权利限制制度本身加以限制，这是因为当前在网络技术、传播技术、复制技术飞跃发展的同时，信息、技术和作品容易被他人侵权，所以现代法必须考虑对传统的权利限制制度加以反限制。

（二）《知识产权协议》对原有公约的发展

应该说，发展是《知识产权协议》最鲜明的特征，更多的是带来知识产权制度的发展。我想从四个方面阐述我的观点：第一，知识产权的保护与国际贸易相结合。《知识产权协议》在序言中明确宣称，"期望减少对国际贸易的扭曲和阻碍，并考虑到需要促进对知识产权的有效和充分的保护，并保证实施知识产权的措施和程序不成为合法贸易的障碍"。所以说知识产权协议与以往的国际公约相比有一个最鲜明的特点，那就是国际贸易与知识产权保护紧密联系在一起。在此之前，WTPO 所管辖的知识产权公约特点之一，就是将知识产权局限于智力创造活动的领域。《知识产权协议》就不同，它将知识产权与贸易紧密联系在一起，所以说知识产权保护不力，就会受到贸易制裁，后果非常明显。这种经济动因通过制度创设写进了国际公约。上述特点通过以下三个制度或原则加以明确：一是引进了最惠国待遇原则。我刚才多次讲了最惠国待遇，这是国际贸易的一种政策，也是世界贸易组织或者说是《关贸总协定》的政策基石，把这个贸易政策直接引进了知识产权保护制度是不多见的。"普遍的最惠国待遇"，用协议的原文加以说明是这样表述的：一个缔约方给予另外一个成员的任何的特权、利益和优惠，必须无条件地同时给予所有的缔约方。国民待遇解决的是内外平等的问题，防止的是不平等待遇。最惠国待遇防止的是歧视性待遇，它所达到的目的是外外平等。20 世纪 70 年代的时候，美国将"特别 301 条款"的棒子打到韩国。韩国当时也是一个新兴工业化的国家，不保护药品，也不保护化学物质，结果美、韩之间就知识产权保护发生冲突。后来，两国达成双边协议，韩国立法虽不保护药品专利、化学专利，但是对美国例外。结果协议签订之后欧盟国家就不高兴，欧盟国家说，韩国商品进入欧盟市场享受的是普惠制，但是你保护美国的药品、化学专利，而不保护欧盟的相关专利，这是歧视性待遇，如果限期内不改正的话，欧盟要制裁韩国。将最惠国待遇原则引进知识产权协议，意味着缔约国在所有贸易伙伴中不得厚此薄彼，必须实行无差别的待遇。在我们审理的涉外知识产权案件中，这是一个非常重要的问题。二是规定了透明度原则。主要目的是保护司法公正，防止不同司法体系、不同国内立法所造成的误解和冲突。由于透明度原则的出现，一套内部的条例和规定必须即行废止，包括地方政府颁布的行政规章都必须公之于众，不能暗箱操作。三是创制了新的争端解决机制，包括磋商、斡旋、调解，成立专家小组，上诉审查，补偿和减让，中止仲裁等，很多属于程序法的问题。无论是贸易争端还是知识产权纠纷，都适用上述的一整套解决机制，是非常健全而且有效的。第二，构建了知识产权保护体系。《知识产权协议》与以往的国际公约不同，它不是某一个具体知识产权的国际公约。《伯尔尼公约》保护的是著作权，《罗马公约》保护的是邻接权，《巴黎公约》保护的是工业产权，《马德里协定》涉及的是商标权。而《知识产权协议》不同，它是一个系统的知识产权保护的国际公约，一共规定了七种知识产权。我认为现代知识产权与19世纪的三大主体制度所涵盖的知识产权是不相同的，它的体系非常庞大，门类众多。第三，提高了知识产权保护水平。在著作权方面规定了信息网络传播权、对于软件、电影的出租权；在专利权中规定了进口权，在商标权里规定了对驰名商品的保护。可以这样说，较之以往的国际公约，它的保护水准要提高了许多，符合了发达国家这种立法诉求。我觉得更重要的一条是，它使得保留条款形同虚设。以往的国际公约为了吸引更多的成员国都规定有保留条款。中国参加《巴黎公约》的时候，就适用了保留条款，哪条我不承认，哪条我保留，即可以不遵守国际公约的某项义务。但是《知识产权协议》就不同，它也规定保留条款，但是保留条款的行使必须征得别的成员国同意。这是什么意思？潜台词是别的成员不同意你保留，你的保留条款就不能生效，所以《知识产权协议》都是实质性的义务条款，如果达成不了一致意见，你不可能有任何保留。所以中国参加世界贸易组织的前提，是按照《知识产权协议》的规定，无条件、全方位地修改和完善本国法律，制定新法。第四，强化知识产权执法程序和保护措施。关于这个问题，最高院两个庭长都讲了，我就不重复了。

（三）《知识产权协议》对原有公约的否定

刚才我谈到了继承和肯定，又谈到了发展，最后我谈谈《知识产权协议》对原有公约的否定。《知识产权协议》作为一个后来的国际公约，它对原有公约的某些条款采取了回避或取消的做法，集中起来表现在两个方面：第一，关于《伯尔尼公约》对作者精神权利保护的问题。《知识产权协议》不要求成员国遵守《伯尔尼公约》关于保护作者精神权利的义务，这其中是有背景的。首先，英美法系国家实行的是版权法体系，更多把著作权看作是一项财产权；而大陆法系国家奉行的是作者权体系，强调著作权不仅是一种财产权，而且是一种人身权，是两权合一。这两种法律体系的立法指导思想，在历史上就存有差异。20 世纪 80 年代，美国为了参加《伯尔尼公约》，不得不遵守《伯尔尼公约》的义务，从而保护作者的精神权利，但是保护的方法不同，保护的水平较低。所以说美国在《知识产权协议》中对作者精神权利的保护采取回避态度。即使是发达国家，美国与法国以及其他大陆法系国家对《知识产权协议》产生的影响力是不相同的。美国作为一个头号的政治、经济、科技和文化的超级大国，对国际公约的形成和制定的影响力非常之大，它的法律文化和法律制度影响到国际公约，这是不容讳言的。第二，就是对《罗马公约》无溯及力的规定进行了否定。《罗马公约》保护的是表演者权、音像制作者权和广播组织权，它是一个邻接权的国际公约。《罗马公约》不具有溯及力，比如说原来已有的权利，公约没有但你有，可以继续存在；对于你过去不保护的，国际公约不溯及既往。《知识产权协议》就不同，一方面知识产权协议基本上肯定了《罗马公约》的效力，同时对这个无溯及力的规定进行了否定，也就是说在《知识产权协议》签订之后，凡是在成员国已经存在的音像制品，在来源国尚未进入公众领域时必须继续予以保护。我举例就比较好理解，假设中国没有参加《罗马公约》，某一个外国人的音像制品在中国是不受保护的，因为中国没有参加这个国际公约。中国参加《知识产权协议》之后情况就发生变化，虽然他国的音像制品目前在中国没有受到保护，但是在来源国比如在美国受到保护，作为《知识产权协议》缔约方的中国也必须同样给予保护，溯及力的规定在这里不起作用。

四、《知识产权协议》规定的归责原则和赔偿原则

《知识产权协议》规定了侵权损害归责原则和赔偿原则，与以往的知识产权国际公约相比较，协议的这些规定也有所不同。

先谈谈归责原则。目前理论界对归责原则的说法非常混乱。有人把它称为侵权行为的归责原则，有人说成是侵权民事责任的归责原则，也有人表述成侵权行为法的归责原则。但是，按照归责原则的本意来说，这个“责”指的是什么？其实，它是一种负担行为的结果，是一种给付财产的责任。这话不是我说的，大家有兴趣的话可以看看王泽鉴先生的文章，他是民法教授，也是台湾地区“高等法院”的大法官，他引用了德国学者拉伦兹的观点：所谓“归责”，就是一种负担行为的结果，对受害人来讲就是填补损害。在这个意义上，我们可以得到这样一个结论，归责原则严格来讲是侵权损害赔偿的归责原则，而不是一般意义上的归责原则。归责原则的本意，就在于平衡正当利益的失衡状态，合理填补不幸的损害，而不要对这个“责”作过于宽泛的解释。

有的知识产权学者谈到停止侵害、赔偿损失，都称为“责”，认为都是同等意义的侵权责任。由于对这个“责”作出了扩大解释，所以他主张要把无过错责任原则引进知识产权侵权责任制度之中。这些学者列举了以下理由：一是《知识产权协议》第45条的规定，二是外国立法例的规定。对此我有不同看法。无过错责任原则能不能成为知识产权侵害赔偿归责原则，谈这个问题的时候，我们首先必须有个理论界定，这里的“责”限于是侵权损害赔偿，因为在整个大陆法系的理论架构中，所谓侵权行为是一种债的发生原因。也就是说侵权之债，实际上是侵权赔偿。可以认为除了损害赔偿以外，包括排除妨碍、消除危险、返还原物等，这些民事责任只是物权保护方法，它不以有无过错为前提。比如消除危险，只要危险正在发生和可能发生，权利人都可以要求停止，而不管行为人有无过错，这是一种物权之诉。作为债权之诉，分为两种：一种是返还不当得利，返还不当得利也是不需要以过错为前提的。比如说，一方受益，另一方受损；受益没有法律和合同的依据；一方受益和另一方受损之间有因果关系，其构成要件不要求有过错。另一种是侵权，对于侵权，必须要求有

过错；只有对特殊侵权行为，法律可以不要求有过错，或法律不追求侵权人主观状态如何。

在侵犯知识产权的损害赔偿中，有没有必要引进无过错责任原则？我认为无此必要，这里讲三点理由：第一个理由，关于无过错责任原则的本质。无过错责任原则是伴随着工业革命应运而生的。这个归责原则的出现，是对过错责任原则的一种补充和修正，其目的在于不幸损害的合理分配。这是因为，在工业经济时代出现的高度危险业务的致人损害、产品瑕疵的致人损害、环境污染的致人损害，这些损害与以往的侵权损害是不相同的。比如说，企业的运营、产品的销售、原子能装置的放置，为人类生活所必需。但是，由于人类对自然力的控制是有限的，导致了损害后果的发生，在这种情况下就引入了无过错责任原则，其目的就在于转嫁、分配这种不幸损害。王泽鉴先生说过一句非常经典的话，“无过错责任原则不是在于制裁反社会行为，而是在于分配不幸损害”。侵犯知识产权的行为，不是为人类生活所必需！盗版、假冒是一种典型的反社会行为，是必须予以制裁的行为，我觉得它与无过错责任原则的本质要求相去甚远。昨天广东省高院的法官和我探讨这个问题，谈到一位专家评论我们国家立法有问题：故意销售行为，即是强调以过错原则为前提，如果说前面没有冠名于“故意”，就认为这是无过错原则的适用。这种说法是不对的，对此我有不同的理解：从立法技术来说，凡是强调主观状态是故意的，那就是说只有故意才能构成侵权；如果没有强调故意是什么意思呢？它指的是不仅故意构成侵权，过失也构成侵权，故意和过失都属于过错的范围，并非是无过错责任原则的适用。从立法技术处理来看，可以看到《民法通则》首先规定一般侵权行为，一般侵权行为肯定适用过错责任原则；对于特殊的侵权行为包括高度危险业务、产品瑕疵、环境污染、无行为能力人致人损害，适用的是过错推定原则或者是无过错责任原则。换句话说，无过错责任原则只有在法律有明确规定的情况下，才能够使用，不能说我理解它是无过错，它就是无过错，而是说法律有明确规定我们才能够认定它是无过错，所以我不赞成这位专家对法律条文作出的解释。第二个理由，关于《知识产权协议》第 45 条的规定。第 45 条有两款，第 1 款显然是过错责任原则的适用，原文是这样的：司法机关应有权责令侵权者向权利所有人支付适当的损害赔偿费，以便补偿由于侵犯知识产权而给权利人造成的损害，条件是这个侵权人知道和应该知道他从事了侵权活动。这里有两点必须认识，第一，它强调司法机关应该这样做，这是条约的强制性条款，任何一个成员国必须颁布法律，制裁那些由于过错包括故意和过失侵权的行为，责令给予赔偿；第二，条件是侵权人知道和应该知道，而且把这个责任形式界定为支付适当的损害赔偿费。这一条文可以印证我讲的观点，归责原则讲的是损害赔偿，而不是其他的民事责任。分歧在于第 2 款。《知识产权协议》第 45 条第 2 款规定，司法部门应有权责令侵权者向权利所有人支付费用，其中包括合理的律师费。关键是后面一段话，即“在适当的情况下，即使侵权者不知道，或者没有正当理由，应该知道他从事了侵权活动，地方也可以授权司法部门责令其返回所得利润，支付预先确定的损害赔偿费用”。这条能不能够理解为无过错原则的适用？有人说这一条款非常重要，不沿用该规定的话，我们就不能够“入世”，就不能与国际惯例接轨。对此我不敢苟同。首先，这是条约中的一个选择性条款，成员国司法部门可以，但不是必须这样做。我们作为一个发展中国家，有没有必要把保护标准一下子提得这么高，我表示怀疑。以我国现在经济和科技发展的水准，我觉得没有必要自行抬高门槛，《知识产权协议》根本没有强制地作出这种要求。其次，它同时是个限定性的条款。汤宗舜先生对所谓“适当的条件”有一个解释，说它指的是一种非常特殊的情况，比如说侵权行为非常恶劣，侵权行为的危害性非常巨大，对权利人造成的后果非常严重，所以它的适用范围是非常有限的，并不是一般情况下都适用，所以它是一个限制性条款。再次，“返还所得利润”，可以理解为返还不当的利益，这个是毫无疑问的。刚才我说的“返还不当得利”，不要求以有无过错为前提。最后，“支付预先确定的损害赔偿费”，这个是否可以理解为无过错原则的适用，恐怕也是有争议的。我去年在河南省高院讲了一天的《知识产权协议》，最高院的江必新庭长陪了我一天，也听了一天，我们就这个问题进行了讨论。他主张，这里可以理解为一种公平责任原则的适用，就是说对于损害结果的发生，双方均无过错，或者说无法找出过错来，但应对受害人的财产损失给予适当的补偿。总的来说，我们认为不能够轻易把无过错原则导入知识产权侵害赔偿之中。这次专利法的修改，我们从中得到一个印证：关于善意第三人对专利产品的使用，1984 年的专利法、1992 年的专利法修正案，都不认为构成侵权。但是，2000年专利法修正案对这一条作出了新的规定，善意第三人使用了他人的专利产品同样构成侵权，但是后面有一个“但书”，如果使用人证明其有合法来源的，不承担赔偿责任。这句话说明了一个清楚的理论，侵权损害赔偿依然是以过错为前提的，我们的现行法就是这样规定的。第三个理由，关于国外相关立法例。有学者引用了德国著作权法和商标法的规定，以此认为外国法也在适用无过错责任原则。我认为这个规定，依然不能成为无过错原则导入的一个立法例。德国法是这样说的，“受侵害人可以对有再次复发危险侵权行为即刻就采取下达禁令的救济”。这就是这几天两位庭长所强调的即发侵权，对于有可能发生侵权的，可以发布禁止令。禁止令本是英国法的说法，在大陆法系国家称为消除危险。这种消除危险依然是一种物权之诉，只要有危险存在，或者危险有可能发生，都可以要求停止侵权，不管你有没有过错，都需立即停止侵权行为。关键是后面一句话，“如果侵权是出于故意或者出于过失，还可以同时诉请损害赔偿”。这个规定非常明了，如果侵权行为人是故意的或者是有过失的，那么他有责任给予对方以赔偿。国外的立法例依然在侵权损害赔偿方面，要求主观上有过错，并不是说规定了无过错责任原则。

在侵犯知识产权领域，如果简单地套用过错责任原则，对于权利人利益的保护是不充分的，所以我主张，在侵权损害赔偿领域引进一个过错推定责任原则，也就是说，实行举证责任倒置。一般而言，在侵权法领域，谁主张，谁举证，但是让我证明你在什么时候、什么地方、使用了我什么样的作品，利用了我一个什么样的技术，对于原告权利人来说非常困难，特别在传播技术、复制技术非常发达的今天，由原告举证显然是困难的，其结果导致他的权利没有办法充分得到保护。我主张采取举证责任倒置，当诉讼发生之后，法官可以责令被告举证，由他进行抗辩（比如说是一种法律规定的合理使用，或者是一种转让使用，或者是一种许可使用），总而言之，是根据法律和合同的使用。如果说没有抗辩，或抗辩事由不能成立的话，那么就应该由行为人来承担赔偿责任。

接下来我讲赔偿原则。关于赔偿原则与上面讲的归责原则是不同的，它讲的是根据一个什么样的规则和标准，责令侵权人向受害人支付何等数额的补偿。在加入WTO之前，有些学者包括一些律师积极主张引进美国的惩罚性赔偿。对这种美国化的做法，我是表示不赞成的，因为《知识产权协议》要求只要支付“足以弥补”权利人损失就可以了。总之，对于惩罚性赔偿原则的采用要采取慎重态度，目前时机尚不成熟。那么“足以弥补”是一个什么原则呢？就是现在侵权损害赔偿制度中的全面赔偿原则。我认为全面赔偿原则包括以下三个要点，第一，以实际损害作为标准全面予以赔偿。以实际损害作为标准，意味着不必考虑行为人过错程度的大小，不应该考虑行为结果的社会危害性的大小，这与刑事责任是不同的，也与有些人主张的惩罚性赔偿制度是不同的。第二，全部赔偿应该包括直接损失和间接损失。比如说现有财产的减少和可得利益的丧失，这都应该列入全面赔偿的范围之内，包括财产损失、人身损害和精神损害。第三，应当考虑受害人为恢复权利、减少损害而支出的必要费用。这里有三个问题值得考虑：一是诉讼费，根据我国诉讼法的规定，这不属于损害赔偿之列。二是律师费，过去律师费是不作为损害赔偿的范围之列的，根据《知识产权协议》的要求，合理的律师费也应该作为赔偿的考虑之列。三是为了恢复权利而支出的调查费用。在《反不正当竞争法》中已经作出类似的规定，我认为是非常合理的。总的来说我想表达一个观点，中国是一个发展中国家，我们为了融入经济全球化而在法律上不得不考虑知识产权立法的一体化。我们这个一体化只要达到《知识产权协议》以及其他国际公约所作要求的最低保护水准就足够了，而不要盲目地追求过高标准的保护。

知识产权国际保护制度的发展与变革*

中国"入世"前后，知识产权保护一直是一个热点话题。知识产权国际保护制度是当代知识产权法律制度的组成部分，而且国内的知识产权制度与知识产权国际保护制度总是紧密联系在一起的。所谓知识产权国际保护制度，是指以知识产权国际公约为基本形式，以政府间国际组织为协调机构，通过对各国知识产权法的协调而形成的相对统一的国际法律制度。其中有代表性的国际公约，在 19 世纪主要是 1883 年的《保护工业产权巴黎公约》与 1886 年的《保护文学艺术作品伯尔尼公约》；在 20 世纪有代表性的公约是 1967 年的《成立世界知识产权组织公约》和 1994 年的《知识产权协议》所谓政府间的国际组织，在 19 世纪主要是伯尔尼联盟、巴黎联盟，在 20 世纪主要是世界知识产权组织（WIPO）和世界贸易组织（WTO）。应该说，知识产权保护已经成为当代国际文化、经济、科技、贸易的一种法律秩序。关于这个问题，我主要从以下三个方面谈谈看法：一是发展现状，二是变革趋势，三是应对方略。

一、知识产权国际保护制度的发展现状

当代知识产权国际保护制度有三个特点：一是知识产权国际保护标准在缔

---

* 本文系作者 2005 年 5 月在中国政法大学"名家论坛"所作的专题讲座，根据录音整理。

约方之间的一体化；二是知识产权国际保护规则从实体到程序的一体化；三是知识产权国际保护制度与国际贸易体制之间的一体化。我把国际保护制度基本特点概括为这三个一体化。

一是知识产权国际保护标准在缔约方之间的一体化。知识产权的国际保护制度有两个非常重要的原则：一个是国民待遇原则，这是指在知识产权保护方面，缔约方和缔约方之间必须平等相待，给对方国民以本国国民的同等待遇，不准有内外差别。国民待遇原则解决了知识产权的地域性限制的问题，同时也不考量各国知识产权制度的差异。另一个重要原则被称为最低保护标准原则，是对国民待遇原则的重要补充，这一原则意味着各个缔约方必须遵照国际公约最低保护标准制定本国法律，提供知识产权保护。最低标准涉及权利的保护对象、权利的取得方式、权利的内容和限制、权利的保护期等。

我们所讲的一体化是基于最低保护标准而言的，换句话说，也正是因为国际公约最低保护标准的规定，才使得各个缔约方的知识产权制度走上了一体化的道路。所谓一体化，它指的是知识产权保护的基本原则和规则在全球范围内的普适性。我们必须认识到最低保护标准绝对不是低水平，特别是有了1994年WTO的《知识产权协议》和1996年WIPO的《因特网公约》，就使得知识产权在国际保护方面出现了权利高度扩张，保护水平上升的态势。因此，当代知识产权国际公约的最低标准，是高水平而不是低水平。以《知识产权协议》为核心的当代知识产权国际保护制度，实际上是发达国家积极主导，发展中国家被动接受的一种制度安排。关贸总协定的各个缔约方经过了长达七年的乌拉圭回合的谈判，最终达成了一揽子协议，协议的形成包括三个最主要的制度，即《货物贸易协议》、《服务贸易协议》和《知识产权协议》。这些一揽子协议的形成实现了美国发起乌拉圭回合谈判的最初目标，高水平地保护传媒业、音像业、电影业和通信业。总之，知识产权保护制度的一体化建立在高水平保护的基础之上。

二是知识产权的保护规则从实体到程序的一体化。可以这么说，不论是《保护工业产权巴黎公约》《保护文学艺术作品伯尔尼公约》《商标注册马德里协定》，还是《专利合作条约》、《世界版权公约》以及《成立世界知识产权组织公约》，这一系列公约有一个共同特点，就是多为知识产权保护的实体规范，很少涉及程序问题；即使是专门的程序性国际公约，也缺乏有效的执法程序、司法程序和争端解决机制。各个缔约方如何进行司法保护、如何规定执法程序、如何解决知识产权争端，是通过各个国家的国内立法完成的。因此有学者讲，在《知识产权协议》以前的各项国际公约，都是缺少有效执行力的“软法”，对缔约国缺乏法律的强制力。

《知识产权协议》出现以后就改变了这种传统做法，从实体到程序都作了强行规定。虽然规定了所谓的保留条款，但是任何缔约方要有所保留都必须征得其他缔约方的同意，这就使得这个保留条款形同虚设。换句话说，缔约方对《知识产权协议》要么全盘接受，要么走开，该协议有非常强的执行力和约束力。协议规定了知识产权保护的很多实体规范，最主要和最有意义的有两个方面：一个是规定了权利的保护范围，比如在版权领域，规定了计算机软件、数据库应作为文字作品加以保护，规定了计算机软件、音像产品、电影作品的出租权；在外观设计和专利方面规定了进口权；规定了对地理标志的保护；在商标法领域规定了对驰名商标的保护，这就大大提高了知识产权的保护水平。同时明确了各项知识产权保护的最低期限，比如著作权保护期限为作者有生之年加死后 50 年，发明专利保护有效期为 20 年，外观设计、集成电路布图设计保护期为 10 年，这是关于实体规范的。从程序规范来讲，非常重要的一点就是规定了司法审查制度。过去关于商标权取得和专利权取得的行政裁定有争议和复议的，所作出的复议决定很多都是终局裁定，但是根据《知识产权协议》的规定，必须实行司法审查，当事人不服裁定和决定的可以提请法院进行司法裁决。这是一个很重要的规定。此外是临时措施，对可能引发的侵权行为，《知识产权协议》规定了一系列的临时措施，包括诉前禁止令的申请，包括证据保全和财产保全。还有个所谓的边境措施，对于侵权复制品的进口，海关可以扣押。这些程序都有助于保护知识产权。

第三个一体化是最重要和最有意义的，那就是知识产权国际保护体系与国际贸易体制之间的一体化。知识产权国际保护制度已经成为国际贸易新体制的重要组成部分。所谓国际贸易新体制，我是指以 1946 年《关贸总协定》为基础，并被 1994 年世界贸易组织所取代的新的国际贸易体制。这种新的国际贸易体制以全球自由贸易为目标，以全面减让关税为手段，以提供无差别的最惠国待遇为基础。

知识产权国际保护与国际贸易体制的一体化，主要来自发达国家的诉求和主张。以美国为首的发达国家之所以保护知识产权，源于它们在国际市场的技术优势和贸易利益。美国的支柱产业，如信息、电影、飞机制造，都是知识产权产业；美国产品的出口，排在第一的是版权产业。相形之下，发展中国家在全球贸易中是一种成本优势，更多的是劳动力成本的优势。有人对中外劳动者收入状况作了比较分析：我国技术工人的收入大概只有外国工人的1/20；一个中层管理人员，日本人在上海的合资企业会拿到年薪40万元，而中国白领在上海的收入只有4万元，在其他城市也就拿到2万元，差别很明显。可以说发展中国家在国际贸易中有的只是一种成本优势，或者说是劳动力成本优势。发展中国家要求贸易伙伴给予最惠国待遇，如果不给予最惠国待遇而征收高额关税，就会使得这种廉价商品在其他国家失去了竞争力。可以说，两类不同的国家在国际贸易中有不同的利益诉求，最终通过乌拉圭回合的谈判达成了一揽子协议，这就是我们今天所看到的《货物贸易协议》、《服务贸易协议》和《知识产权协议》。

知识产权国际保护制度的三个“一体化”，对各国特别是发展中国家带来很大的影响，中国对此应持何种立场？中国是一个传统的发展中国家，在目前这个阶段，只要满足《知识产权协议》所设定的最低保护标准即可，没有必要趋从于美国的一些做法。同时，中国是一个新型的工业化国家，保护知识产权对科技创新、经济发展和文化教育的进步绝对是有好处的。在历史上，知识产权制度在英国诞生后，推动了英国近代工业革命的出现，英国既是知识产权制度的发祥地，也是近代欧洲工业革命、产业革命、技术革命的策源地，这绝不是历史的偶然。所以，知识产权对一个国家经济发展和科技进步的推动作用是不容置疑的。我认为，中国选择参加世界贸易组织，选择较高水平的知识产权保护，从长远来说对中国的发展是有好处的，但也是有代价的。

二、知识产权国际保护制度的变革趋势

知识产权界有一个说法，就是以1994年世界贸易组织取代《关贸总协定》

《知识产权协议》生效为标志，我们已经进入了后 TRIPs 时代。后 TRIPs 时代知识产权保护方面，有两个变革值得我们高度关注：一是知识产权保护与国际人权标准的冲突与平衡，二是知识产权保护与传统资源保护的对立与协调。以下我将从这两个方面来描述当代知识产权国际保护制度有可能发生的一些重大变革。

第一个变革趋势是知识产权与人权问题。我于 2003 年在《法学研究》上发表了关于知识产权与人权冲突问题的有关论述，同年在台湾地区《月旦法学》上发表了对各类知识产权与基本人权冲突问题的看法。在中国我较早地研究知识产权领域中的人权问题，研究的有关资料实际上来自国际人权组织的观察。中国“入世”以后，很多缔约方包括中国都在考虑一个问题：如何适应《知识产权协议》的规定，如何履行《知识产权协议》所规定的国际义务。根据“条约必须遵守”的原则修改本国的知识产权法，这并没有错，但是没有考虑《知识产权协议》在实施过程中是存在问题的，《知识产权协议》本身的规定在很多方面是不符合国际人权标准的。以美国为首的西方国家总是批评中国的人权问题，却从不顾及《知识产权协议》过多考虑以美国为首的西方国家的要求，违反国际人权保护标准的问题。对此，国际人权组织给予了批评。2000 年，联合国人权保护小组在对《知识产权协议》的实施情况进行考察后得出基本结论：一是《知识产权协议》的履行没有充分反映所有人权的基本性质和整体性，二是《知识产权协议》所规定的知识产权制度与国际人权存在着明显的冲突。显然，国际人权组织对《知识产权协议》在履行过程中的问题是持批评态度的。

我认为，知识产权国际保护制度至少在五个方面与国际人权公约所倡导的基本人权存在着潜在和现实的冲突。

第一个冲突，来自对作者精神权利保护的缺失。大家都知道，《保护文学艺术作品伯尔尼公约》既规定了作者的财产权利，也规定了作者的精神权利。1994 年世界知识产权组织在会议中曾经评价，《伯尔尼公约》无论是对作者财产权利的保护还是对作者精神权利的保护都是对人权的保护，《伯尔尼公约》与世界人权公约是一致的。但是《知识产权协议》却秉承了美国版权保护的一贯传统，只保护作者的财产权利，无视作者精神权利的存在。我认为这种方式不尽合理，它造成了作者享有权利的缺失，同时造成了缔约方履行国际义务的不公平。举个例子，如果一个国家既是《知识产权协议》的缔约方同时又是《伯尔尼公约》的成员国，两者身份都有，那就必须保护所有缔约方作者的精神权利。如果不是《伯尔尼公约》的成员国而只是《知识产权协议》的缔约方，那就可以不保护其他缔约方作者的精神权利，这实际上造成了各个缔约方履行国际义务的不平等。这是一个很突出的问题。

第二个冲突，对合理使用制度的限定导致了对表现自由的限制。著作权制度有一个权利限制制度，最重要的就是合理使用，同学们听了我的讲座后在学习研究中可以引用，无须征得本人同意也无须支付报酬。《知识产权协议》规定了作者所享有的各种权利，而没有对这种权利加以限制。合理使用是最重要的著作权限制制度，这个协议只是照搬《伯尔尼公约》的一般性条款。在知识产权履行过程中发达国家和发展中国家的立场是不一样的，发达国家主张对著作权给予更高水平的保护，从传统的媒体空间覆盖到互联网世界。就是说，在互联网上载、下传、储存别人的著作权作品也构成侵权。发展中国家显然是另外一种立场，主张充分利用网络技术更多地获取信息，更多地鼓励知识的传播。这个问题处理不当，就会损害国际人权组织所主张的表现自由这一基本人权。

第三个冲突，数据库权利的扩张对隐私权的损害。目前，《知识产权协议》把数据库，包括电子数据库作为汇编作品给予保护。一些发达国家认为将其作为汇编作品保护，其保护水平还不高，现正在倡导更高水平的保护，这就是数据库作者权保护。数据库作者权制度使得数据库的制作者像文学艺术作品的创作者一样享有高水平的保护，诸多规定始终是在数据库的制作者和利用者之间协调利益关系。但是这种知识产权制度忽视了数据提供者的权利，在座的各位都有可能是某一数据库信息的提供者，如何保护数据主体的权利，例如保护数据准确性的权利，保护数据有被更改的权利、被合法利用的权利。知识产权制度对此根本无暇顾及。我认为这有可能损害数据主体或者说数据提供者的隐私权。比如，人类基因图谱已基本破译，据说基因图谱破译对人类社会是一个福音，但是有些人也提出警告，这是一种灾难的开端。之所以这么说，是因为人类基因图谱记载了很多人类自身的信息密码，如身高、体重、相貌、秉性、爱好等，甚至犯罪学家说可以通过基因图谱辨别一个人是否有犯罪倾向。这些可能造成对特定个体的歧视，更重要的是，如果人类基因信息不能得到有效的控制和管理的话，人类社会将没有任何秘密可言。如何保护信息社会的隐私权是令人担忧的问题。

第四个冲突，专利药品利用的障碍给健康权带来的危机。这个问题是国际人权组织最先关注的问题，也是世界贸易组织试图予以解决的问题。现在药品专利90%以上为发达国家所控制，美国每年开发的新药占全球份额的2/3，中国授予的药品专利75%由外国公司所取得。发展中国家实际上是药品专利的使用者而不是拥有者，这就造成了重大的社会问题。专利的合法性垄断，往往使得专利药品价格很高，使得发展中国家的国民无力购买，例如治疗哮喘的药品，其专利药品价格是非专利药品价格的20倍。发展中国家实际上没有能力购买专利药品。有人说过："知识产权是富人俱乐部的奢侈品。"知识产权是一个合法的垄断，因而我们主张知识产权产品也应该有一个合理的价格。这就是我讲的一个原因，由于专利的垄断性带来的专利药品价格的不合理性。另一个原因是专利实施的限制性条件存在，使得发展中国家缺乏技术实力，没有办法通过强制实施许可和其他许可制度去实施和利用药品专利的技术。这两大妨碍都有可能危及国际人权组织最为关注的公共健康权。这个问题已经有了一些突破，2001年世界贸易组织的多哈会议发表了《〈知识产权协议〉与公共健康的宣言》，其中对发展中国家如何有效地利用药品专利作出了种种优惠性的规定，但是直到今天也没有有效落实。对于药品专利与公共健康的冲突，目前我们只看到了有可能解决的曙光，还没有看到最终的效果。这是一个现实的困境。

第五个冲突，由于专有技术转让的阻滞带来了对发展权的损害。发展权是世界人权公约所规定的基本人权，也是一个集体人权。但是我们可以看到，发达国家对向发展中国家转让技术持不甚积极的态度。我看过一份资料，发达国家拥有的专利达到90%，另外75%的许可证收入和版权收入也为跨国公司所控制。可以这么说，《知识产权协议》维系了发达国家在全球贸易中的技术优势，但是1994年以来，发达国家和发展中国家对技术转让没有达成任何协议。《知识产权协议》在实施过程中，发展中国家并没有取得发达国家的先进技术，这是令人担忧的问题。

因此，国际人权在《知识产权协议》的履行过程中没有得到应有的重视。我以为，国际人权与知识产权的冲突，就国家层面而言，就表现为发展中国家与发达国家之间的利益冲突。这也是后 TRIPs 时代必须解决的问题。

第二个变革趋势是知识产权与传统资源问题。同样是在 2000 年，世界知识产权组织作出了一个非常重要的举动，成立了一个“传统知识、遗传资源和民间文学艺术的政府间专门委员会”，专门研究如何保护传统知识、保护遗传资源；2001 年世界贸易组织也作出了回应，把传统知识的保护列为下一届政府会议的专门议案。这是国际社会关注传统知识和遗传资源保护的信号。与此同时，联合国的经合组织、粮农组织、世界卫生组织等国际组织从不同角度强调保护传统知识和遗传资源，我认为这个问题与现行知识产权制度的改革和发展有关。关于传统知识和遗传资源的保护与现行知识产权制度的关系，我们用一句形象的话说，知识产权制度保护的是最新的东西，传统知识和遗传资源制度保护的是过去的东西；现在的知识产权制度保护的是个体创造的东西，传统知识和遗传资源制度保护的是群体传承的东西。两者保护的对象是不同的。

我先谈谈传统知识的保护。简单来说，传统知识是基于传统形成的知识体系，包括农业知识、科技知识、医药知识、生态知识、有关的生物多样性知识等多个类型。我们要把握它最重要的两个特点，这是现代知识产权制度所保护的智力成果所不具备的：一是它的本源属性，传统知识基于传统而产生，它不是最新的智力创造；二是它的文化特性，传统知识附属于特定的部族和地区，而不是个人的智力成果。正是这两个特点，带来了如何给予保护的问题。发达国家与发展中国家、发达国家内部都有不同的立场，概括起来有两种保护方法。第一种适用现有知识产权保护，很多发达国家都持这种观点，依据现行知识产权制度可以保护部分传统知识，比如说著作权可以保护民间文学艺术作品，专利权可以保护以遗传资源为对象的技术开发利用，植物品种权可以保护原生状态的植物品种。但是这种保护是非常有限的，发达国家较多地倾向于有选择、有重点、有偏向地保护传统知识。我认为，这种主张对拥有丰富传统知识的国家并不是有利的，而且关于如何保护的制度设计也是很难解决的问题，比如说权利主体如何确认、利益如何分配等，作出规定非常困难。我国 1990 年著作权法规定，关于民间文学艺术的保护由国务院另行制定条例。但到目前为止条例还没出来，可见非常之难。所以说用知识产权保护有诸多不足。第二种是专门制度保护。至今各国、各国际组织都在尝试建立传统知识的专门保护制度，代表性的有美洲安第斯组织、非洲联盟组织、太平洋岛国等尝试建立社区权利保护，这种制度虽然有其创新性，但这种制度在国际社会推行起来非常缓慢。鉴于这种情况，许多国家采取了多种保护制度，依据不同对象设定不同的权利保护，例如民间文学艺术保护制度、传统医药保护制度等。总的说来，各国对传统知识的保护正在尝试之中，在国际社会还未形成一个很成熟的、为大家所接受的保护制度。传统知识的保护对现行知识产权制度是一个重大的突破。中国作为一个传统知识十分丰富的多民族国家，应该有所作为。此外，学者对传统知识的权利属性的看法也不统一，有的认为是一种新型的知识产权，也有的认为不是知识产权，而是与知识产权有关的其他权利。

下面我再讲遗传资源的保护。遗传资源是指含有遗传信息，具有遗传功能的生物材料，包括植物遗传资源、动物遗传资源、微生物遗传资源和人类遗传资源。在生物技术迅速发展的今天，谁掌握了遗传资源，谁就掌握了生物技术，谁就控制了生物专利，所以有必要对遗传资源给予专门保护。据说，从天然资源提取药物的贸易额达到了 300 亿美元，美国就从中获利 200 多亿美元。现在有“生物海盗”的说法，有很多个案值得我们重视。印度有三个案子，其中第一个是纳木油案：印度南部居民种植世代相传的千年纳木，从中提取的纳木油是一种药品，可以治疗癌症，同时又是一种农药，可以防止 200 多种害虫。美国公司利用印度的民间经验掌握了纳木油的提取技术，并申请了美国专利，这无疑是对印度传统文化和遗传资源权利的重大损害。第二个案子是“巴斯马蒂”香米案：印度北部产的一种香米，是稻米的珍品。美国水稻技术公司掌握了本为印度所有的香米种植方法和技术，在美国专利局一共申请了 16 项专利。香米种植是印度世代相传的技术，香米品种也是印度独有的植物遗传资源，当然不能作为专利申请。由于印度政府的抗争，美国专利部门取消了其中 13 项专利权申请。第三个是“姜黄案”：印度有一种姜黄，可以作为香料、药品和食品，美国高科技公司通过两个印度人学会提炼姜黄汁，这种姜黄汁可以使伤口迅速愈合，因而申请了美国专利。印度政府大为恼火，花了 1 亿美元打官司，最后胜诉了。因为姜黄在印度是土生土长的，不能以生物技术形式去申请专利。关于遗传资源之战已经在全球范围内打响，情况触目惊心。

中国是一个遗传资源丰富的国家。植物资源品种世界排名第八，其中裸子植物种类全球第一，人工饲养动物品种全球第一，同时中国又是一个拥有人类遗传资源最多的国家，人口众多；并且中国有56个民族，是一个多民族的国家。少数民族由于其相对的封闭性，他们的基因资源具有较高的研究价值。西方国家的高科技公司以考察、研究为名，采集甚至掠夺中国宝贵的遗传资源。对遗传资源的保护是具有战略意义的，如果我们的基因被人家破译，而我们为了治疗疾病和培育物种，反过头来要去购买人家的专利产品，这就会造成新的利益失衡。国际社会非常重视遗传资源的保护，这种保护由两大国际公约倡导，形成了两种保护体系：一个是《生物多样性公约》（我们称之为CBD公约），这个公约实行国家主权机制，认为生物多样性的主权归国家，同时规定了具体制度来保证国家对生物多样性主权的实现，包括事先知情同意制度，即以商业目的利用植物基因、动物基因和人类遗传基因，必须经过国家主管部门同意或社区同意或者部落同意；标示来源制度，即申请生物技术专利，要标明其技术使用了哪个国家、社区、部族的遗传资源；利益分享制度，即利用人家的遗传资源、生物多样性资源而取得生物技术专利，其带来的重大利益要在基因技术的拥有者和基因资源的提供者之间合理分配。这就是CBD公约所要建立的一种制度。另一是农民权体系，是由联合国粮农组织所制定的《粮食和农业植物遗传资源国际公约》（也就是FAO公约）倡导的。目前对农民权国际社会有不同说法，不管这种说法是否为大家接受，但这种制度的创立也是有意义的。所谓农民权，包括三项权利，一是传统知识保护权，对植物、粮食遗传资源所产生的传统知识权利归农民所有；二是决策参与权，国家和社区对遗传资源如何开发利用、如何发展保全，农民拥有发言、咨询、参与决策的权利；三是利益分享权。

三、知识产权国际保护的应对方略

总的说来，当代知识产权的发展变革对中国的知识产权制度产生了深远的影响，分国内和国际两个层面谈谈我的建议和想法。

第一，从国内层面说，中国要顺应参加世界贸易组织的现实，积极回应《知识产权协议》对本国知识产权制度所带来的影响和变化，制定相关知识产权发展战略。在这种情况下，我们讨论是否“入世”和“入世”利弊如何已经没有多少意义。中国“入世”对中国社会发展的好处是十分明显的，在中国已经参加《知识产权协议》的情况下，过多谈论强保护和弱保护已没有什么任何实际意义。我们已经跨入了世界贸易组织的门槛，就必须遵守《知识产权协议》的有关规定来保护知识产权。目前要制定知识产权的战略，包括国家战略、地区战略、行业战略和企业战略，直面中国“入世”以后的种种挑战。在这里我简单谈三个问题：一是知识产权战略与中国可持续发展。中国“入世”以后，国外舆论纷纷评说中国会不会继英国、美国和日本成为第四个世界制造工厂，一片看好之声。中国目前在国际制造业依然处于低端和末端，在相当多的领域，中国企业没有关键技术、核心技术领域的专利，也没有国际知名的品牌，一个没有相当数量和质量知识产权的制造业，只能是世界加工厂，而不是世界制造工厂。二是知识产权战略与国际竞争。现在的竞争是综合国力的竞争，而综合国力的竞争主要看经济和科技实力的竞争，表现为知识产权的竞争。因此，中国的企业要在国际竞争中立于不败之地，应该注重专利技术的竞争、知名品牌的竞争。令人担忧的是，中国企业技术创新能力不足，品牌培育水平不够，处于一个相对落后的状况。三是知识战略与国际贸易。中国“入世”以后为中国带来了无差别的最惠国待遇，可以自由地进入他国的市场，但是这种境况并不容乐观。西方发达国家利用技术和资金优势营造新的贸易壁垒，对中国等发展中国家极为不利，包括技术标准形成的专利壁垒、环保标准形成的“绿色壁垒”等。

第二，从国际层面来说，中国作为最大的发展中国家，理所当然要遵守知识产权制度的规定，但现行《知识产权协议》主要是美国等发达国家所主导、发展中国家被动接受的，这是一个不争的事实。我们可以打人权牌，揭示《知识产权协议》履行过程中不符合国际人权规定的不合理现象，推动《知识产权协议》的完善；同时团结发展中国家，争取发达国家推动建立传统知识和遗传资源保护制度，使目前知识产权制度不仅保护智力成果本身，还保护智力创造源泉，我认为中国在未来的知识产权保护制度建设中是大有所为的。

我的演讲结束，谢谢大家！

互动

问：知识产权战略在教学科研方面如何具体应用？高校如何将两者联系起来？

答：第一个问题，国家知识产权局和教育部联合发文，要求全国高校建立有关知识产权创造、运用、管理制度，文件内容非常丰富。全国高校，主要是工科高校，应该通过技术开发和研究取得独立知识产权。关于这个问题，中国高校是有缺陷的，对于技术的市场开发，不是能力不行，而是意识不够。中国发表的科研论文居全球第六位，很多科研论文只要稍加改变，注重实用，就可以申请技术专利，但是我们一些科学家不屑一顾，科研论文没有转化为实用技术，这是一个弊端。第二个问题，我们的技术转化为生产力的程度不高，据说专利技术的转化率不到10%，即很多专利技术不能形成产品，不能占领市场。此外，文件还要求在高校把知识产权作为公共课，将知识产权作为非法学专业的公共课程。不能老是说知识产权是保护发达国家的利益，它同时对我们自己的发展和进步也是有益的。

问：中国目前的知识产权现状和知识产权保护水平差距很大，您如何看待？

答：我想从两个方面来回答，中国的知识产权立法已经得到了国际社会的充分肯定，前世界知识产权国际组织主席鲍格胥博士有一句评价：中国用了不到二十年的时间，走完了西方国家一二百年才完成的知识产权法律进程，这个成就是举世瞩目的。我为此感到自豪。中国的知识产权保护现状当然是有问题，但并不是到了西方国家所说的不可收拾的地步。中美之间曾经在1991年、1994年两次发生知识产权冲突，当时美国政府指责中国的侵权行为已经达到了失控的地步，北方是软件侵权，南方是音像盗版。对盗版问题应该历史地来看，我刚才发表演讲时也讲到一个观点，也就是说，知识产权是一个合法的垄断，我希望复制品也应该有一个合理的价格，现在的正版价格必须与中国老百姓的购买力相适应，才能最终减少盗版。当然不能仅从经济上解决问题，还包括公民法律意识的提高。这两个问题同时解决才能够有效控制侵权行为。我的看法是，跨国公司的正版软件在中国应该有合理的定价。当然，中国也要坚定不移地打击侵权行为。要外抗强权、内打侵权，这是中国作为一个法治国家应该有的态度和立场。所以我提出这样的观点，拒绝盗版，从我做起；打击侵权，重在源头。

问：请你谈谈技术标准的问题。

答：关于技术标准取得专利，具有代表性的一个是手机，即移动通信使用的技术标准；另一个是 VCD 使用的技术标准。这些标准分别由美国、日本等国的公司享有，只要授予了中国专利，那么也要受到保护。中国是 VCD 播放机生产量最大的国家，现在遭到了 3C 联盟和 6C 联盟的指控，使用了人家的技术标准，生产一台 VCD 的播放机我们大概要支付 4 美元，也就是 30 元人民币，现在已经支付了 30 亿元人民币，而所有的专利许可使用费一共是 200 亿元。对技术标准给予专利保护由各国专利法规定，由专利部门授予，只要授予了专利就当然应给予保护。中国企业应充分发挥后发优势，参与技术标准联盟的事务，待条件成熟时，要有自己主导的技术标准。“得技术标准者得天下”，这是衡量一个国家产业发展水平的重要尺度。

问：知识产权是私权，为何行政权力却对此进行保护？

答：知识产权是私权，这是国际公约对知识产权基本属性的一种定位，这一规定从民法和法理学来说是合适的，也是准确的。从罗马法到近代民法，它所设定的财产权制度都是物质性的财产权利，它保护的对象都是动产和不动产。自从近代知识产权产生以后，在财产权领域产生了新的权利，即非物质性的财产权利，也就是知识产权。国际公约强调知识产权为私权，反映了发达国家知识财产私有的理念。这种理念的出现，通过国际公约的形式进行了制度设计，是有利于保护拥有技术优势的发达国家的。以上是我对这个问题的基本看法，进行私权定性有法理依据，反映了西方国家的知识财产私有理念。

如何评价中国对知识产权进行行政保护？我认为，凡是法律规定的权利都会受到私力救济和公法保护，这种公法保护理所当然包括行政保护。比如说对侵权复制品的进口采取海关扣押，工商行政管理部门及其他相关部门对侵权复制品采取种种行政制裁措施，都是合理的，也是必要的，都是有法律依据的。

我们注意到，20 世纪 90 年代中美之间产生知识产权冲突，它们更多寄希望于行政保护，要求中方定期组织联合执法队伍，包括海关、版权局、工商局、专利局等开展专项治理行动，希望行政机关快速、高效的执法行动。我认为，司法机关和行政机关应该各司其职，而不能仅仅倚重行政执法，即司法机关和行政机关应该依法来行使保护知识产权的职权，而不应该由行政机关进行大扫荡。目前的知识产权保护，特别是在打击盗版、假冒等侵权行为方面，应该说中国还是严格履行了《知识产权协议》规定的各项义务。

知识产权的基本原理和基本制度*

大家好，本人非常荣幸在这里为各位领导做一次关于知识产权问题的讲座。根据研讨班的要求，我讲述的主要内容涉及知识产权制度的基本问题，包括知识产权保护的对象是什么、知识产权有哪些基本特点、知识产权法律制度有哪些具体类型、知识产权制度对社会发展的作用如何。

对这一系列问题我给出三个关键词，那就是“知识创新、知识经济和知识产权”，因此今天上午讲课的内容就围绕这三个关键词来开展。

关于知识创新、知识经济和知识产权这三者的关系，可以用两句话来描述我的观点。

第一句话叫做知识就是力量。这句话是四百年前英国著名的科学家、哲学家培根说的，培根的这个科学论断完全被 17、18 世纪在欧洲所发生的一场伟大的革命所证实，这就是近代欧洲所发生的技术革命、工业革命和产业革命。因为我们可以看到，正是以纺织机、蒸汽机和内燃机为代表的近代科学技术把人类社会从农业经济时代推向工业经济时代。所以说，知识的力量是伟大的。

第二句话叫做知识就是财富。知识就是财富，可以说是当今国际社会所形成的一个共识。前不久在北京举办的财富论坛也提出了这样的口号。知识就是财富这样一个论断，它所表述的是这么一个思想，就是说当代的社会财富构成中发生了一些变化，包括土地、厂房、原材料这些有形财产在社会财富构成中

---

* 本文系作者 2005 年 9 月在中组部、全国整规办、国家行政学院联合主办的“保护知识产权和规范市场经济秩序”省部长专题研讨班所作的讲座，根据录音整理。

的地位相对地下降，而以知识、技术、信息为对象，以知识产权为表现形式的无形财产的地位得到空前提高。

从法律人的观念来看，房屋是不动产、桌子是动产，都是有形财产，人们看得见、摸得着，可以有效利用和支配；知识、技术和信息，却是一种精神的内在的东西，属于无形财产。知识怎么能够成为财富？人们怎么控制？怎么进行有偿交换？这些全都凭借国家法律的特别保护，这个法律就是知识产权法。当然知识产权与我们所熟悉的财产所有权、合同债权、继承权不同。所有权、债权、继承权是传统的、古老的财产权制度，可以追溯到奴隶制社会，最早可以从“古罗马法”中找到这些制度的痕迹。但是知识产权是近代商品经济和科学技术发展的产物，这个制度的产生时间并不长，一般来说，1623 年的英国《垄断法规》是世界上第一部专利法，1709 年的英国《安娜法令》是世界上第一部著作权法，法国 1857 年的《商标法》是世界上第一部商标法，知识产权制度从它的产生、形成、发展到今天，也就是三四百年的时间，但是知识产权制度对于促进经济发展、推动科技进步、繁荣文化与教育所起到的作用可以说是居功至伟。从全球范围我们可以看到，凡是比较发达的国家都很早地建立和健全了知识产权制度。像西欧、北美的发达国家的知识产权制度比中国要早两三百年，即使是像印度、巴西这样的发展中大国，它们的知识产权制度也早于中国一百来年。新中国知识产权法制建设严格来讲始自改革开放，1982 年《商标法》颁布，1984 年制定了《专利法》，1986 年《民法通则》以基本法的形式系统地规定了知识产权，1990 年国家颁布了《著作权法》，1993 年又颁布了《反不正当竞争法》。也就是说，我们的知识产权制度体系起始于 80 年代、完成于 90 年代初期。在中国 2001 年“入世”之前，这些法律又进行了修改，有些单行条例陆续颁布。我们现在的法律是符合世界贸易组织《知识产权协议》的要求的，与国际公约的规定接轨。在我看来，知识产权问题在当代社会远远不是一个国家内部的法律事务，它与国际政治、国际贸易、国际科技与文化交流紧密地联系在一起。所以今天谈知识产权问题，必须从国际变革大视野、从国家发展大战略来考虑，这是我今天做这个讲座的一个背景知识介绍。

一、知识财产与知识产权

知识产权的保护对象有不同的说法，有人把它叫知识财产、知识产品，或者叫智力成果，说法不一，所表述的对象是一样的。在法律体系中，财产可以分为两大类：一个是有形财产，包括动产和不动产，不动产就是不能移动的财产，如土地、房屋；可以移动的财产就是动产，如桌子、椅子、汽车、火车，能够跑的、动的都可称为动产。

无形财产主要指的是知识财产。应该说在当代的社会里，知识财产、无形财产具有特别重要的意义，刚才我说了人类社会有不同的经济类型，在农业经济时代，财富的核心是土地所有权，那么围绕着土地的相关产业是农业、养殖业，是以土地为核心的，在这个时期最重要的财产权就是土地所有权。在工业经济时代，资本是发展的第一要义、最重要的生产要素，所以说在这个时期，财富的重点是资本所有权，围绕着货币资本形成了以钢铁、石油、汽车为支柱的制造业。而在知识经济社会，知识、技术、信息可以说是财富的重要组成部分，基于知识要素所形成的相关产业，最有代表性的当属信息产业和基因工业，由此所产生的权利形态那就是知识所有权，这个知识所有权也就是我们今天所讲的知识产权。

（一）知识财产的基本特征

我们可以这么说，知识财产作为一种无形财产，是不同于动产和不动产这样一些有形财产的。具体说来，它有三个特点。

第一个特点是创造性。

知识财产不同于以往的物质性的财产，它必须有所创新、有所突破，而不能是已有财产的简单重复。创造性是知识财产能够取得知识产权保护的一个前提条件，比如说波兰哥白尼的天体运行理论，英国哈维的血液循环论，法国法拉第的电磁感应理论，英国牛顿的古典力学理论，这些理论的提出都是前所未有的，我们把它们称为前所未有性。中国那些非常有名的科学家，像著名的生物学家童第周、著名的化学家侯德榜，当今最有名的农业专家袁隆平院士，他们的发明就具有这种技术先进性。这些东西之所以能够成为知识财产，得到知识产权的保护，就在于它有创造性。物质财产有时候也有创造性，但是它的创造性并不是作为知识产权保护的前提条件。当然不同的知识财产，它的知识创造性的程度要求是不一样的：比如说著作权作品，它要求是独创性，就是说应该是独立创作的，而不是抄袭人家的，那你就可以取得保护。像专利发明，它要求是技术先进性，必须使某一个领域的技术发生质的飞跃。至于商标的创造性，要求就低了，只要达到易于区别的程度就行了。这些问题我会结合各种知识产权的类型再作具体说明。这是第一个特点。

第二个特点是非物质性。

这是知识财产最重要的一个特点。知识财产和物质性的财产不同，它有价值、有使用价值，但是没有外在的形体，不占据一定的空间，所以权利人很难加以控制。比如说我们这些年纪大的人都看过《红楼梦》。毛泽东主席当年要许世友将军至少要看十遍。《红楼梦》描述的是贾、薛、王、史四大家族的兴衰。鲁迅是怎么评价《红楼梦》的呢？他说一部《红楼梦》，才子看见缠绵，道德家看见淫，流言家看见宫闱秘事。就是说，在不同人的眼光里，都有着一部不同的《红楼梦》，这就是一个作品。但是我们可以看到，曹雪芹的《红楼梦》有很多的表现形式，可以是戏剧、电影、小说，可以翻译成英文和德文，这种表现形式和这个作品之间是一个什么关系呢？就是说，非物质性的知识财产只有通过一定的形式或载体表现出来才能为其他人所知悉和了解，但是这种知识财产的物化载体不等于是知识财产。比如说一本书，这本书就是某一作品的物化载体；比如说我在讲课，如果录音制成光盘，这个光盘就是口头作品的物化载体。这种物化载体只是知识财产存在的形式，不能代表它的本身。一本书售价 50 元，但是这个 50 元只是这本书的价值，而不是这个作品即知识财产的价值。因为知识财产可以在一定的时空内为无数个人同时使用。而物质性财产则不同，比如说这个房间，此时此地我们六十多个省长、部长在这里使用，其他人就不能使用；但是知识财产不同，它可以无限制地复制，无限制地在不同的地域、不同的空间为不特定的任何人共同使用。所以说财产的非物质性就带来一个麻烦，知识财产的所有人不能控制自己的财产。这个房子要控制，门上一把锁，派个卫兵守着，谁都不能使用这个房子。但是对于技术知识和信息，是没有办法施加物质性的外力加以控制的，那么靠什么来控制非法使用呢？靠国家法律特别保护，这就是为什么“国家整规办”要讲打击盗版、假冒的问题，要靠国家的强制力来保护知识财产所有人的利益。这是我讲的第二个特点。

第三个特点是公开性。

知识财产获得保护的一个很重要的条件，那就是必须公开、公示，知识、技术和信息必须为公众所知悉，这也是知识财产区别于物质财产的一个非常重要的特点。一般来说，物质性财产的状况在法律没有特别规定的情况下，公民可以将其作为私人秘密取得保护。现在中央规定，处级以上的干部必须按时公布自己的财产、报告自己的财产。除这个特殊规定以外，公民的私人财产信息没有公开的义务。但是，知识财产必须公开，这是法律的要求，你公开了我才能提供保护。比如说作品，不能藏之于名山，而是要传之于后世，如不公开则法律没有办法给予权利保护。接下来谈谈专利，技术发明在向专利局申请取得权利的时候，它的前提条件就是公开，要把它的技术特征充分公开，使这个技术领域的中等技术人员能够看得懂、能够明白。多年前有一个故事：瓦特把他的蒸汽机技术向法国专利局申请专利的时候，听从了好朋友给的建议，将一些技术诀窍隐秘而不加以公开。尽管法国专利局授予他专利权，使得瓦特获得巨大的利益，但事隔不久，就遇到诉讼麻烦。当时很多厂家加以仿冒，经过法国当局的制止、打击，一些侵权行为就放弃了，但是唯独有几家企业还在继续仿制，而不听劝阻，这些侵权人都是他昔日的助手、工程师，他们提出一个反侵权诉讼，主张蒸汽机专利无效，其原因就是瓦特在申请专利时，有关技术没有充分公开，不符合授权要求。当然这个故事的结局是以法国专利局维系瓦特的专利权的裁定而告终，但它在专利史上绝对是个教训，就是技术不充分公开就不能取得保护。至于说到商标，更是要进行宣传、进行公开，才能给予保护。记得 80 年代北京的东西长安街有日本人的汽车广告，这两个广告令人印象深刻，一个广告是丰田的：“车到山前必有路，有路必有丰田车”；而另一个广告是三菱的：“有朋远方来，喜乘三菱牌”。这日本人的汽车广告充满了中国文化的底蕴，在这里我不是评价它的广告词如何，而想说明一个问题：商标必须公开，才能达到标示、宣传商品的作用。在所有类型的知识产权中，都要求知识、技术、信息充分公开，但是唯独有一个例外，就是商业秘密不能公开，它是通过保密来维护它的权益的。关于这个问题我待会再讲。

总的说来，创造性、非物质性和公开性是知识财产最重要的三个特点。

（二）知识产权的基本特点

基于有形的动产、不动产，产生的是所有权；基于无形的知识财产，产生的是知识产权。下面讲知识产权不同于财产所有权的三个基本特点：

第一个特点叫做独占性。

知识产权是一种独占性的财产权，它具有排他性、绝对性的特点。这个太专业了。简单地说，对于自己的财产，所有人可以独立支配，不受他人干扰。在这个问题上，所有权与知识产权有类似的地方，因为知识产权也称为知识所有权。但是所有权与知识产权在独占内容上是有区别的。我跟大家讲个故事：80 年代我去广东搞社会调查，当地干部给我讲了一个故事，一个农民发家致富以后盖了一栋房子，并修了一道院墙，刷上白石灰，左看右看觉得非常满意，就写了一行大字："此墙不准画"。到了晚上，一些好事之徒一看就添了一行字，"为何你要画"。这个房屋主人一看非常生气，就写了第三句"我画自己墙"，到了第三天就成了一首打油诗了，有了第四句，叫做"要画大家画"。我听到这个故事觉得挺有意思，其实农民用一个非常朴素的语言讲了所有权的深奥哲理。这是什么意思呢？就是说，这是我的墙，别人不准画，而不能是"要画大家画"。他讲得很清楚，"此墙不准画，我画自己墙"，说明了房屋所有权的独占性、绝对性和排他性。但是我们应该注意到，知识财产和这个房屋不动产有不同的属性。就是说一幢房屋可以有一个独立的所有权，但是作为相同的知识财产只能授予其中一个以知识产权。独占性在财产所有权和知识产权中的表现是不一样的，我用一句非常形象的话说明知识产权的独占性，叫做"合法垄断，赢家通吃"。我们作何理解？比如说相同的技术、一模一样的商标，权利只会授予其中的一个。在美国有这样一个非常经典的案例，阿莱德公司在 20 世纪 70 年代的时候每年投入六七百万美元，研制一种非结晶的特殊金属材料，研制成功以后首先在美国取得了专利，然后在欧洲、在日本也同样申请了专利。其实在阿莱德公司研发这个非结晶金属材料的前后，像日本的新日铁公司、德国的西门子公司也开发出类似的技术，也把这个特殊的非结晶金属材料生产出来，而且德国和日本生产的金属材料质量也不错、价格更低廉，所以自然而然地流入美国市场。后来阿莱德公司向美国贸易委员会提出控诉，控告德国公司、日本公司侵权。最后经过美国贸易委员会的裁定，这几家德国、日本的公司退出美国市场。具有讽刺意义的在哪里呢？这项技术是日本东京大学教授发明的而被美国阿莱德公司开发利用的。也就是说，一项技术会有很多人在开发，谁抢得先机谁先取得知识产权，它就可以进行合法的垄断。所以我把知识产权的独占性称为“合法垄断，赢家通吃”。

第二个特点叫做地域性。

所谓地域性，讲的是知识产权的效力在一国授权的范围内有效，也就是说它要受到地域的限制，是在本国领土范围内发生效力，这是知识产权的一个基本特点。但是知识产权这种地域性与知识财产的国际贸易产生了冲突，为了克服知识产权地域性的局限，在 19 世纪的时候，以 1883 年的保护工业产权的《巴黎公约》、1886 年的保护文学艺术作品的《伯尔尼公约》为开端，知识产权国际保护体系开始建立。国际保护体系的形成，使得一个国家所授予的知识产权在其他缔约国也可以受到保护。这一点是非常重要的，我一开始讲，知识产权问题不是一国内部的法律事务，是跨国界、涉外的，这个意思我也可以用两句话来表述，一句是：“地域限制，画地为牢”，一个国家授予的专利、商标只在该国受到保护。但是由于有了国际公约就形成了后面一句话，叫做“国际保护，绿卡通行”，知识产权国际保护体系的形成，使得一个国家所授予的知识产权在国外也可以发生效力。在这里，著作权与其他知识产权不同。著作权作品采取自动保护主义原则，不需要在其他成员国申请登记注册就可以得到保护，只要所在国参加了国际公约。它的国民的作品就可以在其他成员国自动取得著作权。我记得 80 年代中期北京“人艺”上演了一场话剧，叫做“推销员之死”，这是美国著名剧作家米勒写的，当时的文化部副部长是英若诚，担任翻译、导演和主演。这场话剧非常成功，米勒在回国之前接受记者采访，他发表感言：我作为美国的艺术家，对于自己的作品能够在具有十亿人口的中国上演感到无上荣光。但是有一件事米勒百思不得其解，他向中国同行提出版权问题，但他们“王顾左右而言他”。中国人为了使用家电专利技术，向日本的资本家支付专利使用费，为什么不向我这个美国艺术家支付版权使用费？他为此感到困惑。其实这个问题不难回答，因为中国于 1990 年才制定《著作权法》，而且那个时候我们没有参加国际公约，没有参加著作权国际保护体系。在那种情况下，中国的作品，其他国家的人可以自由使用，反过来说，外国人的作品我们也可以自由使用。但是，自从1992年中美知识产权谅解备忘录达成以后，中国参加了《伯尔尼公约》和《世界版权公约》，到了2001年又参加了世界贸易组织的《知识产权协议》，在这个时候，你再无偿使用就构成盗版，是完全不可能的。所以说，著作权作品是自动保护。但是对于专利权和商标权而言，它必须在其他成员国提出专利申请、商标注册申请才能取得保护。比如说，周林发明的那个频谱仪是治疗运动外伤的，它首先取得中国专利，同时在日本、德国、美国、英国也申请了外国专利，这就意味着“周林频谱仪”在它申请的这些国家里也可以取得专利权。换句话说，它没有申请专利的国家，就成为社会公共财富，任何人都可以利用这一技术。所以我的第二句话叫做“国际保护、绿卡通行”。我们有些企业家以为在中国取得了商标权、专利权就万事大吉，可以畅通无阻，其实不然。在商标这个问题上，我们被抢注的情况非常严重，中国商标在海外发生的抢注超过两百起。据李东生副部长介绍，中国有15％的企业商标在海外不能取得有效注册，其原因就是被人家抢注了，像著名的海尔、同仁堂、狗不理商标就先后被美国、日本、韩国的一些公司抢注。除了著作权以外，知识产权要取得国外保护的话，就得拿“绿卡”，这个绿卡就是在国外申请注册，以克服地域性的限制。所以知识产权有一个国际化战略的问题。

第三个特点叫做时间性。

知识产权不是一种永恒的权利，它有时间限制，这个叫做法定保护期。比如说著作权，一般作品的著作权是作者有生之年加死后50年，而软件作品、音像制品、电影作品的保护期为50年；专利权保护期较短，发明专利20年，实用新型、外观设计10年；集成电路布图设计这种专有权保护期10年；如果是植物新品种权，藤木、林木、果木、观赏树木保护期20年，一般植物保护期15年。只有商标是个例外，商标权可以通过续展来延长它的保护期。我们国家商标的注册保护期是10年，到期的时候你可以通过续展使得商标保护权不断地延续。形象地说，这个特点就是“有限时间保护，无限物质财富”。由于有了保护期的规定，知识产权似乎“好景不长”，但是它又可能为权利人带来无限财富。为什么这么说呢？像著作权、专利权的保护期规定，是充分考虑了权利人的利益实现，可以保证在合理的时间内让权利人实施合法的垄断。

刚才我讲了知识财产的公开性特点，这里又讲了知识产权的独占性和时间性特点，结合起来我们可以解析什么是知识产权基本属性。在这里用两句话来说明什么是知识产权，“知识是公开的，权利是垄断的”。对于知识、技术和信息，其他人知道了，却不能擅自使用，因为国家给了知识所有人以垄断权，但是这个垄断权是有期限的。大家都知道“国际歌”是欧仁·鲍狄埃写的作品，在巴黎公社起义失败以后这位工人作家写的。这个“国际歌”也有著作权，就为他的女儿所继承。他的女儿在接受记者采访的时候这么说，我的父亲给我留下了一笔很重要的财产，这就是“国际歌”的著作权。她说我的家里很多家具、摆设都来自“国际歌”的版权收入。前不久法国有个电影片使用了“国际歌”，几个镜头就给了她 50 法郎。她感到非常高兴，但她说了另外一句话：我就不明白社会主义国家每隔五分钟就要唱一次“国际歌”，但它们从不向我支付版权使用费。她有一回写信给当时南斯拉夫总统铁托索要版权使用费，铁托给她回了一封信，“我不知道一个工人作家为我们工人阶级写的歌曲，还要支付什么版权费”。恐怕铁托总统没有听过知识产权的课，这个欧仁·鲍狄埃的女儿讲得有道理。版权是作者有生之年加死后 50 年，当时这是 80 年代的事情，两年后“国际歌”的版权保护期就过了，就不需要支付任何的版权使用费了。当然她说社会主义国家每隔五分钟就要唱一次国际歌，要求付费是不可以的。凡是在政治性集会及非营利场所唱“国际歌”都可以不付费。这在著作权法中称为合理使用。所以说，对知识财产的利用有很重要的策略问题、技术问题。我跟大家讲另一个案例，北方有个省属企业生产保温瓶。它们花了 6 年时间攻关，花了一两百万元投资，研发了一个以镁代银技术，节约了材料，减少了工艺周期。技术非常成功，企业准备申请国家发明一等奖。在申请发明奖的文献检索过程中，发现一个重要信息：这个以镁代银的工艺，早在 1926 年由英国一家公司已经作出并曾取得专利。这就是说，以镁代银工艺是个公知技术、已知技术，任何人都可以自由而无偿使用。因为那个时候的专利权保护期是 15 年，还不是现在的 20 年。所以说，一些企业的老板花重金购买人家已经失效的专利技术，完全是对知识产权知识的缺乏，从而造成企业利益的损失。

二、知识产权的基本类型及其作用

在当代社会，知识产权是一个非常庞大的法律制度体系。我们平时所言的知识产权是三大主体制度，那就是著作权、专利权和商标权。这三项权利又可以把它分为文学产权和工业产权，文学产权指的就是著作权，包括著作权和与著作权有关的相关权；工业产权包括专利权和商标权。这些是传统的知识产权。根据世界贸易组织的《知识产权协议》规定，除了以上三种权利以外，知识产权还应该包括商业秘密权、地理标记权、植物品种权、集成电路布图设计权。下面我依次介绍这七种知识产权。

（一）著作权与文化传播

著作权又称为版权，是指作者及其他著作权人对文学、艺术、科学作品所享有的专有性权利的总称，这是文化领域当中一种重要的知识产权，我所讲的文化创新、文化传播、文化产业发展都与著作权制度有关。就著作权的内容来说，我们可以将之分为两大部分，一是作品创作者的权利。通常我们说的作家、画家、音乐家都享有此类权利，这也是一种狭义的著作权。它包括非常丰富的权利内容：从精神权利来讲，包括发表权、署名权、作品完整权、修改权；从财产权利来看，包括复制权、上演权、发行权、广播权、电影摄制权、改编权、翻译权等。这些权利内容非常丰富，可以为创作者带来巨大的利益。如何理解，有例为证。下面我介绍一个英国著名作家克洛斯蒂。克洛斯蒂是写侦探小说的，我相信在座的各位领导都看过她的作品，因为她的作品搬上银幕在中国上演过，像“东方列车上的惨案”“尼罗河上的惨案”“阳光下的罪恶”等，都是这位老太太写的，人称“制造死亡的女公爵”。她的侦探作品很成功，英国女王封她为公爵。她的作品发行总量使莎士比亚位居其后，这个权利就是发行权；作品被翻译成 15 种文字，这是翻译权；在 35 个国家出版，这是复制权；作品搬上了银幕，这是电影摄制权；她还写了剧本“捕鼠器”，在伦敦连续演了 20 年，这是上演权。她的作品有了这么多权利可以转让、可以许可使用，从而为她本人和她的家族带来了巨大的利益，以至于她去世以后，她的孙子马修专门成立了一个“克洛斯蒂版权有限公司”，每年收版税就可以带来不菲的收入。

二是作品传播者的权利，在法律上也称为相关权，即与著作权有关的权利，包括表演者的权利、广播组织的权利、音像制作者的权利。因为传播者在传播作品的时候付出了自己的劳动，投入了自己的资金，所以法律要给予保护。大家都知道，湖南电视台的“超级女声”，这是中国电视的第一个选秀节目。我们省的俞正声书记说是“文化湘军，影响全国”。美国报纸评论说，中国有三四亿人看了“超级女声”的比赛，所带来的产业收入大概是好几个亿。这里面就有传播者的权利。比如说那几个，进入前三、前四的女生，据说现在身价几百万元。她们享有表演者权，唱歌可以取得报酬。湖南卫视组织这台节目，各省都要转播，转播也不是免费午餐，这行使的是广播组织的权利。据说，音像出版社把超级女声决赛的精彩节目制成音像制品，叫做“超级女声宝典”，发行量可望超过 100 万张，出版社的利益来自音像制作者的权利。

总的说来，著作权是一种文化领域中个人独占权利，与文学、艺术、科学和教育事业的发展有着紧密的联系。著作权制度通过授予创作人（包括传播人）期限性专有权利之手段，产生作品创作之诱因，激发传播作品之热情，达到促进文化进步、知识传播之目的。我们还应看到，著作权是一种文化市场中的合法垄断权利，其经济意义体现在版权产业之中。版权产业是指个人或企业所从事的生产经营活动与享有著作权的作品有关并直接或间接受著作权法规范和保护的产业，包括出版业、唱片业、电影业、广播电视业、艺术表演业、软件业、传媒业、广告业、会展业等。版权业在发达国家中占有十分重要的地位。我们以美国为例：第一，版权业的增幅。美国从 1977 年到 2001 年这二十多年间，它的版权业以 7%的速度逐年攀升。而在同一阶段，美国 GDP 在 20 世纪 90 年代平均增幅是 4%，在 25 年间平均增幅为 3.2%，可见它的版权业增幅高于 GDP 的平均增速。这说明美国把版权业摆在一个优先发展的重要地位。第二，版权业的产值。在 20 世纪 90 年代，美国的版权业占 GDP 总量的 6.7%，到 2001 年时，它占 GDP 的 7.7%，也是在不断地攀升。在美国的信息产业、电影业、飞机制造业三大支柱产业中，很多都与版权业有关。第三，版权业的出口。现在美国出口排在第一的不是波音飞机，更不是通用汽车，而是美国的版权产品。从 20 世纪 80 年代末以来一直到 21 世纪初，排名第一的是美国版权业。其中有两项版权产品最为引人注目，一是软件，其出口量1991年是196亿美元，到2001年上升到607亿美元，整整增加了两倍。二是音像电影出口，1991年是70亿美元，到了2001年是146亿美元，整整增加了一倍。所以不难想象，为什么美国要在全球加强对版权的保护，就是为了维护其版权业在对外贸易中的重大利益。1996年到1997年的时候，我在澳门做立法议员顾问，看到一个资料：广东有二十多家地下黑工厂，专门复制好莱坞大片。好莱坞的大片不是免费的午餐，但一些地下工厂盗版复制的大片不仅在国内市场销售，还出口港澳台地区和新马泰等国。此外，就是北京的一些科技公司经营盗版软件，以至于苹果公司、IBM公司组成的美国软件同盟状告中关村的几家科技企业，最后成为涉案几十家公司的集团诉讼。北方的软件盗版、南方的音像盗版，这也是中美之间发生知识产权冲突的爆发点。可以说，美国在全球贸易中强化保护的一个重点就是美国版权。

从中国来讲，中国的版权业发展的势头还是好的。根据我掌握的资料，现在中国版权业占GDP总量接近6%，但是我以为还有相当的发展空间。文化不仅有它的精神教化作用，同时也具有产业发展的经济特征。在整个90年代，我们国家GDP的平均增幅超过9%，而第三产业的平均增幅只有5.8%，其中版权产业的发展速度在第三产业中增幅更低。所以说，中国的版权业还有相当的发展空间，应该成为21世纪知识经济发展的引擎。

（二）专利权与技术创新

专利权是指公民或企业对其发明创造在一定期限内依法享有独占实施的权利，它是科技领域最重要的一项知识产权。所谓技术创新、技术成果交流、技术产业发展的主要法律制度就是专利权。专利权作为技术领域里的专有财产权，包括了独占性的制造、使用、销售、进口等各项权利。在我国，专利分为三类，即发明专利、实用新型专利、外观设计专利。

所谓发明，是关于产品、方法或者其组合所提出的一个新的技术方案。诸如白炽灯、留声机、计算机在历史上都是一种发明。据说在20世纪，取得个人专利发明最多的是爱迪生。他一生有1 500个发明专利。当今世界拥有专利最多的企业，是美国IBM，在过去的10年期间，这家公司共取得12万件发明专利。

所谓实用新型，指的是关于产品形状、构造或者其组合所体现的一种新技术，我们俗称小发明、小创造。前几年去德国，看到一种杯子的造型非常别致，其杯体中部有一个凹槽，使大拇指能够紧紧扣住，同时杯口一边低一边高，便于高鼻子老外喝水，杯子造型与一般饮具不同，这就是一种新的产品构造，可以取得实用新型专利。

所谓外观设计，是对产品的形状、图案或者其组合所作出的一种富有美感的新设计。一些设计新颖的包装袋都可以申请外观设计专利，一些工业设计往往就是工业产品的外观设计。湖北随州擂鼓墩出土了战国时期的编钟，随州酒厂就用编钟的造型设计成酒瓶，并申请了外观设计专利。

专利权体现了市场经济条件下的合法垄断。专利权人获得了一定期限的技术垄断的权利，同时也付出了公开相关技术信息的对价。具体说来，专利权制度规定权利人享有专利技术范围内的专有权利，凡是权利要求书所限定的，其他人未经同意就不得实施，而专利权人则丧失了对技术的保密性和永远占有该技术的可能性。可见，专利权制度的作用有三，一是给发明创造人以权利保护，利于激励创新；二是通过技术公开，防止重复开发；三是赋予权利期限，力促专利实施，最终达到推动技术创新、产业发展的目的。

专利权制度的建立须与一国的经济、科技发展水平相适应。其中，最重要的是专利权的保护范围，即授予新技术以专利的问题。中国于 1984 年颁布专利法，那个时候的专利法不保护药品、化学物质。到 1992 年中美第一次知识产权冲突达成谅解备忘录后，中国修改了专利法，保护药品、化学物质、食品和调味品专利。一般来说，应根据一个国家的经济发展水平、科技发展程度来确定本国专利授权范围。有学者指出，日本在明治维新以后也制定了专利法，但长达 90 年不保护药品，这是因为日本制药工业非常落后，依靠仿制西药过日子。韩国在 20 世纪 60 年代颁布了专利法，至少是 20 年不保护药品。发展中国家并不想高水平地保护药品、化学物质专利，但国际环境不容许。加入世界贸易组织的前提条件，就是参加《知识产权协议》。《知识产权协议》要求各个成员国必须授予药品以专利，所以说，现在的国际环境发生了变化，不容许发展中国家对专利保护有一个漫长的缓冲期、过渡期。中国作为《知识产权协议》的成员国，要遵守国际义务，向国际规则靠拢。所以现在看到的是，不管是发达国家还是发展中国家，毫无二致都通过专利的方法保护药品、保护化学物质。

到了21世纪，专利权的保护范围又发生了新的变化，现在国际社会正在讨论对基因技术是否给予保护、如何给予保护的问题。关于这个问题谈谈我的看法。所谓基因技术又称为现代生物技术，它是20世纪70年代以来，在现代生物学的基础上，结合了细胞学、遗传学、微生物学、生物分子化学，再加上计算机技术发展起来的一个新的重要的科学技术门类。这一科学技术研究的对象是生物体，包括动物、植物、微生物和人本身。生物体的基本成分叫做细胞，细胞核里有核子、核膜、核仁和染色体。染色体最主要的物质成分叫做脱氧核糖核酸，英文是“DNA”。基因又称为遗传因子，其物质基础就是DNA。基因实际上是一个具有自身繁殖能力的遗传单位，以一种线性秩序排列组合在核酸和蛋白质之中。我认为，基因技术给人类带来的影响，将不亚于网络技术。因为科学家告诉我们，21世纪的一切生命现象包括人类自身，都不得不用基因技术来加以解释和说明，这个技术对人类社会影响是非常深远的。

基因技术造福人类，最少有两个方面的作用。

第一个作用是治疗疾病，维系人类健康。现代人类基因图谱已经基本破译了。40%以上的测序任务是由美国人来完成的，中国是第六个参加人类基因图谱测序的，大概承担了1%的测序工作。据说人的健康状况，包括是否生病、生什么病、能否治愈这些疾病，都和基因有关。换句话说，人类可以通过修补、矫正、改变基因来治疗疾病，延长寿命。所以科学家非常乐观地估计，到了21世纪中叶，如果基因技术完全为人类所掌握，人的理论寿命可以达到180岁，甚至有人说可以达到200岁。现在人的理论寿命是120岁，但是由于癌症、艾滋病等不治之症，人的寿命很难超过100岁，如果有了基因技术，就可以治疗疾病。美国有个病例，一位同性恋者的几个性伙伴全都得艾滋病死了，但他本人却健在。医学专家研究发现，他的某一染色体发生了变异。换句话说，凡是正常染色体的同性恋者，患艾滋病全都死了，而染色体变异者没死。这就给专家一个重要的启示：通过改变基因、修补染色体是可以治疗一些疾病的。基因技术将使人长寿，这不是一个科学的童话，而是科学的预言。

第二个作用是丰富物种，挽救物种，改变人类的生存环境。由于人类自身的原因，废气、废渣、废水对人类社会的生存带来种种危害，造成植物、动物濒危。据说生物多样性正以10%的速度逐年递减，这是一件非常可怕的事情。现在有了基因技术，可以大大缓解人类社会面临的难题。比如说熊猫属于世界珍稀动物，在中国总共只有2 000多只。熊猫数量太少，主要是繁殖困难。据说现在有了克隆术，已经把熊猫的早期胚胎克隆出来了。再比如说，利用转基因技术把花卉的颜色植入到棉花之中，可以生产紫色的、黄色的棉花。所以，基因技术是可以造福人类的。

但是任何一个高新技术，如果人类社会不能有效地控制、理智地管理，也会有问题的。这个问题表现在以下三方面。

第一个问题就是转基因物质的泛滥。世界上万事万物都有自己的线性特征，树叶是绿的，花是香的，它们有自身的特点。转基因物质作用于植物、动物乃至人自身，如果对此不能理性地加以管理和控制，就会出问题。比如北美科学家培育一种转基因玉米，可以抗干旱、抗伏倒、高产量。这个转基因物质分离出来后，但不小心散播开了，在这个玉米旁边长出了一大片抗干旱、抗伏倒的杂草。你播下的是龙种，收到的是跳蚤。转基因物质能不能有效控制，这是人类社会面临的第一个难题。

第二个问题就是人类基因信息的失控。人类基因图谱基本破译给社会带来了福音，有了基因图谱，可以按图索骥，了解生命的奥秘，人的相貌、身高、肤色、能力、特点、禀赋都直接或间接与基因有关。基因犯罪学家说，人会不会犯罪，犯什么罪都可以通过基因图谱分析。但是，人类社会的个体与群体的这些生命密码，由谁管理、谁控制、谁发表、谁修改，都是一个值得重视的问题。如果个体或群体的基因图谱不能有效管理，人类社会将没有任何私人秘密可言。对此，社会管理者、国家立法者要给予高度关注。

第三个问题是克隆人技术的滥用。克隆（CLONE），即无性繁殖。恩格斯将人类的繁衍视为家庭的三个基本职能之一。现在由于克隆技术的出现，不需要男女参与，而在实验室里通过基因技术来生产人类。这不是危言耸听，而是有例为证。1999年美国马萨诸塞州一个民间研究所，将男人大腿上的细胞再加上母牛身上的卵子，把人类早期胚胎克隆出来了。后来，这个科学家害怕，把胚胎销毁了。如果这个胚胎存活14天，根据生殖规律可以植入妇女的子宫，十月怀胎可能生出一个孩子来。这是一个存有技术可能的事。克隆人技术还没有完全为人类掌握，但是它的潜在危险是客观存在的。因此，大国领袖纷纷发表声明，禁止本国使用推行克隆人技术。以治疗为目的可以克隆人的某些器官，但不能复制一个人，因为这一技术十分复杂，稍有不慎就可能复制了个次品、废品，甚至是危险品。

尽管如此，国际社会依然有一个不可逆转的潮流，就是通过知识产权特别是专利权来保护基因技术。一是基因方法专利。日本曾经授予这样一个专利，科学家将一种无害的感冒病毒携带治疗癌症的基因发送到患者的病灶上，取得了基因方法专利。二是基因产品专利。上海有个生物制品研究所，克隆了一头牛，这头牛挤出的牛奶是高表白的药用球蛋白，这种特别的牛奶产品可以申请基因产品专利。三是转基因植物、微生物、动物。转基因植物在国外可以申请专利，在中国可以获得品种权；转基因微生物也可以取得专利权。唯独转基因动物是否给予专利保护，目前存有争议。长期以来，各国专利法对动物不给予保护，现在这一状况有变化了。20 世纪 80 年代的时候，美国哈佛大学克隆了一只老鼠，叫“哈佛鼠”，申请了美国专利，但把“哈佛鼠”拿到欧洲去申请专利，却遭到欧盟国家的拒绝，它们不保护动物专利。但这种情况发生了变化，1998 年欧盟有了《关于生物技术保护指令》，凡生物技术只要不涉及疾病的诊断和治疗方法，只要不违反公序良俗，都要给予保护。所以说授予转基因动物专利，恐怕是未来立法的一个趋势。

最后讲讲专利权制度的意义。

在全球专利保护一体化的今天，拥有专利就是拥有全球市场，这在高新技术产业领域尤为突出。“所谓三流的企业卖力气，二流的企业卖产品，一流的企业卖技术，超一流的企业卖标准”。这里的技术和技术标准都可以取得专利。可以说，专利就是市场，专利就是利益，专利与一个企业的生存和发展、与一国产业的进步和发达密不可分。

专利法既是科技创新促进之法，也是科技产业发展之法。有人讲，“创新精神应该是民族的主体精神，一个没有创新精神的民族是没有希望的”。在这里，我们也可以讲，创新制度是国家的基本法律制度，一个没有知识产权制度的国家是没有未来的。世界上第一部专利法是英国 1623 年的《垄断法规》。这部法律实施后的一百年间，极大地推动了当时英国的采矿、冶炼、交通、纺织和制造工业，其所创造的物质财富是英国建国十几个世纪的总和。美国第一任专利局局长是杰弗逊，后来也是美国最有名的总统之一，是美国宪法的起草者。他在担任专利局局长任内曾经说过，“发明靠专利保护，专利又反过来促进创造。这样一种刺激发明创造的作用是我始料未及的”。19 世纪末日本第一任专利局长，也是后来的首相高桥是清，上任后向美国取经，考察美国怎样成为一个伟大的国家，得出一个重要的结论，那就是专利制度对科技创新有直接的激励因素。

瑞士洛桑国际竞争力研究所把国家的科技竞争力分为 25 个指标，其中 5 项与专利有关，所以专利是科技竞争力一个重要的衡量指标。现在美国每年专利申请占到全球的 1/3，中国申请专利的数量是美国的 1/3。从数据上看，我们获取专利的数量尚可，且年年都在增长，但在质量和水平方面，差距还是很明显的。这可以从三个方面分析。

第一，从专利类型来看，自从专利法颁布到目前为止，中国企业和个人所取得的发明专利授权只有 35%。换句话说，我们大量的专利是实用新型、外观设计，可以看出我们还没有在关键技术、核心技术上取得更多的专利。同时，我们的专利还缺乏那些基础性、原创性的发明技术。而在外国，专利类型 75%以上是发明专利，实用新型和外观设计专利只占很少一部分。发明专利比例的差异实际上是技术创新能力和水平的差距。

第二，从职务发明专利的比例来看，中国申请的专利，其职务发明专利只占 35%，大量是个人专利，而国外申请的专利 95%是职务发明专利。这个数据告诉我们，中国的企业在专利权拥有方面作为不大。现在“全国整规办”准备从大型企业入手，普及和推广知识产权，我觉得是非常有意义的。如果企业没有自主知识产权，怎么谈得上有核心竞争力，职务发明专利问题反映出我们企业的研发能力不够，核心竞争力不强。

第三，从国外专利来看，现在中国企业在国外申请专利每年平均为 2 000 件，获取授权 300 件，相当于微软公司、IBM 公司、杜邦公司一年的国际专利申请量、授权量。而相形之下，外国企业则在中国专利市场跑马圈地，在我国的专利授权中，信息技术的 90%、计算机技术的 70%、移动通信技术的

92%、集成电路技术的90%、生物技术的87%，均为外国企业所获得。

（三）商标权与市场营销

商标权是商标所有人依法对其注册所享有的专有使用权，这是营销领域中最重要的知识产权。企业占领市场、争夺消费者、实现利润，在很大程度上凭借的就是商标权。

商标的作用，第一个是功能选择，老百姓对商标应该非常熟悉，我们一般是认牌购物。商标的作用是区别产品来自何处、产自何人，它是产品来源和品质特定的一种区别标志。购买商品主要是认牌子。广东保洁公司生产的洗发水，不同的品牌有不同的功能，广告也做得很有意思："头屑去无踪，秀发更出众"，说的是海飞丝；"更飘更柔"，肯定是飘柔；"拥有健康，当然亮泽"，就是潘婷。三大品牌深入消费者人心，所以商标的第一个作用就是功能选择。

第二个是质量保证。在现代营销理念中，商品的消费往往是品牌的消费，商品的选择实际上是商标的选择。一些老牌商标、驰名商标，就是商誉、质量的保证和象征。比如在中成药市场，北京的同仁堂、上海的雷允上、广州的敬修堂等就是享誉全国、驰名中外的知名品牌。

商标权的内容，包括使用权和禁止权两个方面。其一是使用权，商标权人对自己核准注册的商标，有充分支配和完全使用的权利。这种商标的使用可以是自己使用，也可以转让许可他人使用。商标的使用可以为注册人带来利益。在国际经贸领域，一些跨国公司进行品牌经营，就是商标许可使用方式。美国耐克运动鞋，生产基地在亚洲，美国公司凭借商标许可使用和控制"气垫"这一技术秘密，靠这两种知识产权就赚走了大部分利润。其二是禁止权，商标权人有权禁止他人未经允许擅自使用商标。这是一种排他性的权利，就是我们平常说的防止商标混同。在20世纪70年代，湖北天门有个自行车厂，生产的自行车叫做"金凤"牌。上海自行车厂有个"凤凰"牌。这个"金凤"的字形和上海的一模一样。标牌上也画了一只凤凰，不过上海的凤凰尾巴在天上，天门的凤凰尾巴在地上，区别仅此而已。这就是一种商标混同，商标注册人有绝对的排他权。

商标权是市场经营中的一项合法垄断权。商品权的取得、利用和保护，有助于维系和发挥品牌的效用，使商标所指定使用的商品占有最大的市场份额，从而为经营者获取市场竞争优势。在企业资产构成中，商标权特别是驰名商标专有权成为企业拥有的重要无形财产。我在许多场合讲过，在一个知名品牌的背后往往会是一个有生命力的企业、一个有竞争力的产业、一个有经济实力的城市，也会是一个有世界影响力的国家。当年的诺基亚商标，其形成的产值占芬兰 GDP 总量的 4%，出口额占到 25%，其雇用工人数占到劳动力总量的 1%。

知名品牌往往能够获取驰名商标的特别保护，法律对驰名商标的保护不同于一般注册商标，这表现在两个方面：第一，对未注册的驰名商标也要给予保护，禁止他人在同一种商品和类似商品上抢注。美国的“三特”商标在中国取得注册之前，有人想在汽车产品上抢注，因为“三特”是驰名商标，抢注被商标局驳回。第二，凡是注册的驰名商标在非类似商品上也享有禁止权。日本东京地方法院曾作过一个判决，有一家食品公司生产蛋糕，取名“索尼”牌。索尼公司不乐意了，这不就和我的品牌构成混同了吗？蛋糕与索尼公司生产的家电是非类似商品，但“索尼”是驰名商标，必须给予特别保护，否则会在消费者中产生误认。知名品牌既是企业的重要无形资产，也是城市乃至国家拥有经济实力和核心竞争力的表现。我们判断一个地区甚至一个国家有没有经济实力，有没有市场影响，往往要看知名品牌的数量和价值。世界名牌 100 强的评比已经好多年了，到目前为止，中国商标还无一入选。现在世界十大品牌，2002 年的排行榜中有 9 个归美国，一个归芬兰，排名前三的是美国的可口可乐、微软、IBM。可口可乐品牌在 20 世纪 60 年代的时候身价 60 亿美元，到 20 世纪 80 年代上升到 320 亿美元，20 世纪 90 年代的价值是 450 亿美元，2002 年的最新身价为 750 亿美元。微软身价是 702 亿美元，诺基亚排名第五，身价是 365 亿美元。

外国企业进入中国市场有个三步曲，第一步卖洋货。20 世纪 70 年代改革开放，大量洋货进入中国市场，什么“东芝”洗衣机、“松下”彩电，新产品都是舶来品。第二步投洋钱。20 世纪 80 年代我们有三部外资法，《中外合资经营企业法》《中外合作经营企业法》《外资企业法》。那时候，外国公司在中国投入资金，兴办合资企业、合作企业和独资企业。第三步是 20 世纪 90 年代，洋货照卖，洋钱照投，更重要的是投入洋技术、洋品牌，技术和品牌就是知识产权。我们可以看到，一个可口可乐不过是当年治疗感冒的药水，现在成为风靡全球的第一饮料。可口可乐在中国没有输入一条生产线，没有投入一分钱现金，却与百事可乐联手占据中国软饮料的半壁江山。这就是品牌的力量。所谓商场如战场，商标战略应该成为中国未来知识产权战略的一个重要组成部分。从中国的企业来看，对知名品牌的培育、保护、管理，还是有相当差距的。第一，中国有15%的企业商标在海外注册受阻，因为这些知名品牌被其他外国公司抢注。第二，中外合资企业90%以上使用的外国品牌。中外合资、合作的结果多是洋品牌取代本土品牌，使自己多年培育的商标退出市场。第三，中国的进出口企业80%使用的是外国品牌，即定牌生产、加工贸易。中国企业在国际贸易中，常规武器是广告战、价格战，还没有有效运用品牌战略。

（四）商业秘密权与信息财产

商业秘密是指不为公众所知悉，能为权利人带来经济利益，具有实用性并经权利人采取保密措施的技术信息和经营信息，这是企业的重要信息财产。它分为两大部分：一是技术秘密，像技术诀窍、工艺配方、生产流程、工程图纸等。二是经营秘密，像经营诀窍、客户名单、销售网络、标底等。长期以来，大多数欧洲国家对商业秘密主要通过合同法、侵权行为法来保护，历来不将之看做独立的产权，而美国、英国则是将商业秘密作为一种财产权来看待的。这一情况在20世纪60年代开始发生变化。自20世纪60年代起，首先是国际商会承认商业秘密是一种财产；到20世纪90年代，世界贸易组织的《知识产权协议》将商业秘密纳入知识产权体系之中，把它称为“未公开的信息”。这固然是美国在国际公约制定过程中施加影响的结果，但不容否认的是，商业秘密应该是一种非常重要的无形财产，中国的大型企业76%没有专利，中小企业95%没有专利，但是一个企业不可能没有自己的技术秘密和经营诀窍。商业秘密的保护不同于专利保护和版权保护，更多依赖于信息所有人的保密行为，法律的作用仅在于其受到侵害后能给予后续救济。采取有效措施保护自己的商业秘密，不仅有助于巩固自己在市场竞争中的技术优势和信息资源，更重要的是，保密措施也是商业秘密得以成为知识产权的必要条件。

关于商业秘密的保护，有两个大问题必须予以重视：一要防范商业间谍行为。商业间谍又被称为工业间谍，即采取不正当的非法手段刺探他人的技术秘密和商业情报，从而获取非法利益。在国际商战实践中最成功的是日本。20世纪60年代，为振兴本国的摩托车工业，日本以考察、合资谈判的名义派出200多个专家分为12个小组，分别到德国、英国、美国等老牌摩托车生产大国进行公司考察，声称合作经营、引进技术。一年以后，这些专家带回几十部样机和许多技术资料，然后进行联合攻关，研制出了性能好、样式新、价格低的新一代摩托车，从而一跃成为世界头号的摩托车生产王国。日本为此没有引进一条生产线，没有购买一项专利技术。商业间谍不仅损害企业利益，而且还会危及国家经济、军事安全。20世纪60年代，苏联利用一种最新型的金属材料试制成远程轰炸机，这种金属材料是高度的国家机密。美国的军火公司为获得相关资料而煞费苦心，但是一直没能成功。由于这种工业金属废料重量轻、有弹性、质量好，军工厂的工人就用金属废料来制造衣架。美国军火公司花重金购买了这种衣架，从而掌握了轰炸机的金属材料构成。

二要防止商业秘密的泄露。这就要建立有效的规章制度，与员工签订保密合同，同时也要采取必要的技术防范措施。这里有两个案例：其一：中国维生素药品产量居世界第一，如红霉素、土霉素等药品的产量占全世界份额的60%～70%，维生素C的生产份额高达50%。维生素C是一种重要药品，用途十分广泛。我国是最大的生产国和出口国，维C生产技术也是最先进的，尤其是“两步发酵法”处于世界领先水平。德国和日本也是世界上重要的药品生产国，为了获得这种技术，两国公司派人与中方研究机构谈判购买。在协商尚未结束时两公司突然无故中断谈判，原来研制小组成员的一位工程师，为评职称需要在专业期刊上发表文章，披露了“两步发酵法”的主要信息，如生产配方、相关的技术参数等。这次泄密给中方机构造成了重大损失。其二：北京一位著名中医专家经过二十多年研究，研制成功一种中药抗癌秘方“金龙胶囊”，临床试验效果显著，即将投入批量生产。这时美国食品医药管理局属下的研究所派员前来进行合作研究，中方专家为其提供了30克的鲜药。美国科学家经研究检测，发现药物中的活性成分有高效的抗癌作用，药物开发价值前景很好。时隔一年之后，与该研究所有密切联系的美国诺华制药公司，宣称开发出与“金龙胶囊”药理机制完全相同的药品。《欧洲时报》采访此事后报道说，中国由此而损失了近二十亿人民币。

保护商业秘密，也就是保护企业的无形资产。在这方面最成功的例子是可口可乐公司。可口可乐本是一种治疗感冒的配方，结果发展成为风靡全球的软饮料。如果这个配方申请专利保护的话，那么现在该专利早已失效。但是配方作为商业秘密，只要保密成功，就可以永久享有利益。据说，可口可乐配方中已知的有咖啡因、苏打水和碳酸，其他5%原料不得而知。可口可乐在世界上一百二十多个国家都有分公司，这些公司实际是装瓶公司，将可口可乐总公司提供的饮料浓缩液兑水后灌瓶出售，浓缩液的原材料在美国公司总部由不同部门的不同人员掌握，无人知道其全部配料。商业秘密的保护应该引起国人的注意，这也是一项十分重要的知识产权。

（五）地理标志权与产地名片

地理标志是表示产品来源地的专用标志。按照《知识产权协议》的说法，它是指表明某商品来源于某一缔约方的地域或该地域的某一地区或地点的标志，并且该商品的特定质量、信誉或其他特征与该地理来源有实质上的关联。

地理标志既是产地标志，也是质量标志，它可以提高产品的商业价值，为原产地带来利益，因此是一项重要的知识产权。地理标志具有以下意义、功能和作用。

第一，地理标志是天然的驰名商标。驰名商标是企业独有的，一个驰名商标需要十几年、几十年甚至上百年的时间培育，需要几千万甚至几个亿资金的广告运作，否则不可能深入消费者的内心，为人们所熟悉进而达到驰名的程度。但是地理标志不同，它是长期孕育的但是免费使用的，只要是该地方的生产经营商都可以使用。地理标志可以为生产经营商带来可观的产品附加值，如西湖龙井、信阳毛尖价格要比其他地方生产的一般品牌的茶叶高10%～20%。地理标志农产品的附加值比一般农产品高出5%～20%，据农业部统计资料显示，地理标志农产品形成的产值有几百亿元。

第二，地理标志是特色农产品、手工业产品重要的品牌。地理标志是与“三农”联系最密切的知识产权。西部地区如青海、宁夏等地的战略重点应该与广东、江苏等沿海省份不同，农业大省应该重视地理标志权以及后面将提到的植物新品种权的开发。为什么说地理标志权与“三农”有紧密联系呢？以法国为例，法国有 12 万个农业企业，大部分收入就来自地理标志产品。法国的农业企业生产葡萄酒、烈性酒、黄油、奶酪和其他奶制品，这些产品都有专门的地理标志，其经营额高达 800 亿法郎。因此法国在国际知识产权保护的诉求上与美国有所不同，美国强调保护音像、软件版权，法国则重视保护地理标志。中国作为传统的文化大国和农业大国，应加强地理标志的保护。这些年来，我国获得地理标志的主要是农副产品，目前有 307 个，占整个地理标志的 95%，其中又以瓜果蔬菜最多，占总量的 30%。农业大省、市在此方面应该有所作为。

第三，地理标志是省市对外宣传的镀金名片。地理标志可以帮助地方、地区向国人、向世界展示其社会形象，发挥独特、明显的宣传作用。我们可以将地理标志称为镀金名片。地理标志产品是地名和产品名的结合，因此在销售产品的同时也树立了地方的形象，绍兴黄酒、烟台苹果、浏阳花炮、镇江香醋、平遥牛肉、孝感麻糖等特定的产品总是与特定的地方联系在一起，地方名特产品与地方社会形象联系在一起。所以，地方领导要做好地方的品牌就要重视地理标志，这是很有战略意义的。

对地理标志可以采用两种保护方法：第一，在 2001 年商标法修改后，我们可以申请证明商标或集体商标进行保护，这符合国际公约的要求。第二，通过国家质量监督检验检疫总局授予地理标志产品的称号。有学者对这种保护方法提出批评，认为这是双轨制，与国际惯例不符。应该说，目前这两种保护方法还是起到了相应的功效，推动和促进了各个省市重视对名特产品的保护。据资料显示，目前取得证明商标、集体商标和地方标志产品称号授予权最多的是山东、河南和浙江三省，地方标志产品销售额价值最高的是山东、四川和浙江三省。

（六）植物新品种权与种植技术成果

植物新品种权是指具有新颖性、特异性、一致性和稳定性并有适当命名的植物品种，主要包括两大类：一类是人工培育的新品种，另外一类是人力开发的野生植物新品种。这两类都称为植物新品种。植物新品种的培育，因为投入的资金多、育种的时间长，所以国际社会一致呼吁对这类种植技术成果给予知识产权保护。在国际公约中对植物新品种的保护主要采取两种方法：一是给予专利保护；一是给予准专利保护。我们国家采取的是准专利保护，对新植物品种予以独立授权，称为植物新品种权，该权利的授予由农业部主管。国务院1997年颁布了《植物新品种保护条例》，1998年开始实施。

植物新品种权是农业领域特别是种植业领域里最重要的一项知识产权。中国是一个农业大国，我国拥有的生物多样性居全世界第八、北半球第一，植物资源特别是裸子植物资源居世界第一，而且还是大豆和水稻的故乡。我们拥有可观的植物资源，因此植物新品种权是我们在知识产权国际保护中的一个强项。

自《植物新品种保护条例》实施八年来，我国每年植物新品种权的申请量以30%的速度递增。国际上有一个“植物新品种保护联盟”，我国是其会员国，植物新品种的申请量现位居世界第四。中国的农业个体和企业也十分重视植物新品种权的保护，到2005年为止，农业部受理的申请已有2 500件，其中位于前十位的是四川、山东、吉林、辽宁、河南、江苏、河北、北京、湖南和黑龙江。

植物新品种权的保护对中国具有战略意义。新中国成立以来培育的新植物品种有5 000种，包括大量的粮食和经济作物。这些新品种的大规模的推广使我国的粮食经济作物更新换代了3～5次，每更新一次使产量增加15%～30%。我们目前最重要的问题是不仅要在中国取得授权，还要拿到“绿卡”，使自己的植物新品种在全世界范围内、在我们的贸易国里也取得授权保护，这点特别重要。直到今年，我们的植物新品种才获得了第一个海外授权，即向韩国提出一个大豆新品种权的授权申请并已获得通过。中国是大豆的故乡，但是国际市场上大豆产量位居第一的是美国。美国大豆的营养成分比我国的高，价格却低于我国，从美国运抵中国的大豆到岸价格比中国本土生产大豆还要低三分之一，中国大豆在国际市场上已经缺乏竞争力。目前，中国种子市场价值高达500亿元，在世界上仅次于美国，就全球粮食市场而言，中国水稻生产、消费量达到第二。重视对植物新品种的知识产权保护，对于我们来说十分重要。现在各国转基因品种的贸易额年年递增，90年代中期时全球品种贸易额大约是7 500万美元。到20世纪末增加到15亿美元，21世纪以来仍在不断攀升。植物品种权的保护是有国际意义的。

（七）布图设计权与集成电路技术

集成电路是知识经济时代的新兴工业，是高新技术领域的支撑行业。集成电路技术被视为微电子技术的核心，是现代信息电子技术的基础，它不仅是计算机技术产业不断发展的推动力，同时也是改造传统制造业、传统家电业的一个原动力。集成电路具有体积小、速度快、能耗低的特点，被广泛应用在各种电子产品之中，从日用家电到精密机械和仪器，都需要半导体芯片。

自从 1958 年美国制造出第一个半导体芯片以来，美国一直在国际范围内寻求对其进行知识产权保护。1984 年美国国会在审查这个请求的时候宣称，集成电路的布图设计投入非常之大，需要几千万、上百亿美元的投入，而且研制的过程非常长，反过来说，仿制非常容易。所以，美国呼吁在全球对集成电路给予知识产权保护。现在这一要求主张已经写入了国际公约。

中国在 1989 年参加了关于集成电路布图设计保护的《华盛顿公约》，但是 10 年来，没有国内法加以保护，这是因为我们的集成电路工业相对落后。在 20 世纪 90 年代中期的时候，在全球芯片生产份额中，美国接近 44%，日本约占 42%，15%由欧洲和亚洲的其他国家分享，中国只占到 0.05%。2001 年中国“入世”，必须按照《知识产权协议》的要求制定知识产权法律，所以国务院出台了《集成电路布图设计保护条例》。这个条例的出台不仅是中国信守国际公约所承担的义务，客观上也推动了集成电路工业的发展。国际舆论评价，中国是 21 世纪以来集成电路工业发展最为迅速的地区，我认为这应该归功于我们有了这样一个保护条例。2001 年的时候，我们在国际芯片市场中的份额上升到 1.2%，到了 2004 年我们又飚升到 3.7%。20 世纪 90 年代中期，我们生产的半导体芯片是 3 亿块，现在达到了 217 亿块。据估计，2005 年，中国的半导体芯片销售额可以达到 600 亿元至 800 亿元，可以带动相关的知识信息产业的产值是6 000亿元到 8 000 亿元。美国前总统老布什的经济顾问曾经有句名言在知识产权界广为流传：“不管是硅芯片还是土豆片，能够赚钱都是好片。”这两个片，美国生产的最多，硅芯片就是半导体芯片，土豆片就是麦当劳的炸薯条，这两个都涉及知识产权。

总之，保护集成电路布图设计的专有权，符合国际公约的要求，同时也推动了本国集成电路工业的发展。

三、知识经济和知识产权制度

下面，讲讲知识产权制度对社会发展所起的作用，实际上涉及三个问题，即知识产权与科技创新、知识产权与经济发展、知识产权与市场竞争。下面我依次谈谈我的观点。

（一）知识产权制度与科技创新的关系

历史与现实已经证明，科技进步、科技发展是近代知识产权制度产生的基础。同时，知识产权制度也是推动科技革命、科技发展不懈的动力。这是一个基本观点。下面从历史事实来做一个论证，自从英国发生工业革命以来，人类社会共有四次技术革命。第一次是从 18 世纪中叶到 19 世纪中叶，始发于英国，以欧洲为核心，波及欧美技术革命，以瓦特的蒸汽机发明为革命性的标志，被称为“蒸汽机与钢铁”的时代。第二次技术革命发生在 19 世纪末、20 世纪初，这一次技术革命被称为“电气、化学与汽车”的时代。第三次技术革命也就是我们所熟悉的“新技术革命”，发生在 20 世纪 50 年代到 80 年代，代表性成果是微电子技术、生物工程技术和新材料技术。第四次技术革命是从 20 世纪 80 年代一直到现在仍在进行的“知识革命”时代，它是以网络技术为代表的信息学革命和以基因技术为代表的生物学革命。我认为这四次技术革命都与知识产权制度关联性极大。所以谈科技创新离不开知识产权，是有例为证的。西方的历史学家把现代资本主义经济发展归功于近代资本主义工业革命，资本主义工业革命产生的原因在于科学发现、技术发明、资本和教育的积累，这个结论现在受到一些专家的质疑。制度经济学派考察中国时，发现中国在 14 世纪的时候，也就是明朝初叶的时候，当时中国的科技地位、资本与教育的积累水平丝毫不亚于英国，为什么工业革命发生在英国，而不发生在中国呢？制度经济学派发现一个有趣的问题，中世纪中国向近代中国发展的过程中，缺乏一个必要的前提条件，这个前提条件就是中国没有一个企业家阶层。

诺思——美国经济学家、诺贝尔奖奖金的获得者对此作了进一步研究并作出了解释，他说中国之所以缺乏企业家阶层，是因为中国缺失一个催生企业家阶层产生的产权制度，也就是说科技创新离不开制度创新。这句话是什么意思呢？用另外一个经济学家熊彼特——美籍奥地利经济学家的话说，企业家是科技创新的人格化。但是产生这个具有创新人格的企业家谈何容易，必须具有相应的产权制度，这个产权制度就是知识产权制度。没有知识产权，谁去搞发明创造？英国有了专利法，一百年创造的物质财富是十几个世纪的总合。我看了一个资料，全球企业生命周期平均为 12 年，超过 12 年的企业不到 30%。但是，我们可以看到国际企业的常青树，像德国的西门子公司、英国的邓禄普公司、美国的通用公司，这些公司在全球生存、发展一两百年，它们当年的公司创始人都是发明家，把自己的技术申请专利取得巨额回报，再用来推动企业的发展。这个制度创新，或者说知识产权的制度设计是非常重要的。

中国在“入世”之前，泰国的副总理素帕差，后来是世界贸易组织的两主席之一，写了一篇文章叫《中国入世与世界贸易组织》，高度评价中国“入世”的国际意义。他说，中国从 14 世纪到 18 世纪将近 500 年的时间，一直处于世界经济发展的前列，直到 1820 年，当时的中华帝国是全球最大的经济实体，GDP 总量占全球份额的 28.7%，而美国那时不到 1.8%。但是不到 200 年，中美经济实力已经发生了逆转。2003 年中国 GDP 的总量是 1.2 万亿美元，美国是 9.8 万亿美元，中国不到美国的 1/8，2004 年我们人均 GDP 实现 1 000 美元，应该说总量达到 1.4 万亿美元，据说，当时第三产业漏记 2 万亿人民币，因此实为 1.6 万亿美元，但当年美国已经冲破了 10 万亿美元大关。我想近代中国积贫积弱，原因很多，尤其是帝国主义列强的侵略和掠夺，但是政治腐败、产权制度落后不能不说是一个原因。所以重视知识产权制度是我们自身发展的需要，中国是一个传统的发展中国家，也是一个新兴的工业化国家。如果没有自主知识产权，中国何以在世界民族之林立足？

（二）知识产权制度与经济发展的关系

新一代党中央集体谈到科学发展观，科学发展的一个重要方面就是可持续发展。

中国在 20 世纪 90 年代是亚洲经济发展的领头羊、发动机，在 21 世纪能不能保持这样一个良好的发展势头，我觉得知识产权战略的制定并实施应是其中应有之义。知识产权绝对不仅仅是一个法律问题，党中央提出科教兴国战略、人才强国战略、可持续发展战略，这三大战略都与知识产权息息相关。这是我从历史和现实的观察当中看到的。

可以说，18、19 世纪看英国（英国当时被称为日不落帝国），20 世纪看美国（20 世纪被称为“美国世纪”），而 21 世纪全世界将注目中国。当代中国正是以知识产权为战略武器，促进中华经济腾飞。知识产权保护问题与国家的产业、科技、文化、教育和外贸政策是紧密地联系在一起的。是不是保护知识产权，对知识产权给予一个什么样的保护，是一个国家公共政策的选择，所以有智慧、有远见的政治家，有胆识、有眼光的企业家是会重视知识产权保护的。中国“入世”前后，国际舆论充分关注，高度评价中国经济的发展，确实很多数据也让我们欢欣鼓舞。中国是第四生产制造大国，我们有 170 多种产品的生产份额全球第一，包括家电、通信工具、机械设备、药品、纺织品等。例如，彩电生产份额在全球接近 30%，洗衣机达到 1/4，电冰箱超过 16%，照相机超过 50%，一些药品像土霉素、氯霉素、维生素 C 都是 50%到 60%的份额。所以说，国际上关注中国能不能继英国、美国、日本之后成为第四个世界制造工厂。坦率地说，如果没有关键技术、核心技术的专利，没有享誉全球的知名品牌，世界制造工厂的说法为时尚早。据国家工商联主席经叔平先生讲，我们的外贸 200 强，74%的是加工贸易、定牌生产，用人家的品牌，用人家的技术，怎么谈得上是世界制造工厂？如果说，我们没有自主知识产权，中国充其量是世界加工厂，而不是世界制造工厂。所以我想，可持续发展的战略问题应该与知识产权紧密地联系在一起。

（三）知识产权制度与市场竞争的关系

从全球范围来看，国家与国家的竞争，主要是综合国力的竞争。综合国力的竞争，集中地表现为科技实力、经济实力的竞争；而科技实力、经济实力的竞争，实际上是知识产权的竞争。温家宝总理去年视察山东讲了一句话，“世界未来的竞争就是知识产权的竞争”。所以从一定意义上说来，知识经济的时代也是知识产权的时代，衡量一个国家的科技、经济力量是看它拥有的知识产权的数量和质量。

美国每年专利的申请量占世界 1/3，全球十大知名品牌中拥有 9 个，表明了它的知识产权的实力，这个实力也是它的国力所在。我看了一个资料，美国和日本的经济发展有个比较：美国在 20 世纪 90 年代，它的 GDP 增幅平均为 4%；日本则是 1.2%，很多年甚至是负增长，一直到 21 世纪初还没有完全复苏。这个经济力量的对比，说明一个什么问题呢？它表明日本的核心竞争力不及美国。日本在 1991 年的时候，它的核心竞争力全球第一，到 2001 年的时候，日本的核心竞争力排名全球第 21 位。这里原因很多，但就知识产权层面来说，美国走在了前面，它率先用知识产权改造和武装了它的产业，包括发展高新技术产业、改造传统制造产业。比如说，日本的钢铁、摩托车和汽车是美国的 3 倍、5 倍和 4 倍，反过来，美国的计算机和半导体芯片是日本的 10 倍和 4 倍。我们看到，自从小泉政府上台，日本改变了发展战略，20 世纪先后提出过“教育立国”“贸易立国”“技术立国”，现在提出“知识产权立国”。由此可以看出，知识产权在提升核心竞争力中的重要作用。

在国际市场和对外贸易中，目前知识产权控制了价值超过 1 万亿美元的产品和服务，权利人可以通过手中的知识产权轻而易举地控制商品贸易和服务贸易。知识产权已成为当今国际贸易中开展竞争的主战场。中国“入世”三年来，发展形势是不错的，但是我们遇到了新的问题，也就是世界贸易组织成立以后新的贸易壁垒。

第一，反倾销壁垒与价格标准。中国的企业习惯于打价格战。例如，我们卖给西班牙的皮鞋，最便宜的只有 50 元人民币，习惯于用价格战这个常规武器，而不会使用品牌战、专利战这种尖端武器。所以在国际市场中，我们遇到的第一个障碍，就是基于价格标准设置的反倾销壁垒。

第二，绿色壁垒与环保标准。我们的农副产品的出口，集约化生产程度不高，又不重视环境保护，缺乏统一的质量认证。“入世”之后，我们的茶叶出口以每年 35%的速度逐年递减。欧盟最初是中国茶叶最大的进口国，现在不喝中国茶。中国茶叶比斯里兰卡的茶叶便宜 60%，比印度的茶叶便宜 40%，但欧盟说中国的茶有污染，有害成分达 42 种。中国的蜂产品的产量全球第一、出口全球第一，现在“甜蜜的事业”也不甜蜜，整个北美、西欧喝的是阿根廷的蜂蜜。所以，绿色壁垒跟我们的绿色农业息息相关，我们应通过国际环保标准认证与统一的出口品牌来冲破这种绿色壁垒。

第三，专利壁垒与技术标准。这个技术标准其实也是一种专利。中国联通使用的是美国高通公司 CDMA2000 的标准，这一标准实际上有 1 400 多个专利。美国高通公司不仅控制中国移动手机市场，而且还控制了韩国的移动手机市场，连三星公司都无可奈何。这就是标准联盟所构筑的技术壁垒。另外一个非常典型的事例就是 DVD，我们的 DVD 播放机生产份额全球第一，但现在问题是，DVD 播放机的生产标准是日本、美国、韩国公司组建的“6C”联盟和“3C”联盟所控制的标准。谈判的结果是我们生产一台 DVD 播放机，就得付人家四个多美元的标准专利许可费，现在大概已经付了 30 亿元，到保护期完毕，我们要付出 200 亿元。

中国“入世”以后，制定我们的知识产权战略是非常重要的。这个知识产权战略包括创造战略、利用战略、保护战略和人才战略。通过战略的有效实施，助推中国的经济发展、科技进步、文化和教育繁荣。

专利市场、自主创新与创新型国家*

大家好，非常荣幸参加今天的“全国专利市场暨专利技术展示交易平台建设会议”。“专利技术展示交易平台建设”，是国家知识产权局作出的一项重要举措，旨在建设一个全国性的信息畅通、服务内容完备、管理规范的专利技术交易平台，以推动我国专利技术的充分实施，加速我国向创新型国家转化。今天的会议，既是为首批国家专利技术展示交易中心授牌举行的仪式，更是专利技术交易平台建设的经验交流会议。下面，我从一个理论工作者的视角，就专利市场、自主知识产权和创新型国家建设三个方面，谈谈我的感想，希望能够为今后的专利技术交易平台建设启迪思维。

一、专利市场与专利技术交易

关于专利市场，我想讲三个意思。

首先，专利市场建设的重要性，来源于专利技术对经济进步的贡献和专利信息对专利实施的作用。我们常说，拥有一件专利，就能占据一方市场，事实上这是从专利知识 abc 的角度来说专利重要性的。从更高的层次上来看，专利技术与企业发展中面临的挑战和机遇，与我们国家经济发展的模式密切相关：就企业来讲，企业的市场竞争力主要靠专利技术，调整和优化传统产业离不开

---

* 本文系作者 2006 年 11 月在“全国专利市场暨专利技术展示交易平台建设”会议上所作的主题报告，根据录音整理，此次发表时有删节。

专利技术，提高加快产业优化升级还是离不开专利技术；就国家来讲，中国加入世界贸易组织后，意味着中国产品将在更大范围、更高层次上参与竞争，这更离不开专利技术。专利技术的重要作用，依赖于专利技术的自由流通和专利技术信息的畅通。专利市场在这方面的功能在于，为专利技术自由流通提供平台，促进对专利信息资源的科学采集、广泛共享、快速流动、有效利用、有序配置，实现经济效益的最大化。

其次，专利市场建设的紧迫性，可以从国际、国内技术贸易的现状对比中一目了然。众所周知，知识产权与货物贸易、服务贸易一起被称为世界贸易组织的三大支柱。其中最重要的支柱是知识产权，因为知识产权不仅是一种单独的贸易对象，而且货物贸易和服务贸易往往也都与知识产权有关。专利技术是与贸易有关的知识产权的重要组成部分。据联合国统计，目前世界知识产权贸易中的专利许可贸易在几千亿美元以上。有关资料显示，美国一年专利许可贸易收入就达 1 800 亿美元。世界专利技术贸易额的年平均增长率高达 15%，大大超过一般商品贸易年增长率 3.3%的发展速度。专利技术贸易额占世界贸易总额的比重，从 70 年代的 0.67%，已发展到 21 世纪初期的近 5%。随着知识经济的发展，知识产权贸易日益成为 21 世纪全球经济领域中引人瞩目的现象，世界各国尤其是发达国家，越来越重视采用技术输出、专利许可贸易的手段，来谋取市场的竞争优势。相比之下，我国技术市场目前仍处于初级阶段。我国技术市场的建立和发展迄今已走过近 20 年的历程，初步形成了具有中国特色的技术市场体系，但“买技术难，卖技术也难”的问题仍然存在，科技成果转化率仅为 10%左右，这个数字的确较低。我国专利技术市场发展滞后，缺乏一个有诚信、低成本的常设专利技术交易和转化的市场服务体系。专利技术市场存在部门、条块分割，信息流通不畅，中介机构从业人员素质和服务水平不高、观念落后等种种问题。正是基于这种现状，国家知识产权局推出“专利技术展示交易平台建设”这一举措，千方百计要打造出完善的中国专利交易市场。

最后，专利市场建设的重要举措，就是推进全国专利技术交易平台建设。20 世纪 50 年代，美国修建了纵横全国的州际高速公路干线，给美国经济与社会发展带来了巨大的变化和持续的繁荣。1992 年，美国的参议员阿尔·戈尔提出美国信息高速公路法案。1993 年 9 月，美国政府宣布实施一项新的高科技计划——“国家信息基础设施”，旨在以因特网为雏形，兴建信息时代的高速公路——“信息高速公路”，使所有的美国人方便地共享海量的信息资源。紧随美国的信息高速公路计划之后，欧盟、加拿大、俄罗斯、日本等纷纷效仿，相继提出各自的信息高速公路计划，投入巨资实施国家的信息基础设施建设。信息高速公路计划已经使全球受益，可视电话、网络购物、无纸贸易、电视会议、居家办公、远程教育、网络游戏、视频点播等，已经令我们体验到了工作与生活的便捷。如果说当年信息高速公路为亿万普通人展示了一幅诱人的画卷，我们今天已经离不开因特网了，那么全国专利技术展示交易平台计划，就是我国技术领域的“信息高速公路计划”。为了推动全国专利技术市场健康、快速、有序发展，配合国家知识产权战略的制定和实施，国家知识产权局决定实施全国专利技术展示交易平台计划，以促进我国专利技术转移、转化与实施，加快我国专利技术商品化和产业化，促进我国拥有自主知识产权的产品、产业和企业的形成与发展。通过全国专利技术展示交易平台计划，为专利技术供需各方提供一个有诚信、低成本的常设展示交易场所，为投资人寻找适宜的实用专利技术，为专利发明人寻找成果转化的资金支持，从而加速实现专利技术向现实生产力转化。通过搭建一个这样的交易平台，在专利发明人和投资人之间建立一座桥梁，提供信息、中介服务、法律咨询、产品展示、资产评估以及技术产业化等一整套服务。届时，我们广大的专利发明人和投资人，就会像今天的普通人享用因特网一样体会到专利“信息高速公路”的实惠。

二、专利技术与核心竞争力

专利技术市场的健康、快速、有序发展，对实现专利技术向现实生产力转化固然十分重要，但专利市场上交易的，应当更多的是拥有自主知识产权的产品或技术。也就是说，专利市场以专利技术为前提，专利技术以自主创新为条件。我之所以强调自主创新，是考虑到如下几点。

从国际贸易形势看，自主知识产权成为新的贸易壁垒之一。当前，在对外贸易中，中国企业遇到了新的贸易壁垒，包括“技术壁垒”、“绿色壁垒”和

“反假冒壁垒”。在专利方面，我们的形势不容乐观。资料表明，截至2005年，我国的发明专利授权中，国内申请人获得的数量仅占37%，其他均为国外申请人获得。如果我们不强调自主创新，不拥有自主知识产权，在国际贸易中就会处处受制于人。

从国家经济发展模式看，自主创新是发展的关键。一方面，我国产业结构调整、经济增长方式转变已经进入关键阶段。在此关头，引导我国企业实施“专利战略”“品牌战略”，完成从“中国制造”到“中国创造”的转变，对中国经济的发展具有重要意义。中国不能成为资源耗费型或技术依附型国家，而应该加大科技创新的力度。另一方面，在知识经济时代，知识就是财富。但知识要成为财富是有条件的，这个条件就是要有自主的知识产权。所以，我们不仅要强调自主创新，而且要强调把创新成果申请为专利，拥有自主知识产权。自主创新是获得自主知识产权的主要途径，是知识产权的摇篮；创新成果又通过自主知识产权得以体现，知识产权的拥有量，是自主创新能力的标志。

从竞争日益激烈的市场看，知识产权的数量和质量已成为当代企业的核心竞争力。我们先来看国外成功的路径。在市场经济条件下，企业的核心竞争力是围绕消费者的需求而构建的。在核心竞争力的几大构成要素中，最容易为消费者所感知的就是技术和品牌。对于消费者来说，他们最关心的不是某个公司的组织结构、经营战略，而是其生产的产品，更确切地说是产品的技术含量和产品的品牌。在高科技领域，公司往往最先作出有关的发明创造，掌握其核心技术专利，并迅速将其产业化，以获得“第一桶金”。待市场成熟后，就将这些技术转让给其他企业，技术转让费用就成为其获得的“第二桶金”。此时自己再通过新一轮的技术创新去抢占新的技术制高点，进而占领新的市场，如此循环反复，从而达到在竞争中的步步领先。在那些非高科技的传统生产领域，公司则加强品牌营销，扩大它们在消费者中的影响力和认同感，同样可以创造非凡业绩，诸如“可口可乐”公司、“麦当劳”公司、“耐克”公司和“阿迪达斯”公司都是成功的例子。因此，无论是高科技领域还是传统生产领域，企业核心竞争力就是知识产权的数量和质量。

再来看我国企业面临的态势。在全球经济一体化和国际化前提下，我国企业已经为其所面临的知识产权纠纷付出了沉重代价：美日企业共同组成的标准联盟对我国 DVD 企业的专利诉讼，欧盟对我国温州打火机厂实施的技术壁垒，日本摩托车企业组成的对华“打假团”等，都让我们的企业措手不及。我国多数行业和企业应用的核心技术和关键设备基本上依赖国外，缺乏能够支撑经济结构调整和产业技术升级并拥有自主知识产权的技术体系，很多企业处在有“制造”无“创造”，有“产权”无“知识”的状态，甚至靠仿造过日子。与发达国家相比，我国产业的最大差距在于缺乏创新能力，体现为缺乏核心技术的专利和国际知名品牌。截至 2005 年，我国国内申请人获得的发明专利数量仅占发明专利授权总量的 37%。在汽车、飞机、仪器仪表、信息、生物、新材料等“含金量”较高的技术领域中，我国授予的专利多为外国公司所拥有，其份额约占 80%至 90%。另外，我们自己所拥有的很多都是技术含量较低的实用新型专利和外观设计专利，最能体现技术创新性的发明专利所占比例很低。因此，中国仅能称得上“专利大国”，而非“创新强国”。知识产权的竞争是全球化知识经济时代企业和国家竞争的核心，知识产权的拥有量已经成为衡量企业实力的重要标准。我国企业必须通过自主创新，以知识产权为战略武器，打造核心竞争力。

加强自主创新要特别注意三个方面的问题：一是处理好自主创新和技术引进之间的关系，自主创新并非否定技术引进。技术引进是自主创新的一个步骤和环节，尤其是我们这样一个发展中国家，要靠引进先进技术，充分利用国际科技资源，来增强我国的创新能力。二是自主创新的关键是人才。加强自主创新的根本在于人才，特别是大批善于和勇于创新的尖子人才及科学技术的领军人物。应当重视高层次人才的培养，这是最具决定性的创新资源。三是要确定企业是技术创新的主体。这要求我们要通过政策引导，使大学、科研院所的科技力量集中围绕企业的需求进行研究开发；从体制上让企业成为市场的主体，成为创新的主体，而不是政府的附属；政府对企业的自主研发要提供政策支持，使企业成为研发的主体、科技投入的主体、人才培养的主体。

三、创新型国家建设与知识产权制度

胡锦涛总书记在中共中央政治局第三十一次集体学习时强调，加强我国知识产权制度建设，大力提高知识产权创造、管理、保护、运用能力，是增强我国自主创新能力、建设创新型国家的迫切需要，是完善社会主义市场经济体制、规范市场秩序和建立诚信社会的迫切需要，是增强我国企业市场竞争力、提高国家核心竞争力的迫切需要，也是扩大对外开放、实现互利共赢的迫切需要。要充分发挥知识产权在增强国家经济科技实力和国际竞争力、维护国家利益和经济安全方面的重要作用，为我国进入创新型国家行列提供强有力的支撑。

当今世界各个国家或地区，根据其科技发展水平可以划分为四种类型：科技领先型，以美国为代表；科技赶超型，以欧盟和日本为代表；引进创新型，以韩国、新加坡为代表；发展调整型，以印度和巴西等为代表。无论哪一种类型的国家或地区，在知识产权保护方面，已经或正在做的有三件事情：一是制定知识产权发展战略或对策；二是修改或完善其知识产权法律；三是对知识产权保护谋求更多的国际话语权。我国现在正处于从发展调整型向引进创新型过渡时期。根据历史发展经验或教训，一个国家或地区要想从下一位次向上一位次转变，需要多种力量的助推，知识产权制度是其中一个非常重要的因素。

从国际经验来看，建设创新型国家就必须建立健全知识产权制度。众所周知，在18、19世纪，甚至20世纪初，世界工业革命的中心在欧洲，美国处于科技超越的地位。在这一时期，欧洲许多国家（例如英国、法国和德国等）的知识产权制度是最先进的。但是自20世纪中叶以来，美国找到了发展的突破口，开始全面修订知识产权法，其知识产权保护水平超过欧洲，总体而言，知识产权为其科技强国和创新发展起了积极的助推作用。

从国内发展方略来看，完善的知识产权制度是建设创新型国家的重要支撑。知识产权制度赋予创新者对其创新成果享有专有权，为科技创新提供激励机制，能够保持创新工作的良性循环；知识产权制度使创新成果权利化、资本化，是实现创新成果产业化的关键；知识产权制度有效地保护科技创新成果，从而创造一个公平有序的创新环境。

我国要建设创新型国家，实现历史性的转型发展和创新发展，在知识产权制度方面有很多工作要做，专利技术展示交易平台建设就是其中一个重要环节。把专利技术展示交易平台建设好了，可以促进专利技术的实施与转化，进一步激励自主创新，朝着建设创新型国家的战略目标迈进。

文化创新、产业发展与版权制度*

一、我国版权制度的新近发展

（1）版权立法不断完善。进入 21 世纪以来，为了适应我国社会的迅猛发展，进一步鼓励有益于社会主义精神文明、物质文明建设的作品的创作和传播，促进社会主义文化和科学事业的发展与繁荣，我国在版权立法方面不断加大力度。2001 年 10 月 27 日第九届全国人民代表大会常务委员会第二十四次会议作出了《关于修改〈中华人民共和国著作权法〉的决定》，对 1990 年制定的《著作权法》做了全面修正。与此相应，国务院也相继修改或颁布了数部重要的法规，如《著作权法实施条例》《计算机软件保护条例》《著作权集体管理条例》《信息网络传播权保护条例》等。除此之外，据不完全统计，有关部门规章自著作权法修正以来已多达二十余件。可以说我国正在构建一个完善的、多层次的版权立法体系，我国著作权法关于权利体系的规定完全符合国际公约的要求。

（2）版权执法力度不断增强。以全国版权行政机关收缴盗版品情况为例，2003 年全国共收缴盗版品（包括图书、期刊、软件、音像制品等）接近 6 800 万件，2004 年已达 8 500 余万件，2005 年突破一亿大关，逼近一亿一千万件。

---

* 本文系作者 2007 年 5 月在国家版权局组织的“版权保护与创新型国家”全国巡讲活动中的讲座提纲。

此情形表明我国版权执法力度在日益增强。

(3) 司法保护力度不断加大。近年来我国司法机关充分利用《著作权法》所赋予的诉前保全、法定赔偿、过错推定等多种法律救济手段，依法审理了一大批侵犯版权的各类案件，版权民事案件中受害人的经济损失及时得到赔偿，侵犯版权的违法犯罪行为得到有效打击。我国检察机关认真履行对侵犯版权刑事案件审查逮捕、审查起诉和依法对有关刑事诉讼活动实行法律监督的职责，办理了一大批涉嫌侵犯版权犯罪的刑事案件。

(4) 版权在国家战略中的地位得到提升。2005 年 1 月，国务院成立了以国务院副总理吴仪为组长，知识产权局等二十多个部门参加的国家知识产权战略制定工作领导小组，它标志着国家知识产权战略制定工作正式启动。国家知识产权战略的制定极具深远的意义，正如吴仪副总理所说："它是当前我国改革开放和经济社会发展的客观需要，是积极应对知识产权国际规则变革的挑战、维护我国利益和经济安全的紧迫任务，有利于加快建立公平竞争的市场环境，有利于增强我国自主创新能力和核心竞争力。"版权是传统三大类知识产权（另外两类是专利权和商标权）中重要的组成部分，因此版权已不仅仅停留在国家法律制度层面，更应被提升到国家战略的高度——版权制度是激励文化创新的基本法律制度，版权产业是知识经济发展的重要引擎。

二、文化创新活动与版权制度

2006 年 1 月 9 日，胡锦涛总书记在全国科学技术大会上的讲话中提出了建设创新型国家的目标。同年 5 月，胡锦涛总书记在中央政治局集体学习时再次强调："加强知识产权制度建设，提高知识产权创造、运用、保护与管理能力，是增强自主创新能力、建设新型国家的迫切需要。"这些论断表明知识产权与建设创新型国家有最为密切的联系。

提高自主创新能力，建立国家创新体系，首先是科技创新，但不限于科技创新，与著作权相关联的文化创新也应列入其中。解放文化生产力、提高文化创新力、增强文化的民族精神凝聚力，是世界上创新型国家竞相关注并推行的战略议题。如果说科技创新有赖于专利制度的激励，那么文化创新则需要版权制度的推动。

（1）版权保护的对象是作品，是文化领域中的智力成果。根据我国有关法律的规定，作品应当是文学、艺术和科学领域内具有独创性并能以某种客观形式复制的智力成果。也就是说，受到法律保护的作品一定是具有独创性的，在一定程度上是与众不同的。因此，版权制度本身就意味着鼓励文化的“百家争鸣、百花齐放”。

（2）版权是激励作者及其他著作权人创新的重要源泉。在我国，版权包括两大部分，一是作品创造者的权利；二是作品传播者的权利，包括表演者的权利、音像制作者的权利、广播组织的权利。无论是作品创造还是作品传播，都是一个智力劳动的过程，需要投入一定的人力、物力和财力。版权授予作者及其他著作权人对其文学、艺术和科学作品的有期限的独占权利，任何人要想使用其创新成果，必须征得其同意并支付相应的费用。这样不仅为创新者收回成本提供了可能，而且能激励创新者持续不断地投入智力创新活动中去，从而最终达到促进文化创新、知识传播之目的。

（3）版权制度能够为文化创新提供智力资源。任何创新活动都是在前人研究工作的基础之上进行的，文化创新也不例外。因此，文化创新活动的一个重要前提就是及时获得作品资源。知识产权的特性在于“权利是垄断的，知识是公开的”。除了作品在大多数情形下是公开的以外，版权法还通过授权使用、合理使用、法定许可等制度为文化创新者提供接触、获得作品的机会，为文化创新活动提供法律路径。

（4）版权制度能够构建和维护公平有序的文化创新环境。在社会主义市场经济条件下，文化创新活动主要还是作为一种商业行为而存在，必须在一个公平有序的竞争环境中进行。版权制度的重要性在于，其不仅规定了创新者对自己的创新成果在一定的期限内享有排他的专有权，还规定了对侵犯这种版权行为的各种法律制裁措施，包括民事责任、行政责任和刑事责任。这样就可以有效地制止未经创新者许可而违法使用其创新成果的行为的发生，维持创新者之间的公平竞争。

三、文化产业发展与版权制度

版权制度除了在维护著作权人的合法利益、促进文化事业发展方面的意义重大之外，对社会经济发展的影响同样深远。版权一旦被产业化，就能给作者、企业、国家带来财富和利益。比尔·盖茨依靠其软件版权，在短短的十几年时间内，其个人的财富就翻了数万倍，连续13年成为世界首富；微软的视窗系统软件、办公系统软件、网络浏览软件等一系列软件版权，不仅给比尔·盖茨及其微软公司带来了无限的财富，而且给美国政府带来了巨大的财政收入。

美国将版权产业划分为四组：第一类产业是核心版权产业（Core Copyright Industry），第二类是边缘版权产业（Partial Copyright Industry），第三类是发行业（Distribution Industry），第四类是版权关联产业（Copyright-related Industry）。第一类版权产业是指以创造享有版权的作品作为主要产品的产业，包括电影产业（电视、戏院和家庭之录像）、录音产业（唱片、磁带和CD盘）、图书出版业、软件产业（含数据处理、商用以及交互式游戏软件）以及影视播放业等。这一类版权产业主要是针对版权物品的生产、制造和传播等方面而为的活动，也是最重要的一类产业。第二类版权产业所涉及之产品仅有部分属于享有版权的材料，较典型的是纺织品、玩具制造、建筑等。第三类版权产业主要是面向商店和消费者发行版权物品，如有关的运输服务、批发与零售业等。第四类版权产业所生产和发行的产品完全是或主要是与版权物品配合使用的，如计算机、收音机、电视机等。

由此可见，版权产业其实是一个长长的产业链，它渗透到了国民经济的方方面面。美国国际知识产权联盟早在1990年就开始每隔一年或两年发布一份版权业对美国经济影响的评估报告，截止到今年共发布了11份系列报告，特别值得一提的是1998年度和2006年度报告。前者显示，1996年，美国核心版权产业的对外销售额和出口额达到了601.8亿美元，第一次超过汽车制造业、农业、飞机制造业等部类，成为美国出口份额最大的经济部类。时任美国电影协会主席杰克瓦伦蒂也说："知识产权是美国最有价值的出口物，也是全世界最需要的美国产品。"后者表明，2005年美国版权产业依然是美国经济增长的强劲动力，在提高就业机会、促进GDP和对外贸易方面继续领先其他行业：所有版权产业占当年美国GDP的11.12%，约合1.38万亿美元，比2004年增长约8 000亿美元；所有版权产业就业人口约1 130万人，占美国当年就业人口的8.49%；核心版权产业出口额达到1 108亿美元。这些数据令人信服地表明版权产业在美国经济中举足轻重的地位。

在我国，版权产业虽起步较晚，但呈现出良好的发展态势。2003年7月，为全面反映我国文化产业的发展情况，由中宣部牵头，成立了国家统计局、文化部、广播电影电视总局、新闻出版总署、国家文物局等单位参加的“文化产业统计研究课题组”。经过深入研究，课题组对我国文化产业的概念进行了界定，提出了《文化产业及相关产业分类》，并于2004年7月，利用现有的统计资料对2003年我国文化及相关产业的主要指标进行了初步测算，首次公布了我国文化产业发展的官方数据。

从总量上看，2003年我国文化及相关产业所创造的增加值3 577亿元，占GDP的3.1%。2003年我国文化及相关产业有从业人员1 274万人，占全部从业人员（7.44亿人）的1.7%。如果按照GDP增长持平计算，2004年文化及相关产业创造的增加值接近3 900亿元。

在我国，以传统意义上的文化产业如新闻、出版、广电和文化艺术等为主构成的“核心层”，有从业人员223万人，实现增加值884亿元；以改革开放以来发展起来的新兴文化产业如网络文化、休闲娱乐、文化旅游、广告及会展等为主构成的“外围层”，有从业人员422万人，实现增加值835亿元。新兴文化产业的从业人员已超出传统文化行业近1倍，创造的价值已接近传统的几个产业部门。从事文化用品、设备及相关文化产品生产、销售的“相关层”，有从业人员629万人，实现增加值1 858亿元，其发展规模在整个文化产业发展中占据了一半。权威统计数字传递出了非常清晰的信息：我国新兴文化产业的规模已经超过传统文化产业部门，整个文化产业的带动作用已经非常明显。

四、结语

版权制度是一项保护文学、艺术、科学作品以及文化传播活动的制度，同时也是一项保护文化产业、促进经济发展的制度。到目前为止，以美国、欧盟和日本等为代表的发达国家或地区，通过建立完善、高效和灵活的版权制度，创建了以核心版权产业为主干、以版权相关产业为两翼的版权产业链，不仅创造了巨大的财富收入，而且提供了相当可观的就业机会，在其经济发展格局中具有重要的地位。我国目前已基本建立起完备的版权法律体系，如果这些法律能够真正得到贯彻实施，社会公众能够树立正确的版权保护意识，版权就一定能成为促进我国文化产业发展、提高人民物质文化生活水平的重要政策工具。

自主创新与知名品牌*

打造国际知名品牌，是提升企业国际竞争力、增强国家核心竞争力的必由之路，而国际知名品牌的背后是企业工艺创新和产品研发的能力。因此，实施商标战略、打造国际知名品牌，需要完善的知识产权制度作保障。

第一个问题：如何认识商标制度的本质？

我们所参与的是一个经济全球化的国际社会，也进入了一个具有知识革命特征的创新时代。商标权作为经营领域最重要的知识产权，对它的认识应该有一个国际视野以及时代眼光。我谈两个观点：

第一，商标保护是现代国际贸易体制的基本规则。在世界贸易组织的制度框架下，知识产权保护已经纳入国际贸易体制之中，《知识产权协议》（TRIPs）与《货物贸易协议》（GATT）、《服务贸易协议》（GATS）一起成为世界贸易组织的三大主体制度。《知识产权协议》以国际法律文件的形式正式确立知识产权与国际贸易的合法关系，从国际贸易的角度构建了知识产权国际保护的新体制。商标权保护作为知识产权制度的重要内容，对国际贸易产生了重大影响。为了使自己的自主品牌能够转化为经营优势和贸易利益，发达国家通过法律将品牌优势转化为商标权优势，并在 WTO 框架内将商标权优势演变成市场优势。因此，发达国家在国际贸易领域极力谋求商标权的高水平保护，利用商标权制度来为本国企业的发展与扩张保驾护航。相比之下，中国企业的

---

* 本文系作者 2007 年 8 月在内蒙古自治区“自主创新与民族品牌发展战略高峰论坛”上的主题发言，根据录音整理，发表时有删节。

自主品牌特别是国际知名品牌较少，在世界品牌实验室评选出的2009年世界品牌500强中，美国占据241个，法国46个，日本42个，英国38个，而中国仅有18个。在全球化市场和一体化法律规则面前应如何应对和崛起，是现阶段面临的重大问题。

第二，知名品牌是国家经济实力和市场影响力的法律表现。当今世界，国家与国家之间的竞争，是一种综合国力的竞争，主要表现为经济实力和科技实力的竞争，从法律层面看，则是自主知识产权数量和质量的竞争。从传统的发达国家到新兴的工业化国家，无一不是以知识产权为战略武器，去占领国际竞争的制高点和提升自己的国际竞争力。知名品牌的拥有量一定程度上反映了一个国家的经济实力，拥有国际知名品牌多的国家往往是经济实力较强的国家。中国已经成为制造领域的超级大国、世界工厂。中国制造的轻工产品行销全球，出口到世界200多个国家和地区。目前我国自行车、缝纫机、电池、啤酒等100多种产品的产量居世界第一位，世界70%的玩具、80%的小家电、70%的空调器和微波炉、65%的自行车、55%的电视机、50%的电冰箱、45%的洗衣机都来自中国。但是中国产品科技含量低、商标附加值低，没有技术优势和品牌优势。我们商标数量很多，但市场价值不高。同样的原材料、同样的加工工艺、生产的同样产品，贴上国际品牌，在外国市场销售价格高过我国出口商品价格的5倍～10倍。大力提高自主创新能力，提升企业产品和服务的质量，打造国际知名品牌成为世界未来的竞争焦点。

第二个问题：中国商标与国际知名品牌的差距在哪里？

品牌包括企业的商标、商号和其他商业标志，它是企业的名片，是影响消费者购买企业产品和服务的最主要的因素之一。拥有国际竞争力品牌的国家和地区，将成为全球资源配置中的最大得益者和经济利润分割中的主要受惠者，不具备品牌实力的国家则处于被动地位。

毫无疑问，中国是一个商标大国，但远远不是一个品牌强国。我们要特别强调商标战略实施的政策目标，应多在知名品牌的创建上下功夫，而不能片面在商标数量上做文章。与驰名商标这一法律概念不同，国际知名品牌是一个经济概念，其必须具备的条件：一是商标的价值达到10亿美元以上，二是使用商标的商品在海外的销售额和利润额分别占总量的20%和30%以上，三是使用商标的产品在同类商品中具有号召力和领导力。

中国在品牌培育方面经验不够、问题不少，主要表现在以下几个方面：

一是中国品牌屡遭外国公司抢注。商标权的地域性使得商标只有在其他国家申请注册后才能得到保护。但是，我们看到很多的中国商标没有在国外进行申请注册，因此被外国公司抢注。据商标局数据显示，近年来中国有15%的知名商标在国外被抢注，每年中国商标在国外被抢注案件超过100起，总数超过2 000多起。我国许多知名企业都曾出现因品牌保护不力，在境外被抢先注册的情况，造成每年约10亿元的无形资产流失。例如，青岛海信集团历时6年，最终以50万欧元的价格，将被西门子公司在德国注册的“Hisense”商标赎回；腾讯公司链接标记域名被外国人抢注，最终以100万美元的天价买回链接标记域名。据不完全统计，至今中国有超过80个商标在印尼被抢注，有近100个商标在日本被抢注，有近200个商标在澳大利亚被抢注。

二是外贸企业过分依赖定牌加工的生产方式。中国企业出口200强，75%使用的是外国商标。定牌加工是一把双刃剑，其弊端非常明显。一方面，大部分利润归于品牌的拥有者，而不是产品的生产者。来自中国纺织品进出口商会的一项最新统计显示，美国从意大利进口服装的平均单价是22.84美元，从法国进口服装的平均单价是22.42美元，从全球进口服装的平均单价是3.19美元，而从中国进口服装的平均单价是2.84美元，这不及国外一张电影票的价钱。另一方面，这一生产方式使得加工者产生严重的依赖，因为定牌加工使加工企业不能直接面对消费者，从而无法正确预测消费者需求的现状和变化趋势，无法建立自己的品牌。

三是跨国并购中国内品牌流失严重。有关资料显示，目前我国90%的中外合资合作企业，使用的是外国投资方的商标；目前我国八大饮料公司已有7家被美国的可口可乐或百事可乐吞并；四大年产量超8万吨的洗衣粉厂被外企吃掉了3个；国外品牌在化妆品市场中占有75%，在食品、医药行业达到30%～40%。在中外资并购的大潮中，当年人们耳熟能详的许多品牌如“活力28”“熊猫”洗衣粉；“扬子”“香雪海”冰箱；“红梅”音响；“天府可乐”“北冰洋”碳酸型饮料等都被外企打入了“冷宫”。有鉴于此，要加强自主知名品牌的海外保护，引导中国企业慎重对待合资后的商标战略，防止因合资而失去品牌与市场。

第三个问题：如何创建中国的知名品牌？

品牌凝练了企业的科技创新、科学管理、卓越品质、企业文化和优良服务，但从最根本上讲品牌不过是企业产品或服务质量的延伸，而质量保证凭借的是科技创新水平。换句话说，品牌是企业开拓市场、赢得市场最直接、最形象的武器，而具杀伤力武器的背后是企业工艺创新和产品研发能力的支撑，归根到底，企业的创新能力决定了企业品牌的含金量。当然，品牌一旦在市场上形成并具有相对独立地位，便可影响企业创新能力的发展，为企业的创新提供资金与市场支持。因此，两者是作用与反作用的关系，但创新能力起主导作用。

各国品牌的创立、发展史无不证明着这一点。跨国公司的研发投资一般占到当年营业额的10%以上。2007年IBM研发投入61.53亿美元，相当于营业收入的15%。在2006年，该公司共获得3 621项专利。反观我国，90%以上的中小企业从来没有申请过专利，拥有自主知识产权的企业仅占企业总数的万分之三。按世界知识产权组织（WIPO）最新修订的技术领域分类标准，在35个技术领域中，我国企业在食品、化学、药品、材料、冶金等9个领域拥有有效发明专利较多，但在汽车、飞机、仪器仪表、信息、生物、新材料等“含金量”较高的技术领域中，我国授予的专利多为外国公司所拥有，其中国外企业在华拥有的光学、半导体、计算机专利数量，依次为国内创新主体的2倍～3倍。

大力提高自主创新能力，提升企业自身产品和服务的科技含量，才能摆脱定牌加工，创立民族品牌，变“中国制造”为“中国创造”。尽管整体上我国的自主创新能力还较弱，但并不意味着我们无法创立民族品牌。深圳在改革开放之初，以加工贸易为主，现已成为品牌大都市。2006年，深圳共有58个中国名牌产品。其名牌产品数量在全国大中城市中位居第一。华为、中兴跻身于国际主流通信设备商的行列；比亚迪为全国最大、全球第三充电电池生产商，金蝶是国内财务软件行业领头羊。深圳的经验告诉我们：以自主创新走民族品牌之路大有可为。

品牌发展是一个中国商标战略问题，这应是国家知识产权战略的重要内容，这个战略有望于明年年初正式启动。知名品牌的发展涉及政府、地区、行业和企业的各个方面。在一个知名品牌的背后，是一个有生命力的企业，是一个有竞争力的行业，是一个有经济实力的地区，是一个有世界影响力的国家。但是，罗马不是一天建成的，知名品牌的创建也不是一日之功。目前，在知名品牌的创建上存在一些认识上的误区：有人说靠广告的投入，认为知名品牌是广告吹出来的，品牌需要宣传，但是更需要市场的认可；有人说品牌是政府部门评出来的，品牌需要评选，但真正的评选是占据消费者的人心；有人说知名品牌是靠打官司打来的，其实，诉讼认定的驰名商标是法律概念，它不能成为市场卖点。驰名商标会在有限的地区获得保护，与市场的影响力没有直接的关联。

中国的企业应该走自主创新之路，培育我们的知名品牌。因为，品牌凝结着企业的技术创新能力，体现企业的管理水平，反映企业的市场信誉。在当前，我觉得要防止一个倾向，那就是要像防止经济泡沫一样，防止知识产权的泡沫。我们不需要商标数量泡沫，行业、企业要培育和创建更多的国际知名的民族品牌。

创新铸造中国品牌，品牌彰显中国力量。

中国知识产权战略的政策科学分析*

我今天演讲的题目是《中国知识产权战略的政策科学分析》。胡锦涛总书记在十七大报告中提出“实施知识产权战略”。虽是简单一句话，但我认为寓意非常丰富，意义特别重要。对于知识产权国家战略，我们应从法学和政策科学相结合的角度考量。第一，为什么要提出知识产权战略？知识产权与物权、债权一样都可以归结为私人财产权，但国家从未讲过物权战略、债权战略，而提出了实施知识产权战略。知识产权究竟是一个什么样的制度？第二，知识产权对于中国而言是一个制度舶来品，西方发达国家是知识产权制度最早的推行者，也是最大的受益者。在三百多年的实践当中，西方国家是怎样运作知识产权政策为本国利益服务的？第三，中国在21世纪的发展进程中提出了实施知识产权战略，这与我们全面建设小康社会，特别是建设创新型国家的发展目标有什么关系？下面我就围绕这几个问题讲三个方面的内容。

一、知识产权制度的政策功能

知识产权具有双重属性。首先，知识产权是知识财产私有的权利形态，也就是说，知识产权必须与物权、债权一样，归结为私人财产权的范畴。其次，知识产权也是一项政策工具。英国知识产权委员会在一份报告中专门谈到了知

---

* 本文系作者2007年11月在中国人民大学法学院所作的专题讲座，根据录音摘要整理而成，此次发表有删节。

识产权的私权属性和政策工具功能。作为民法学者，当然要秉持一种私人财产观，知识产权脱离了民事权利领域，就变成了无源之水、无本之木。但是我们应该从这种私权背后，看到国家创设这种法律的政策立场，推动这种法律实施的政策目标。一句话，对知识产权要进行政策科学分析。

知识产权是政府公共政策的制度选择。说到底，知识产权是一种社会政策工具，这是因为对一个国家而言，是不是保护知识产权，对哪些知识授予知识产权，采取一个什么样的标准和水平保护知识产权，这是国家根据现阶段的经济、科技发展状况并且考虑未来社会发展需要所作出的一种政策选择和制度安排。

我们把知识产权制度看作是知识产权政策的意义何在？在政策科学领域，所谓的公共政策指的是以政府为主的社会公共机构，根据一定时期特定的社会发展目标，以政策成本和政策效果的比较为依据，对一定的公、私行为采取约束和指引所制定的法律、法规、计划、规则、项目等。在这个意义上，知识产权制度也就是知识产权政策。关于这个问题，我觉得美国政策科学的著名学者威尔逊有一个经典的表述，他说："所谓的公共政策也就是政治家及立法者所制定的，由行政管理机关所执行的法律和法规。"从政策科学理论出发，知识产权制度具有以下三点政策要素。

第一点，规定政策主体的活动范围。政府是公共政策的制定者，就知识产权而言，政府的政策行为涉及三个方面：（1）制定知识财产有关的法律制度，涉及知识财产的归宿、运用和保护等，显然这是一个立法行为。（2）提供知识产权制度运作必要条件、措施和环境，包括裁判机关、中介服务等。（3）建立有关知识产权的公共政策体系。最近一段时间我就倡导或者建议，中国一定要建立一个以知识产权为导向的公共政策体系。这是因为实现保护知识财产、促进知识信息广泛传播这个政策总目标，不是仅靠知识产权政策所能奏效的，其他的相关政策也应具备这样的内容。我认为，包括国家的产业政策、科技政策、文化政策、外贸政策，甚至我们的教育政策都应该与这个知识产权政策相配合，从而建立一个以保护知识财产为目标的公共政策体系。

第二点，界定政策调整的基本功能。政策科学告诉我们，政策并不是万能的，也不是绝对完美无瑕的，它会涉及利益冲突，它总会面对有些人是政策的受益者、有些人是政策的受损者。在这个时候，政府就要注重制定合适的知识产权政策，注重利益的协调和均衡。所以，在知识产权法中，保护和限制这两类制度都是非常重要的，当然这是知识产权保护基础上的限制，是在维护权利人的基础上来限制，这才体现一种利益平衡的观念。传统民法有两个重要的理念，这在知识产权法领域是非常重要的，一个私权神圣，而另一个是利益平衡。

第三点，明确政策服务的目标取向。公共政策的制定和实施总是与一定的政策目标相联系。就知识产权政策而言，价值目标一般可以表述为正义、效益和创新，也就是维护知识权利的正义秩序，实施知识财产的利用效益，激励整个社会的知识创新。当然，不同国家的不同发展阶段，其具体的、现实的政策目标有着不同的内容。

发展中国家如何制定和选择知识产权政策，必须用政策成本和效益的理论进行分析。知识产权政策的基石是国情，必须符合本国社会发展需要，不要超越国情。为什么在经济全球化的今天，发展中国家都接受了高水平的知识产权制度，这里面除了来自发达国家的压力之外，我认为，也有自身发展的需要。走上新兴工业化道路的发展中国家必须接受，并且巧妙运用知识产权制度。这里有两个政策成本效率的分析：第一个分析是，发展中国家参加经济全球化的政策收益要高于接受知识产权一体化这个结果的成本。例如，中国加入世界贸易组织了，享有世界贸易组织提供的无差别优惠国待遇，这几年贸易发展的势头非常好、也非常快，这就是我们的收益。但是也有成本，那就是接受高水平的知识产权保护，进入知识产权一体化这个潮流之中。我认为，这个收益是高于这个成本的。第二个分析是，知识产权保护的未来收益要高于现实保护所付出的成本。知识产权的保护水平，有阶段性的差异，一般来说，发展中国家要因时制宜，也要与时俱进，以现在的较强保护来换取未来的更大发展。我记得英国专家曾经发布一个知识产权保护的报告，专门分析发展中国家为什么要接受知识产权制度，他说："在发展文化产业其他条件具备的情况下，高水平的版权保护对发展中国家文化产业的长远发展是有益的。"就中国而言，它是传统的发展中国家，更是新兴的工业化国家，要缩小与发达国家的差距，必须通过知识产权制度的有效实施，为本国的创新发展、转型发展提供政策激励和政策保障，为参与国际经济、科技、文化竞争营造政策环境和提供政策举措。一句话，这是以必要的现实成本来换取未来的重大收益。所以，我认为，发展中国家接受不接受知识产权政策，应该进行成本和效益的经济分析。

二、西方国家运作知识产权的基本做法

对于西方国家而言，知识产权是制度文明的典范，我同意这个见解。但是我们要思考知识产权为什么被西方国家玩得得心应手，为什么在许多发展中国家却是水土不服？这首先要分析一下西方国家是怎么做的，发展中国家的差距在哪里？

知识产权作为社会政策的工具，说到底是为国家的经济发展、科技创新、文化繁荣提供了制度支持，是为本国利益服务的。知识产权政策既是国内政策，也是国际政策，而且政策总目标就是国家经济与社会发展。

在这里我讲一下近代英国和现代美国。近代英国是欧洲工业革命、产业革命、科技革命的发源地，也是近代著作权法、专利法的发祥地。两者之间并不是绝对隔绝的，它们有着某种历史的机缘。过去人们把西方资本主义的发展，归功于近代欧洲所发生的工业革命，而工业革命首先发生在英国，因为英国当时的科学发现、技术发明、资本和教育的积累达到了相当的水平。这是一个历史与逻辑的统一。但是现在制度经济学派提出了质疑，他们说，14 世纪中叶的中国，当时的科学发现、技术发明、教育与资本积累的水平丝毫不亚于英国，为什么工业革命没有发生在中国？经济学家们作出一个非常重要的发现：中世纪中国在向近代中国发展的过程中缺少一个必要的条件，即没有一个企业家阶层。美籍奥地利经济学家、创新理论的倡导者熊彼得认为，企业家阶层是创新精神的人格化，而中国没有一个企业家阶层，所以不可能发生工业革命。诺贝尔经济学奖获得者、芝加哥学派的代表人物诺思作出了进一步的研究，他认为，中国之所以没有产生具有创新精神的企业家阶层，关键在于产权制度缺失，缺乏以私有制为基础的财产权制度，特别是知识产权制度。这是经济学家的看法。作为法学专家，我从法学角度作出实证分析，英国 1623 年制定了《垄断法规》，这部法律颁布一百年的时候，英国历史学家告诉我们，正是由这部专利法的有效实施，极大地推动了当时英国的冶炼、采矿、运输、纺织、手工业制造等各个产业的发展，这一百年所创造的物质财富是英国建国十几个世

纪的总和。近代英国在没有受到外力干扰和制度强加的情况下，根据本国经济、科技与社会发展的需要，制定了这样一部专利法，是符合它的商业政策和经济政策的，它们把知识产权制度作为政府公共政策的重要组成部分。

现代美国的知识产权政策主张为其他国家所瞩目，具有全球范围的影响力。国际知识产权制度的很多规则出自美国的要求和主张，这是一个不争的事实。美国凭借着政治强权、经济强力、科技强势，在全球范围内来运作美国所需要的、高水平保护的知识产权制度。美国将知识产权保护与它的产业政策、科技政策、文化与教育政策紧密地联系起来。早在 20 世纪 80 年代，从卡特政府开始就通过知识产权政策来推动产业结构调整和创新产业发展。美国现在优先发展所谓的朝阳产业，其中有两类，一类是以版权保护为后盾，以软件、电影、音像、图书为主要内容的文化产业，另一类是以专利或者准专利保护为后盾，以计算机、半导体芯片、飞机制造为核心内容的高新技术产业。我们通常说美国靠小小的三大片来影响世界：第一片是代表美国饮食文化的麦当劳土豆片，第二片是代表美国影视文化的好莱坞电影片，第三片是代表美国信息文明的硅谷半导体芯片。美国在经济全球化中不断推行文化产业的全球化。2002 年，美国生产制作了全球 75％的电视节目，赚取了全球电影票房 85％的收入，控制了全球 2/3 的软件市场。美国产业的发展得益于知识产权保护。以上讲的是美国的国内政策。

美国在其国际政策方面，始终把知识产权保护与它的对外贸易活动紧密地联系在一起。在 20 世纪 70、80 年代，甚至 90 年代初期，美国主要凭借其国内法，即综合贸易法的特别“301 条款”和关联法的“337 条款”，每年由美国贸易代表对全球贸易伙伴分类排队，凡是不保护、不完全保护、不充分保护其知识产权的贸易伙伴，分别列为重点国家、重点观察国家和观察国家。凡是列为重点国家，一年之内不能与美国达成谅解备忘录的，美国就会取消优惠国待遇，征收高额关税。美国分别在 1991 年和 1993 年两次将中国列为所谓重点国家，对中国出口到美国市场上的商品要征收高达 30％的关税，涉及的商品价值 20 亿美元左右。20 世纪 90 年代中期以后，美国更多的是凭借世界贸易组织这个经济联合国，依据国际公约要求所有的缔约方高水平保护知识产权，并与给予缔约方无差别的最惠国待遇直接挂钩。这次正是因为所谓的盗版问题和市场准入问题这两个事由，美国政府把中国政府告到了世界贸易组织。可以说，发达国家的政策立场是国家利益至上。

我认为，不论是近代英国，还是现代美国，乃至其他一些发达国家，或者走向新型工业化道路的发展中国家，有一个共同的路径选择，它们在实现社会发展转型的时候，在以实现现代化发展为战略目标的时候，都会拿起和运用知识产权这个政策工具。

三、知识产权战略实施与创新型国家建设

关于中国社会发展的总目标，党中央国务院有两个很重要的提法，一个是全面建设小康社会，另一个是建设创新型国家。创新型国家建设是国家一个重要的战略发展目标。这是在全国科技大会上首先提出，后来在去年政治局的集体学习会，总书记再次强调。我记得总书记原话是这样说："加强知识产权制度建设，提高我国的知识产权创造、管理、保护和应用的能力，是提高我国自主创新能力，建设创新型国家的迫切需要。"

接下来我讲这么几个问题，当然更多的是一种实证分析。

第一，什么是创新型国家？所谓创新型国家就是以知识创新为基本政策，以提高自主创新能力和国家核心竞争力为目标的先进国家。一般公认，像美国、德国、芬兰、日本、韩国大概有二十几个国家已经进入创新型国家的行列。创新型国家必须有一些指标加以衡量，我所掌握的资料大概有这么四点：一是科学技术对经济发展的贡献率；二是研发投入占 GDP 总量的比例；三是对外技术的依存度，一般认为，创新型国家对外技术的依存度不超过 30%，而中国对外技术的依存度超过了 50%；四是技术创新水平和能力。我国距创建型国家的发展目标还有很长的路要走。

中国为什么要走创新型国家的发展道路？我认为，从国情出发，有两条路是不能走，也是走不了的，这就决定了中国只能走创新型国家的发展道路。(1) 中国不能走资源耗费型和环境污染型的发展道路。就前者而言，中国耕地人均占有量只有世界平均水平的 1/3，印度的耕地要比中国多 1.5 倍；中国人均淡水资源占有量只有世界平均水平的 1/4；就能源而言，我们人均石油的占

有量只有世界平均水平的18%；50种主要矿产资源只有世界平均水平的40%～50%。这种国情就决定了中国不能走资源耗费型和环境污染型的发展道路。(2) 中国不能走也不可能走技术依赖性的发展道路。我们现在对外技术的依赖程度超过50%，GDP的增长主要靠资本追加、资金投入，科技进步对经济发展的贡献率不高。这说明中国在很大的程度上是依赖于外国技术和外国品牌的。西方发达国家不管是出于意识形态的政治偏见，还是由于一种维护其技术优势的利益考量，都不会轻易把高技术转让给我们。在冷战时期，有一个“巴统联盟”，就是巴黎公约联盟，针对当时的所谓社会主义国家实行战略物资、军事技术禁运，涉及一万两千多种物品；冷战结束以后，又有一个所谓的“瓦森纳协议”，针对所谓的敏感国家，中国也属于禁止输入国之列，不能受让高新技术。我认为，在高技术领域，自主创新是一条必走之路。中国是世界制造工厂，现在生产了全球20%的电冰箱，30%的洗衣机，50%的照相机，55%的电视机，80%的集装箱和拖拉机，还生产了90%的打火机，有近200种产品产量位居世界第一。但是，如果中国没有关键技术、核心技术的专利，没有国际知名的品牌，充其量是世界加工厂，而不是世界工厂。其实，我们很多高技术装备还是靠进口，大型客运航空器100%进口，重型石油装备80%进口，集成电路制造设备、先进纺织机、精细化工设备75%也是依赖于进口。在这种情况下，中国必须要改变技术依赖的发展路径，唯一的出路就是创新型发展。

第二，知识产权制度在建设创新型国家中有什么作用？我认为，知识产权起到一个制度支撑和保障作用。在建设创新型国家的过程中，一些舆论的宣传、学者的观点有偏颇之处，将创新说成是科技创新。我认为这种说法是不够的，创新应该概括地分为两大部分：一个是制度创新，比如说完善知识产权法律，建立以知识产权为导向的公共政策体系，这属于制度创新，它对整个国家创新活动起着支撑和保证作用。另一个是知识创新，知识创新又分为文化创新和科技创新。现在文化创新提的太少。其实有个时髦的说法叫做创意产业，是20世纪90年代末期英国学者霍金斯提出来的，英国政府采纳了这个观点，而且制定政策来推进英国创意产业发展，把霍金斯的创新理论演绎为政府公共政策。我认为，这个创意产业就是美国所讲的版权产业，也是我们国家所说的文化产业。严格地讲，创意产业、版权产业构成了文化产业的主体部分，这三个概念之间是有关联性的。我讲到了英国的例子、美国的例子、韩国的例子，都说明一个问题，这些国家是把知识产权制度与本国的相关公共政策联系起来的，共同推进经济与社会的发展。就企业而言，这些代表性的技术都是以自主知识产权的形式存在的。例如索尼公司的微型电子技术、飞利浦公司的光学电子技术、英特尔公司的芯片制造技术、微软公司的视窗系统软件技术，这些技术都是以专利、版权和准专利的形式而存在的。企业、产业、城市乃至国家的实力之争，说到底是知识产权之争。正如温家宝总理在2004年视察山东的时候说的那样，“世界未来的竞争，即是知识产权的竞争”。

第三，中国在实施知识产权战略方面所应注意的问题。国家战略有望明年公布并实施，现在谈这个问题也许为时过早，但是我想从一个学者的立场来谈谈个人之见。关于中国知识产权制度建设和制度运用，我想引用两句名人名言来说明。第一句话是世界知识产权组织前主席鲍格胥博士说的：“中国用了不到20年的时间走过了西方国家一两百年才能完成的知识产权立法进程，这个成就是举世瞩目的。”这句话讲的是中国知识产权的立法成就，从制度层面而言，中国的知识产权法律规定已与国际接轨，是符合国际公约的要求的。第二句话是现任国际知识产权协会主席、美国斯坦福大学教授波顿说的：“发展中国家与发达国家的差距，不在于知识产权制度本身，而在于运用这个制度的经验不足。”这句话讲的是中国知识产权的制度运用，其政策效益有待提高。加入世界贸易组织，与国际惯例接轨，这是大势所趋。对此中国的政府部门特别是公司企业，准备不及，办法不多，在很多情况下受制于人。

知识产权制度作为一个政策工具，法律当然应该强调保护，但是仅讲保护是不够的，它还涉及创造的问题、管理的问题、运用的问题。所以，知识产权政策包括四个方面的要求，为此有三个问题需要我们考虑：其一，要以知识产权的创造为支撑，推动国家创新产业的发展。从世界范围来看，美国的硅谷地区、日本的关西地区、德国的巴登符腾堡地区，这些地区的高新技术产业和文化产业为什么发展繁荣呢？在很大程度上取决于知识产权制度的创造功能，为这些产业的发展提供激励机制。其二，以知识产权保护为后盾，营造国家的创新活动的社会环境。知识产权现在控制了国际贸易中价值一万亿美元的货物贸易和服务贸易，考察一个国家或者一个地区的投资环境如何，对外贸易的状况如何，一个重要的考量标准就看这个国家知识产权保护的现状如何，假冒行为、盗版行为是否得到有效的遏制。为什么我们要像发达国家一样来保护知识产权？对于知识产权的保护，中国政府已经作出了承诺，这里面有一个信守国际公约、事关中国政府国际形象的问题。中国经济的发展离不开对外贸易，经济全球化就是把中国的市场与国际市场紧密联系在一起，我们不可能关起国门搞市场经济，所以我的结论就是，不能离开对外贸易来谈中国的经济发展，现在我们对外贸的依赖程度接近70%。同时也要看到，知识产权保护已经是当代国际贸易体制的基本规则，所以也不能离开知识产权保护来谈中国的对外贸易。其三，以知识产权的管理、运用为重点，建立以知识产权为导向的政府公共政策体系。实现创新型国家的战略目标，光靠知识产权制度本身是无法奏效的，在这个问题上我们绝不能搞法律万能，它需要相关政策的配套与协调。今年第六期的《中国法学》马上要刊登我的一篇文章《知识产权法律移植与本土化的文化解释》。在这篇文章中，我提出这样一个理论，知识产权制度作为一个舶来品引进到中国，其实施效果取决于两个方面的因素：一是法律因素，即制度选择所涉及的法律内容、法律理念和法律形式的科学性、先进性和合理性，这是制度移植一个非常重要的因素；二是非法律因素，即制度实施所涉及的经济、技术发展状况，政府公共政策以及社会文化环境的一致性、协调性和相适应性。因此，要发挥知识产权的制度功能和政策效益，必须营造一个良好的文化与社会环境，采取必要的配套政策。

由于时间的关系，我今天就讲到这里，谢谢大家！

点评

李琛教授：首先非常感谢吴老师精彩的演讲，我习惯叫吴汉东教授吴老师，因为我本科也是中南财经政法大学毕业的，上本科的时候吴老师还给我们讲民法课，后来无论是听吴老师的演讲还是拜读他的大作，都会发现一个特点，就是言必称罗马，今天一听，风格一如既往，还是从罗马法开始。后来到人大读研究生的时候，正好人大的老师也是非常强调体系化的，总是强调知识产权的民法属性。

今天吴老师一开始就从公权和私权的关系，从民法的理论框架开始。知识产权战略是近一两年非常热门的话题，战略的版块也是一项制度的设计，因此它必然以一个正确的设计理念为前提，但是坦率地说，我们在这方面的理论储备还是不太够的，包括知识产权制度本身的意识和发展的路径、未来发展的趋向以及功能。因此，今天吴老师演讲的选题是非常重要的，我们如何提供更多的理论储备，对政策本身进行科学的分析，如果没有这个前提，也就称不上什么战略，充其量也就是一个对策。今天吴老师的演讲给我三点启示：

第一，关于制度能力的问题。其实制度要发挥作用是需要一定条件的，制度本身也是一种利益的表达，并不是中性的。所谓知识产权化就是知识与资本相结合，能够从这个制度当中获利多少，取决于知识与资本结合的能力，就像吴老师刚才谈到的，日本经济的发展也是需要一个过程的，它不是一开始就谈知识产权立国，而是先从教育立国、科技立国开始的，等它们储备了相当的力量之后，然后再借助一个制度把利益的优势固定下来。关于制度能力问题，过去我们在规范的移植过程当中一直都比较忽视，很少把它当做一个独立的课题来研究。今天吴老师谈了一个公共政策体系，它不是孤立地发挥作用，还必须与其他的制度相配套。

第二，关于中国法学的研究路径问题。其实整个中国法学是与近代化联系在一起的，我们在近代化之初，先是需要船坚炮利，后来觉得不够，还是要发展科学技术，后来觉得科学还不够，然后还要制度。我相信中国的法学可能也要走过一个类似的路径，一开始我们就是一个单纯的规范移植，几乎比较法是法学中唯一的一种演绎方法，相当于船坚炮利的阶段。接下来，人们就开始关注制度设计的理念，我想再到后来它还是要加入整个文化背景之中。今天吴老师的演讲给出了一个很好的示范，他始终把制度的运行放在一个整体的社会结构当中来进行考量，包括后面谈到的文化问题，就如吴老师所讲的，我们现在可能错失了一些机会，不太可能像发达国家那样非常从容地发展自己的制度，但是我们的法学恐怕还要尽可能地由近及远，克服我们急躁、焦虑的心态。恐怕现在也有这个条件，这种规范移植的阶段已经走过了，今天我们来谈这个选题，我觉得本身就是一个证明。

第三，要历史地看待制度。今天吴老师对知识产权制度的描述不是一个静态的，始终都是一个动态的、一个历史的演变过程，它的存在并不是从来都是产权化的。所谓知识被纳入产权化的体系不过是上百年的事情，这个制度当前的形态一定不是终极，也不是完美的。而且我们也可以说，鉴于文化的多样性，知识的生产和分配也可以是多样的，过去我们谈到国际知识产权对话的时候，多半是把它当做一种经济的对话，比如强调的是发展中国家，我们比较穷，技术比较落后；其实它也可以是一种文化的对话，关于知识应该如何来生产和分配，我们可以提出一个自己的表达方式，就像吴老师刚才谈到的国情，不同国家的发展模式不一样，因为制度毕竟是生活当中的事情，欲成独立之文化，必求独立之生活。

以上就是我听了吴老师讲座之后得到的三点启示，再一次感谢吴老师！

石佳友博士：非常感谢吴老师精彩的演讲，我是抱着一个学习的态度而来的，在我的研究当中涉及的是知识产权国际保护问题，所以我更多的是从国际法的角度去看待这个问题。全球化过程本身确实是放大了知识产权所谓的溢价，但是从另外一个意义上讲，这样导致的后果是知识产权的壁垒效用更加明显。那么再来分析 TRIPs 协议的签订过程，我认为知识产权被纳入贸易协议之中更多的是出于西方国家的利益，在全球化过程中，国际分工体系的发展，导致知识产权成为一种新型的贸易壁垒。从文化的角度来看，知识产权制度在效果上会导致一个两极化的效果，一方面，发达国家利用知识产权制度来滋养它庞大的文化工业，知识产权战略成为发达国家维护其软权利的重要策略。另一方面，发展中国家只能选择自主创新的发展道路，这将导致知识创新的民族主义。所以最终导致民族主义和本土主义的抬头。

互动

问：知识产权是否应该纳入民法典的体系之中，以构建一个更有中国特色的民法体系？

答：2003 年全国人大法制委员会民法室讨论民法典草案的时候，我参加了知识产权编的讨论。这个草案中有一百多条是已故的知识产权学者郑成思教授提出来的。应该说，他为知识产权事业的发展作出了卓越贡献，我非常尊敬他。我在会议上发表了一个观点，不赞成将知识产权整块地移植到民法典之中，从立法例来看，凡是范式的民法典都没有知识产权编，凡是规定知识产权编的民法典都谈不上是范式，这也就是说，范式民法典都不规定知识产权。从1942年的意大利民法典、1992年的荷兰民法典、1995年的俄罗斯联邦民法典，都曾经尝试过把知识产权编纳入民法典当中，但有的已经放弃了这种做法，有的纳入民法典当中却不成功。唯一的立法范例就是越南民法典，但是我认为，越南民法典不值得效仿。为什么知识产权制度不能整体地移植到民法典之中呢？我于2004年在《中国法学》杂志上发表了一篇文章，谈到了上述观点。我的主张是，未来的民法典可以就知识产权制度作出原则性规定。这样做的目的是一定要为知识产权制度找到一个归宿，即属于私人财产权体系，属于民法典所调整的范围。但是考虑到知识产权制度的特殊性，还是以单行立法为宜，条件成熟的时候我们可以仿效1992年的法国知识产权法典，制定一个专门法典，但是知识产权专门法典和民法典依然是子法和母法的关系。

问：吴老师，您认为知识产权是一个无形财产权，但是刘春田老师的观点与您的观点并不一致，不知您对此有什么看法？

答：刘春田教授对我主张的无形财产权理论有过批评，我的观点能够引起他的关注我感到非常高兴。关键是对无形财产权怎么理解，是讲权利本体的无形还是权利客体的无形，这是一个要害问题。罗马人把物分为有体物和无体物，但无体物是主观意识的东西，单指具有财产内容的权利。无形财产权中的无形指的是什么？我认为，指的不是权利本体。无形财产所有权和有形财产所有权的区别在哪里？应该看到，所有权的客体是有形的动产和不动产，而无形财产所有权的客体指的是无形的知识技术和信息。这个观点是我提出来的，我发表了一系列的文章来专门讨论这个问题。如果我说的仅是一家之言的话，大家可以看一看曾世雄教授著的《民法的未来与现在》一书，他讲的观点与我一样，我们事先没有通谋。曾世雄教授认为，著作权和所有权的区别不在于这个权利本身是有形还是无形，而在于控有之资源的无形和有形，不动产所有权保护的对象就是房屋，而著作权保护的客体是无形的作品。从这点来讲，我觉得凡是民法学者都应该和我得出相同的结论，只要是对无形和有形作出严格的限制都不会产生任何的歧义。

实施知识产权战略与建设创新型国家*

胡锦涛总书记在十七大报告里提出："实施知识产权战略。"这句话可以说内涵非常丰富，意义特别重要，它给我们留下很多的思索。广东GDP占全国的1/8，财政收入占到1/7，一个省的GDP比得上一个奥地利、丹麦或以色列，富可敌国。接下来广东的发展道路怎么走，这涉及社会发展转型、产业结构调整、企业技术升级等诸多问题。因此，必须跳出广东看广东，站在全国看广东，放眼世界看广东。胡锦涛总书记说："提高自主创新能力，建设创新型国家。"这是我们发展的必由之路。我想围绕这些问题来谈谈我的看法。

中国进入新千年以后，新一代的中央领导集体十分重视知识产权制度建设。胡锦涛总书记在去年政治局集体学习知识产权专题时说："加强我国知识产权制度建设，大力提高知识产权创造、管理、保护、运用能力，是增强我国自主创新能力、建设创新型国家的迫切需要，是完善社会主义市场经济体制、规范市场秩序和建立诚信社会的迫切需要，是增强我国企业市场竞争力、提高国家核心竞争力的迫切需要，也是扩大对外开放、实现互利共赢的迫切需要。要充分发挥知识产权增强国家经济科技实力和国际竞争力、维护国家利益和经济安全方面的重要作用，为我国进入创新型国家行列提供强有力的支撑。"以总书记这次重要讲话和十七大政治报告的重要讲话为标志，中国的知识产权制度建设进入一个新的历史发展时期。就知识产权制度建设本身而言，中国进入

---

* 本文系作者2007年12月在广东省委理论学习中心组"广东学习论坛"报告会上所作的讲座，根据录音整理而成，此次发表时有删节。

了战略主动期。过去我们是为了履行“入世”承诺，考虑的是与国际接轨，而现在更多基于自身发展的需要来制定适合本国经济与社会发展的知识产权法律。就知识产权政策运用而言，中国进入了关键发展期，中国寻求可持续发展，实现社会发展转型，关键在于我们对知识产权制度和政策的运用。

党中央、国务院在最近几年的重要文件中关于社会发展目标有两个非常重要的提法，一个是全面建设小康社会，另一个是建设创新型国家。我认为知识产权政策运用、知识产权制度建设、知识产权战略实施，与建设创新型国家的战略目标是紧密地联系在一起的。所谓的创新型国家，指的是以知识创新（包括科技创新与文化创新）为基本政策，以提高本国创新能力和国际核心竞争力为目标的先进国家。现在公认，进入创新型国家行列的国家大概有 20 个左右，包括美国、日本、德国、丹麦、芬兰、瑞士、韩国等。创新型国家有四个可以衡量的指标。

第一，科技进步对经济发展的贡献率。在创新型国家，科技创新对 GDP 增长所贡献的比例一般来说要超过 70%，有些国家如德国甚至高达 80%以上。就目前而言，中国经济增长较多依赖于投资，科技创新的贡献率大概是 40%。第二，研发投入占 GDP 总量的比例。创新型国家重视创新活动的经费投入，一般要超过 2%。美国和日本达到了 2.2%，韩国的研发投入占到 2.4%，以色列高达 2.8%。中国的研发投入 2004 年为 1.2%，2005 年为 1.3%，2006 年为 1.42%，这些数字低于可统计国家 1.6%的平均水平，更低于创新型国家的平均水平。第三，对外技术的依存度。这一指标是衡量一个国家的自主创新能力的重要尺度，也是判断国家经济安全、技术安全的必要因素。创新型国家对外技术的依存度不超过 30%。美国和日本对外技术的依存度大概只有 5%左右，中国对外技术的依存度超过 50%。第四，创新成果的数量和质量。凡是创新型国家，在美国、欧盟、日本这三个国家和地区所取得的专利占到专利授权总量的 90%以上。中国企业和个人所取得的国外专利去年占到专利授权总量的 3%。以上说明，中国离创新型国家的发展目标还有相当长的路要走。

现在，我来谈谈知识产权制度在社会发展、特别是在建设创新型国家中的重要作用，讲三个观点。

1. 完善知识产权制度是激励自主创新的制度保障

创新理论是20世纪著名的经济学家熊彼特提出来的。后来的学者发展了创新理论，把它分为制度创新和知识创新。就知识产权而言，涉及完善知识产权制度，建立以知识产权为导向的政府公共政策体系，来实现我们的社会发展目标，这就是制度创新。与此相对应的是知识创新。一是文化创新，李长春同志在去年的文博会上讲的“提高文化创新力，发展文化生产力”，将文化创新和文化创意产业紧密联系在一起；二是科技创新，科技创新与高技术产业紧密地联系在一起。所以把这两块合称为知识创新更为确切一些。

我们来探讨一下制度创新对于知识创新的作用。以近代英国为例，近代英国是欧洲工业革命的发祥地，同时也是近代知识产权制度的发祥地，这两者之间我认为是有历史与逻辑的联系的。英国在1623年制定《垄断法规》即第一部专利法，实施了一百年后，历史学家发现：由于这一法律制度的实施，极大地推动了本国采矿、冶炼、运输、纺织、制造等各个产业的发展，这一百年所创造的物质财富是英国建国十几世纪的总和。这就是制度创新对科技创新所带来的推动。18世纪美国成立专利商标局，第一任局长后来又成为美国总统的杰斐逊说，“科学技术靠专利保护，专利又推动了科技创新”。他对这个制度的神奇作用惊叹不已。日本在19世纪末成立了专利商标局，第一任局长高桥是清后来成为日本首相，他去美国考察是什么原因使美国成为一个生机勃勃的国家时，得出一个结论，美国的科技创新是以专利制度为法律保障的。

我们总是说，现代企业的生命周期比较短暂。据统计，国际企业界的生命周期平均只有12年，超过12年的企业大概只有30%。但是我们可以看到，像英国的邓禄普公司、德国的西门子公司、美国的通用电器公司这些企业在国际企业界可以称得上是常青树，叱咤风云一、两百年。其公司的创始人当年都是发明家，他们把自己的技术成果申请专利取得回报，用于公司的技术研发。它们之所以长盛不衰，关键在于它们拥有某个领域的关键技术、核心技术的专利，拥有一些国际知名的品牌。以上我想表述的是制度创新对知识创新的重要意义。

我认为，在当代社会，知识产权制度完善的程度，自主知识产权拥有的数量和质量，实际上是一个国家、一个地区、一个产业乃至一个企业科技水平和经济实力的法律表现。从企业和产业来讲，像索尼公司的微型化电子技术，飞利浦公司的光学介质技术，英特尔公司的芯片制造技术，奔驰公司的汽车发动机和整车装备技术，都是以专利、准专利的形式存在的。美国所谓的朝阳产业，不管是文化创意产业还是高新技术产业都是以知识产权为后盾的。所以说，知识产权的数量和质量就是一个国家综合国力的象征，就是一个地区、一个产业和企业的核心竞争力的表现。中国现在可以说是世界制造工厂，有近200种商品生产量位居全球第一，是名副其实的世界制造工厂。但是，在国际制造业的产业链上，我们依然还是处在中低端，在高科技产业方面我们的竞争力还不行。比如说：大型民航客机100％进口，光纤制造设备、高端的医疗设备以及集成电路制造设备基本进口，大型的石油化工装备80％进口，先进的纺织机和数控机床设备70％进口。这个反差就给我们一个非常重要的警示，我们必须通过自主创新来提高竞争能力，特别要选择一些关键的产业、重点的企业作为知识产权创造的突破口。

2. 拥有自主知识产权是提高核心竞争力的战略重点

当今世界的竞争是国家与国家综合国力的竞争。综合国力的竞争主要表现为国家之间科技、文化与经济实力方面的竞争，从法律层面来看就表现为自主知识产权数量和质量的竞争。正是在这个意义上，温家宝总理在2004年视察山东的时候说："世界未来的竞争，就是知识产权的竞争。"我们应该以一种国际胸怀和时代眼光来看待知识产权竞争的重要性。就中国目前情况来看，着重分析一下专利和商标问题。

首先谈谈专利。我认为，在专利领域，中国目前的情况依然是"技不如人"。中国毫无疑问现在已经算是专利申请大国，2005年中国的专利申请量位居全球第十，韩国第八、日本第二、美国第一，美国占全球申请总量的33.7％。2006年中国从第十上升为第八，韩国从第八上升为第六。2007年中国的专利申请量有望上升到前五，这表明中国企业已特别重视专利。但是，从整体发展水平来看，中国虽然是专利申请大国，但远远不是专利强国。我认为差距存在于三个方面，第一，中国发明专利的授权量比例不高。据统计，中国专利法自从1984年通过、1985年生效以来，中国企业所取得的中国发明专利授权到2004年只占到37％。经过2005年、2006年的发展和推动，中国企业在中国所取得的发明专利授权接近60％。而在外国企业的专利构成中，发明专利则被摆在一个非常重要的战略地位，发明专利授权一般来说高达85%。第二，中国企业所拥有的职务发明专利比例较低。所谓职务发明专利，是由公司企业提供物质条件而由雇员所作出的发明创造，这种专利的申请权和所有权归公司企业所有。职务发明专利标志着一个企业的研发水平。中国企业拥有的职务发明专利大概是35%，而外国企业高达95%。第三，中国企业所取得的国外专利授权数量太少。中国企业要从本国市场走向国际市场形成国际核心竞争力，国外授权专利不可或缺。目前，中国企业专利主要是本国专利，外国专利的申请、授权量很少。前几年，国外专利申请量2 000件，取得授权不到300件。去年开始有所增加，大概国外专利申请达到总量的3%，在美国、欧盟、日本这三个国家和地区提出的专利申请占到1%。

其次谈谈商标。在商标领域我认为是“貌不惊人”。商标是商品的脸，商品的消费实质上是品牌的消费。中国连续五年商标注册申请量位居全世界第一，从1980年的年申请2.6万件到2006年的76.6万件，申请量年年攀升。但坦率地说，中国还不是品牌大国。商标的问题主要表现在三个方面：第一，中国企业的品牌在海外屡屡被抢注。据世界品牌实验室统计，中国知名品牌500强中，46%没有在美国注册，76%没有在欧盟国家注册。在过去的三年间，因为品牌被他人抢注，我们大概造成的损失有2亿～3亿美元，影响商品出口达20亿～25亿美元。第二，出口企业主要是定牌生产、加工贸易，外贸企业200强中75%使用的是外商的商标。第三，中外合资企业使用外国品牌居多。中外合资企业90%使用的是外国商标，例如，食品医药行业30%以上使用的是外国商标，啤酒行业70%是外国商标，碳酸饮料90%用的是外国商标。可口可乐公司在中国没有输出一条生产线，没有投入一分钱的现金，它就依赖可口可乐商标和商业秘密配方这两样知识产权，与百事可乐联手占领了中国软饮料市场的半壁江山。所以说，中国的企业要参加国际竞争，必须在专利和商标这两样最重要的知识产权方面实现突破，形成自己的核心竞争力。

3. 加强知识产权保护是促进市场经济健康发展的重要举措

据统计，在世界贸易组织的框架之下，知识产权大约控制了价值1万亿美元的有形货物贸易和无形的服务贸易。所以说，在国际贸易当中要形成自己的竞争力，赚取更多的贸易利益，知识产权保护是一个不能回避的问题，知识产权领域已经成为全球企业竞争的关键战场。各国企业在国际贸易中进行竞争的武器不再是价钱战、广告战这样的常规武器，而是战略武器，那就是专利战、品牌战。我们注意到，自从世界贸易组织成立以来，国际贸易一个重要的变化是取消了传统的关税壁垒，代之而起的是以资金、技术为后盾的知识产权壁垒。这种知识产权壁垒是合法的，同时也是有效的，这种壁垒特别值得我们发展中国家和发展中国家的企业所重视。我认为这种壁垒包括三个方面：一是技术壁垒。发达国家和它们的跨国公司利用它的技术优势把技术标准与关键技术联系在一起，形成所谓的技术壁垒来限制发展中国家的企业进入高新技术领域和特定产业。二是绿色壁垒。西方国家通过制定国际认证的绿色标准和环保标准，提高了外国产品进入本国市场的准入门槛，而中国企业生产的农副产品和电子产品由于不符合国际认证的绿色标准和环保标准，在出口方面屡屡受阻。三是反假冒壁垒。西方国家熟练地运用《知识产权协议》所规定的最新的海关措施，对假冒商标、商号、地理标志的产品实行海关扣押措施，致使中国产品的出口屡屡受阻。据美国、欧盟、日本海关的统计，来自中国的假冒商品高达30%～50%。因此，我想中国的市场经济已经与国际市场紧密地联系在一起，只有遵守国际规则、尊重他人知识产权、形成自主知识产权，中国的企业才不会在国际和国内两个市场受到制约。

下面，谈谈实施广东知识产权战略的几点建议。据悉，国家知识产权战略明年就要公布实施，广东先行一步，于今年下半年通过了《广东省知识产权战略纲要（2007—2010年）》，这标志着广东贯彻科学发展观，寻求新的发展转型。知识产权战略是一种全局性、长期性和国策性的社会发展战略，它与科教兴国战略、人才强国战略、可持续发展战略紧密地联系在一起，是上述战略的制度综合和战略支撑。我们应该认识到，知识产权战略与建设创新型国家的总政策目标联系在一起，是服务于创新型国家发展目标的。从战略的主体而言，它包括了国家、地区、产业或者行业、企业这四大主体。其中，地区在战略的实施当中扮演了十分重要的角色，是国家战略与产业战略、企业战略之间的桥梁和纽带。从战略的内容来看，它包括了创造、管理、保护和运用。下面，我就这四个方面的内容谈三点建议。

第一，以知识产权创造为支撑，形成广东创新产业群。知识产权的政策目标就要形成本地区的创新产业群。在高新技术产业领域，近年来广东省已初步形成一批规模化、专业化的专利产业群：如以华为、中兴公司为代表的通信技术领域专利产业群，以赛百诺和迈瑞公司为代表的医药和医疗器械领域专利产业群，以格力、美的、格兰仕为代表的家电领域专利产业群等。但是，一个成熟的产业群不仅需要代表性的大型企业，还需要众多的中小企业作为支撑，提供配套产品与设施。所以我建议在专利技术的产业化、市场化方面，进一步提供政策扶持。

文化创意产业是为社会公众提供文化、娱乐产品和服务的产业。广东省的文化产业发展已经取得了相当大的成绩。根据相关统计数据，2006 年广东省文化产业增加值达 1 680 亿元，占 GDP 总量的 6.5%；2004 年到 2006 年，文化产业增加值年增长率为 15%，高于同期 GDP 增长率。我认为，文化创意产业的发展不仅有经济价值，更重要是的有社会效益和影响。在经济全球化的今天，文化的全球化、文化产业的全球化是不可避免的。对于发展中国家而言，这个问题尤其要给予高度的关注。美国生产了全球 6.7%的电影大片，但是赚取了 85%的票房收入。它生产、制作了全球 75%的电视节目，使得美洲乃至于非洲成为美国电视节目的转播站。它研发销售了全球 2/3 的软件。因此我建议，广东应提升文化创新能力，出台积极政策，鼓励知识产权创造，推动文化创意产业发展。

第二，以知识产权保护为支撑，营造广东省创新型环境。知识产权保护的状况如何，是衡量一个国家、一个地区投资环境、外贸环境的重要指标。因此，强调知识产权保护，杜绝盗版、假冒行为的存在，将有利于提升该地区的国际形象，改善该地区的投资环境与外贸环境。本人建议，实施本省的知识产权战略纲要，要特别重视知识产权文化的养成。

第三，以知识产权的管理、运用为支撑，构建广东省的创新政策体系。发展创新型经济，推动创新型产业的发展，关键要有一个良好的、有效的公共政策体系。广东省可以在本省知识产权战略纲要的指引下结合地方立法的授权，制定相关的公共政策。把知识产权制度的建设与本省的产业政策、投资政策、科技政策、外贸政策、文化与教育政策紧密地联系起来，建立一个以知识产权为导向的政府公共政策体系来推动知识产权的管理和应用。

中国实施知识产权战略的目标、方向和重点*

非常荣幸第三次参加这个高层论坛，并做主题演讲。我今天讲的题目与国家知识产权战略有关。大家都知道，4 月 9 日国务院已经审议并原则通过《国家知识产权战略纲要》。从一个学者的观点来看，我认为这是在向全世界释放一个重要的信号：中国知识产权制度建设进入了一个新的重要历史时期。

我们说这是个新的历史时期，可以表明两点：其一，中国知识产权的政策运作和制度建设进入了一个战略主动期；其二，同时也表明我国知识产权事业进入了一个关键发展期。由此我讲三个问题。

第一，知识产权战略的政策目标。我认为，国家知识产权战略的制定和实施，是要服务于建设创新型国家的战略目标的。最近几年来，党中央、国务院关于社会的发展目标有两个说法，一个是全面建设小康社会，另一个就是建设创新型国家。中国为什么要走创新型国家的发展道路，原因就在于有两条路不能走，也走不了。中国不能走资源耗费型的发展道路，不管是耕地、淡水资源还是石油、天然气资源，以及主要的矿产资源，我们的人均占有量不及世界平均水平的一半，有的甚至只有世界人均占有量的四分之一。因此中国不能靠污染环境、耗费原材料、提供廉价劳动力来参加国际经济分工和合作，因为这不利于中国的可持续发展。中国也不可能走技术依赖型发展道路。现在中国对外

* 本文系作者 2008 年 4 月 21 日在“2008 中国保护知识产权高层论坛”上所作的主题演讲。

技术的依存度超过了50%，GDP的发展缺乏安全保障，这一状况有害于中国经济的可持续发展。因此，提高自主创新能力，走建设创新型国家的发展道路，是中国科学发展的必由之路，而知识产权制度的重要任务，就是为建设创新型国家提供制度支撑和法律保障。

第二，知识产权战略的着力方向。我觉得，国家知识产权战略实施方向，应该着力于提高国家核心竞争力、增强企业市场竞争力。创新型国家或发达国家，把它们的技术优势通过法律转化为知识产权优势，最后形成国际市场的竞争优势。知识产权意义何在？正如英国政府在一份报告中所描述的，“能够维持企业稳定发展的无形资产就是知识产权”。正是在这个意义上，温家宝总理在视察山东时明确指出：“世界未来的竞争就是知识产权竞争”。我认为当今世界，国家与国家之间的竞争是一种综合国力的竞争，集中地表现在经济、科技、文化实力的竞争上，而这些经济、科技和文化实力的竞争在法律上表现为自主知识产权数量和质量的竞争。

我们说，美国作为头号的经济、科技、文化、教育的强国，它在知识产权方面也是一个世界强国。美国有信息产业、影视业和飞机制造业三大支柱产业，在这些支柱产业中，有一大批国际知名企业，包括微软、HP、IBM、英特尔、波音、麦当劳、迪斯尼。这些核心企业形成了美国的支柱产业，最终构成了美国在国际上的核心竞争力。我认为中国综合国力的提高，应该着力于我们支柱产业的发展，而支柱产业的发展，应该选择一些重点企业形成核心竞争力。在这里，知识产权既是创新激励之法，也是产业发展之法。

第三，知识产权战略的实施重点。我认为有三点必须予以重视：一是鼓励知识产权创造，提升企业的技术开发和创新能力。在知识产权经济时代，技术的发展和知识的创新是企业发展的关键，只有这样才可以使得企业在市场上实现差异化竞争，并且在这种市场竞争当中处于有利的位置。在国际企业界，企业的生命周期平均只有12年，超过12年的企业不足30%，而中国的企业生命周期平均只有6年到8年。那些长盛不衰的国际型企业，其成功的秘诀就在于拥有某一领域关键技术、核心技术的专利，拥有国际知名的品牌。我以为，实施知识产权战略，应该把技术创新、技术开发放在一个重要的位置。

二是要注重知识产权运用，提高企业开拓市场的能力。往往是产品未动，知识产权先行。或者说，一件专利一个市场，一个商标一群消费者。因此，中国企业要走向国际，必须放弃那种价格战、倾销战的传统方式，向国外先进企业学习，学会专利战、品牌战。在高新技术领域，那些跨国公司总是通过转让或许可已有的技术取得资金，并不断开发新专利，以获得市场竞争力和统治力；即使在那些非高科技领域，它们也是通过品牌营销，扩大其在市场中的影响力和认同感。所以，应以知识产权作为战略武器，使中国企业形成在国际上良好的市场开拓能力。

三是加强知识产权保护，维持企业的核心竞争力。在知识经济时代，知识已经成为企业最重要的资源。可以这么说，企业的固定资本、金融资本的重要性，已经让位于企业所拥有的知识财产。因此企业的竞争优势就在于企业所掌控的知识产权。在这样的情况下，有效地保护企业的知识产权，是维持企业竞争优势的迫切需要。

知识产权战略的实施，需要国家、地区、行业和企业各个方面的努力，我想这个努力是非常重要的。借用一句国际品牌的广告语，不管是一大步还是一小步，都将是推动中国前进的脚步。

PCT的运用与中国知识产权战略的实施*

一、经济全球化环境下的PCT

PCT（《专利合作条约》）是一项主要涉及专利申请的提交、检索及审查以及其中包括的技术信息传播的合作性和合理性的一个条约。自《巴黎公约》生效以来，PCT被公认为知识产权国际化在专利领域所取得的最高成就。

1978年，PCT在最初的18个缔约国开始实施。截止到2007年12月27日，已有138个国家加入PCT。从申请量上来看，根据世界知识产权组织的初步统计，2007年全球通过《专利合作条约》（PCT）申请的国际专利总量达到15.6万件。近年来，PCT专利始终保持着一年一万件的增长速度。这一现象一方面说明在全球一体化的大背景下，世界各国越来越重视通过领先的技术来占领国际市场制高点；另一方面也说明PCT在程序和费用上的节约，越来越多地被全球的专利申请人所认可。主管PCT工作的副总干事弗朗西斯·加利先生说，“过去四年，我们在提供PCT服务方面实行了巨大的节约。WIPO受理的申请量之高为前所未有，而工作人员人数却比以前更少，但WIPO仍

* 本文系作者2008年9月在德国慕尼黑举行的“中德专利论坛”所作的专题发言，中英文稿内容相同。

有效地应对着因不断发生变化的创新格局而带来的越来越多的需求”。

二、PCT 申请量与世界创新格局

在知识经济的时代，经济强国往往都是专利大国。从 20 世纪 80 年代开始，知识密集型产品和服务在国际贸易中所占的比重逐年上升，涉及的知识产权问题越来越多。知识产权领域已经成为全球企业竞争的关键战场。世界各国及其企业已经充分认识到，保护和利用自己的知识产权，就是维护和扩张自身的竞争优势。在一定程度上，PCT 的申请量可以反映出一个国家和企业的创新能力。我们可以将世界创新格局概括为两点。

第一，发达国家及其跨国公司继续占领着世界创新格局的制高点。截至 2007 年年底，PCT 的专利申请量高度集中于几个主要发达国家。其中仅美国就占总量的 1/3 强，日本占 1/6，德国占到 1/9，发达国家的申请量超过总申请量的 85％。申请量居前列的企业也主要来自发达国家，前 50 强企业中有 45 家来自发达国家。发达国家主导全球技术发展方向和专利发展方向的局面没有改变。

第二，亚洲国家 PCT 专利申请增幅迅猛，全球创新格局有所转移。全球的创新中心在北美和欧洲等发达国家和地区，但是近年来中国、韩国等新兴经济体的 PCT 专利申请增长速度非常快。2007 年，中国、韩国是申请量前 15 位国家中增长最快的两个国家，其在全球所占的份额逐年扩大，位次也逐年提高，这证实了全世界创新格局的变化。

上述统计数据说明，世界创新格局正逐步由发达国家的单级主导演变为多级并存的局面。亚洲国家连续四年都是增长率最显著的国家，在 PCT 国际申请总量中已占有 25.8％的份额。WIPO 总干事卡米尔·伊德里斯博士指出：“亚洲各国专利申请量的增长及其在全球专利活动中所占的份额令人惊叹，而且证实了全世界创新格局的转移。”“PCT 的成功大部分应归功于世界上最具创新力的一些公司不断地使用这一制度。”

三、中国知识产权战略的应对方案

中国2007年的PCT申请量比上一年增长了38.1%，居所有PCT成员国增长率之最，远超于第二名的韩国（18.8%）。在全球企业PCT公布量排行榜中，中国的华为技术有限公司从2006年的第13位跃升至第4位，创下发展中国家企业的历史新高。中兴通讯股份有限公司也升至第52位。这一现象表明，部分中国企业已经不单纯依靠劳动力优势走出国门，而更加注意对研发的投入和保护，以此进入世界市场，并取得了突出的成绩。

中国取得的上述成绩与中国正在实施的国家知识产权战略密不可分。中国于2004年、2005年分别成立了"国家保护知识产权工作组"和"国家知识产权战略制定工作领导小组"。2008年6月国务院发布的《国家知识产权战略纲要》明确表示到2020年把我国建设成为知识产权创造、运用、保护和管理水平较高的国家，5年内自主知识产权水平大幅度提高，运用知识产权的效果明显增强，知识产权保护状况明显改善，全社会知识产权意识普遍提高。这表明，中国知识产权制度建设正在迈入战略主动的新阶段。

不过，中国作为一个发展中国家，国家知识产权战略还刚刚启动不久，从PCT的数据上看，我国PCT专利申请量位居世界前列的仅有华为和中兴两家公司，其中华为一家公司的PCT申请量就占我国申请总量的一半。其余企业2007年的申请量均不足30件，全球排位均在500名之外。而美国、日本分别有19家和13家企业跻身全球50强。这说明，中国的PCT申请量仅仅是个别企业突出，而企业集群优势尤为缺乏。

中国要想真正建立创新型国家，就必须学会如何合理地运用PCT为本国企业赢得优势。就企业来讲，企业的市场竞争力主要靠专利技术，调整和优化传统产业离不开专利技术，提高加快产业优化升级还是离不开专利技术；就国家来讲，中国加入世界贸易组织后，意味着中国产品将在更大范围、更高技术层次上参与竞争，这更离不开专利技术。我国企业在整体上还没有真正参与到PCT中来。PCT申请可以用一种语言，花费较少的费用，并在较长的优先权期间内，享有更充分的信息来判断自己申请专利的技术价值。从韩国的经验我们可以发现，虽然韩国的 GDP 总量要逊于中国，但该国非常重视企业的知识产权保护问题，韩国企业整体的 PCT 申请量比我国要高出许多。另外，中国还需注意大量已经进入中国的跨国公司专利申请。中国企业在大力开发新技术的同时，一定要同时注重知识产权的保护，特别是利用 PCT 这一便捷的申请程序来评估技术的全球市场前景，寻求合作伙伴，以便将新成果推向世界，并实现对自身知识产权的全方位保护。

知识产权战略实施与软件产业发展*

会议的组织者给我的话题是“国家知识产权战略纲要对于软件产业的影响”。这个命题作文非常宏观，我想应该从国际发展大势和知识经济时代特征来认识这个问题，也就是说这个问题应该具有它的国际性和时代性。

20世纪末，韩国刚刚走出亚洲金融风暴，于1997年提出一个“设计韩国”的发展战略。10年过去了，我们看到今天的韩国，它的创意产业发展非常迅速，为全球提供了80%的动漫产品的背景设计，生产了31%的网络游戏产品，可以说是全球最大的网络游戏产品的生产国和出口国。同时，它还为本国的电影市场，占领了80%的票房份额。另外值得关注的是，韩国人研发的“汉软”，对微软产品形成了有力竞争态势，在韩国软件市场已具有相当影响。

历史走到了今天，我们看到正在美国发生的次贷危机、金融危机，有可能引发全球性的经济危机。在这种情况下，我们来探讨知识产权战略实施和软件产业的发展，我想有着特别的意义。

包括软件产业在内的创意产业，是各国摆在优先发展战略地位的重要产业。按照英国著名经济学家霍金斯的说法，所谓的创意产业指的是以脑力劳动为主，其成果具有知识产权的这样一些产业，按照英国政府的划分，一共有13个类别，创意产业应该被概括地分为两大类：一类是工业创意产业，包括了工业产品设计、芯片构图设计、时尚设计、装饰设计、服装设计等。另一类

---

* 本文系作者于2008年11月在“IP CHINA 2008——中国软件与集成电路知识产权峰会”上的主题发言，根据录音整理。

指的是文化创意产业，就是美国所说的版权产业，包括了新闻出版、影视广播、广告设计、文学艺术、计算机软件，以及信息网络等。

创意产业应该是以知识产权制度为支撑，以知识创新为动力的新型产业。可以这么说，这是21世纪经济发展的动力与核心，它是文化与经济的高度融合，也是高科技与现代服务业的完美结合。也就是说，它们是把技术、文化与商业紧密地联系在一起。我们看到，在当今世界，发达国家正是把它们的技术优势、品牌优势通过法律演绎成为知识产权优势，并且把这种知识产权优势变成为市场竞争优势。

软件产业作为创意产业的核心内容，它是经济与社会发展具有基础性和战略性的产业，也是一个国家信息化建设的关键环节。可以这么说，现在已经成了世界各国在新一轮国际竞争中比拼的焦点和战略的制高点。我们可以看到，一些发达国家，包括一些新兴的工业化国家，都制定了本国的软件产业的发展战略和版权保护的重要战略。也就是说，重视知识产权的运用与保护的平衡，以推动本国软件产业的发展。

我们国家的《国家知识产权战略纲要》，特别提到了自主知识产权成果产业化的问题，其中包括了通过政策扶持、推动软件产业的发展。具体说来，国家的发展目标是，要在“十一五”的末期，建立起有利于自主知识产权成果产业化的体制和政策环境，使自主知识产权的成果产业化取得突破性的进展。关于这个目标的设定，具体来说要在2010年，使我们的自主知识产权成果产业化率提高到20%以上，并且特别要在软件、集成电路、数字电视、下一代互联网、新一代的无线通信等领域，创造知识产权产品，实现知识产权产业化，形成具引导性、影响力的产业规模。到2020年，要使自主知识产权成果的产品化率达到50%以上，科技进步对于经济发展的贡献率要达到60%以上。

我认为，实现这样一个目标必须要考虑四个方面的举措。

第一，要建立以知识产权为导向的公共政策体系。我认为，与知识产权保护制度相关联的公共政策，应该包括文化教育政策、产业经济政策、科学技术政策、对外贸易政策。作为政策主体的任务，就是制定和完善政策，统一和协调政策。

第二，要加大知识创新所需要的研发投入。我认为，研发资金投入的规模和水平，是知识产权制度有效运作的物质条件，也是衡量创新型国家的重要指标。目前，我们在研发投入方面，还有相当的差距。2004 年我国的研发投入，占 GDP 的总量只有 1.32%，去年提升到了 1.42%，与可以统计的国家的 1.6%还有相当的差距，较之创新型国家 2.2%的比例更是差距很大。研发投入不足，影响了我们的知识创新活动。

第三，应该建立一个发达的中介机构，提供良好的社会服务。知识产权的中介服务，应该包括知识产权的咨询、代理、评估、鉴定、诉讼等各种社会服务。是否拥有一个健全的、良好的社会中介和社会服务，也是衡量一个国家知识产权制度是否完善的重要标志。我们看到，美国一年的专利贸易的收入，可以达到 1 800 亿美元，这是专利许可贸易。品牌授权这方面的贸易，其一年的产值也高达 1 050 亿美元。这些知识产权的交易，都是通过中介服务进行的。

第四，高水平知识产权专门人才的培养，也应该纳入议事日程。知识产权专门人才，是知识产权事业成功的一个基本保障。按照国际惯例，企业配备知识产权管理人员，应该按照技术人员总数的 4%来安排。但是，我们国家拥有 200 万的技术人员，只有 1 万知识产权的从业人员。

因此，我想上述四个方面的政策有待于出台，有一些措施应该尽快地予以实行。总的来说，这些举措、措施，有助于推动我们国家的版权战略实施，推动软件产业的发展。

网络时代的版权产业和版权保护问题*

非常荣幸来到律师发展讲坛，就知识产权的问题讲一点心得。我们进入了一个以知识革命为基本特征的创新时代，这个时代的技术特征可以用两句话来概括，它既是一个网络技术的时代，也是一个基因技术的时代，由于时间的关系，我只能讲网络技术。

在今天，互联网已经走进了我们的生活之中，正在改变我们每一个人的生活方式，我们在享受互联网技术为我们带来的便利的同时也不得不忍受这个技术给我们带来的痛苦。用狄更斯的一句话来说，这是一个“最好的时代”，也是一个“最坏的时代”。所谓它是一个“最好的时代”，我们确实要承认网络技术给我们带来信息传递、获取的极大便利，而且网络本身就是一个产业，它已经成为21世纪知识经济发展的引擎。据我所掌握的资料，到今年上半年，中国网民人数已经达到了2.5亿，今年上半年与去年同期相比，净增9 100万人，整整增长了56%，比德国人口总量还多。第二个数据，到今年上半年为止，中国互联网的商业规模达到了146亿元，而在2001年，互联网的商业规模只有3 000万元。我们现在看到，美国去年发生的次贷危机，今年出现的金融危机，有可能成为一个震动全球的经济危机。但是在中国，拥有了2.5亿网民的支撑，互联网这个产业的发展将会是方兴未艾，势头良好。所以我说这是一个“最好的时代”。但是我们不得不承认这是一个“最坏的时代”，因为互联

---

* 本文系作者2008年11月在广州“律师发展讲坛”发表的主题演讲，根据录音摘要整理而成。

网技术已经打破了传统的版权的所有者、传播者和使用者之间的利益格局，传统的电影业、音像业和出版业，与网络技术产业发生了激烈的利益冲突。在网络业务方面，基于网络视频、网络音乐、网络新闻、网络购物、BBS、博客、视频这些网络技术无一不涉及版权问题。因此，作为律师应该最关注的是版权问题，网络版权纠纷可以说现在是急剧增加。据北京高院 2007 年上半年的统计，当年受理的版权案件达到 1 700 多件，而涉及网络版权纠纷的占到了 75%。用一句形象的话说，在网络时代产生的这样一些法律纠纷，是影视公司最揪心、网络公司最闹心、版权律师最开心。如果说几年前网络版权的纠纷还是“山雨欲来风满楼”，现在我觉得是“疾风骤雨势未休”，所以网络版权纠纷在所难免。在这里，我想讲三个最重要的网络版权问题。

首先，我谈谈搜索引擎服务商的法律问题。

搜索引擎可以说是网络技术及其商业模式运用当中最普遍的一个问题，搜索引擎涉及音乐搜索、视频搜索、图片搜索、图书搜索，以及关键词搜索。除了关键词搜索以外，其他几个搜索主要是版权问题，而关键词的搜索除涉及版权，还会涉及商标和反不正当竞争问题。现在问题在哪里呢？搜索引擎的服务商在为用户提供搜索和链接服务的时候承担什么样的法律责任？现在法律规定了“避风港”条款，问题在于大家对这个“避风港”条款是仁者见仁、智者见智。比如说，2005 年百度一案是百度胜出，2008 年迅雷一案是迅雷败诉，完全是不同的一个结果，但是都涉及搜索引擎服务商所承担的法律责任。我觉得要害问题就在于如何理解“避风港”条款。

有两个问题值得我们律师来思索：第一，搜索引擎服务商的主观过错，是根据直接的具体侵权行为来考量，还是根据它所提供的技术本身来确定？搜索引擎服务商根据“避风港”条款所承担的责任是什么？当它接到版权所有人的权利通知书以后，应该断开你的搜索引擎技术与有版权作品的链接，换句话说，你要断开这个链接，停止这种侵权，在这种情况下，它可以不承担赔偿责任。但是，你的搜索引擎技术与有版权的作品之间有链接的，恐怕就要承担共同的侵权责任。判断他的主观过错，是根据这样一个具体侵权行为还是根据技术本身？我的观点是，不能根据搜索引擎技术本身来直接认定服务商的侵权责任，认为它们主观有过错。这是因为在高技术领域，历来有一个“技术中立原则”，这项原则在美国法院又称为“索尼原则”。在 30 年前，日本的索尼公司发明了摄像技术、录像技术，当时电影和音乐公司指控这项技术被用于盗版录制，要求索尼公司支付巨额赔偿。美国联邦法院认定，录像技术本身不直接涉及侵权，从而确立了“技术中立原则”，这项技术可以用做合法目的，也可以用做非法目的。在这种情况下，认定这个技术的提供者、使用者不构成侵权。所以，不能根据技术本身来认定搜索引擎的服务商有过错，这是我说的第一个观点。

第二，如何认定搜索引擎服务商的主观状态是明知还是应知？这个明知比较容易判断，明知是一种实际认知，当权利人向搜索引擎服务商主张权利的时候，如果服务商依然把它的搜索引擎与有版权的作品加以链接而不改正，这一情形就是主观上明知。问题在于应知。这是一个什么主观状态？关于“应知”，我认为是一种推定认知，要求服务商对显而易见的侵权行为不能够视而不见，它有义务来识别，有责任来监测。因此，一些法官包括一些律师主张引进美国的红旗原则，这个红旗原则是一个什么意思呢？红旗就很打眼，很容易识别，作为一个引擎服务商要看到有可能发生的侵权行为，就像看到鲜艳的红旗一样，不能够视而不见，应该负起一个监测、删除、排除的义务。我想搜索引擎服务商在提供相关服务的时候，应该尽可能尽到善良管理人的注意义务。

其次，我谈谈数字图书馆的责任问题。

数字图书馆也是互联网时代新出现的一种商业运作模式，这种商业运作模式可以说发展势头良好，但是由此产生的版权纠纷问题也是接连不断。最早应该追溯到 2004 年一群教授状告数字公司案，指控后者把他们的作品搬上了数字图书馆，供他人付费使用。去年发生了几百个学者状告“超星”。今年就更厉害了，有两件非常有影响的官司，先是 148 个博士和硕士状告“万方”，紧接着又有 100 多个硕士和博士状告“中国学术期刊网”，因为这两个数字图书公司未经允许把硕士、博士论文进行数字化处理。数字图书馆的商业模式，是一种著作权法上的合理使用还是侵权使用，数字图书馆应该承担一个什么样的法律责任？我国《信息网络传播权保护条例》对数字图书馆的合理使用有着严格的限制，它必须具备三个条件：第一，范围有限制，也就是说，进行数字化使用的图书仅限于是本馆馆藏的图书。第二，目的有限制，这种使用必须是为了保存和展览这些版本的需要。第三，使用有限制，它限于非营利性使用。但是我们看到，现在的数字图书馆运作模式，除了少数有公益目的，绝大多数都是以营利为目的，是一种商业化的运作模式。它是通过对图书进行数字化储存或者叫数字化扫描，然后归档到数据库之中，供网民付费使用。

由此我们看来，数字图书馆的商业运作不属于合理使用，但是法律对数字化使用又没有规定法定许可使用，所以说数字图书馆只有通过授权许可才能加以使用。在互联网时代，数字图书馆谋求授权许可是一个海量授权，很难做到。讲到这里想到了谷歌，谷歌公司也有数字图书馆的运作模式，但是它的命运完全不一样。谷歌也是对图书进行数字化扫描，然后制成文档，归到谷歌的图书数据库，供用户进行检索。对于被检索的图书，用户可以免费阅读 6 页的内容，免费阅读完了之后可以通过谷歌提供的销售图书的链接，直接到供应商那里购买纸质的图书，这是谷歌的图书搜索的商业模式。谷歌 2007 年在中国开始营运，目前还安然无事，但是在美国的情形不妙。3 年前，美国的作家协会、出版商协会已经把谷歌告上了法院，打了 3 年的官司，今年下半年达成了和解。和解的结果是什么呢？谷歌必须要支付 1.25 亿美元给作家协会、出版社协会以及相关的协会，同时达成一个新的协议，谷歌可以有权继续对这些图书进行数字化处理，来满足用户的搜索链接。基于图书搜索所产生的销售、广告以及其他相关的收入，67％归原来的版权所有人，33％由谷歌所享有。谷歌这种商业模式和我上面谈的几个中国案件，可以引起我们一些思考，它至少涉及了 3 个问题。第一个问题，对公益性的数字图书，我觉得应该扩大合理使用范围，不要限制过于严格。第二个问题，对一般性的数字图书，未来著作权法修正案可以考虑增加法定使用的有关条款。第三个问题，应该考虑网络条件下作品的授权问题，可以成立集体管理组织来解决海量作品授权问题。

最后一个问题，谈谈版权作品技术保护措施的合法性问题。

这个问题是大家感兴趣的，这就是微软公司的黑屏事件。来之前看到网上正在流传一个笑话，微软公司的黑屏是一个小时给你黑一次，黑一次你就可以休息一小会儿，好处在哪里呢？现在头也不昏了，眼也不花了，走路有劲了，身体倍儿棒，吃什么都香。可以说微软公司真是人道，在真心地呵护你的身体。这是一个黑色幽默。其实，许多网民对于微软公司的黑屏措施义愤填膺。我们也注意到，北京的一些律师正在跃跃欲试，代理用户控告微软，有的说黑屏措施构成侵权，有的说危害了信息安全，还有的说已经构成了垄断。当然，如何进行诉讼，我想你们律师的经验比我更为丰富。在这里，我作为一个学者谈一点自己的看法。

我先谈版权问题。版权诉讼肯定涉及两大问题。第一是诉讼主体问题，第二是诉讼标的问题。诉讼主体问题要回答你所代理的客户，也就是软件的用户，能不能够成为诉讼主体。我以为，盗版软件的使用者不构成合法意义上的微软用户，恐怕我和很多人的观点不太一样，因为义愤填膺谴责微软是非常容易的一件事情，但是作为律师代理这个官司的话，我觉得更多地需要理性思考。我认为，诉讼的主体肯定是权利的主体，就本案而言，它限于正版软件的使用者。换句话说，盗版软件的使用者不构成合法意义上的微软用户，关于盗版软件的使用者我以为又可分为两种情况：

第一种，使用者不知道也没有合理的理由应当知道使用的软件是盗版软件。一般来说，这一类使用者不承担赔偿责任。他以为购买的是正版软件，结果买的是盗版软件，他主观上应该说没有太多的过错。在这种情况下，他可以不承担赔偿责任，但是不可以说这类用户没有责任。根据著作权法的规定，根据计算机保护条例与信息网络传播权的有关规定，该类用户应该承担停止侵权、销毁非法复制品的责任。据来自微软公司的统计，中国使用盗版软件的用户大概20%属于是此类。为此，微软公司采取一个救济措施，如果该类用户停止使用这种盗版软件，可以持合法有效的票据到微软公司客户部来更换一套正版软件。

第二种，使用者明知使用的软件是盗版软件。应该说这一类使用者肯定不构成合法意义上的用户，明知盗版软件而使用之，就是一种侵权行为，他非法购买并使用了盗版软件，而且通过这种不正当的途径而享有提供这种软件的有关服务。所谓的黑屏，用微软公司的术语来说，实际上是一种正版增值的验证措施。你可以接受这个验证，也可以不接受这样一个验证，如果接受了这样一种验证，而且又是使用的盗版软件，它就给你一个警示措施。因此我认为，验证的使用对象应该是 WindowsXP 的正版用户，只有他们才能够成为合法意义上的用户。当然这种用户，还应包括我刚才讲的20%主观上无过错的盗版软件购买者，至于明知是盗版软件而故意使用者，不属于合法意义上的用户。

以上我讲的是诉讼主体的问题。

接下来谈谈诉讼对象，就是黑屏技术措施的合法性。软件技术措施，指的是依据法律规定以制止他人非法解密行为而采取的技术手段和方法？具体来说，即权利人依法对自己的版权作品数据库采取加密的保护方式，而侵权人即盗版软件制作者采取解密的方法或者规避技术措施的方法。技术保护措施包括了控制接触作品的技术措施、控制使用作品的技术措施、控制传播作品的技术措施，以及识别非授权作品的技术措施。在这里我要说一下，技术措施本身它不是版权所有人的一项权利，而是维护自己权利的一种手段，是一种保护权利的手段。在这里我要说明一下，前一段时间很多人指责微软公司是一种私力救济，这种私力救济不合法。其实保护技术措施作为一种私力救济手段，已经为国际公约和中国相关法律所认可，所以这种技术措施是有法律意义的，也是有法律依据的。

判断这种技术措施是合法还是不合法，有两大疑点。有人认为，这种技术措施只能使用在前，不能防护（使用）在后，也就是说，在销售正版软件时可以使用加密保护的技术措施，而不能在销售软件之后采取补充的技术措施。我认为，对技术措施既可以在事前采取，也可以在事后补充，关键在于这种措施应该是保护性、警示性的，而不是进攻性、破坏性的。有人将黑屏措施与2000年江宁公司采取的技术措施来进行类比，我认为是不合适的。江宁公司的杀毒软件最终造成死机，造成数据的消失，它是一种破坏性的措施。关于版权问题我就讲到这里。

另外还有两个问题我在这里简单地概括一下观点，我认为微软公司的黑屏事件引起我们思考的，不仅仅是一个版权问题，还应该有深层次的思考，我想讲的第一个是信息安全问题。微软公司作为国际上最大的软件提供商，确实在利用自己的市场垄断地位。上个月我在北京参加软件和集成电路的高层论坛，碰见了倪光南院士，他是专门研究软件的，讲到这么一个观点国家信息涉及国家安全，企业信息涉及企业安全，个人信息涉及个人安全。我们一定要开发自已的技术软件，来保障我们的信息安全。第二个问题，涉及垄断经营的问题，也就是反垄断的法律。现在可以这么说，微软公司有垄断之嫌，已经形成了国际共识。2004 年 4 月，包括洛杉矶、旧金山的一些知识分子状告微软公司，指控它构成垄断。同年 12 月，欧洲法院责令微软公司执行了欧盟委员会的有关决定，欧盟委员会认定微软公司构成垄断，要求微软改变目前的商业运作模式，改变目前的捆绑销售的做法。

国际变革大势与中国发展大局中的商标法修改*

目前，第三次商标法修订工作已经全面展开，其目标在于确保商标法既符合中国国情，又达到国际水平。有鉴于此，本次商标修法不仅要明确指导思想，具有国际视野和时代胸怀，兼涉促进经济与社会发展的战略政策考量；还要把握修法重点，在程序优化、权益冲突的协调以及对商标权的保护方面多做文章。

先谈谈指导思想。关于修法的指导思想，我想用三句话来表达本人的观点：

一是国际视野、中国立场。知识产权保护已经成为当今经贸领域的国际规则，区域化、趋同化和国际化是知识产权制度发展的整体趋势。就商标的国际立法而言，1883 年缔结的《巴黎公约》、1891 年的《马德里协定》、1957 年的《尼斯协定》以及 1994 年通过并于 2006 年修订的《商标法条约》，不仅包含商标实体法规范，还涉及相关的程序性规则，对商标法的统一作出有效的立法尝试。与前述国际公约不同，世界贸易组织及其《知识产权协议》则将知识产权保护纳入国际贸易体制之中，以国际贸易体制为框架，推行高水平的商标权保护；以执行机制与争端解决机制为后盾，推行高效率的商标权保护。上述国际条约与协定旨在缩小各国商标法之间的差异，从实体法和程序法两方面加快商

* 本文系作者 2009 年 4 月在“知识产权战略实施与商标法修改国际论坛（重庆）”所作的专题发言，根据录音摘要整理。

标权制度的一体化进程。在商标法国际化的潮流中，中国作为相关国际条约的成员国，理所当然应遵守公约所规定的国际义务；但作为一个发展中国家，商标修法亦应考虑本国的经济、科技与文化的发展水平。中国现在是商标申请大国，但远远不是品牌强国。商标从数量上看相当可观，但附加值低、影响力小，高质量的驰名商标乃至国际知名品牌甚少。笔者认为，我国商标法修改应当立足本土，顺应国际发展趋势，在实体规范上遵守国际公约关于最低保护标准的基本规定，在程序上借鉴国外立法先进经验，注重本土化与国际化的协调。

二是时代步伐、中国现实。首先，当代商标法应当重视网络技术的影响。网络技术的发展给商标保护带来许多新问题，例如商标权地域性与互联网国际性的冲突，商标分类保护与网上商标权排他效力的矛盾，超文本链接、关键词搜索引起的商标侵权问题等。对于这些问题，我国现行商标法少有涉及或涉及不够，难以有效解决。其次，当代商标法开始关注商标权的合理限制，即在商标权与他人的正当权益或公众利益发生冲突时，法律为了维护他人的合法权益，协调商标权与公众利益的关系，对商标权人权利的行使和保护作出的必要限制。目前，相关国际公约和国外立法例对商标权限制多有涉及，而我国商标法则鲜有规定。再次，当代商标法日益注重程序的优化和效率的提高。《商标法条约》的宗旨是通过简化和统一商标注册程序，使各国和地区的商标注册制度更加简洁。2006 年通过的新加坡文本，则着眼于利用电子技术的优势及潜力，使商标注册和许可使用更为便捷。目前我国商标申请周期漫长，商标纠纷解决机制过于烦琐，严重影响了对商标权的保护力度和运用水平。上述分析表明，我国商标修法应从本国商标立法现状出发，紧跟当代商标权制度的发展步伐，积极回应网络技术发展带来的冲击，同时高度关注商标程序的优化与商标权的合理限制等问题。

三是战略发展、中国目标。2008 年 6 月，国务院颁布了《国家知识产权战略纲要》，标志着中国知识产权事业进入了一个战略主动期。知识产权战略是一种全局性、长期性和国策性的社会发展战略，服务于建设创新型国家的总政策目标，其制定和实施的成功与否将决定 21 世纪中国社会发展的最终走向。该纲要在“战略目标”中提出，“到 2020 年，把我国建设成为知识产权创造、运用、保护和管理水平较高的国家。知识产权法治环境进一步完善，市场主体创造、运用、保护和管理知识产权的能力显著增强”。知识产权保护水平的提升和法治环境的优化，有赖于知识产权法律法规的健全与完善。为此，前述纲要在“战略重点”中明确“进一步完善知识产权法律法规。及时修订专利法、商标法、著作权法等知识产权专门法律及有关法规”。商标权是经营领域最重要的知识产权，商标法的修订应配合知识产权战略的实施进程，围绕前述纲要提出的战略目标，起到制度支撑与解释保障作用。

接下来谈谈修法重点，这只是本人的一家之言，仅供立法者参考，并和与会者交流。

第一，优化程序。商标法的修订要致力于相关程序的优化。一是简化审查程序。我国商标注册的申请量连续 7 年保持世界第一，而一件商标的注册审查周期则长达 30 个月左右，商标审查积压和注册周期延长已经成为影响我国商标事业发展的重要问题。本人认为，这一问题的解决有赖于商标审查制度的合理修订。从域外立法例看，1993 年通过的《欧共体商标条例》将欧共体商标注册申请的审查范围限于第 7 条规定的驳回注册的五项绝对理由。瑞典与英国先后于 2006 年和 2007 年规定了不审查相对理由，采用类似立法例的国家还包括法国、德国等。对此，我国商标法可以借鉴。二是简化确权程序。商标确权程序包括行政确权程序和司法确权程序。我国 2001 年的《商标法》对于商标申请驳回、异议、撤销三类案件，规定了行政二审和司法二审的四审程序。然而值得注意的是，在商标申请实践中，被提出异议的仅占 3%左右，而这些异议申请经审查成立的只有 30%左右，这意味着真正成立的异议不到商标申请总量的 1%。为此，必须简化商标确权程序、降低法律实施成本。从国外立法例来看，目前不少国家对注册申请的驳回不设行政复审秩序，一些国家对异议也不设行政复审程序；还有一些国家如德国、英国、日本等国的商标法则将不服一审判决的上诉范围限制在法律问题之内，这就使得多数商标司法确权案件只需一审即可结案。

第二，协调冲突。商标法的修订要注意协调商标权与相关权利或利益的冲突。其中，权利冲突表现在商标与商号、地理标志、域名以及其他商业标识之间的冲突。关于商标权与商号权的协调问题，国家工商行政管理总局的执法意见和最高人民法院的司法解释均有所规定，但是由于效力低、制度化不足，难以从根本上解决二者之间的冲突。因而有必要在商标法中增加相关的协调性条款。就地理标志而言，虽然现行法（《商标法》第 16 条，《商标法实施条例》第 6 条）将其作为证明商标或集体商标加以保护，但是地理标志具有不同于商标的特殊性，如此简单规定无法协调商标与地理标志的冲突。而在网络商标权保护领域，域名与商标的冲突最为剧烈，如何缓解二者的冲突，亦是本次修法的重要任务。此外，商标权与他人的正当利益，特别是与社会公众利益之间也存在冲突，这一冲突引发了限制商标专用权的制度诉求。无论是国际公约、区域性协定还是他国立法均有关于商标权限制的规定，这些规定有助于规范商标权使用，保护他人合法权益和社会公共利益，具有合理性和正当性。

第三，加强保护。商标法的修订要加强对商标权的保护。就商标的行政保护而言，虽然《商标法》、《商标法实施条例》和《知识产权海关保护条例》的有关条款，分别就工商行政机关和海关关于商标的行政执法作出规定，但是依然存在不少问题，如违法形式多样，驰名商标的行政认定缺乏透明度，地方著名商标与驰名商标形成冲突等。解决这些问题，需要从立法上建立健全商标权行政保护机制。就司法保护而言，其所存在的问题如对侵权行为类型的列举不够、商标司法审查的范围过宽、期限太长以及关于诉权禁令的规定不详等，亦亟须立法修订予以完善。为此，必须改革行政保护程序、完善司法保护程序，并注重两个程序之间的协调，突出司法保护的主导作用。申言之，要重视商标司法保护与行政保护的双轨并行，协调好二者的关系，以司法保护为主导，辅之以行政执法保护。

知识创新、知识经济与知识产权*

今天的报告用关键词来概括的话，就是讲座的标题，“知识创新、知识经济、知识产权”。我想讲三个方面的问题：第一，我们应该如何认识知识产权；第二，西方国家如何推行知识产权政策；第三，知识产权在建设创新型国家中发挥什么作用?

大家都知道，知识产权是当今国内外竞相关注的热点问题。从国际层面来说，它是东西方国家在经贸领域展开竞争的焦点问题，知识产权已经成为各国竞争的主战场。从国内层面来说，它是事关中国创新发展的战略问题。知识产权制度运作成效和战略实施结果，将决定21世纪中国的未来走向。

一、知识产权制度的基本功能

在这里，我提出三个观点，分别从私人、国家和国际的不同角度来描述知识产权制度的功能。

第一个观点是，从私人层面看，知识产权是知识财产私有的权利形态。《知识产权协议》是世界贸易组织的一个重要国际公约，我们是这个协议的缔约方。这个协议在序言中讲了一句话，就是“知识产权为私权”。这里讲的私权，指的是由公民、企业所享有的一种私人财产权。这种私人财产权与我们平

---

* 本文系作者2009年6月在中共中央党校中青班、干训班所作的专题讲座，根据录音摘要整理，有删节。

常所接触的动产、不动产的所有权不同，它是基于知识、技术和信息所产生的知识财产权，也就是我们今天讲的知识产权。

国家为什么要对知识、技术和信息采取一种私人产权的形式？我想关键与知识财产的价值有关。知识财产是一个稀缺资源，需要人们进行创造性的劳动和进行智力投资才能够获取。在这里，我用两句话来对知识财产的价值和作用加以概括，第一句话“知识就是力量”，这句话是英国著名的哲学家、科学家培根在400年前讲的。培根讲这句话的时候正好是英国工业革命的前夕。“知识就是力量”，完全被后来在18世纪70年代所发生的近代欧洲的工业革命、产业革命、科技革命所证实。因为我们可以看到，以纺织机、蒸汽机、内燃机为代表的近代科学技术，把人类社会从农业经济时代推向工业经济时代。所以说知识的力量是伟大的。第二句话“知识就是财富”。这是当今国际社会人们广泛形成的一个共识。它所表达的基本思想是，当代的社会财富构成发生了一个非常重要的变化，以土地、资源、机器为代表的有形财产的地位相对下降，而以知识、技术、信息为代表的无形财产的作用空前提高。以至于人们这么说，在知识经济时代，谁拥有知识，谁将拥有财富。每每讲到这里，我都会谈到比尔·盖茨和他的微软公司，因为比尔·盖茨和微软本身就是一个知识创造财富的神话：比尔·盖茨连续13年稳居世界豪富的头把交椅，而微软公司旗下有200个软件工程师，后来全都变成了百万富翁。还有一个非常重要的数据，就是成立不到20年的微软公司的市值居然是美国百年公司——通用公司的两倍。

最近几年，我对这两句话进行了反思，觉得还不够精确，还有待补充。我认为准确地来说，只有“先进的知识才是力量”。这是因为，在知识的体系当中有常识、通识、一般的知识，也有先进的知识，只有先进的知识才能够产生改造社会、推动时代前进的力量。刚才我谈到了近代欧洲的工业革命，自从英国18世纪70年代发生工业革命以来，人类社会大概经历过四次重大的科技革命：第一次科技革命发生在18世纪中叶到19世纪中叶，被称为蒸汽机与钢铁的时代；第二次科技革命发生在19世纪末到20世纪初，被称为电气、汽车与化学的时代；第三次科技革命发生在20世纪50年代到80年代，这就是大家所熟悉的新技术革命时代，最有代表性的技术是微电子技术、新材料技术和生物工程技术；第四次科技革命是从 20 世纪 80 年代发生的，一直到现在还在全球广泛进行的知识革命，最有代表性的技术就是网络技术和基因技术。所以我们在这个意义上说，先进的知识才能产生先进的生产力。

第二句话我把它修改为“有产权的知识才能变成财富”。也就是说，并不是所有的知识、技术和信息都采取私人产权的形式。比如说中国文学史上存在的唐诗、宋词、元曲、明清的小说，这些文学艺术现在都进入了公共领域，是人类共同的精神财富，它就不具有私人产权，任何人都可以自由使用。再比如说有一些技术，如果不同时具备新颖性、创造性和实用性，就不能取得专利。即使有些知识形态被授予了私人产权，按照国家法律规定还有保护期的限制，超过保护期法律不给予保护。所以说，有产权的知识才能够成为私人（包括自然人、企业法人）支配的财富。

我现在再讲讲比尔·盖茨。2006 年，胡锦涛总书记访问美国，回来就听取知识产权讲座。开讲之前，总书记接见我们主讲人，向我们介绍了他访问美国的观感。他访美的第一天去了西雅图，当晚到比尔·盖茨家作客。比尔·盖茨非常兴奋，对中国政府在过去几年间所作出的保护知识产权的努力给予了高度评价。但他不是完全满意，其原因就是中国还存在着一些盗版行为，包括软件盗版。其实比尔·盖茨既是盗版行为的受害者，也是软件贸易最大的受益者。中美双边贸易几十年来，中国一直是顺差，美国一直是逆差。为了给总书记访美铺平道路，吴仪副总理当时主管贸易和知识产权，拿出了 60 亿美元的订单访美，采购了 80 架波音飞机，购买了摩托罗拉的通信设备，还购置了微软公司的正版软件。为什么比尔·盖茨富甲天下，微软公司能够成为国际软件业的龙头老大？我想，与其说他有知识，还不如说他有两样最重要的知识产权：第一个是商标。微软的商标价值连城，在 2002 年、2006 年两年国际十大知名品牌的排行榜上，它一直排名第二，在可口可乐之后、IBM 之前，其市值达到 702 亿美元。微软的商标就是一项值钱的知识产权。第二个是版权。微软公司开发的系统软件，包括我们现在使用的视窗系统软件、网上浏览系统软件还有办公软件都是有版权的，不能随便拷贝，必须付费。由此我就得出一个基本结论，从私人层面看，知识产权是知识财产私有的权利形态。

第二个观点是，从国家层面看，知识产权是政府公共政策的制度选择。对此，英国知识产权委员会有一个非常重要的说法，“无论我们如何把知识产权看作是私权，都不是目的而只是手段。授予个人和企业以某种特权——这里指的是知识产权——只是实现公共利益的一种手段”。这说明一个什么问题呢？我们保护知识私人产权的目的，是要实现国家的公共政策目标，就是为了促进知识传播，促进知识共享。所以说，知识产权只是政府公共政策的组成部分。对一个国家来讲，是不是保护知识产权，对哪些知识授予知识产权，以一个什么样的水平保护知识产权，是国家根据自己的经济、文化、科技的发展现状，并且考虑未来的社会发展需要而作出一种制度安排和政策选择。

与我们所熟悉的动产、不动产所有权不一样，知识产权制度是一个年轻的制度。一般认为，英国在1623年颁布的《垄断法规》是世界上第一部专利法，英国在1709年制定的《安娜法令》是世界上第一部著作权法，法国在1857年制定的《商标法》是世界上第一部商标法。由此我们看出，知识产权制度从其产生发展到今天不到400年，但是知识产权制度对西方国家而言非常重要，它极大地促进了这些国家的科技创新、文化发展、经济增长和社会进步。所以说在西方国家，知识产权被称为制度文明的典范。西方国家既是知识产权制度最早的推行者，同时也是最大的受益者。相形而下，中国接受知识产权制度，只有近百年的历史。1898年由当时的清政府制定的《振兴工艺给奖章程》，是中国近代史上第一部专利法。1904年在英国人的帮助下，清政府制定的《商标注册试办章程》，应该是中国第一部商标法。在清政府倒台之前，于1910年制定了《大清著作权律》，算是中国的第一部著作权法。所以知识产权制度在中国只有110年的历史，这个立法比西方国家晚了200多年，比印度和巴西这些发展中大国晚了将近100年。我们在这里要考察一下西方发达国家和新兴的工业化国家，是如何来推行知识产权制度为本国利益服务的。下面我就分为四个类型做一个简单的介绍：

第一个类型是技术领先型国家。美国是唯一的代表。美国是当今世界唯一的政治、经济、文化、科技、军事、贸易的超级大国，保护知识产权是美国重要的国家政策。美国宣称知识产权是美国创新政策的基石，保护知识产权是美国坚定不移的国际立场。美国为什么如此看重知识产权？因为在国内，它将知识产权保护与它的产业政策、经济发展紧密地联系在一起。早在20世纪80年代，美国率先实行了它的产业机构调整、企业技术升级，实现了高新技术的产业化和传统产业的高新技术化。美国淘汰和关闭了容易造成环境污染、大量耗费原材料、劳动力密集型的产业，它的纺织品基本依赖进口，钢铁厂成批迁徙南美，但优先发展所谓的朝阳产业。这个朝阳产业包括两个部分，一是以软件、电影、音像、图书、传媒为核心内容，以版权保护为后盾的文化创意产业；二是以计算机、通信、生物制药、飞机制造为核心内容，以专利和准专利保护为后盾的高新技术产业。在国际上，美国作为一个享有话语霸权的超级大国，总是把保护知识产权的美国标准，通过国际组织、国际公约推行为各国遵循的国际标准。所以，关于知识产权保护对象的扩大，保护水平的提升，无不反映美国立场和美国利益。美国在国际上通过知识产权保护，来维护它的贸易利益，来维系它的核心竞争力。

第二个类型是技术赶超型国家。日本、欧盟国家都应该属于技术赶超型的国家。这里我只谈谈日本。日本在 20 世纪 50 年代，提出的发展理念是“教育立国”，把教育放在一个优先发展的战略地位。从 60 年代到 90 年代，日本提出的政策主张是“科技立国”，或者叫做“技术立国”。进入新千年以后，日本提出一个新的发展战略，就是“知识产权立国”。小泉政府执政之后，出台一系列重要的政策，包括制定《知识产权基本法》，颁布《知识产权战略大纲》，成立以首相本人为部长的知识产权战略本部，其目的非常清楚，就是改变 90 年代“落后的十年”的经济衰落状况，维护日本在亚洲乃至在全球经济与科技的领先地位。

第三个类型是引进创新型国家。最有代表性的是韩国。韩国的发展路径与中国极其相似，应该说现在已经走在中国的前头。韩国与中国的科技创新都是始于 20 世纪 50 年代，那个时候的中国是社会主义的新中国，韩国是军人独裁政府统治下的落后国家，但是我们看到，韩国用了不到 50 年的时间，率先进入创新型国家的行列。韩国的发展路径是值得我们思索和借鉴的。其实从 60 年代到 80 年代，乃至于 90 年代，韩国与美国、欧盟、日本的知识产权冲突也是接连不断，但是随着韩国的科技创新能力的提升，产业结构调整的完成，现在韩国在保护知识产权的问题上，它的国际立场完全同于美、欧、日。2004 年，韩国仿效日本在内阁成立了知识产权评议会，这也是知识产权的中央协调机构，其目的就在于协调知识产权事务，推行本国的知识产权政策。在今年（2009 年），韩国更是出台了“知识产权强国实现战略”，这类似于日本和中国的知识产权战略。这个战略的目标是什么呢？就是要维护韩国在亚洲乃至于在全球的技术和经济的领先地位。韩国是一个典型的引进创新型国家，有人这么形容韩国，韩国是一个美金引进技术，用两个美金消化技术，用三个美金创造一个新技术，最后赚取十个美金的利润。所以它的很多做法确实值得我们借鉴和吸取。

在 2006 年政治局集体学习会上，我和郑成思教授都说过这样的观点，随着中韩贸易的不断发展，两国的知识产权冲突也将是不可避免的。现在，韩国的电影、电视、音乐进入中国的文化市场，形成所谓的韩流，这个韩流背后是有版权的；中国的移动手机市场过去是韩国“三星”、美国“摩托罗拉”和芬兰“诺基亚”三分天下，现在是“三星”与“苹果”并驾齐驱，这个“三星”手机是有专利的；此外，韩国的现代、大宇、三星等一大批知名品牌，在贸易大战当中发挥了重要的作用。我们还看到在非物质文化遗产方面，韩国应该说都走在中国的前面。它们早就把中国的传统文化——端午节，以寒食节的名义成功申报为世界非物质文化遗产。今年，湖北、湖南代表中国才将端午节申报为世界非物质文化遗产。韩国在提升创新能力、争夺知识产权方面，表现了一种强烈的民族情绪和民族精神，这些做法也是值得我们深思的。

第四个类型我把它称为发展调整型国家，主要指的是走上新型工业化道路的发展中国家，最有代表性的就是“金砖四国”。“金砖四国”是美国耶鲁大学的教授、同时也是美国高盛公司首席全球经济学家奥尼尔在 2000 年提出来的。所谓的“金砖四国”指的是巴西、俄罗斯、印度、中国，这四个国家英文的首写字母正好是 bric，因为是复数就加一个 s，“brics”，在英文中就是“砖头”。奥尼尔说这可不是一般的砖头，可称为金砖，意思是说这四个发展中大国在 21 世纪经济发展的潜力不可限量。按照他的说法，这四个国家的任何一个，其经济发展总量在 10 年左右会超越欧盟国家，30 年会赶上日本，50 年会比肩美国。在当前的全球性金融危机面前，中国的经济发展一枝独秀，发展势头不减。有专家预测，中国的经济总量有望在明年超越日本，会在 2027 年或者再晚一些时候有可能赶上美国。当然这种预言能不能成为现实还有待观察，但是金砖四国，特别是中国的经济成长，它未来的前景是良好的、是不可限量的，这是个不争的事实。当然我们也不能盲目自大，中国的 GDP 的总量超越日本又怎么样？我们的人均 GDP、绿色 GDP，经济与社会发展的综合指标可以说落后于日本。所以说，赶上欧盟、日本和美国不是一日之功，依然需要几十年的努力。当然按照奥尼尔的说法，在 21 世纪 50 年代的时候，那个时候的世界将会出现新的六大经济实体，排行榜依次是中国、美国、印度、日本、俄罗斯和巴西。现在金砖四国除了俄罗斯还在为加入世界贸易组织进行艰苦的谈判以外，巴西、印度和中国都是世界贸易组织和《知识产权协议》的成员。

第三个观点是，从国际层面看，知识产权是世界贸易体制的基本规则。当代国际贸易体制，指的是以 1946 年《关贸总协定》为起点，以 1994 年世界贸易组织为标志所形成的新的国际贸易体制。作为一个新的国际贸易体制，新在何处？一是以全球自由贸易为目标。世界贸易组织就是要实现全球自由贸易，包括货物、资本、劳动力的自由流通。二是以全面减让关税为手段。世界贸易组织减让关税的目标是零关税。当然，不同类型国家有不同的减让关税的宽限期。凡发达国家应在 2010 年实现零关税，看来这做不到，现在都在搞贸易保护主义。对不发达国家则要求在 2020 年实现零关税，这是当初乌拉圭回合谈判所达成的协议。三是以无差别的最惠国待遇为基础。所有世界贸易组织成员互相提供的优惠待遇必须是相同的，不能实行歧视性差别。

世界贸易组织实际上是一个经济联合国，有很多的国际公约，最重要就是三大公约：《货物贸易协议》、《服务贸易协议》和《知识产权协议》。知识产权保护已经成为当代国际贸易体制的基本规则。知识产权为何与国际贸易产生紧密的联系，这里我列举两点原因：第一个原因是静态分析，就是现代国际贸易中技术因素的增长。世界贸易组织把货物分为三种类型：一是初级产品，农产品、矿产品等都属于初级产品；二是合成制品，就是人工制造的产品，像机器、设备、服装等都属于合成制品；三是其他产品，主要指的是黄金饰品、化妆品。我们看到，自从 1994 年世界贸易组织取代《关贸总协定》以来，国际贸易的增幅大概是每年递增 4%，去年因全球性的金融危机贸易额增幅明显放缓。在过去的十多年间，增长最快的大概是通信设备、计算机和半导体芯片，这些都是高科技产品。高科技产品的附加值很高，老布什总统的经济顾问曾经说过一句俏皮话，“不管是土豆片还是硅晶片（就是半导体芯片），能够赚钱都是好片”。它能够产生的附加值，就是知识产权所带来的价值。第二个原因是动态分析，就是现代国际贸易中东西方国家的冲突。自从20世纪80年代出现的经济全球化潮流以来，东西方国家在利益格局方面，已经出现了一个值得我们重视的态势，那就是发达国家出技术、出品牌、出资金，而发展中国家出劳力、出资源、出市场。在这样的经济格局下，就产生了东西方国家不同的利益需求。简单说来，发达国家为了维护它的技术优势，要高水平保护知识产权。美国现在出口第一的不是波音飞机，也不是通用汽车，而是美国的版权业，这个版权业包括了软件、电影和音像，所以它必须保护知识产权，打击盗版和假冒。对于发展中国家而言，它最关心的就是最惠国待遇，减让关税、市场准入，以便它物美价廉的工业制品能够进入发达国家的市场。它凭借的不是技术优势，而是相对的价格优势。国家知识产权局局长田力普讲过，中国卖一亿条牛仔裤所赚取的钱，才能换一架波音飞机。徐冠华院士在做科技部部长的时候也说过，中国是最大的电脑生产国，世界每四台电脑有一台就来自中国，但是我们出售一台电脑，除了支付给外国公司硬件和软件的知识产权许可使用费以后，我们只赚取十个苹果的利润。中国在过去的国际经济分工格局当中是出大力、流大汗、赚辛苦钱。由此可以看出东西方国家在国际贸易中既有不同的优势，也有不同的利益需求。当然这种冲突、较量和比拼，最终通过长达七年的乌拉圭回合的谈判达成了一揽子协议，这就是我们今天所看到的《货物贸易协议》、《服务贸易协议》和《知识产权协议》。所以，在国际层面上，我们要认识到知识产权不仅是一国内部的法律问题，而是国际上贸易体制的一个基本规则，只能遵守而不能违反。

在过去的几年间，从中央到地方，不同阶层的人士，在很多场合问我一个相同的问题：中国作为一个发展中国家，为什么要高水平保护知识产权？对此我有两个最基本的观点：第一，不能离开对外贸易来谈中国的经济增长。在金融危机出现之前，中国的经济发展对贸易的依存度甚高，达到69%，中国的市场与国际市场紧密联系在一起，中国不可能关起门搞市场经济。据经济专家分析，我们每降低一个百分点的GDP，就会有一百万的失业人口，所以中国经济必须持续增长，而其中一个重要途径就是发展对外贸易。美国经济的增长，60%依赖于本土市场，而中国经济的增长，69%依赖于国际市场。我们要扩大内需，但是扩大内需谈何容易？中国老百姓的消费习惯是存钱，存钱养老、治病、送子女上学。而就消费能力来讲，中国劳动者的收入占 GDP 的总量，由 1992 年的 55%降到现在的 42%。从目前的国情来看，不管是从消费习惯到消费能力，作为一种本土市场的内需来拉动经济的增长都是有限的。第二，不能离开知识产权的保护来谈中国的对外贸易。这是因为知识产权的保护是国际经贸领域的游戏规则，中国政府和中国企业必须遵守。中国在进入新千年以后，知识产权制度进入了一个战略主动期。胡锦涛总书记在 2006 年政治局集体学习会议上发表了重要讲话，他讲了四个“迫切需要”，站在一个战略全局的高度，从国际、国内两个大局强调了知识产权制度的重要作用。总书记是这样讲的：“加强我国知识产权制度建设，提高知识产权创造、管理、保护和运用的能力，是提高我国自主创新能力，建设创新型国家的迫切需要”，这是讲的第一句“迫切需要”；第二句话，“这是规范竞争秩序，完善社会主义经济体制，建立诚信社会的迫切需要”；第三句话，“这是增强我国企业市场竞争力，提高国家核心竞争力的迫切需要”；第四句话，“这是进一步扩大对外开放，实现互利共赢的迫切需要”。总书记所作出的重要讲话，能够帮助我们对知识产权制度有一个全面的科学的认识和理解，这是我讲的第一个问题。

二、各国知识产权政策运用的比较分析

西方国家是知识产权制度最早的推行者，也是最大的受益者，这是我刚才作出的一个基本结论。西方国家通过推行本国的知识产权政策，为本国的国家利益服务，有一些做法是值得我们重视和借鉴的。

一是实用主义态度。西方国家总是根据本国的不同发展阶段，来对知识产权制度作出政策调整。知识产权法律制定和实施的一个重要依据是国情，任何一个国家都不可能超越国情、背离国情而进行知识产权保护。当今西方国家所主张的高水平保护其实并不是从来就有的。从低水平保护到高水平保护，从选择保护到全面保护，西方国家都经历了一个漫长的、必要的过渡期和准备期。以美国为例，美国在 1790 年根据国会授权，效仿英国制定了本国的著作权法

和专利法。但是，18 世纪、19 世纪的美国落后于欧洲大陆国家，它们奉行的是低水平保护。美国的著作权法不保护外国作品，外国人的作品不在美国出版就不享有版权保护。当时的美国出版商公然地盗印欧洲大陆国家最新出版的书籍，不支付任何版税就直接在书店出售，以至于狄更斯、雨果这些当时欧洲最有名的文豪到美国国会作证，斥责美国的海盗行为，完全不尊重外国作品的版权。1886 年，欧洲国家缔结了一个《保护文学艺术作品伯尔尼公约》，但美国人不参加。美国是在一百多年以后，才于 1988 年参加了《伯尔尼公约》。现在美国在全球主张高水平保护知识产权。日本也是这样，日本在明治维新的时候，于 1885 年制定了专利法，但长期不保护药品专利，一直到 1975 年事隔 90 年才开始保护药品专利。新中国的知识产权法制建设是在改革开放以后，1982 年制定商标法，1984 年制定专利法，1990 年制定著作权法。到中国“入世”前这些法律曾多次修改，达到国际公约的基本要求，靠拢国际保护的先进水平，所以我们现在的法律一点都不落后。中国法律从本土化到国际化用了不到二十年，而西方国家用了一二百年。之所以如此，是因为国际环境发生了重要的变化，发展中国家失去了一个宝贵的过渡期和准备期。我们加入了 WTO，就不得不按国际公约来保护知识产权了，所以政府准备不及，企业经验不足，但是我觉得这个差距正在缩小。

二是国家利益立场。西方发达国家是从国际、国内两个层面来推进知识产权政策，特别是在当代，知识产权不再是一国的内部法律事务，而是国际游戏规则。所以知识产权政策既是国内政策，也是国际政策。刚才我介绍了美国的做法，充分说明了这一点。我们现在对内推行国家知识产权战略，实现建设创新型国家的发展目标。对外我们参加了知识产权国际保护体制，通过知识产权来推进中国的对外贸易，来提升中国的国际竞争力。所以，对中国来讲，我们在考虑知识产权保护的时候，应该从上述国际、国内两个大局来实施知识产权政策。

三是战略发展工具。我认为，知识产权作为一种政策工具，是国家发展转型的重要制度。不管是近代英国、现代美国，还是当代中国，都离不开知识产权制度。在这里，我简单说一下近代英国。近代英国是知识产权制度的发祥地，也是欧洲工业革命的策源地，英国在 1623 年颁布垄断法规，这是世界上

第一部专利法。这部法律在实施一百年的时候，历史学家发现，正是由于这个法律的实施，极大地推动了当时英国近代工业体系的形成，包括采矿、冶炼、运输、钢铁、纺织、手工业制造，这一百年所创造的物质财富是英国建国十几个世纪的总和。所以我们可以这样说，英国发生工业革命、发展资本主义经济，归功于它的自主创新，而激励和保护这个自主创新的主要是知识产权制度。现代美国的发展同样如此。美国在 20 世纪下半叶，从 1977 年到 2001 年这四分之一世纪，创造了经济发展的奇迹。在整个西方国家，美国的经济发展势头最好，二十多年里平均增幅为 3.2%，90 年代高达 4%。而日本在整个 90 年代，GDP 的增幅只有 1.2%，很多时候是负增长。这个差别就在于，美国通过知识产权制度来调整它的产业结构，提升它的创新能力。以知识产权作为创新发展的政策，足以说明了现代美国和近代英国的成功经验。

对于当代中国而言，我们要在 2020 年初步建成创新型国家，就必须把知识产权作为一个重要的政策支撑，作为一个重要的制度工具。我认为，现在中国与美国、与欧盟、与日本发生知识产权冲突并不可怕，这昭示着中国是一个正在崛起的、非常具有竞争潜质的发展中大国。我们看到，19 世纪中后期，是正在兴起的美国与先进的欧洲国家之间的知识产权竞争；在 20 世纪下半叶，是不可一世的美国与正在发展的日本、韩国之间发生知识产权冲突；从 20 世纪末到 21 世纪初是最发达的美国再加上非常发达的欧盟和日本，联手向中国挑起知识产权战争。这说明中国正在崛起，中国正在发展。所以我们的政治家、企业家应该有一个国际视野，并用一个战略眼光，来看待知识产权的政策功用。

三、知识产权制度创新与创新型国家建设

中国要走创新型国家发展道路，知识产权是重要的、必要的制度设计。这就是我要讲的知识创新与知识产权制度创新的关系问题。过去几年，一些专家的言论和媒体的报道对于创新的理解与认识是不全面的，他们把创新简单地说成是科技创新。创新理论是美籍奥地利经济学家熊彼特在 20 世纪 20 年代提出来的，创新理论发展到今天已经形成了一个完整的、科学的体系。我认为，创

新最概括地分为两个方面，其一是制度创新，就我们所讲的知识产权而言，包括制定完善的知识产权法律体系，建立以知识产权为导向的公共政策体系。近代英国通过制度创新，制定了知识产权法律，引发了近代欧洲工业革命，这是一个典型的制度创新对知识创新起到保障与促进的事例。所以我认为制度创新非常重要，它是激励性的，也是保障性的。其二是知识创新，知识创新又分为几大块，首先是文化创新，文化创新能够激励文化创意产业的形成，文化创新与文化创意产业的形成又是靠版权制度来保障的。其次是科技创新，在科技创新的基础上能够形成和建设我们的高新技术产业。知识产权中的专利制度和准专利制度是保护技术创新的基本制度。

最后，我讲的问题是自主知识产权与核心竞争力。在当代世界，国家与国家之间的竞争主要表现为经济、科技和文化实力的竞争，这种经济、科技和文化实力的竞争在法律层面就表现为知识产权的数量和质量的竞争。正因如此，2004 年温家宝总理在视察山东的时候说："世界未来的竞争就是知识产权的竞争。"中国的核心竞争力应该有一个巨大提升。中国在继英国、美国、日本之后，已经成为"世界工厂"，但是这个"世界工厂"与创新型国家还有一定的差距，我们缺乏关键技术、核心技术专利和国际知名品牌。中国的发展，必须从过去的"中国仿造"到今天的"中国制造"，再迈向未来的"中国创造"，这才是名副其实的"世界工厂"。就现实问题而言，我主要讲三个方面。

一是专利的质量和水平问题。现在，中国是一个专利申请大国，但正如美国所评价的那样，中国还不是一个专利强国，也不是技术创新型国家。在专利申请量方面，十年前甚至是六年前，中国的专利申请量只有美国的三分之一，而美国占到全球专利申请量的三分之一，这说明我们的差距是很大的。现在从数量上看，差距明显缩小。2005 年，中国的自然人和企业专利申请量位居全球第十，2006 年跃居第八位，2007 年排名第七，去年飙升至全球第三，而第一是美国，第二是日本。过去第三是德国，韩国也一直在中国的前面，所以现在我们的专利申请量是非常惊人的。但是，我认为中国还不是一个专利强国。专利分为发明专利、实用新型专利和外观设计专利。最有经济价值、最具科技含量的是发明专利，但是中国在发明专利的授权方面，依然是技不如人。到 2008 年为止，中国的企业和个人在中国取得的发明专利由 2005 年的 37%上升到 60%，应该说是一个非常大的进步。但是我们在高新技术领域，特别是在航空航天、高清晰彩电、通信、电子、汽车等高新技术领域，外国公司拥有的中国发明专利远远高于国内企业，其中生物技术的 70%、计算机技术的 87%、通信和集成电路领域的 90%、移动通信的 92%的发明专利均为外国公司所拥有。换句话说，在高新技术专利领域，外国公司已经对中国企业构成了合围之势。

二是商标的附加值和影响力问题。营销专家说，商标是商品的脸，中国的商标作为商品的脸，数量非常可观，但是容貌不敢恭维。中国已经连续 7 年商标申请量世界第一。1980 年，中国企业一年的商标注册申请量为 7.6 万件，2008 年这个数字达到了 76.6 万件。我们拥有如此多的商标，是当之无愧的商标大国，但绝对不是品牌强国。2008 年美国“世界品牌实验室”公布了世界品牌 500 强，中国入选 15 个，但是美国拥有 242 个，日本和法国分别拥有 43 个。中国入选的 15 个品牌绝大多数是国企，例如中国石油、中国石化、中国银行、中国移动、国家电网和中央电视台。中国现在是世界制造工厂，总共 172 种商品的产量世界第一，但是我们的品牌所带来的附加值相当之少。作为国际知名品牌的评价标准，主要有四个：第一，商标的价值要达到 10 亿美元以上；第二，使用该商标的商品海外销售要占到商品销售总额的 20%以上；第三，使用该商标的商品海外销售利润要占商品销售利润总额的 30%以上；第四，使用商标的商品在同类商品市场中具有相当的占有率和影响力。中国的商标数量多，但是称得上国际知名品牌的商标不多。

三是版权的市场份额和贸易逆差问题。中国是一个工业制造大国，也是一个出口贸易大国，但是我们在版权方面，存在着严重的版权贸易逆差。在国际文化市场份额中，美国占 42.6%，欧盟国家占 33.5%，亚洲和南太平洋国家占到其中的 19%，这 19%里面日本占去 10%，韩国拿走 4.5%，剩给中国的寥寥无几。目前，缺乏文化创新，没有形成相当数量、规模的文化品牌，文化市场受到外来冲击。比如说动漫，新浪网的一份网络调查表明，中国人最喜爱的 20 个动漫形象中，本土只有一个孙悟空，像樱桃小丸子、铁臂阿童木、一休和尚、米老鼠、唐老鸭，不是日本的就是美国的，动漫产品的本土自给率只有 11%，其他的靠进口。又如网络游戏，大概有 4.5 亿中国人喜欢上网玩游戏，但是用得最多的是来自韩国、日本的游戏产品，每年我们要支付30%的利润给外国公司。

通过上面的分析报告，最后我想说的是：知识产权保障知识创新，知识创新促进知识经济。在知识经济时代，经济增长已经从单纯依靠资本的积累转向了依赖知识的积累与更新，知识已经成为经济活动中最重要的生产要素。谁在知识和科技创新方面占据优势，谁就能够在发展上掌握主动。世界各国尤其是发达国家纷纷把推动科技进步和创新作为国家战略，以利于为经济社会发展提供持久动力，在国际经济、科技竞争中争取主动权等。国家强盛的基础已不再是丰富的自然资源和廉价的劳动力，而是自主创新能力。我国要建设成为创新型国家，就要把科技进步和创新作为经济社会发展的首要推动力量，把提高自主创新能力作为调整经济结构、转变增长方式、提高国家竞争力的中心环节。增强自主创新能力，才能保证国家安全和经济独立，才能从实质上增强我国的国际竞争力。

知识产权制度作为制度创新的结果，保障着知识生产、传播与利用的智力劳动过程，服务于知识经济社会化、产业化、产权化的发展目标，对建设创新型国家具有推动和保障作用。我国既是一个传统的发展中国家，更是一个新兴的工业化国家，有效利用知识产权这种先进的法律制度，是我们缩小与发达国家差距、实现跨越式发展的战略抉择。

技术标准化与企业专利战略*

一、技术标准与专利联盟

三流企业卖苦力，二流企业卖产品，一流企业卖技术，超一流企业卖标准。这句流行语十分形象、生动地描绘了当今企业的实力状况和层次差别。

三流企业卖苦力，属于“包工头”层次的企业，这是中国特别是广东大多数企业成长的必经之路。企业围绕着订单、原材料、劳动力下功夫，出大力、流大汗，加工生产，赚辛苦钱。

二流企业卖产品，属于“制造商”层次的企业，企业有了自己的产品，领到了市场的入场券。企业围绕着产品的功能、质量、价格做文章，与他人竞争，靠的是价格战、广告战。

一流企业卖技术，属于“技术商”层次的企业，这类企业往往拥有某一领域的核心技术或关键技术，不再满足于产品的生产和销售，而是着力于加强企业的技术体系。在经营活动中，一是靠技术占领市场，二是卖技术提供服务。

超一流企业卖标准，属于具有核心竞争能力和居于支配地位的“业界领袖”。与前面三类企业不同，这类企业的经营策略，不是以顾客为主要对象，而是以竞争对手为核心导向。市场主体之间的关系除了企业与顾客的关系外，

---

* 本文系作者 2009 年 7 月在广东省佛山市“企业专利论坛”上的主题报告。

还有企业与竞争对手、协作厂商的关系。各类企业进入市场并在一定的“游戏规则”（包括技术标准）之下参与竞争。超一流企业既是“运动员”更是“裁判员”通过对游戏规则的控制而形成具有垄断力的优势地位，从而获取超额利润。

技术标准的本质意义不是技术而是权力。标准的控制不是针对顾客，而是针对竞争对手和协作厂商。在国际企业界，谁掌握了制定规则、标准的权力，谁就有引领他人参与生产经营活动、进入国内国际市场的地位。由卖苦力、卖产品，到卖技术，再到卖标准，应该是一个有战略发展眼光的而且不断追求的境界，应该成为21世纪世界级领先产业的必由之路。

技术和技术标准对市场的合法垄断，依靠的是知识产权。知识产权是知识、技术权力化、资本化、法律化的结果。与技术、技术标准相关的知识产权，主要是专利。就专利本身而言，它是对技术的一种合法垄断。对于企业来说，获得专利就是为了在一定期限内垄断该项技术，而垄断技术的目的则是垄断市场。在经济全球化和专利保护一体化的情况下，拥有专利就是拥有全球市场，这在高新技术产业尤其突出。

技术标准的实质，就是对一个或几个生产技术设立的必备条件和要求。它有两个特点：（1）生产技术的合格性。技术标准设定了技术水平，达不到要求就是不合格的生产技术。（2）技术的完备性。技术标准提出了技术的系统要求，缺乏相应的技术就视为达不到生产的技术标准。就某一技术领域来说，单个标准技术不一定是最高水平，但所有技术整合起来形成的标准体系将是最优水平，这即是技术的标准化。

标准管理的实质和核心是知识产权策略的制定和利用。技术标准在其推广、普及中依靠专利，去形成垄断，去排斥不符合此标准的产品，从而达到排挤竞争对手的目的。说到底，技术的标准化加上技术标准的专利化，其威力、影响力、支配力，绝不是简单的1＋1＝2，而是1＋1＞2，这即是技术标准的企业专利战略问题。技术、技术标准与专利的关系可以概括为“技术专利化、专利标准化、标准垄断化”。

技术标准专利化的结果，是专利联盟（或称专利池）的形成。专利联盟通常由某一产业领域里多家共同掌握核心专利技术的厂商通过协议结成，各成员拥有的核心专利是其进入专利联盟的入场券。专利联盟分为开放式专利联盟和封闭式专利联盟。开放式专利联盟成员间以各自专利相互交叉授权，对外则由专利联盟统一进行许可。封闭性专利联盟则只在专利联盟内部成员间交叉许可，不统一对外许可。开放式专利联盟是现代专利联盟的主流，其对外许可方式通常为一站式打包许可，即将所有的必要专利捆绑在一起对外许可，并采用统一的专利收费标准，专利费收入按照所持专利的比例在专利联盟成员内分配。专利联盟对外的专利许可事宜或委托专利联盟内某一成员代理，或授权专设的独立实体机构来实施。与此同时，专利联盟各成员通常也可单独对外进行专利许可。随着技术标准与知识产权的日益结合，技术标准下的开放式专利联盟正在世界范围扮演着越来越重要的角色。

专利联盟的组建常常基于特定的技术标准。例如联盟 DVB 标准的“必要专利平台”，DVD 标准中的 3C 和 6C 的专利联营。专利联盟包括以下几种类型：一是以行业组织为基础的巨型专利联盟。19 世纪至 20 世纪之交，伴随着飞机、汽车等行业的出现而产生。它们几乎涉及整个行业的所有制造商。二是以合同为基础的小型专利联盟。这种联盟没有严密、复杂的组织管理机构，专利许可费的确定是成员协商的结果。它往往局限于特定的技术领域，或者产业的特定部分。三是混合型专利联盟。这种联盟介于巨型——行业组织型和小型——合同结构型之间。比如 3C 和 6C 集团的 DVD 专利联盟，都是针对特定技术，但又形成行业性的组织机构。

当今的混合型专利联盟有两个特点：一是具有世界性，多为两个或两个以上国家的领袖企业和跨国公司组建而成，对相关国际市场具有很大的影响力；二是与技术标准相结合，不同于以往巨型专利联盟较多为免费交叉许可，而是通过技术标准专利的运用，谋取巨额的经济利益。

近年来在我国影响较大的 DVD 6C 和 3C 联盟就是典型的技术标准下的开放式专利联盟。DVD 6C 专利联盟是由东芝、松下、三菱、日立、JVC、时代华纳六家公司（IBM、三洋、夏普之后相继加入）于 1999 年 6 月 11 日达成协议，以各自拥有的包括 DVD 视频播放器、DVD-ROM 驱动器、DVD 解码器、DVD 光盘等 14 类必要专利共同组建的专利联盟（DVD 6C），对内相互交叉许可，对外共同许可收费。DVD 3C 专利联盟由飞利浦、索尼、先锋三家公司于

1998 年 12 月共同建立（LG 后来加入），是 DVD 产业中的第一个专利联盟。目前，除了 DVD 行业外，MPEG 专利联盟、MP3 专利联盟、CD-R 专利联盟等在国际上都十分活跃，掌握新一代光盘标准的蓝光阵营也正在筹建专利联盟。

二、跨国公司的专利战略与我国企业的专利困扰

在国际市场，跨国公司、企业利用其资金和技术优势，熟练运用知识产权规则，大力推行专利战略，实现技术专利化、专利标准化及专利许可主体的组织化。具体而言：第一，产品未动、专利先行。跨国公司往往在对华投资和商品输出之前，在我国大量申请专利，特别是在关键技术、核心技术领域“跑马圈地”，设置专利陷阱，形成专利合围。统计数据表明，长期以来国外企业在我国的发明专利授权量保持较快增速。2008 年中国授权的发明专利中，国外企业的拥有量在声像技术、发动机、光学、半导体、信息技术、医学技术、原子核工程和电气设备等大多数高技术领域占有明显优势。以声像技术为例，2008 年国外公司和个人在华获得的发明专利授权量是国内主体的 2.6 倍。从国别来看，韩国在华专利申请集中在光电、IT 和冷冻空调等领域，日本重点在无线通信、光电、IT 行业，美国主要在生物科技、无线通信等方面。第二，专利标准化，标准垄断化。目前，技术标准已经成为全球化竞争的重要手段。跨国公司纷纷凭借其技术优势，影响、控制国际标准组织的标准化工作，推动专利与标准结合，实现技术独占优势向市场垄断优势的转化。例如，苹果公司、飞利浦、索尼等六家公司早在 1999 年即建立一个“防火墙接口”的技术标准，该技术标准蕴含的核心技术专利达 1 394 个；美国高通公司在享有 CDMA 技术专利的同时，将其核心技术提交至美国标准组织 TIA 和世界标准组织 ITU，实现专利技术与国际移动通信标准的结合，赢得了移动通信市场的垄断地位；微软公司是程序设计语言标准、MS-DOS 操作系统标准和 Windows 操作系统标准等行业标准的主导者和所有者，这些标准中包含的专利技术为其创造了稳定的超额利润。第三，许可主体组织化，专利实施高效化。由于技术标准中包含的专利数量众多、权利主体不一，产品的生产需要获得诸多

专利权人的授权许可，这势必会阻碍技术标准的推行。为此，旨在降低技术实施成本的专利联盟应运而生。专利联盟或称专利联营，意指相关企业之间基于共同的战略利益，以一组密切相连的专利技术为纽带而达成的联盟。联盟内部的各成员可以就联盟中的专利相互之间进行交叉许可，或者相互优惠使用彼此的专利技术；而对联盟外部共同发布联合许可声明，以统一条件向第三方进行许可，许可费率由联盟中的专利权人协商决定后，通过一定的机构来实施。通过组建专利联盟，跨国公司可以有效降低专利实施成本，增加对外专利许可的谈判筹码，最大范围索取专利使用费，获得高额利润。目前，在 MPEG 技术标准、第二代移动通信标准（GSM）以及中外的无线局域网（WLAN）、第三代移动通信（3G）等标准的制定和实施过程中，专利联盟发挥了越来越重要的作用。

由于自主技术创新能力不足，加之跨国公司不断形成专利合围、推行技术标准以及组建和运作专利联盟，中国企业在国内外竞争中往往受制于人，专利战略实施困难重重。首先，核心技术专利太少。现今国际货物贸易中增长速度最快的是高科技产品，如计算机、半导体芯片、通信设备等。它们能够为产品所有人带来很高的附加值，这种高附加值来源于相应的技术优势，体现了专利权所凝结的价值。近些年来，我国技术创新能力不断提升，截至 2008 年年底，发明专利申请中的国内比例已超过 60%，获得授权的国内比例也已接近 50%。但是，在有效发明专利方面，国内比例仍然较低，特别是在音像技术、光学、计算机技术管理办法、发动机等技术领域，国外有效发明专利所占比例超过 70%，显示在技术含量高、产品附加值大的领域，国外占有压倒性优势。与此相应，我国企业缺乏核心技术专利，高技术含量的产品严重依赖外来进口。光纤制造设备的 100%，发电设备的 90%，集成电路芯片制造设备的 85%，石油化工设备的 80%，轿车工业设备、数控机床、纺织机械、胶印设备的 70% 来自进口产品。其次，专利技术标准化程度不高。与跨国公司相比，我国企业在技术标准化方面明显处于劣势。自主创新成果往往止步于专利优势享有，而难以上升为产业标准。为此，在实施行业标准特别是数字电视标准、DVD 标准以及空调标准中，我国企业屡屡受到国外专利技术的限制。2000 年以来，掌握 DVD 标准之核心技术专利的三大企业联盟组织 6C、3C 和 1C 轮流在中国掀起索要专利许可费的波澜，给刚刚显露生机的中国DVD市场和制造厂商带来致命的打击。数字制式电视机正逐渐取代模拟信号电视机，日本ISDB-T、欧洲DVB-T、美国ATSC等数字电视标准在全球范围内不断推进。根据美国联邦通信委员会（FCC）的规定，自2007年3月1日起，出口到美国的电视必须是数字电视，同时13英寸以上的电视必须符合ATSC标准的技术规范。由于使用该标准要求每台电视支付20美元～30美元的专利许可费，中国彩电企业每年将不得不支出大约10亿美元的费用，远远高于彩电行业一年不到4亿美元的利润；而欧洲DVB-T标准主要适用于数字电视的机顶盒，要求每台电视支付2美元～3美元的专利费。这些技术标准的实施给中国彩电制造商带来严重的威胁。与此同时，我国空调进入欧盟市场也面临标准问题。为保护臭氧层，欧盟要求空调必须使用R-410A制冷剂，而R-410A制冷剂的专利拥有人是跨国公司霍尼韦尔和杜邦。最后，专利联盟严重缺失。中国专利联盟发展起步较晚，虽拥有数字音视频编解码技术AVS专利联盟、木地板NCD专利联盟等新兴专利联盟，但在数量和质量上，远远不及发达国家。1997年，基于MPEG-2数字视频压缩标准的MPEG-2专利联盟成立，包括哥伦比亚大学、富士通公司、朗讯、索尼等九个成员，该专利联盟控制了全球MPEG-2标准的数字视频压缩产业。之后，DVD3C和DVD6C联盟相继成立，其产业影响遍及全球。近些年来，涉及3G通信、数字电视、新一代DVD、生物制药等产业的国外专利联盟正在不断形成。

三、我国企业组建专利联盟的若干建议

1. 政府国家层面：优化专利联盟发展的法律政策环境

企业专利联盟的组建和运作，有赖于充分的法律保护和有力的政策支持。从国际范围来看，专利联盟组织数量较多、发展较快的国家，或通过颁布相关指南，确立专利联盟的合法地位；或推行专利联盟法和技术标准战略，促进专利联盟的有效运作。1995年，美国司法部和联邦商业协会发表的《知识产权许可的反托拉斯指南》认定，“一定条件下的专利交叉许可和专利联盟有利于竞争”。1997年，美国司法部发表的司法说明认为，MEPGLA组建MEPG-2

标准联盟的做法并没有引发垄断危险。随后的1998年和1999年，美国司法部相继对两个DVD技术标准联盟作出了类似的司法说明。1961年日本政府颁布《工矿业技术研究组合法》，其后根据实际情况进行了多次修订，并配套一系列财政补助金、税制优惠等政策，鼓励企业成立技术研究组合（协作组织）。2001年以来，日本经济产业省相继推出“标准化战略及27个分领域标准化战略”（2001）、“国际标准化活动基盘强化行动计划”（2004）、“国际标准化战略目标”（2006），日本政府知识产权战略本部推出“国际标准综合战略”（2006）等。这一系列国际标准战略为技术专利联盟创造了良好的发展机遇。从1961年韩国政府制定工业标准法案开始，韩国主要采取自上而下的政府主导的技术标准战略，由政府投入大量经费，组织技术专家为企业提供服务。1962年韩国标准协会成立，政府加大对技术标准工作的投入，积极参与举办各种标准化活动，并成功地将多项韩国标准推广成为国际标准。2003年年底韩国政府计划将重心放在国际技术标准的发展上，以达成国家下一个10年的增长。

在我国，基于技术标准制定的专利联盟刚刚起步，自主技术标准较少，其拥有的市场更是有限。国家应尽快制定和完善技术标准化战略与专利联盟促进政策，将技术标准与专利联盟作为一个整体，置于国家创新系统、区域创新体系和产业、企业创新体系的联动之中，为技术创新建立长期稳定的法律政策环境。具体而言：政府主管部门要加强对重要技术标准制定的指导协调，将形成技术标准的专利联盟作为国家科技计划的重要目标。在落实国家关于促进技术创新、加速科技成果转化以及设备更新等各项税收优惠政策的基础上，积极鼓励和支持企业开发新产品、新工艺和新技术，加大企业研究开发投入的税前扣除等激励政策的力度，实施促进专利联盟的税收优惠政策。建立政府采购专利联盟产品协调机制，优先采购自主知识产权的重要高新技术装备和产品，对企业采购国产高新技术设备提供政策支持。推动技术法规和技术标准体系建设，促使标准制定与研发、设计、制造相结合，保证标准的先进性和效能性。引导产、学、研各方面共同推进国家重要技术标准的研究、制定及运用。积极参与国际标准的制定，推动我国技术标准成为国际标准。

2. 企业层面：建立专利联盟，参与制定技术标准

首先，加大技术研发投入，提高专利创造能力。我国企业要发挥专利创造

的主体作用，加大技术创新投入，通过原始创新、集成创新和引进消化吸收再创新，力争在核心技术、关键技术领域取得突破。加快专利申请，推动技术成果专利化，将专利创造作为技术创新的重要目标和开拓市场、提升核心竞争力的重要手段。在某个技术获得专利后，以其为基本专利，将其改进技术及外围相关技术均申请专利，形成一个由基本技术同外围相关技术一起构成的专利网，从而形成本企业强项技术的专利壁垒，使竞争对手无法突破。

其次，积极参与标准制定，推动专利技术向标准转化。企业必须将标准战略与企业的技术战略、市场战略置于同等高度，注重市场、技术和标准战略的结合，建立以市场需求为导向、技术创新为手段、知识产权为核心、技术标准为屏障的战略思维和布局，从而不断提升企业的核心竞争力。要积极参与国际、国内标准化活动和标准制定，将专利技术上升为国际、国内标准，将国内具有产业优势的技术标准融入国际标准之中。现实表明，实现专利技术的标准化，对于国内企业而言，并非遥不可及。例如，2005 年 2 月，信息产业部发布《高密度激光视盘系统技术规范》，将拥有自主专利技术的高密度数字激光视盘系统（EVD）的一些规范列为国家电子行业推荐标准。尔后，在中国市场，新一代高清影碟机标准之争一直是业内关注的热点。面对日本两大高清晰度影碟机与碟片标准——HD-DVD 与蓝光 DVD 的步步进逼，以 EVD 标准为代表的中国本土高清产业频频出招，成立了 EVD 产业联盟，数年来“内争”激烈的国内三大高清碟机标准 EVD、HDV、HVD 也统一在 EVD 旗下，力图在国际标准制定中争取更多话语权。又如，海尔集团依靠自主创新，先后在“防电墙”“双动力”和海尔家庭网络系列标准《多媒体网关技术规范》《网络家电通用技术要求》等方面向 IEC（国际电工委员会）提报新国际标准方案。在 2005 年 4 月海尔“双动力”被纳入 2006 年世界 IEC 标准的提案后，国家发改委于 2007 年 4 月正式发布了《家用和类似用途电动双驱动洗衣机》行业标准。这一举措标志着“双动力”正式成为中国洗衣机的行业标准。

最后，加强企业之间的合作，促进专利联盟的形成。专利联盟是一种合作与竞争的新形式，它可以有效降低企业的风险和成本，弥补企业资金、技术、人才的不足，引导企业共同开发潜在市场。近年来，我国出现了基于技术标准设立的专利联盟，如 AVS（数字音视频编解码技术标准）专利联盟，它致力于构建完备的数字音视频“技术→专利→标准→芯片与软件→整机与系统制造→数字媒体运营与文化产业”产业链，形成标准制定、技术快速进步和产业跨越发展的整体突破，实现数字音视频产业的整体崛起，打造全球具有重要影响的数字音视频产业群。又如，2008 年 10 月，在中国林产工业协会、国家知识产权局中国专利保护协会、中国消费者协会和中国技术监督情报协会的支持下，旨在“倡导创新、打击侵权”的中国强化木地板 NCD 专利联盟峰会在北京举行。经 NCD 专利持有人——江苏德威木业有限公司发起，国内 50 多家强化木地板企业参与了本次 NCD 专利联盟的启动仪式。我认为，当前我国企业要顺应专利联盟发展的国际趋势，加强合作与沟通，形成技术研发与运用联盟，使有限的专利技术能在更大范围内得到共享与推广。建立科学的联盟管理机制，协调联盟成员之间的利益，最大限度地发挥联盟的合作效应。强化专利联盟的开放性，吸纳具有技术实力的企业加盟，尽快形成技术标准。

中国知识产权建设 30 年的总结与反思*

知识产权是当今国内外关注的一个热点问题。在国际上知识产权已经成为东西方国家在经贸领域发生冲突和较量的一个主战场；在国内，知识产权成为中国未来十年甚至二十年事关经济社会发展的重大战略问题。

坦率地说，知识产权在国内各个阶层也是一个经常引起争议的话题。我们经常听到不同的声音，有人在质问：中国为什么要追随外国高水平地保护知识产权？也有人在怀疑：知识产权制度在中国的实施是不是有利于经济和社会的发展？我今天的讲座试图来回答这些问题，谈谈作为一名学者的观点。

我首先谈第一个问题：知识产权的立法，究竟是逼我所用，还有为我所用？

知识产权是一个年轻的新型的法律制度，是近代商品经济和科学技术发展的产物。大家都接触到所有权、债权、继承权这些古老的财产制度，但是知识产权制度从它的产生、发展到今天则不到 400 年。

西方国家是知识产权制度最早的推行者，也是最大的受益者。近代知识产权制度始于英国，它在 1623 年颁布的《垄断法规》是世界上第一部专利法，这部法律在实施一百年所创造的物质财富是英国建国十几个世纪的总和，这就是法律制度创新对科技创新、对经济和社会发展所带来的动力。由此我得出一个基本的结论：在不受外力强加的情况下，根据本国科技与经济的发展水平制

* 本文系作者 2009 年 9 月在对外经贸大学法学院所作的专题讲座，根据录音摘要整理，发表时有删节。

定知识产权法律，是有助于推动社会发展和进步的。但是，与近代英国以及其他的欧美国家建立知识产权制度的时候不同，发展中国家有着完全不同的时代背景和立法动因。对发展中国家来说，知识产权是一种制度舶来品，而且是外力强加的。中国从外国移植知识产权制度，其生存发展到今天只有110年的时间，比英国晚200多年，比巴西和印度这样发展中的大国晚了将近100年。一般认为，中国的知识产权法律产生于清朝末年。当时的清政府实行新政，向西方学习，1898年制定了《振兴工艺给奖章程》，1904年制定了《商标注册试办章程》，1910年制定了《大清著作权律》。可以说，从19世纪末到21世纪初百余年的历史，就是一个知识产权法律从逼我所用到为我所用的制度变迁史。我大致将之分为三个阶段：第一阶段，从晚清末年到新中国成立之前，大概50年的时间，是被动性的接受阶段。近代知识产权在中国，当然是清朝政府实行新政的结果，但更多是帝国主义列强施加于清朝政府的结果，通过知识产权打开了闭关锁国的半殖民地半封建中国的法律之门。之后的北洋政府和国民党政府也颁布过知识产权法律，但更多是取材于西方的法律，而不是适应当时中国科技创新和经济发展的需要。由于政治腐败、经济凋敝、科技落后，在这50年间，中国的知识产权法律没有发挥到应有的作用。第二阶段，从1949年新中国成立到中国2001年“入世”之前，也有50年的时间，这是一个适应性的调整阶段，它又可分为两个时期：前30年由于计划经济体系的制约，由于法律虚无主义的影响，尽管中国当时也保护知识产权，但可以说从来没有一部严格意义上的法律、法规，而是靠行政规章调整。后20年中国实行改革开放，实行市场经济，知识产权法律体系开始建立，1982年制定了《商标法》，1984年制定了《专利法》，1990年制定了《著作权法》，1993年制定了《反不正当竞争法》，这些法律在20世纪90年代根据参加国际公约的需要，先后两次经历过重大修改。在这20年间，中国的知识产权法律从本土化到国际化，实现了这样一个重要的历史转折。第三阶段，从2001年到现在这10年间，是战略性的主动阶段。中国知识产权法制建设进入了新的重要时期，更多的是从本国经济、社会发展的战略需要来考虑和谋划。这是因为在“入世”前，中国面临着经济全球化和知识产权保护一体化的国际环境变化，使得发展中的中国不可能根据本国的经济和科技的发展现状，自行制定知识产权的保护水平和标准，而必须按照国际公约的高标准和高要求来保护知识产权，但进入 21 世纪以后，中国更多是从本国的战略发展的需要来制定法律。

记得 2006 年，我和已故的郑成思教授在中央政治局讲解知识产权。胡锦涛总书记听完之后，做了 20 分钟的总结，站在一个战略全局的高度，从国内国际两个大局强调了知识产权的战略地位和作用。我认为，只有在近十年，中国的知识产权制度才真正进入了一个为我所用的阶段，知识产权这样一种制度文明的典范，是能够推动科技创新、文化创新、经济发展和社会繁荣的。

第二个问题，知识产权的效果究竟是利大于弊还是弊大于利？

不管是近代英国，还是现代美国，它们都是知识产权制度最早的推行者，也是最大的受益者。英国是近代知识产权制度的发祥地，大家看了央视的大型纪录片《大国崛起》，这个片子从一个侧面说明了知识产权（专利制度）是怎么来推动英国的工业革命，从而使英国成为当时的日不落帝国的。现在的美国也是如此。美国政府宣称，知识产权保护是美国创新政策的基石，建立一个强有力的全球知识产权保护体系，是美国政府的基本立场。对于美国来说，知识产权制度既是国内政策，也是国际政策。知识产权在发达国家之所以受到重视，就在于这种特殊的法律制度能够为它们维护贸易优势，形成国际核心竞争力发挥重要作用。但是我们看到，知识产权制度在发展中国家实施的效果总是难以令人满意，或者叫做不尽人意，其原因何在？这是因为知识产权制度在发展中国家产生之初是外力强加的结果，在运作的过程中又存在着经验不足。就中国而言，我觉得有两个问题，造成了法律移植的效益不尽理想：第一，由于制度外力强加而导致水土不服，就像南橘北枳一样，这个法律是人家的，你移植了但没有相应的政策保障体系和社会制度环境，所以造成了外来法律在本土环境中的不适应。第二，因为制度经验不足而导致受制于人。发达国家特别是美国，利用它的政治强势、经济强力、科技强势，掌握国际知识产权领域的话语权，其规则是由它们主导制定的。加上知识产权制度在发展中国家运作的时间不长，政府和企业对这种游戏规则的掌握和运用存在问题。我记得美国斯坦福大学法学院的教授，也是国际知识产权协会的主席波顿讲过一句话，发展中国家和发达国家在知识产权方面的差距不在于立法本身而在于运作的经验不足。这意味着，我们现在的立法水平完全符合国际公约的要求，但是我们对这个制度的推行，对国际知识产权规则的掌握和运用，准备不足、经验不够。所以在很多情况下是受制于人的。以上是我对知识产权制度在发展中国家实施效益不尽理想所作出的一个总体评价：一个是法律引进水土不服，另一个是制度运作受制于人。

就中国而言，知识产权制度从制定到运作这 30 年的情况如何评价？我持一个肯定的态度，总体是健康的，正效应是明显的。30 年前，绝大多数国人不知道知识产权为何物，现在知识产权可以说进入寻常百姓家。

一是科技创新能力提升，跻身于专利申请大国。中国的《专利法》是 1984 年颁布，1985 年正式实施，到现在不到 25 年。90 年代的美国是最大的专利申请国，年专利申请量占到全球总量的 1/3，到 90 年代末，中国的年专利申请量只有美国的 1/3。但是进入 21 世纪以来，中国专利申请量年年攀升：2005 年专利申请量全球排名第 10，2006 年进入第 8，2007 年位列第 6，去年跃居第 3，仅次于美国和日本。这表明中国已经成了一个专利大国。每百万人专利申请量及所拥有的专利授权量，是衡量一个国家科技竞争力的一个重要标志。我们看到专利法的实施只有不到 30 年的时间，但中国的科技创新能力、科技竞争力有了明显的提高，这应该说是一个不争的事实。我们的产品从过去的“中国仿造”到现在的“中国制造”，正在向未来的“中国创造发展”，专利制度功不可没。

二是品牌创建能力增强，商标注册量全球第一。中国的《商标法》是 1982 年颁布的，在此之前有行政规章。我记得 1980 年时年商标注册申请量是 7.6 万件，现在一年的注册申请量高达 72.6 万件，中国已经连续 7 年商标注册申请量是全球第一。坦率地说，我对商标注册的 GDP 数字不太感兴趣，因为商标不仅是看数量和规模，更多的要看商标价值和效益。但是总的说来，中国企业重视商标注册保护，重视品牌建设，这是好的方面，而且在 20 多年间，中国也创造出一些享誉国际的知名品牌。中国产品正在从本土市场走向国际市场，品牌建设也取得了一定的成就。

三是文化创新能力提高，版权业发展势头良好。创意产业是英国著名经济学家霍金斯在 90 年代末提出来的，指的是以脑力劳动为主，以知识产权作为存在形式的先进产业。创意产业将会是 21 世纪知识经济发展的引擎和核心产业。我们国家的版权业或者说文化创意产业，1998年的时候只占到GDP总量的1.8%，到了2005年，则占到6%，这个发展还是很快的。全球性金融危机出现以后，北京、上海、深圳等地文化创意产业的发展势头依然强劲，这不得不说归功于中国的著作权制度。

四是其他知识产权获取能力加大，带动相关产业的快速发展。在这里，我讲讲地理标志权、植物新品种权、集成电路布图设计专有权这三种特殊的知识产权。植物新品种权是一种与种植、农林技术有关的知识产权。我国于1997年颁布《植物新品种保护条例》，实施到今天只有十多年的时间，但是申报植物品种权，每年以40%的速度递增。从2005年开始，中国已经成为“植物新品种保护联盟”最大的成员国之一，植物新品种的申请量排名全球第4，这个进步是非常了不起的。地理标志权是与“三农”有关、涉及名特产品保护的一种知识产权，我们国家实行双轨制，第一是通过商标局申请证明商标和集体商标保护，第二是通过国家质量监督检验检疫总局申请地理标志产品保护。到2006年，中国已经有600多种产品取得了地理标志权的保护，涉及产值5 000亿元人民币。作为农产品和地方名特产品，有了地理标志保护，其售价要高出一般产品价值10%到30%。中国对地理标志的保护也是非常成功的。半导体芯片布图设计权是最新类型的知识产权，与知识经济时代的新技术有关。中国在2001年颁布《集成电路布图设计保护条例》。半导体芯片是微电子技术的核心。相关产业的发展是一个国家科技能力的重要表现。在20世纪90年代，我们半导体芯片的产量在全球只占0.05%，美国占到44%，日本拥有42%，我国2001年颁布这个法律的时候，我们已经有了一个非常大的提升，当年半导体芯片的产量已占到全球的1.8%，而到2006年跃升到6%。

总的说来，知识产权制度对中国的经济社会发展所起到的作用是明显的，但还是有差距的。它的贡献力还有待提升，它的质量与效益还有待改进。下面谈三个问题来说明我的观点。

（1）在专利领域，我们是一个专利申请大国，但不是专利强国。专利分为发明、实用新型和外观设计专利，只有发明专利才最具有战略意义和经济价值。在2005年前，中国的企业和个人拥有的发明专利授权只占专利申请总量的35%。而在国外，发明专利要占到专利授权总量的85%。当然这种状况在最近几年发生了一些变化，到 2007 年之后，中国的个人和企业的发明专利的拥有量提升到了 60%。尽管比例上有了一定的提升，但是坦率地说，在高新技术领域中国依然落后于发达国家，特别是航空航天、计算机、通信、汽车、化工等领域。一句话，在高新技术领域，外国公司对中国企业形成了专业合围之势。

(2) 在商标领域，我们是商标注册大国，但不是商标注册强国。按照营销学者的话说，商标是商品的脸。如果你的商标能够吸引消费者，就会身价百倍，同样的商品用不一样的商标，这在市场上的售价是有区别的。中国虽拥有世界上最多的商标，但是坦率地说，缺乏魅力，不太值钱。举一个实例。广东潮州生产的晚礼服，产量大概占到全球的 70%甚至 80%，但是这个晚礼服用自己的品牌和外国的品牌，售价差别是十倍到二十倍。上海生产的微型收录机，用自己的商标在国际市场售价 37 美元，如果加上 SONY 的商标，售价超过 85 美元。所以我们现在要创名牌，创国际知名品牌。

企业的生产经营靠两端来赚钱：一个是它的始端，那就是产品的设计研发，靠版权和专利来保护；第二是末端，就是产品的销售，靠品牌和商标来赚钱。这两端都有知识产权，就能够为产品带来高附加值，能够凸显企业的价值和利润。至于生产制造阶段，是原材料的投入和劳动力的付出，不产生知识产权价值，就是说不产生附加值。

(3) 在版权领域，我们是版权产业大国，但不是版权强国。刚才我讲了，中国制造业和中国产品的出口，尽管有不尽如人意之处，但是我们还敢说中国是一个世界制造工厂。但是说到文化产品，我们是进口多、出口少。在国际文化市场上，还是欧美国家的一统天下，在亚洲领先的是日、韩两国。我们的文化产品在国际上的影响是有限的，这与我们发展中大国的目标地位极不相符。

我以为，发展和振兴中国的版权产业显得特别重要。我认为这不仅事关中国 GDP 的增长，而且关系到中国的文化主权与文化安全问题。十七大的工作报告提出，提高国家文化软实力。硬实力讲的是科技力量、经济力量、技术资源，这是硬实力。而软实力主要就是文化活动的创新力、文化产品的影响力和文化产业的竞争力，这些有赖于版权制度的有力保障和版权战略的有效实施。

互动

问：我是外经贸文化事业管理专业的学生，有一个关于山寨文化的问题。提到山寨文化会想到盗版，但是它也是有益处的，您对山寨文化和未来可能出现的争议有什么评价和看法？

答：山寨文化可做多义的解释，在不同的场合有不同的意思。相对外来文化，山寨文化具有本土文化的寓意；相对官方文化，它也许是民间文化的别称；相对创新文化而言，山寨文化被指为仿造文化或者仿制文化。

山寨文化现象是从广东出现的山寨手机开始的，功能良好，售价低廉，自此风靡一时。高价的手机之所以高价，在于知识产权所有人巧妙地利用知识产权的合法垄断进行了高定价，从而为手机技术专利的所有人带来了所谓的高附加值。在此情况下，山寨文化和山寨产品在中国的出现不是偶然的，它有其生存的空间，甚至也有其存在的一定理由，但是这有一个非常重要的前提，那就是不能违反法律，不能侵犯他人的知识产权。

山寨产品有两个前提最值得注意：一是山寨产品不能未经允许而使用人家的技术专利；二是不能随意使用他人的品牌。不以侵权为前提，山寨产品是可以存在的。但是我以为，作为一个正在倡导创新文化、尊重知识、以知识产权保护为己任的国家，我们主张的应该是创新文化。我相信，总有一天，创新文化应该成为我们社会文化的主流，创新产品应该成为我们消费产品的主导。

问：我是法学院的一个研究生。您刚才说，我们国家在世界文化市场上竞争力较弱的话题非常吸引我，我想这和我们丰富的文化遗产和文化活动是非常不相符的。我们国家有许多的非物质文化遗产，包括茶叶、玉和玉雕等，都说黄金有价玉无价，我们国家非常适合奢侈品的销售。您刚才说科技可以作为知识产权在国际竞争的突破口，我想把文化作为与知识产权结合的文化商品推向国际市场，会不会也有很大的市场？我们国家的茶文化能够销得和法国的葡萄酒一样，那也是一个非常大的市场，这可不可以作为我们国家知识产权在世界上的突破口呢？

答：我首先要回答一下，知识产权制度只保护最新的技术和知识，不保护作为传统存在的知识和文化资源。这是现代知识产权制度的本质所在，也是它的缺憾所在。这对发展中国家是不公平的。中国是文化多样性和生物多样性最为丰富的国家之一，它为最新技术的创造和最新文化产品的出现提供了非常丰富的源泉，但是这些东西没有得到应有的保护，从而造成了发展中国家和发达国家的利益失衡。去年美国好莱坞推出了一个大片《功夫熊猫》，熊猫和功夫都是中国的，中国要看这个影片还要拿钱去买。现在国际上已经出现了一些公约，试图保护你刚才说的非物质文化遗产或者说传统知识以及文化多样性，但是这些制度更多的是宣示性的，没有成为一个以国际强制力为后盾的，像知识产权那样与国际贸易体制挂钩的国际法律制度。

现代知识产权很厉害，是国际经贸领域的基本准则。《知识产权协议》是与《货物贸易协议》《服务贸易协议》紧密联系在一起的，你不保护知识产权，轻则贸易报复，重则贸易制裁。保护传统知识远远没有运作到以国际强制力为后盾的保护体系，所以传统知识的保护处在薄弱的环节。

1990 年《著作权法》颁布，其中第 6 条有个规定，“民间文学艺术作品的著作权保护办法由国务院另行规定”。这个“另行”到今天还没出来，保护问题到现在还没有形成共识。民间文学艺术只是传统知识的一部分，对其进行著作权保护，在国际社会遭到了发达国家的抵制，在发展中国家中也是看法不同。我认为对传统文化资源提供保护，首先要形成一个内部的保护制度，然后在国际社会形成相应的保护体系才能奏效。

法国的葡萄酒、奶酪是通过什么保护的？是地理标志。这是国际上通行的知识产权制度，而且是《知识产权协议》所要求保护的。所以作为中国茶、景泰蓝和其他传统文化产品，首先可以利用商标、地理标志，甚至作品的形式获得保护。然后，也可以通过本国立法给予特别保护。中国是一个有世界影响力的发展中大国，我们可以团结其他发展中国家，争取发达国家，争取建立一个更加合理、更加公平的知识产权国际秩序。

问：我有两个亲身的体会，技术创新很难，但人家拆解专利而使用很容易；版权维护很难，小贩卖盗版书，装帧得非常好，也很有市场。在法律执行层面，如何解决侵权成本与收益的问题？

答：这是一个有现实意义的问题，也是一个有理论深度的问题。我要表明一个观点，知识产权制度对于中国来说是一个舶来品。法律制度的移植是容易的，但是法律文化的培育是困难的，需要一个长期的过程。日本和中国有相似之处，都是法律的移植国，但日本在移植欧美法律的同时，从上至下来推动本国法律文化的改造。对中国来说，我们很早就引进了外来的知识产权法律，但是坦率地说，到现在为止，那种尊重知识、保护权利、财产私有的理念在国人中并没有形成。知识产权的文化建设比法律建设的道路更漫长、更艰难。知识产权法律进入中国被大家所知晓，也就是一二十年的时间，而在西方国家是几百年。随着国民素质的提高，知识产权法律观念的养成会逐步实现的。

你讲得非常重要，通过侵权成本和收益的关系比较，我们可以从经济学的角度，分析侵权现象，寻找遏制侵权的经济和法律措施。什么叫知识产权？知识是公开的，权利是垄断的。知识的创造人要获得知识产权，其义务和前提条件是把技术、作品向社会公布，为社会所知晓；但权利是垄断的，权利一经取得，任何人未经允许不得擅自加以使用。对于公开的知识赋予权利，必须依赖国家法律的特别保护。但是，知识产权虽为合法的垄断，但它的产品必须合理的定价。具体而言，知识产权所有人的正版定价必须要考虑到消费者的能力和这个国家的经济发展状况。我早些年就说，微软公司的软件凭什么在中国市场定价高于美国市场的售价，甚至高于国际市场的平均价格？所以正版的定价必须让发展中国家的老百姓买得起、用得上，这样才能不让盗版消费成为主流。当然我们得承认在中国维权成本太高。我写的知识产权法教科书，盗版书就摆在我们学校的市场上卖，我也是无可奈何，创作者也是弱势群体。这种改变不是一日之功，但要加大打击力度，重在源头即侵权产品的制造者、销售者，不要让侵权人痛苦一阵子、快活一辈子。

问：我是法学院的学生，想问一个关于商标权的问题。我们国家的商标注册申请下来要 2 年到 3 年时间，这对于一个中小企业来说是不利的，如果 3 年没有拿下申请，企业广告宣传和推广就都没有了。你对这种做法有何评价？

答：经贸大的同学问得都很专业，我非常高兴回答你这个问题。正好昨天我参加了商标局组织的商标法修改的座谈会。你讲的一点都不差，现在企业申请商标的积极性空前高涨，但里面不乏商业投机。近五年商标注册申请，最高的一年达到 67 万件。这不能太高兴，里面也有很多问题。现在商标注册案的积压，五年间商标局都审查不完，一件商标注册申请案审查 30 个月，远远高于其他国家。很多商标在商标局没有审批注册之前就完了，企业就破产了，这是一种悲哀。有两个问题值得我们关注：第一，要优化商标审查程序。从申请到确权，要经过两道行政程序，两道司法程序。瑞典、英国、德国都在改革，有的把司法程序简化为一审终结，有的在行政评审中只审查绝对理由，因此应大量简化商标审查的程序。第二，仅从程序上解决还不够，还应从实体上解决抢注情况。有一些公司和个人，专门以抢注商标、囤积商标为业，其他商家想用时须拿钱来买。由于现在商标注册得 30 个月，我急于要用商标，因为产品有订单要出口，只能花钱来购人家的注册商标。对于恶意抢注和囤积商标的行为，我认为，法律可以采取拒绝恶意注册的政策立场，不能以注册作为商标权取得的唯一理由，要防止商标囤积行为的出现。

昨天看了一个数据，非常惊人。从 1996 年到 1998 年申请注册的商标现在都到期了，但续展率低的只有 26%，高的只有 33%。这说明什么问题呢？中国有的商标是短命的，这和企业的生命周期一模一样。全世界企业的生命周期平均为 12 年，中国企业只有 6 年到 8 年，很多商标就是注而不用，或是到期不续展，我认为应该从程序和实体两个方面来解决你所提到的问题。这次商标修法，学者们都希望改得好一点，也包括你所提到的问题，有望在这次修法中得到解决。

专利制度与经济社会发展*

一、我们应该如何认识专利制度

包括专利在内的知识产权制度，是近代科学技术和商品经济发展的产物。与其他的财产权制度不一样，传统的私人产权法律制度如所有权、债权产生于奴隶制社会，而知识产权制度是在近代资本主义社会才出现的。知识产权制度在西方国家推行了三四百年，被称为“制度文明典范”，理所当然成为世界各国共同的法律财富。

如何来认识专利制度的政策功能？我有两个基本观点。

第一，专利法是产业之法。大家都知道，英国在 1623 年公布的《垄断法规》是世界上第一部专利法，这部法律的制定目的是为促进科技创新，促进近代英国相关产业的发展。这部法律从 1624 年开始实施，到第一次世界博览会的 1851 年，英国一共授予了 25 000 个专利。这次世界博览会是英国工业革命的“成果秀”，也是专利法实施效果的展示会。当时伦敦博览会展现了英国最先进的工业技术，例如珍妮纺织机、水力织布机、焦炭炼铁术、蒸汽机车等，而其他国家在展览会出现的是农产品和手工业制品，中国出展的唯一产品是茅台酒。我们还注意到，英国不仅是近代欧洲工业革命的策源地，而且是近代社

* 本文系作者 2010 年 3 月在国家知识产权局“专利审查工作务虚会”上的专题报告，根据录音整理。

会知识产权制度的发祥地。它在1709年公布了《安娜法令》，是世界上第一部著作权法，由此推动了英国出版业的发展，在18世纪出现了朗文出版机构，在19世纪出现了克伦米林出版公司，20世纪初产生了企鹅出版社。由于这两部法律的颁布，当时英国的工业和文化产业的发展相当成功，在全球处于领先地位。

第二，专利法是创新之法。专利法从其法律制度功能来说，是为了激励科技创新。专利法本身就是一种法律制度创新，并且为科技创新提供了制度保证和政策支撑。最近几年的研究成果表明，制度经济学派发现了近代英国工业革命与专利制度两者之间的关系，就是科技创新与制度创新的关系。诺思是美国芝加哥学派的代表人物，也是诺贝尔经济学奖的获得者。他认为，工业革命之所以发生在18世纪70年代的英国，是因为当时英国拥有了先进的产权制度，即以私有制为基础的所有权制度和专利权制度。正是因为有专利制度，才激发了企业家的科技创新激情，才诱发了后来的工业革命，形成了当代资本主义经济的发展。专利法产生之初，是作为激励科技创新的基本法律，由于这样的制度创新，才产生了后来的工业革命。

二、如何实施国家知识产权战略

在这里，我重点谈谈全球金融危机背景下，中国知识产权战略及专利战略实施应该把握的几个问题。

知识产权战略的正式公布是2008年6月，而2008年9月爆发了全球性的金融危机。根据世界贸易组织的统计，这场金融危机在当年使全球贸易的增幅下降4%，在此之前国际贸易是每年递增5%。这一年，股市动荡，房市下跌，失业率上升，粮食供应吃紧，各国经济衰退。可以认为，我国知识产权战略实施面临了一个新的、复杂的国际背景。在全球性的金融危机出现之后，中国知识产权战略要不要实施？怎么实施？作为学者的看法，我的回答是肯定的。在这场危机面前，我们应坚定不移地推动国家战略实施。中央拿出4万亿元投资，拉动经济增长，作为救市的应急之计是必需的。但知识产权战略实施，着眼于创新能力的提高，产业结构的调整与经济发展方式转变，这是“转危为安”的长远之策。全球性的经济危机、金融危机并不是现在才有的，很多国家都有应对这种危机的成功做法，值得我们汲取。

20 世纪 30 年代，当时的美国陷入全球性的经济大萧条中，25 万家企业破产，5 万家银行倒闭。在这种情况下，美国的影视业却逆流而上、乘势而上。原因何在？归功于当时美国一些影视企业采取一些特别的手段和措施。第一，采用新技术。那时的电影出现了有声电影、彩色电影。第二，注入新资本。洛克菲勒集团、摩根集团注入了大量资金投入到影视业。第三，成立新组织。将一千多个电影公司，合并组建为八个影视巨头的好莱坞集团。30 年代起步的美国电影业采取了创新发展的做法，迅速地崛起，与后来的信息产业、飞机制造业成为当代美国的三大支柱产业。

20 世纪 90 年代日本、韩国的做法有相似之处。日本在 90 年代的经济是非常不景气的，资料显示 90 年代其 GDP 的平均增幅仅有 1.2%，被国际舆论称为“失落的十年”。日本经济尽管增长缓慢，但对于科技创新的投入没有减少，不管是政府，还是企业的投入都相当可观。小泉政府上台以后，制定日本知识产权基本法、颁布日本知识产权战略大纲、在内阁成立知识产权战略本部，把日本的发展理念从 50 年代的“教育立国”、70 年代到 90 年代的“贸易立国”“技术立国”，改变成今天的“知识产权立国”。

韩国更是如此。韩国曾被称为“东亚经济的领航者”，从 80 年代到 1995 年这 15 年间创造了奇迹，人均收入由 5 000 美元上升到 2 万美元。90 年代中期的亚洲金融危机使韩国经济奇迹一下子停止了。韩国是如何应对这场金融危机的呢？当金融危机还没有过去的时候，1997 年韩国就提出了“设计韩国”的理念，意在推动文化创意产业、工业创意产业的发展。2004 年在内阁成立了“知识产权保护评议会”，2009 年推出了“知识产权强国实施战略”。韩国与中国的科技创新是同时起步的，现在韩国已经率先进入创新型国家行列，韩国的迅速崛起得益于知识产权政策的成功运用。

美、日、韩成功应对经济萧条和金融危机的经验告诉我们，经济危机给各个国家、各个产业、各个企业带来的影响是不一样的。在政府的正确产业政策和健全知识产权制度的保护之下，完全可以逆流而上，能够把这场危机变为转机最终变成胜机。在中国，必须坚定不移地推行知识产权战略。中国如何推行知识产权战略？战略实施的时期正好是中国面临着经济发展方式转型、产业结构调整、企业技术升级的特殊时期，因此，战略实施的成功与否，对上述发展目标起到直接和关键的作用。现在可以说，我国是专利、商标的大国，但远远不是专利强国和品牌强国。知识产权战略实施的政策目标，应该作适当的调整，我们不仅要考虑自主知识产权的数量和规模，更要注重自主知识产权的质量和效益。

关于中国如何推行专利战略，在此提三点建议。

第一，提高关键技术领域自主专利的授权量。我们国家的专利法 1984 年颁布、1985 年实施。实施到今天，情况如何？各位既是领导也是专家，情况更为熟悉。从整个发展大势来看，1995 年全球专利申请总量 88.4 万件，2004 年专利申请总量 159.9 万件，增幅是明显的。从中我们发现，非本国居民的专利申请量的增幅达到 7.4%，而本国居民专利申请量的增幅只有 3.4%。这就是说，外国人、外国公司在本国申请专利的增幅远远高于本国人和本国企业。这实际上是一种专利布局，是专利战略、专利手段的运用。外国公司进入中国市场往往是产品未动、专利先行；外国企业在中国大量申请专利，在 2008 年中国授权的发明专利中，外企的拥有量在发动机、光学、半导体、信息技术、医学技术、原子核工程、电子设备等大多数高新技术领域都占有明显的优势。以声像技术为例，2008 年外国企业获得的发明专利授权量是国内企业的 2.6 倍。有代表性的三个国家在专利布局方面各有特点，韩国申请的发明专利集中在光电、IT 领域；日本企业重点在无线通信、IT、光电；美国主要在无线通信、生物技术。我们的专利工作、专利战略的实施，要力推中国企业在关键技术、核心技术领域获取专利授权。

第二，提高专利技术的有效利用率。专利技术应该在有效利用方面来做文章。专利技术产业化水平如何，对 GDP 增长的贡献如何，应该进行数量的评估和效益的统计。获取专利只是表明你的技术变为产权，但拥有产权并不等于说你这个企业的产品在世界上有技术优势，把技术成果成功地进行产业化才能够转化为现实的生产力，推动社会经济的增长。我们评价一个国家是不是创新型国家，有四个最主要的考量指标：一是科学技术对经济发展的贡献率，创新型国家要在 70%以上。我们国家大概是 40%左右，目前拉动我国经济增长的三驾马车是消费、投资、出口。有两个数字值得我们重视，中国经济增长在金融危机之前对外贸的依存度很高，接近 70%，而美国经济增长对贸易的依存度只有 22%，这说明我们的内需严重不足。在中国，劳动者的收入占 GDP 的比重太小，如何通过内需拉动经济增长？二是对外技术的依存度，创新型国家低于 20%，美国、日本对外技术的依存度不超过 10%，中国对外技术的依存度超过 50%。三是研发投入占 GDP 的比例。中国低于世界平均水平 1.6%，与创新型国家 2%的水平差距更大。四是创新型国家在美国、欧盟、日本三个国家和地区取得的发明专利授权数量达到总量的 90%以上。我们距这个目标有相当的差距，去年我国 PCT 专利在国际上排名第 5，国际专利只占到当年发明专利授权总量的 49%。

第三，提高专利产品的附加值。获取专利是为了使产品能够产生相应的附加值，产品价值的收回才能够为再创新提供足够的资金，让专利产品在市场上有合法的垄断地位，在市场上有支配力和影响力。没有产品附加值的专利技术，是没有生命力、没有影响力的。应该把专利产品的附加值与企业、产业、国家的竞争力结合起来。美国是专利强国、品牌大国、文化大国，国家的核心竞争力首先通过产业的国际竞争力表现出来，产业的国际竞争力又是以企业的市场竞争力为基础的。美国有三大支柱产业：信息产业最具代表性的企业有微软、英特尔、IBM、惠普；影视业的王牌企业有好莱坞、迪斯尼；飞机制造业，则以洛克希德、联合技术、波音等企业为典范。这些企业有关键技术、核心技术的专利或版权，有享誉全球的知名品牌。相比之下，中国可以说是世界制造工厂，但是我们进入国际市场上的产品附加值是较低的。像 IT 业，发达国家处于高端，通过卖技术和技术标准，通过专利和品牌赚取整个产业利润的 87%，而中国和发展中国家获取的利润是 6%左右。东西方国家在经济当中所处的地位是不同的，发达国家出技术、出品牌、出资本，发展中国家出劳力、出资源、出市场。近几年中国国力迅速增长，创新能力不断增强，中国能不能继英国、美国、日本之后成为第四个世界工厂，还需进一步努力。2007 年，我国生产了全球 45%的洗衣机，50%的电冰箱，55%的电视机，60%的空调，70%的维生素药品，80%的拖拉机、集装箱，90%的打火机，但产品的附加值不高，不高的原因是缺乏专利技术，缺乏自主知识产权。而对于高技术产品，我们却主要依赖于进口，大型客机全部进口，90%的集成电路设备、70%的大型石油装备需要进口，先进的纺织机、数控机床都得进口。专利产品附加值是需要考虑的重要指标。

三、世界主要国家如何运作专利制度

专利制度作为一种政策工具，西方国家是最早的推行者，也是最大的受益者。在近代社会，专利制度是这些国家推动科技创新，促进科技发展的政策工具；在现代社会，又成为它们维护技术优势，形成核心竞争力的战略武器。

专利制度的基础是国情。发达国家总是根据本国的不同发展阶段实施不同的专利政策，高水平的专利保护并不是从来就有的。我们看到，发达国家从低水平保护到高水平保护，从选择保护到全面保护，都经历了漫长的过渡期。1790年，美国政府根据国会的授权，仿效英国制定了专利法，但是那时的美国远远落后于先进的欧洲国家，奉行的是低水平知识产权保护，对外国人采取歧视态度，外国人交纳的专利申请费要高于本国人，政策指向非常明显。日本也是这样，日本在明治维新后于1885年制定了专利法，那时对化学物质、药品专利不予保护，一直到1975年日本才修改专利法保护化学物质专利、药品专利。这说明发达国家主张高水平专利保护，经历了相当漫长的过渡期和准备期。排除外来压力，根据本国国情，作出适宜的专利保护才有利于本国发展。但是20世纪80年代特别是90年代初以来，专利制度的趋同化、一体化、国际化，使得发展中国家失去了这种准备期和过渡期。我国1982年颁布商标法，1984年颁布专利法，1990年颁布著作权法，之后又多次进行修改。两位知识产权国际人士对我国知识产权的现状曾经作出这样的评价：WIPO上届总干事鲍格胥博士说，中国用不到20年时间走过了西方国家一、两百年才能够完成的知识产权立法进程，这个成就是举世瞩目的。另外一位知识产权保护协会主席、美国斯坦福大学波顿教授说，发达国家与发展中国家在知识产权方面的差距，不在于制度本身而在于对制度利用的经验不足。

专利制度服务于国家利益。发达国家总是从国际、国内两个层面推行专利政策，服务于本国利益，美国自20世纪80年代以来，历届政府采取政策举措，进行产业结构的调整，实现了传统产业的高新技术化和高新技术的产业化，淘汰和限制那些造成环境污染、大量耗费原材料、劳动力密集的产业。现在美国的朝阳产业，一是以芯片、计算机、通信、飞机制造、生物制药为核心内容的高新技术产业，二是以软件、电影、音像、传媒、图书出版为核心内容的文化创意产业。美国的专利制度与产业制度、科技政策紧密联系在一起，美国专利商标局出台了“21 世纪改革纲要”，为适应经济发展建立了对专利制度改革的快速反应机制，对专利法频繁进行修改。除了专利法外，还有“发明人保护法”来鼓励创新，“政府资助成果的商业化法”来促进技术转让。这是其国内的专利政策。就其对外的专利政策而言，无论是通过世界贸易组织和 TRIPs 协议，还是通过双边、多边自由贸易协定的知识产权条款，都主张高水平的知识产权保护；无论是寻求国际组织、多个国家的合作性执法，还是采用单边调查和贸易报复，其目的都是维护美国在全球市场中的科技优势和贸易利益。

专利制度是国家竞争利器。不管是近代英国、还是现代美国，以及后来崛起的日本、正在发展的韩国，其共同的历史轨迹就是：当它并不强大的时候，总是在知识产权问题上与先进国家发生争端，但一旦崛起之后会把知识产权作为竞争的武器，针对后起的国家进行发难。19 世纪，是正在发展的美国与先进的欧洲国家发生知识产权争斗。到了 20 世纪 60 年代～80 年代，是不可一世的美国与日益兴盛的日本、开始发达的韩国发生知识产权纠纷。到 20 世纪末、21 世纪初，位居创新型国家前列的美国、欧盟、日本与正在崛起的中国发生知识产权冲突。对中国来讲这未必就是坏事，它说明中国正在发展，其竞争力受到发达国家的高度关注。中国要对抗强权，对抗西方国家对我们施加的压力，抗拒知识产权霸权；同时也要维护正常的市场经济秩序，保护创新。一个没有创新的民族是没有希望的，同样我们要说，一个没有创新制度的国家是没有未来的。

发展中国家如何运作包括专利制度在内的知识产权制度？发展调整型的国家包括巴西、俄罗斯、印度、中国，被称为“金砖四国”。美国经济学家奥尼尔认为，这四个发展中大国在 21 世纪经济发展潜力是不可限量的。到 2050 年将会出现六大经济实体，第一是中国，第二是美国，第三是印度，第四是日本，第五是俄罗斯，第六是巴西。除俄罗斯还在为“入世”进行谈判外，现在巴西、印度、中国都十分重视本国发展战略的实施，强调知识产权的运用。巴西在国内通过知识产权制度推动三大支柱产业，即飞机制造业、信息产业、石油工业的发展；在国际事务方面也非常活跃，是“发展中国家之友”的领袖，一直致力于推动知识产权国际制度的改革。印度早在2002年推行了“关于知识大国的社会转型战略”，包括知识产权政策的推行和运用。印度三大产业：软件业，在国际市场的份额仅次于美国；生物制药工业，其本土化水平很高，在三年之内要成为世界第四大制药国；电影业，印度的电影产量世界第一，电影市场本土化程度非常高。

四、我们如何做好专利工作

我想用四个关键词来谈谈我的建议，这就是：国际胸怀、中国立场、大局意识、专业眼光。

1. 国际胸怀

知识产权发展到今天，有一个重要的趋势，那就是国际经贸的知识化和知识产权的国际化。国际经济贸易活动与知识产权保护紧密联系在一起。在世界贸易组织的框架下，凡是世界贸易组织成员，必须无条件地遵循国际公约义务，保护知识产权。知识产权保护的国际化，使知识产权领域规定的保护对象、权利内容、法律效力在全球范围内具有了普适性。不能把知识产权保护看做一国内部的法律问题，它已经紧密地跟国际经济贸易相关联。知识产权制度包括专利制度出现了趋同化、一体化、国际化的趋势。就专利制度而言，应该引起高度关注。20世纪80年代以来发达国家大力推动专利制度国际一体化进程，签订了一系列相关的国际公约，最重要的就是1994年的《知识产权协议》、2000年的《专利法条约》（PLT），更早一些是1970年的《专利合作条约》（PCT）。

专利制度的国际化有两个重要特点。

一是专利保护标准的统一化。专利保护标准从实体规定和程序规定两个方面达到了统一，这主要是两大公约：1994年《知识产权协议》有三个重要做法：第一，规定了专利保护的最低标准；第二，就专利保护实体条款作出了明确规定，用国际公约的形式要求各缔约方统一专利的实体标准；第三，要求设立有效的执行程序。

关于2000年《专利法条约》（PLT），包括中国在内的130多个国家已共同签署，并于2005年正式生效。该条约目的是简化专利局的工作程序，降低申请人的申请成本。WIPO在这个方面作出很多努力，WIPO专利法的执行委员会正在考虑统一实质性的专利授予条件，针对如何把握专利新颖性、创造性，怎么理解现有技术、规定公开期，将这些细节规定通过实体专利法条约来加以明确。换句话说，比TRIPs更近了一步，使专利保护标准迈向一体化。

二是专利授予程序的一体化。一体化使多个国家共享一套程序，使申请人申请专利的时候在一个国家申请，获得多个国家的保护。目前有138个国家参加了PCT公约。我们要做好专利工作和专利审查工作，必须具有国际视野，注意国际专利制度的发展动向。

2. 中国立场

知识产权制度的建设和运用方面要注重国际化、不忘本土化。在知识产权保护问题上，注重中国的国情，考虑知识产权制度在本土实施的效果。知识产权作为西方制度的舶来品引入中国，要为中国经济发展的政策总目标服务，不是为了引进而引进，不是为了保护而保护。有两个问题值得思考：一是对全球统一专利制度不要急忙追随发达国家。特别是日本等国，主张搞全球性的统一专利制度，即一个专利法、一个专利局、一个专利申请程序，就可在全球享有统一保护。二是对WTO以外的知识产权谈判机制要持谨慎态度。美国绕开世界贸易组织，先后与日本、新加坡、澳大利亚等国展开双边会谈，要求提升知识产权保护水平。按照WTO最惠国待遇原则，这种优惠、特权、好处，可以无条件地适用于其他WTO任何一个缔约方。我们不要这种优惠、不要这种好处，这是因为它同时附有高水平知识产权保护的义务，这对目前的中国并不合适。

3. 大局意识

专利审查、专利工作、专利制度的建设，要服从国家政策总目标。专利工作的发展和改进，应能符合创新型国家的建设目标，国务院最近提出的新兴战略产业的发展，专利审查工作如果有所改进和完善的话，就要从服务经济发展方式的转变入手，选择信息产业、新材料、新能源、新医药、电动汽车、生物育种、环保节能等领域进行对接。一些国家的做法是值得借鉴的，例如：给申请人多样选择的机制，有一般的申请程序，有快速的申请程序，有延长的审查程序。有些技术生命周期很短，漫长的审查过程会延误审查的效率。不同的审查程序，考虑到技术的不同生命周期，可以满足申请人的不同需求。

4. 专业眼光

（1）创新专利审查制度。从 20 世纪末到现在，日本、韩国、美国、奥地利等国家对专利申请制度都作出了一些调整。这些做法可以供我们参考，如果符合中国国情也可以采纳，例如：实用新型审查程序后置的办法，日本、韩国还辅之以技术评价书、技术评估报告制度作为补充，这些都可以考虑。灵活多样的审查机制有借鉴价值。比如韩国有快速机制，有一般机制，还有延期审查机制，三种不同速度的审查机制可以供当事人进行选择。日本也有特快审查制度。

（2）提高专利审查能力。判断专利审查的质量和水平如何，要看专利审查的周期长不长，审查的标准是否达到统一，这两点我国专利局做得很成功。发明专利申请从进入程序到结案，2001 年是 53 个月，2009 年缩短到 25 个月，实用新型从受理到结案从 2005 年的 11 个月到现在的 6.1 个月，已经超过了美国专利商标局的专利审查周期，具有国际先进水平。“专利审查指南”也是一两年修改一次，这两大行动说明了我们的专利审查能力在不断提升。

（3）保持专利审查标准的统一。目前专利局建立了一套专利审查的管理体系。日本、韩国的做法也是把内部评审和社会评议结合起来，保证专利审查质量，这个做法是有好处的。美国在 2007 年的时候，推出了公众专利评审办法，要求专利申请人在正式提交专利申请之前首先上网，在网上把自己的专利申请进行公示，让公众进行评价，审查员在审查的时候可以作为依据，把内部评审和社会评议很好地结合起来。韩国的做法有所不同，2007 年，韩国专利局与 300 多个大学、科研院所建立合作协议。合作协议规定，专利局把有关专利申请的信息向研究机构提供，研究机构把最新发展动向反馈给专利局，审查员在审查的时候就会掌握国际先进技术的发展动向，从而保证审查的质量。这是一种专利局和科研院所之间的互动。日本的做法与之有相似之处，日本专利局在2008年与几百个科研工作者达成协议，让科技工作者每年检索、审阅国际上最新的科技成果，让他们对已经提交申请即将进行审查的专利技术提供咨询性意见。总之，美国把内部评审和社会评议结合起来，韩国和日本是把内部评审和专家评议结合起来。两种做法，一个目的，保证了专利评审的质量。我们可以用专业的眼光来审视、借鉴各国的专利审查经验。

山寨文化、仿制产品与知识产权*

就在今年（2010年）上半年，一家权威网络搜索服务商发布了年度中国搜索热门词汇排名，其中排名第一的就是“山寨”。这样的结果，并不出乎人们的意料，但其背后所存在的争议却仍然很大，叫好者大有人在，否定者亦为数众多。究竟应该以怎样的态度来对待这一时下热门的社会现象呢？我想，不同领域的意见和态度，实际上反映了对于“山寨”现象的不同理解，都有一定的道理。这里，我想从法社会学、法学，以及知识产权战略的角度对其加以分析，并提出自己的看法。

山寨现象起源于山寨手机，并逐渐扩展到其他领域，发展到现在，已经成为一种社会文化现象，即山寨文化。实际上，山寨文化背后所指向的行为现象在民间流行已久，它有着深深的草根创新、群众智慧的烙印，它以模仿为立命基础，以超低价格为竞争手段，游走在政策与法律的空隙之间，最终闯进了社会文化的视野，猛然间引起一片惊诧，也在真正意义上为社会所重视。那么，这个以“模仿”“低价”为基本特征的山寨文化真的是“狼来了”吗？我们应该以怎样的态度来面对它呢？

法社会学主张从组织化社会，或社会本身，或人们社会行为中去探寻法的真谛。在这样的视角之下，我们对待山寨文化，更应该着眼于这一社会文化现象的客观性。实际上，文化没有合法不合法之说。保护、促进文化的多样性和

---

* 本文系作者2010年5月在台北举行的“海峡两岸知识产权论坛”上的专题报告，根据录音整理。

差异性，是联合国和世界各国所共同认可的，已经为国际公约所明确规定。中国现今所风起的山寨文化，是一种本土文化；相对于正统文化和主流文化来说，是一种民间文化；相对于正版文化来说，是一种盗版文化；相对于创新文化来说，是一种模仿文化和仿制文化。但无论怎样，作为社会文化的一种，我们只能评价山寨文化的积极意义或消极意义，只能分析其优或劣，而不能从法律上给这种文化以合法或非法的定性，也不能以政策和法制手段加以压制。恰恰相反，从社会学、法学的角度，我们更应该理性地面对这一社会文化现象，允许（但并非鼓励）其客观的存在和一定的发展。

实际上，剥去山寨文化的层层迷雾，其核心所在是那些各式各样的山寨产品和山寨行为。应该说，山寨文化之下的山寨产品和山寨行为纷繁芜杂、千姿百态，其中不乏模糊和难以琢磨之处，也有人为规避法律和涉嫌侵权的现象。山寨产品（山寨行为）的生产者（行为人）实际上明白自己存在着一定“风险”，但由于山寨产品和行为模式适应和满足了一般民众追求时尚和低价求购的心理需求，因而具有巨大的市场号召力和诱惑力，由此便形成了巨大的山寨产业。

从法律的角度来看，“山寨”并不是什么可怕的事物，完全可以纳入既有法律体系的调整范围之内。一切山寨产品，包括有形的物理产品和无形的文化产品，实际上都是客观存在的事物，也就是法律关系所指向的客体，因此都可以对其进行法律定性；一切山寨行为，不管是制造行为、营销行为还是模仿行为，实际上都是各种不同的法律行为方式，也就是法律关系中的行为内容，都应该纳入法律规定的调整范围之内。山寨行为和山寨产品当然不能成为法律的例外，它理所应当接受法律的调整——合乎法律规定的，理应由其存在和发展；不合乎法律规定的，应加以制止和惩戒；法律没有规定的，根据现实需要考虑出台相应的法规给予调控。我们需要做的，无非就是对各种不同的山寨行为和山寨产品进行法律上的定性分析罢了：违法者，以法论之；不违法者，由其存在。比如，工业产品的模仿只要不构成侵权，文化产品的模仿只要在法律允许的范围内，都是可以的；但是，如果其构成侵权或盗版，则依版权法、专利法或商标法等相应的法律规定进行处理。

为什么山寨现象会风生水起于中国而不是其他国家呢？这是一个值得考量

的问题。在西方发达国家，知识产权制度诞生于斯、兴盛于斯，每一种新产品自诞生起，就被加上了法律保护的外衣，特别是高新技术产品，知识产权制度对其照顾得可谓无微不至；另外，那些首先发端于西方发达国家的高新技术产品，它的市场价格定位是该国普通民众的经济消费水平，这样就从法律制度上和经济基础上使山寨现象在西方发达国家失去了生存条件。其他的不发达地区又为什么没有“山寨”呢？原因应是多方面的，但最主要的原因在于其他不发达地区的经济社会没有那么大的市场需求。而中国则不同，经过 30 年的快速发展，我国市场经济所带动的民众消费需求显著增长，13 亿人口的大国，对于各种不同的高新技术产品有着数量庞大的需求。但是，这些所需求的产品在西方发达国家可能是合理价格，拿到尚不发达的中国，其价格就显得很高了。于是，数量可观的山寨生产、消费链条就应运而生了，并形成了一定规模的产业，直至所谓的文化现象。

黑格尔说过：存在的就是合理的。但是，一时的合理却并不代表一世的合理，因为一切客观存在的事物背后，有着永恒的价值规律。就在前些时候，媒体报道了号称一代山寨机王的中天通讯（伦敦证券交易所 AIM 市场上市公司）陨落的消息，该企业董事长和家族高管突然间集体消失。我在这里不想讨论此类山寨公司的诚信、管理以及前途命运，还是集中话题审视山寨现象本身，实际上，山寨现象在中国大行其道，是与我国经济、社会、文化的创新能力不足密切相关的。表面上，山寨公司把貌似高端低价的产品送到了社会民众手中，但实际上这背后却充满了不规范、高风险，这种山寨现象背后有其深刻的社会心理基础，凸显了我们国家创新能力不足、创新环境不良的软肋。如果任由那些靠侵权盗版、钻法律漏洞的山寨公司泛滥成灾，长此以往，必将导致整个社会的创新鼓励机制遭到破坏，使文艺、科技失去前进的动力，进而损害整个社会的根本利益。

中国还不是一个创新型国家，在国际上的核心竞争力还有待于进一步提升，而提升国际核心竞争力的关键在于我们拥有一大批有质量、有水平、有战略意义的自主知识产权。虽然我们在知识产权方面的一些统计数据已经跻身世界前列，但在质量和效果上却有显著差距。概括起来，在专利领域，我们“技不如人”；在商标领域，我们“貌不惊人”；在版权领域，我们“文不喜人”。

在国家知识产权战略纲要正式颁行并进入全面实施之际，我们更应该从建设创新型国家、实现科学发展的角度，大力推行知识产权的创造、保护、运用和管理，以知识产权战略有效带动社会创新发展。知识产权战略是我国21世纪为推动经济和社会发展而作出的重大战略决策，也是与我国的科教兴国战略、人才强国战略和可持续发展战略紧密相关的重要战略举措。知识产权战略的实施，不应是大话，更不应是空话，应是切实落到实处的举措。为什么西方发达国家使用中国元素创作出的文化产品《功夫熊猫》能够风靡全球？为什么源出中国传统的《木兰从军》能够成为商业效益很高的动漫大片？为什么中国古典的《三国演义》竟然变成它国出口的网络游戏？除了思考商业运作模式的差距之外，我们最应该考虑的是创新能力上的差距，考虑今后如何形成机制鼓励创新，包括高新技术领域的创新以及利用既有资源的再创新，而不是倡导低端的山寨现象，以从根本上避免形成社会化的跟风、模仿、假冒和投机取巧。

总之，在对待“山寨”这个问题上，我们应该综合分析、客观论断：山寨文化作为一种社会文化现象，应该以宽容的态度对它进行观察、思考和衡量；而山寨产品和山寨行为作为法律关系所指向的客体和行为内容，则应当以法律理念和制度规定进行要求和加以调整；另外，从更长远的意义来看，山寨现象不应当被鼓励，更应该从建设创新型国家的目标出发，认真贯彻国家知识产权战略纲要，实现经济、社会和文化的科学发展。

知识产权制度的国际化、现代化与战略化*

今天，我想从动态的角度谈谈知识产权制度的发展与变革。谈起当代知识产权制度的发展与变革，我认为应该置身于经济全球化的国际背景，同时还要考虑知识革命的时代情景，当然也要立足于新型国家建设的本土场景。讲座的内容和观点可以用三个关键词来概括，就是国际化、现代化和战略化。

一、新国际贸易体制与知识产权制度的国际化

首先，我谈谈什么是国际化问题。国际贸易，又被称为对外贸易或者进出口贸易。在历史上，不同的国家主要奉行两种国际贸易规则，一是自由贸易原则，二是贸易保护主义原则。自第二次世界大战结束以后，以美国为代表的发达国家倡导在全球范围内建立新的国际贸易体制，它以1946年《关贸总协定》为实体，以1994年世界贸易组织为标志。我们说它是新国际贸易体制，可以用三句话来说明：第一，以全球自由贸易为目标。这种自由贸易包括了有形的货物贸易和无形的服务贸易，此外还包括劳动力和资本的自由流动。第二，以全面减免关税为手段。按照最初乌拉圭谈判达成的协议，发达国家要在2001年实现零关税，不发达国家在2020年实现零关税。然而，该协议并没有完全付诸实施，在2008年金融危机出现以后，贸易保护主义又有抬头。第三，以

---

* 本文系作者2010年11月为中南财经政法大学博士研究生“法学前沿”所作的专题讲座，根据录音整理，此次发表时有删节。

无差别的最惠国待遇为基础。大家都知道，国际贸易公约中有两个重要原则：一是国民待遇原则，讲的是内外平等，本国国民与外国公民平等；二是无差别的最惠国待遇，讲的是外外平等，不能对不同贸易伙伴采取歧视性待遇。WTO是一个经济联合国，有很多的国际公约，其中最重要的是《货物贸易协议》、《服务贸易协议》和《知识产权协议》。知识产权保护在当代已经成为国际贸易体制的重要组成部分，与国际政治、经济、科技、文化交流紧密地联系在一起。

其次，什么是知识产权制度国际化？所谓国际化也就是一体化，本来的意思是指知识产权保护的基本原则和基本规范在全球范围内的普适性。可以这么说，在知识产权领域必须奉行一个规则，即国际法高于国内法，国内法服从国际法，国内法同于国内法。一体化或者说国际化并不是从今天开始的，在知识产权国际保护的历史上，曾经有过两次重大变革：一是19世纪下半叶知识产权保护制度从国内法走向国际法，以1883年《保护工业产权巴黎公约》和1886年《保护文学艺术作品伯尼尔公约》为标志，知识产权保护从一国的国内法，通过国际公约的缔结和国际组织的形成，演绎为国际化制度。二是20世纪90年代，知识产权保护从传统智力创造走向国际经济贸易，成为当代国际经贸体制的基本规则。

我们看到，知识产权制度的一体化有别于19世纪和20世纪上半叶，其基本特点有以下几点：一是以国际贸易体制为框架，推行高水平的知识产权保护。国际知识产权公约有个基本原则——最低保护标准原则，它与国民待遇原则和公共利益原则合称国际知识产权保护的三大原则。该原则规定了各个缔约国必须遵循的最低标准，用句形象的话说，就是可以就高而不能就低。这就使得各国的知识产权制度达到了一体化的水平，如知识产权的保护对象、权项内容、保护方法等基本制度达到了一体化。但是我们要注意，最低标准讲的是一体化，而与保护水平的高低无关。相对于19世纪20世纪上半叶的国际公约而言，TRIPs协议奉行的是知识产权高水平的保护，它更多地考虑了发达国家的诉求，表现出权利的扩张和权利的高水平保护。二是以执行机制与争端解决机制为后盾，推行高效率的知识产权保护。知识产权国际公约过去很少有程序性的规定，有关知识产权的执行机制和争端解决机制一般不做规定，或者说只作原则性的要求，由各个缔约国通过国内法规定。从《巴黎公约》《伯尔尼公约》到 WIPO 公约，即被称为缺乏法律约束力的“软法”。《知识产权协议》改变了过去知识产权公约注重协调的传统，直接在国际公约中规定了执行机制和多边争端解决机制。国家与国家之间发生了冲突首先由双边磋商，磋商不成可以请第三方斡旋，斡旋不能成功有专家小组调查进行仲裁，仲裁不服可以提出上诉，最终由 WTO 作出最终裁决，裁定以后必须执行，如不执行，轻者会导致对方的报复，重者会受到 WTO 的制裁。所以说 WTO 为知识产权保护安装上了一颗牙齿，使软法变成了硬法。中国自 2001 年参加世界贸易组织以来，中美之间发生了 3 次重大知识产权纠纷，毫无疑问都是美国政府把中国告上了 WTO。从 80 年代到 90 年代中期这 10 多年的时间，中美发生知识产权冲突是怎么来解决的呢？那时的美国政府凭借它的国内法的“特别 301 条款”，两次把中国列为“重点国家”，扬言在一年内双方达不成协议，美国政府则进行单方制裁，取消中国的最惠国待遇，对中国出口商品征收高达 30%的关税。但有了世界贸易组织以后，美国政府就不这样做了，而是按照多边纠纷解决机制处理。

以往在很多场合，我总是被问到一个相同的问题：中国作为一个发展中国家为什么要参加一个高水平的《知识产权协议》？这对我们是利大于弊还是弊大于利？我对这个问题有两个基本观点，可以与大家交流一下：第一，中国不能离开对外贸易来谈经济发展。全球金融危机出现以后，中央制定政策拉动经济增长有三个举措，即投资、外贸和内需。中国作为世界制造工厂，参加国际分工与合作，其经济发展在金融危机之前对外的依存度很高，达到 69%。在这种情况下，我们不能离开对外贸易，否则中国经济将会停止不前。现在老百姓身上有新的三座大山，养老、医疗、教育。1992 年，劳动者收入占 GDP 的 56%，到了 2004 年下降到 42%，在这种情况下靠拉动内需推动经济增长谈何容易。第二，中国不能离开知识产权保护来谈对外贸易。因为知识产权保护已经成为国际经贸的游戏规则。在当代国际贸易中，发达国家与发展中国家的利益诉求是不同的，发达国家出技术、出品牌、出资金，发展中国家出劳力、出资源、出市场。前者是一种典型的头脑经济，要求保护知识产权，打击假冒和盗版。就在今年下半年，美国和欧盟就知识产权问题向中国政府发难。美国认为我们的软件盗版、影像盗版非常猖獗，使它们的利益遭受重大损害。从产业联盟到白宫贸易代表、再到国会，都要求美国政府对中国政府施压。欧盟认为海关查禁的假冒产品，多半来自中国，中国不仅在本土制假、贩假、买假，并存在着假冒产品出口，欧盟在知识产权方面的利益也受到来自中国的损害。就在上周，温家宝总理召开国务院业务会议，重点就是打非、打击假冒。我们“入世”和参加《知识产权协议》，取得了最惠国待遇，为我国产品进入国际市场扫除障碍。中国在“入世”之前，贸易总额全球第六，现在十年过去了，我们很可能成为全球第一贸易大国，国际贸易规模整整增长了 5 倍。我们“入世”和参加《知识产权协议》确实是利大于弊。

下面我谈谈后 TRIPs 时代国际知识产权制度。

一是《知识产权协议》的制度缺陷。这个问题我想用下面几个观点来说明：第一，《知识产权协议》的缔结并没有完全解决东西方国家利益失衡的问题。长达 7 年的乌拉圭回合谈判形成了一揽子协定，这是一个合作博弈的结果，发达国家对发展中国家作出了许诺，如果参加高水平的知识产权协议，可以享有最惠国待遇，并对不发达的国家规定了较长的减免关税的宽限期。但是总的说来，《知识产权协议》的缔结对发达国家是非常有利的，因为我们看到，发达国家有技术优势，保护知识产权就能维护它的贸易利益；而发展中国家拥有的是劳动力的价格优势，要求的是减免关税和最惠国待遇。在金融危机出现以后，发达国家贸易保护有所抬头，利益失衡的问题并没有完全解决。第二，《知识产权协议》偏袒了知识产权大国，而发展中国家在实施《知识产权协议》过程中，没有取得合理的利益照顾，对发展中国家有诸多的不利。比如说公共健康问题、技术转让问题、科技进步所带来的利益分享问题，协议都没有很好地解决。在“入世”之前，很多专家学者的言论，更多谈到中国应该考虑如何“入世”、适应这个国际公约，讲执行协议的很多，批评协议的太少。

二是《知识产权协议》与国际人权冲突。人权问题和知识产权问题是国际政治领域和国际经济领域的两大焦点问题。《知识产权协议》在它的实施过程中与国际人权存在明显的冲突。我这句话是有依据的，首先是 2000 年联合国人权促进小组专门发布了报告，审查《知识产权协议》对国际社会所带来的影响，认为协议在履行过程中没有考虑基本人权的要求，国际人权与国际知识产权存在着明显的冲突。同年联合国经社理事会也有专题报告，认为知识产权国际保护制度与人权有明显和潜在的冲突，像诸如表现自由问题、公共健康问题、技术转化问题，都没有得到应有的重视，只强调权利的扩张、权利的保护，很少涉及通过权利的限制来维护公共利益。

三是传统知识与知识产权制度的变革。现行的知识产权制度保护的是最新的智力成果，而对智力成果产生的本源，包括传统知识和遗传资源表现出不应有的忽视。传统知识和遗传资源对发展中国家来说是非常重要的，它们为现代作品创作和技术发明提供了非常重要的根源，而且传统知识和遗传资源保护也是维护文化多样性、生物多样性不可缺少的基本制度。现在很多有识之士包括一些发达国家的专家学者提出，不仅要保护最新的智力成果，还要保护智力成果的源泉。以遗传资源为例，发展中国家拥有最丰富的生物资源，但是缺少必要的生物技术，就不能把这种生物资源变成生物技术，从而也就不能申请生物专利。而发达国家和它们的跨国公司，利用资金和技术优势来掠夺和占取发展中国家的遗传资源，从而产生“我们的基因，人家的专利”这样不公平的状况。在当代，国家之间出现的掠夺性竞争，不仅表现为侵占你的领土，骚扰你的领海，更多表现为夺取你的宝贵生物资源。国际社会对上述问题正在给予高度重视，包括联合国诸多机构比如教科文组织、卫生组织、粮农组织、环境计划署、开发计划署等，正积极探讨知识产权与遗传资源和传统知识保护的问题。

二、新技术革命与知识产权制度的现代化

先谈谈科技革命和知识产权制度的关系。我想用两句话在这里谈谈我的看法。第一，知识产权制度是近代商品经济和科技革命的产物；第二，知识产权制度为科技革命提供了制度保证和政策支撑。知识创新与知识产权制度创新，两者之间有不解之缘。自从英国在 18 世纪 70 年代发生了工业革命，人类社会大约经过了四次重大革命，科技革命促进了近代知识产权制度的产生，推动了现代知识产权制度的发展，带动了当代知识产权制度的变革。第一次科技革命

是从 18 世纪中叶到 19 世纪中叶，大概有 100 年时间，被称为蒸汽机和钢铁的时代；第二次科技革命是从 19 世纪下半叶到 20 世纪初，大概有 40 年的时间，被称作汽车、化学与电气的时代，我以为，第一次和第二次科技革命就是近代知识产权制度产生和形成的时期；第三次科技革命起始于 20 世纪 50 年代到 80 年代，只有 30 年的时间，被称为新技术革命时期，新技术革命包括了新材料技术、微电子技术和生物工程技术，新技术革命时期正好是知识产权制度的发展时期；第四次科技革命是从 20 世纪 80 年代后一直到今天还在全球范围内广泛进行的知识革命，知识革命包括了两大技术，即基因技术和网络技术，这个技术直接作用于当代知识产权制度的变革，那就是大家比较熟悉的网络版权和基因专利。

接下来，我们讨论一下知识产权现代化的主要表现。知识革命对当代知识产权制度的发展和变革带来了很大的挑战，产生了很多新问题：第一，知识产权新客体的出现。因为有了新的知识形式，它就大大丰富了知识产权的客体范围。比如著作权的客体，18、19 世纪是“印刷版权时代”，那个时代的保护对象是印刷作品；20 世纪是“电子版权时代”，作品的范围从传统的印刷作品扩展到新型的电子作品；当代社会被称为“网络版权时代”，网络作品成了新的智力战果表现形式。专利权的客体也是如此，过去的保护范围比较有限，现在扩展到微生物、动植物新品种，发展到今天还有基因技术。第二，新的知识产权制度形成，知识产权传统上有三大制度——著作权、专利权和商标权，现在又有些新的知识产权专门制度。比如集成电路布图设计专有权制度，又被称为工业版权，它介乎工业产权和著作权之间。现代的计算机产业，传统的机械制造业、家电工业等，都少不了这小小的半导体芯片。还有植物新品种权制度，不管是人工开发的新的植物品种，还是人类发现的新的植物品种，都称作植物新品种。对于植物新品种，有些国家给予专利保护，有些国家给予专门保护。第三，知识产权新规则的产生。在网络空间里，关于作品的创作者、传播者、使用者三者之间的利益冲突，是网络版权制度最大的难题。在网络空间里，网络的全球性与商标权的地域性之间的冲突，以及各大网站采用技术手段限制经营对手所产生的不正当竞争，都是当代知识产权制度的难题。过去，科学发现和技术发明的关系，很容易加以划分。科学发现是对自然规律的揭示，可以享受发现权；发明是技术上的重大突破和创新，可以申请专利也可以获得科技奖励。两者界限都是非常分明的。比如科学发现有爱因斯坦的相对论、哈维的血液循环理论、法拉第的电磁感应理论、哥白尼的天体中心理论，这些理论就是科学发现。而技术发明具有产业应用价值，比如说获得新中国自然科学发明一等奖的化学家侯德榜、生物学家童第周的发明，而袁隆平的杂交水稻更是获得中国唯一的科技发明特等奖。但是现在有了变化，根据欧盟关于生物技术保护条例，改变了专利只授予发明而不授予发现的规定。比如专家研究的人的肥胖基因，发现某种染色体有抑制肥胖的功能，我们可以通过这个染色体的修补去医治肥胖。你说是发现还是发明呢？它的界限也很难划分，但是可以这么说，都要用专利来保护。

最后简要评价中国知识产权制度的现代化水平。知识产权制度的现代化，我认为就是知识产权制度必须保持与时俱进的时代性，使它总是适应新技术的发展，否则不称其为现代知识产权制度。中国作为一个发展中国家，应秉持国际公约规定的最低保护标准原则，要对最新的科学技术成就予以保护，达到这样的水平就够了，但不宜超越阶段，不宜超越国情。既要保护私人的创新成果，又要维护国家的整体利益，既要从微观上考虑新技术保护的需要，又要从宏观上考虑到这种保护对中国社会发展带来的影响。我觉得对这一立场的概括是非常必要的。其实，现行的法律制度体系基本上是完善的。目前我们的知识产权法律体系，是以五大法律为指导——1982 年《商标法》、1984 年《专利法》、1990 年《著作权法》、1993 年《反不正当竞争法》以及最近（2007 年）颁布的《反垄断法》；以四个条例为构成——《计算机软件保护条例》《植物新品种保护条例》《集成电路布图设计保护条例》《信息网络传播权保护条例》。同时，辅之以一些行政法规、规章，形成了中国保护现代科学技术的知识产权制度。

三、创新型国家建设与知识产权制度的战略化

知识产权属性的定位有两个方面：首先，知识产权为私权。对此民法学者讲得最多，也是很多知识产权学者坚持的。但我认为仅这一点是不够的，知识

产权既是私人产权，也是政策工具。关于知识产权私人产权和政策工具这两种属性的关系，我借用英国知识产权委员会的一段话：无论怎样称呼知识产权，我们最好把它看作是公共政策的一种手段。这是因为授予个人和公司一些经济特权（指知识产权），来实现更大的公共利益，这些特权只是实现目标的一种手段。我的理解是，保护私权不是目标，而是实现公共利益的一种手段。什么是公共利益？公共利益就是国家设立的经济与社会发展的总政策目标，是维护所有人的福祉，获取信息、分享科技进步所带来的惠益这样一个总体目标。对于一个国家来说，是不是保护知识产权，对哪些知识授予知识产权，以一个什么样的标准保护知识产权，实际上是一个国家根据本国的科技、文化、经济发展水平，并考虑未来社会发展的需要而作出的一种政策选择和制度安排。知识产权制度产生和发展到今天不到400年，但我们应该观察到，知识产权对发达国家的知识创新、经济发展、文化教育的繁荣起到十分重要的作用。所以我们说，知识产权是制度文明的典范。同时，我们也应看到知识产权是当今国际社会东西方国家进行实力比拼的一种竞争手段。目前在WTO的框架内，知识产权大约控制了价值1万亿美元的有形的货物贸易和无形的服务贸易，知识产权领域就是东西方国家开展竞争的主战场。

对于知识产权的政策工具属性要有足够的认识。首先，我们看看什么是公共政策，然后再谈为什么知识产权是公共政策。所谓公共政策，指的是以政府为主的政策主体根据社会发展的总政策目标，依据政策成本与政策效益的分析结果，对社会上的公私行为进行一定程度的约束和指引所采取的法律、规范、计划、措施、项目等。那么，关于知识产权政策、制度、法律与我们正在实施的知识产权战略是什么关系？我讲三个观点。第一，知识产权法律是知识产权公共政策的重要组成部分。在这里，法律就是一种公共政策。美国著名学者威尔逊说，什么是公共政策，就是由政治家和立法机关制定的、由政府机构所执行的法律、法规。第二，知识产权政策是国家为了实现社会发展目标而制定知识产权行动准则。知识产权政策体系包含了知识产权法律，但不限于知识产权法律。长期以来，我一直主张建立一个以知识产权为导向的政府公共政策体系。除了知识产权法律以外，还应该包括与知识产权有关的产业政策、投资政策、科技政策、文化政策、教育政策、贸易政策等。换句话说，含有知识产权条款的公共政策都应该称为知识产权政策。第三，知识产权战略是推进知识产权政策、实施知识产权法律的基本纲领，是为实现社会总目标所制定的整体性、全局性、长期性的谋划方案。这些年来，不管是美国还是欧盟、日本，包括韩国，都从国家层面对知识产权进行政策谋划，对内推动本国经济发展和知识创新，对外进行竞争和遏制对手。所以，我们对这个问题要有足够的认识。

知识产权作为一种政策工具、竞争武器，总是被发达国家和新兴的工业化国家竞相使用。从近代英国到现代美国、日本，再到当代韩国无一不是以知识产权作为它们转型发展、创新发展的利器。

中国改革开放三十余年来，特别是"入世"这十年来，知识产权事业有了长足的进步。2008 年国家知识产权战略的公布并实施，标志着我国知识产权事业进入了一个新的、重要的历史时期。2008 年对中国来说也是不平凡的，发生汶川大地震、举办北京奥运会，知识产权战略公布以后，马上又遇到了全球性的金融危机。金融危机出现，带来股市动荡、房价下跌、粮食供应吃紧、失业率上升，可以说对各国经济带来了很大的负面影响。这种金融危机和经济危机在市场经济国家，是一种周期性经济现象。我们注意到发达国家还是积累了一些经验来抵御、对付经济危机，这是值得借鉴的。经济危机和金融危机对各个国家的不同产业、不同企业所带来的后果并不完全相同。如果知识创新能力强、知识劳动密集而且附加值高，这些行业、产业和企业能够在危机之中转危为安，使危机变为胜机。这种事例也是存在的，有两个事例我印象很深：一是 20 世纪 30 年代末的美国。那时候美国由于全球性经济萧条，25 万家企业破产，5 万家银行倒闭，但美国电影业在这个危机中却一路发展，用熊彼特的话说采取了几个创新手段：其一是采用新技术，有声电影、彩色电影的技术就是这个时候出现的；其二是注入新资本，诸如洛克菲勒、摩根等大财团有钱没地方投，就投到电影业；其三是成立新组织，当时美国有一两千家大大小小的电影公司，经过重组产生了好莱坞的八大电影集团，包括哥伦比亚、21 世纪福克斯、时代华纳等。由于这种创新举措的出现，美国电影业发展到今天，成为与飞机制造业、信息产业并存的三大支柱产业。二是 20 世纪 90 年代末韩国。亚洲金融风暴给当时韩国经济带来重创，在这场危机还没结束的时候，韩国就出台了一个文化创意产业振兴计划。现在韩国文化在世界范围内形成了一股“韩流”，它的动漫赶不上日本，但是全球90%的动漫作品背景来自韩国；韩国的网络游戏占全球的30%，是最大的制造和出口国；而且它还研发软件“汉软”以此来对付微软。那段时期，由韩国人投资、韩国人主演、韩国人导演，反映韩国人生活题材的韩国电影、电视剧飞速发展。所以，韩国通过文化产业振兴带动了韩国经济的发展。中国在这场危机当中如何实施我们的发展战略？我觉得不宜过多地、片面地考虑知识产权数量和规模，更重要的应考虑知识产权的质量和效益。为此我提出过一些建议，在专利领域，我觉得应提高核心技术专利授权量，提升专利技术应用转化率；在商标领域，要提高国际知名品牌的获取量，提升知名品牌在国家市场上的竞争力；在版权领域，注意提高国际文化产品市场的占有率，提升版权产业对经济增长的贡献率。

知识产权的学科属性与研究方法*

今天的讲题是我精心选择的，考虑到受众大多是法学硕士研究生、法律专业硕士生，有的还是知识产权博士生，所以我想讲得思辨一些、理论一些。

其实对我们来说，什么是知识产权，如何理解知识产权，是知识产权学者必须回答的问题。在我看来，在私权体系当中，知识产权是最特殊的财产权利，用一句话来概括，就是“最具科技含量，最多知识要素”。所谓“最具科技含量”，我想强调的是知识产权与科学技术有不解之缘，是源于科学技术而生，由于科技革命而变。一部知识产权制度变革史，就是近现代科学技术发展史。为什么说“最多知识要素”？我以为，分析知识产权问题需要拥有良好的知识结构、运用多学科的研究方法。比如说：著作权与文化创新和文化创意产业联系在一起，专利权关系到科技创新和高新技术产业的发展，商标权会涉及市场营销和国际贸易等多个领域的专门知识。就一国范围看来，知识产权是经济发展、文化创新、科技进步中的制度、政策问题；在国际层面上，它又是国家与国家之间的实力竞争问题，国际经贸领域的法律秩序问题。所以我想，除了运用法学知识对知识产权进行研究以外，还可以运用经济学、管理学、政治学、社会学、政策科学、伦理学等专门知识来进行探讨。记得2006年我去中南海为中央政治局讲课的时候，胡锦涛总书记发问道，知识产权人才是如何培养的？我是如实相告，目前是在法学和管理学两个门类下培养知识产权的中高

---

* 本文系作者2011年6月在华中科技大学法学院所作的专题讲座，由该院穆欣根据录音整理、王沅茂校注。

级人才，一般来说本科培养是试点，多数以研究生、博士生为起点。听完我的介绍以后，总书记非常睿智地说了一番话："看来知识产权人才要懂科技，还要懂经济、管理，当然要懂法律。"所以知识产权专门人才，应该是复合型人才，知识产权学者必须具备多个学科的专门知识。下面我就开始讲四个方面的问题。

一、知识产权私权性及其理论分析工具

私人知识财产，这是我用民法基本理论对知识产权基本属性进行的第一个概括。

知识产权为私权，是民法学界对知识产权属性的基本认识，也是世界贸易组织《知识产权协议》在序言当中明确规定的。为什么把知识产权说成是私权，得出这个结论的理论分析工具是什么？我的看法是，它来自公权与私权的理论。公权与私权的划分，可以追溯到罗马法。在古罗马，市民享有一种特殊的权利，有别于非罗马市民，这项权利叫"市民权"。市民权包括两个方面：一个是公权，包括选举权和被选举权。选举权就是选举罗马官吏和元老院议员的权利，被选举权就是被选举成罗马官吏和元老院议员的权利，相当于现代宪政权利中公民的政治权利。另一个是私权，包括物权、婚姻权和诉讼权。后世关于公权与私权的划分，源自罗马法的这个理论。需要说明的是，公民所享有的公权"利"（right），与政府行使的公权"力"（power）不是同一概念。

为什么说知识产权是一种私权？简单来说，所谓私权是一种私的权利，我觉得应该把握两个要点。第一，它是私人的权利。这里的私人是指具有平等关系的民事主体，包括自然人和法人。当然国家也可以参与民事法律关系，成为知识产权的主体，这时它与公民或法人处于相同的平等地位。第二，它是私有的权利，知识产权是特定主体享有的私人权利，不管是所有权、债权还是知识产权都是私有的权利。比如说，所有权是所有人对所有物直接支配的权利，债权是特定人请求特定人为特定行为的权利，那么知识产权就是权利人对知识财产进行支配的权利。这句话说明，知识产权不可能是不特定的多数人所共享的

权利，自 20 世纪 90 年代中期以来，我的著述就没有把发明权、发现权作为知识产权。1967 年《成立世界知识产权组织公约》将发明权、发现权归类为知识产权体系，但是除此之外没有任何一个国际公约作出此类规定。除了我国《民法通则》、俄罗斯《联邦民法典》等少数国家立法例外，绝大多数国家都没有把发明权、发现权规定为知识产权。

将知识产权视为私权就必须秉承私法的基本法律观——私权神圣的法律观。第一，以私权领域为依归。知识产权是知识类财产的权利形态，它与有形的动产、不动产的所有权具有相同的属性，都可以成为私人财产权，属于私权领域，因此我将其称为以私权领域为依归。第二，以权利制度为体系。不管是专利法、著作权法还是商标法，都有许多公法的规定，有许多程序性的规定，比如行政管理、行政处罚、刑事处罚。但是我们应当认识到，尽管有程序规则、公法规范，但诸如专利法、商标法这些法律依然是私法，是权利法。关于权利的取得程序、变动程序、管理程序和救济程序，这些程序性的规定，或者说公法属性的规定都是为保护、维系、协调、创造权利而设定的。所以我把这称为以权利制度为体系。第三，以权利为中心、为本位。知识产权法律制度是以权利决定义务，而不是以义务决定权利。从立法的技术来说，它多半是授权性规范，而不是禁止性规范。这是我讲的第一个问题，私权属性的理论分析工具。

知识产权为私权，这是民法理论对其属性的基本概括，也是法律实务对其特性的基本把握。从知识产权的产生、发展、变革到今天，知识产权的私权属性没有变化，但这种私权独占的禀赋是有变化的。这就是目前学界所热议的知识产权公权化问题。

对知识产权公权化的批判是从我开始的。我注意到中国政法大学、浙江大学一些有影响的中青年学者在过去几年间提出一个命题：当代知识产权在其发展过程当中越来越多地受到公权限制和国家干预，以至于知识产权成了一个公权与私权相结合的混合体，或者说知识产权的私权属性没有改变，但是也有公权的成分。对这个问题应如何看待？

知识产权是一项私权，但是我们必须认识到这个私权背后的国家政策立场和国际合作博弈的竞争环境。公权的干预和国家的限制，不可能改变知识产权为私权的基本属性。其实，现代民法的发展也处于变革之中，很多学者谈到了私法的公法化、现代化、社会化和国际化的问题。已故的民法学家谢怀栻先生谈到民法社会化、公法化趋势时，明确地指出传统民法的私人本位、权利本位在现代社会发生了动摇和变化，表现为私权神圣的理念被动摇，私法自治的原则受限制。

我根据谢老先生的理论作出更进一步分析，现代民法有两个非常重要的变化：第一个是外化为新的法律部门和法律制度。国家注重对市民社会和市场经济必要的干预、监督和管理，从传统私法当中产生出若干个新的法律制度和法律部门，比如经济法就是国家对市场经济的宏观管理之法。过去国家只是一个消极的守夜人，如今进行了干预和调控，这样的法律形式就是经济法。此外，国家为了保护处于弱势地位的消费者，从而产生了消费者权益保护法、产品责任法；国家对企业竞争关系的调整和规制，产生了反不正当竞争法、反垄断法；国家对产业经营活动进行干预和限制，产生了环境保护法、资源法等。第二个是内化为对私法自治原则的限制。私法自治原则是民法中最重要、最能反映私权属性的基本原则，具体表现为团体设立自由、财产自由、契约自由、婚姻自由等原则。如今这种自由、自治犹在，但是自由度受到了限制。但是我以为，不管怎样加以限制，私权的基本属性是不可能改变的。就知识产权而言，这种知识形态的财产权虽为私权，但在西方法学理论中也被称为“有限制的垄断权利”，这种限制是从立法之初就有规定的，到今天只是程度有所增减而已。所以我不赞成知识产权公权化的说法。

二、知识产权的人权意义及其理论分析工具

这是我用人权理论对知识产权属性进行的理论假设。2005 年我在《法学研究》发表了一篇文章《试论知识产权的私权与人权属性》，在中国最早对知识产权进行人权意义的分析。

什么是人权？当今的人权理论界没有一个共同认同的说法。国际人权组织编写的教科书说，定义人权是困难的。但是一般来说，所谓的人权是指人基本的、必需的、不可剥夺的权利。

各国的人权宪章、国际人权公约对什么是人权、哪些权利是人权的看法是不一样的。法国大革命时期产生的宪章——《人权宣言》(1789 年《人权与公民权宣言》) 把基本人权归结为自由、财产和安全三项权利；美国的《权利宣言》(1776 年《弗吉尼亚权利宣言》) 则不相同，它规定了生命、自由、对幸福和安全的追求的权利。我们再来看一下两大最有名的国际公约，首先是《世界人权宣言》，它在第 17 条这样规定：人人得有单独的财产所有权以及同他人合有的所有权；任何人的财产不得任意剥夺。显然在《世界人权宣言》中，财产权是基本人权之一。但是坦率地说，这一条款在国际人权组织内部是有争议的。我们再看国际社会另外一个非常重要的人权公约——《经济、社会和文化权利国际公约》，它规定了三项人权——参加社会文化生活的权利、分享科学进步及其产生利益的权利以及对自己的智力成果享有法律保护的权利。非常明显，《世界人权宣言》的财产权条款和《经济、社会和文化权利国际公约》的文化权条款，是可以用来解释"知识产权也是一项人权"的。当然在公约的缔结和适用解释过程当中，不少学者提出了反对意见，其理由就是认为知识产权是一项财产权利，而财产权利不可能是每个人必需的、基本的权利，它与生命、自由这些权利是有区别的。

以上是知识产权能否成为人权进行分析的理论工具和找到的法律依据。

将知识产权视为人权是具有现实意义的，这并不是简单的理论偏好和学术兴趣。在近代社会，启蒙思想家为知识产权制度的建构进行辩护，对中世纪的专有出版、技术专营的封建特许权进行批判，用的就是人权理论。他们认为，知识产权是资本主义式的财产权，是人人都享有的一种财产权利，而不是由国家或官府特别授予的。在当代社会，人权学者审视当今知识产权制度的不足，主张建立一个以人权理论为基础的公正合理的知识产权国际秩序。因此，知识产权的人权观是具有历史价值和现实意义的。

必须承认，我国学者对于知识产权是否是人权有两种不同的看法：有人认为知识产权是人权，我也曾经得出过这种结论。后来一些学者对这种观点加以阐发和分析，比如复旦大学张乃根教授认为：只要《世界人权宣言》第 17 条没有被废止，知识产权作为财产权就是一种人权。当然他也作了一定限制，在知识产权体系中著作权可以视为人权，单纯具有财产性质的商标权、专利权不宜作为人权。还有一些学者认为，知识产权可以看做是一种特别人权，比如说视为发展权，与个人的发展、身体的发展、社会的发展有关的人权。尽管有不同看法，但是大多数学者还是倾向于把知识产权作为一种人权看待，或者说具有人权的意义。当然也有学者，比如浙江工商大学的郑万青教授在他的博士论文中对我的理论提出了批判，他认为知识产权具有时间性、地域性、工具性和可转换性，这与人权的普遍性、道德性和基本性是不一致的。从历史上看，现代的人权观与 18、19 世纪的人权观是有差异的，关于人权的道德性、基本性和普遍性是现代人权理论的发展。但是，知识产权可以视为人权，这在国际上有理论支持和国际法依据。美国一位叫查普曼的学者曾经发表过一篇重要的文章，就主张将知识产权视为人权。与学者主张相同的是一些国际组织的有关看法，1994 年世界知识产权组织对《伯尔尼公约》作出评价，认为其中对著作权的规定完全符合人权标准。

当然，将知识产权视为人权，并不是说这种财产权与生命、自由、人格这些基本人权是等量齐观的，它们应该有法律位阶的差异。自从 1994 年《知识产权协议》生效以来，发展中国家在执行过程中有相当多的困难，以至于引起了国际人权组织的关注。2000 年联合国人权小组在一份调查报告中提出，《知识产权协议》在执行过程当中没有顾及基本人权的保护，它们的基本结论是，《知识产权协议》的执行与基本人权存在着冲突：

一是数据库权利与隐私权的冲突。一些西方国家主张对数据库作者提供类似著作权的强保护。数据库信息的来源很多与私人信息有关。人类的基因图谱破译已完成，在基因图谱中记载了许多生命规律、生命现象、生命遗传的一些密码，比如性别、身高、体重、相貌、肤色、禀赋、爱好、特长等都可以在基因图谱中加以识别和分析。现在的问题是，这些基因信息秘密谁有权发布，谁有权使用？知识产权制度只关注数据库制作者的利益，而忽视了数据库信息来源者的权利，后者的隐私就是一项重要的人权。这是一种冲突。

二是药品专利与公众健康权的冲突。现在全球药品专利的 75％控制在发达国家手中，美国每年开发的新药占到全球总量的 2/3。对于发展中国家来说，它是专利药品的接受者，但不可能是药品的生产者，更不可能是专利的拥有者。所以药品专利对于发达国家来说，是医药领域获取技术优势、赢取对外贸易利益的重要法律工具。比如，治疗哮喘的普通药品和拥有专利的哮喘药品，它们的差价达到 20 倍，这就使得发展中国家的老百姓买不起、用不上，从而带来了公共健康危机。这是当今国际社会高度关注的人权问题之一。

三是专利技术转让与发展中国家发展权之间的冲突。目前世界上专利的90％和版权许可证贸易的 75％都掌握在发达国家和它们的跨国公司手中，对于发展中国家来说，获取最新的技术、最新的知识往往要支付高昂的代价。现今的知识产权国际公约对专利技术提供了高水平的保护，但没有为专利技术转让和版权作品许可设计有效率的制度。由于不能分享科技进步带来的利益，发展中国家的发展权受到了很大的限制。

以上只是列举知识产权与基本人权的冲突。国际人权组织认为，在执行知识产权协议、高水平地保护知识产权的同时，一些国家的基本人权没有得到很好的保障。我认为，应当注意到知识产权与其他基本人权的冲突，为此我提出两个原则，解决上述问题：第一，关于权利的冲突，应该奉行法益优先保护的原则。也就是说，国际公约所承认的生命权、自由权、健康权、发展权这些基本人权应处于优先保护的地位；知识产权作为一种财产权，虽然也可以将其视为特别人权，但应处于次要的地位。换句话说，知识产权的保护必须服从于基本人权的保护，因此所有国家的知识产权立法不仅要满足知识产权国际公约的要求，还要考虑到国际人权公约的要求。第二，关于权利的协调，应该实行利益平衡的原则。注重知识产品的创造者、传播者、使用者三者之间的关系，注重权利人个人利益与社会公共利益之间的关系。

三、知识产权的经济品格及其理论分析工具

运用经济学理论分析法律制度的效率问题，是从 20 世纪 60 年代开始的，首先风靡于美国，然后推行于欧洲和其他国家。从 80 年代末 90 年代初，我们一些学者也开始运用经济学的方法来分析法律法规的规定，主要涉及刑法、行政法、经济法等领域。我在 90 年代中期完成的博士论文，最早尝试对著作权合理使用制度进行经济分析。

为什么要用经济学的理论来分析知识产权法律制度，其目的就是揭示知识产权的经济品格，评价知识产权的效益功能，推动知识产权的制度创新。

在知识、信息等无形资源上界定产权，其分析工具来自经济学的公共产品理论。经济学中关于产品有公共产品与私人产品之分，这是根据产品的使用和消费状况进行分析的。凡使用和消费具有排他性的产品，就是私人产品，如私人汽车、私人住房等。什么是公共产品？马路上的路灯、行驶的公共汽车等由不特定的人进行消费和使用的产品，就是公共产品。知识产权所保护的知识产品，具有某种公共产品的属性。因为知识产品是一种权利人很难控制的非物质性产品，比如我很难控制现在的讲座内容在不同的时间和空间里进行传播和复制。由于知识产品具有公共产品的这种属性，因而必须通过特殊的制度加以调整和保护，所以在知识产品之上设置私人产权是国家采取的特殊手段。知识产品的生产是有成本的，但其传播是很难控制的，如果任其发展，就会导致没有人愿意去生产。大家都只享受免费午餐，这就会导致信息产品市场供给不足。因而国家必须采取特殊的政策加以调节：一是国家买单，由政府直接生产知识产品；二是国家给私人生产知识产品给予适当的补贴，这个补贴就是设立知识产权制度，赋予它信息产权。什么是知识产权？集 30 年来教学和研究的体会，我把它概括为两句话：知识是公开的，权利是垄断的。知识和知识产品向社会公开，对价是国家赋予生产人在一定时期内独占垄断的权利，任何人要使用必须征得生产者的同意并支付费用。这样就可以使生产成本得以收回，从而激励生产者继续生产知识，这就是在信息、资源这些无形资源之上界定私人产权的经济本性所在。

产权界定的实质是什么？在无形信息资源之上形成的产权，是私有还是公有？让我们继续对知识产权制度的创建进行经济分析。对知识产品的产权选择有两种模式，一种是私人产权模式，绝大多数知识产品采取的是市场机制的产权模式，专利、商标、版权都是由私人拥有产权。另一种是公有产权模式，比如科学发现和科技发明，经济学家称之为优先权报酬模式。对于科学发现、科技发明，发现、发明人拥有两项权利，一是命名权，比如哥白尼的天体运行理论、法拉第的电磁感应理论、牛顿的古典力学理论、哈维的血液循环理论，这些科学发现都是以科学家的名字来命名的。科技发明也是这样，20 世纪 60 年代最有名的发明家侯德榜、童第周，他们获得了新中国最早的自然科学发明一等奖，就是以他们自己的名字来命名科技成果的。二是获取奖励的权利，国家政府和社会组织给发明、发现人一定奖励来作为报酬。这种优先权的报酬系统的要义就是：在获得命名和报酬的时候，发明、发现人要把取得的相关科技成果交出来，作为公有产权，这就是一种对价。

在市场经济条件下，对知识产品进行私权界定，在经济学家看来是有效率的。经济分析的主要内容是知识产权制度的效益分析。根据经济学理论，评价知识产权制度在一个国家的生命力、影响力如何，主要看成本、投入和效益等要素。著名美籍奥地利学家熊彼特在 20 世纪 20 年代提出了创新理论，这一理论发展到今天已经形成了一个科学、完整的体系，它包括制度创新与科技创新。现代制度经济学派认为，创新能够激励经济的增长，但是创新也可能带来毁灭。知识产权作为一种制度文明的典范，能否当然带来科技发展和社会进步呢？这是发展中国家必须考量的问题，其分析涉及制度的成本与效益的问题。

西方发达国家是知识产权制度最早的推行者，也是最大的受益者。对于发展中国家来说，知识产权制度能否产生西方国家那样的效益，必须综合分析。我觉得发展中国家参加世界贸易组织，加入高水平的知识产权协议，应对以下两个问题加以考量：第一，参加经济全球化的收益，要高于进入知识产权一体化的成本，就是说“入世”的好处要高于保护知识产权付出的成本。第二，保护知识产权带来的知识产品创新和产业发展的长远利益要高出目前保护知识产权的付出成本。上述问题的实质就是知识产权制度在中国究竟是利大于弊还是弊大于利。

我的基本观点是，中国“入世”的收益是显而易见的，“入世”10 年，中国已成为世界第二经济实体、第一制造大国和最大出口贸易国。通过“入世”10 年的政策调试和制度运作，中国已成为专利大国、商标大国和版权产业大国。知识产权事业取得长足进步。总的来说，改革开放 30 年，特别是“入世”10 年来，知识产权制度在中国产生的是正能量，推动了中国的经济发展、科技创新和文化繁荣。

四、知识产权的政策功能及其理论分析工具

知识产权既是私人产权，又是政策工具，这是从私人和国家两个不同层面来认识的，分别采用了民法理论和政策科学理论。但是要注意，知识产权的私权属性和政策工具属性是紧密联系在一起的。英国的知识产权委员会有一个非常精辟的说法：无论我们如何称呼知识产权，都要把知识产权看做一种政策工具，因为授予任何企业、个人以任何经济特权，都是为了实现更大的公共利益。这说明了授予知识产品以私权不是目标而只是手段，是为了实现公共利益目标。因此通过公共政策科学分析，可以揭示知识产权立法背后的政策立场，可以评价知识产权制度实施的政策效益，提出知识产权战略实施的政策目标。

所谓公共政策，是指以政府为主的公共机构根据政策成本与效益的分析，对社会上的公、私行为进行一定程度的限制、约束和指引，所采取的法律、规范、计划、措施、项目等。其中政策主体是指国家或者以国家名义出现的政府，政策原则就是成本、效益分析，政策形式包括了法律、规范、计划、措施、项目等。从这个意义来说，知识产权法律就是一项知识产权政策。对于一个国家而言，是不是保护知识产权，对哪些知识授予知识产权，以什么样的水平和标准保护知识产权，实际上是国家根据本国的科技、文化、经济的发展状况，并且考虑未来的发展需要所作出的一种制度选择和政策安排。

联合国专家曾经对不同类型国家的知识产权政策立场，提出重要的建议，它把国家分为三个类型：人均 GDP 超过 5 000 美元的国家，都要按照 WTO 的《知识产权协议》建立一个完备的知识产权体系，并且要全部有效地施行；人均 GDP1 000 美元～5 000 美元的国家，首先要建立一个完备的知识产权体系，而且要基本有效地施行这些制度；人均 GDP1 000 美元以下的国家要建立相应的制度体系，并根据本国的情况施行。这就是说，在不违反《知识产权协议》所规定的最低保护标准的情况下，不同类型的国家都可以根据本国的国情施行强保护或较强的保护。

对于发展中国家而言，知识产权制度的施行有时很难达到预期的目的，我觉得有两个问题可能导致政策失灵：第一，制度外力强加而造成的水土不服。

这是因为知识产权是个舶来品，是从西方国家移植到本土来的，高水平的知识产权保护制度是国际社会施加外力强加的。这就会造成移植了法律的形式，但是不能内化为法律精神，不能产生应有的法律效益。因为它缺乏了相应的科技、文化、经济发展的社会环境，缺乏配套的投资、产业、金融、税收、贸易的公共政策体系。第二，制度运用经验不足所造成的受制于人。国际知识产权协会主席、美国斯坦福大学法学院的 Barton 教授认为，发达国家和发展中国家在知识产权方面的差距不在于制度本身，而在于制度运用的经验。所以我们在“入世”以后，对于保护知识产权，政府准备不足、企业经验不足，较长时间在知识产权的国际战场总是处于一种被动的局面。

目前中国的人均 GDP 是 4 000 美元，在三年内有望超过 5 000 美元，在这种社会发展转型的重要时期，中国要从一个世界大国走向世界强国，必须妥善处理知识产权政策问题。

结语

从以上四个方面，我们可以对知识产权进行多视角、多元化的考察。其实在我原本想做的研究中，还有其他一些问题，比如说管理学，将知识产权作为无形资产进行分析；还有国际贸易学，将知识产权作为贸易政策和规则展开探讨。此外，对知识产权国际秩序的政治经济学分析，对知识产权制度风险的社会学理论分析等，都是有益的、有用的。总而言之，我觉得知识产权的学科分析，应该有一个问题导向和开放式的研究范式，这就是今天晚上我讲课的初衷所在。

互动

问：我想提两个问题：第一，中国实施知识产权战略以来，很多企业都走出国门寻求海外利益，企业在增强自身保护知识产权能力以外，如何去寻求政府给予更多的知识产权帮助？第二，目前我国的专利、版权、商标分属不同的行政部门管辖，那么以后我国是否可能出现一个大的知识产权行政机构，实施全面而又强有力的管理？

答：关于第一个问题，中国企业走向国际市场应该说是不可逆转的，对此中国的企业家应该做好充分的思想准备和必要的知识储备。我认为，中国企业在知识产权问题上必须做好两件事：一是尊重他人的知识产权，二是保护自己的知识产权，现在应该说两方面都有欠缺和不足。一方面，中国产品在国际市场信誉不够，附加值低，由于假冒问题，给中国产品在国际市场带来了负面影响。过去被称为"便宜货"，现在成了"假冒货"。另一方面，中国的企业要注意维护自己的商标、专利和版权，中国现在可以叫做世界制造工厂，保护自己的权利显得非常重要。国家有关部委在实施知识产权战略过程中，已经把中国企业在海外市场的维权作为重要问题来研究，并出台了一些保护和援助措施。

关于第二个问题，你讲出了中国知识产权行政管理的体制弊端，现在知识产权的管理可以叫做"九龙治水"，分属于不同的中央部委管理，由三个副总理主管。香港地区实行的是版权、专利、商标三合一的管理体制，美国和日本采取的是专利和商标二合一管理体制。我们的这种管理体制是世界罕见的，这会造成管理成本过高、管理职能交叉。中央大部委体制的改革，现在主要是经济管理的有关部门，对知识产权管理体制的改革走向，我曾向高层多次提出建议，但无法给出一个确定的最后答案。

问：提两个问题，请问多学科融合的困难在什么地方，可能造成的误区在什么地方？您认为由什么机关、根据什么程序来确定知识产权与基本人权的冲突？

答：先回答第一个问题。关于知识产权多学科、多视角的研究，是我多年来做学问的一种感悟，今天将这样的研究方法和建议提供给各位。无论是在知识产权研究还是其他应用性学科领域，都要做到以下两点：一是"问题导向、社会需求"。社会科学的繁荣和发展，要秉持自由探索和服务社会的完美结合。知识产权是一个应用性学科，现实性特别强，我们要善于了解和捕捉中国目前最需要解决的问题，结合自己的学术专长进行研究，并不要求每个人对所有的问题进行涉猎，应有所取舍、有所重点。二是"学科融合、综合研究"。知识产权不仅仅是一个法律问题，对它有必要进行综合性的研究。我坚信自己是一个法律人，不可能是一个经济学家、管理专家，只是在研究过程中涉及相关问题，所以我觉得做一个知识产权学者要有必要的知识储备和良好的知识结构，它与术有专攻、学有专长并不是矛盾的。

第二个关于知识产权与基本人权的冲突问题。我们注意到，国际人权组织在 2000 年就有报告提出，《知识产权协议》在推行过程中对基本人权关注不够。原来我们提到国际知识产权制度有两个中心——WIPO 与 WTO，而现在则有多个中心，包括粮农组织、卫生组织、教科文组织等国际组织以及各种各样的国际论坛，都在讨论知识产权问题，不仅强调权利的保护，而且注重权利的协调和利益的平衡。知识产权制度不能总是让美国人说了算，而要让多数国家发出不同的声音，我觉得这是有好处的。这样的讨论对各个国家的相关立法起到指引作用。各国立法不仅要考虑《知识产权协议》，还要考虑国际人权公约，以及《生物多样性公约》《文化多样性公约》等。我们保护最新的科技成就和创作作品，同时要对传统知识和遗传资源给予保护，否则发展中国家的利益会受到损害。我觉得，利益的平衡是通过国家之间的合作和博弈来实现的。国家应该既考虑国际公约的规定，又要考虑自身发展的需要，在国际和国内两个层面来解决权利冲突问题。

问：刚才您跟我们谈到了知识产权政策，那么我们能不能将其也看作是一种知识产权文化？在中国当下如何培养出有中国特色的知识产权文化？

答：对知识产权进行法律文化的分析是一个很好的视角，也是一个很好的课题。我写过一篇文章——《知识产权法律移植与本土化的文化分析》，对这个问题进行了探讨。知识产权制度对于中国来说是一个舶来品，我们引进了知识产权制度的外壳和形式，但是对于其文化养成并没有做到。明治维新的日本与改革开放的中国，在这个问题上的实现路径是不一样的。日本在引进西洋法律的同时，从上到下进行了法律精神的再造，不仅接受别人的法律制度，还接受别人的法律文化。法律文化的养成比法律制度的移植更加漫长，困难更多。中国能否形成有自己特色的知识产权法律文化？我想，法律文化是一个人类共同的文化遗产，有中国传承的文化元素，也有共同遵行的普世价值。文化是没有国界的，尊重知识、尊重人才、鼓励创新，应该成为中国的主流文化。前年去台湾地区的时候，有人问到中国的山寨文化。我想，台湾地区和韩国都经历过从仿造再到创造的过程，今天的中国要形成自己的知识产权文化需要一个漫长的过程。对于高水平的知识产权保护，中国的老百姓认知不足、形成共识不够。知识产权文化建设，必须多管齐下，法律的、经济的、教育的等多种措施都要跟进，当前首要的问题是让中国的老百姓买得起、用得上知识产权产品，让他们对知识产权有认同感。

问：对于培育知识产权文化和运用法律制度保护知识产权这两条途径，您认为哪个更有利一些？第二个问题是关于公众健康与知识产权的冲突，我们知道药品公司的研发周期很长，资金耗费巨大，如果过于强调基本人权会不会对知识产权的激励作用产生影响？

答：知识产权制度在中国的本土化是非常重要的，推动中国的科技、文化创新和经济发展是引进制度的目标所在。但是制度移植和建立取决于两个方面，第一个是法律因素，也就是我们引进这个制度的科学性、合理性和先进性，不能不分良莠。知识产权已经被证明是制度文明的典范，但是制度能否发挥应有的效益还取决于第二个因素，即非法律因素，比如法律移植国的科技、文化、经济的发展水平，公共政策体系和社会环境与所引进制度的适应性、匹配性和协调性。中国在这个方面做得还不够，特别是以知识产权为导向的公共政策体系还没有完全建立并有效实施。另外，我们还需要一个健全、高效的知识产权中介服务体系，水平、效率不高是知识产权中介服务存在的主要问题。还有一个是法律文化养成的问题，知识产权制度在西方国家发展了几百年，引入到中国也就是几十年，知识产权文化养成还需要相当长的过程。中国提出2020年初步建成创新型国家，我认为知识产权战略成功实施之时就是中国建成创新型国家之日。

关于药品专利与公共健康的冲突，不是出于制药企业与普通药品消费者之间的个体矛盾，而是发展中国家与发达国家就药品专利发生的国际问题。发达国家基于自己经济和科技的优势，拥有大量的药品专利；对于发展中国家来说，最大的问题是不容易获得药品专利的许可，同时这些国家非常缺乏生产专利药品的能力。多哈会议虽然没有达成相关协议，但是逼迫发达国家作出了一定的让步，降低取得许可的门槛，降低售出药品的价格，但是坦率地说，这个冲突没有完全解决。中国目前的药品专利，75％以上由外国公司、跨国公司所拥有。对于保护知识产权，政策选择是非常重要的，这个问题应该从国际层面来认识冲突的实质。

问：中国是游戏大国，企业在引进国外游戏产品时受到政府机构的审查。

请问在引进国外知识产权产品时，国家所考虑的政治因素是否无条件地放到考虑因素的第一位?

答：文化产品与工业产品的知识产权贸易不同，对此《知识产权协议》规定了“文化例外原则”。也就是说，在国际贸易高度发达的今天，文化产品贸易必须同其他产品贸易一样，打破贸易壁垒、关税壁垒，允许自由流通。同时，考虑到文化产品的特殊性，《知识产权协议》规定各成员国可以用“文化例外原则”对进口产品进行审查，当然不能借口“文化例外原则”限制文化产品的自由流通。2008 年 12 月 22 日，世界贸易组织在作出驳回美国政府有关诉求的同时，认为中国政府限制好莱坞大片的行为违反了世界贸易组织“自由贸易原则”。这说明，一方面要遵循自由贸易原则，不能超出“文化例外原则”来限制文化产品的进口，但是另一方面，当文化产品含有色情、暴力以及民族宗教问题时，国家可以拒绝进口或删除以后再进口。文化产品贸易问题不仅涉及国家经济利益问题，还涉及国家文化主权和文化安全。我的观点是，目前中国还存在着文化产品贸易的逆差，一定要利用好“文化例外原则”，对进口的文化产品进行必要的审查，同时鼓励中国的文化创新、文化产业的发展，真正实现中国文化走出去的战略。

知识产权国际发展态势与中国应对方略*

非常荣幸来到这个战略大讲堂，就知识产权的问题做一个演讲，我今天演讲的题目是“知识产权国际发展态势与中国应对方略”。大家知道，知识产权是当今国际社会竞相关注的焦点，也是知识经济时代的制度基础。我们分析知识产权制度的变革与发展，首先应该置身于一个经济全球化的国际背景，同时要考量知识革命的时代特征，当然我们更要立足于实现经济与社会发展的中国立场。可以说，今天上午的讲座有三个关键词，那就是国际化、现代化、本土化，准备讲三个问题：

一、后 TRIPs 时代的知识产权国际发展趋势

所谓的后 TRIPs 时代，指的是 1994 年世界贸易组织取代了《关贸总协定》，《知识产权协议》（以下简称 TRIPs 协议）正式生效以来，知识产权制度进入了一个新的重要历史时期。考察当代知识产权制度的变化，不能不分析一下 WTO 框架之内的知识产权国际保护制度的基本特点。在此我用两句话进行概括：

第一个特点是以国际贸易体制为框架，推行高水平的知识产权产权保护。知识产权制度的一体化、国际化来自经济的全球化。所谓知识产权国际化或者

* 本文系作者 2011 年 7 月在国家知识产权局“知识产权战略大讲堂”第二期所作的专题讲座，根据录音整理。

说一体化，讲的是知识产权制度的基本原则、基本规范，在全球范围内的普遍适用性，我们称之为普适性。在知识产权领域，它是国际法高于国内法，国内法服从国际法，国内法同于国内法。大家知道，知识产权国际公约有三大基本原则，即国民待遇原则、最低保护标准原则和公共利益原则。所谓最低保护标准原则，其实就是国际公约的缔约方关于知识产权立法的一致性标准的原则。用形象的话说，所有缔约方关于知识产权保护的相关规定，必须符合国际公约规定的最低标准，“宁可就高，但是绝不能就低”。我们看到，知识产权保护已经成为国际经贸领域的基本规则，而且这个规则体现了一种权利的高度扩张和权利的高水平保护。所以说，这个最低保护标准体现的是一致性标准，与知识产权保护的水平没有多少关系。在 WTO 的框架内保护知识产权，更多的是考虑了发达国家的利益诉求。在 1994 年 WTO 取代《关贸总协定》之前，有一个长达 7 年的乌拉圭回合谈判，这个谈判深刻体现了东西方国家在知识产权问题和国际贸易问题上的合作博弈。可以说，谈判的结果实现了发达国家保护信息产业、芯片工业和影视业的利益诉求，当然同时也给了发展中国家一定的让步。我们总体评价来说，这个时期的知识产权国际制度一个重要的特点，那就是高水平保护。

第二个特点是以执行机制与多边争端机制为后盾，推行高效率的知识产权保护。在 TRIPs 协议之前也有很多协定，代表性的就是《巴黎公约》和《伯尔尼公约》，这些公约很少规定执行机制和争端机制，这些程序性的规范都由缔约方的国内法加以规定。所以长期以来，知识产权的国际公约被称为“软法”，但是 TRIPs 协议直接写入了程序性规范，这个公约有一个显著的特征，“要么接受，要么走开”，实际上没有任何的保留条款。TRIPs 协议生效以来，各个缔约方首先必须按照公约的要求，全面修改本国的知识产权法律；发生了知识产权纠纷，必须按照 WTO 的多边争端解决机制来处理：国家之间发生知识产权争端，首先双边磋商，磋商不成由第三者进行斡旋；斡旋不成可以请专家小组进行仲裁；对仲裁决定不服，可以提起上诉由 WTO 作出终局裁定；裁定一旦成立当事方必须遵守，否则会招致对方的贸易报复，导致世界贸易组织的贸易制裁。很多学者形象地说，有了这个执行机制和多边争端解决机制，就为知识产权保护安装了一个牙齿。所以我们说，现在知识产权保护是高效率的。

自从 1994 年以来，一直到现在，十多年间，经济全球化的程度不断深入，WTO 的作用日益彰显，TRIPs 协议的施行日见成效。但是，东西方国家各有利益所图，从两个不同的方向影响和推动知识产权制度的变革。发达国家并不满意 TRIPs 协议为它们所带来的利益，它们采取各种方法，寻求一个更高水平、更有益于执行的知识产权的保护机制和体制，它们的做法主要有两点：一是寻求签订新的知识产权公约作为现有的 TRIPs 协议的补充。二是通过签订双边协议或是采取单方调查、单边制裁的方法，不断加大知识产权保护力度，这是西方国家做的。作为发展中国家，认为知识产权协议在施行过程中造成了严重的利益失衡，因而主张在遗传资源、传统知识、知识共享等方面，建立一个对发展中国家有利的知识产权制度，来改变现有知识产权国际保护不尽合理、不尽公正的弊端。东西方国家在这十余年间都有不同的举措，下面我想分别地加以介绍。

第一个问题，新知识产权国际条约的出现。

就在 2011 年上半年，欧洲议会刚刚通过《反假冒协定》。这个协定是 TRIPs 协议生效以后一个非常重要的知识产权多边条约。这个条约是由美国所倡导，由欧盟、日本、加拿大、澳大利亚、瑞士和韩国这些发达国家积极参与所形成的。这个条约在六大方面，即知识产权民事、刑事、海关、信息共享、国际合作、执法监督等方面都对知识产权保护作出了更为严格、更为细致、更为明确的规定。一句话，这是一个具有知识产权强保护色彩的新的国际公约。这个公约由美国牵头，多个发达国家参与，其本意是提高知识产权的保护水平。但是项庄舞剑、意在沛公，它更多针对发展中国家施加压力，特别是中国、俄罗斯、巴西和印度等“金砖四国”。欧盟的官员说，中国和俄罗斯是当今世界假冒和盗版最大的来源国，没有这两个国家参加《反假冒协定》，这个协定没有任何意义。他们意图说服这些发展中大国能够参与《反假冒协定》，使得知识产权新的保护标准从多边化进入国际化，使得这个执法标准成为一个像 TRIPs 协议一样的国际保护标准。我认为，中国对此应持一个谨慎的态度，要评价利弊、理性选择。除了中国政府相关部门进行政策研究以外，我觉得还要广泛听取产业界、企业界的利益诉求，要团结一些发展中国家在国际场合反映自己的意见和建议。这是因为，《反假冒协定》将会对发展中国家的对外贸易、产业发展，以及知识产权保护现状带来十分重要的影响。不管怎么说，这是一个十分重要的发展动态，值得关注。

第二个问题，双边协定与单边主义的复活。

我们注意到，世界贸易组织刚刚公布了“2011 年世界贸易报告”。这个报告提供了一个非常重要的数据，WTO 缔约方已经签署了三百多个双边和多边的自由贸易协定。这些双边协定或者说自由贸易协定规则是对世界贸易组织规则的重要补充，当然也极大地动摇了世界贸易组织规则在国际贸易中的权威性，或者说，这些双边协定和地区自由贸易协定，有削弱、取代世界贸易组织规则的可能性。就知识产权保护而言，从 1995 年 1 月 1 日到 2011 年 3 月 28 日，世界贸易组织通知协商的案件一共有 423 件，当中涉及知识产权的只有 29 件，也就是说连 10%都没有。问题在哪里呢？知识产权冲突可以说接连不断，但受制于世界贸易组织的为数甚少，大多知识产权纠纷是通过 WTO 以外的双边协定加以解决的。我们注重 WTO 多边争端解决机制，同时不要忽视一些国家签订的双边协议和地区自由贸易协定中的争端处理规则。这些协定在两个方面必须给予关注：一方面，发达国家通过这些协定，构筑了一个合法的绿色壁垒和技术壁垒，限制了发展中国家的产品进入它们的市场。发达国家有资金优势、技术优势，重视绿色生产和环保标准，对产品的进口限制甚严。这种壁垒跟以往的关税壁垒不同，它是合法的贸易壁垒。比如说技术壁垒，关于手机的技术标准，关于数字电视机顶盒装置标准等；再比如说绿色壁垒，对进口的农产品、海产品都要有国际统一认证的绿色标准，对进口空调作出保护臭氧层的环境要求。这些双边协定和贸易协定的签订，就对发展中国家的产品走向国际市场，设置了种种的障碍。另一方面，就是通过双边协定来谋求超出 TRIPs 协议的知识产权保护，这些超 TRIPs 协议的条款，说到底是一个高水平保护知识产权的附加条款，比如说延长知识产权的保护期限，增加知识产权的保护内容，强化知识产权的执法措施。在这两方面，发达国家做足了文章。根据 WTO 的最惠国待遇原则，双边或多边协定的任何“优惠、利益或好处”当然包括附属的义务和责任，都可能波及和影响其他缔约方。

与此相关的是单边主义的复活。通过单边制裁，处理双边知识产权冲突，美国常常采取这种做法。1994 年之前，美国更多是凭借国内法的“特别 301 条款”，将要求贸易对手保护知识产权与给予对方最惠国待遇挂钩，根据不同的情况分为重点国家、重点观察国家和观察国家。凡列为重点国家的，如一年之内不改变知识产权保护现状，就取消最惠国待遇。所以说，在 1994 年之前更多是单边制裁的方法。1994 年以后，有了世界贸易组织，美国可以说是“双管齐下”：一方面，通过 WTO 的多边争端解决机制，诉求 WTO 来解决美国与他国的知识产权纠纷。过去的 10 年间，美国一共六次将中国告上 WTO，其中有三次重大冲突。我们在前不久修改了著作权法的条款。1990 年《著作权法》规定“反动、淫秽的作品不受著作权法保护”，美国认为这一条款违反了 TRIPs 协议，因为著作权法保护的对象不涉及作品的内容。根据世界贸易组织裁定，在 18 个月内我们必须修改。这是中国著作权法第二次修法的国际背景所在。2009 年 12 月，世界贸易组织还作出一个裁定，认为中国限制好莱坞大片进口违反了自由贸易原则。所以说，近十多年来美国主要是诉求 WTO 争端解决机制来化解其与其他国家的知识产权冲突。另一方面，美国依赖其国内法进行“337 调查”和依据“特别 301 条款”，调查和公布全球与美国交往的贸易伙伴以保护美国知识产权。可以说，在近五六年来，中国不仅名列其中，而且成为头号关注对象。在美国，从产业组织联盟到国会以至白宫，对中国知识产权保护现状都有指责。在这个问题上，美国采取了上述两种不同的手法对中国频频施压。

第三个问题，发展中国家“南南合作”的兴起。

与西方国家上述动向相映成趣的是，发展中国家通过各种渠道在遗传资源、传统知识和知识共享等领域，寻求一个符合自身利益的知识产权保护方略。发展中国家在 WTO 的框架内按 TRIPs 协议的要求来保护知识产权，同时也另辟蹊径来推动知识产权国际制度的变革。在这里，我列举四个方面的情况。

一是发展中国家通过国际人权组织，从人权的视角审视知识产权制度的不足与缺陷。大家知道，国际政治领域与国际经贸领域的焦点问题，分别是人权问题和知识产权问题。在这两大领域，西方国家对中国指责最多，施加压力最大。我认为，关于人权牌，西方国家可打，中国也有话可说。TRIPs 协议在其施行过程中就没有考虑基本人权问题。作出这个结论的，首先是联合国人权组织，它认为 TRIPs 协议在施行过程中对公共利益重视不够，对基本人权照应不够，从而产生了知识产权与基本人权的冲突。国际人权组织作出这样的呼吁：知识产权保护是必要的，但是不能影响经济、文化和社会的发展。当今的知识产权强保护，在一定程度上影响和制约了基本人权，至少有三大问题值得我们考虑：（1）数据库权利的扩张对隐私权的侵害。很多国家建立数据库作者权制度，数据库制作者与文学艺术作品创作者享有同样的权利。问题是我们不仅要提高数据库的保护水平，而且要关注个人隐私权的制度完善。社会公众的隐私权受到损害，个人很多信息在不知情的情况下被公布，隐私权作为一种民事权利，也是一项基本人权，必须得到尊重和保护。有关个人数据库的信息，它的准确性如何得到保障，在什么情况下进行修改，在什么条件下授权予以利用，这都需要立法者回答。国际社会关注的是数据库制作者权利的扩张而忽视了隐私权的保护。（2）药品专利的垄断对公共健康的影响。药品专利大多数掌握在发达国家和它们跨国公司的手中。美国每年开发的新药占全球市场的 2/3，药品专利 90%由发达国家所拥有。对于发展中国家而言，自己是专利药品的使用者、消费者而不可能是控制者。药品专利的合法垄断，给发展中国家特别是最不发达国家利用专利药品维系公共健康带来消极影响。公共健康危机是后 TRIPs 时代发展中国家和发达国家之间最大的冲突，公共健康也是发展中国家最关注的一项基本人权。（3）技术转让的限制对发展权的制约。发展权是发展国家最关心的一项权利。1994 年以来，在 WTO 的框架内从来没有就技术转让问题在缔约国之间达成一个协议。发达国家控制了核心技术，但是没有采取优惠的条件转让给发展中国家。总之，隐私权、公共健康和发展权这些基本人权都没有得到应有的尊重。

二是发展中国家通过联合国教科文组织，倡导对文化多样性的重视。在世界贸易组织取代《关贸总协定》之前有一个非常重要的公约，即 1992 年的《生物多样性公约》，这个公约的目标就是在生物技术专利与遗传资源之间建立一个惠益分享制度，防止跨国公司对发展中国家的遗传资源掠夺式地使用，或者说不公平、不合理、不予以尊重地使用。这个《生物多样性公约》，应该看作是 WTO 成立之前知识产权国际保护制度的一个重大改革。WTO 成立以后，又有一个重要的国际公约，就是由联合国教科文组织主导的2005年《文化多样性公约》。这个公约也非常重要。目前在全球有1万多个不同的社会群体，生活在二百多个国家，这些社会群体有自己的语言、文字、宗教和生活方式。国际社会理应对它们的文化的差异性予以尊重，承认文化多样性，就是承认不同国家文化主权的独立性和自主性，对于不受现行知识产权所保护的传统文化，各个国家有权采取措施和政策来给予保护。《文化多样性公约》有几个关键词，那就是文化主权、文化安全和文化权利。在全球范围内，所有的发展中国家，包括法国、加拿大这些发达国家都赞成《文化多样性公约》的缔结。尽管这个公约是宣示性的，不像TRIPs协议把知识产权保护与国际贸易捆绑在一起，但这个公约的缔结，我认为有积极意义，它作为一个软法，是对TRIPs协议的一个重要补充，是发展中国家文化保护传统、文化多样性的国际法依据。

三是发展中国家借助非政府组织的力量，尝试解决自身的公共健康问题。关于WTO的多哈会议，国际舆论评价是无疾而终。多哈会议达成了"《知识产权协议》与公共健康宣言"，发达国家对发展中国家作出些让步：为了维护公共健康的需要，发展中国家有权对药品专利实施强制许可，并且可以自行决定强制许可的理由，解释什么是"国家重大危急状况"，有权决定药品的权利穷竭。应该说这是一个良好的开端，但是会后没有一个令人满意的结果，仅有一个纸面的宣言。在这种情况下，发展中国家更多地借助非政府组织，同时也借助多边的国际论坛，试图解决自身的公共健康问题。先是2005年，非政府组织、公共健康专家、经济学家和法学家，在世界卫生大会上提出一个"医学研究与发展"的草案，主张通过一个新的法律框架来解决药品专利的垄断问题，解决公共健康危机问题。到了2006年，世界卫生组织（WHO）成立了一个"公共卫生、创新和知识产权"政府间的工作组，制订维护公共健康的计划。2010年，WHO、WTO、WIPO三大国际组织在日内瓦国际会议上强调，任何知识产权条约，都不能够阻止缔约方采取保护公共健康的措施。就是说，无论你如何保护药品专利，都不能危害公共健康。我们从中看到这样一个动向，从非政府组织到政府组织都在主张，保护知识产权这一私权不能损害公共健康这一基本人权。

四是发展中国家以WIPO为平台，积极主张从"促进知识产权保护"向

“以非财产权方式促进创造”的转型。WTO 把知识产权看成私权，通过私权激励知识创新；WIPO 采取非财产权的方式促进知识创新。2004 年 WIPO 的“日内瓦宣言”，反映了发展中国家的诉求，强调通过“维基百科”、自由软件、远距离教学、知识共享等多种方式，建立非产权的创新机制。WIPO 对 WTO 唱出了不同的声音。总的说来，这四个方面表现东西方国家在这十几年间对知识产权制度变革和发展所采取的不同举措。

现在对上述问题做一个简单的归纳，观察后 TRIPs 时代的知识产权的国际发展态势，我想得出三点结论性意见。

第一，知识产权制度国际化的必然性与偶然性。为什么说必然性？我认为知识产权的国际立法是经济全球化和知识经济发展的内在要求。经济的全球化必然带来法律的一体化、趋同化和国际化。现在再来评价中国接受 TRIPs 协议的必要性，我觉得已经没有多少意义。我们需要的是面对现实、改革现状。这种必然性是不可逆转的，但是我们也看到知识产权的国际立法具有相当的偶然性。这是由于知识产权规则的制定，较其他法律规则而言容易受到操纵，其产生的具体时间、具体后果并不是绝对的、确定的。当今知识产权的国际斗争和较量是一个常态。知识产权的国际化受到了发达国家利益集团的干预，因此它的过程和结果具有一定的偶然性，发展中国家有时候是被动接受，这是无奈之举，但有时候是合作博弈，这是一种战略筹谋。上述两种情况都有，因此我认为有相当的空间来进行运作。发展中国家走向国际贸易体系和知识产权国际保护体制，这是必然性使然；同时，发展中国家可以利用这种国际协调机制，来谋求自身利益的最大化，这里头存在着偶然性变数。

第二，知识产权国际立法机制的主导性与多元化。WIPO 与 WTO 在知识产权国际立法当中继续发挥主导作用。在这两大组织特别是在 WTO 中，发达国家有更多的话语权，甚至是话语霸权。与此同时，在主导机制之外，很多的国际组织和国际立法机构，正在和已经扮演重要的角色，因而出现一个多元的立法机制。国际人权组织、联合国经发组织、教科文组织、粮农组织、世界卫生组织等有很多的立法活动，都与知识产权保护有关。从一个学者的眼光看，我认为这样一种格局是健康的，可以多个方面、多个角度，反映不同的主权国家、不同的利益群体的不同立场、观点和利益诉求，不至于让一个国家说了算，让一个国际组织说了算。发展中国家首先要在 WTO 和 WIPO 这些主导机制当中谋求话语权，同时要在多元的立法机制和场所中掌握主动权，两者不能偏废。

第三，知识产权国际保护领域的唯一性和多样性。TRIPs 协议是 WTO 的最重要的国际公约之一，TRIPs 协议的特点，在于它与国际经济贸易紧密地联系在一起。知识产权保护在过去十几年间从智力创造领域进入国际经贸领域，但是在后 TRIPs 时代发生重要的变化，知识产权保护不仅是世界经贸领域的游戏规则，同时也是一系列国际论坛和国际场所关注的重要问题。现在，多个国际领域也涉及知识产权，包括生物多样性、文化多样性、粮食和农业植物、遗传资源、公共健康、环境和能源等，可以说在多个领域齐头并进。

二、发达国家知识产权的战略目标与政策走向

发达国家是知识产权制度最早的推行者，也是最大的受益者。在近代，知识产权是欧美国家促进科技创新、推动经济发展、繁荣文化的政策工具；在当代，知识产权成为创新型国家维持技术优势、维系贸易利益、提升国家竞争力的战略举措。知识产权对发达国家来说性命攸关，受到高度重视。下面我讲几个有代表性的国家和地区。

先谈谈美国。美国是当今世界唯一的政治、经济、科技、文化、教育、军事、贸易超级大国，当然也是知识产权的巨无霸。从三大领域来说：一是专利。美国专利申请占到全球的三分之一，最多时达到 33.9%，现在专利申请依然排名世界第一。二是版权。美国开发的软件占全球市场的 2/3。电影产量只占全球的 7.6%，但票房收入占全球总量的 80%。我们看的《阿凡达》，制作费用 5 亿美元，到去年 6 月底全球票房收入达到 29 亿美元。制作的电视、广播节目大概占到全球 80%，以至于整个美洲、非洲和亚洲部分国家成为美国广播电视节目的接收站。三是商标。美国品牌实验室去年统计全球品牌 500 强，美国 237 个，最好的时候达到 247 个，是最大的品牌王国。所以美国十分重视知识产权保护。自从 20 世纪以来，特别是金融危机出现以后，美国政府采取了一系列措施来强化知识产权保护制度。

一是重视知识产权产权创造，加大对高新技术的扶持。第一，加大研究预算的支出。奥巴马政府的财政预算，将科技办公室、能源部这些重要机构的研究费用整整翻了一番，大幅度增加了研究投入，而且在未来十年内美国准备将基础研究资助翻番。第二，对企业研发提供了税收减免优惠，现在对企业提供研发的税收减免高达 740 亿美元。第三，对重点领域和重要产业进行扶持，包括了清洁能源、生物、信息、航空航天。从 20 世纪末到 21 世纪初，美国积极扶持它的朝阳产业，限制和淘汰了劳动密集型、大量耗费原材料、容易造成污染的传统制造业。它的朝阳产业，其一是以微软、IBM、戴尔、苹果为代表的信息产业；其二是以洛克希德、联合技术、波音为主的飞机制造业；其三是以好莱坞、迪斯尼为支柱的电影业。除这三大产业外，最近几年间，美国战略性的新兴产业还包括了清洁能源、生物产业等。加大投入、鼓励知识产权创造，这是一个重大举措。

二是强化知识产权保护，多边合作与单边调查并行。最近几年间关于知识产权的保护，美国出台了一系列重要举措，它有两个特点：就全球执法而言，它是国内综合性执法和国际合作性执法并举。美国在国内采取综合性执法，去年制订“知识产权执法 2010 年联合战略计划”，列举 33 个要点，15 个部门参加，与我们的联合执法一样。在国外是国际合作性执法，寻求国际组织的支持，寻求与贸易伙伴的配合。这种国内的联合性执法与国际的合作性执法是两者并举的。就涉外执法而言，我认为是多边合作与单边调查并行。美国在过去几年，特别在金融危机出现以后，它的移民与海关执法局先后与中国公安部、韩国大检察厅达成意向，海关和边境保护局与中国海关总署达成谅解备忘录；美国还与世界海关组织、国际刑警组织就打击药品假冒展开多次的执法行动。这是多边的合作。同时单边调查依旧进行，美国以其国内法为依据，对外国保护美国的知识产权问题先后发起了“337 调查”，发布了“特别 301 报告”。调查所涉及的国家达数十个，其中有发达国家，但大多数是发展中国家和新兴工业化国家。

再谈谈欧盟。欧盟是一个国家集团，是一个国家共同体，现在有 27 个成员国，人口总量达到 5 亿。到 2010 年，欧盟成为全球最大的经济实体，它的 GDP 总值达到 16 万亿美元，美国同期 GDP 总值是 14 万多亿美元；从人均

GDP 来看，欧盟达到了 3 万多美元，而美国是 14 000 美元。欧盟经济实力从总体来看，超越美国位居第一。欧盟在知识产权政策的推行中，有两个问题值得我们关注：

一是推行知识产权内外方略。首先，欧盟一直在致力于建立一个统一欧洲的知识产权制度，先后出台了《欧洲共同体章程》《欧共体专利条约》《欧共体商标条约》，旨在统一欧共体各个成员国的知识产权法律，而且还要统一欧洲共同体成员国的知识产权执法行动。其次，欧盟重视知识产权领域的国际话语权，来维护欧盟自身的核心利益。比如说，利用知识产权保护自己的贸易和技术优势，利用知识产权对低水平的产品和技术构筑贸易壁垒。我们还注意到，欧盟和美国在知识产权领域并不是在任何时候、任何问题上都保持一致，它也有自己独立的利益取向。美国在计算机软件这个领域拥有最大优势，一直在全球倡导将与计算机程序有关的商业方法纳入专利权的保护范围。通过专利保护商业方法，欧盟予以拒绝，欧盟认为商业方法缺乏相应的技术属性，因此不能授予专利。与此同时，以法国、意大利为代表的“旧世界国家”，极力主张扩大地理标志的保护，包括葡萄酒、香水、奶制品等。而作为“新世界国家”的美国和澳大利亚等不赞成，主张维持 TRIPs 协议的现状。西方国家在知识产权保护方面并不是铁板一块，而是各有利益诉求，这种动向是值得我们关注的。

二是推动知识产权执法一体化。具体说来有这么三大举措：第一，建立统一法院，欧盟积极主张并且推动建立一个统一的专利法院，来解决专利权纠纷。第二，授予共同体专利。由欧洲专利局颁发的欧共体专利，在所有欧盟成员国都可以受到保护。第三，推行网络版权的单一许可，也就是说网络公司只需要取得一个授权许可，就可以在 27 个成员国来开展网络服务业。一句话，采取更加简便、快捷的方式，促进版权产品在网络空间传播。

下面讲讲日本。日本是最早制定知识产权战略的国家。2002 年小泉政府执政期间，制定了知识产权基本法，颁布了知识产权战略大纲，成立了以首相本人担任部长的知识产权战略本部。战略大纲实行以后的 8 年间，日本每年都有知识产权推进计划。通过这样一个推进计划，把知识产权战略实施与政府推行的科技政策、产业政策、投资政策紧密结合起来。在日本，知识产权战略实施和政策推行，表现在以下几个方面。

第一，以知识产权管理为核心，实现特定战略领域标准的国际化。在2010年的推进计划中，日本明确提出国际标准化的特定战略领域，包括高端医疗、第二代汽车、铁路、能源管理等七个领域，提升它的产业竞争力，以实现技术国际标准化，这一块主要涉及专利。

第二，以媒体传播为导向，促进数字产品的产业化。这主要涉及版权。其措施包括推进媒体内容传播的媒体创作、促进电子产业的内容广播、构建产业平台等。关于版权产业发展，日本明确提出了奋斗目标：通过数字作品的产业化，使内容产业的海外收入从2009年的153.6亿美元增加到2020年的332.8亿美元，整整增加一倍。数字、网络内容产业市场规模，要从2009年的179.2亿美元，在2020年达到896亿美元，增长5倍。

总的说来，日本这种以专利权战略、版权战略为导向，推进其高新技术产业和文化创意产业的发展，从目标到措施都是非常明确的。

最后讲讲韩国。韩国的科技创新与中国同时起步，始于20世纪50年代，但韩国用不到五十年时间率先进入创新型国家行列。从1980年到1995年，这15年间，韩国创造了经济奇迹，被称为“东亚经济奇迹的领航者”。通过15年的经济腾飞，韩国人均GDP从过去的5 000美元跃升到2万美元。进入21世纪以来，韩国作为一个创新型国家进入发达国家行列，把知识产权运用推到极致，具体表现在三个方面。

一是注重知识产权创造，鼓励企业进行知识产权创新。2009年8月，直属韩国总统领导的国家竞争力强化委员会通过了该委员会与政府13个部门联合制订的《知识产权强国实现战略》，在该战略中提出了六大措施以保护知识产权，鼓励知识创造，其中，在鼓励企业进行知识产权创新方面，提出了包括建立创意资本等措施。

二是强调知识产权产业化，提升国际竞争力。政府采取多项举措促进知识产权的产业化，以求创造更大的市场价值。政府在增加研发预算的同时，尤其要增加技术转化和实施的预算比例；选择绿色、环保等领域作为重点发展领域，在新技术产业化、走向市场之前提供资金支持。在国际贸易及本国知识产权产业发展方面，韩国政府均提出了明确的目标。2007年韩国的技术出口额为22亿美元，进口额为51亿美元，收支比例为0.43，韩国政府希望在2012年将此比例提高到0.79。2008年韩国知识产权产业的规模排名世界第九位，韩国期待在2012年达到世界第五位。

三是重视知识产权保护，提升海外维权能力。韩国政府采取传统的政策手段和新兴的信息化手段等各种不同的方略，来强化知识产权保护。首先，扩大国内知识产权保护范围，涉及商标、著作权、专利、设计、地理标识等方面。其次，改善侵权处罚措施，对侵权商品的海外供应商（出口商）采取通关扣留等措施，有效地制止侵权商品的流入。最后，建设各国间知识产权侵权信息的共享网络。在海外知识产权维权方面，韩国专利厅为了鼓励中小企业在海外积极主动地进行维权，对有出口业务的国内中小企业或者个人、在海外投资的中小企业与个人在海外遭侵权时，提供侵权调查费、审判及诉讼费等方面的补贴。

以上是对四个国家和地区知识产权战略目标和政策走向的简单介绍，下面我做一个概括。包括美国、欧盟、日本和韩国这些发达国家或者创新型国家，在过去十几年间，在后TRIPs时代，高度重视知识产权，其目的是维护本国的技术优势、贸易利益和核心竞争力。归纳起来有以下三个方面值得我们重视和借鉴。

第一，知识产权优势就是国家实力的优势。一个国家的综合实力包括经济、文化、科技、军事等多方面，这些实力在法律层面又表现为知识产权的数量、规模、质量、效益。可以说，在国际社会，发达国家把它们的技术、文化、品牌的优势，通过法律转化成为知识产权优势，判断一个国家实力状况如何就是看它拥有自主知识产权的状况。首先是专利，汤姆生路透在2011年发布全球创新报告。全球有效专利90%为发达国家所拥有，其中美国、日本拥有有效专利的比例高达47.5%。美国的专利总量是中国的4.3倍，韩国的专利总量是中国的1.8倍。这是专利数量和规模的分布。我们再看质量和水平：创新报告指出，就亚太地区12个重要技术领域的企业发明专利申请量而言，日本有11个领域进入前十名，其中航空航天、汽车、医疗设备、药品、石油化工这五个领域都是位居地区第一。中国只有4个领域进入前十，但没有一个进入前五。其次是版权。中国软实力研究中心发布2010年蓝皮书报告，全球文化市场美国占据了43%，欧洲国家占据了34%，日本拥有10%，中国占的份额不到4%。最后是商标。联合国经发组织统计，国际知名品牌占全球商标总量只有3%，但是它在国际市场份额中占到40%，销售额高达50%。全球8.5万个名牌，90%属于发达国家。发达国家为什么重视知识产权，因为它是国家实力所在、命脉所系。

第二，知识产权战略是富国强国的实现战略。从近代英国、现代美国、日本和当代韩国的发展，有一个共同的规律、相同的经验，那就是在它的社会发展转型过程之中，高度重视知识产权制度的施行和知识产权政策的运用。从这个意义上说，知识产权战略就是富国强国战略。美国崛起在20世纪，所以20世纪是所谓的“美国世纪”。美国是科技领先性的国家，注重通过知识产权的制度创新来推动本国科技创新和文化创新。2004年美国政府的报告明确宣称：“知识产权保护是美国创新政策的基石；在国际国内两个领域维护一个强有力的知识产权保护体系。”日本是技术赶超型国家，从20世纪70年代到80年代是日本腾飞的年代。日本发展战略有一个变化过程。第二次世界大战结束以后，日本提出“教育立国”的发展战略；从60年代到90年代，日本提出“技术立国”的战略选择；进入21世纪，提出“知识产权立国”的基本方略。韩国则是技术引进创新型国家的代表。从1980年到1995年，韩国成为“东亚经济奇迹的领航者”，现已进入创新型国家的行列，也是得益于知识产权战略的实施和运作。2004年韩国知识产权组织发表白皮书，指出“韩国是一个岛国，人口众多，资源有限，要进入发达国家的行列，就要提升自主创新能力”。韩国政府的目标，是要将知识产权作为韩国的发展战略，以此来提升韩国的核心竞争力。我们可以说，发达国家在它的社会发展转型当中，无一不是将知识产权作为一种战略选择。

第三，知识产权竞争就是世界未来的竞争。2004年，温家宝总理视察山东的时候说，世界未来的竞争就是知识产权的竞争。我想，国家与国家之间的竞争，不仅是在现有的国际市场来进行实力比拼，更是就未来一个国家的命运和前途进行竞争。竞争力的焦点问题就是知识产权，发达国家一方面把知识产权作为自己实力的表现，另一方面利用知识产权来遏制竞争对手。可以这么说，纵观国际知识产权制度近一百五十年的历史，就是发展在先的国家，运用知识产权限制和遏制发展在后的国家这样一个变迁史。19 世纪，是强大的欧洲国家向正在兴起的美国就知识产权问题进行发难；到了 20 世纪 60 年代，美国作为一个世界超级大国，与正在崛起的日本发生知识产权冲突；从 80 年代到 90 年代是新兴市场经济国家韩国与西方发达国家和地区包括美国、欧盟就知识产权问题进行较量。从 20 世纪末到 21 世纪初，则是美国、日本、欧盟联手就知识产权问题向中国施压。我认为，这并不是坏事，它说明中国正在发展、正在崛起。中国从世界大国走向世界强国，必须妥善处理知识产权问题。因此知识产权保护，知识产权制度的施行，并不能说完全是出于一种国际社会的压力，更多的是出于自身发展的需要。

三、中国知识产权的国际应对与国内发展方略

我在这里提出三个建议。

第一，充分利用多元立法机制，谋求知识产权国际立法的话语权。刚才我说了，现在国际立法机制是两个中心、多种渠道、南北对弈、趋向平衡。两个中心是指 WIPO、WTO；此外还有人权组织、教科文组织、粮农组织、卫生组织等多个国际论坛、多个国际组织，都在关注知识产权问题；东西方国家存在着对峙，但总体来说是趋向缓和，朝更加公正、更加合理的知识产权国际制度目标迈进。从国际立法话题来说，知识产权保护特别是执法问题依然是各国予以关注的重点，是发达国家特别强调的关键问题。与此同时，在生物多样性、文化多样性、公共健康、国际人权、气候问题、能源问题、粮食问题等众多领域，也都涉及知识产权。我觉得中国政府应该全面关注。过去在国际舞台、国际论坛，外国舆论对中国代表有一个评价就是“3S”：第一是微笑（smile），第二是沉默（silence），第三是沉睡（sleep）。中国在国际上不能仅仅韬光养晦，应该更加主动谋取话语权、争取主动权。

第二，合理应对双边协议机制，防止知识产权过高保护。中国是一个发展中国家，也是新兴工业化国家。我们应遵守国际惯例，承担国际公约所规定的义务，坚定不移保护知识产权；同时要注意发达国家双边协定的发展动向，谨慎提升知识产权的保护水平。我们注意到，双边机制正在谋求一个标准更高、

范围更广、效力更强的知识产权保护。目前，美国与智利（2003年）、新加坡（2004年）、意大利（2004年）、韩国（2007年）、中美洲五国（2004年），欧盟及其成员国与斯里兰卡（1995年）、突尼斯（1998年）、南非（1999年）、墨西哥（2000年）等缔结了双边协定。这些协定或延长知识产权保护期，或扩张知识产权保护领域，或附加知识产权执法新手段。面对发达国家主导的双边自由贸易协商机制，如何处理知识产权保护问题？我有一个基本观点，外抗强权，内打侵权。我记得江泽民主席曾经说过，创新是一个民族的灵魂，一个没有创新精神的民族是没有希望的。同样，我们可以说，保护创新是一个国家的基本的法律制度，一个不保护创新的国家则是没有未来的。

第三，顺应国际立法趋势和国内发展需求，完善我国知识产权法律制度。当前要加快进度修改著作权法、商标法和反不正当竞争法，同时加快制定商业秘密保护条例和民间文学艺术保护条例，从修旧法、立新法两个方面来完善我国的知识产权制度。

第四，大力实施知识产权战略，为建设创新型国家提供制度支撑。知识产权战略是长期性、全局性、国策性的基本方略。知识产权实施的成功与否，将决定21世纪中国经济与社会发展最终走向。我的基本观点，就是要实施专利战略，提升国家的科技竞争力；实施版权战略，提高国家的文化软实力；实施商标战略，增强国家的品牌影响力。

一是要致力于中国创造，实施专利战略。科技竞争是国家实力较量的表现形式，同时应该把核心技术专利的获取作为国家科技竞争的关键要素。中国的专利申请量在去年已经位居全球第二，但中国虽是专利大国，但远不是专利强国。根据去年公布的数据，中国制造业已经取代美国位居全球第一，份额达到19.8%，而美国退居在后，只有19.4%。中国制造业有两大问题：（1）劳动力生产水平不高。每一个制造业劳动力所创造的增加值只有1.79万美元，就劳动力生产水平而言，美国是中国的11.2倍，日本是中国的6.5倍。（2）创新能力不强。中国的制造业全球第一，但处于国际制造业的中低端。我们有二百多种产品产量排在世界第一，但大型客机全部进口，集成电路设备、石油装备基本进口，高端医疗设备、先进纺织设备、数控机床等大部分也是进口。解决上述问题，关键在于产业创新；实现产业创新，举措之一就是实施专利战略。当前专利战略实施中，要注意三个问题，第一是增加研发投入GDP的比重，创新型国家一般达到2.2%，美国3.2%，日本2.7%，但中国只有1.62%。第二是提高核心技术发明专利的授权量。亚太地区12个重要技术领域的发明专利申请，中国进入前十就是电信、石化、食品、农业和烟草，且没有一个进入前五。要重视核心技术、关键技术发明专利的获取量。第三是扩大科技创新对GDP的贡献率，发达国家的科技创新对GDP的贡献高达70%，而中国去年只有45%。

二是要致力于中国创意，实施版权战略。国家的文化软实力，包括文化活动的创新力、文化产品的传播力和文化产业的竞争力。目前我们存在三大问题：（1）文化创新能力不足，缺乏自主文化品牌。我们看到美国好莱坞的大片，韩国的网游，日本的动漫，法国的时尚设计，但中国的文化品牌产品是什么？在国际文化市场有没有自己的一席之地？我觉得，创新能力不足、品牌产品较少，这是一个问题。（2）文化市场本土化程度不高，版权贸易存在逆差。文化产业发展不仅意味着GDP的增长，也关系到文化主权、文化安全，必须高度重视。本土文化产业的发展，既涉及中国文化的传承发扬，也涉及民族文化走向世界的问题，是国家文化软实力的重要表现。（3）盗版侵权严重，影响文化产业的发展。遏制盗版，才能促进本国软件业、电影业、出版业、影视业的健康发展。我建议，版权战略实施要抓住三个重点问题：第一是文化产品在国际市场的占有率，第二是版权产业的增长率，第三是版权产业对GDP的贡献率。

三是要致力于中国形象，实施商标战略。日本前首相中曾根说过一句话，“我的左脸是松下，右脸是丰田，日本企业的品牌也就是日本国家的脸面”。因此，我们要重视品牌的影响力，在一个知名品牌的背后是一个有创新力的企业，是一个有竞争力的产业，是一个有经济实力的城市，是一个有世界影响力的国家。我们商标战略的实施，应该注重三个问题：（1）增加商标的附加值。中国商标连续9年申请量全球第一，目前有效注册商标220万件，三资企业占20%，中国本土企业拥有170万件商标。我们很多商标附加值低，为中国企业谋取的利润相当有限，国家提出商标战略的实施重点就是增加商标附加值。（2）扩大国际知名品牌的增长率。在全球品牌500强的排行榜单上，美国237

个，法国47个，日本41个，英国40个，德国25个，瑞士23个，中国17个。中国入选的17个知名品牌绝大多数是国字头的，诸如中央电视台、中国移动、国家电网、中国石化、中国银行、工商银行、中国人寿、人民日报等，真正属于民营企业的只有华为、海尔、同方、青啤等几个企业。(3) 提升知名商品在国际市场的占有率。据美国品牌实验室的分析，中国500个最有价值的知名品牌在国际市场的影响力只有6.5%。

总的来说，实施知识产权战略，提高国家的科技竞争力，增加国家的文化软实力，提升国家的品牌影响力，这是中国建设创新型国家的重要举措，也是中国走向世界强国的必由之路。

附1：点评

主持人：刚才吴教授从全球化这样的一个背景下介绍了知识产权国际发展的态势，从本土化这样的视角介绍了中国的应对策略。我感觉根据吴教授的报告，国际态势的发展主要是突出一个强保护，这个强保护体现在一些国际公约，从宣言性变为有约束力和执行力，包括一开始的《关税与贸易总协定》到《知识产权协议》，从一般的货物贸易到服务贸易都强化了知识产权保护，并且体现在执行机制和争端解决机制之中。另外在发展方式上，从双边、多边协定然后到国际条约，美国最近的“301报告”指出，中国知识产权侵权给它带来408亿美元的损失，影响到几十万人的就业。总而言之，知识产权优势就是国家实力优势，知识产权战略就是强国战略。在本土化方面立足中国的国情，防止高保护，外抗强权，内打侵权；同时在知识产权战略方面强调了专利就是提升科技竞争力，版权就是提升文化软实力，商标就是提升品牌影响力。报告非常精彩，内容非常丰富。在座的各位有没有问题与吴教授进行互动和交流？

问：刚才你对发达国家的知识产权状态阐述充分，使我有非常深的理解。请问吴教授你觉得知识产权强国战略，它的评价标准有哪些？美国、日本、欧盟这些是不是可以把它定义为知识产权强国，我们国家距离知识产权强国哪些地方差距比较明显？

答：当今世界，大部分发达国家就是创新型国家，这些国家也是知识产权强国，目前公认的进入创新型国家行列有二十多个，如美国、日本、德国、瑞士、韩国等。这些国家在知识产权的拥有量上占有支配地位。就专利而言，它们拥有了有效专利的绝大多数，高达90%以上，特别是美国和日本占47.5%，这些是指知识产权的数量和规模；同时也要看到，它们知识产权的质量和水平，即在核心技术、关键技术领域占了相当的份额。此外，从文化市场所占的份额和国际知名品牌所拥有的数量，也是远远处于领先和垄断的地位，所以它们理所当然是知识产权强国。它们为什么成为知识产权强国，我觉得有几个方面是值得我们重视的。第一，注重研发投入。研发投入是衡量一个国家能不能成为创新型国家的一个重要指标，一般来说达到GDP的2%，中国去年只有1.62%。第二，就是对外技术的依存度。凡是创新型国家都不超过20%，中国高达50%。此外，科技创新对经济发展的贡献率，中国只有45%，而创新型国家超过70%。我们应该注重研发投入，注重知识创新。通过知识创新，促进相关产业发展，在发展过程中追求知识产权获取的数量和规模，提高知识产权应用的质量和效益。通过这些举措，才能够实现我们成为知识产权强国这样一个目标，我认为创新型国家的目标和知识产权强国的目标是一致的。

问：对一个专利权人来说，一个大的药厂无非通过他的专利得到利益最大化，这种情况对国家的经济和社会会有影响。一些国家如印度、泰国药品专利的法规、政策还是比较特别的，至少与世界大国不一样，对这个问题你怎么看？

答：公共健康问题是在WTO框架之内东西方国家冲突的一个焦点。最不发达国家特别是非洲国家由于艾滋病、癌症、流行性疾病带来公共健康危机，引发对专利药品的利用问题。从TRIPs协议的公共利益条款可以解读到，对于公共健康的维系，是可以利用专利药品的，但是没有具体条款可供适用。多哈会议上，发达国家作出一些让步，允许一个国家实施强制许可，解释强制许可的理由，解释什么是“国家紧急状况”。但是这个多哈会议的宣言并没有落实，所以后来WHO加上WIPO、WTO，在日内瓦达成一致的意见，任何知识产权保护不应该成为维护公共健康的一种制度障碍，这就给了一些最不发达的国家利用专利药品一个很大的解释空间。我觉得这是一个良好的开端。中国也有药品专利强制许可的规定，但目前为止没有一例专利药品强制许可的实例。理由是多方面的，第一，中国作为一个新兴的工业化国家，我们的制药水平、制药能力可以说是许多发展中国家不能企及的。第二，在目前社会保障和生活水平、医疗水平情况下，中国还没有发生所谓的公共健康危机。但是，对于发展中国家能够规定专利药品的强制许可，我认为是有必要的，这反映了发展中国家的利益诉求，必须看到目前的药品专利绝大多数控制在发达国家手里。

问：我国好多企业实际上也非常重视技术创新，但是它们面临一个问题，我在国内这个技术领域常常是独一无二的，因此没有必要搞知识产权研究。如何来说服企业领导，增强知识产权意识？

答：我认为，企业是市场经济的主体，理所当然也应该是知识产权的主体。中国作为一种市场经济国家，有一个非常重要的特点，它是政府主导型的市场经济。中国政府特别是地方政府，总是在扮演一个无所不能的角色。因此在推行知识产权的创造、管理方面，总是特别积极。其实我认为，实施战略最重要的问题，是激发企业的市场主体和知识产权主体的意识。中国地域太广阔，发展不平衡，像浙江、江苏、广东这些比较发达的省份，企业十分重视知识产权。我记得深圳市政府介绍，90%的科技力量在企业，90%的科研经费在企业，90%的科技成果也在企业。把重心放在企业是完全正确的，当然这会有一个发展过程。但是我想，中国企业要走向世界，立足于国际市场，没有一个核心技术、关键技术的专利，没有国际知名品牌，很难立足，很难发展。就国家而言，充其量是世界加工厂，而不是世界制造工厂。

问：我们正在制定工业和信息化领域知识产权的指导意见，不知道你在这方面有什么建议？你刚刚提到建立一个以知识产权为导向的公共政策体系，比如美国、日本在产业政策方面的经验，你能不能详细介绍一下？

答：美国、日本包括中国，在最近几年间都选择了一些战略性的新兴产业作为发展重点，我觉得，产业创新涉及三个方面：产业结构的调整、新兴产业的发展和产业集群的形成。各个国家选择的领域和部位是不尽相同的，这要从国情出发。中国的战略性新兴产业，包括新能源、新医药、新材料、环保节能、电动汽车、信息产业和生物育种等，这是符合中国发展需求的。日本和美国有它们的优势所在，所以产业战略的目标不尽相同。我觉得现在问题是什么呢？知识产权是一个政策工具，没有它是不能的，但也不是万能的，我们应该把知识产权战略与产业政策、产业发展目标很好结合起来。发展战略性新兴产业，没有这个产业的核心技术和关键技术，并且通过专利的形式来保护它，这个产业发展前景是很危险的，或者说这种竞争力是很难得到保证的。国际知名的跨国公司都拥有所在领域的核心技术、关键技术，例如索尼公司的微型电子化技术、奔驰公司的汽车发动机和整车装备技术、飞利浦公司的光学介质技术，毫无疑问这些技术都是专利。专利是什么？第一，通过专利形成合法的相对的垄断地位，可以遏制和限制竞争对手。第二，通过专利取得的投资回报，促进企业的进一步创新。我看到一个数据，现在企业的平均寿命在全球范围来看大概是 8 年，超过 12 年的企业不到 30%，而中国的企业寿命更短，平均为 4 年到 6 年。很多跨国公司像德国西门子、美国通用、英国邓禄普，这些公司可以说是企业界的常青树，他们的创始人当时都是发明人，通过专利取得回报，推动企业不断创新。我觉得工信部制定发展战略，可将产业战略发展目标和知识产权政策运用结合起来，仅仅靠知识产权是难以实现产业发展目标的，它必须和其他的公共政策配套。刚才由于时间关系我介绍很简单，看看日本、美国和韩国，第一，加大研发投入；第二，对企业研发实行税收减免；第三，注重产学研的高度集合。这些经验都值得我们借鉴。

问：本土化强调中国国情，在知识产权保护方面防止过高的保护状态。有专家说中国的发展依赖于一个后发优势，后发优势有学习借鉴甚至是拿来主义。中国正处于工业化进程和全面小康的进程当中，怎么合理把握知识产权保护的强和弱，这个问题你怎么看？

答：你谈的问题非常有意义。西方国家在知识产权保护问题上，我归结为一句话，就是实用主义态度。18、19 世纪的美国是低水平保护，到 20 世纪，它就是强保护。这里有一个过渡期，而我们一起步就是较高水平的保护。我们当年制定知识产权法律的时候，顾及发展中国家这样一个现实。但是后来与美国发生知识产权冲突以后，1992 年修改了《专利法》，颁布了《实施国际著作权公约的规定》，1993 年修改了《商标法》，使我们知识产权保护水平一下子与国际公约靠近。在那一时期，我觉得超出了中国的发展阶段，超出了我们的承受能力。保护知识产权，总的来说，对中国的好处是显而易见的，有利于中国的长远发展。第二个问题是保护知识产权水平，我认为按照国际公约所规定的最低保护标准就行了，不要超标。美国现在超出了 TRIPs 协议，加强著作权的保护。再比如，欧洲和美国、日本倡导建立全球统一专利制度，中国对此应持谨慎态度。现在美日欧批评中国最大问题是执法问题，对大量的假冒、盗版行为没有有效的遏制。原知识产权国际协会主席、也是美国斯坦福大学的教授说，发展中国家与发达国家在知识产权问题上的差距，不在于立法本身，而在于运用制度的经验不足。知识产权是一个游戏规则，是一个政策工具，而我们政府，特别是企业，运用的还不熟练。我的看法是，立法水平不低，执法保护还有待提高。对于企业来说，主要是在良好的社会环境的情况下，争取更多的知识产权，同时保证知识产权质量、水平的提升。

文化大发展大繁荣与知识产权战略*

党的十七大报告明确提出“提高国家文化软实力”。2010 年 10 月，《中共中央关于制定国民经济和社会发展第十二个五年规划的建议》指出，“加强对外宣传和文化交流，创新文化‘走出去’模式，增强中华文化国际竞争力和影响力”。2011 年 10 月，中共中央又作出“深化文化体制改革，推动社会主义文化大发展大繁荣”的决定。文化软实力的产权表现，文化走出去的产品贸易，文化大发展大繁荣的产业支撑，说到底都是知识产权问题，与著作权、商标权、专利权等紧密相关。从一定意义上说，文化实力、文化产业、文化贸易的强弱，即表现为自主知识产权的数量与质量的差异。当前，我国自主创新能力不足，自主文化精品太少，知识产权问题已成为制约文化软实力提升的重要因素。有效解决这些知识产权问题，是发展文化产业、应对外来文化风险的必然要求，也是国家知识产权战略实施的重要任务。

一、国际文化竞争的发展态势与我国面临的文化风险

关于国际竞争、国际文化竞争，我想讲三个问题。

第一，核心竞争力是国家竞争力的关键要素。

当今世界，国家与国家之间的竞争是综合国力的竞争。国家的竞争力是指

---

* 本文系作者 2011 年 11 月在文化部“文化法制大讲堂”第一期所作的专题讲座，根据录音整理。

一个国家在世界经济的大环境下所具备的创造增加值和国民财富不断增长的能力。这个竞争力主要包括三个部分：核心竞争力、基础竞争力和环境竞争力，其中，核心竞争力最为重要。国家的核心竞争力主要表现为科技、文化与经济的实力，科技、文化与经济的实力是通过若干产业的国际竞争力来表现的，而产业的国际竞争力又是以企业的市场竞争力为基础的。例如，美国作为一个超级强国，有着极强的国家核心竞争力，在经济、科技、文化等方面的实力都远超过其他国家，同时它也是理所当然的知识产权强国。美国的国家核心竞争力表现为支柱产业的国际竞争力。一般认为，美国有三大支柱产业：信息产业、飞机制造业和影视产业，这三大支柱产业是由许多跨国公司所组成的，比如信息产业有苹果、微软、IBM、英特尔、戴尔、惠普等；飞机制造业有波音、洛克希德、联合技术公司等；影视业有迪斯尼、好莱坞等。由此我们可以看到，企业、产业和国家之间的竞争力是紧密地联系在一起的，国家核心竞争力具体表现为产业的国际竞争力，产业的国际竞争力又以企业的市场竞争力为基础。

第二，文化竞争是当代国际竞争新的发展态势。

在当代的国际战略理论当中，国家竞争力的形成，国家与国家之间的实力较量，过去比较多的看它的硬实力。硬实力包括基本资源、军事力量、经济力量和科技力量这些支配性的实力，特别是军事力量和经济力量具有十分重要的地位。随着文化贸易与文化产业的全球化，文化实力比拼成为国际竞争新的发展态势，国家间的实力较量已从硬实力扩展到软实力。1990 年，美国哈佛大学教授约瑟夫·奈（Joseph S. Nye）在《仍是竞赛中的强者》一文中提出了“软实力”概念，将其概括为国家的凝聚力、文化被普遍接受的程度和参与国际机构的程度。与硬实力相比，软实力注重国民精神的凝聚力、民族文化的影响力以及意识形态和制度的吸引力，是一种“通过吸引而非强迫或收买的手段来达已所愿的能力”。软实力的核心是文化软实力。与此同时，作为软实力的文化既能借助文化产品生产提升国家综合国力，亦可通过文化的“软约束”功能对经济发展产生影响。可以这样说，文化软实力虽具有弹性，但可以通过硬性的条件表现出来。文化发展需要创新活动，文化传播需要产品贸易，文化竞争需要产业发展。由此，一国文化软实力的衡量指标可概括为文化活动的创新力、文化产品的传播力和文化产业的竞争力。

第三，知识产权是文化竞争力的法律体现。

国家与国家综合国力的竞争集中表现为科技、文化与经济实力的竞争，这种经济、文化与科技的实力在法律层面就表现为自主知识产权的数量和质量。对此，英国政府白皮书曾经表述过知识产权的重要性，“核心竞争力是那些能够使企业保持长期竞争优势，获取稳定超额利润，明显优于竞争对手并且不易被他人模仿的无形资产，这个无形资产就是知识产权”。发达国家在国际贸易、国际市场的通行做法是，把它们的技术、文化、品牌优势通过知识产权制度演绎为产权优势，最终形成国际市场的竞争优势。美国的电影文化、日本的动漫文化、韩国的游戏文化、法国的时尚文化，无一不表现为具有国际影响力的版权产品。可以说，国际文化市场的竞争，就是知识产权的竞争。

二、创新型国家的文化扩张与知识产权谋略

首先谈谈创新型国家知识产权制度运作。

一是国力体现：知识产权优势就是文化实力优势。

创新型国家正在以知识产权为后盾，以现代传播技术为手段，以经济全球化和产业全球化为平台，推行彰显本国价值和理念的全球文化战略。

为增强本国软实力，世界各国都在努力提升文化创新能力，形成文化产业竞争优势，争夺文化市场的份额。从国际范围来看，现今文化市场依然是西方传统文化一统天下的局面：美国独占43%，欧洲拥有34%，日本占据10%。这说明一国的文化实力与其本国的综合国力是一致的。

与文化实力或文化优势相关的知识产权，主要是著作权（如软件、电影版权），但也包括商标权（如文化品牌）、专利权（如文化传播技术专利）。这些权利保障着文化生产、传播与利用的智力劳动过程，服务于文化创新成果的产权化、产业化的发展目标。

当代文化产业的全球化和文化霸权的形成，使得民族国家的文化主权不断弱化和传统文化走向边缘化，诚如英国学者斯科特·拉什所言：“始料不及的风险和危险将不再是由工业社会的物质化生产过程中所产生的风险和危险，而是从信息领域、从生物技术领域、从通讯和软件领域产生出的新的风险和危

险。”包括中国在内的发展中国家正面临着一个“风险文化的时代”。由此可见，提升文化创新能力，发展文化创意产业，不仅在经济上需加以考量，而且还涉及国家软实力问题，事关一国的文化主权与文化安全。

二是发展选择：知识产权战略就是文化强国战略。

创新型国家的发展，有一个共同的规律，相同的经历，那就是在社会发展转型过程中，以经济为重、科技为先、文化为魂，先是经济大国、科技大国，尔后必然谋求成为文化大国。正如一位政治家所讲的那样，经济可以使国家富裕，科技能够使国家强盛，但只有文化才能使国家伟大。实现社会转型发展的战略目标，知识产权是其重要的制度支撑，知识产权战略就是文化强国的发展战略。建设文化强国，既是国际社会发展的重大趋势，也是我国经济社会发展的战略选择。中国已经成为一个名副其实的经济大国，但还不是国际意义上的文化大国，正如中央关于“深化文化体制改革推动社会主义文化大发展大繁荣”的决定所指出的那样，“我国文化发展同经济社会发展和人民日益增长的精神文化需求还不完全适应，突出矛盾和问题主要是：有影响的精品力作还不够多，文化产品创作生产引导力度需要加大；文化产业规模不大、结构不合理，束缚文化生产力发展的体制机制问题尚未根本解决；文化走出去较为薄弱，中华文化国际影响力需要进一步增强”。2010 年我国文化产业增加值达到1万亿元，仅为 GDP 的 2.5%，而从国际方面来看，文化产业已成为发达国家的经济支柱产业和经济增长点，如美国文化产业增加值占 GDP 的 27%，英国占 11%。由此可见，我国的文化消费需求还远未得到释放，产业发展前景广阔。在这种新的国际、国内背景下，以知识产权制度为后盾的文化强国战略，应成为我国经济社会发展的必然选择。

三是竞争焦点：知识产权竞争就是文化产业竞争。

当今世界，文化产业的兴起已经影响到了全球经济，成为发达国家举足轻重的支柱产业和新的经济增长点。英国 1998 年出台的《英国创意工业路径文件》、美国国际知识产权联盟定期发布的《版权业对美国经济影响的评估报告》以及韩国 1999 年通过的《文化产业促进法》，无一不是通过版权战略或政策的实施，来提升文化创新能力，增强文化创意产业的核心竞争力，以此扩充文化软实力的竞争优势。诚如英国知识产权委员会所指出的，“从长远的观点来看，在发展中国家，如果能使文化产业成果的其他条件得到满足，更强的私权保护将有助于激励当地的文化产业”。在改革开放以及全球化的背景下，文化产业也正逐渐成为中国方兴未艾的“朝阳产业”。当我国硬实力取得了举世瞩目的巨大成就时，以文化产品出口为标志的文化产业竞争力，却远远不能与之相匹配。在 15 个国家文化产业竞争力要素比较中，企业战略竞争力指数最高值为 0.87（美国），平均值为 0.45，我国企业竞争力指数仅为 0.12，排名第 15 位，也就是最末尾。这说明，我国文化产业竞争力与其他国家差距十分明显。

其次，介绍创新型国家的文化创意产业发展。

创意产业的概念是英国著名经济学家霍金斯 20 个世纪 90 年代提出的，原意是指脑力劳动占主导地位、劳动成果拥有知识产权的先进产业。文化创意产业相当于美国的版权产业，构成中国传统文化产业的主体部分，包括新闻出版、广播影视、文学艺术、文化娱乐、文艺表演、广告设计、计算机软件、网络信息等。文化创意产业或者版权产业，被看作是 21 世纪知识产权经济发展的动力和核心。下面介绍几个代表性国家的情况。

1. 美国

美国毫无疑问是世界上头号的政治、经济、科技、文化、军事、贸易的超级大国，毫无疑问也是知识产权强国。现在美国优先发展它的朝阳产业：一个是文化创意产业，包括软件、电影、音像、图书、传媒等，文化创意产业是以版权保护为后盾；另一个是高新技术产业，以计算机、通信、生物制药为核心内容，以准专利和专利保护为后盾。在美国，创意经济是知识经济的核心内容，更是其经济形态的重要表现形式，没有创意就没有新经济。阿特金森和科特于 1998 年明确指出，美国新经济的本质，就是以知识及创意为本的经济，新经济就是知识经济，而创意经济则是知识经济的核心和动力。美国人发出了“资本的时代已经过去，创意的时代已经来临”的宣言。在美国，文化创意产业称为“版权产业”，分为四大类，即：核心版权产业、交叉版权产业、部分版权产业、边缘支撑产业。统计数据表明，2005 年，美国全部版权产业约为 1.38 万亿美元，占 GDP 的 11.12%，其中，电影、音乐、软件等核心版权产业约为 8 190 亿美元，占 GDP 的 6.56%。在文化市场，美国拥有产生国际影响力、支配力的三大产业，即软件、电影、音像。就市场份额而言，电影票房达到 80%，广播、有线电视收入占到 85%，收费电视收入占到 85%。此外，唱片发行量达到 20%，软件占有率超过 2/3。

美国的文化产业一直遵循“高成本、高收益”的投资理念，“利润最大化”永远是它们的第一信条。当然，仅靠高投入是不行的，美国的文化产业深知市场的重要性，它们严格按市场规律办事，通过产品开发、建立全球销售网络、宣传促销和捆绑销售等多种手段和方法，以实现利润最大化。迪斯尼可以说是这方面的行家里手，迪斯尼一般分五步收取最大赢利：票房收入是第一轮收入；发行录像带、DVD 是第二轮收入；迪斯尼主题公园的推广是第三轮收入；特许经营和品牌专卖是第四轮收入；最后，通过电视媒体获取最后一轮收入。据统计，在迪斯尼全部收入中，电影发行加上后续的电影电视收入只占 30%，主题公园的收入占 20%，其余的 50%则全部来自品牌销售。

由于美国政府在政策上采取了“杠杆方式”，以“资金匹配”来要求和鼓励各州、各地方以及企业拿出更多的资金来赞助和支持文化艺术事业，因而，各州、各地方都必须拨出相应的地方财政来与联邦政府的资金配套。据统计，美国联邦政府对艺术的年投入约 11 亿美元，而州、地方政府的拨款和企业的赞助高达 50 亿美元以上。如美国国家交响乐团每年得到的艺术委员会拨款只占总费用的 10%，其余款项需由地方、企业及全社会予以资助。作为全球版权产业最为发达的国家，版权产业已经成为当今美国最大、最富有活力并带来巨大经济收益的产业。从 1996 年开始，版权产品首次超过汽车、农业与航天业等其他传统产业，成为美国最大宗的出口产品，其中核心版权产业的出口额已达 601.8 亿美元。美国版权产业在出口、增值和促进就业等方面的持续增长，巩固了版权产业作为美国经济发展的支柱产业地位。

2. 意大利

意大利的文化创意产业起步较早，始于 20 世纪 70 年代。它以工业设计创意为主导，以民族文化产品创造为特点，率先在欧洲国家推动创意产业的发展，它是文化创意产业和工业创意产业齐头并进。意大利的三大设计在全球都很有影响，那就是汽车设计、家具设计和时尚设计。都灵、米兰在全球都是非常有名的创意产业区，米兰每年要推出新款的汽车式样达 400 多种，都灵被打造成为意大利民族文化产品的设计之都，这都是非常有国际影响的。经过 40

多年的发展，意大利现在已是全球时尚产品出口第二大国、世界第二大高端时装出口国，每年有4次影响全球流行趋势的“时装周”。

3. 日本

文化产业是日本经济“失落的20年”间的亮点产业，其文化产业在亚洲甚至全球范围内居于领先地位。日本拥有世界销量最大的三家报纸，即“读卖新闻”“朝阳新闻”“每日新闻”。文化产业是日本参与国际竞争的重要平台，在“美丽日本”的口号下，无论是动漫、游戏等流行文化产品，还是茶道、插花、建筑等传统文化产品，都是日本打造文化软实力的重点产品。当然，其最为称道的应是领先全球的数字内容产业。日本从政府到社会各界都普遍认识到内容产业的美好前景，加大了对它的支持力度。2003年，政府在知识产权战略总部建立了专门工作组织，并且把内容产业作为一个战略部门，精心策划和打造，从而使其在国际市场上具有竞争性。现在，随着数码技术的发展，“内容产业”渗透到日本的各个领域。动漫和游戏已经成为日本娱乐产业的中流砥柱，每年有数以千计的动漫电视节目和几十部动漫影片问世。目前，产品输出成为日本动漫产业发展的战略重点，因此，很多动漫产品在策划和制作之初，就充分考虑外国观众的习惯和口味，将日本民族风格与外国观众的欣赏习惯有机地糅合在一起，使日本动漫能够顺利地推进国际市场。日本动漫产业能够领跑于国际市场，除了以上原因外，衍生产品的成功开发，电视和网络传媒的普及和发展，传播手段的不断完善等，也都是日本动漫产业不断发展和壮大的原因。

4. 韩国

韩国是亚洲较早认识到文化创意产业对经济发展具有巨大推动作用的国家。早在1990年，韩国政府就设立了“文化产业局”，负责出版等相关事务，后经政府内部整合，文化创意、观光事务等合并成立了“文化观光部”。1997年亚洲金融危机给韩国以沉重打击，为了摆脱危机，韩国实施经济转型，于1998年提出“设计韩国”战略。经过多年的实施之后，设计和创新在韩国开花结果，韩国已经拥有三星、LG等全球著名品牌，韩国也从工业制造国家成功转型为设计创新国家。韩国政府制定专门法律以确立“文化立国”的发展方针，从国家意志高度明确发展文化产业的方向。韩国的数字内容产业发展以游戏最为重要，在市场规模、市场占有率方面都位居亚太地区前列，也是韩国政府确定的“十大新引擎产业”之一。近年来，文化产业成为韩国新的经济增长点，据韩国文化振兴院提供的数据，2009 年，韩国文化产业规模达到 69.4 万亿韩元（约合 3 826 亿元人民币），同比增长 4.5%，约占当年 GDP 总量的 6.5%。资料显示，2005 年至 2009 年间，韩国文化产业规模年均增长率为 4.8%。现在，韩国已经成为世界第五大文化创意产业强国。

三、文化领域中的知识产权

在这里，我先谈谈文化领域中的知识产权制度，主要是著作权、商标权、专利权；同时，也要具体分析文化产业发展中的知识产权问题。

第一，与文化活动有关的知识产权制度。

1. 文化产品与著作权

著作权是文化领域最重要的一项知识产权。著作权亦称版权，是指作者或其他著作权人依法对文学、艺术或科学作品所享有的各项专有权利的总称。根据我国著作权法规定，广义的著作权分为著作权与邻接权两大部分。一是作品创作者的权利，诸如文学家、音乐家、艺术家、软件设计者对所创作的文学艺术和科学作品都享有著作权。这是一种狭义的著作权。法律规定有 17 种权利，既包括人身权利，比如说署名权、发表权、作品的完整权、作品的修改权，也包括非常丰富的财产权利，包括了复制权、发行权、广播权、上演权、摄制权、改编权、翻译权以及信息网络传播权等。二是作品传播者的权利，包括表演者权、音像制作者权、广播组织权。这种权利是以他人创作为基础而衍生的一种专有权，虽不同于著作权，但又与之相关，故称邻接权。

2. 文化企业与商号权

商号权是指各类经营主体对其商号依法享有的专有权利，即经营主体对商号所拥有的商号设定权、使用权和转让权等权利。商号不仅是企业的一种标志，而且是与大众建立情感交流、获得受大众心理认同的平台。品牌建设是提升文化产业软实力的关键，同时也是增强文化产品影响力和文化核心竞争力的重要措施。据统计，美国的时代华纳年收入是 436 亿美元，新闻集团是 238 亿美元，迪斯尼是319亿美元。中国中央电视台是中国广电的旗舰，一年的总收入15.55亿美元，与时代华纳相比是28倍的差距。之所以有如此大的差距，原因之一就在于品牌的差异。我认为对于知名的广播影视企业可以寻求商号权的保护，像“CCTV”这种名称和徽记都应该拥有专用权，不允许别人擅自加以使用。

3. 文化品牌与商标权

对广播影视产业来讲，商标权具有重要的意义，尤其是知名的广播影视作品，应该尽可能地寻求商标权的保护。在日本，电视台如果有很好的栏目，会把栏目名称在全部45个类别都注册成商标。虽然国内的广播电视机构已经有意识采取措施进行品牌打造，也取得一些较好的成效。例如，中央电视台的《新闻联播》《焦点访谈》，还有《开心辞典》《星光大道》等，在全国范围内都具有了一定的影响，但是由于知识产权运用经验不足，未采用商标权保护措施，导致大量的知名栏目被他人抢注为商标，“中央一套”被抢注为避孕套商标；中央台被抢注为男性性保健品商标，广告称“有了中央台，就有好节目”；还有的把“新闻联播”搞成“性吻脸脖”，成为卖化妆品的商标；有的把“焦点访谈”的谐音注册“焦点芳弹”，卖隆胸产品。商标抢注现象的出现，既表明知名品牌节目的商业价值，也说明商标权保护的重要性。

4. 文化传播技术与专利权

专利权在促进文化传播技术研发，提升文化传播能力方面具有重要意义。当今世界，一个国家文化的影响力不仅取决于其思想内容，而且取决于其传播能力。谁的传播能力强大，谁的思想文化和价值观念就能更广泛地流传，谁就能更有力地影响世界。文化传播能力的强弱与国家的科技研发实力密切相关，只有拥有先进的传播技术才能不断地提升文化传播能力，只有拥有先进传播技术的专利权，文化产品的传播才不会受制于人。当前，出版、影视制作、报业传媒、演出、会展业等传统的文化传播形式，通过与数字化技术、网络技术、移动通信技术、计算机技术等高新技术的结合，明显提升了文化传播能力。数字影像、声光多媒体、LED显示等诸多高新技术正在被演出、展示场馆和大型文化传播活动广泛采用，上述技术无一不与专利密切相关。

第二，我国文化产业发展中的知识产权问题。

1. 创新能力不足，文化品牌较少

自主文化品牌是文化创意产业的核心竞争力所在，也是一个国家维系和传播民族文化的重要砝码。一般而言，文化产业发达的国家都有自主品牌的文化产品，如美国的好莱坞大片和迪斯尼动画、法国的时尚设计、韩国的网络游戏等。相比之下，中国文化产业的创新能力不足，具有中国特色并有国际影响力的文化品牌不多。在图书出版界，前几年引进了美国一本畅销书《谁动了我的奶酪》。一些人就有本事跟风，马上写一本《我动了谁的奶酪》，然后是《大家要动谁的奶酪》，一下子全国有十几本与奶酪有关的书；以中国文化为背景的美国电影"功夫熊猫"，其景观、布景、服装以至道具均充满中国元素。"功夫熊猫"取得了6.3亿美元的票房，而今年推出的"功夫熊猫2"也已取得了6.5亿美元的收入。据了解，"功夫熊猫"的美术总监Raymond Zibach花了8年时间，钻研中国文化、艺术、建筑、山水风光，务求做好动画中每个细节，忠实反映中国特色。中国的文化、中国的元素为何在国外可以发扬光大，可以创造经济效益，这值得我们反思。总之，在知识产权创造方面，无论是创新力还是创名牌，中国尚存在着明显差距。

2. 本土化水平不够，对外依存度高

我国是文化大国，但远不是文化强国。目前，我国本土文化精品严重不足，尤其是在电影、动漫、网游等方面仍依赖外国进口。目前，电影票房收入的60%依赖进口大片。21世纪初年的统计，少年儿童喜欢的动漫60%来自日本、30%归属欧美，网络游戏市场半壁江山被韩国等外国公司所占领，畅销图书、期刊亦多为外国产品或中外合作产品。以电影产业为例，截止到2011年10月份，电影票房收入在10个月内已破100亿元，共有200部左右影片上映，国产片占到150部。在100亿元票房中，进口片票房占到近53亿元，国产片票房为47亿元左右。150部国产片票房不敌50部进口片。2010年，《阿凡达》票房一枝独秀，今年《变形金刚3》再领风骚。自2008年国家知识产权战略实施以来，我国版权产业尤其是动漫、网游、图书等有了长足进步，本土电影在本土市场中的份额也有了明显提升，但总体说来仍有相当的发展空间。我们必须认识到这一问题的严峻性，如果文化产品本土化水平较低，对中国是极为不利的，中国会因此而丧失对文化市场的控制力，丧失对社会主流文化的支配力。

3. 盗版行为盛行，文化发展受阻

目前，我国的盗版现象特别是音像盗版和软件盗版依然比较严重。根据中国互联网络信息中心 CNNIC《第 28 次中国互联网络发展状况统计报告》，截至 2011 年 6 月，中国网民规模达到 4.85 亿，较 2010 年年底增加 2 770 万人；互联网普及率攀升至 36.2%，并且网民规模持续快速增长。根据国内几家主流媒体发起的《中国城市数字影视版权状况调查报告》的数据显示，仅在网吧，影视盗版率就已经达到 89.4%。事实上，城市数字影视版权市场规模可达百亿元，但版权人的收益不足 10 亿元。这表明，我国城市版权维权的市场规模至少在 90 亿元。根据中国音像协会提供的数据，我国电视台每年被盗播电影在 1 200 部以上，如果按照赔偿 5 万元的最低标准来算，每年中国电影被盗播的年损失金额达 6 000 万元。从长远来看，盗版行为的存在，不利于民族文化产业的发展，不利于调动民族文学艺术工作者创作的积极性。因此，打击盗版、保护版权应该是我们推动文化产业发展的重要举措。

四、文化发展繁荣与知识战略实施

当前，我国正大力推进文化产业发展和国家软实力建设，国家知识产权战略进入全面深入实施的关键阶段。知识产权战略是我国为推动经济、文化与社会发展而作出的重大战略决策，其实施的成功与否将决定 21 世纪中国社会发展的最终走向。有效实施知识产权战略，提高文化活动创新力、文化产品影响力与文化产业竞争力，才能在增强我国软实力的同时，抵御外来的文化风险。下面谈几点建议：

（一）以知识产权创造为目标，形成文化创意产业群

产业是经济发展的核心问题，产业创新是建设创新型国家的重要任务。文化创意产业发展，与知识产权创造有着紧密的联系，激励创造、促进创意产业成长是知识产权战略实施的首要目标。我们要提高文化创新能力，并选择关键的文化产业、重点的文化企业作为突破口，建立一批有代表性的创意产业群，形成强势自主版权和自主品牌。当前要大力发展中国的网络文化产业、数字内

容产业、动漫产业、游戏产业等新兴文化产业，振兴文化表演、文化娱乐、会展博览、工艺美术等传统文化产业，促进电影产业、音像产业、广播电视业和图书出版业等视听、印刷文化产业。

（二）以知识产权管理、运用为重点，构建文化创新政策体系

中国的知识产权制度已比较先进，但是并没有完全实现其预期的政策目标。究其原因，在于我们制度不够完善和运用制度的经验不足，当务之急是要加强法律建设和政策配套，为文化创新和文化产业发展提供制度性支持。我认为，知识产权政策目标的实现有赖于一个以知识产权为导向的公共政策体系的建立。通过知识产权的管理和运用来推动文化创意产业的发展，需将知识产权制度与国家的科技政策、产业政策、文化政策、教育政策、外贸政策相互配合，并在有关政策出台时增加知识产权条款。具体而言，在产业政策方面，应着力调整创意产业结构，促进文化创新成果产业化；在科技政策等方面，应加大对发明创造者的保护力度，注重创意性科技成果的产权化、产业化；在对外贸易方面，应转变对外贸易增长方式，优化进出口商品结构，扩大具有自主版权、自主品牌的文化产品出口；在文化政策、教育政策方面，应鼓励文化创新，推动文化的版权化、市场化；在投资政策方面，应增加对创意产业的资金扶持，细化文化创新的财政投入。

（三）以知识产权保护为支撑，营造创新文化社会环境

文化创意产业的健康发展，有赖于明确产权归属，规范文化产品市场，加强知识产权的保护。知识产权是文化创意产业发展的制度保障，同时也是世界市场经济体制的基本规则。无论在国内市场还是在国际市场，我国文化创意产业的发展都离不开对知识产权的有效保护。从国内市场来说，知识产权是文化创意产业主体进行市场竞争的法律手段。唯有加强知识产权保护，严厉打击盗版假冒行为，才能使我们的文化产业主体将人力与物力投入到文化的创新与品牌的维护上，才能形成健康有序的市场环境，使创意经济发展实现良性循环。

互联网的产业发展与法律完善*

由国家新闻出版总署法规司举办的这次活动非常有意义。今年我参加版权研讨会议已经四次了，但是我觉得这一次不同以往，实际上是中国立法界、司法界、律师界、学术界与企业界的一个多边高端会谈。从主题来说有两个关键词，一个是产业发展，一个是制度改善。因此，关于这个研讨会我觉得有两个非常重要的指导思想，一个是立足产业谈法律，我们要站在互联网的业内来看待现行著作权法的不足之处；但是我觉得更重要的是第二个，要跳出法律看产业，我们一定要站在国家层面，扶持促进战略性新兴产业的发展，来探讨这个问题。所以说，我想通过网络版权问题的探讨，最终的目的是要促进互联网产业的健康有序发展。

一、如何看待互联网产业

在这里，我有两个基本观点。

第一，互联网产业是一个最朝阳的产业。为什么这样讲呢？首先要认识互联网产业发展的重要性。国务院通过了文化产业的中长期发展纲要，已明确规定中国要发展互联网产业。关于互联网产业对中国经济发展的贡献率，一位经济专家讲道：今年中国的 GDP 有望达到 5 万亿美元总量，第一次超越日本，

---

* 本文系作者 2012 年 4 月在国家新闻出版总署法规司举办的“互联网产业发展与著作权法制完善研讨会”上的主题发言，根据录音整理。

是美国的 1/3；到去年年底为止，中国的对外贸易规模是“入世”之前的 5 倍。这个专家最后一个结论性的发言非常重要，如果没有互联网，中国的经济规模将只有现在的一半。这就是互联网和互联网产业对中国经济增长的贡献。同时，要充分看到互联网产业未来的发展前景，到今年六月底，中国网民已达到 4.2 亿，总体规模不错，但互联网普及率只有 31.8%，相对于欧美国家、日本、韩国还有差距，这些国家已经达到 50%～70%，这足以说明我们的互联网产业还有相当的提升空间。有一位专家这样分析，如果互联网的宽带网的普及率提高 15 个百分点的话，就能够带动经济增长两个百分点，这是一个什么概念呢？如果按今年 GDP 总值计算的话，我算了一下，互联网产值每年能净增1 000亿美元，所以我认为这是一个最朝阳的产业。

第二，互联网产业是一个最烦恼的产业。这个产业与知识产权特别是与版权息息相关，现在受法律之困，遭纠纷之挠，制度缺位，纠纷不断。我们看到，中美知识产权之争的关键是版权纠纷，从美国产业联盟到白宫知识产权代表再到美国国会议员，可以这么说，它们都集中火力就中国的版权保护问题进行发难，这里边有几家互联网企业是记录在案的，首当其冲的有优酷、土豆、阿里巴巴、百度。这些纠纷首先集中在网络版权方面。去年的知识产权案件全国是三万件，其中一半是著作权案件，根据上海、北京、广州的信息，网络版权的纠纷已占到著作权案件的 40%～60%。用一句非常形象的话说，现在是版权公司痛心，网络公司闹心，版权律师开心。我们要正视互联网产业发展中的法律问题。

二、如何看待互联网产业发展中的法律问题

有两个问题应该引起我们的关注。

一是业内的自律问题。其实在国际上，互联网业最有效的办法是自律。一定要提高中国互联网产业的行业自律的水平，形成一个良好的内部运作机制，营造一个规范的业内自律环境。为什么我要讲这些呢？本来我们是业外人士，作为法律专家，看到现在的互联网产业存在两大问题：一个是同质化发展，另一个就是无序化竞争。互联网提供的技术、产品和服务，我认为很多都是舶来

品，比如说从门户网站到搜索引擎，再到视频分享，乃至现在最热衷的微博，都是舶来品。在互联网产业发展的过程中，跟风的太多，创新的不足。有资料显示，今年伊始到现在团购网站已经扩张到480个，所以专家们说简直是过去的“百团大战”。同质化发展会带来一种恶性竞争或不正当竞争，所以急需通过一个有效的行业自律组织，再加上有效的制约机制来解决这个问题。技术问题尽可能在技术层面来解决，如果靠技术本身不能解决，则通过业内自律来解决，如果行业自律不能解决，那就要受制于法律的规范和约束。

二是业外的版权问题。包含软件、电影、音像、图书和网络在内的文化产业，在美国被称为版权业，这是有道理的。其他的产业没有叫专利产业，也没有叫品牌产业，独有这个叫版权业，这说明版权产业离开了版权制度就没有生存和发展的可能。包括网络产业在内的版权业，都是以版权的存在为基础，以版权的交易为纽带，以版权的保护为后盾。就互联网产业来说，如果不正视和解决版权问题，就没有生存和发展的空间。网上有篇文章批评互联网产业是一个寄生的产业，完全靠剥削作家、音乐家和著作权人的利益来生存。这句话过分了，显然他不了解互联网产业。作品的利用和传播，现在离不开互联网技术。所谓数字内容产业，一是数字技术，二是作品内容，两者必不可少。但是从另一个层面来说，这些产业之间是存在利益冲突的，所以要通过政府的指导，特别是主管机关要出关于版权贸易的价格指导，通过政策性规范来解决上述问题。

三、关于互联网经营者的法律责任

在这里，我着重分析《民法通则》、《侵权责任法》与《信息网络传播权保护条例》之间的关系，从而谈谈网络服务提供者的法律责任。

我觉得，从国家版权局到国务院法制办乃至全国人大法工委似乎都有难言之隐，不能完全掌控立法的最终结果。“浓缩的就是精华”，但《侵权责任法》第36条浓缩的还不够，就我看来，该条第1款是原则性宣示性的规定，所以规定的越具体，引发的争议问题就越多。但是，引起争议的不是第1款而是第2款、第3款。坦率地说，从一个学者的观点看，我认为这里是有毛病的。先谈应知和明知的问题，中国相关立法关于“知道”的规定是混乱的。从 1986 年的《民法通则》到 1991 年《计算机软件保护条例》，一直都是规定“知道和应该知道”。但 2006 年《信息网络传播条例》就不一样了，其第 22 条叫“知道和应该知道”，其第 23 条叫“明知和应知”。虽然讲得不一样，我觉得还可以接受。为什么呢？我们知道美国著作权法讲的“实际认识”和“推定认识”，中国法的规定与美国这个说法是对应的。“知道”和“明知”是一种事实状态，是主观过错的事实认定；“应该知道”和“应知”，则是主观过错的法律推定。两者从法律技术的应用规则来说也是不一样的。法官在适用法律的时候就需要严格区分。人大法工委王胜明主任写的那本书，把“知道”扩大为“明知”和“应知”，但是从立法层面上来说缺乏依据。所以，最高人民法院制定司法解释的时候应该对此有明确的说明。我个人认为，就网络服务商而言，其承担责任的主观过错一般都应该是“知道”或者是“明知”，而对推定认识的“应知”和“应该知道”规则的适用，一定要持非常谨慎的态度。其实，欧盟的电子商务指令和美国的数字著作权法，对这个问题的规定是非常严格的。所以，对网络服务商的义务不宜过于严苛。

判断网络服务商的主观过错不管是“明知”还是“应知”，有一个非常重要的规则，就是如何适用通知、删除义务。关于《侵权责任法》的第 36 条规定，本人有两点看法：第一，通知、删除规则，即网络著作权间接侵权的特有规则，能否广泛适用于人格权、专利权、商业秘密的侵权案件？我对此持有保留态度。众所周知，美国秉承表达自由这种理念，规定通知、删除原则仅适用于网络著作权的侵权行为。欧洲法适用范围比较宽泛，但却明确要求它的成员国不要为网络服务商规定太多的义务，即监控信息的义务。其实，通知、删除规则若广泛适用于著作权法以外的其他领域会遇到很多困难。比如我通知你删除一个信息，指责你在网上骂我，法官如何判断这个言词是诽谤还是披露。江苏的“抽烟门”、广西的“日记门”都是网上发布的信息，后来证明披露的腐败信息属实。在这种情况下，表达自由是非常重要的，应该说这是基本人权。再比如说，一个专利技术信息，我发布了，你说我的披露构成侵权。这个技术信息是否受保护？是否接到通知就要删除？通知、删除规则最初就是专门适用于著作权侵权的，而不要扩大到其他的侵权行为，所以该条第 2 款、第 3 条款变成了扩大解释。第二，通知、删除规则应该是一个系统规则。不仅现在的第36条不敷使用，就连信息网络传播权的规定也过于原则。该机制应该是一个规则体系，包括侵权通知的构成要件，网络服务商的免责条件，还有反通知制度、错误通知的责任分担，还有网络服务商对网络用户违约责任的免除。这是一个系统的规则体系，所以要请最高院作出一个好的司法解释来，否则很难适用。当然，根据特别法和普通法关系的规定，将来还是希望对《信息网络传播权保护条例》进行内容充实。

关于技术中立和诱导侵权。本来是一个纯粹的美国法律制度，现在中国法官也津津乐道，我谈谈我对这个问题的看法。从《信息网络传播权保护条例》到现在《侵权责任法》的第36条，其立法精神也是秉持技术中立原则的。技术中立原则的核心思想是，一个技术和产品只要构成实质性的非侵权使用，它就可以为技术和产品的提供者免除责任。现在，美国版权法有一个非常重要的发展，就是设定了诱导侵权原则。专家认为，诱导侵权实际上是对技术中立原则的适用进行了某种限制，也就是说技术和产品的提供者不能采取言语和行动去诱使侵权行为的发生。我们在研究、引用美国判例这些规则的时候，不应该食洋不化，还需尽可能运用大陆法系的传统和中国自己的民事审判实验去寻求相应的话语，不要简单地说美国法官怎么样。我觉得，中国的知识产权法官应该说是最具专业水平、最具职业素养的法官群体，完全有能力解决这个问题。

学术研究中的学术道德和学术规范*

21世纪的第二个十年，中国要从一个世界大国走向世界强国。强国之路是科学发展之路，意味着创新驱动和转型发展。但是我们看到，在当下中国，商家不良、司法不公、学术不端的现象，侵害着我们这个社会的生存环境，影响着中国前进的步伐。我觉得应该将上述问题放到“社会公害”这样的层面来声讨之、剖析之。今天晚上的讲座，讲的就是学术道德和学术规范问题。

一、学风建设中的道德和规范问题

在座各位，无论是导师，还是博士生，都属于学术中人，是为学术共同体的成员。所谓学术共同体，是秉持共同学术理念、具有共同学术追求、遵守学术规范、坚持学术良知的学术研究群体，在高校，主要指从事教学和科研活动的工作者，通常被称为某一学科的学者、专家或专业人员。按照马克斯·韦伯的说法，学术共同体的成员，必须“以学术为志业”。在这里，学术是一种存在方式，学术是一种人生态度，学术甚至是一种精神境界。我们所从事的学术研究，是学术共同体对客观世界规律性的认识活动，具体而言，是用科学方法进行探索、求知，以获得新的知识、理论以及对这种新知识、新理论加以应用

---

* 本文系作者2012年10月在中南财经政法大学学风建设培训班上所作的专题讲座，根据录音整理。

的行为。人文社会科学研究不同于自然科学研究，以文史哲为主体的人文学科和包括经、法、管、政、社在内的社会科学，不仅要研究主观精神世界和其外在的人类社会具有普遍性、共同性的规律，也要研究具有特殊性、偶然性的事物。

学术共同体在学术研究活动所表现出来的一种社会风气，我们谓之为学风。学术风气不仅关系到学术自身的继承、发展和创新，而且关系到整个社会的风气、整个民族的精神状态。学风不正，既有粗制滥造的平庸之风，急功近利的浮躁之风，也有弄虚作假的舞弊之风，钱权学交易的腐败之风。我们可以将学风分为两个方面：一是学术风气，即学术共同体成员自觉遵守的基本学术道德规范，要求在治学时严格自我要求，保持学术水准，注重学术创新；二是学术风纪，即学术共同体成员必须遵从的学术活动基本准则，包括业内制定的行为规范和国家法律规定的行为准则，具有一体遵守的效力，违者必须承担责任。

学风建设的着眼点很多，既有制度治理，也有文化培育。在这里，我先讲讲学术道德的养成。当前，违反学术风气的道德问题，主要表现在两个方面，一是“泡沫学术”。学术研究中的“泡沫”，是虚假的学术繁荣，可以说是多而滥造，大而粗制，不讲精品力作。创新是学术研究的灵魂，切忌新瓶装旧酒，换汤不换药。大家读读唐诗，同是写明月，既有“海上生明月，天涯共此时”；也有“明月松间照，清泉石上流”。同是写夕阳，既有“白日依山尽，黄河入海流”，也有“大漠孤烟直，长河落日圆”。现在内容重复、观点雷同的研究太多了。记得前几年，我们引进了美国作者的一本大书《谁动了我的奶酪》，在市场上，很是畅销。结果不到一年，出版社争相出版选题相同的书，诸如《我动了谁的奶酪》《我们拥有多少奶酪》《我们能动多少奶酪》。防止“泡沫学术”，就是防止学术研究中的简单重复，防止学术“GDP”的虚假繁荣。二是“包装学术”，主要表现为自我克隆、自我标榜。对学术成果评价的唯一标准是学术因素，一些非学术因素的“学术评价”很难令人信服，例如党同伐异般的“讲山头”，自吹自擂型的“抢风头”，胡乱吹捧式的“没准头”，都反映出学术评价中的乱象，需要学者的自律和自省来解决。学术风气问题一般涉及的是学术道德，而接下来所讲的学术风纪问题，违反的是学术研究的基本规则，有的甚至侵犯知识产权而构成违法，这些往往需要制度约束。

违反学术风纪的不端行为，可以概括地分为两类：一类是假冒伪劣。在人文社会科学研究中，伪造、篡改文献数据，伪造注释，篡改他人学术成果，擅自使用他人署名等，都属于此类行为。韩国首尔大学首席科学家黄禹锡专门研究人类胚胎干细胞，因其成就曾被喻为“民族英雄”，后因揭露出研究成果造假，有关部门立即展开调查并公布真相，最终被撤销荣誉、职务，移交司法机关处理。近年来，国内披露的假冒伪劣案就更多了：例如在科研成果形成中，以假乱真地伪造数据；科研奖励申报中，无中生有地编造资质；在科研成果署名中，拉大旗做虎皮地虚假排名。在这里，有些属于科研成果的假冒伪劣，从假注释、假数据、假文献到假文章（学术上金钱交易）、假署名（学术上权钱交易），这些都是成果类的冒牌货；也有的属于科研资质的假冒伪劣，诸如伪造学术经历、伪造专家鉴定意见、伪造学术成果奖励等级，这些都是资质类的冒牌货。另一类是抄袭、剽窃。这是最为严重的学术不端行为，采取“拿来主义”，侵吞他人成果为己有。在学术研究中，引而不注的现象并不少见，如果引文的篇幅有限，这还是一个学术失范问题；但是大段抄袭甚至整篇抄袭作为己作，则是一个学术违纪、学术不端问题。凡构成抄袭、剽窃，往往受到学术共同体的惩处，有的还会承担法律责任。去年（2011 年），欧洲发生两件抄袭案：一是德国国防部长古藤贝克因，在其博士论文中引用了德国议会研究部门的材料以及相关新闻报道和论文，但未注明出处，被指控为抄袭，结果博士部长引咎辞职。二是欧洲议会副议长西尔瓦娜，因其论文存在剽窃，德国海德堡大学取消了她的博士学位，本人由此辞去议长职位。对于学术风纪中的不端行为，我们学术界近年来非常关注，处罚力度日渐严厉。在机构建设上，许多高校建立了学术道德委员会，对教师与学生的抄袭、剽窃行为进行监督惩处；在制度设计上，一些高校制定了学术道德规范，对师生的学术科研提出了行为指导和惩处措施；在机制运作上，各高校都对学位论文进行检测，并通过盲评确保质量；在惩处力度上，轻则停职、取消学籍、学位，重则开除教职、公职。

以上是我对学术风气和学术风纪问题的一种描述和概括，可以说诸多现象令人惊心。为什么我们学术界，有如此痼疾、顽症，进而思之，当有如下几种原因。

一是学术规范长期缺位，这是学风问题存在的直接原因。学术道德监督机构的缺位、学术道德规定的缺乏、学术道德监督机制的缺失，是学风问题频发的客观因素。由于制度缺失，造成受教育者缺乏对学术道德的系统学习，遵守学术规范完全靠自觉与自愿，因而学界的良好学风难以树立。在美国的高等学府，例如世界著名的哈佛大学、耶鲁大学、普林斯顿大学等，在学生进校时都要进行学术诚信教育，并要求学生签署保证书。这些学校往往规定有“学术诚信条例”，定义什么是考试作弊，什么是论文抄袭，并规定有相应申辩、处罚程序；同时也制定有学术研究规范，包括如何引用文献的规则。在欧洲，高校和科研机构也对学术研究范式作出规定，强调科研的原始记录、数据不能随意涂改，保存期为 50 年。

二是学术评价过度量化，这是学风问题存在的间接原因。学术评价的过度量化，实际上是学术成果的数字“GDP”，是学术活动的“大跃进”，其政策导向偏差需及时匡正。目前高校学生评奖学金、教师评职称都需要发表论文，以论文数量作指标无可厚非，但过度量化是不科学的评价，很难客观、准确地判断教师、学生的科研能力，容易导致一些人的学术造假活动。以本科生、研究生为例，这一群体发表论文多需支付版面费，当学术活动简化为买与卖的交易时，期刊编辑审查质量堪忧，其发表成果水准也让人无法乐观。

三是学术出版管理不严，这是学风问题存在的外部原因。许多人文社科期刊存在维持经费不足的困难，因而存在收取版面费的现象。如果发表论文不讲质、只认钱，其论文质量可想而知；以如此论文评定奖项、职称，其评审质量必然不合格；惯于如此发表论文的学人，不会也不可能推动良好学风的形成。

四是知识产权法制观念缺乏，这是学风问题存在的深层原因。学者之品位，当然要有文品，其任务不限于知识学习，不止于知识传播，更在于知识创新，这是对学者文品的要求。相形之下，首要的还是人品，“尊重知识，崇尚创新，保护知识产权”的法文化精神，也是学者人品的规格。惯于做“文抄公”，漠视他人智力成果，如此为学、治学，怎么可能有学术创新。

二、学术研究中的规范与方法

学术规范是有关学术活动的基本准则，是学术共同体成员必须遵守的行为规范。目前教育部社会科学委员会下设的学风建设委员会制定了“高校人文社会科学学术规范指南”，这即是我们在学术研究中适用的“准据法”。学术规范制定的目的是防范学术研究中可能出现的失误与偏差，为学术研究创造一个公平、公正、有序的环境，保障和推动学术研究持续、文明、健康的发展。学术研究只有走向规范化才能繁荣和发展。然而，很多的学术研究并不规范，用而不注、注而不全、一稿多发等问题频发，导致一些科研工作者名誉受损，甚至于承担法律责任。上述问题的发生，有的是因为学术态度不端、投机取巧所致，大部分却是孤陋寡闻、犯而不知所致。

学术规范涉及学术实践活动的诸多方面，如学术研究、学术批评、学术评价等。就规范内容来讲，主要有学术引文规范、学术成果规范、学术批评规范和学术评价规范等。下面，我就一些重要规范作些介绍：

1. 选题与资料规范

就选题规范来说，谈三个问题：第一，选题要求。总的来说，应注重学术价值要求的创新性和社会价值要求的现实性。前者强调选题应是针对前任研究没有解决的问题，能够在前人已有研究的基础上推进学科的发展，简单地说，应是理论前沿。当然，零起点研究，其原创性程度最高；但旧题新做，难题巧做，也可能是在创新。总之，“劝君莫奏前朝曲，听唱新翻杨柳枝”。后者强调选题能够解决社会活动中的实际问题或对社会发展作出前瞻性预测，这是学术研究中的实践需求。对于经济、法律、管理这些应用型学科而言，坚持问题导向，服务大局，紧贴地气，这是学术生命活力所在。第二，选题内涵。具体而言，就是考虑学术研究中的立意和主题。立意是研究的主攻方向，是在研究题目下提出自己论证的主要方向；主题是研究的问题焦点，即是在研究题目下择定问题的重点内容。在这里我只能现身说法，讲讲我的体会了。早些年间，教育部有一个人文社科重大课题招标，题目是“知识产权制度的发展与变革”。这个题目非常宏大，历史的纵深感很强，区位的覆盖面很广，最后我中标了。

我将这一课题的主攻方向，定位为“国际变革大势和中国发展大局中的知识产权制度建设”；将问题重点聚焦为知识产权制度的“四化”，即国际化、现代化、战略化、法典化。这就是我当年对这个课题立意和主题的理解和把握。

接下来谈谈资料搜集。这里有三个规范：(1) 充分占有，要“站在巨人的肩膀上”。占有的资料与选题有关，要求最新且最先进，例如第一手文献、代表性著作、权威性论文，以及丰富且可靠的统计资料、数据库等。(2) 审慎选取，要“立在可靠的基点上”。现在可以说是资料汗牛充栋，信息浩如烟海，这就要做到去粗取菁，去伪存真。选取工作非常重要，无论是历史资料还是现实数据，都要分清原创与模仿、充足与残缺、深刻与浅薄、真实与伪造，如果选取不当，将会造成研究结论的不当。(3) 准确诠释，要“走在坚实的道路上”。文献综述与评述，是一个学者的基本功，也是学术研究中的一个必要环节。这里强调的是资料综合的客观性和资料解读的科学性，防止对资料的误读、漏读和主观臆断。

2. 引用与注释规范

这一规范要求非常重要，也是许多学人容易混淆的问题。学术发展是一个漫长的过程，借鉴旧作以创造新作，引用先知以开拓新知，是学术研究中的普遍现象，其本身并无不当。就引用的学术意义来说，具体说来有三个方面：(1) 学术发展的坐标意义。一般来说，学术引用彰显着一项成果的生命力和影响力，它有助于人们识别其成果的创新程度和学术价值，确立其在学术史上的位置。一篇文章、一部著作、一项成果，也许“藏在深闺人未识”，但如果面世长年也无人问津，其学术价值就可能受到质疑。(2) 学术评价的衡量指数。某项成果在学术史上的价值如何，与其被引用的频率有密切关系，在国际学术界，普遍将学者作品被正面引用的频率作为衡量作品学术价值的指标。当然，除这种技术评价标准外，同时也要重视学术成果的内涵及其理论价值、社会效用。英美国家高校即采用政策实施效果的评价方法。前不久，我在《中国教育报》也撰文谈到哲学社会科学评价体系问题，主张将技术标准评价和内涵与质量评价结合起来。(3) 学术职业的基本要求。学术引用是学术职业化程度的衡量尺度，这是学者的一种职业伦理，表现了学术界对前人与同时代人研究成果的尊重，形成严谨、清正的学术风气。我看到有些文章，通篇无注，自我作古，无视前贤；或是只有外文引注，无视已有中文成果，俨然中国学界专此研究第一人。这些都是不可取的。

关于引用规范，我分为学术规范和法律规范分别介绍。

引用学术规范有三项要求：一是以尊重原意为要。无论是作为立论依据还是批评对象，都要引用表达作者原意的文字，切记曲解，更不得篡改。当然，为节省篇幅和明确意思，可作不失原意的增删。二是以论证观点为限。引用他人成果，意在论证自己观点。这里有主次之分，不能引用他人文字超过自己的论证篇幅，或是自己文章的主要观点和论据是以引用文字作为主要构成。三是以追溯原创为先。在文章的引注中，尽量用第一手资料，一般不要采用转引，引用的译文、古籍应核对原文。

引用法律规范主要依据《著作权法》第 22 条的规定，包括以下三个方面的要求：一是引用目的。引用他作，仅限于介绍、评论某一作品或说明某一问题。二是引用限量。所引用的部分不能构成作品的主要部分或实质部分。在法律实务中，适当引用的标准是，在一部作品中引用他人作品片段、引用非诗词类作品不超过 2 500 字或被引用作品的十分之一；多次引用同一个非诗词类作品，总字数不超过 1 万字；引用一人或多人作品，所引用总量不超过本人作品总量的十分之一。三是引用条件。在引用时应该指明作者姓名、作品出处。

最后，谈谈注释规范和参考文献规范。(1) 关于注释。注释是论著的附加部分，有时采用脚注，有时采用尾注，这些可以根据刊物和出版社的要求来把握。注释所起的作用是说明引文的出处，解释与说明问题。在这里我想介绍一些技术规范要求：不管是脚注还是尾注，注释都是有规定的。凡是著作，首先要写作者名，如果是外国作者，要加一个括号说明国别。著作有译者的，还要注明译者名。此外，就是作品名、出版社名称、版本、页数。如果是期刊的话，它必须有作者名、文章名、期刊名，以及刊物的年期。有人写文章，没看第一手资料而转引他人文献，标注时不写“转引自”，直接写上未看的原著(多为外文著述)，这是违规的。(2) 关于参考文献。参考文献是撰写论著而引用的有关图书资料，它往往附在论著的后面。要注意以下问题：第一，须是真实的。列举的参考文献目录，必须是你确实参考过，至于在论述中引用过或是未曾引用，则在所不问。所以说，参考文献一定要是真实的，而且是自己确实阅读过的。第二，须是主要的。代表性著作、标志性论文一定要列出，刚才我在引用规范时也强调过，如果没有阅读本领域的重要文献，你的成果的创新程度和学术水平就会大打折扣。第三，须是正式的。参考文献一般应为正式出版物，但也不是排斥网络上的文献。但在许多情况下，对网络文章的访问及引用，一些出版社是有限制性要求的。文献资料是比较重要的，它反映了科学研究的起点、背景、深度和广度，反映了作者尊重他人研究成果和著作权的科学态度和学术品质。目前在参考文献上的学术不当行为主要有两种：第一，有意遗漏。比如说研究一个问题，为了掩盖自己参考人家著述的事实，想成为某个领域“天下第一人”，冒充是首创性的研究，把在先创作的重要文献资料删除，不进入文献目录，这是一种有意遗漏。第二，故意回避。本来引用他人的文献，需要做特别标注，结果是避重就轻、移花接木，只将其列为文献的附录。好比是吃了一个满汉全席，最后付了一个早点的钱。

3. 成果表现规范

学术成果的形式多种多样，如论文、著作、研究报告等。研究人员在形成自己最终的学术成果时，应注意以下两个问题：

一是成果的构成内容应全面、准确、恰当。

一般来说，无论成果表现形式如何，都应包括以下内容：（1）标题。首先，标题应能简单、扼要地反映成果的主要内容，做到文题相符。例如著作：“信息网络传播权制度比较研究”；论文：“论网络服务提供者的间接侵权责任”。从上述标题中，我们不但能看到选题的范围，还可以知道论证的主题即问题的焦点。其次，标题应能反映成果的类型，即标示类型，如理论著作、学术综述、调查报告等。如果学术成果中有双重重点或附带内容，还可以加副标题。（2）内容摘要。这是关于成果内容不加注释和评议的简短陈述，其目的是使读者不看全文即可了解成果的主要内容。内容摘要应总括研究对象、研究方法、基本结构、主要结论等。（3）关键词。关键词是指在成果中起关键作用、最能代表成果中心内容特征的词或词组，一般选取3～8个为宜。选取关键词应注意其代表性、专指性、可检索性和规范性，应从研究对象、学科归属、特殊方法、学术流派等方面来考虑。（4）导语。又称前言、导言，在学位论文中往往写为绪论、导论。导语的作用是阐述议题，根据全文，提炼主题。对于学子而言，从你的作品标题、摘要、关键词和导语，可以窥见其逻辑思维能力、文学概括和表述能力，以及学术创新能力。

二是成果发表应规范署名，避免一稿多发。

在作品上署名，是著作权法赋予作者的权利。署名权的内容包括作者有权决定是否署名，署真名或署假名，以及署名的顺序。无论是个人论著，还是合作作品，如果无相反证明，在成果上署名的人即为作者。对于多人合作完成的，应按创作贡献排列，执笔人或总体策划人应署名在前，不能简单地按资历、地位排序。在这里，有两类署名行为是违规的：其一是强制署名，即自己没有参加创作，却强制在他人作品上署名，这就是学术创作中的“强取豪夺”；其二是拉人署名，即拉拢没有参加创作的名人、要人，在自己的作品上署名，这可视为学术创作中的“狐假虎威”。

一稿多发的情况多见于论文发表，原则上稿件只能在一个刊物上进行发表。由于当前论文发表的困难和不同刊物对稿件的处理程序也不相同，很多研究人员往往会一稿多投。在一稿多投的情况下如若稿件已经发表，投稿者应及时通知其他投稿处撤销投稿，如果其他刊物已经处理、无法撤稿又同意重复用稿的，一般应公开说明首次发表情况。对于超过刊物退稿时间而突然发稿形成一稿两投的，责任在刊物而不在作者。此外，未正式出版的学术会议论文集，其作品可在其他正式刊物上发表；论文公开发表后收入论文集的，应注明原出处。

4. 学术批评规范

学术批评是学者应当具有的自觉批判意识和自省意识在学术活动中的体现。学术发展的规律告诉我们，学者要想作出学术贡献，其主要途径之一即揭露已有研究成果中的错误与瑕疵，更精确地观察同样或类似的事实，研究不同种类的材料以便进行比较，更充分地诠释事实，改进研究方法。学术批评也是监督学术活动的有效手段。学术为天下之公器，只有通过学术批评，才能去伪存真、明辨是非、发现真理、杜绝腐败。正当的学术批评，是学术之路健康发展的清道夫，是学术之树常青的啄木鸟。何为正当？正当的学术批评即必须做到有理有据，不能乱批、瞎批，不能含沙射影、损人清誉。学术批评应当遵守相应的规范：

（1）学术批评必须尊重原意、忠于原文，不能断章取义，移花接木，另扎一个稻草人为靶子。学术批评应真实、全面介绍所批评之内容，不能歪曲作者原意，更不允许将作者不曾有的观点、说法强加于人。简单地说，被批评的论著不能是个假想敌。

（2）学术批评应以实实在在的文字作根据，不搞诛心之论。所谓的“诛心之论”是指不根据对方实在的文字，只按自己的意图从文字之外想象出对方的罪名，说白了其实就是诬陷。

（3）学术批评也不能进行人身攻击或造谣中伤。学术批评应仅仅针对学术研究及成果，也可及于创作人，但仅限于对创作人学术方面的批评，而不能超出该范围，随意漫骂、指责他人。被批评者也不能对批评者纠缠不休，应以正确的态度对待批评，进行学术方面的探讨。

5. 学术评价规范

学术评价是同行专家或学术机构对评价对象符合特定学术标准的程度作出判断的学术活动，包括对学术研究者个人或学术机构的学术水平和学术贡献的评价，对学术成果的学术质量鉴定，对学术成果应获得的学术奖励等级的评估，对学术研究的立项与结项等过程性评估等多种类型。学术评价应注重质量与合理量化，坚决制止“一刀切”式的量化标准。评价论文不以刊物的等级作为成果优劣的绝对标准与唯一标准。评价学术研究者个人或学术团体应当坚持“代表作”评价方式。评价周期不应过短，频率不应过高。学术评价由学术同行作出，其唯一标准应为学术（包括学术水平、学术贡献、学术影响等）。但有些时候，这种学术评价却被异化。北京大学张维迎教授说，中国学术界缺乏好的学术生态、好的学科规范。学者之间的学术成就不能有效比较和相互欣赏，评价个人是否优秀往往寻求学术以外的标准。的确如此，我们看到，一些学术水平越低的人，官本位思想就越严重，没有研究成就奉献社会，只能靠头衔闯荡江湖。水平高的人忙着创造价值，水平低的人忙着分配利益。

三、学术研究中的自律和他律

在学术研究活动中，存在种种学术失范的现象，例如行政权力不正当地介入学术研究活动，人情关系不适当地融入学术研究活动，学术研究活动中的引文注释不规范和抄袭剽窃现象共存，大量借非学术因素做文章的“包装学术”和众多原地踏步走的“泡沫学术”同在。学术失范行为严重阻碍了中国学术事业的进步，引起学术界广泛的讨论。

学术失范和学术不端行为的产生，有主客观两方面的原因：在主观方面，研究人员学术态度不够严谨，诚信缺失；在客观方面，学术规范制度不完善，惩罚机制不健全，导致部分人存在侥幸心理，出现学术失范行为。因此，学术道德与学术规范的建立，是学术研究不断发展和进步的前提和基础，但学术研究中的自律与他律则是学术研究发展进步的保障。

自律与他律是两种不同的约束机制，自律依靠的是个人的自觉努力，针对的是“人”，是“人治”性的道德规范。而他律则是外部性制度规范，针对的是“事”，是“法治”性的制度设计。学术研究中的自律与他律是辩证统一的关系，学术他律是基础，而学术自律是升华，两者的相互促进、有机结合，才能保证学术研究的进步与提高。

1. 学术他律是基础

学术道德与学术规范的维持，不能完全寄希望于个体的自律，而应同时考虑刚性的他律。制度的稳定性可以防止人情、例外的出现，它使任何人的任何行为都受到制度的约束，使任何人的任何学术失范行为都受到应有的惩罚。在学术规范化的过程中，应当首先强调他律机制的建立，严肃学术纪律，遵守学术法律。学术规范化的他律机制，在操作层面上表现了团体惩戒、社会监督和法律制裁的统一。

一是“团体惩戒”。按照国际流行惯例，学术大师、一流的学术成果、高价值研究项目，不是由媒体来加封的，也不是政府部门决定的，更不可能是选民投票选举出来的。权威、科学、严谨、公正的学术评价，只能来自学术共同体、来自同行的评价。“学术共同体”是英国哲学家布朗在其著作《科学的自治》中首先提出来的，指具有相同或相近的价值取向、文化生活、内在精神和具有特殊专业技能的人，为了共同的价值理念或兴趣目标，并且遵循一定的行为规范而构成的一个群体。换句话说，学术共同体就是有一群志同道合的学者，遵守共同的道德规范，相互尊重、相互联系、相互影响，意在推动学术的发展，从而形成的群体。诸如学术的评价、学术的标准、学术上的分歧，所有学术上的问题只有依靠学术共同体才有可能得到解决。

二是“社会监督”。学术活动是发展科研及提高教学水平的重要环节和有力措施，关系到科研成果的多寡，关系到研究生创新能力培养的好坏。学术活动是社会活动的重要组成部分，和广大人民群众的生活、学习和工作不可分离。当代的学术活动越来越进入人民群众的视野，从而学术活动的社会监督便成为学术规范化作业中重要的一环。新闻媒体应加大对学术规范的宣传力度，使学术规范深入人心；要增强对学术失范的揭露强度，使学术失范成为人人抨击和谴责的对象。当下，《学术界》、《中华读书报》和“学术批评网”等媒介日益成为学术失范的曝光台，也涌现了一批为净化学术风气而敢于与违规者做斗争，敢于说实话、干真事、不畏生死的人。今后，要增加更多的与学术失范做斗争的舞台，坚决抵制学术评价中的“捧臭脚”现象和“好人主义”观念，倡导学术批评的正常和有序展开。

三是“法治制裁”。“学术法治”的运作是有法可依、有法必依、执法必严、违法必究的有机结合，是学术立法、学术执法和学术守法的辩证统一。与学术活动密切相关的知识产权法律、法规（主要是著作权法、专利法）已经有了相当程度的发展和完善，也就是说，在“学术法治”中，立法已经基本完备，主要方面在于学术执法、学术守法，即要解决有法不依、执法不严和违法不究的问题。为此，必须加强学术守法的意识，建立和健全学术执法机制，加大追究学术违法和惩罚学术违法的力度。学术研究者不能无视学术法律，也不能容忍学术违法；勇于发现学术违法，积极揭露学术违法；大力支持执法部门追究学术违法，密切配合司法部门惩罚学术违法。当然，“学术法治”中的执法部门和司法部门，则要建立与健全学术执法、学术司法的机制，强化对学术违法的发现和追究力度。

2. 学术自律是升华

学术道德是学术自律的“源”。学术活动中要陶冶学术道德情操，唤起学术良知，加深学术道德认识，培养学术道德情感，坚定学术道德意志。可以说，学术自律是学术道德的知（识）、情（操）、意（志）、信（仰）、行（为）的统一。

学术他律具有权威性、强制性、被动性和他教性的特征，而学术自律则表现为自觉性、自主性、内控性与自教性的品格。古人云“修身，养性，齐家，治国平天下”，就是从自律开始的。学术他律强调外在强制性，而学术自律则注重内在自治性。学术自律是学术他律的内化，是学术他律的升华。

在学术活动中，学生要增强学术道德意识，时刻提醒自己要以追求真理而学术，这样创新才会有不竭的动力。要进行自我学术道德教育，培养独立分析与判断学术活动中“真、善、美”的能力，培养学术活动中的自我评价和自我改正的能力，培养学术活动中的自我控制和自我监督的能力。时时刻刻用学术道德来指导自己的学术实践活动，把内化于自身学术良知中的学术规范升华为行动中的纲领。作为教师，则要求对己更严。导师之“导”有双重含义，一是教书，在专业能力上引导学生向深度拓展；二是育人，在人品、情操上引导学生健康成长。我认为，后者比前者更为重要。研究生在学术道德方面出现问题，在一定程度上与指导老师的要求不够严格有直接关系。在这里，我再强调一下教师的表率作用，教师为人师表，不仅是为“经师”，更要成为“人师”。有句话叫做“学高为师，德高为范”，教师在这两个方面都要为学生做好表率。总的来说，我觉得他律是被动的，最重要的还是自律。近代启蒙思想家关于道德的作用曾有过很多经典名言，著名思想家康德讲过这样一句话：“在这世界上有两样东西使我感到无比的敬畏和景仰，这就是我头上的星空和心中的道德法则。”卢梭也讲过类似的话，他谈的是法律信仰，我认为在这里也可以借用为学术信仰。他说：“公众的法律信仰是一切法律信仰中最重要的一种。这种法律不是铭刻在大理石上，不是铭刻在铜表上，而是铭刻在公众的心中。”

3. 学术自律与他律的统一

自律与他律互为依存，互济共荣，二者兼具则相得益彰，才能更好地维护学术秩序；而如果仅有他律或者自律，都将导致学术活动的失序。总之，在学术规范的构建中，自律与他律一个都不能少，两者缺一不可，学术规范化是学术自律和学术他律的统一。学术失范有深刻的政治、经济、文化和社会的原因，因此，建立一个良好的学术体制，营造一个良好的学术环境和学术氛围，进而推动学术活动健康和有序的发展，是一个复杂的社会系统工程。在这个社会系统工程中，既要注重学术他律运作，又要强调学术自律机制。

关于学术规范中自律与他律的关系，我想从以下三个层面谈谈看法：第一，从逻辑学的角度来看，学术他律是前提和基础，学术自律是发展和深化。我们要重视学术他律的基础性作用，又要重视学术自律的能动性作用，注重学术他律向学术自律的转化，将遵守学术规范变成一种自觉的行动。第二，从马克思辩证法的原理来看，学术他律是外因，学术自律是内因；学术他律是条件，学术自律是根据。学术他律通过学术自律来起作用，既要注重学术规范化机制中的条件性作用，推动一种具有强制力、威慑力的他律机制建立；同时要重视学术自律的内在性根据，形成一种具有自省性、自控性的内在自律机制。总的说来，两个机制不可偏废，要很好地结合起来。第三，从中医学理论来看，强调的是标本兼治。学术他律是“治标”，学术自律是“治本”。既要注重学术规制效果的外在性标准，用他律化的效果来检验学术规范化的成绩；同时也要强调内在性标准，用学术自律的机制标准来验证学术规范化的效果。

最后作个小结，逻辑定律强调的是基础性与能动性的互动，辩证法强调的是内因与外因的统一，中医学理论主张的是外标内本兼治。因此我认为，学风建设必须双管齐下。

中国知识产权战略实施的回顾与展望*

作为国家知识产权战略实施的见证者、推动者和宣传者，参加国家知识产权局专门举行的座谈会感到很高兴。

如果谈战略实施的今天和明天，那就是光荣与梦想。光荣肯定涉及关于5年来战略实施成效的评价。我认为，2008年国家战略的颁布和实施，是中国知识产权制度建设30年来最具时代意义、最具国际影响的一件大事。其时代意义在于，这是中国应对知识经济的时代发展而作出的一种回应，也是解决中国可持续发展的重大决策。其国际影响在于，中国作为亚洲三个最有代表性的政府主导型市场经济国家之一，同时也是世界最大的发展中国家，这些年来知识产权事业取得了长足的进步，特别是战略实施以来给国际社会的振动和带动，我想是显而易见的。世界知识产权组织总干事高锐对中国将知识产权上升为国家战略这件事给予了高度评价，"中国的经验值得其他国家特别是发展中国家学习"。以上说的就是它的时代意义和国际影响。

国家知识产权战略实施五年来，应该说释放了中国知识产权制度的正能量，同时发出中国知识产权事业的好声音。这个变化可以追溯到中国"入世"的2001年。伴随着中国经济的成长，即成为全球第二大经济实体、第一工业制造大国、第一出口贸易大国的同时，我们取得了知识产权事业的辉煌成就：第一，成为全球第一专利申请大国。十年前，中国专利申请量是美国的三分之

---

* 本文系作者2013年6月在国家知识产权局举行的"知识产权战略实施五周年"专家座谈会上的发言，根据录音整理。

一，而美国是全球专利申请量的三分之一。十年过去了，我们先后超过韩国、德国和日本，现在又超越美国，这是很了不起的，标志了我国科技创新能力明显提升，这是我们充分肯定的一件事情。第二，我国成为商标注册第一大国。我们连续十多年来，商标注册申请量、累计商标注册量、有效注册商标量三项指标位居全球第一。世界知识产权组织给出了很高的评价，称赞 2008 年全球金融危机出现以后，中国在商标注册方面是一枝独秀。第三，中国进入版权产业发展大国行列。1998 年，包括了影像、出版、软件的版权业所形成的产值占中国 GDP 的 1.8%，但是到去年我们接近 7%，超出了 6%的世界平均水平。我们可以说是一个版权产业的发展大国，仅仅从以上三个方面足以表达我这样一个观点，战略实施成效显著。

但是，我们不能忽视存在的问题和未来的努力方向。首先，关于战略实施的发展定位，我发表一下个人的见解，有三个基本看法。

第一，知识产权战略首先是国内战略，当然也是国际战略。我记得 2006 年我在中央政治局讲课，胡锦涛总书记总结讲话时从国际国内两个大局强调了知识产权战略的重大意义。战略实施既有国内需求，但是绝对有国际背景。所以中国对战略实施的考量，应该置身于我们面对的国际环境。知识产权保护是国际经贸领域的法律秩序，知识产权国际规则必须遵守；同时，我们看到知识产权问题不限于国际贸易，包括国际人权、国际气候、国际环境、国际能源、生物多样性、文化多样性等多个领域，也涉及知识产权话题。所以我们应该用一个更宽阔的国际视野来考量国家战略实施的意义。

第二，知识产权战略当然是国家战略，同时也是企业战略。我在这里谈一下自己的观点，创新可以概括为制度创新与知识创新。前者包括法律、政策、体制与机制创新，后者包括文化和科技创新。国家要在宏观制度创新上做文章，而企业既是微观制度的创新主体，但更多是知识创新（包括科技创新、文化创新）的主体。关于企业的主体作用，我觉得应成为下一步战略实施的重点，作为法律保障的重点，这是因为企业是市场经济的主体，也是科技创新的主体，当然也是知识产权的主体。这几年我跑了很多地方，深圳经验是值得我们重视和推广的，它的 90%科研经费在企业，90%的科技力量在企业，90%的科技成果也在企业。完全用政府的力量进行科技创新，我认为是不够的，必须让企业有一种内在动力，用一种自身的能力来进行知识创新。

第三，知识产权战略既是竞争战略，更应是发展战略。其实，知识产权制度的产生发展到今天总共400年历史，知识产权保护从国内法走向国际法则不到200年。我看到，发达国家都经历了一个知识产权保护水平从低到高、从弱到强的过程。在这一历史过程中，知识产权成为各国实力比拼的主场战，所以说国家之间在经贸领域的竞争集中表现为知识产权的竞争。同时我们也要认识到，知识产权是近现代国家转型发展的重点，也是一个国家综合实力的体现，一个国家经济力量、文化力量、科技力量如何，就看知识产权的数量和规模、质量和水平，可以通过专利、品牌、版权来加以衡量。

关于下一步战略实施的目标和举措，谈以下几点建议。

21世纪第二个十年，对中国来讲非常重要，我们要从一个世界大国走向世界强国，强国之路怎么走，其实中央讲得很清楚，那就是全面建设小康社会，建成创新型国家。知识产权战略实施关系到中国梦如何实现的问题。习近平总书记最近接受记者采访时说道，中国梦就是国家富强、民族振兴和人民幸福。我认为，就建设创新型国家而言，知识产权就是国家强盛之策，民族振兴之举，人民幸福之路。现在，知识产权战略实施揭开了序幕，有一个好开头，但是战略目标并没有实现。在这个问题上，我们开始的时候比较关注知识产权的数量、规模，这是必要的，但是今后在关注数量和规模的同时，更要重视质量、水平和效益。过去我们很少讲知识产权运用的效益，当然就三大领域而言，专利、版权和商标应该各有侧重，不可等量齐观。

第一是专利，专利涉及科技创造力。如果没有科技创造力，中国充其量只是世界加工厂。下一步战略实施重点，即在核心技术专利授权上要达到相当规模，同时要特别重视专利技术商品化、市场化和产业化。别看现在美国的专利申请量让位给中国，但是它的专利密集型产业依然能够带来巨大的生产力和经济效益。

第二是版权，版权事关文化软实力。中央强调文化大发展、大繁荣，文化走出去战略，说到底就是文化创新和文化产业的版权问题，它的规模、效益都可以量化为版权。我们在国际上的文化影响力是非常有限的，关键在于文化产业的发展问题。在目标要点上，我建议加快发展版权产业规模，同时要强调版权业对 GDP 的贡献。版权产业与其他产业不同，甚至跟高新技术产业不同，它是高智力、高技术、高效益、高价值、低投入、低消耗、低污染，所以许多国家将版权产业作为 21 世纪经济发展的重点。

第三是商标，商标关联品牌影响力。中国是第一工业制造大国，第一出口贸易大国，但中国缺乏应有的品牌形象。在国际市场上，中国商品是廉价品的形象，说好听点是性价比高，实质上表明中国商标附加值低，值钱的品牌很少。品牌建设要走的路恐怕更长，在此我建议要明确两个战略重点，一是增加国际知名品牌的占有率，二是增强中国商标在国际市场上的影响力。

以上概括起来，就是核心技术专利的授权量，专利技术对经济发展的贡献率；版权产品在国际文化市场的占有率，版权产业在经济总量上的占有率；知名品牌的占有量以及在国际市场的影响力共六个方面，其目的在于提升运用知识产权能力，关键词就是质量和效益。

另外，简要说说如何营造知识产权战略实施的社会环境：第一是运用知识产权的政策环境。提升企业、产业的知识产权创造能力，仅仅靠知识产权法律是不够的，应该建立一个以知识产权为导向的政府公共政策体系，包括产业政策、投资政策、采购政策、贸易政策、科技政策，文化政策，这些公共政策都应该为之而动。第二是保护知识产权的法治环境。保护知识产权不管是司法保护还是行政保护，应该说成绩显著，但问题也是存在的。“九龙治水”，多个部门分管知识产权事务，行政执法效率不高，这是不争的事实。我在不同的场合，包括向中央高层也呼吁过，建立一个统一的知识产权主管机关。第三是尊重孕育知识产权的文化环境。中国民众对知识产权的认知还有待提高，对假冒、盗版的侵权行为还普遍抱有宽容，此外事实上存在着侵权复制品的消费市场。这些观念和行为，绝对不能成为中国的主流知识产权文化，所以我想说的是，“崇尚创新，尊重知识，保护知识产权”这样一种法律文化理念，要进一步加大宣传和培养。

影响司法公正的环境要素及解决思路*

影响我国司法公正的环境要素是深层次的，也是多方面的，其中既有中国传统法律文化影响的历史惰性，也有司法制度运行过程中的现实障碍，当然还有司法队伍自身存在的能力欠缺，归纳起来主要表现为以下几个方面：

一是司法文化环境的影响。中国传统司法文化发源于封建农业文明的基础之上，对现代社会司法公正的构建有其负面的历史影响，主要是：在内容上重实体、轻程序，重等级宗法维护，轻个人权利的保护；在机制运作上司法权与行政权区分不明，司法权没有独立地位；在司法理念上，强调等级宗法观念和无讼理想社会，因而其发展具有相应的封闭性，发展潜力被抑制。由于传统法律文化的影响，充分尊重公民权利的司法文化尚未完全形成，司法人员的职业理念也不够明确，缺少必要的职业自信与自尊，司法人员秉公司法的信念与信心缺乏相应文化根底的支撑，这是司法公正难以实现的司法文化环境方面原因。

二是司法制度环境的影响。司法制度的建设和发展具有较大的探索性，而这种探索性决定了司法制度的完善不可能一蹴而就，必然会出现一些偏差，这其中既可能存在为推进司法现代化、正规化建设的进程而忽略社会现状，从而出现司法与社会现实在一定程度上不匹配的问题，也可能存在为回应甚而满足社会各个成员的诉求而造成对法律原则和规则的遵守问题，从而降低了司法的

---

* 本文系作者2013年10月在中国审判理论研究会年会上的主题发言，原载《人民法院报》，2014-01-29。

稳定性、权威性和连续性，一定程度上影响了司法公正。

三是司法政治环境的影响。在现行的政治体制下，司法机关的人事、财政和基本运作都受当地行政机关制约，还不能做到真正的独立审判。行政机关对司法机关的工作形成实际控制，使得法官在审理案件时受地方保护主义和当地行政机关的左右，不能真正做到依法独立公正行使审判权，这都直接或间接地争夺司法资源，一定程度上影响了司法公正。

四是司法社会环境的影响。我国是一个“人情社会”，具有高度重视人脉关系的社会环境，法院的司法活动处于各种不当利益和外在压力的影响之中，给司法公正的实现增加了困难。与此同时，社会转型期存在着各种利益群体诉求，法院的处理结果常常无法满足当事人各方的诉求，在这种情况下，涉诉信访就成为一种诉讼之外却又最能影响诉讼最终结果的权利救济方式，使得法院的审判处于非常尴尬的地位，长此以往，既会使人们失去对司法的信任和尊重，又会使法官迫于社会压力，导致审判偏离公正的轨道。

总之，司法不公的现象是由各方面的原因造成的，我们不能简单地把司法不公归因于某一方面，这样势必不能全面把握司法不公现象的实质，也难以找准消除司法不公现象的正确路径和有效方式。

加强公正司法、提高司法公信力应立足于司法自身，着眼于全局，通过全社会、多方面的共同努力，特别是应通过相关理念、制度及机制的创新与完善，从根本上减少并逐步消除司法不公现象。

一是理念教育引导司法公正。理念是植根于人的思想深处的意识形态、思维方式和价值观念。它的培养和形成是一个长期的、渐进的过程，在这一过程中，不同意识形态、思维方式和价值观念的碰撞，会导致理念的形成呈现反复性和不稳定性。法治理念是法律制度的灵魂，是推动法治进步的一种内在的动力，是指引我们建设社会主义法治国家的精神信念。先进的法治理念引领、指导国家机关、社会组织和人民群众的法律活动，是国家机关依法行使国家权力、服务人民、管理社会的行动指南，是社会组织和人民群众依法行使权利、履行义务、承担责任的思想基础和价值标准。中国特色社会主义法律体系形成以后，法治建设的重点已经转移到司法工作上来，司法工作被赋予了更高的关注和期望，社会发展转型期不断出现的矛盾纠纷给司法工作带来了更大的压力和挑战，这就要求用先进的法治理念指导司法工作。

司法公正受法官素质、司法体制和社会环境等多种因素的影响，但法官的法治理念是影响司法公正的最为重要的因素之一。法律至上、权利平等、社会自治构成了法治理念的核心之点。法官若不能树立科学的法治理念，绝不会自觉地公正司法。为此，法官需要正确认识社会生活发展变化及其发展趋势，更加关注司法裁判对社会道德观念和公众行为的引导作用，把正确的价值判断和主流的价值取向有机地融入司法活动之中。

二是法律完善保障司法公正。法院的职能是依据法律、依照事实审理案件，只要法官在审判过程中正确地适用实体法，严格地遵守程序法，应当说符合了司法公正的基本要求。但从审判实践来看，在法律、法规和司法解释滞后于社会发展现实时，即使法官严格适用有关法律，同样会出现司法公正被质疑的问题，从而使审判人员处于两难的境地。

法官需要依据完善和规范的法律来明辨是非、解决纠纷，而完善、规范的法律制度也正是司法公正的前提条件。英国著名的思想家培根说过，如果司法不公正是污染了河流的话，那么立法不公正却是污染了河流的源头。为此，立法者需要根据社会政治和经济发展的需要，设计科学的法律制度，实现司法公正的基本价值取向。如前文所述，人民法院的司法活动面临着快速发展的社会经济生活，需要及时填补和消除法律适用过程中的规范冲突和条文空白，而司法政策的出现有效解决了这一矛盾，为此，人民法院在制定相应的司法政策时，要充分考虑我国社会经济生活发展的现状，遵循司法活动的基本规律，从根本上增强司法政策的适应性、灵活性和综合性。

三是和谐环境营造司法公正。社会环境对司法活动的运行有着重要的影响，司法公正在法律至上、司法权威的氛围和环境中才能得以实现，司法的终局权威性对司法公正的实现具有重要的意义。在我国，由于历史文化传统原因，司法的权威性还没有得到社会的足够尊重，处在社会转型期的各种利益诉求不断的冲突激化和纠纷解决规则的不健全往往造成了司法运行环境相对较差，社会环境对司法机关及其人员的同化作用及负面影响较大，甚至很容易造成法律确立的规则在社会环境中发生异变。因此，司法公正需要一种尊重司法权威的环境氛围，这就需要提高社会成员的司法权威意识和法治意识，使社会成员能够正确认识司法活动的运行机制及其特点，正确作出维护司法权威的行为。

从社会现实来看，营造司法权威的社会环境还任重而道远。目前困扰法院最大的问题仍是涉诉信访问题，不服裁判的上访人可以轻易通过诉讼外的信访，公然对司法的既判力予以挑战，更有甚者，在司法程序还在进行时，当事人就通过信访施压，干扰法院的正常审判秩序，一定程度上影响了司法公正。再如社会舆论对司法运行的监督不规范问题，新媒体时代的到来使每位公民都能过一把当法官的瘾，一桩案件引起社会广泛关注后，舆情的民意倾向性和未审先判的评论性使得法官在作出裁判时，往往受到一定程度的影响。为此，提高社会公众的法律意识，营造和谐的司法环境，使得社会成员都自觉承担起维护司法权威的义务已显得尤为重要。

四是内部管理促进司法公正。法院科学的内部管理有助于促进法官队伍正规化、专业化、职业化建设，提高法官队伍的整体素质。例如，合议庭仍然存在“合而不议、形合实独、责任不明”等问题。因此，要进一步明晰合议庭成员的职责及院长、庭长的监督管理职责，真正发挥合议庭的功能；法院要建立起规范的审判流程管理、审判效率管理和案件质量管理体系，进一步强化对审判活动的管理。

进一步完善司法公开制度，以司法公开促进司法公正。司法公开是法院工作的基本要求，是实现司法公正的前提和基础，是防止出现司法不公的重要保障。现阶段，人民群众的权利意识日益增强，参与司法、了解司法的愿望日益迫切，对司法中存在的问题更加关注，只有司法公开，人们才能知晓审判的过程，才能监督审判权的运行，才能对审判活动和结果作出客观的评价。审判权只有在阳光下运行，在人们的监督下行使，才能遏制腐败、防止不公、实现公正。除了法律明确规定不能公开的内容外，都应该向社会公开，要逐渐扩大司法公开的范围，拓宽司法公开的渠道，不断推进司法公开向更深、更广、更全面发展。其中，裁判文书上网是司法公开的重要方面，除一些特殊类型的案件及当事人有正当理由明确请求不上网公布之外，一审、二审、再审案件判决书及裁定书全部上网，把民众对司法监督的窗口开在网上，让最大范围的群众以最便利的途径接触、了解和监督司法工作。

司法公正是人们对司法工作的最终期待和至高理想，是推进依法治国进程的根本保障，也是“努力让人民群众在每一个司法案件中都感受到公平正义”的基本要求。司法公正包含着丰富的内涵，因而在制度构建上也表现出多样性和复杂性，涉及社会的各个领域和各个层面。诚然，司法公正的实现是一个受到历史条件和社会条件影响的渐进过程，但司法机关乃至全社会都要为之作出努力，不管是一大步，还是一小步，都是推动中国司法文明前进的脚步。

对话：在知识产权与法学教育之间*

对话人：熊琦（知识产权研究中心副教授）、陈柏峰（法学院副院长、教授）、吴汉东（知识产权研究中心教授）、徐涤宇（法学院院长、教授）

熊琦：各位同学，各位老师，大家晚上好！非常高兴今天看到这么多同学能够在这里参加和我们敬爱的吴老师的对话活动，对话的主题是“在知识产权与法学教育之间”。让我们以热烈的掌声，欢迎我们中南财经政法大学的传奇人物——吴汉东教授！（掌声）好，接下来我们开始进入正题，首先提问的是陈柏峰教授。

陈柏峰：我的问题是这样的：现在随着信息技术的发展，盗版、山寨产品泛滥，不仅在新兴经济体，即便是过去知识产权保护得比较好的国家亦然，这是实践层面；在思想层面，哥伦比亚大学法学院的莫格伦（Eben Moglen）教授发起了“开源运动”，反知识产权保护，主张凡是值得复制的都值得分享，在全世界范围内影响巨大，导致很多人把软件的源代码全部公布，即大家都可以去抄袭，与过去的知识产权保护理念恰恰背道而驰。由于在实践和理论上的这种趋势，有人甚至激进地认为知识产权将来会终结，或者说知识产权至少会走向多元，出现保护和侵权并存的局面。请问吴老师，您怎么看待这种现象、这种实践和理论的发展？

吴汉东：我们现在已经进入 21 世纪，这是一个知识经济的时代，也是一

---

* 本文系作者 2014 年 9 月在中南财经政法大学举行的主题对话中的发言整理而成，原载《法律与社会科学》，2015 (1)。

个网络信息时代。这个时代应该说对我们的生产、生活和人们的交往方式都带来了急剧的变化。我想借用英国文豪狄更斯在《双城记》里说过的两句话。首先，“这是一个最好的时代”。正是因为有了网络技术，使得地球变成了地球村，信息在全球范围内更为广泛、更为便捷地传播。我们可以足不出户便晓天下事。同时，“这也是一个最坏的时代”。这是因为互联网技术对知识产权，特别是对著作权这种传统的制度带来了极大的冲击。它改变了过去创作者、传播者、使用者三者之间的权利义务关系。现在流行这样一句话，由于网络版权纠纷急剧增加，版权公司“痛心”，总是被侵权；网络公司“揪心”，天天当被告；版权律师“开心”，因为打官司需要请律师。网络技术、网络空间对传统制度带来了挑战，我们要直面这个现实。但是我以为，著作权乃至整个知识产权存在的合理性的根基并没有动摇。作为知识产权学人的任务是什么？他要反思和批判，但不是根除和埋葬。就柏峰教授刚才提到的问题，我认为那种主张信息共享，主张版权作品在网络空间不受保护地自由传播的思潮从来都没有停止过。在这里我想说一句民法的法谚：权利是可以放弃的，但义务是不能违反的。因此我以为，未来的知识产权制度应该是一种多元制度的融合，既要注重独占权利的保护，也要允许其他制度的创立，包括信息公开、知识共享等制度的建构。我前年在《法学研究》上写的一篇文章——《知识产权的制度风险与法律控制》，比较全面地反映了我的学术思想。我借助社会学的风险理论，运用民法学、知识产权法学和社会学的相关理论，对未来知识产权制度的建构提出了我自己的一些看法。如果大家有兴趣，可以读读这篇文章。

熊琦：谢谢吴老师。第二个问题是我提出的。我想站在学生和学者两个视角上，向吴老师提一个问题。现在知识产权被视为显学了，我们有知识产权学院、知识产权专业、知识产权学科。但是知识产权为什么要缺一个“法”字？我们在座的大部分也是法科学生，并且吴老师最早从事的也是知识产权的法学教育。“知识产权法”和现在火热的“知识产权”之间，到底有什么样的关系？

为什么我要提出这样一个疑问呢？首先，从学生的角度出发，我遇到了很多学生在报考知识产权专业和在询问知识产权学习方法时，都要问到一个问题：“我不懂技术，我能不能学习知识产权？”这是很多向往知识产权的学生们很恐惧的一件事情，他们觉得知识产权是多么的“高大上”，自己要是不懂技术，怎么可能学会呢？但是其他的法学，比如说环境法，就不需要懂技术吗？一样的需要懂技术。但为什么恰恰是知识产权这个专业把技术问题提得那么高？这是我站在学生的角度，替有此困惑的学生向吴老师提的一个问题，这是一种学习上的困惑。

其次，从学者的角度来讲。在研究上，我个人基于对如今知识产权学界的观察认为，知识产权和传统法学已经渐行渐远，这可以说是我自己的一个忧思。现在我们法学领域所讨论的法教义学、社科法学、法学方法，基本不会邀请知识产权学者参与，好像他们研究的不是法律，不需要用到法学方法似的，而且传统领域的法学学者也极少涉及知识产权的研究，知识产权的学者也避谈或者不谈传统法学的内容。本来按我的理解，知识产权法应该是法学中的一个部门法，它扎根于民法学，吴老师和我本人都是民法学博士，知识产权法学和民法学其实是有很深的渊源的。但是，如今传统法学学者和知识产权法学者在相互认识学习上有困惑，在研究方法和范式的贯彻上有分离。因此我想问一问吴老师，知识产权和知识产权法到底到了怎么样的境地，到底是什么样的关系？

吴汉东：这是非常宏大但是很有现实意义的两个问题。我先回答第一个问题，熊琦老师的这个问题代表了很多学生的疑惑。我想谈两个观点，第一个是关于知识产权的学科定位，第二个是关于知识产权人才培养的基本模式。记得 2004 年教育部与国家知识产权局联合发布一个名为《关于进一步加强高等学校知识产权工作的若干意见》的文件，其中一句话是提升“知识产权的学科地位”。换句话说，在此之前，知识产权法是法学门下的三级学科，归属于民商法这个二级学科之下。十多年过去了，在教育部公布的新的专业目录中，知识产权已经成为与民商法并列的法学二级学科。与此同时，在管理学的门类之下，知识产权管理与工商管理也成为平起平坐的二级学科。当然，知识产权领域还可以开设知识产权政策、知识产权贸易，如此等等。曾几何时，知识产权学人有自己的学科梦，想把知识产权打造成与法学有相同位阶的一级学科。对这个问题，我慎重地反思过，但我没有贸然地行动，没有提出此类主张。目前整个学科设置有 13 个学科门类，那就是理工农医、文史哲、经法管、艺术学、教育学和军事学。如果把知识产权法律、知识产权管理、知识产权贸易、知识产权政策上升为或归并为知识产权作为一级学科，它（应该）归于哪个门类？这是一种追求，但在目前并不现实。我以为，最新的专业目录调整大大地提高了知识产权的学科地位。

对于第二个问题，是关于知识产权人才培养的基本模式。2008 年《国家知识产权战略纲要》强调了要加强人才培养，把人才培养作为实施战略的一项重要举措。我记得，2006 年我在中央政治局讲完课以后，遵从有关领导的指示，专门向教育部和国家知识产权局写了一份报告，建议加强知识产权人才的培养。记得时任总书记的胡锦涛同志听完课后讲了一句话："看来，知识产权人才要懂科技、懂管理、懂经济，当然要懂法律。"中国现在的知识产权人才培养，有一种多元化、系统化的发展趋势。比如说设置本科专业，从最初的几个学校，现在发展到 54 所。但是请大家注意，一流的法学院和多数政法大学只在进行研究生这一层次的知识产权人才培养。当教育部高教司的有关领导征求我的意见的时候，我说："我相信很多学校不做知识产权人才的本科培养，但是我本人是一种开放的心态，不反对人家'试水'。我认为知识产权人才是复合型、应用型，也应该是高端型人才。本科培养可以作为试点，但是应该以研究生、博士生的培养作为主要的方式。"当然这里的研究生、博士生包括法律也包括管理。

刚才熊琦博士谈到，很多学生很忧虑："我没有理工科的背景，能不能学习知识产权？"我的回答是肯定可以的。我以身说法，我和熊琦博士经历相似，本科生、研究生、博士生，学习的都是法律专业，一样研究知识产权。在德国，知识产权的法官、知识产权的律师，都是学法律出身的。况且未来我们要设置知识产权法专门法院，也会仿效日本和我国台湾地区的做法，聘请技术官。所以我想，无论有什么样的知识背景，都可以学习知识产权，但是要为自己设计良好的知识结构，肯定要懂法律，还有必要的多学科的知识要素，很好地塑造自己。

第三个问题，熊琦老师问的是关于做研究的问题。我想，知识产权不能与民法学渐行渐远，作为知识产权学人，应该与民法同行，"且行且珍惜"（笑声）。我认为高水平的研究文章，特别是涉及法律问题的文章是离不开民法的原理、原则、制度和规范的。换一句话说，知识产权问题研究，如果离开了民法，它会变成无源之水、无本之木，它找不到应有的学科归属，而且知识产权工作者会由此失去一个共同对话的学术平台。所以我在这几十年的教学和研究生涯当中，努力把民法学和知识产权很好地结合起来。我的体会是，知识产权问题的研究，应该以民法理论为基础，以多学科的知识为背景。我写了很多文章，闯进了陈柏峰教授的领域，闯进了戚建刚教授的领域，研究了知识产权的政策科学问题、人权问题、风险控制问题、法经济学问题，还有无形资产的管理问题，但是，万变不离其宗，始终没有离开法学或者说民法学这个基点，这是我的心得，和大家分享，也仅供参考。（掌声）

熊琦：我谈一点对吴老师刚讲话的感想。吴老师刚才是从学习和人才培养的角度，从研究的角度去论述。这告诉我们什么道理呢？如果你是学法学的，你就把“法”这个字在知识产权这个领域里做到极致；如果你是学管理的，那么你就把管理学在知识产权领域做到极致；如果你是学贸易的，就把贸易在知识产权这个领域做到极致。它既然是一个融通型的、海纳百川型的学科，那么就允许各学科的方法贯穿其中。俗话说，精通精通，唯有精才能通，下面在座的各位同学，无论你是学法学的、学管理学的，扎扎实实一步一个脚印把自己这个学科学好，把自己这个学科在知识产权领域的优势发挥出来，而不要一开始就贪多贪广，我们要做到由精到通。

吴汉东：很好（笑声），我希望今天不要成为男中音独唱，而应该成为二重唱、三重唱和混声合唱。（掌声）

熊琦：接下来，有请陈柏峰老师。

陈柏峰：熊琦讲的，其实我不太同意（笑声），我响应吴老师的号召。吴老师讲的，其实我也不那么同意（笑声）。当然，我们从哪个学科出来，会从这个学科去考虑问题，但是实际上就问题来说，就研究来讲，划分学科只是为了方便我们研究，最后它要指向的是问题，如果学科成为问题的阻力的话，那么这个学科可以不要了。当然，现在知识产权在传统的体系里面不一定能找到一个很好的位置，但是我想，有很多分类你仔细去想，它都不一定是符合逻辑的。就像政治经济与社会的这个分类，它只是为了我们方便，至于它们分类的界限到底是什么，谁也说不清。

我想追问吴老师，因为刚才熊琦在吃饭的时候就责怪我，我开法教义学与社科法学对话的时候没有邀请他，他现在又提到了这个问题。（笑声）我自己的感觉，知识产权法确实是脱胎于民法的。但是，从研究方法上来说，知识产权法其实是越来越脱离于传统的民法，传统的民法是法教义学的传统领地，可是知识产权法更多的是和公共政策联系在一起，尤其是现在的疑难问题。

而且我要质疑吴老师一点，吴老师刚才提到德国、日本怎么样，没错，他们都有很有特色的知识产权法院或者知识产权的这一套制度。可是今天，知识产权更有创新力或者说制度创新的地方，可能恰恰是在美国。而美国的知识产权问题更多的是一个公共政策问题，需要公共政策的判断。当然，我也不认为吴老师的研究是法教义学，可能更多的是靠近我们社科法学，但是他自己又宣称，他是属于传统的领域。（笑声）他到底有没有矛盾，我想请吴老师解释一下。（掌声）

吴汉东：我觉得现代学科的发展，有一种非常有趣的现象，朝着两端在延伸、在扩展：一个是精细化，学科的精细化产生了一些新的分支学科、新的独特领域。这是一个方向。另外一个方向，学科的发展在向融通化方向发展，我们看到了什么天体力学、生物化学，还有我们所谈到的法社会学、法经济学，这也是多个学科之间的嫁接和融通。因此学科发展的两个维度，我们都不能忽视。

就知识产权而言，我觉得一方面来讲它脱胎于民商法，现在独立于民商法，反映了它在向精细化、专门化、独立化方向发展；另一方面来讲，知识产权又和经济学、管理学、社会学、政治学、人权科学乃至于一些技术科学相融合而存在。知识产权的公共政策问题仅仅只是其中的一个问题，而不是全部问题。我们现在的研究，应坚持自由探索与问题导向。

那么，如何来考量、设计知识产权制度？比如说制定知识产权公共政策体系、实施国家知识产权战略，这都属于政策科学的理论范围。但是我们也注意到，比如侵权责任法第 36 条，关于网络技术服务的提供者所承担的法律责任，这是一个知识产权法律规范的适用问题。知识产权问题有一个多样化、复杂化的特点，不能一概而论。今年第 5 期的《法学评论》将刊载我的一篇文章，我写的是一个典型的法律适用问题，研究知识产权侵权诉讼中的举证责任问题。我觉得知识产权问题具有这样一个多面性特点，所以要运用不同的研究方法。

徐涤宇：柏峰近来搞了法教义学和社科法学对话活动，这一段时间常常在沾沾自喜（笑声），自认为社科法学对法教义学形成了一种包围趋势。其实我们搞法教义学的人，从某种意义上来说是把社科法学视作一种边缘学科了，因为它可能是或者归属于经济学或者是伦理学或者是哲学。我因此想到一个可能更根本的问题：我们作为一个法律人，到底怎么来界定自身？具体到知识产权，它到底在何种意义上属于法学，何种意义上属于管理学，何种意义上属于经济学？

我认为法律人可以分为两大类：一类是实务的，又可以分为立法者与法律适用者；另一类是理论的，对应着问题，要么是对立法的问题进行批判，要么是对司法的问题进行批判。

首先，法律是一个裁判规范，也就是说，司法者是没有立法任务的，他不需要进行价值判断，只要遵守就好。他的任务仅仅是运用法律人的法言法语，通过解释保证法律得到正确适用。所以说，法律从来就不是首先约束老百姓的。它首先约束的是谁？是裁判者。那么在这个意义上，知识产权案件到了法官那里，他要做的事情就是，如何将案件事实放到立法者规定的事实要件部分去，从而得出结论。当然，你们会说我很机械。但是，你们可以想象，如果每一个法官，他都能够赋予自己立法者的角色，动不动就进行公共选择，或者动不动就进行价值判断，把自己打扮成公平正义的化身，那么他就在个案中毁灭了普遍的规则。所以我很反对用所谓的公共选择，或其他的一些经济学、伦理学，甚至公平正义、孝义的借口来对法律人本身的任务，也就是司法者的任务，进行指手画脚。

其次，立法者的任务首先就是进行良法和恶法的判断，因此他必然要考虑到社会问题、经济问题、效率问题、公平正义的问题。他制定的规则只有经过这样一个道德伦理的、政治意识形态的乃至经济学的、效率的以及公平主义的所有的考量之后，才能成为一个好的法律。因此，从立法论的角度来说，我认为是可以进行多学科交叉的研究的，包括与公共政策、制度经济学、伦理学、管理学等交叉。

那么，法学理论研究的任务是什么？要么服务于法律的正确适用，成为解释论；要么服务于立法，成为立法论。当然，我和吴老师是在这两方面都很吃得开的。可以说，他更是一个顶层设计者的导师。也就是说，他既能从管理学、经济学等诸如此类学科出发，站在一个战略的高度来对立法进行批判，并思考如何制定一个非常好的知识产权法律；同时，他对法律实务也有很大的影响力：你走到哪个法院或者说知识产权局，要说不认识徐老师的，肯定是百分之百的可能，但是说不认识吴老师的，那是百分之百不可能的。

所以我回答这个问题，更多的是对社科法学的学子（笑声）进行一种回击，因为他们这段时间沾沾自喜。我给他们铸造了很多平台，包括给他们搞会议，因为我是学习吴老师的，主张一定要把年轻人挖掘出来，多给他们提供一些平台，才能使我们学校更有希望，所以我也是很开放的。但是，我基于我学科的角度，从民法的角度来说，如果我作为法律人，首先要做的是，承认我作为法律人最基本的标准就是我能够在这一个解释论上面用规范的法学理论进行研究，能够坚守我们法律人本身的正义。也就是说，法教义学永远是我们的正义。当然，我不排除用其他方法在立法论上进行研究。所以，这是我的一点感想，终于自己打破了打酱油的这么一个角色了。（掌声）

吴汉东：我再回应一下，非常感谢我的上司徐涤宇院长为我做的辩护（笑声），但是我也不是完全赞同你的观点。（笑声、掌声）这样的对话比较热闹了！我感觉到知识产权与传统的法律领域之间的差异。其实，我在很多场合谈到法学教育的时候，多次谈到法律职业共同体这个概念，那么无论是立法者、司法者、律师乃至于法学教授，他们应该有共同的法治理想，有共同的法律知识结构，有共同的法律技能。之所以称为法律职业共同体，是因为他们有这么三个共同。他们的角色在很多法治国家可以互换，不像在中国是一定终身。但是，我认为知识产权职业共同体就比较复杂，它既有传统法律职业的立法、司法人员和律师，也有很多人从事知识产权行政管理和企业管理。2011 年国家提出建构中国服务产业的四大支柱体系，其中一个体系就是建立知识产权的服务体系，包括知识产权的咨询、代理、评估、鉴定、投资、运营，还有培训等。所以说，这是一个特殊的职业共同体，它不完全是法律人才，更多恐怕还是管理人才、经济人才。

我看了一个资料非常有感触，那就是 2013 年的美国品牌实验室公布了世界品牌 500 强，中国有 25 个商标入列，这与我们作为全球第二大经济实体、最大的进出口贸易国、最大的工业制造国的地位是不相符的。这 25 个品牌很多属于资源性、垄断性的企业，而且仅仅进入前 100，没有进入前 50，排名最靠前的品牌是中央电视台（笑声）、国家电网、中国工商银行、中国移动。品牌实验室评选委员会的主席是著名的经济学家、诺贝尔奖的获得者蒙代尔。有个评委是耶鲁大学的教授，他谈到瑞士手表带动了瑞士品牌，韩国三星电子彰显了韩国品牌。中国最有发展前途的是家电业，也许能够成长为未来的世界品牌，但是中国缺少具有国际水平的品牌运营的专家，什么是品牌运营的专家？肯定要对知识产权和无形资产的管理和评估非常娴熟，所以在很多知识产权领域缺的是一种复合型、高端型、国际型人才。（掌声）

熊琦：把话题拉回来（笑声），其实刚才三位老师谈的是两个问题，我大体归纳一下：第一个问题是知识产权法学与知识产权在法学学科内与学科外的问题；第二个，特别是刚刚徐老师谈到的，其实就是法学内的立法与司法，或者说是立法论与解释论的问题。一个是“敌我矛盾”，另一个是“人民内部矛盾”。

我首先就知识产权和知识产权法的学科分工或者知识分工谈谈自己的感想。为什么要有知识分工或者是学科分工？刚刚徐老师说在法解释学这个层面上尽量不要引入多学科的背景，在立法论的层面上可以，我想谈的就是为什么会有这么细腻的学科分工：法学内部学科分得这么细，法学之外其他方面亦然。我的感觉是因为人的理性是有限的。进入 21 世纪这个知识爆炸的时代，很难有那种像康德、黑格尔、柏拉图那样百科全书式的学者出现，大量的学者是一种专、精、尖人才。这是为什么呢？因为学科的积累、知识的积累已经到了一个人穷尽一生都无法完全掌握某一门知识的地步，所以说我们需要有学科的分工、知识的分工，从而使某些学者能够投入他最擅长、最热爱的领域中去，为这个领域作出贡献，因此我十分赞同陈柏峰老师的问题导向。

第二个更重要的原因，是学科分工为研究问题提供了一种特殊的方法、特殊的视角。多学科研究，多维度解读，就像做手术的无影灯一样，可以把一个问题放到不同的角度去照射、去研究，让它无死角。因为从一个角度出发，即使光线很强，照射很深，也会留下死角。这是任何一个学科所无法避免的：没有那种可以解决万事万物万能的学科。任何学科，既然有它的独到之处，必然也有它的弊端和死角阴影。所以我们学法学，研究知识产权法的也好，学经济学的、研究知识产权经济的也好，学管理学的、研究知识产权管理的也好，大家要有自信，相信自己的学科不可替代，研究这个学科的问题需要自己的知识共享。

刚才谈到这个法教义学和社科法学在知识产权法领域运用的问题，其实就是一个学科内部的立法论和解释论的问题，同样是一个知识的分工和学科的分工。立法论首先要确认的是立法所调整的对象、问题，为这个问题树立一个基本的价值观。所以说立法者的研究视野可以更广、研究角度可以更多，引入的学科也可以更多。他是为这个学科、立法、法律引入一种价值观，为规则设计一个底线。而司法解释论的学者，是将现有的立法运用到现实社会的问题中。这个时候立法的价值已经设定、利益的分配已经设定。在这种情况下，不能说机械，因为解释绝对不是机械的。他必须遵循已经设定的立法价值，已经设定的利益分配机制，在这个框架内，针对具体问题，将抽象的条文化解为具体的判决。

所以说，社科法学和法教义学一个很重大的争议——包括知识产权——就是，要不要在解释论中过多地引用价值判断。在立法论中引入价值判断这是通说，徐老师也同意，陈老师应该也同意。但是在解释论中应不应该过多地引入价值判断呢？刚才徐老师的观点里说如果在解释中过多地引用价值判断或者过多地引入多学科视角，会破坏法律．作为一种事前规则的稳定性——同案同判，特别是知识产权的问题，因为知识产权的客体是无形财产，关于它价值的评估和损害赔偿的标准都是法官自由裁量权很大的一些领域。它不像你弄坏了我的手机，我的手机用了多久、值多少钱基本上能够评估出来。但是，如果你侵权了我一部电影、下载了我的一首歌，那么这首歌、这部电影，你如何判断它的价值、你如何赔偿？这个东西作为一个无形财产，它客体的边界非常模糊，权利的范畴不太稳定，那么在损害赔偿的问题上、在解释的问题上，法律给予法官的自由裁量权就很大，那么法官需不需要根据自己的理性判断，根据各个案中的主观动机，来进行独立裁量这种标准，要不要引入价值判断实现法官造法？我也想追问吴老师这个问题。

吴汉东：记得早些年间，北京大学的郑胜利教授提出一个知识产权法定主义的话题，崔国斌博士在《中国法学》上也写了一篇文章，专门评述法官造法这个问题。郑教授的这篇文章，如果作为民法学子，特别是像徐涤宇教授这样非常权威的年轻学者看来，知识产权法定主义，那不是跟物权法定主义是一个思路吗？在我看来，凡是支配权、绝对权，它都应该采取法定主义的原则，特别是在大陆法系的国家（问徐涤宇：同不同意这样的看法）（笑声）。我记得郑胜利教授好像是学工科出身的，他能够得出这样一个结论，真的是难能可贵。这个问题提出的起因是什么呢？那就是中国在“入世”前后，面临着一个与知识产权国际公约接轨的问题。一些法律落后于现实需要，不符合相关国际公约的规定。因此在很多案件中，一些法官就创设一些规则，通过个案的审理来创制出某些权利或权项。我保守地认为，这是不合时宜的。最高人民法院可以根据现行法的精神、原则，对某一个案件作出司法解释，那么这个司法解释具有适用于所有案件的效力。但是，不宜由法官在个案中来创制出新的权项，这不符合中国法的传统。（掌声）

陈柏峰：那么，我想再挑一个新的话题。（笑声）吴校长曾经在 2006 年左右给中央政治局上过课。我们一个很具有专业权威的专家去中央政治局上课，内容讲什么呢？你讲难了，他听不懂；你讲简单了，他自己找两本书也能看。所以问：讲什么？（笑声）我觉得这个场合有这么两个功能：第一，这是中央的一个姿态，表示尊重我们的专家，尊重知识分子（笑声）；第二，他们实际上在这方面有一些思路，要通过权威的专家，以这种方式进行传达。我觉得第二个可能是它最重要的一个功能。换句话说，也许不是吴校长去给中央政治局上课，而是中央政治局专门把吴校长叫去给他上了一堂课。那到底是不是这样的呢？我想听一听吴校长的说法。（掌声）

吴汉东：其实正如你所说，中央领导学习和了解知识产权知识，与在全社会倡导尊重和保护知识产权的目的，是同时存在的。我记得 2006 年 2 月接到这个任务，5 月才讲。其中有一个插曲，那就是胡锦涛总书记访问美国，这个访问确实是有非常深刻的背景。自中美两国 1979 年签订双边贸易协定以来，中国一直是贸易顺差，美国一直是贸易逆差，所以每年美国国会开会，大概 40%的议案与中国有关，40%的议案中的 60%又与中美贸易有关。中美贸易有两大障碍性问题：一个是贸易逆差问题，另一个就是中国知识产权保护问题。吴仪副总理当时主管国际贸易，也主管知识产权，当时带了一个庞大的采购团去美国，其实也是去做工作。我们大概掏了 160 亿美元，买了 80 架波音飞机，采购了摩托罗拉的电信设备，购置了微软公司的正版软件。

这个讲座是在总书记访美之后进行的。这个讲座由我和郑成思教授共同完成，他主要讲知识产权国际制度的发展、变化，我主要讲知识产权在中国的现状、存在问题以及未来的若干建议。在政治局委员热烈讨论之后，总书记即兴讲话，作了学习总结，讲了三个问题，共 20 分钟。第二天见报的主要是胡锦涛总书记发表重要讲话，这个位置要摆正。（笑声）我认为，那一次讲座虽然是一个法制讲座，却是中央领导集体第一次谈知识产权问题。记得讲课之前，总书记兴致很好，与我们谈到他的访美观感。这个课讲完了以后，总书记拉着吴仪副总理，又和我们谈起了国家战略的问题。那个时候，国家正在酝酿知识产权战略纲要，这个纲要到 2008 年公布并正式实施。我以为，那次讲课向全社会释放了一个非常重要的信号：中央高层重视知识产权问题。这也是中国在 2001 年“入世”以后，展现出的一个世界大国信守国际公约、保护知识产权的国际形象。（掌声）

陈柏峰：我补充一个问题。我翻杂志有个习惯：凡是认识的人，都会看一下他文章的摘要。吴校长在中南海讲课后有篇文章我看了，有个深刻的印象。讲到知识产权的属性，其中就讲到了它的私权属性和政策工具。对这个我印象特别深刻，因为我感觉过去大家（关注）较多的是权利属性，比较少讲的是政策属性。您提出这个新的观点跟那次授课有没有直接的关联？

吴汉东：柏峰的问题很有挑战性呐。（笑声）坦率而言，熊琦对我的这种研究的思路，也许更熟悉一些。我虽是学民法出身，但历来主张，要用一种多学科的视野来看待一个复杂的知识产权问题。应该说，我那个主张，就作为了讲稿内容，经过中央办公厅的审查，在这个为时一个半小时的讲课中，我把我的观点讲给他们听了，那是我的观点，而不是领导指定而得出的观点。（掌声）

我讲了知识产权的三个基本属性：第一，从私人视野来看，知识产权是知识财产私有的权利形态，这更多是借用民法学的理论；第二，从国家视野来看，知识产权是公共的制度政策工具，这应该更多是从政策科学而言；第三，从世界范围来看，知识产权是国际经贸领域的基本规则。所以我用了私人产权、政策工具、贸易规则这三个不同的属性来描述了知识产权的基本属性。

这三个基本观点，是我在政治局讲述的。其实知识产权的研究，我觉得不限于以上三个视角。在经济学看来，知识产权是一个信息产权；在管理学看来，知识产权是一个无形财产；在人权科学看来，知识产权也可以视为是一个特别人权。所以，我们可以用一个多棱镜来看待知识产权。但是我秉持这样一个基本观点：知识产权首先是一个法律制度。那么，对知识产权是不是保护？给一个什么样的水平来保护？国家立法者有政策考量，他是通过这个私权的制度设计来达致促进知识创造、促进知识传播这样一个政策总目标。所以知识产权法里，我概括出二元立法宗旨，那就是保护私人产权与促进知识广泛传播，这跟传统的民法是有所不同的。

熊琦：谈到知识产权公共政策的问题，我就顺着往下说。大概在十年前，当时的世界知识产权组织主干事鲍格胥博士说过这么一句话，他说中国用二十多年的时间，走完了西方国家两百多年才走完的道路，他所描述的是中国的知识产权事业。这句话至今，仍然被频频引用，作为中国知识产权事业发展的一个证据，一个来自外国专家的证据。但是我们反过来看今天的中国知识产权现状。前两天马云已经成为中国首富，他所领导的阿里巴巴，也已经成为仅次于美国谷歌公司的全球第二大市值的互联网公司。但是，马云的阿里巴巴每年都会上美国的“301 报告”，这个报告是什么呢，吴老师最清楚，每年四月底由美国贸易委员会公布，关于知识产权盗版侵权的重点观察国家、重点观察对象。美国人认为，淘宝上假货很多，知识产权侵权泛滥。所以说，即使他是中国首富，即使他领导的所谓世界第二大互联网公司，但是折射出的是中国知识产权保护的严峻现状。经历了三十余年的发展、制度建设、司法推进、行政保护的推进之后，（中国知识产权保护）仍然处于一个被西方国家攻击、批评、质疑的地步。

我和一些国家机关，我和政府下设的知识产权研究机构的研究人员交流时，他们提到一个悲观的看法。他们认为，这三十余年的知识产权保护并没有对中国经济起到有益的帮助。这是他们个人的一个观点。知识产权、企业、知识财富、知识产权所带来的效益，那些研究人员认为不但没有给中国经济的高速发展带来助力，相反从某种程度上提高了中国经济发展的困难程度，中国仍然主要依赖投资驱动、资源驱动，包括劳动力密集产业驱动这么一种经济发展模式。那么短时间内要改变扭转这种发展模式，事实上非常难。所以回过头看那句话：中国用二十余年的时间走过了西方国家二百多年的路，你等于说要让一个两岁的小孩儿去做一个二十岁的人做的事情，从某种程度上说是不可能的任务。所以说这个地方我也想请教一下吴老师：在这个转型过程中，中国为什么对知识产权事业的前景的看法有这么多不同的认识或截然相反的观点？

吴汉东：首先我要申明，我不太赞成刚才熊琦老师引述的那位人士对中国知识产权事业的基本评价。从国际上来看，发达国家对知识产权是持典型的实用主义态度、顽固的国家利益立场。知识产权制度产生发展到今天，不过四百年的历史，不像所有权、债权和继承权可以追溯到古代社会。美国、日本号称是知识产权强国，在它们的历史发展过程中，对知识产权的保护都有一个从低水平保护到高水平保护、从选择保护到全面保护的这样一个漫长的过渡期和准备期。美国 1790 年效仿英国制作的著作权法和专利法，19 世纪美国版权保护水平非常之低，要求外国人的作品在美国出版才享有美国版权。外国人申请美国专利所缴纳的费用，欧洲其他国家的人是美国人缴纳费用的 2 倍，而英国人则是美国人的 10 倍。那个时候他们有国民待遇吗？日本在明治维新以后，1875 年制订专利法，长期不保护化学物质专利，一直到 1965 年才保护药品专利。所以说，他们对知识产权的保护有相当漫长的、渐进的过渡期。对包括中国在内的发展中国家而言，没有这么长时间的准备。

中国的知识产权制度在 20 世纪 80 年代起步，90 年代初完成，仅十多年的功夫，而且一开始就要求我们按照当时国际公约的高水平保护来制定知识产权制度。由此产生了 1992 年的中美第一次知识产权冲突，这时我刚好在美国留学，在报上发表文章批评美国，他们是时隔 105 年才参加《伯尔尼公约》，美国现在强大了，要求高水平的保护。对中国来说，我们用了十多年的时间，建立了知识产权制度；用了二十年的时间，从本土化到了国际化。原国际知识产权协会主席、斯坦福大学法学院的教授波顿先生有句话，他说发展中国家与发达国家在知识产权方面的差距，不在于制度本身，而在于我们运用制度的经验不足。这种情况对我们国家带来了很大挑战：一方面，我们取得了最惠国待遇，世界市场向中国打开；与此同时，我们要接受国际公约，较高水平的保护知识产权。

接下来，我来评价一下中国特别是“入世”这十多年来，我们的知识产权事业是一个什么水平。坦率地说，首先还是应该基本肯定，同时并不讳言矛盾和问题。“入世”十多年来，中国以 9.2 万亿美元的经济规模，成为全球第二大经济实体；同时以 4.5 万亿美元的规模，成为世界最大的进出口贸易国；而且以 19.8%的份额取代美国成为最大的工业制造国。伴随中国经济社会发展的同时，是知识产权事业的进步。三十年前谁都不知道知识产权，而现在中国成为世界上知识产权大国：第一，就发明专利而言，去年据 WIPO 的统计，全球有效发明专利申请是 230 万件，中国占到了 27.8%，美国（占到了）23.1%，日本（占到了）14.6%，韩国（占到了）8%。十年前讲发明专利申请，美国是全球的 1/3，中国只有它的 1/3，所以现在我们在量的问题上首先实现了超越。第二，从版权来看，这几年，版权产业的发展，包括它的增长率、对 GDP 的贡献率，都达到了前所未有的高度。2013 年，版权产业的整个贡献率占到了 GDP 总量的 7%。在中国，一个产业如果（GDP 占有率）能达到 4%的话，就是支柱型产业。第三，再说说商标，我国商标数量，无论是注册商标申请量、累计注册商标量，还是有效注册商标量，十几年来一直是世界第一。另外关于植物新品种、集成电路布图设计，正是有了知识产权，都有了很大的发展。

同时我们要看到存在的问题、矛盾很多。2014 年 9 月，我应十六大、十七大、十八大中央文件的主要起草者郑必坚同志的邀请，跟他谈了三个小时的知识产权，在那之后我向中央写了 4 000 字的报告，中心几个青年学者都帮助我起草这个报告。我不知道中央高层是怎么来看待这个报告，但是我以为多少还是起点作用。“全面深化改革”的文件强调“加强知识产权运用和保护”。这说明什么？运用和保护是中国实施国家战略的两个最突出的短板，是必须解决的关键问题。21 世纪的第二个十年，中国要从一个世界大国变成世界强国。强国之路怎么走？创新驱动发展！创新驱动发展战略的基本制度支撑必定是知识产权。从国际经验来看，无论是近代英国，现代美国、日本，还是当代韩国，走的都是这条路，中国也是这条路。所以中国要善用知识产权制度，这两大问题在未来的七八年间必须解决。一个是运用问题。取得知识产权不是为了好看，是为了促进生产力的提高，实现经济和社会的发展。有些数据，我觉得应该引起我们的反思，那就是中国发明专利的数量、规模尚可，而质量、水平有差距（我们的关键技术、核心技术没有专利，或者说专利不多）。另外就是实施、转化的问题，据世界银行统计，中国包括专利技术在内的科技成果的转化率，只有 20%。相形之下，美国 68 个知识产权密集型产业对全美经济增长的贡献率达到 34%，出口份额占到 60%以上。以上谈的是运用问题。关于保护，我认为问题更大。坦率地说，公民意识对知识产权认同度较差，整个社会没有形成一个尊重知识、崇尚创新、保护知识产权的法律文化。在（知识产权）法律执行方面，问题更多。我讲一个数据，这是官方数据，97%的商标侵权案、专利侵权案，79%的版权侵权案，由于不能按照权利人的利益损失、侵权人的非法所得，也不能按照许可使用的合理倍数来计算，只能由法官进行裁量，这就是法定赔偿。平均一个案件赔多少钱呢？专利 8 万元、商标 7 万元、版权 1.5 万元。只有 30%的案件能达到权利人的赔偿请求。这么低额的赔偿不足以遏制侵权人的盗版和假冒，不足以弥补权利人的损失。我再讲另外一个数据，美国从 1992 年到 2012 年的专利案件赔偿额，平均是 450 万美元。大家都知道柯达，柯达由于“拍立得”的一次成像技术侵犯了宝丽来公司 8 个专利，这个诉讼打了 8 年，赔了 9.8 亿美元。最近发生的苹果诉三星侵权案件，三星败诉。三星涉案侵犯 6 个专利，3 个外观设计、3 个发明专利，判赔了 5 亿多元美金。中国应该加大知识产权保护力度。我想：为什么把版权、专利和商标这种相关的产业称为知识产权密集型产业？因为这类产业是以权利的存在为基础，以权利的交易为纽带，以权利的保护为后盾。如果山寨大国、仿冒大国的帽子戴在我们的头上，中国的创新发展永远无从谈起。（鼓掌）

陈柏峰：听吴老师讲话，我有两个很深刻的体会，第一个他脑子里装了很多数字，信手拈来。[徐老师：有没有考据他的正确性？（笑）吴老师：可以见诸官方和新闻媒体文件] 我觉得这个可能好多人都做不到，像我就做不到。我觉得谈点意见可以谈，要我立刻拿数据作证（很难做到）。

吴汉东：我插一句。我曾经评价苏力教授写的《送法下乡》，包括陈小君教授写的《农村土地承包权》，包括你写的法社会学的一些文章。那些著述我都看过，应该肯定你们的研究方法。我觉得，我们缺乏的是什么呢？法学研究过去比较注重规范分析，但我们现在要引进经济学、管理学的研究方法，进行实证分析，凭数据说话。我过去也是很条文的，很会这一套的，也有方法；但是我觉得搞知识产权不够，你不拿数据说话，那是不能够说服人家的。（鼓掌）

陈柏峰：第二个深刻体会，就是吴老师的激情四射。这次也是我第一次近距离地感受（到这一点）。因为时间问题，不能继续讨论知识产权了，要转入下一个话题了，我们还没谈法学教育问题。从我 1998 年到这里来读本科的时候开始（吴老师当时是我们的院长、校长），到现在 16 年时间，吴老师一直是我们法学的学科带头人。我想到未来很长一段时间，他都会是我们的带头人。当然，在座的徐老师现在还不能叫带头人，只能叫守门人。（笑）作为带头人，您觉得到底在学校里面要教什么，学生要学什么？我这个困惑是从我自己的个人经验来的。我给同学们讲课的时候都会给他们讲，在大学要务虚，就是不要想以后走上社会该怎么办。在学校的任务就是学习，学习那些看起来没有用的东西。可是我们往往会有这样的体会，你到社会上去接触实践部门，见到院长、庭长，他们也许会说："咦？你是中南财经政法大学的？我们这里有个毕业生还不错，但是就是有个这样的问题，她上手的慢了一点，来了半年才慢慢会写判决书。你们这个法学教育是不是应该给我们培养更完整的，一来就能给我们写判决、给我们应对庭审的人才？"您怎么看待这个问题？

吴汉东：柏峰揭示了我们法律学子如何来塑造自己的问题。在法学界，我自称是与法同行、以书为伴三十多年了。在法学这个园地里，首先要"入门"，其次在这个基础上要做到"出世"，要把握好这两个不同的意境。在学院里，我觉得基本理论、基本技能都需要掌握。从某种意义上说，我比较赞同柏峰的那些话，我们学校学生的功底是比较扎实的。但是坦率而言，由于扩大规模地招生，教学质量下降，我非常惭愧。我做校长 17 年，做副校长 3 年，20 年做牛做马都没有做好。我们的法学教育处于这样的局面，可以说是前有标兵、后有追兵。我们学校没有地利，也未尽天时，求的是人和，师生共进，教学相长。因此我觉得，有个很好的理论功底，有个完善的知识结构，对我们学子来说是非常重要的。坦率而言，我接触的知识产权，并不是坐而论道，而是非常务实的。高，可以顶天；低，可以立地。中央高层的战略设计，包括"十二五""十三五"的知识产权事业发展规划，中心团队承担了方案起草课题，都有我和我同事的思想贡献。同时，这种研究也接地气，像最近几年的"苹果案”“乔丹案”“荣华月饼案”，还有“《人在冏途》案”，我们都有发表意见的。所以我非常赞同柏峰刚才谈的观点，我们的研究生和博士生，在过去为了挣学费而兼职，现在我觉得助学金、奖学金足以弥补上学的各种开销，在这种情况下应该全神贯注地读书，我想在这里用一句我认为有点启示性的格言来告诉大家：“人生的路很长很长，但关键的就是那几步。伟大的目标必须全力以赴来追寻。”（掌声）

熊琦：无论是本科生、硕士生、博士生，有这样的问题其实很正常，不怪大家。因为社会浮躁、社会功利不可避免地要侵入到校园生活中来，导致我们坐不下来、看不进去。我自己也是给本科生与研究生上课，我每次给大一的学生讲民法总则的时候，第一节课的第一个问题，我提出来的并不是民法是什么，而是法学学什么。法学不是学法条，从技术层面来看，它训练的是我们的法律思维。如果说有一个学院学习的东西必然会过时，那肯定是法学院。为什么呢？因为哲学院的学生现在还可以讨论康德、讨论黑格尔，但是，法学院的学生，学的必然是今天的法律，到明天你毕业的时候，法律可能会被修改、会被推翻，可能会被新的法律所替代，这个时候难道大家还回来继续学吗？重新学吗？不是。因为大家在法学院已经掌握了一种法学方法、法学思维，这种思维和方法才是大家将来安身立命的核心竞争力，才是作为法科学生区别于其他非法科学生而拿到司法从业人员证书的人的重大区别、重要优势。我觉得这是从职业条件、职业规划的角度来看我们大学学习的。

大学学习第二个方面就是如陈柏峰老师所言，我们大学要学一些没有用的东西。我们现在千万不要考虑这本书有没有用，将来能不能为我创造财富，让我找一个好工作。大家千万不要这样想。为什么呢？因为大学第二个目标是人格的塑造，你的人格提升了，在将来的生活中，应对困难或者是应对其他的问题，都比较从容、比较镇定。我推荐大家去看一篇文章，2013 年登载在《三联生活周刊》上的《哈佛学什么》。这篇文章就是专门针对哈佛学生、针对哈佛大学的学科设计，里面谈到哈佛大学作为一个世界顶尖的、一流的大学，在培养人才上为什么要设置那么多戏剧、文学、文艺的课程，而不是说像我们现在某些教育家、某些人所提倡的那样，把整个大学教育变成一种职业教育。你刚进入法院不会写判决书，不会做一些事情很正常。这些操作性、程序性的东西本来就是你去实务部门后、去参加工作后慢慢上手的。大学不是教育的结束而是教育的开始，它告诉你的是如何去独立地自学一个东西。你去了那个地方，两三个月之后、半年之后，你的优势就应该体现出来了，因为你有一种法律思维，当你掌握了这种程序性的东西之后，你能够独立判案，独立地去分析问题、发现问题、解决问题。那么这是我自己作为一个年轻的法学教育者的一点感悟。（掌声）

徐涤宇：我追随吴老师二十多年了。1988 年进入学校学习，1992 年留校，他一直是我的领导，从他身上我学习了不少东西。现在他把法学院院长的职务交给我，是对我的鼓励。其实，在我看来，吴老师真的不仅仅是一个法学家，也是一名法学教育家。法学教育家一般分为三个层次：第一个层次是园丁式的，其实很多老师都做得到，一般影响他所认识或者成为他学生的人，也就是我们所说“桃李满天下”。第二个层次的是制度设计型的，是能够把他自己的理念影响到制度设计上的。因为吴老师他本身也是教育部法学教育指导委员会的副主任委员，他本身也是中国法学教育的顶层设计者之一，所以关于法学教育应该如何走，如果给很多时间，我想吴老师他会侃侃而谈。从这个角度来说，他可能是在时空上更超越，对中国的法学教育有影响力的人。第三个层次可能是一种思想型的法学教育家。他可能是超越时空的，不仅仅影响这个时代、这个空间的特定的法学职业者，而且影响下一个时代和另一个空间的人。昆德拉有一本小说叫《不朽》，里面谈到不朽分为两种，一个是小的不朽，另一个是大的不朽。小的不朽就是让那些认识你的人记住，大的不朽就是让不认识你的人记住。所以说，这种教育理念，可能是贯穿于吴老师几十年的教学行政管理乃至制度设计层面，他现在把这个东西交给我们。我们的法学教育，不仅仅是要老师把 GDP 搞上去，因为更重要的是培养中南财经政法大学未来杰出的校友，而你们在座的每一位同学都有望成为杰出校友。

我自己对法学教育的理解是这样的：其实，大学教育首先是不是一种职业教育。我刚才已经给大家说了，我们法学教育的第一个任务肯定是一种职业教育，因为我们培养的大多数人以后会斗志昂扬地去为权利而斗争，为中国的法治事业而斗争。因此，你作为一个职业人、一个法律人，如果连最基本的技能都没有学会，就是不称职。所以说，你就是要以司法考试为终极目标，才能成为一个职业人。中国的这种职业教育是远远不够的。按吴老师的说法，现在几个人就能办一个法学院，办一个法学专业，我们的职业准入门槛是很低很低的。在西方国家，即使说是一种职业性的教育，这种教育首先在大学阶段的时候可能也是像我们一样的，这么多学生听一个教授讲课。当然，它也融进了一种学徒式的教育在里面，比方说他们用案例去讲课，讨论一个民事案例，请求权基础是什么？如果我是一个法官或者律师，我应该从什么角度切入，如何寻找支持我的请求权的法律规范？他是必须熟练地掌握这种技能的。这就是他们自发形成的一个学习之外为未来的职业方向进行的预演。

但是，这还是不够的，是吧？我们现在的学生也特别多，尤其是有些老师上课，很有激情，一下子容纳四五百人。这其实是不符合学徒式教育的这种模式的。但是即使在西方发达国家，其实法律的学徒式教育真正起作用的时候是在毕业之后。他要进行的第二步就是通过司法考试，取得初步的从业知识。但是请大家注意，这个时候才真正地进入到一个职业阶段：进入司法培训所或各种律师事务所进行实习，不达到一定经验就不能出师而从事这个职业。而在我们国家，我们的法学的职业教育从某个意义上说，一般把任务全部交给了大学。但是我们大学就像南方职校一样，培养的都是厨师级的法律人，也就是说，学什么的你都能进，只要你有本科文凭、大专文凭或考一个司法考试，它没有准入资质的要求。那么我们法学教育又能怎么样呢？我们只能跟着这个指挥棒走。

但是，我们中南财经政法大学法学院是多少年的资质了？我们是有贵族血统的，我们是名门望族。当然，这不是我说的，这是吴老师带领我们奋斗多少年积累下来的。我相信，就像柏峰说的，你到底是培养学理型的还是马上就得写判决书的，两者不是截然分开的。中国的法学职业教育已经沦为一种厨师教育或者说是一种驾校教育。大家宁肯去考驾校，觉得考试难，考一个驾照好像找工作就容易一些，因为你可以给老板开车。（笑声）你如果做可口的饭给他吃，好像也是吃得开心些，庭长也会欣赏一些。但是他没有中南财经政法大学这种气质。我们一方面从树人的角度进行精英式的教育，就是你说的务虚，把你法律人的理念、法律人的精神、中南财经政法大学法学院的这种气质给锻炼出来；第二方面，要搞职业培训。当然我们道路还比较漫长。我们还有一些校友、一些学者就像柏峰、熊琦一样的有志于在法学方面能够作出成绩、作出贡献的人，他们也是我们需要的。从这个角度来说的话，大家也是可以以他们为志向、以他们为标杆前进，但我觉得这方面的人才是越来越难，从事这一块的研究竞争也是比较激烈。总的说来，我觉得我们的法律教育务虚是一块，务实肯定也是一块。那么我们怎么走下去，也是在慢慢地摸索。

吴汉东：我再接着聊几句法学教育。中国的高等法学教育，在改革开放以后，走过了三十多年的历史，发展到今天确实令人惊诧。我们大概举办了全球最大规模的法学教育。曾几何时，从中专、大专、本科、研究生到博士生乃至博士后，恐怕是世界上系统层次最为复杂的法学教育。经过教育部和法学教育指导委员会十多年的励精图治，我们把法律教育界定为以本科教育为起点，建立了一个本科生、研究生和博士生的人才培养体系，我以为是符合法律人才的培养需求的。现在的问题在哪里呢？规模扩张太快。在 21 世纪初的时候，全国是两千多所大学，到今天为止，是六百五十多所（法学院），在校学生七十万人，其中本科生近四十万人。中南财经政法大学的法学教育向何处去？我们不能独此一家、别无分店，不准人家也办法学教育。我以为，提高中南财经政法大学的法学教育水平，提高每个法学学子的核心竞争力就显得特别重要。

在此我觉得两个关系要处理好：一个是法学教育的普及化和精英化的关系。现在我们已经进入到高等教育大众化这样一个阶段，适龄人口的入学率超过了 27%，所以法学教育也随之扩张非常厉害。在任何一个国家特别是在现代法治国家，法学教育门槛是高的，培养的标准是严的。所以我们无论是做老师还是当学生，你可以没有社会精英的派头，但一定要有社会精英的追求、社会精英的气质。因为你这一辈子是为神圣的法律事业而战，你不同于一般社会职业者的担当，所以你要做国民表率、国家栋梁。第二个是法学教育的本土化与国际化的关系。在中国举办法学教育，理所当然是为中国的社会发展与法治进步来培养专门的人才，这种人才必须是立足本土，为中国的事业而奋斗。在当今这种情况下，我觉得还要具备国际视野、熟悉国际法则，把本土化与国际化很好地结合起来。无论如何我想说的是，今天在座的几位，包括徐涤宇教授、陈柏峰教授和熊琦副教授，就是以他们为中坚的这一群人，中南财经政法大学法学教育事业的脊梁，希望在他们身上。我曾经说过，中国高校的竞争说到底是人才的竞争，人才竞争的关键是青年教师的竞争。最后我想说的是，对于所有中南财经政法大学已经毕业和在读的学子，我们应该为你们叫好，为你们感到骄傲，今天是中南财经政法大学法学院桃李芬芳，明天是国家法治大厦栋梁！（掌声）

知识产权事业发展的使命与责任*

今天这个会议是广东省知识产权专家咨询委员会的成立大会，我们18位专家受聘为第一届委员，应该说感到非常高兴和荣幸。根据我的观察，本届广东省知识产权专家咨询委员会是跨界组合的豪华型阵容，在座的有科学家、政治家、企业家、司法专家以及来自高校的学问家，应该说各有专长，广东省能够集中中国知识产权业界的各路精英，足以证明广东省这个地方是改革开放的一片热土，是知识产权事业的一方圣地，有足够的吸引力和号召力，才能吸引在座各位从四面八方齐聚广东，共商广东知识产权事业发展大计，可以说使命光荣、责任重大。

坦率地说，在座很多位都曾在不同的地方担任顾问和专家。我们来到广东这个地方如何做咨询专家，在这里谈几点体会。首先是定位问题。咨询专家首先是一战略顾问。知识产权在中国不仅仅是一个基本法律制度，从政府层面来看，更多的是事关经济与社会发展的战略与政策。可以认为，省知识产权局有两大重要使命，一是与国家知识产权局进行战略谋划和政策实施的对接，二是也对广东创新驱动发展战略实施进行规划推进和措施谋划。所以我想，咨询专家首先是知识产权领域的一个战略科学家，就像我们陈勇院士一样，不仅有技术专长，而且也能针对本省发展进行谋划。同时，我以为咨询专家还应该是一个法律顾问，像林广海院长一样，在座很多都是法律人。现在强调建设知识产

---

* 本文系作者2015年12月8日在广东省知识产权专家咨询委员会成立大会上的发言整理而成。

权强国，我以为，知识产权强国按照十八届三中全会、四中全会乃至五中全会的精神来定位，应该有两个基本的属性，它既是一个创新型的国家，同时也是一个法治化的国家。作为法律专家的咨询专家，应该帮助政府用法律思维和法律方式解决知识产权的有关问题，也就是说，我们要在政府的知识产权治理方面当好参谋。以上是关于如何做好咨询专家的两个自我定位。

作为专家咨询委员会主任，在此我讲三个自己的努力方向：

一是中立、客观的专家立场。咨询委员会不是省政府或者是省知识产权局的内设机构，应该是该批评的时候批评，该点赞的时候点赞，秉持一个中立客观的立场。

二是专业、科学的研究精神。我们 18 个人、18 条好汉来自各行各业，有自己的专长，发挥自己的专长为政府建言献策非常有必要。这也是专业科学的态度。

三是务实、有效的服务成果。应尽可能使咨询专家的政策研究成果可以运用和转化，使我们的建言献策取得实效。

下面，我就广东省知识产权事业发展和管理工作说一点看法和建议。如果咨询委员会要找出关键词的话，那就是三句话：立足国情，吃透省情，抓住行情。

首先是“立足国情”。广东知识产权事业的发展必须考虑国际国内两个大局。根据我的观察，可以这么说，知识产权是国际经济贸易体制的“标配”，也就是说国际经贸规则不仅当然包括贸易规则，也涉及知识产权保护规则。TPP 由 12 个国家签署以后，美国总统奥巴马毫不掩饰地说，当 95%以上潜在的消费者在境外的时候就允许像中国这样的国家来制定世界经贸规则。中国目前还是规则被动的接受者，未来能不能成为规则变革乃至制订的促进者、参与者？显然，中国还不是国际规则的主导者。无论是围绕着 WTO 所建立的全球贸易体系还是在 WTO 以外的多边贸易与双边贸易体系，都有知识产权保护规则在发挥作用。所以说，知识产权是国际贸易体系的“标配”。就国内而言，知识产权是中国创新发展的“刚需”，我们早就超越这样的时期，将知识产权保护归结为外来压力施加的结果。无论是经济发展新常态还是创新驱动发展，以及十八届五中全会谈到的我国经济结构战略的调整和升级，我认为知识产权都必不可少，因此是“刚需”。这就是目前中国知识产权事业所处的国际变革环境和本土发展场景，这两者都是需要考虑的，以上是我想说的“立足国情”。

其次是“吃透省情”。这几年我对广东还是比较留意的，针对广东的情况我们提出了一个知识产权强国的先行地概念，这个先行地是建立在什么基础上的呢？我觉得有四个方面是可以考虑、值得总结的：一是全面创新改革的试验区。国务院文件确定北京、广东、上海等地是全国首批全面创新改革的事业区。二是自由贸易体制的试点区。其中广东包括了萝岗、前海和横琴这三个自贸区，是全国唯一打包评审的三个试点区。三是“海上丝绸之路”的起步区。中国与东南亚、中亚、西亚、北非和西欧的海上贸易起始于广东。四是知识产权服务和保护的示范区。这个示范区也是经国务院文件正式批准的。建立上述四个区域的基本要求就是重视知识产权的制度建设，这就决定了广东知识产权工作必须走在全国的前面。

那么何为知识产权强国的先行地呢？我的观点是，应该从法律、科技、经济、文化四个方面来测度什么是知识产权的强国或者知识产权强国的先行地：一是知识产权的法制环境必须良好。按照十八届三中、四中全会精神，要实现知识产权治理体系和治理能力的现代化和法治化。二是知识产权的创新能力必须领先。有专家预测，未来的二三十年间，科技生产的一体化、科技研发中心的多元化是一个基本大势。未来的二三十年将由北美、欧洲和东亚三个研发中心来主导世界科技创新的格局。就广东而言，研发能力应在全国有一席之地。上海市知识产权局出台的知识产权政策措施，围绕习总书记对上海建立世界科研中心的大目标，提出了知识产权事业发展的 12 条意见。无论上海还是北京，它们都有自己的战略发展目标。广东作为中国创新能力领先的地区，毫无疑问应突出知识产权创新的发展目标。三是知识产权的产业体系应该发达。未来的二三十年间，无论信息经济、虚拟经济如何发展，都不能忘记实体产业的发展。传统产业的技术升级、高新技术的产业化乃至创新产业集群的形成，都属于产业创新的重要一环。在这个问题上，我以为，鉴于创新能力领先的基础，广东应该在知识产权密集型产业培育方面下更多的功夫，刚才马局长就说到一定要在大产业、高产业的主题上把文章做够、做足。四是知识产权的文化应该先进。首先知识产权文化是创新文化，崇尚知识，鼓励创新，尊重知识产权。

同时知识产权文化也是法治文化，诚信经营、公平竞争、保护知识产权是知识产权法治文化的基本要义。在知识产权文化建设方面，广东应该走在前头。

最后是“抓住行情”。知识产权事业发展到今天已经非常火热，在一些地方，在某些领域，不客气地说已经是一种虚火上升。广东跟这些地方不同，有理由有条件把知识产权做大。根据我的观察，这几年来，创客空间比创客还多，交易平台比交易本身还多，是不是能够实实在在助推本地区的知识产权事业发展，我觉得值得检讨。我认为，政府要有所为、有所不为，一定要坚持政府引导、市场主导的立场。企业是市场经济的主体，理所当然是知识产权的主体。产业要新，企业要强，就广东和其他省来比较，广东的优势就在这里。

为此我建议广东可着重在营造环境、构建平台方面多下功夫，做好文章。我建议可以做好这几个平台：第一是研发平台建设。昨天我在黄埔区开会，中新研究院即将落户黄埔。创新活动包括法律创新、制度创新、政策创新、体制与机制创新，还包括科技创新、文化创新、产品创新、产业创新。我们首先应该在科技创新、文化创新、产品创新、产业创新方面构建有效管用的研发平台，实现科研生产的一体化。第二是服务平台建设。无论是大数据还是互联网公共服务平台建设，政府是需要担当的，这点很重要。除了公共服务平台以外，市场化的信息服务平台也要跟进。我看了国务院的文件，说的是高科技的服务，其实可以延伸到知识产权服务。知识产权服务分为两个层面，传统的基础服务有咨询、代理、检索、分析，更重要的是增值服务，包括知识产权的鉴定、评估、商用化、证券化等。第三是交易平台建设。交易平台现在很多，据我所知，交易的情况并不是很好，特别是专利技术交易，涉及技术性风险和市场性风险。很多专利有没有附加值、有没有生命力不是依靠互联网就可以解决的。政府在这方面可以出台一些指导性的政策。第四是文化平台建设。创新文化、法治文化、知识产权文化建设也应该成为政府工作的重点。马局长昨天提出一个有意思的想法，搞一个中国的发明博物馆。我觉得这个创意很好。我曾经看过达沃斯论坛的材料：从公元前 8 世纪到 1950 年，世界上共出了 161 个发明。其中在古代社会，最辉煌的就是中国，当时的 10 个发明有 6 个来自中国，它们是：珠算、尾舵，以及火药、指南针、造纸术和印刷术这四大发明。但是从 1045 年到 1950 年，贡献最多的是美国。当然，自中华人民共和国成立后，特别是改革开放以来，我们的重大发明也为数不少，如果创办这样的发明博物馆，说明我们的文化建设有了一个大平台。国家局和省局可以通力合作，为文化建设寻找到好的载体。最后一个就是国际平台建设。汪洋同志主政广东的时候，我在省委中心学习组集体学习时曾提出一个建议，要立足广东看广东，跳出广东看广东，放眼世界看广东。广东是中国的广东，也应该是世界的广东。与东南亚、亚太以及周边国家的知识产权事务的合作非常必要，对扩大广东知识产权的影响力是有意义的事情。

就说到这里，谢谢大家。

国家治理现代化与法治化的中国道路*

非常高兴在这样一个高级研讨班就法治问题做一个讲座。正如周校长所说，我专长的领域是私法，尤其是知识产权。今天讲的，对我来说是一个新领域，因此我只是谈学习体会，学习十八届三中、四中全会的精神，谈一谈国家治理的有关问题。

十八大以来，以习近平同志为核心的党中央，可以说文韬武略，谋划大局，在改革开放发展、治党治国治军、内政外交国防等一系列领域作出了一些重大的战略部署和工作布局。用外界评述的话说，招数很多。根据我的观察，其中有硬招、实招、高招，也有妙招。

比如说开展反腐败，是老虎苍蝇一起打，反腐败斗争为将来的制度反腐、治本赢得了时间。贯彻八项规定，通过党风的改进，推动整个政风、社会风气的转变，应该说效果明显。我把它归结为是一种硬招。

同时，对经济社会发展进行谋篇布局，实行新城镇化建设、创新驱动发展战略、海洋发展战略，我认为是实招，提出了经济发展新常态的一系列理念、办法、举措。

围绕着国家安全问题，先后出台了关于信息安全、能源安全、粮食安全、水资源安全的战略部署，可以说是高招。特别是在国际合作与外交斗争方面，可圈可点。比如说关于“一带一路”国际合作的战略构想，关于东海、南海问

* 本文系作者 2015 年 12 月在湖北省委党校中青班、干训班所作的专题讲座，根据录音整理，有删节。

题外交斗争的谋略，这些妙招非常管用，为国内外舆论所关注。

但我认为最重要，对政治生活、经济社会发展带来长远影响的，是十八届三中全会、四中全会出台的两个历史性的文件。三中全会的《中共中央关于全面深化改革若干重大问题的决定》，通过六大领域的改革，也就是说通过经济体制改革、政治体制改革、文化体制改革、社会管理体制改革、生态文明建设以及党的建设，形成一个系统完备、科学规范、运行有效的制度体系，逐步实现国家治理体系和治理能力的现代化。三中全会文件的关键词是什么？六大体制改革，实现国家治理现代化。四中全会的《中共中央关于全面推进依法治国若干重大问题的决定》，通过五大体系建设，即法律规范体系建设、法治实施体系建设、法治监督体系建设、法治保障体系建设和党内法规体系建设，实现科学立法、严格执法、公正司法、全民守法。四中全会文件的关键词是五大体系建设，实现国家治理法治化。我今天讲的内容，就是关于三中全会、四中全会的文件精神，围绕着国家治理的有关问题谈一点学习体会，与各位交换思想。

我准备讲四个问题：

一、国家治理的国际背景与中国场景

由传统国家走向现代国家，可以说是人类社会政治文明发展的必然选择。国家治理问题是当代世界各国面临的最重要、最核心的问题之一。按照一些政治学家的说法，国家治理能力的低下和弱化，已经成为许多严重问题产生的根源。前不久美国著名政治学家福山来华讲学，应邀在中国有关部门参加座谈。福山谈到，当今世界很多严重的社会问题，譬如说贫困化的加剧、艾滋病的滋生和蔓延、毒品的泛滥乃至于恐怖主义的横行等，都可以归结为国家失败和政府失灵。这种现象不仅出现在一些拉美国家、亚非的发展中国家，就是西方发达国家也不能避免。我们都知道，2011 年在美国发生了占领华尔街事件，上千名示威者试图占领曼哈顿的华尔街，示威者的诉求是什么？要把华尔街变成埃及的解放广场，他们的诉求非常明确，那就是反对美国政治的权钱交易，反对两党无休止的纷争，反对美国社会的不公正。这居然是个导火索，华尔街的行动演变成了席卷全球的群众性社会运动，波及 82 个国家，涉及 1 570 多个城市。在希腊、西班牙、意大利这些国家，伴随着财政危机、金融危机、债务危机的加剧，民众对政府的不信任程度上升，处于一种矛盾交汇、冲突不断爆发的状态，出现了一种政府失灵的怪象。在拉美国家、亚非国家，这种乱象就更为严重了。所谓的拉美化，就是经过十年、二十年发展，进入了一种中等收入的发展阶段，但同时也陷入了中等收入陷阱。民众诉求（政府诉求、经济诉求、社会诉求）不断增加，但国家无力一一满足这些诉求，所以这些国家长期处于停滞不前的阶段。亚非国家的情况我认为更为严重，无论是“阿拉伯之春”还是“颜色革命”，都是传统集权统治国家谋求变革和革命，这些国家总是以社会危机、社会矛盾大爆发为契机，以中心城市为平台，以互联网为纽带，通常采取和平的非暴力街头抗争（有时候也包括一些暴力行动），最终的目的是要实现政权的更迭。这种新型政治革命并没有为这些国家带来民主、法治的光明前景。我认为，从 20 世纪 90 年代一直到 21 世纪初，无论是发达国家（所谓西方法治国家）、拉美国家乃至于亚非国家，国家失败和政府失灵已成为普遍的现象。

在这种情况下，国家的治理者主张重新配置公共权力，实现治理权能的分化和转移。过去国家管控的方法是旧式的统治方式，现在要实行一种多元共治的制度，由此产生了国家治理的问题。以上是对国家治理的国际化背景做的一个简单介绍。

下面谈谈中国的场景。我们为什么要提这个问题？在国家治理方面谋求现代化转型，是中国在过去几十年社会发展过程中关注不够，直到近年才为大家所重视的一个重要问题。所谓现代化，指的是自 18 世纪 70 年代工业革命以来，人类社会所经历的经济、政治、文化、制度等各个领域一系列的深刻变革的现象。这样一种变革的过程，是以某些既定特征的出现作为完结的标志。也就是说，国家走向现代化会有很多特征来描述和概括，譬如说经济领域的工业化、市场化，政治领域的法治化、民主化，社会领域的自治性、多元性，文化领域的人文主义、人本主义等，我以为都是现代化过程得以实现的重要标志。我们国家经济社会发展现代化的目标提出很早，早在 20 世纪 50 年代末 60 年代初就提出过现代化问题。在改革开放初期，最为人熟知的就是所谓的四个现代化，即工业现代化、农业现代化、国防现代化、科学技术现代化，但没有提出制度现代化。我以为，以十八届三中全会、四中全会为时点，国家正式提出了制度建设的现代化问题，这是非常明智的，既顺应了国际发展的大潮流，同时也植根于中国自身发展转型的需要。过去比较长的时间谈两个文明建设，即物质文明建设和精神文明建设，后来又增加了生态文明建设，现在还要加上制度文明建设。在这里我想谈谈，制度文明建设和制度现代化对中国的意义何在?

对于一个国家来说，制度建设是基础性的、支撑性的、保障性的。比如说经济繁荣、科技强盛，这些好比是人的血肉之躯，这是硬实力，非常重要。但是从软实力来说，还有文化和制度，文化好比是人的灵魂，而制度好比是人的根基。一个国家基业永固、长治久安靠什么?最终靠法治，没有制度建设、没有制度文明，就好像人没有根基、没有支撑和没有保障一样，政治就会失序、经济就会失控、社会就会失败，血肉之躯很难健康成长。我们翻开中国五千年的文明史，在世界列国之中，在民族之林之中，我们曾经非常辉煌，经济不可谓不强大，科技不可谓不先进，但由于基本制度不行，导致 19 世纪下半叶以来，中国沦入半殖民地半封建的境地，国力衰弱。我最近看了一个资料，达沃斯论坛统计了世界重大的科技发明，从公元前 8 世纪到 1950 年，人类社会所作出的重大科技发明一共是 161 件。古代社会的重大发明有 10 个，其中 6 个是古代中国所作出的：公元前 4 世纪中国人发明了珠算，这是世界上最古老的计算工具（2013 年成功申报为世界非物质文化遗产）；至迟在春秋末年，中国人又发明了尾舵，这是世界上最早的造船术；以后就是四大发明，包括火药、指南针、造纸术和印刷术。中国古代科技曾经非常辉煌。但从 1045 年到 1950 年的近现代社会，为世界科技发明作出贡献最多的是美国，有 40 件左右，比如说家庭使用的电器，包括洗衣机、微波炉、电视机、电冰箱、录音机、录像机、电话等无一不是美国人的发明。

我们再看看经济。从 15 世纪到 19 世纪上半叶，中华帝国一直是全球最大的经济体。记得泰国前副总理素帕猜，也是后来 WTO 的两位总干事之一，专门为中国在 2001 年“入世”写过一篇文章，高度评价了中世纪中国乃至近代中国在世界经济发展中的地位和作用，其中披露了一个数据，从 15、16、17、

18 世纪，一直到 1820 年（鸦片战争之前），中华帝国一直是全球最大的经济体。我记得 1820 年，中华帝国的 GDP 占全球经济总量的 32.9%，而美国只有 1.8%。但后来中国与世界列强的经济力量对比就发生了逆转，美国在 1892 年经济总量超过中国，英国在 1917 年、德国在 1948 年、日本在 1961 年经济总量先后超越中国。通过改革开放，中国现在也成为全球最大的经济体之一，去年中国 GDP 总量达到 10.3 万亿美元，这是很了不起的。2011 年，中国首次超越日本成为全球第二大经济体的时候，中国的经济总量是美国的三分之一，而去年的总量是美国的 60%，经济学家说用 15 年左右的时间中国 GDP 总量超越美国毫无问题。当年，美国经济学家、高盛公司全球首席经济学家吉姆·奥尼尔提出“金砖四国”概念，世界上一片质疑之声。按照他的说法，巴西、俄罗斯、印度和中国四个发展中大国，20 年将赶上日本，30 年会比肩欧洲，50 年可超越美国，其他三个国家我看不出这种超越的迹象。但毫无疑问的是，中国这个经济巨人在成长，中国去年还以 4.15 万亿美元的规模成为全球最大的进出口国家，以 20%的份额成为最大的工业制造国，大家都要知道美国占据这个王座长达 110 年，但在 2011 年被中国所超越。去年中国是 20%的份额，美国是 19.2%，这说明我们有了一个好制度，科技可以强盛，经济会发展；没有好制度，经济会衰弱，科技会落后。国家治理要实现现代化，必须熟悉国情，了解本土问题。

关于中国的经济社会发展，我做三点描述：

第一个我称之为超大型崛起。中国是世界上最大的发展中国家。21 世纪第二个十年，中国要从世界大国走向世界强国，所以国际舆论称之为超大型崛起，超大型的人口规模、市场规模、产业规模、社会规模。当然，中国发展有一种超大型崛起的能量，这是很多国家不可比拟的。但与此同时，这种超大型的规模也带来治理的困难和问题。中国的超大型崛起是不可能简单地仿效其他国家的已有经验，必须结合中国的国情，结合中国在世界上的地位，展现和释放发展能量，同时要化解存在的问题。在这里还要谈谈经济问题，大家都知道中国制造，可以说在世界范围内无时不在，无处不有，但现在的中国制造在国际制造业还处于中低端水平。规模体量很大，比如说生产了全球 24%的汽车、42%的船舶、44%的工程机械、45%的洗衣机、55%的电冰箱、60%的空调照相机和电视、70%的维生素药品、80%的手表和拖拉机，220 种产品产量位居世界第一，生产量第一、出口量第一；但高科技产品却不得不依赖于外国，大型客机依然是百分之百进口，中国商飞 C919 研制已经成功，我还有幸进去模拟驾驶了一下，我跟商飞公司探讨知识产权问题，中国国产大型客机要通过美国、欧洲的适航标准才能够进入商务化，现订单不少，据说有一两百架，但进入商务化使用还有较长的过程。除此之外，像大型的石油装备、集成电路的制造设备、生物技术乃至智能手机的高端设备，70%到 90%不得不依赖进口。大家都熟悉的智能手机，去年出货量是 16 亿到 17 亿部，大概占到国际市场份额的 70%，包括华为、中兴、小米等五家企业位居世界前十。但这么大的出货量、销售量和市场份额，在市场领域的利润所占份额只有 5%，因为我们使用的是爱立信、诺基亚、高通的专利技术和芯片，安卓系统还要支付微软公司 5 美元的软件许可使用费，一部智能手机在国际市场的售价是 150 美元，我们支付的知识产权许可使用费占到 12%，对于这个行业的发展前景来说，拥有自主知识产权的高技术就显得非常重要。谈到中国制造，问题之一就是产能过剩，当中国制造走进国际市场时，卖什么，什么都便宜，买什么，什么都贵，可以想见在中国要实现现代化的基本要素，工业化、市场化还有相当长的一段路要走。

第二是非均衡化发展。制度文明的转型是一个过程，需要若干个现代化要素，并且进行有效的整合，这是现代国家成长的基本条件。就工业化、市场化发展水平而言，我们还存在着非均衡发展的现实困境。有个说法，中国最大的问题不是不发展而是发展不平衡，比如东西部差距、城乡差距、贫富差距，甚至还有行业差距。中国作为一个后发国家，作为一个发展中大国，首先要克服经济社会发展的非均衡化现象，解决好这个矛盾和问题，才能谋求现代化发展。

第三是跨越式转型。所谓国家治理现代化，我认为是现代制度体系不断成长、成熟的长期过程。现代化发展转型在西方国家已经有两三百年的历史，而在中国经历的时间不长，缺乏制度理性的积累，缺乏民主化、法治化的传统，所以现在谈现代化的转型，其实就是一种历史跨越的社会变革，它会对不同阶层、不同人群带来非常深刻的影响，矛盾和问题是客观存在的。讨论现代化治理问题，必须直面我们存在的这些基本国情。

二、国家治理的政治维度和政治向度

维度和向度是借用的政治学理论。在政治学里，维度是从政治的特征、形式、体制对经济法律、文化道德等社会现象不同层次和不同视角的阐述。换句话说，就是对社会问题进行一种多视角、多层次的阐述。对于一个社会现象和问题，进行不同视角、不同层次的观察，在政治学里称之为维度，用一句简洁的话说，是对社会问题各方面的论述。什么是向度？就是对上述问题发展趋势的一种分析与观察，如果上面说的是方面的话，这里就是方向。

关于国家治理的政治维度和政治向度，下面分别进行说明。国家治理的政治维度有两个，即十八届三中全会所提到的国家治理体系和国家治理能力的问题。所谓国家治理体系指的是一种制度体系，包含了国家治理活动一整套的制度安排、组织形态、治理体制和机制所构成的治理系统。所以我们谈到的现代化的国家治理体系是一个基础性的要素，我国的治理体系或者制度体系概括来说包括三个方面：

第一是以宪法体制为核心的基础制度。基础制度具有长久性、权威性的法制效力。国家制度体系首先是以宪法为核心的基础制度，宪法是一个国家的政治宣言和法律制度的核心，宪法是一个国家的根本大法。前不久全国人大常委会通过一个决议，以后中央各部部长以及总理、主席实行宪法宣誓，忠于宪法。一个国家的长治久安、主要政党的长期执政，必须依靠宪法这样一种基础制度。所以依法治国首先是依宪治国，这是我国的根本制度。我们谈到中国共产党的领导核心地位，这是宪法决定的，是国之根本，谋求国家治理的现代化和法治化，根本目的是什么？那就是完善和发展中国特色的社会主义制度，以宪法为核心的基础制度，应该在国家治理体系中具有一种长久性、基础性、权威性的地位。长期以来，法治观念不强在很大程度上还表现为对宪法的漠视。所以说，增强法制观念首先一个问题就是要增强宪法观念。所以我们谈到法治，首先应是宪法之治。这是第一类制度，以宪法为核心的基础制度。

第二是以行政体制、经济体制和社会体制为主体的基本制度。前面讲的是基础制度，这里是基本制度。基本制度具有稳定性、全面性的法治特点。按照政治学家俞可平的话来说，政治制度有三大部分：一是法治化的行政体制，它的核心就是法治政府；二是市场化的经济体制，其要义是法治经济；三是民主化的社会运行体制，其基础是法治社会。行政体制、经济体制和社会体制这三大主体制度构成了国家治理体系的基本制度。

第三是以规章、行规、习俗甚至道德为表现形式的具体制度。我们通常把它称为非正式约束的规则。上述基础制度、基本制度这两类制度，都可以说是国家机关制定的法律制度，而这里的规章、行规、习俗不具有国家强制力，不具有法律强制性，而具有一种适应性、应对性的法治补充功能。比如说通常所看到的市民公约、行业规章、团体章程，这些社会规范在社会治理当中也有很重要的作用。

下面谈谈国家治理能力。

国家治理能力可以理解为一种国家行为能力，或者叫国家制度能力，主要指制度供给和创新能力、制度管理和实施能力。美国学者福山把国家治理能力具体分解为制定和实施政策法律的能力、高效管理的能力、控制渎职腐败和行贿的能力、保障政府高度透明和诚信的能力，以及重要的执法能力。俞可平教授把国家治理能力概称为国家制度执行能力。我认为，国家治理能力有三个重要的内容：

第一，法律信仰或者法治信仰。法治信仰是国家治理能力的精神支柱，我们要寻求一种社会共识，强调所有社会成员在法这个问题上必须要有共同的价值追求，即所谓的法治信仰问题。中国人的道德滑坡、信仰缺失、行为失范值得我们反思，就信仰而言，什么都不信或假信是可怕的。全社会能不能信法为真？严峻的现实告诉我们，法律的权威性还没有在全社会形成共信、共识。近代著名启蒙思想家卢梭曾经说过一句话：法治信仰是一切法律当中最重要的一种，这种法律不是铭刻在大理石上，也不是铭刻在铜表上，而是铭刻在公民的内心里，它形成了一个国家真正的宪法。另外一位哲人康德说道，在这世界上有两样东西使我感到震撼，这就是我心上不变的星辰和心中的道德法则。这就是说，人要存畏惧之心，感受到法律的威慑力。

第二，法治思维。法治思维是国家治理能力的思想基础。作为行为主体，我们要运用法治来观察、认识、分析和解决问题，这是一种法治的思维方式。概括来说，法治思维方式有规则思维、权利义务思维、程序性思维、权衡思维、建设性思维，所以法治思维对国家工作人员来说实际上是一种治国理政的思维方式，它和传统国家里的统治思维、管控思维、人治思维、专制思维、群众运动思维是不一样的。我们通常认为公法领域和私法领域奉行的原则不一样，比如说在私法领域叫作“法无禁止即可为”，只要法律无禁止，老百姓是可以做的；但在公权力领域，作为政府、政府工作人员应是“法无授权不可为”，有了明确的授权才能够有行政行为，没有明确授权就不行。所以公私领域划分非常明确，一句话，保护私权、限制公权，我们要有这样一种思维方式、思维理念。在这里，规则、权利、义务、责任、程序，都属于基本的法治思维。

第三，法治行为。法治行为方式是国家治理能力的行为表现。也就是说，按照法治国家的要求，办事依法，遇事找法，解决问题用法，化解矛盾靠法。

以上讲的是国家治理的政治维度，接下来我们讨论国家治理的政治向度。

按照十八届三中全会、四中全会的文件精神，分别谈到的是国家治理体系和治理能力的现代化和法治化。刚才我谈到现代化有很多的表征可作为终结的标志，表明这个社会、国家实现了从传统到现代的转变，从社会变迁和制度变革角度来看，国家治理的现代化要求我认为有三个方面：

一是民主之治。民主之治是国家治理的核心问题，概括地说叫坚持以人为本，坚持人民的主体地位，保护人的正当权益，促进人的全面发展。我把民主之治解读为 21 世纪的人本主义思想，所以民主之治是国家治理现代化的政治基础。

二是科学之治。在国家治理中，科学之治表现为善治，善治就是一种良好的治理。科学之治也就是善治，这是一个国家治理现代化的目标取向。对于中国而言，要解决四大关系，即国家与社会、政府与市场、中央与地方、政治权力与公民权利，这是四大矛盾关系，也就是说要进行新的公共权力的配置，做到科学合理、协调高效，构建一种符合本国国情民意、自然条件、历史传统、地理环境和经济状况的政治法治体系。过去国家或者执政党是唯一的管控主体，但现在我们要配置一种新的治理机构和治理体系，也是四句话，即党委领导、政府负责、社会协同、公民参与。关于四大主体的职能，我待会儿讲，这是科学之治。

三是法律之治。法律之治是国家治理的基本方式。国家治理需要一种制度与规范、秩序与程序，所以法治是治国的基本方略，是执政的基本方式。我们可以肯定地说，现代化的国家必须是法治化的国家。

以上就是20世纪上半叶中国五四运动时两个重要的口号，即“德先生”（民主）和“赛先生”（科学），加之今天在制度文明建设中所必须奉行的“爱先生”（法治），这里说的三位“先生”实际上是国家治理的一种基础、一种目标、一种方式。

国家治理现代化在相当意义上也是国家的法治化，或者说国家法治的现代化。国家治理现代化的核心内容是法治问题，而且与我刚才谈到的民主之治和科学之治有着密切的关系，下面我描述一下这种法治的核心作用和基石作用，有两个方面：第一是民主政治与法治。我认为人民民主和社会主义法治不可分裂。民治与法治相结合的政治法治体制是最坚固、最长久、最先进的国家治理形式，是人类社会政治开明、法治文明的制度典范，两者缺一不可。没有民主自治的法治，没有人民主体的法治，就是传统统治风格的专制。人们不当家作主，法治是专制的法治，是以法治之名所推行的专制。从人民民主的实质来看，法治就是要表现、体现人民利益和意志。当然，民主必须要受制于法治，换句话说，没有法治规制的民主就是混乱无序的民主。所以法治是为民主自治设置规范，两者的关系是非常密切的。

第二是科学管理和法治。刚才谈到了善治，善治就是科学之治的目标，但通常说善治需要良法，法治跟科学之治是什么关系？说到底就是良法善治，有了好法律，才能达致科学之治。从传统国家走向现代国家，是不同地域、不同类别、不同历史传承的国家政治文明发展的一种必然选择。不同类型的国家都会寻求国家治理的现代化和法治化，这在国家治理中是一种治道。治道就是现在所讲的国家治理体系和治理能力问题。治道涉及治国方略与手段，这与政道是不同的。政道是政治形态加政治体制的政道，涉及国家的基础与方向。西方国家也搞国家治理现代化与法治化，我们也在搞国家治理现代化与法治化，我们的目的是什么？十八届三中全会、四中全会讲得很清楚，那就是发展和完善中国特色社会主义制度，这是政道区别于西方资本主义国家的地方。就治道，即国家治理现代化与法治化而言，尽管有意识形态和政治制度的差异，但在治理方略、治理手段方面应该是一种发展趋势，是共同采用的，不过服务于不同的政道、政治制度。在这里讲讲国际案例。

先来看近代英国。英国是近代欧洲工业革命的发源地，同时也是宪法制度的发祥地。自 1688 年爆发“光荣革命”以来，这种宪法和法律实施到今天已有 300 多年。这种政治体制和法治体制，适应了本国国情和发展的需要。一个 24 万平方公里的岛国在 18 世纪、19 世纪曾经占据了世界上四分之一的版图，号称是“日不落帝国”。这种殖民扩张有政治、军事、经济、贸易的诸多原因，但其社会稳定和发展在很大程度上有赖于宪法和法治的保障。

再看看美国。美国 1787 年启动“费城立宪”，美国宪法体制和基本法律制度实施到现在也有 200 多年历史，其宪法 200 多年来修改并不多，得到很好的遵行。历史学家把 20 世纪称为美国世纪，这是因为经过两次世界大战以后，美国国力迅速崛起，成为当时乃至于今天独一无二的政治、军事、经济、科技、文化、教育、贸易的超级大国。

这些国家通过宪法和法治，保证了本国的相对稳定，由此来维系它的经济发展、科技进步、文化繁荣。我们要看到制度建设，包括宪法和法治建设，是一个国家现代化发展的根基和保障。

最后来看看中国。去年是中日甲午战争 120 周年祭，很多历史学家、政治学家对甲午战争中国的败因这个问题都进行了广泛而深入的讨论。甲午战争对近代中日两国的历史命运带来的影响是极为深刻的，由此大大加深了中国社会半封建半殖民地的程度，日本迅速走上军国主义道路。评价 19 世纪末的中日两国，从国力来说，中华帝国依然是一个世界大国，不论是国土面积、人口规模乃至于 GDP 总量，是远胜于日本的。我刚才说了，日本在 1961 年 GDP 总量才超越中国，即使就军力而言，中国也胜过日本，当时北洋舰队号称是世界第四大海军力量。败因何在？很多学者归结为三个方面，即吏治腐败、民心涣散、制度落后，值得我们深思。这三个方面都是软实力。中国之败，败在落后的、腐朽的封建制度，包括政治制度和经济制度。日本当时经过明治维新以后，成为一个正在成长的、生机勃勃的亚洲第一个资本主义国家。所以甲午战争中国之败，是制度的失败。国家现代化的建设，有了科技进步、有了经济发展，甚至有了军事的现代化是不够的，如果没有制度的现代化，是不可能基业永固、长治久安的。

三、国家治理体系构成

党的十八届四中全会文件已经对此做了很好的说明，我下面讲五个方面。四中全会首次提出了中国特色社会主义法治体系的新概念，并且搭建了体系的基本框架，我刚才介绍了五大体系建设，即：完备的法律规范体系、高效的法治实施体系、严密的法治监督体系、有力的法治保障体系和完善的党内法规体系。党内法规体系算不算是社会主义法治体系的基本构成，尽管有争议，但有文件做了规定，我一并进行解读。

1. 完备的法律规范体系。改革开放以来，党领导人民加快立法步伐，可以说基本形成了中国特色的社会主义法律体系。这是时任全国人大常委会委员长吴邦国同志在 2010 年宣布的，我国初步建成了中国特色社会主义法律体系，以宪法为核心，以宪法相关法为配套，以包括民商法、行政法、经济法、社会法、刑法、刑事诉讼法等多个法律部门为主干，由法律、行政法规、地方性法规等多个层次的法律规范所构成。到去年 9 月底，由全国人大、全国人大常委会制定的法律，我盘点了一下共有 242 件，由国务院制定的行政法规是 737 件，由地方人大和地方政府制定的地方性法规与规章一共是 8 500 多件，总的说来，初步建成了中国特色社会主义法律体系。但目前我认为存在两个问题，与完备的法律规范体系尚有距离。第一，这个法律体系无论是数量上还是质量上还有差距，有些法律规范还是空白，亟待补充。比如说最重要的像《财政法》《预算法》；有些法律规范质量不高有待修订，有些法律规范并没有全面反映客观规律和人民意愿；还有一些行政法规，部门立法倾向明显，存在争权夺利但推诿责任的弊端。第二，法律体系是为改革和发展服务的，当前改革在深入，事业在发展，所以法律体系的建设必须是与时俱进的，而不能一劳永逸。加强和改进立法工作，完善现有的法律规范体系，就显得非常重要。刚才我谈到国家治理现代化和法治化的理念，其中一条就叫作科学之治，科学之治与法治的关系是什么？从治理的理想目标来说就是善治，善治的前提是良法，合称良法善治。法律是神圣的，但法律也有良法、恶法之分。过去也有一些条例、规章乃至于法规，是违反宪法的，是违背人本主义思想的，甚至损害了人民群众利益，这种法律必须废除。

在这里谈谈两个非常有代表性的法律。大家都知道孙志刚案。孙志刚是武汉纺织学院的大学毕业生，后到外地一个公司工作。周末去网吧，结果遇到派出所查身份证，被带到派出所询问很长时间。后来孙志刚同事把身份证从单位拿来，但依然不放人。由于询问时间过长，孙志刚突然发病，就送到收容站的附属医院，在治疗过程中遭到同院住院人的殴打而导致死亡，这就是孙志刚案。当时有个《城市流浪乞讨人员收容遣返办法》，我们通常称之为《收容条例》，对身份不明的流浪汉或者乞讨人员，公安部门有权收容审查，甚至遣送回籍。法学界几名教授联名上书，斥责这个条例违宪。这个条例违反了宪法关于人权保障的基本条款，是一种不人道的条例。这个条例后来在全国人大常委会上进行了重要修改。这个条例现在改为《城市生活无着的流浪乞讨人员救助管理办法》，从题目到内容，包括立法宗旨都发生了重大的变化。我们清理条例、法规，首先要看合不合宪，合不合人权，这是 2003 年的孙志刚案。还有 2009 年的唐福珍案，在法律界也是沸沸扬扬。唐福珍是四川成都人，在外经商，因被引资政策所吸引，回来开办公司，投资几百万。后来由于城中村改造的需要，把她的公司房屋拆掉了，而且没有得到合理的补偿。唐福珍在面临政府强拆的情况下，在自家的楼顶上，把天然气打开自焚而死，这就是轰动全国的唐福珍案。政府强拆执法的依据是什么？就是当时的《城市房屋拆迁管理条例》，我们称之为《拆迁条例》。这个条例后来也进行了修改，改为《国有土地上房屋征收与补偿条例》。房屋是私权，由于公共利益的需要，可以实行国家征收，但征收是有前提、有条件的，必须给予补偿。过去把这种法律看成是一种管制法，是强制性的、低代价的，现在强调要得到合理的补偿来保证公民的私权。建立完备的法律规范体系，我认为还要作出更多努力。

2. 高效的法治实施体系。现在的法治跟过去不一样。改革开放之初提出十六字方针，有法可依，有法必依，执法必严，违法必究；现在也是四句话，科学立法，严格执法，公正司法，全民守法。习近平总书记讲，法律生命力在于实施。法律的权威也在于实施。如果法律规范没有得到有效的实施，就是毫无意义的空气振动。中国人特别是一些领导干部，规则意识非常缺乏，法律对他们来说就是一纸空文。目前，法律实施存在的问题依然是有法不依、执法不严、违法不究的问题，有些地方还存在着以权谋私、徇情枉法、破坏法治的现象。法律有效实施是实施依法治国、实施法治战略目标的关键环节和重要任务，因此要建立一种高效的法治实施体系来保证刚才讲的严格执法、公正司法和全民守法的问题。

坦率而言，司法是社会公正最后一道屏障，社会上固然存在司法不公的现象，但我认为尊重司法权威非常重要。看看美国辛普森案，著名橄榄球运动员辛普森有杀妻之嫌，但由于证据不足，陪审团认为无罪，就按无罪处理。即使在所谓西方法治国家，也肯定有错误裁判的问题，但是我们看到，民众可以站在政府门口游行，但没有民众在法院门口示威。法律的权威特别是司法权威必须尊重。树立这样一种法律信仰是非常重要的。全民守法是建设法治国家的基础，当然严格执法和公正司法是重要的保证和前提。

3. 严密的法治监督体系。法治监督的重点就是公权力的依法行使，监督的是公权力。公权力在这里涉及的是立法权、行政权和司法权，它们都具有共同的特点，如果缺乏制约和监督，就会导致腐败，而且还不是说容易导致腐败，是必然导致腐败。英国有个著名的历史学家叫阿克顿勋爵，曾经说过经典之言："权力意味着腐败，绝对的权力就是绝对的腐败。"什么样的权力才不是腐败的权力？习近平总书记认为，按照法律规定行使的权力，受到监督的权力，在阳光下运行的权力，才不是腐败的权力。现代法治一个重要的功能就是规范公权力，约束公权力，所以要建立一个严密的法治监督体系。西方国家有个法谚，这个法谚深入到全体民众心中，那就是"风可进、雨可进，国王不可进"，就是说公权力对私权利是不能随意进入的，也就是要限制公权力。

4. 有力的法治保障体系。这主要涉及组织和人才保障、物质保障、制度保障和环境保障。一是要加强法治专门队伍建设和法律服务队伍建设。二是要有必需的财力和物力。以后司法改革的趋势，就是摆脱司法行政化、地方化，包括司法机关的财力物力的保障，不再由同级地方政府提供。三是制度保障，要改革和完善不符合法治规律、不利于依法治国的一些体制和机制。四是努力形成办事依法、遇事找法、解决问题用法、化解社会问题靠法的社会氛围。

5. 完善的党内法规体系。将执政党的法律规范体系建设纳入依法治国的总框架，这是中国法治建设的一大特点。总的来说，这是由我国政治制度的特点所决定的。党有党规，国有国法，党内法规的性质是什么？能不能够作为社会主义法律规范体系的组成部分？在此我想谈谈我的看法。

应该说，法学界对这个问题存有争议。有的认为，党内法规是一个政治组织的规范体系，不能作为一个国家的法律规范的有机构成。更多人认为党内法律规范具有法律规范的一般特征，比如说党内法规包含了规范、权威、效力这些强制性的内容，以及权利、义务、责任的法律特征，体现了制度管事、制度管权、制度管人的法治意义。一般来说，一个国家的法律可以分为两种：一是国家法。国家立法机关制定的法律称之为国家法。二是社会法。社会组织、政党组织、社会团体、行业组织制定的一些规范，也是广义上的法，是与国家法相对应的社会法。因此可以认为，党内法规在本体上也可以构成国家治理体系的组成部分。中国特色的社会主义国家治理体系首先包括以宪法为统领的法律制度体系，这是最核心、最主要的；对执政党来说，还包括另外一部分，那就是以中国共产党党章为统领的党内法规体系。这两大部分都属于国家的治理体系。

党规与国法都是当下中国的制度规范体系，两者区别何在？特别是两者发生冲突时，谁为大？党规体现的是执政党意志的自律，党规要求都很严，对党员要求也很高，凭借的是党组织及其成员的自觉性来发挥作用。我们承认党规也有一定的强制力，因为是规范，这种强制力不是国家强制力，是共产党这个政治组织的强制力。因此在党的组织及其成员违反党规的情况下，会依照党内法规给予处理，所以它主要是靠党组织及其人员的自觉遵守，但也有强制力，如有违反就会受到党纪的处分。国法是什么？国家法律表现的是国家意志的他律，一般来说，法律集中体现了人民的共同愿望，也体现了执政党的政治主张，但是法律所体现的权利、义务、责任的规范构成具有一体遵循的效力，不管是党员还是非党员，只要是中华人民共和国公民，包括社会组织、公司企业都必须遵守，而且由国家机器的强制力来保证实施，即由警察、军队、法庭来保证法律的有效实施。这是两者的区别所在。

如果党规和国法发生冲突了，怎么办？我的基本看法是，党内规范与国法发生冲突时，处理的原则应是宪法至上、法律优先的原则。《中国共产党党内法规制定条例》这样一个规范性的文件，有一句非常重要的话，那就是党内法规应当遵守党必须在宪法和法律的范围内活动的规定，不得与国家的法律相抵触，因此处理党规和国法的基本关系的原则是什么？党规服从于国法，国法优位于党规。

四、国家治理能力建设

在当下，国家治理能力的塑造与提升，涉及治理主体的体系构造、治理主体的能力要求和治理能力的建设目标这三大问题。

首先简单谈一下治理主体的体系构造。在传统统治方式中，国家治理的主体是单一主体，执政党和国家是唯一的管控主体，现在是一种多元的国家治理体系，涉及四大主体，即党委领导、政府负责、社会协同、公民参与。就当下中国而言，治理主体包括以下三个方面：

一是执政党。国家主体的核心力量或者说领导力量是一个全心全意为人民服务、善于运用法治思维和法治方式来治国理政的先进政党。换句话说，执政党是我们整个国家治理主体的领导力量或者说轴心力量。现在中国共产党有8 600万党员，有430万个党组织。这样一个执政党，它的政治地位、政治能量、政治现实就决定了共产党在依法执政、依法治国中的重要地位和决定性影响，这是不能动摇的。

二是现代政府。国家治理主体的另外一支力量，就是廉洁高效、法治型、服务型的现代政府，我认为这是国家治理主体的主干力量。政府及其政府机关、政府机关的工作人员，是整个国家治理主体当中规模最大、人员最多、职权最为广泛、公民与其联系最为直接最为普遍的一个机关，所以它在国家治理当中扮演非常重要的角色。

三是公民社会。公民社会是介于个人与国家之间，具有相对自治能力的一个社会生活领域，它的核心组成要素包括社会组织和公民大众。换句话说，第三类主体就是现代公民和社会组织。现代公民要求具有民主性和法治精神，具有参政和自治能力；另外就是协同治理、依法自治的社会组织。我认为现代公民和社会组织是国家治理主体的基础力量。

我下面分别讲讲这三类主体。首先讲下党的执政能力建设问题。

现在我国正在实现现代化的转型发展，执政党任务艰巨、使命光荣，需要一种凝结国民、改造社会，从而实现制度建设现代化的政治组织、手段或者说是国家治理技术，也就是说这种领导方式和执政方式与过去管控方式有所不同，应该具有现代化和法治化的要求。至少面临两大任务：一是自身先进性建设，集中表现为依规治党；二是执政能力建设，集中表现为依法执政。我认为依规治党体现了依法执政理念下党务管理和治理的目标状态，也就是说治党管党必须法治化；依法执政表现为法治国家建设背景下党的领导方式和执政方式的基本样态，也就是说要实现治国理政的法治化要求。所以说加强党的执政能力建设就要处理好管党、治党的法治化和治国理政的法治化。

在这里谈三项原则，原则的核心内容和主体部分是习近平总书记在去年召开的中央部委和省市自治区主要负责同志学习贯彻四中全会文件会议上讲的一番话，两大内容我做一个概括：一是讲我们党不能在法治之外，更不能在法治之上，而要在法治之中。这个理念非常重要。二是法治原则是权由法定，权依法行。共产党执政权，领导权从何而来？来源于法律，而且依照法律来行使。在这里我谈三大原则：

第一个原则，权由法定。在我国的政治环境和政治架构当中，根据宪法的授权，中国共产党有执政党的领导地位。执政党有领导权，领导权概括地分为政治权力和执政权力，不能眉毛胡子一把抓，有些权力是治党管党的内部权力，有些是治国理政的国家权力，两者应该有所区分。我们通常说党的领导是政治领导、思想领导和组织领导；当然细分来说，那就是制定大政方针，提出立法建议，推荐主要干部，进行思想宣传，发挥党组织和党员的作用，坚持依法行政，实现党对国家和社会的领导。党的部分政治权力，譬如说政治思想和意识形态的领导，我认为这些权力主要通过宣传、说服、示范等组织方式来实施，不属于治国理政的范畴，意识形态、政治思想不能凭借国家强制力来推行，那是一种教育、宣传、说服、示范。其他的部分政治权力特别是执政权力，应该可以归结为治国理政的活动，属于国家治理的范畴。这一类权力具有公共权力和国家权力的属性，按照习总书记的话说，权由法定，这个原则有两层意思：它彰显了中国共产党执政和领导的核心意义合乎宪法，体现了全社会对这个执政权服从遵循的法律强制力，如果你不服从中国共产党领导，你也违宪了。我觉得在当前，权由法定不仅表现了执政党的公共权力、国家权力这种执政权权源正当的含义，更重要地表现为法外无权的本质含义，也就是说法无授权即禁止、法无授权不可为。过去讲中国共产党必须在宪法和法律范围内活动，光讲这句话还不够，根据总书记的权由法定的讲话精神，应该还有第二句话，那就是在没有宪法和法律明文规定的情况下，无权行使公共权力，这也是个宪法原则。也就是说表现为两点：第一，中国共产党必须在宪法和法律范围内活动；第二，在没有宪法和法律明文规定情况下，无权行使公共权力。这两句话都是宪法原则，都体现了权由法定的法治精神。

第二个原则，权依法行。执政党治国理政这种领导权、执政权要依照宪法、法律规定行使运行和实施，我认为权依法行有两个基本含义：一是依法限权。党的机构作为执政党的代表，进入国家机关，掌控国家权力时，是以国家的名义行使公共权力，当然要受到宪法和法律的监督和制约。换句话说，这种权力是受控的，是有限的。二是依法用权。党的机构和人员的领导方式、执政方式应该符合现代法治的要求，按照法治思维和法治方式来处理问题、解决矛盾、治国理政。前不久党内特别是法律界人士在讨论一个“仇和”现象。“仇和”现象代表着典型人治的旧式统治方式、管控方式、治理方式。想当年他做安徽县委书记时踌躇满志，为所欲为。以县委书记之身份，要求全县党政机关工作人员一个星期什么事都不干，打扫县城的卫生，这个县城在他的整治之下，迅速改变了脏乱差的面貌。这种治理方式、管理方式是不按规矩出牌。一个地方政风很好，是由于个人的整肃能力，但令人看到的更多是人治痕迹。据报纸报道，本省某地在八项规定检查的时候，巡视组发现某乡镇干部上班时间玩电脑游戏，巡视组当场宣布免除他的职务。姑且不论这个人所犯的错误是否达到行政免职的程度，即使免职也有程序问题，是不是能够或者说应该当场宣布免职。我觉得领导干部的这种规范意识、程序意识、法治意识非常薄弱，你有权也要按规矩办事。所以必须要依法限权，还要依法用权，两者之间是并行的。

第三个原则，权责一致。在现代法治的精神之下，权利、义务、责任是并行的，权责一致的原则是现代法治的基本要义。任何组织（包括执政党的组织）和个人（主要是领导干部），在公共权力的行使过程中，如果违反法律的规定，应该承担相应的责任，包括法律责任。我觉得，应该对党的机构和人员的执政活动建立一种责任追究制度，这才是现代法治意义上的依法执政。党的机构和人员，违反了党规，受到了党纪处分，这是执政党内部的事情，但如果说党的机构及其人员，在行使公共权力当中不承担相应的责任，那就是事实的责任豁免，这与现代法治精神格格不入。党组织、党的负责人或者说主要负责人，只决定大政方针，不直接行使管理权和执行权，管理权和执行权是行政的、是政府的，党委拍板，政府担责，换句话说，党组织作出决定，如果有错误，是由政府来买单的。我认为，如果党委行使的是治国理政的公共权力，作出的大政方针决策有错误甚至违法，应该按照抽象行政行为承担相应的法治责任。换句话说，执政党的外部执政行为和领导行为都应该纳入法律调整的范围之中。

下面补充说几个问题。现代执政党既要抓好治党又要抓好法治，一般来说，党规严于国法。作为共产党的组织及其成员，既要守规又要守法，而且党员只有守规才能守法，违法首先就违规了，所以处理好治党和法治的关系非常重要。在这里我想讲三个问题，也算是借题发挥。因为现在治党重点要做好权力监督问题，在这里有一个基本规则或者说原则，那就是对执政党成员的要求应该严于一般群众，对党员干部的要求应该严于普通党员。就全社会而言，所有人都应该遵守国家法律，但是作为履行法律义务，对党员的要求应该高于和严于对普通老百姓的要求。对执政党内部而言，遵守法律的要求，对党员干部应该高于和严于对普通党员的要求。一句话，法治监督的重点是党员领导干部，这是因为党员领导干部多是国家公共权力的行使者，所以治党为什么要找关键人，道理就在这里，要限制权力滥用。这是第一个问题。

第二个问题，讲讲党员领导干部私人权利的限制与保护。"限制"大家都在说，"保护"人们不敢讲，我谈谈一个学者的观点。共产党从它的规则来说，对党员特别是党员干部有诸多限制，比如说党员的工作，学习、生活、交友乃至娱乐与休闲都有严格的规定要求，你入了这个党肯定要接受它的管制与监督，这是党内法规对党员特别是党员干部私人生活明确的限制性规定。换句话说，党员的私人权利受到了必要的限制，或者受到了党规的限制。"限制"的合法性、合理性何在？两个方面，第一，法谚告诉我们，权利是可以放弃的，义务是不可以违反的。参加了共产党，接受党规管理与制约，在这个意义上，党员特别是党员领导干部的私人权利受到约束，是自愿让渡、自愿接受的结果，所以权利是可以放弃的。第二，党员领导干部的私人状况和信息应该受到普通党员和人民群众的监督。也就是说，在任何一个现代法治国家，公民有权利知道官员（也可能是党员领导干部）的个人信息，有咨询权、了解权。一些人事信息，年龄越改越小，学历越改越高，老百姓有知情权。领导干部的年龄、学历、财产收入、婚姻状态等，公众依法有权了解的一些信息，党员领导干部或者国家机构官员不能因为这是私人信息而拒绝提供。现代法治国家有所谓的"阳光法案"，规定一定级别的公务人员，有义务公开自己的财产。所以说党员的私人权利要受到限制，其理由来自上述两点。

但在这里必须要谈的是法律保护的问题。对公众人物包括国家工作人员和党员领导干部私人权利的必要限制，并不意味着彻底剥夺，依法依然要受到保护。现在查一个官员，马上进行人肉搜索。我觉得，凡是与案件无关的私人信息、私人权利，依然要受到尊重和保护。比如说住宅，未经法律许可不能任意侵入和侵扰，私人生活未经法律许可不能监听。我们是个法治国家，不是警察国家，警察也要依法办案。我想这个限制是必要的限制，是法律允许的限制，在限制之下还要注意保护。

第三个问题，依法治党既要遵守实体规范，同时也要遵守程序规范。从严治党、治党管党，也应该在法治化轨道上进行，这不仅意味着治理活动本身的制度化，还要求严格的程序化。对程序的规范过去比较忽略，我们要防止什么问题？处理问题的时候要防止选择性执法、运动式执法。既要按照实体规范，也要按照程序规范来进行，特别要注重抗辩与申诉的救济，既要维护党的纪律，也要注重保护党员的基本权利。

接下来的问题是政府行政能力建设。政府本来高高在上，是高居于市场和社会之上的公共治理主体，但现在谈国家治理现代化，政府必须要意识到自己再也不是国家唯一的管理主体，应该与市场、公民社会一起成为国家治理体系的组成部分，所以我们更要探讨的问题是政府应该如何行使公共权力，如何处理与市场、公民社会的协调互动关系。

在这个意义上讲，政府改革的目标就是要实现政府治理的现代化和法治化。在这里讲讲建设法治型政府、服务型政府，即从全能政府向有限政府的转型。中国实行的是市场经济，我认为东方国家的市场经济有相同和类似的地方。去年我在韩国首尔做了一个演讲，当时讲知识产权战略，为什么中日韩都有知识产权战略，美国没有？亚洲国家，以中国、日本、韩国为代表，都是政府主导型的市场经济国家。政府主导的市场经济必须奉行法治政府和法治经济的法律理念，不要扮演一个无所不能的政府。这种政府必须是一个有限政府，有所为、有所不为。按照马凯同志的说法，首先要从全能政府向有限政府转型，从权力政府向责任政府转型，从管控政府向民本政府转型，从任意政府向守法政府转型。

今年要通过《财政法》。中国政府特别是地方政府很有钱，其实政府本身不创造财富，政府的钱都是纳税人的钱。对财政税收的控制要遵循现代法治的三个原则：税政公开、税制统一、税收法定。政府法治首先应谈到守法问题。政府的钱从哪儿来？政府的钱到哪儿去？在这里，财政法、预算法就显得特别重要。郎咸平作为经济学家，曾经对中美预算问题做了一个比较。他说，19世纪的美国非常腐败，按照当时一位作家的话说，全世界最腐败的国家就是美国，这是因为当时地方政府的预算不受控制，政府没钱了，可以随意增加税收。在这种情况下，政府守法的首要问题就是要严控政府预算，预算必须是全面的、具体的、透明的，这是郎咸平谈的一个观点。对政府财政预算的必要监督，体现了一种守法政府、责任政府、有限政府的基本法治精神。对公民社会、对市场经济而言，政府是一只看得见的手，这个手不能乱伸、乱用。

最后一个问题，公民和社会组织的能力建设。现代国家治理有两大问题，一个是协同治理问题。实行多元共治，就是要在国家与社会领域中实行多元主体的双向互动，政府对公共权力要开放，要吸收外部力量参与进来进行管理。现代社会治理的核心特质是多元共治，多元共治包括社会组织和公民参与。二是自我治理。要提升公民和社会组织这些社会主体自我协商、自我约束、自我管理的能力，提升自治能力，治理方式包括协商、合作、契约、劝告、疏导、自律等等。

围绕着共治能力和自治能力提升，我谈三点建议：

第一，重构现代社会治理体系和治理关系，特别要明确社会组织和公民在协同治理当中的地位和作用。我们谈到三大建设一体推行，那就是法治国家、法治政府和法治社会三位一体建设。这三位一体建设都应该体现人本主义的理念，我认为，法治国家的实质是主权在民的国家，法治政府的根本必须秉持以民为本的理念，法治社会的基础是一种民主社会的属性。无论是法治国家、法治政府乃至于法治社会都应该体现这样一种民本思想，国家应该通过法律的形式来肯定明确公民和社会组织参加协同治理的权力。

第二，发挥包括行规、乡约、公约这些社会规范在社会治理中的积极作用，把它们纳入法治国家规范体系之中。

第三，提高社会成员的政治参与能力和自我管理能力。在这里我谈谈国民素质。国民素质也是软实力。当今世界国家与国家之间的竞争有一个趋势，从硬实力竞争拓展到软实力竞争。什么是硬实力？就是一个国家拥有的基本资源，拥有的科技力量、经济力量、军事力量，这些是可以实际支配的实力，硬实力非常重要。但是软实力也很重要，软实力不软，通常认为软实力包括三大部分：国民精神、民族文化、社会制度。我今天讲的社会制度是软实力，国家治理体系的形成就涉及软实力强不强的问题。现在讲国民素质也是软实力的重要方面，国民素质包括法治素质、文化素质、身体素质、礼仪素质。去年我去东京开会，听说有一个日本学者在中国做了为期六个月的调查、访问、旅游，从大城市到小乡镇走了一个遍，回去得出一个结论，说中国的经济发展、综合实力和一些领域的创造、创新能力超越日本，这是不容置疑的，但让他们聊以自慰的是，中国国民素质落后日本 30 年。对于这个结论我感到非常震惊。在过去的二十年间，关于国民素质的评价，日本始终第一，中国排在二十多名开外。前几年在日本岛发生了一场地震海啸，国际舆论抨击最多的就是救灾不力的日本政府，赞扬最多的是处变不惊的日本国民，所以日本国民素质是很高的。我觉得国民素质的提高是综合性的，其中涉及民主参政的能力与水平问题。

总的来说，治理主体的能力建设是体系化建设，是一个长期才能够落地的社会任务。

企业知识产权：战略选择与资本运营*

非常荣幸来到深圳法治论坛，就知识产权问题做一个讲座。今天的主讲题目，可以说是主办方精心选择的命题作文，对我来说也是今年有所研究的汇报演出。为什么要围绕企业乃至产业讲解知识产权的那些事儿？那是因为在我心目中：产业兴，则国家兴；企业强，则国家强。知识产权应该是兴业之器，强企之策。它不仅能够创造一个辉煌的当代，更可能赢取我们的未来。在开始讲题之前，我想回顾一下在过去的一年间所发生的与本专题有关系的三件事。

第一件事，在去年“十一”国庆黄金周期间，以美国、日本为首的12个国家签署了《跨太平洋伙伴关系协议》，我们简称为TPP，这是一件国际舆论关注的要事。在那七天当中，这是一个头号新闻，舆论大哗。有人认为，美国、日本签这个TPP是剑指中国，遏制中国在亚太乃至在全球的影响力，视TPP如临大敌。也有些人认为，我们完全可以无动于衷，可以绕开这个TPP，另搞一个体系，自己玩自己的。就我看来，我们应该正视TPP，但同时要保持淡定。我认为，TPP是地缘政治战略化、区域贸易自由化和知识产权一体化的结果。在地缘政治上，TPP的签署旨在实现美国重返亚太的战略目的。在TPP的背后还有一个TTIP，即《跨大西洋贸易与投资伙伴协议》。这是美国一手牵着大西洋，一手控制太平洋的“两洋战略”。一句话，这个战略要保持美国在全球经贸领域的话语主导权。就在这个TPP签署后不久，美国总统

* 本文系作者2016年3月在深圳法治论坛上的专题讲座，根据录音整理。

奥巴马毫不掩饰地说，在互联网时代，当95%以上的消费者是在境外的时候，我们绝不允许中国这样的国家来主导世界经贸规则的制定。我们不能孤立地看待这个TPP，必须融合到地缘政治、国际政治来认识。当然，它也是区域贸易自由化的结果。这12个亚太国家在全球GDP的份额占到40%，全球贸易总量占到30%，它的世界经济影响力不能小视。但是，我们大可不必为此感到惊慌，在这12个签署国中，有8个与我国签有双边自贸协议。同时，中国跟整个东盟国家有区域贸易协议，与韩国的自贸协议已经生效，正在洽谈的还有中日韩多边贸易协议。所以说，想孤立一个中国，来做全球和多边、双边的贸易协议是不太现实的。但是，我们要注意这个TPP规则对中国的影响。比如说零关税，根据规定，协议生效后，会使得90%的工业品、60%以上的农业产品实现零关税。在这个协议生效12年之后，所有的产品都是零关税；还有市场的全面开放，特别是金融、保险、教育的服务市场，以及国有企业行为的市场化。另外涉及劳工保护的标准、环境资源的保护以及互联网自由的问题。这就意味着中国目前存在不少问题，还够不上TPP的要求，这也是未来我国深化改革的重头戏。还有一个问题是知识产权保护一体化。当今国际经贸领域，知识产权保护是一种法律制度、法律秩序。国际投资、贸易肯定离不开知识产权的保护。可以说，TPP提出的知识产权保护标准超出了WTO的规定，是一个知识产权保护标准更高、执行效率更严的多边协议。由此得出一个结论，知识产权保护是国际贸易体系的“标配”。

第二件事，是一件令国人高兴的大事：号称“三无”——无院士头衔、无博士学位、无国际顶尖刊物论文——老人的屠呦呦女士获得诺贝尔生物学奖。国内舆论在高兴之余也有几分遗憾，除了抨击现有的院士制度以外，还有就是感叹屠呦呦和她的科研团队对这个青蒿素的重大发明没有一项知识产权。记得屠呦呦女士在获奖的时候发表了演讲，题目是“中医药献给世界的一份礼物”，可以说真是一份“珍贵的礼物”。当然，也有另外一个标题叫作“中医药的世界贡献”，可以说是一份“无私的奉献”。我想，与其感叹甚至指责屠呦呦和她的科研团队没有知识产权意识，还不如说是中国知识产权制度的缺失。在20世纪70年代，屠呦呦和她的科研团队在1 000多种生物化学的配方当中，提取了有效治疗疟疾的元素青蒿素。这个重大的发明维系了人类的健康，解救了南亚乃至非洲人民饱受的疟疾之苦，这份礼物是一份无私奉献的礼物。我们应该记得，中国知识产权立法起始于改革开放之后：1982 年制定商标法，1984 年制定专利法，1990 年制定著作权法。由于中国是一个发展中国家，1984 年的专利法没有把药物、化学物质列为专利授权的客体。一直到 1992 年，中美知识产权冲突达成谅解备忘录，中国在那个时候修改专利法，才开始保护食品、调味品、药品专利。这就是说，我们当时没有知识产权制度，何以为青蒿素申请专利。我们看到，今天得其益的是瑞典、美国的药企，它们围绕着青蒿素衍生品取得了多项专利，而中国在这个方面可以说是无利可图。由此，我想说的是，知识产权是保护创新的法律，也就是通过制度创新来保护科技创新和文化创新。因此，知识产权制度是中国创新发展的“刚需”。

第三件事，是中国电影业叫好的一件喜事。大家知道今年的贺岁片最叫响的是《美人鱼》。其实去年“十一”的时候，《捉妖记》的票房卖到 24 亿。而《美人鱼》在不到一个月的时间，全国票房已经达到 30 亿。根据院线安排，有可能延映，争取能够达到 40 亿。想起 2010 年，我在当时的国家新闻出版广电总局讲“文化大发展、大繁荣与知识产权战略”，曾提及当年畅销的十大影片，有 6 部是外国片，其中票房第一的是美国好莱坞 3D 电影《阿凡达》。我们细数近几年本土电影的表现，业绩很好，与过去相比有了很大的进步。据我所知，中国的电影从制作数量来说应该排在全球第三；从院线市场规模来说，有可能今年超越北美。但是，中国制作的电影三分之一是从电影厂直接进仓库，三分之一是不赔不赚，三分之一是有所盈利，最终能够赚取几个亿、十几个亿票房的电影为数不多。换句话说，依然存在着本土电影和外来电影特别是好莱坞电影争夺市场的态势。美国每年生产的电影大概占到全球的 7%，但是赚取的票房高达 80%。可以这么说，中国电影在本土还比较火，但在相当长的时间里还很难走出国门。大家都喜欢看的《捉妖记》，在本土卖了 20 多亿人民币，在北美上映的票房只有 1 万多美元。电影都是有版权的，版权也是一项知识产权。知识产权并不是在所有的情况下都能够转化为有效的资产。换句话说，知识产权有时候是零资产，有时候甚至是负资产，只有经营好的知识产权才能够变为正资产。这就涉及我今天要讲的第三个话题，知识产权运营是“知本要素”与资本要素的“叠加”。

通过上述三件事讲的三个观点，我们可以概括中国企业乃至产业的三个知识产权战略，那就是“走出去战略”“走上去战略”“走进去战略”。

知识产权制度从它的产生、发展到变革，总共不到400年的时间，而知识产权保护从国内法走向国际法，成为国际经贸体制的“标配”不到150年。在国际经贸领域强调知识产权保护应该始于19世纪下叶，是以1883年保护工业产权的《巴黎公约》，1886年保护文学艺术作品的《伯尔尼公约》为标志。可以认为，在国际贸易领域，知识产权已经成为各国实力比拼的主战场。我们看到的这个新国际贸易体系，指的是以1947年关贸总协定为始端，1994年世界贸易组织成立为标志的现代国际贸易体系。为什么说它是一个新的国际贸易体系？用三句话概括：第一，以全球自由贸易为目标，不管是货物贸易还是服务贸易，乃至于资本和劳动力的流通；第二，以全面减让关税为手段，取消关税壁垒；第三，以提供无差别的最惠国待遇为基础。我们看到的这个WTO是一个经济联合国，它有很多的国际条约来作为法律支撑，其中最重要的三大条约就是《货物贸易协定》《服务贸易总协定》《与贸易有关的知识产权协议》，最后一个就是我们现在讲的TRIPs协议。总的来说，自从1994年WTO成立，TRIPs协议生效，国际知识产权保护具备两个特点，那就是高水平保护、高效率保护。

高水平保护，意味着保护的范围扩大了，保护的水准提升了，它实现了发达国家启动“乌拉圭回合谈判”的最初目的，保护它的软件业、集成电路工业和电影业。作为合作博弈的结果，发展中国家也得到了减让关税、市场准入的优惠和好处。总体说来，任何国家参加WTO，享受最惠国待遇的权利，同时有义务按照国际公约高水平地保护知识产权。为什么说是一个高效率的知识产权保护呢？它与原来的国际公约不一样，如果国家与国家之间发生知识产权冲突，可以进行磋商，也可以请第三方斡旋；磋商不成或斡旋达不成和解，可以请专家仲裁小组进行仲裁；对仲裁不服，可以请世界贸易组织进行最终裁定。一旦作出裁定，任何一方必须执行，否则会面临贸易报复，甚至是WTO的贸易制裁。正是由于这种多边争端解决机制的出现，使得知识产权国际条约（TRIPs协议）由软法变成了硬法。所以说，现代知识产权国际保护体制，既是高水平保护，也是高效率保护。

21 世纪以来，知识产权国际保护体制发生了一些重大变化，我觉得主要表现为两个方面：第一个就是双边、多边贸易协定的出现。1994 年以来，一直到 2012 年，WTO 的缔约方绕开 WTO，超越 TRIPs 协议，签订了 300 个双边和多边贸易协定，其中最有影响的就是这个 TPP。我现在着重讲一下 TPP 关于知识产权问题的规定。深圳前海作为自贸试验区，试点的不仅是投资和贸易，还包括知识产权保护。所以说自贸区要了解 TPP 关于知识产权保护的一些动向。总的说来，TPP 超越了 TRIPs 协议。这是毫无疑问的。我想就实体法讲三个问题。

首先是商标法。我观察它的条款，有两个非常重要的变化：第一，商标注册不以可视性为条件。按照现在的规定，商标注册的文字、图形、颜色、形状或者其组合，都具备可视性。但是 TPP 允许商标注册的构成要素不以可视性为条件。换句话说，声音可以注册为商标，有条件的话气味也可以注册为商标，从而使得商标注册的范围更加宽泛，这实际上是商品交换和贸易的法律需求。第二，商标使用许可和转让不以备案为前提。根据我国商标法的规定，商标使用许可或者转让，除了双方签订协议以外，还要报商标局备案、进行公示才能发生效力。前几年美国苹果与深圳唯冠的商标纠纷，就是按照中国法来处理的。美国苹果在伦敦的目标公司与唯冠公司签署了协议确认商标转让，但是没有备案和公示，按照现行法律就没有生效。在商标权转让没有生效的情况下，苹果公司在中国进行代工生产和产品销售，肯定侵犯了深圳唯冠的商标专用权。最后结果大家知道了，双方以 6 000 万美元的代价转让商标，达成了和解。但是按照 TPP 的规定，奉行的是协议优先的原则，不会以是否备案为前提。

我们更应该关注的是专利。整个谈判在一定程度上满足了美国保护制药工业的诉求。美国研发的新药占全球的三分之二，由于研发新药成本很高，而且周期很长，要求知识产权给予特殊保护。这种保护主要表现在三个方面：一是扩大专利权的授权范围。比如说，已知产品的新用途，或是使用已知产品的新方法、新工序，都能够取得专利。这就扩大了专利权的授权范围。二是试验数据的保护。TPP 列举了农产品、化学产品和药品的试验数据，必须对其提供一定时期的专利保护。根据一些国家的要求，凡农产品、化学产品和药品去申请专利，申请人必须提供有关试验数据，来证明这个产品的安全性和有效性。在这种情况下，TPP 就规定，凡提供的试验数据，农产品和化学产品是十年，药品是五年，任何人不得基于相同的试验数据去生产、销售相同的产品。这句话是说，试验数据也要给予保护。三是对药品专利保护的特殊规定。药品从研发到最后上市要经过非常复杂的程序。首先是动物实验，然后是一、二、三期的人体临床实验，最后是第四期的临床放大实验。证明这个有效性、安全性后，医药管理机关才会审核上市，这个过程非常之长，那么无形之中就缩短了专利的保护期限。所以，TPP 就提出要不延长专利的保护期限，要不缩短行政审批的过程。

最后谈谈版权。我觉得两个规定是非常重要的，TPP 规定了作者、表演者和音乐制品制作者的“临时复制权”，还有表演者、音乐制品制作者对公众的传播权。此外，一个重要的动向是著作权保护期延长，对于软件、电影、唱片等作品，TRIPs 的规定是 50 年，而 TPP 的规定是 70 年。

与双边、多边贸易协定提高知识产权保护水平的同时，我们还要注意另外一个动向，那就是美国还采取一种单边制裁的机制，主要是根据国内法来制裁其他国家及其企业。有代表性的是三个问题：一是“特别 301 条款”，这是针对国家的。美国在 20 世纪 80 年代有个《综合贸易法》，其中的“特别 301 条款”授权美国贸易代表每年对全球与美进行贸易的国家和地区就保护知识产权的不同情况，分别列为重点国家、重点观察国家和观察国家。凡是被列为重点国家，一年不改变知识产权保护现状的，美国就会取消最惠国待遇，实行贸易报复。美国挥舞这个大棒在亚洲先后制裁了日本、韩国、新加坡，中国的香港、台湾。20 世纪 90 年代以后受制裁最多的恐怕就是中国。即使中国“入世”以后，十多年来也先后多次被列为重点国家和重点观察国家。中国保护知识产权的现状和水平一直是美国（当然也包括欧洲、日本、韩国）的重点关注对象。二是“377 调查”，这是针对企业的。美国在 1930 年关税法中有一个 377 节规定，授权美国贸易代表对进入美国市场的外国企业就涉及侵犯知识产权和不正当竞争的货物，有权进行调查，并且采取扣押措施，实行市场禁入。从 21 世纪初以来一直到 2012 年，连续 11 年，中国是遭受“377 调查”最多的国家，涉及的企业有 150 多个，败诉率高达 60%，而其他国家的败诉率平均为26%。今天在座的有深圳华为的法务，华为也曾经遭受过“377调查”，是为数不多取得胜诉的中国企业。三是“恶名市场调查”。美国自2011年以来，由美国贸易代表办公室对全球的互联网和实体市场进行所谓的“恶名市场调查”，就是进它的黑榜名单。2011年，中国的百度、阿里巴巴、北京的秀水街、深圳的罗湖、香港的女人街、浙江的义乌都在列。所谓“恶名市场调查”实际上就是采取一种警示公报的方法，指出相关国家的电商平台以及实体市场存有侵犯知识产权行为。总的说来，在当代国际贸易领域里，知识产权保护是一个绕不开的话题。因此，中国企业实施“走出去”战略，势必有一个知识产权谋略选择问题。必须看到，只有知识产权才能够助推中国企业的成长，才能够使中国企业在国际市场立得住、站得稳。

面对国际经贸体系的变革，中国企业和产业“走出去”，必须实施知识产权全球化战略，秉持全球化思维，进行全球化布局，应对全球化竞争。根据我的观察，两次世界大战后，整个世界确实不太安宁，地区战争、局部战争是接连不断。但是，我们看到更多的是一个没有硝烟的战争，诸如粮食战争、石油战争、货币战争、贸易战争，还有愈演愈烈的信息战争，另外就是我们说的知识产权战争。前总理温家宝在2004年视察山东的时候说，世界未来的竞争就是知识产权的竞争。在过去，中国企业走向国际市场的时候，习惯于广告战、价格战，这是常规武器。那么尖端武器、战略武器是什么呢？应该是专利战、品牌战，是知识产权竞争。

有人把中国的发展称为是“超大型崛起”，超大型的人口规模、产业规模、市场规模，是任何一个国家很难比拟的。超大型崛起意味着超常规的发展能量。在国际制造业，中国的生产量、出口量世界第一。但是，在超大型发展能量的背后，我想更多的是超大型社会、超大型市场、超大型产业带来的问题。以至于可以这么说，中国制造与中国市场在面对世界的时候，卖什么，什么都便宜！买什么，什么都贵！在这种情况下，伴随中国企业走向世界的应该是知识产权，只有拥有核心技术专利、优秀作品版权和国际知名品牌，中国企业走出去后才能立得住，在国际市场形成核心竞争力。说到这里，我想强调企业走出去战略就是以知识产权为支撑的全球化战略。

下面讲第二个问题，知识产权强国建设中的产业发展。中国现在处于工业化阶段的中后期，中国制造非常重要，它对中国经济的贡献率达到 36.9%（美国制造对本国经济的贡献率为 12.4%），提供出口达到 90%。未来的二三十年，制造业将会是中国经济立国之本、兴国之器、强国之基。去年，国家颁布了两个非常重要的文件，一个是《中国制造 2025》，再一个是《关于新形势下加快知识产权强国建设的若干意见》，里头都谈到了中国制造的问题。我以为中国的产业兴起，中国制造走向高端，无一不涉及知识产权。在这里，我讲讲“三步走”的战略目标，讲讲“三个转变”的战略重点。根据联合国的有关数据统计，当代国际制造业大国和强国大概分为三个方阵：第一方阵，美国。美国制造无疑是最先进、最强大的。第二方阵，能够称为制造强国的还有德国和日本。第三方阵，就是制造大国，包括了中国、法国、英国、韩国等。《中国制造 2025》这份文件提出一个“三步走”的战略目标：第一步，2025 年要使中国制造进入制造业强国的行列，也就是说能够与德国、日本站在一起；到 2035 年，也就是第二个十年，整体要进入世界强国的中等水平；到 2049 年，也就是中华人民共和国成立 100 周年的时候，综合实力要进入制造强国的前列。

为了实现这个“三步走”的战略目标，这个文件提出了“三个战略转变”，我分别进行介绍：

第一个是中国制造向中国创造的转变。这个问题涉及产业创新力。坚持创新驱动，把创新摆在制造业发展全局的关键位置。就发展现状而言，中国制造在国际生产链上尚处于中低端。在这里我要讲两组数据，美国在 2012 年由专利商标局和经济统计局发布了一个报告，叫做《美国知识产权：聚焦产业》。它细分了美国 313 个重要的产业，其中列举了与版权、专利、品牌相关的产业，被称作是知识产权密集型产业。知识产权密集型产业占 313 个产业的 24%，但对美国 GDP 的贡献率高达 35%，出口贡献率达到 60%。我们再看看欧盟，欧盟的专利局和内部市场协调局在 2013 年也发布了类似的报告。欧盟的知识产权密集型产业占到全欧盟产业总量的 50%，对 GDP 的贡献率高达 39%，提供出口高达 90%。中国目前还缺乏权威的数据。根据一些专家的分析，我们现在的知识产权密集型产业不超过 20%，对经济发展的贡献率不超过 25%，这就是差距。近几年来中国继美国、德国、日本之后被称为新的世界工厂。但是我以为，这个世界工厂无论是规模还是水平都与原有的世界工厂有相当的差距。就规模而言，英国是最早的世界工厂，在1840年的时候，英国制造在全球工业产值的份额高达50%。美国成为世界工厂，高居榜首长达110年，在1913年的时候，美国制造占全球工业制造总额的36%。中国从2011年起超越美国，制造业所占的份额仅为20%左右。从质量和水平来说，还缺乏领导全球制造业创新的技术、创新的产品和创新的生产组织。总体的评价是大而不强，全而不优。全球制造业500种主要产品，中国生产、出口第一的就占了220个，接近一半。但是，我们这么庞大的中国制造处于一流水平的不多，有数的是航天、核能、轨道交通、桥梁和船舶、移动通信这些领域。总的说来，我觉得创新仍然是中国制造必须要解决的关键问题。

第二个是中国速度向中国质量的转变。这个问题涉及产业生命力。质量是制造业强国建设的生命线。不要小看这个质量问题，我觉得它不仅体现了一个国家的整体实力，而且反映了这个国家的治理水平、文明程度以及诚信评价等，我们要特别重视中国质量。改革开放以来，速度一直是我们的政府和企业所关注的头等问题。曾几何时，深圳速度是中国经济发展的标杆，中国速度是全球经济发展的样板。但是，我以为现在要更加重视质量问题。在国际制造业，任何一个国家的产品都有它自身的品质形象，在这里我想简单地做一个概括：英国制造的标签是高贵，它作为最早的工业制造国，应该说英国产品的品位、影响和信誉直到今天还被人们津津乐道。英国汽车产业远远不是美、德、日、中这四大生产王国的对手，可劳斯莱斯汽车虽然数量不多，但是用手工精心制作，本身就是身份和地位的象征，有一种高贵气质。法国制造的标签是时尚，无论是卡地亚的首饰还是香奈尔的化妆品，乃至路易威登的手袋，法国制造能够引领时尚消费的潮流。德国制造的标签是严谨，无论是西门子的高端医疗设备，还是双立人的小小刀具，乃至大街小巷上跑的奔驰和宝马，德国制造浸透了德意志人那种严谨科学的工业精神。大家不要忘记日本制造，日本制造的标签是精致。我们吃饭捏个饭团，他能做成寿司；我们随口喝杯绿茶，他要弄成茶道。日本制造无所不用其极。这次“两会”上有一个说法，要把中国制造改成中国匠造。其实工匠精神首推日本，日本总是能够做到极致。美国制造的标签是先进，最先进的产品大多在美国。我看了一点资料，也是深有感触。

达沃斯论坛提供了一个报告，列举了从公元前 8 世纪到 1950 年全球 161 个最伟大的发明。在古代社会，发明贡献最大的是中国，这段时期全世界最重要的发明有 10 个，其中 6 个是中国人作出的，包括珠算、尾舵、火药、指南针、造纸术、印刷术。但是从 1045 年一直到 1950 年，近现代最重要的发明与中国无关。贡献最多的是美国，大概 40 个。大家熟悉的家电，从洗衣机、收音机、录音机、录像机、微波炉、电冰箱、电视，乃至电话，再到 1951 年以后的手机、互联网、GPS，还有通信卫星，无一不是美国的发明。中国制造在国际市场是一个什么样的形象，我还很难准确地概括，在这里讲讲外国人对中国制造的评价。很长时间以来，中国制造就是"便宜货"的代名词。中国制造在全球可以说是无处不在，但是它在很多的情况下，被摆在北美、西欧超市的低价货柜上，最近几年还有"冒牌货"的说法，造假、卖假现象在一些地区、领域依然存在，中国产品必须改变不称心、不省心、不放心这样一种形象。

第三个是中国产品向中国品牌的转变。这个问题涉及产品影响力。在打造中国制造升级版的进程中，必须高度重视提升品牌价值，提高品牌经营能力。我在很多场合讲过这样一个观点，以商标为核心的品牌建设，不仅能够使企业占领市场、争夺消费者、实现利润，而且还关系到国家在国际社会的脸面和形象。所以说，在一个知名品牌的背后会是一个有生命力的企业，是一个有竞争力的产业，是一个有经济实力的城市，是一个有世界影响的国家。记得日本前首相在 20 世纪 80 年代考察欧洲，面对记者非常得意地说，我的左脸是松下，右脸是索尼，日本企业的品牌就是日本国家的脸面。中国在生产产品，却缺乏世界品牌。美国品牌实验室是一个每年公布全球品牌 500 强的评选机构，评委会的主席是著名的经济学家、诺贝尔经济学奖的获得者蒙代尔教授，他曾经说过这样一句话：中国的官员和企业家都在讨论企业升级，但是他们有一个绕不开的共同话题，那就是品牌的培育。中国不能仅仅生产产品，还要培育品牌，培育品牌的能力是企业升级的关键。我觉得这句话是一语中的。

企业实施知识产权战略不仅要"走出去"，而且还要"走上去"。因此，在知识产权方面要注重两大战略的实施，即创造战略和运用战略。可用三句话来概括，知识产权应做到数量布局、质量占优、效益取胜。在这里，通过专利数据来说明我的观点。根据世界知识产权组织 2014 年发布的数据：中国的发明专利申请量占到全球总量的32%，这是很了不起的。在21世纪初，美国占了全球发明专利申请量的三分之一，中国是美国的三分之一。现在中国已居世界第一，相形之下，美国占22%，日本是18.7%。这是发明专利的申请量，大家注意后面的数据，它来自国家知识产权局专利文献部的统计。从2013年全球发明专利的授权量来说，排名第一的是美国，第二的是日本，第三的是中国。就现在有效发明专利总量来说，美国占到24%。日本占了18%。中国只有11.7%。所以说发明专利还是人家居多。第三个数据我觉得更重要，那就是专利的域外布局。中国大概是4.8%，也就是100个专利只有4.8个专利是国外专利。就专利域外布局而言，韩国达18%，美国是21%，日本高达38%。根据专利文献部提供的数据，从2011年到2014年，中美日韩四大国的专利移转，中国是最大的专利技术输入国，日本是最大的专利技术输出国。在这里我们看到了企业“走上去”，走到国际制造业高端的路径，那就是以专利技术创新来武装自己，应该从数量和规模转到质量和水平上来，更要从技术专利的获取转化到专利实施的经济效率和竞争优势上来。

最后一个问题，讲讲知识产权转化运用中的资本运营。现在，知识产权运营是一个热门话题。它的意义何在呢？从生产力要素来说，它是创新要素和资本要素的融合；从财产的构成来说，它是知识财产和金融财产的配置；从发展力来说，它是知识力量和资本力量的共生。知识产权运营使得知识产权的创造和运用与市场有了更为紧密的结合。知识产权运营是企业“走进去”战略的核心内容，其要义就是让知识产权走进市场交易、走进盈利模式。

知识产权运营有三个关键词：它的基础是投资，过程是交易，目的是增值。知识产权本身如果说不与市场相结合，不进行转化和运用，那么它在无形资产中就会是一个零资产、负资产。在进行有效的转化以后，它才能够成为正资产，产生正能量。所以，知识产权的产生仅仅是一种法律授权，它要形成企业的无形资产必须要得到市场的认可。这里有两个基本结论：第一，知识产权是无形资产的基础，没有法定的知识产权，就不会产生法定的无形资产；第二，有了法定的知识产权，并不当然转化为有价值的无形资产。对于企业来讲，知识产权带来的是某种经济利益的可能性，要使预期收益成为现实收益，就要采取措施进行转化、运用和经营。在这里首先要讲一下知识产权转化的基本路径：

一是产业化。要把知识产权所蕴含的知识、技术、信息直接应用到生产经营活动之中，使它转化为有益的生产力，使它成为企业有用的无形资产。无论自行实施、共同实施、转让实施，都是一个产业化的途径。谈到企业家，我觉得也分三六九等：三流企业家不知道消费者的需求，他靠订单过日子，加工贸易，定牌生产；二流企业家知道消费者的需求，他有了一个相对稳定的客户群，相对稳定的产品；一流企业家能够发现消费者的需求，靠自己的技术、品牌去开辟市场，吸引消费者；超一流的企业家可以创造消费者的需求。你看看计算机有软件、硬件之分，过去国际计算机业界是硬件和软件都由 IBM 公司来制作。但是有了一个比尔·盖茨，产生了一个微软公司，软件就独立地成为一个专门产业，而且软件业的重要性丝毫不亚于硬件业。这就是比尔·盖茨和微软公司的重要发现，发现了一个新产业。在这里，我们不得不说到乔布斯和他的苹果公司。本来电话就是一个通信交流工具，但现在是一个大数据、云计算、平台经济与移动互联网的时代，智能手机的功能不是简简单单的通话而已，它可以成为学习、交流、数据采集、发布言论、金融支付等各种工具，它改变了我们的生产、生活和工作。这就是乔布斯和苹果公司创造了消费者的一种新需求，这种产业化的水平就非常之高。

二是商业化。就是把知识产权作为商品转让和许可他人来使用，这是一种间接的转化运用途径，也非常重要。现在，创新水平高的国家也是知识产权商品化程度高的国家。据统计，中国的每一单专利许可使用费平均价格是 40 万人民币，而美国专利许可费的平均价格超过 400 万美元。联想公司买了美国 UP 公司 20 个专利，花了 1 亿美元，平均每一个专利付出 500 万美元。在美国，这个专利使用许可和转让的交易额每年达到 2 000 亿美元，如果加上交叉许可的话，其市场规模约为 1 万亿美元。美国高通公司一年卖专利就可以挣 70 亿美元。商品化是专利转化运用的重要途径。

三是资本化。这是我们今天重点讨论的问题，即知识产权投资和收购的运营问题。知识产权资本化运营，目前主要是一种专利运营，英文为 NPE，意思是指“非实施主体”。美国白宫在 2013 年的一份报告中对 NPE 这种“非实施主体”有一个全新的说法，称作 PAE，就是“专利主张实体”。无论是 NPE

还是 PAE，都是指自身不进行任何生产经营活动，而是投资创新，拥有专利，并专门以专利使用许可和专利诉讼为主业的经营实体。这一代表性的实体首推美国的高智公司，它于 2002 年成立，有四大基金财团，包括比尔·盖茨基金、惠普基金等，有 70 家企业，包括苹果、微软、戴尔这些一流的信息企业，共募集资金 70 亿美元。2008—2014 年，高智公司挣了 36 亿美元，其中通过诉讼获取的只有 4 亿美元，更多的是一种专利许可使用收费。这就涉及资本化的问题。

下面我讲讲专利运营问题。专利运营或知识产权运营现在中国炒得比较火，但是不可能短时间内产生高智公司那样的"专利巨人"。我认为，有了足够的技术、足够的资金、足够的市场才能够滋生专利运营，才能产生中国的高智。目前我们有三大问题需要考虑，第一，投资政策导向问题。在过去的几十年间，中国产业和经济的发展处于这样一种状况，那就是低端制造产能过剩，房地产投资过热，基本设施建设过度，货币发行量过大，政府、企业负债过多。2015 年中国的负债是 5.3 万亿美元，相当于 GDP 的一半，人均负债4 000 美元。科技创新和产业创新，要依靠政府的战略指引和政策支持。如果说中国的首富不是中国的比尔·盖茨、乔布斯，而是房地产商，就要反思我们的产业政策导向问题。第二，技术创新水平问题。专利数量规模可观，但是真正有科技含量、市场价值、产业前景的核心、关键技术专利不多。比如说日本索尼的微型电子化技术，荷兰飞利浦的光学介质技术，德国奔驰公司的发动机和整车装配技术，都是相关行业里的顶尖技术。前年摩根大通对 IPAD 的一款产品估值，预期当年产生增加值 126 亿美元。高质量的知识产权创造，说到底还是一个创新能力、创新水平的问题。第三，专利商业价值问题。专利在市场上的竞争优势、应用价值和产业化前景，涉及专利商业价值。目前，中国专利不仅缺乏高端专利技术，而且缺乏有价值的专利技术。据《解放日报》报道，上海一家知识产权服务机构对高校、科研机构提交评估的 300 个专利，认为有商业价值的不足 5%。这是我谈的目前存在的问题，下面我简单说明一下专利运营的方式：

一是基金运作。基金运作是专利运营的基本方式。无论是美国的市场化运作模式，还是日韩的官民合作运作模式，都少不了基金运作。换句话说，投资的主体可以是企业，可以是中介服务组织，也可以是个人，还包括政府机构的投入。总的说来，采取的是专门投资公司参与，龙头、骨干企业入股的基金运作模式。

二是全球目标。知识产权运营应该服务于产业全球化的竞争目标。美国是聚焦在相关领域有专利控制力、支配力的龙头企业，日韩都是把本国最先进的企业组合在一起，所以是汇聚龙头老大企业，服务于战略性新兴产业。美国现在比较多的是新一代的信息技术领域，韩国比较关注的是通信领域，日本除了通信领域以外，对清洁能源、生物技术也非常有兴趣。总的说来，知识产权运营的战略目标是保护和推动本国的产业和企业发展。

三是专业管理。概括来说，践行知识产权运营必须是技术人才、法律人才和商业人才齐备，这样才能预防在运营中可能出现的技术风险、市场风险及法律风险。

中国制造业发展与企业品牌战略实施*

2011年，中国制造业以19.8%的份额超越美国，成为全球第一工业制造大国。四年过去了，2015年，中国制造在全球的份额已经占到25%。同时，在500个主要的工业产品当中，中国产量第一、出口第一的产品，已经超过了250种。我认为中国制造业体量很大，规模很大，但是也有不尽人意的地方。从一个学者的眼光看，中国的企业，中国的制造业总体来说是大而不强，全而不优。今年的国务院常务会议，李克强总理提出来一个品牌革命。在工业消费品这个领域，要增品种、提品质、创品牌。我以为，品质革命的过程，是一个产业创新和产品品质提高的过程，品质革命的成功之日也是中国品牌形象的形成之时。品牌的塑造，对中国的产业发展和企业发展具有十分重要的战略意义。

第一，知名品牌是企业发展的刚需。各位谈到企业的知识产权战略，其实企业知识产权里，应该坚持以品牌为中心的知识产权一体化战略。这是因为品牌凝聚了企业的科技创新能力、产品研发能力、市场营销能力，以及内部的经营管理能力。可以这么说，品牌特别是知名品牌，是一个企业的声誉形象和地位的集中反映。一个企业之所以能够做到经久不衰，除了拥有关键技术、核心技术的专利，就是拥有国际知名的品牌。

第二，制造品牌是国家形象的体现。我以为品牌的营造实际上是国家形象

* 本文系作者2016年8月在山东省人民政府举行的“品牌战略”论坛上的主旨发言。会议主办方根据录音整理成文，发表在《山东经济战略研究》2016年Z2期。

的塑造。日本前首相曾经说过，日本企业的品牌就是日本国家的形象。美国品牌代表着先进，英国品牌寓意着高贵，法国品牌引领着时尚，德国品牌代表着严谨，日本品牌象征着金质。

第三，品牌还是国际贸易的“绿卡”。在信息社会，世界被扁平化，从某种意义上讲，产品的消费就是品牌的消费。发达国家和它们的跨国公司，就是利用品牌或者说商标权去分割市场、控制市场。因此，我们应该注意到，中国的企业实施品牌“走出去”战略应该切记产品走向哪里，我们的商标注册就应该跟向哪里。国际商标的注册，就是国际市场的通行证，就是“绿卡”。

那么在今天这样一个论坛，我想对山东知名品牌的养成提几点建议。

第一，以创新培育品牌。我以为，技术创新是品牌建设的重要支撑。品牌的附加值在很大程度上取决于这个产品的科技含金量。品牌的社会和市场的影响力，取决于这个产业的创新力。到目前为止，中国的科技创新，对经济发展的贡献率不到50%，因此，我们应该着力于产业创新、产品创新、科技创新，来增加品牌的含金量和它的软实力。

第二，以法律保护品牌。法律保护是品牌建设的基本保障。我们应该认识到，知识产权保护，当然包括商标保护、品牌保护，它是国际经贸体系的标配。2015年10月，以美国、日本为首的12个国家，签署了《跨太平洋伙伴关系协议》，这个协议是一个贸易规则，是一个投资规则，更是一个知识产权国际保护规则，所以说知识产权保护是国际经贸体系的标配。同时我们更应该看到，知识产权保护，是中国创新发展的刚需。因此我们应该加强知识产权的执法，有力遏制侵权行为，营造一个品牌建设的良好法治环境。这个法治环境的观念就是健康、有序、公平、开放。我们应该在齐鲁大地率先拒绝山寨，遏制侵权，打击假冒。

第三，以文化滋养品牌。我认为所谓的品牌文化，首先它应该是一个法治文化，也就是，它是一个以法治信仰为核心要素的法治文化。诚信守法，保护知识产权是这个法治文化的关键。同时品牌文化也应该是一个创新文化，尊重知识、崇尚创新是这个创新文化的主体内容。

知识产权国际发展态势与中国战略选择*

我今天的讲题将从国际变革大势与中国发展大局这两个层面来谈谈知识产权问题。总的说来，如何看待知识产权，首先应该面对经济全球化的国际背景，同时要置身于知识经济的时代情景，最后要立足于中国转型发展的本土场景。今天讲座讲三个问题：国际发展态势；强国发展谋略；中国发展战略。

一、国际发展态势

首先讲国际贸易体制与知识产权保护制度的相互关系。有一个基本判断，自从 20 世纪下半叶以来，经济全球化的产生与新的国际贸易体制的形成，是这个时期世界经济发展的潮流，而且这个潮流将会影响 21 世纪整个世界经济发展的格局。自从特朗普总统上台以后，有一些学者认为全球会出现一个反全球化的浪潮，我想这种担心是正常的，但是全球化的潮流是不可逆转的。记得特朗普当选美国总统的那一天，我正好在澳门，有听众问，特朗普上台以后，美国的内政外交包括知识产权会有什么变故。从一个学者的观察，我认为特朗普上台以后，美国外交上的孤立主义、政治上的民粹主义、贸易中的保护主义思潮肯定会抬头，但不变的是美国维护其在全球贸易中的核心利益，这个基本立场不会改变。换句话说，保护知识产权是美国的核心利益，同时，保护知识

* 本文系作者 2017 年 5 月在西南政法大学“中国知识产权名家讲坛”所作的专题讲座，根据录音整理，有删节。

产权还是全球经贸体系的重要构成。因此，我们判断，在 21 世纪，全球化这种总的趋势不会改变，新的国际贸易体制并没有颠覆。

现代国际贸易体制，指的是以 1947 年关贸总协定为始点、1994 年世界贸易组织成立为标志的新的国际贸易体制。为什么把它称为一种新的国际贸易体制，我想用三句话来概括：第一，以全球自由贸易为目标。换句话说，改变了过去殖民体系下旧的贸易体制，使得全球各国的经济联系更为紧密，渗透更为深刻，而且在不断地加深。第二，以全面减让关税为手段。WTO 提出的最初目标是实现零关税，但是现在达到的是低关税的水平。第三，以无差别的最惠国待遇为基础。WTO 实际上是一种经济联合国，在 WTO 框架之下有很多的国际公约，包括《货物贸易协定》《服务贸易总协定》《知识产权协议》。

在当今的国际经贸领域，知识产权保护已经成为国际贸易体制的重要组成部分。我们谈贸易规则、投资规则，少不了知识产权保护规则。这就引出知识产权保护一体化，或者叫作趋同化、国际化；知识产权保护的基本原则、基本制度、基本规范，在全球范围内的普遍适用性，或者叫普适性。换句话说，在知识产权领域，国际法高于国内法，国内法服从国际法，国内法同于国际法，这是我们讲的一体化的基本内涵。

其次谈谈 TRIPs 时代知识产权国际保护制度的基本特点。

从 1994 年世界贸易组织成立，TRIPs 协议生效，一直到今天，国际社会发生了很大的变化，尤其是 90 年代下半叶以来，知识产权国际保护制度表现出两个非常鲜明的特点：

第一，以国际贸易体系为框架，推动高水平的知识产权保护。知识产权国际公约有三大原则：一是国民待遇原则，二是最低保护标准原则，三是公共利益原则。最低保护标准原则其实是一致性保护原则。换句话说，所有的缔约方对于知识产权保护只能遵行一致性的标准，形象地说，可以就高，但是绝不能就低。这就使得 WTO 的成员方，不管是发达国家，还是发展中国家，都要按照一个标准保护知识产权。我们要看到，最低保护标准跟水平没有关系，所有的国家都要按照 TRIPs 协议来保护知识产权。这种一致性的标准，表明了扩大知识产权的授权范围、提升知识产权的保护水平、加大知识产权的执法力度是总的国际立场趋势。

第二，以争端解决机制为后盾，推动高效率的知识产权保护。其实在TRIPs协议之前有很多的国际公约，最有代表性的当属19世纪下半叶的《巴黎公约》（1883年）和《伯尔尼公约》（1886年）。进入20世纪以后，还有大家所熟知的WIPO公约（1967年），即《成立世界知识产权组织公约》。但是，以往的国际公约一般不涉及争端解决机制。TRIPs协议规定了多边争端解决机制。换句话说，为国家与国家之间发生知识产权冲突设置了一个强制性的解决方案。两国之间发生知识产权冲突，可以进行磋商，磋商不成可以请第三方来斡旋，如果不成功可以请专家小组来仲裁，对仲裁决定不服可以提请上诉机构作出终局裁定。终裁决定一旦作出，当事人必须执行，否则会招致贸易报复，重则会导致整个WTO实行贸易制裁。这是一个高效率的知识产权保护，为多边争端解决机制安装了一个“牙齿”，即各国不能有所保留，必须无条件执行。

接下来，我们讨论后TRIPs时代知识产权国际保护制度的发展动向。

进入21世纪以来是所谓的后TRIPs时代，知识产权国际保护制度发生了一些重大的变化，发达国家和发展中国家处于不同的立场，采取了不同的谋略，来寻求对自己有利的知识产权保护的国际秩序。从发达国家来说，是要谋求更高水平、更有效率的知识产权保护，采取的手段有三个方面。

第一是谋求新的知识产权国际条约。最有代表性的就是美日联手欧盟酝酿的《反假冒贸易协议》（ACTA），涉及知识产权的民事、刑事、海关、信息共享、国际合作、执法六个方面，比TRIPs保护水平更高，执法更为严格。美日率先在本国批准了ACTA协议。后来这个协议夭折了，主要原因来自欧盟议会的反对，议会认为其中的著作权条款有可能损害网民获取信息的自由，没有批准。ACTA协议意在剑指中国，一些国家认为，仅仅有发达国家参与的ACTA协议并不是最终目的，必须让中国、俄罗斯这两个世界上最大的假冒国能够参与到协议中来受到约束，它们想让ACTA协议与TRIPs协议一样，成为全球所有缔约国共同遵守的国际规则。新的知识产权国际条约还没有生效。

第二是多边与双边自由贸易协定。自从1994年世界贸易组织成立以来，一直到2010年，这十几年间，作为WTO的成员方签订了大约300个双边和多边的自由贸易协定。其中最重要的区域协定是《跨太平洋伙伴关系协议》(TPP)，尽管特朗普上台第一天就把 TPP 废了，但是美国的“两洋战略”在国际知识产权界仍然带来了不大不小的影响。2015 年 10 月，美国、日本、澳大利亚等 12 个国家经谈判达成 TPP 协定，有待各国批准生效。在 TPP 背后还有一个 TTIP，即《跨大西洋贸易与投资伙伴协议》，是美国与欧盟的区域贸易协定。两个协定里面都有保护知识产权的内容。美国意图通过这两个协定主导国际贸易规则包括知识产权保护规则的制定。无论是多边还是双边的自由贸易协定，都有知识产权的规定，是对 TRIPs 协议最重要的补充。我们可以这样认为，知识产权保护是当代国际经贸体制的标配，现在要实现“一带一路”的合作发展构想，中国企业要“走出去”，必须遵循知识产权保护规则，同时也要利用知识产权制度为自己保驾护航。

第三是单边主义的制裁机制，主要来自美国。美国作为世界贸易组织的缔约方，一方面频频利用多边争端解决机制来维护本国的知识产权；另一方面继续采用几十年来一直屡试不爽的单边制裁法，主要有三种举措：一是针对国家的“301 条款”调查。这一条款始见于美国《1974 年贸易法》，《1988 年综合贸易法》对其内容做了增补。该条款授权美国贸易代表办公室每年对美国在全球的贸易合作伙伴进行调查，凡是不保护、不完全保护、不充分保护美国知识产权的贸易伙伴要分别列为重点国家、重点观察国家和一般观察国家。凡是列为重点国家的，一年不改变知识产权的保护现状，美国就要实行贸易保护，取消最惠国待遇。在 20 世纪，美国挥舞着知识产权特别是“301 条款”的大棒在亚洲进行制裁，先后制裁过日本、韩国、新加坡，以及中国的香港和台湾。90 年代以后，首当其冲的就是中国，即使中国 2001 年加入世界贸易组织，美国仍然两次把中国列为重点国家，多次把中国列为重点观察国家，对中国知识产权保护不予信任。二是针对外国企业的“337 调查”。美国依据《1930 年关税法》第 337 节的规定，授权美国国际贸易委员会每年对进入美国市场的外部企业进行调查，如果遇有侵犯知识产权和实施不正当竞争行为的企业，就对它们的进口商品实施扣押或者征收高额关税，或者是实行市场准入的限制。从 20 世纪末一直到 2011 年，受“337 调查”最多的首推中国，涉及企业大概有 150 家，败诉率高达 62%。这说明中国侵犯知识产权产品确有存在。三是恶名市场名单调查。美国 2012 年推出了一个新招，由美国贸易代表办公室每年对全球的电商平台和实体市场进行调查，如果有人卖假货，侵犯知识产权，就进入黑名单。比如北京的秀水街、深圳的罗湖、浙江的义乌以及香港的女人街，都先后进入黑名单。所以，美国的单边制裁机制也是围绕着知识产权来施压。

二、强国发展谋略

知识产权从它的产生、变革、发展到今天，不到 400 年的历史，欧美国家是知识产权制度最早的推行者，也是最大的受益者，并在 17、18、19 世纪建立了本国的知识产权制度。这些制度被称为是制度文明的典范，对于激励科技创新、促进文化繁荣、推动经济发展，确实作出了重要的贡献。盘点了这些欧美国家转型发展、创新发展的基本做法，我想从三个基本观点来加以表述：

第一个观点，知识产权优势就是国家实力优势。当今世界，国家与国家的比拼是综合国力的比拼，这里面既包括硬实力，也包括软实力。我觉得软硬两个方面的主体部分或者是核心内容都与知识产权有关。

首先讲硬实力，指的是一个国家拥有的军事力量、科技力量、经济力量以及可以实际支配的基本资源。其中，科技创新力和经济发展力是硬实力的主体部分或者叫做核心内容。这些国家的科技创新能力、经济发展实力如何，专利特别是发明专利是一个非常重要的评价指标。中国现在是一个知识产权大国，也可以说是一个专利大国。据来自 WIPO 的有效统计，2015 年中国发明专利的申请量占全球总量的近 40%。十几年前，中国的发明专利的数量是美国的 1/3，美国的发明专利申请的数量是全球的 1/3，当时我就感慨中国什么时候才能够接近美国的水平。十多年过去了，中国的发明专利一路攀升，先后超越韩国、德国、日本，又在 2011 年超过美国，发明专利申请量跃居全球第一。虽然我们现在数字看上去很美，但是，质量和水平、结构和布局、实施和效率还有相当的差距。

第二讲软实力。软实力是美国学者约瑟夫·奈在 20 世纪提出来的，指一个国家国民的素质，文化在世界的影响力，参与国际机构的程度和深度。根据很多专家的分析，最重要的有三个方面：一是国民精神的凝聚力。主要是国民素质。不仅包括公民素质、法律素质、身体素质、文化素质，还有礼仪素质。二是社会制度的生命力。一个国家能够维持长治久安，靠的是制度，包括社会制度、经济制度和法律制度。好制度才能维持一个国家的万代基业。三是民族文化的影响力。有些学者说，文化只有是民族的才是世界的，而在全球化的今天，文化是民族的，未必是世界的。欧美文化依然是一种强势的文化，在国际文化贸易当中，美国、英国、法国、日本、德国这五大国占全球文化贸易的60%左右，是文化贸易的主要输出国。通过版权贸易来推销自己的文化，美国尤为突出，现在出口第一的是版权产品，包括软件、电影和音像。软件出口占全球市场的2/3，美国电影制作数量只有全球的7.6%，但是占全球票房收入达到85%。比较而言，中国的文化产品在国际贸易中还是逆差，进口多，出口少。

总的说来，目前的中国，硬实力还不够硬，软实力还比较软，要想在21世纪从一个世界大国成为世界强国，知识产权所体现的软硬实力都得提升。

第二个观点，知识产权战略就是强国实现战略。近现代大国的崛起，有诸多的因素，而知识产权扮演着一个十分重要的角色，用网络语言说，“知识产权不是万能的，但是没有知识产权是万万不能的”。央视曾经播了一个纪录片，叫《大国崛起》，讲了近代的英国、德国、俄国，现代的美国、日本。它们的崛起，这里面有很多故事，在此我就不讲了。但是，我觉得这个纪录片讲得不够的是知识产权的重要作用。就在半个月前，湖南卫视播出了一个节目，叫《国之利器》，四集纪录片，讲的是知识产权在创新发展当中的重要作用，我觉得还挺有意思。在这里，我以近代英国、现代美国为例，谈谈这两个国家的发展崛起中，知识产权扮演着什么角色。

大家都知道，近代英国是欧洲工业革命的策略地，也是近代知识产权制度的发祥地。过去，学者对这两者之间的历史渊源很少关注。现在，有人得出一个重要结论：近代英国发生工业革命的原因，在于18世纪70年代的英国科学发现、技术发明、资本和教育积累水平。有人对这个结论提出了质疑，其理由来自中国。中世纪的中国，科学发展、技术发明以及教育和资本积累的水平丝毫不亚于后来的英国，但是为什么明朝初叶中国没有出现英国这样的工业革命?

制度经济学派有一个非常重要的发现：当时的中国重农抑商，没有一个代表创新精神的企业家阶层。熊彼特是创新理论的缔造者，按照他的话说，没有企业家就没有科技创新，没有科技创新就没有工业革命。我认为后来诺斯的发现更为重要，诺斯认为：中世纪的中国在向近代发展过程当中，之所以没有产生企业家阶层，关键在于产权制度的缺失，不像英国，有一个以私人产权为基础的近代知识产权制度。

作为法律专家，谈谈我的观点。刚才说过，近代英国是知识产权制度的发源地。1624年的《垄断法规》就是近代意义的专利法。在这个法律实施一百年的时候，历史学家做了一个统计，正是专利法的有效实施使得近代英国的工业体系包括冶炼、纺织、制造、运输得以形成，这一百年所创造的物质财富是英国建国十几个世纪的总和。这说明一个道理：制度创新对科技创新、知识创新有重要作用。

前几年上海举办了一个世界博览会，有8 000万人参观。据我所知，95%以上甚至更多，都是中国人自己。世界博览会最初是一个工业革命和专利技术的成果秀，首倡者是近代英国。1851年的时候，在菲利普亲王的倡导下，举办了第一届世界博览会——伦敦世界博览会。那个时候的博览会展示的就是英国最新的专利技术。从1624年英国专利法的实施到1851年，这两百多年间，英国授出了2万个发明专利。伦敦世界博览会英国出展的有珍妮纺织机、水力织布机、蒸汽机等等，其他国家出展的有农产品、手工制品，大清帝国也派人参展了，我们出展的唯一产品是贵州的茅台酒。

我们再说说现代美国。经过两次世界大战以后，美国迅速崛起，成为当今世界政治、经济、军事、文化、科技、教育、贸易的超级大国，以至于国际舆论把20世纪称为美国世纪。从1977年到2001年，整个西方世界经济衰落，但是美国经济一枝独秀，平均增幅达到3.2%，90年代高达3.5%。进入21世纪以来，美国经济依然保持一个强劲的发展势头。其中有诸多原因，我认为重要的是，从卡特政府，到后来的里根政府、克林顿政府、老布什和小布什政府，还有奥巴马政府，历届美国政府都非常重视创新发展，而且通过知识产权来助推美国的创新发展。换句话说，美国的国际竞争战略是知识产权，国内的产业创新战略还是知识产权。

早在20世纪80年代，美国就大规模地进行了产业结构的调整，关闭、限制造成环境污染、大量耗费原材料、劳动力密集型的产业，优先发展所谓的朝阳产业。朝阳产业有三大部分：一是信息产业，以微软、苹果、戴尔、惠普这些企业为代表；二是影视业，以迪士尼、好莱坞为支撑；三是飞行制造业，包括洛克西德、联合技术和波音。这些产业就是2012年美国商务部经济和统计管理局、美国专利商标局联合发布的报告中所讲的知识产权密集型产业。

2012年，美国在白皮书中宣称，知识产权是美国创新发展的基石，在奥巴马总统的任期内制定了美国第二个创新战略。这个创新战略里面包括了知识产权的三大内容，即改革专利审查制度，加强知识产权执法力度，增强知识产权国际合作。2012年，在中国，党的十八大提出了创新驱动发展战略，而且强调加强知识产权运用和保护。我们可以产生一种联想，一个最大的发达国家，一个最大的发展中国家，在一个相同的时间节点都提出创新发展，而创新战略的制度支撑和法律保障就是知识产权。

第三个观点，未来世界竞争就是知识产权竞争。刚才我说过，知识产权制度从产生发展到现在不到400年，以1883年《巴黎公约》、1886年《伯尔尼公约》为标志，知识产权从国内法走向国际法。而以1994年《知识产权协议》生效为标志，知识产权从智力创造领域走向国际贸易领域。可以说，国际保护的时间更短，不到150年。保护知识产权，不仅保护一个国家授予的知识产权，还应注意知识产权国际保护问题，以及由此带来的国际经贸领域的知识产权竞争。

在座的张玉敏老师早年写了一本书——《知识产权与市场竞争》，这本书中提出一个观点，即在WTO的框架之下，知识产权控制了价值大约1万亿美元的有形的货物贸易和无形的服务贸易。在这个意义上，就印证了温家宝总理2004年视察山东的时候说的“世界未来的竞争就是知识产权的竞争”。

两次世界大战以后，世界并不太平，地区战争、局部战争依然存在。我们看到的更多的是没有硝烟的战争，例如粮食战争、石油战争、贸易战争、货币战争，还有最近几年各国十分重视的信息战争，再就是我们今天所谈的知识产权战争，或者叫知识产权竞争，包括专利、品牌、版权贸易等。

我可以简单地做一个描述：19世纪是一个正在成长的美国与强大的欧洲

国家之间发生知识产权的冲突；到了20世纪60年代，是不可一世的美国频频挥舞知识产权的大棒来制裁正在崛起的日本；从70年代到80年代，是已经进入到新型工业化国家行列的韩国屡屡与美国、欧洲发生知识产权的纠纷；从90年代一直到21世纪初，那就是正在崛起和发展的中国，与进入创新国家行列的美国、欧盟、日本频繁发生知识产权的较量。我认为这并非坏事，这说明中国正在成长，因为知识产权的问题总是发生在发达国家与发达国家之间、发达国家与新兴的工业化国家之间。所以，中国作为一个世界大国，未来的世界强国，必须处理好知识产权的问题。

三、中国发展战略

（一）全球竞争中的中国表现

全球竞争中的中国表现，可从综合竞争力、经济发展力和科技创新力三个方面来分析。改革开放以来，特别是中国“入世”以及中国2008年实施国家知识产权战略以来，我们的经济与社会发展取得了长足的进步。

首先分析综合竞争力。所谓综合竞争力是一个国家保持国民财富持续增长的能力。决定综合竞争力的因素有很多，叫竞争力要素，这里面涉及我们的法律制度、政策制度、商品市场、金融市场、劳动力市场、基础设施、教育设施，还有科技创新能力等等，大概有12个要素。

瑞士世界经济论坛在《2014—2015年全球竞争力报告》中选取了全球140多个经济实体，结果显示，全球最具竞争力的国家和地区中，中国没有进入第一行列，表现最好的是瑞士、新加坡和美国。在排行榜中，中国在金砖国家当中最为领先，排在第28位，俄罗斯、南非、巴西分别排在第53位、56位和57位，与中国“龙象之争”的印度排在第71位。在与知识产权的相关指标中，我们处于中间甚至是略为靠后的阶段，这是我们在综合竞争力要素方面的短板。

再来看看经济发展力。我们以GDP做一个分析：2010年中国GDP的总量首次超越日本，成为全球第二大经济实体。以前我们的GDP总量是美国的1/3，这几年进步非常大，前年是10.3万亿美元，去年达到11万亿美元，相当于美国 GDP 总量的 60%，这个进步是非常了不起的。现在，美国是日本经济总量的两倍以上，由于去年人民币贬值，我们与美国的差距并没有进一步缩小。所以，去年和前年都分别是美国经济总量的 60%，国民生产总值还是表现得非常强劲。根据经济学家的分析，中国如果能够维持 6%～6.5%的增幅，用 10 年或 15 年的时间，我们的经济总量可超过美国。现在中国的问题在哪，这就是中央强调的创新发展和绿色发展的问题。

第一，人均 GDP。我们人均 GDP 依然排在全球 70 名以外，去年是 8 000 美元左右，开始进入中等收入国家的行列。但是在亚洲，我们依然比较靠后，或者是处于一种中间的状况。就去年来说，土耳其人均 1 万美元，韩国超过 2.5 万美元，日本超过 3 万美元。所以，我们人均 GDP 与这些国家相比还有相当大的差距。特别是绿色 GDP，据统计，我们每创造一个美元的国民生产价值，大概所带来的能源和资源消耗是世界平均水平的 3～4 倍，是日本的 8 倍。

第二，进出口总额。这方面一直保持良好的态势，除了进出口总量是世界第一以外，同时我们还是 75 个国家的第一贸易国。现在，中国出口的产品可以说是无处不在，无时不有，中国制造与国际市场相联系而存在。

第三，制造业份额。2010 年中国制造业份额首次超越美国，成为全球第一工业制造大国。美国作为工业制造大国，占据“王座”长达 110 年，直到 2010 年被中国超越。在全球制造业总量中，当年中国是 19.8%，美国是 19.2%，去年中国已经跃升到 20%，这是非常了不起的进步。但是，中国制造业大而不强，全而不优。今年博鳌论坛首次引入知识产权专场，我在会上做了一个发言：中国制造确实进步很快，但中国制造的一个短板，叫作“中国制造美国芯”。现代制造业包括计算机工业、信息通信产业、智能制造产业，都离不开小小的半导体芯片，但我们 75%以上的高端芯片来自美国。我们生产全球最多的手机，占到总量的 70%，十大生产商有五家是中国企业，其中四家进入前五，但所赚取的利润只有 7%。这是因为高端技术包括半导体芯片，必须依赖进口。“中国制造美国芯”，是中国制造之痛，痛在知识产权。

我们再看看科技创新力的问题。国家知识产权专利局关于科技创新力的官方报告显示，根据去年最新的统计数据，我们发明专利授权的总量位居世界第一，甚至是美国和日本这两家的总和。我们的数量看上去不错，但是质量和水平、结构和布局还有相当的差距。

（二）强国建设的中国路径

下面谈谈中国的发展战略选择问题。党的十八大以来，对经济与社会发展提出一系列新的谋略和思路，从创新驱动发展到经济发展新常态，到供给侧结构性改革到去年提出的以创新为核心的新发展理念。发展思路贯穿这样一个理念，那就是要改变传统的经济发展方式，不能简单靠资源和资本要素驱动，而要更多地依赖于创新。

在这种情况下，“强国建设”这样一个战略目标及其规划就被提出来了。中国在2008年制定了《国家知识产权战略纲要》，2015年又有《国务院关于新形势下加快知识产权强国建设的若干意见》（国发〔2015〕71号）。这个强国建设的方案的意义在于，强国建设是中国实现现代化目标的一个重要举措。从传统走向现代，可以说是世界各国的共同追求。几十年来我们谈了很多的现代化，20世纪50年代末开始，工业现代化、农业现代化、国防现代化、科学技术现代化，现在讲的是制度现代化。十八届三中全会谈到国家治理体系和治理能力现代化，又在十八届四中全会提出全面依法治国，就国家治理而言，就是说要走现代化和法治化的发展道路。

对于知识产权强国，我们应该从两个方面来解读，它既是一个创新型国家，也是一个法治化国家，能够把物质文明建设、精神文明建设、生态文明建设和制度文明建设有机地结合起来。

（三）知识产权战略实施的中国目标

我们应该建设一个什么样的知识产权强国，我从四个方面进行解读。

第一，制度建设完善。这里面有三个方面的内容：一是形成一个系统的、科学的知识产权法律体系。从当前的任务来看，首先要实现知识产权与民法典的对接。《民法总则》以一个条文的篇幅规定了知识产权，实现了知识产权的私法归位。但是我以为只走出了第一步，未来的知识产权能不能够在民法典中单独成编，或者是仿效法国制定一个知识产权专门法典，还需要我们知识产权学界作出努力，由于时间关系我不展开讲了。二是建立一个以知识产权为导向的公共政策体系。国家为了激励创新，有很多的政策，如投资政策、金融政策、税收政策、科技政策、文化政策、贸易政策，这些政策都应该注重以知识产权为导向。就产业政策而言，这次在博鳌论坛上有一个前部长，讲了一段非常引人深思的话。他列举了这样一个现象，中国四大败家败业的举措：一是卖房子炒股，二是卖房子创业，三是炒股，四是创业，如此等等；还讲了四大兴家兴业的举措：第一北京买房，第二上海买房，第三深圳买房，第四广州买房，如此等等。我认为，如果中国首富不是中国的乔布斯、比尔·盖茨，而是房地产商，就要反思产业政策是不是有偏差。我们要建立一个以知识产权为导向的公共政策体系，为促进和保护创新拿出高招和实招。三是推动知识产权综合管理体制改革，以实现现代化的治理。现代知识产权被淹没在各个部门的分管之中，条块分制、互不相涉的现象较为严重，九龙治水是中国特色，世界少有。在WTO100多个成员当中，据统计，40%的国家和地区实现的是三合一，版权、专利、商标统一集中管理，还有50%的国家和地区实行的是二合一，专利和商标相对集中统一。我觉得知识产权综合管理体制改革要加大力度推行。

第二，创新能力领先。创新是知识产权所有活动的源头。首先要在知识产权的获取方面下功夫。拥有创新能力，是获取知识产权的一个前提。现在，我们产品的供给还有待改正，专利数量与规模已经连续六年居世界第一，但是质量和水平差距很大。据联合国相关组织的统计口径，发明专利的授权分为35个领域，就中国发明专利授权而言，在28个领域里，中国主体获取的发明专利授权量多于外国主体，还有7大领域是外国主体获取的发明专利多于中国主体。这表明，在7大领域，包括光学、音像、运输、发动机、半导体、基础通信和医学，外国企业对中国企业形成了专利合围之势。由此看来，在一些核心技术领域，我国专利的获取量与国外企业还有相当的差距。

这只是中国发明专利授权，再谈谈国际专利。前年我们位居第三，有2万多个PCT国际专利，相当于美国的40%，日本的60%，这2万多个PCT国际专利一半集中在广东，准确来说集中在深圳。所以，我们的国际专利，特别是在美国、欧盟、日本三方获取的专利，是衡量一个国家、一个产业、一个企业创新能力的重要标志。

我们再看看结构与布局。关于专利的域外布局，从2011年到2014年，我们域外布局是4.8%，100个专利里面只有4.8个是外国专利，而韩国是

18%，美国是24%，日本高达38%，我们在这个方面也是有差距的。

关于国际标准专利，去年10月份深圳华为在国际移动通信组织提出一个技术标准，叫作增强移动宽带，这很了不起，提出了中国的技术标准并为国际组织所采纳。从2G、3G到4G，一直是爱立信、诺基亚、高通一统天下，现在是5G时代，中国华为改变了这个格局，我们能够和高通这样的世界一流企业一较高下。总体而言，中国在国际标准专利方面发言权甚少。据三大国际标准组织统计，美国拥有的标准专利4 068个，位居世界第一；第二个是芬兰，拥有2 319个；第三是日本，有1 656个。中国目前有163个，排在第11位。所以，我们在国际标准专利方面还是落后的。

第三，产业发展先进。中国企业实施战略的目标是什么，就是要推动科技创新、产业变革和经济发展。知识产权的最终目标，是要实实在在转化为生产力，增加国民福祉。在这个问题上，国家出台《中国制造2025》这样一份重要的文件，提出了"三步走"战略目标，并提"三个转变"的战略发展路径。一句话，做到产业发展先进，就要培育、发展和壮大我们的知识产权密集型产业。

第四，环境治理优良。整个社会要营造一个尊重知识、尊重人才、保护知识产权的文化环境，要构建一个健康有序、公平开放的市场环境，要有一个严格执法、公正司法的法治环境。总的说来，环境治理也是强国建设的重要内容。

主持人（李雨峰教授）：听了讲座以后印象很深刻，整个感觉是思路大开。我们看知识产权的时候，有两种研究知识产权制度的方式，一种从历史的眼光去看，100年前怎么样，50年前怎么样，30年前怎么样，现在怎么样，会发现知识产权制度有一个进步，30年前比50年前强，今天比30年前强；另一种从空间的角度去看，中国的知识产权制度和美国、欧盟放在一起去看，我们有不足，比它们差了很多。但是，结合空间和时间的纬度来看知识产权，我发现更客观一些。

吴老师今天的讲座是从空间的角度，非常大的视野。看一个制度，如果放到101年之后去看，和第二年看是不一样的，其实知识产权也是这样。吴老师给我们做的讲座是说，观察中国的知识产权不能孤立去看，要放在国际贸易、放在太平洋框架去谈。我深信在座的各位同学收获很大，按照程序请两位嘉宾依次点评或者提问，批评也可以，支持也可以，先请张老师。

点评人张玉敏教授：吴老师是我们国家著名的知识产权专家，今天晚上的报告大家可以验证这样一个评价。吴老师的讲座应该说是有国际的大视野，又有历史发展的眼光，谈到知识产权、国际贸易、国家竞争等各个方面，他的一些分析和探讨，我个人应该说是收获良多，很有启发。

在我们国家，2025 的战略也好，两个一百年也好，实现这样一个宏伟的中国梦的时候，从吴老师的讲座可以看到，知识产权在其中起到非常重要的作用。这对于我们学习知识产权的同学们来讲，指出了一个努力的方向。所以，我觉得这个讲座对我们每一个学习知识产权的人来讲，应该从中吸取到一种力量，看到一种美好的前景。总的来讲，这是一个非常好的、让我们都收获良多的讲座。

点评人曾学东副局长：我本身是学生，一是补充一点教授的讲座背景，再一个是用重庆的一点实践来做一个分享。吴老师今天跟我们分享了国际态势、强国谋略和中国战略。我们在 2008 年《国家知识产权战略纲要》出台的基础上，在 2015 年又发布了《国务院关于新形势下加快知识产权强国建设的若干意见》。吴教授作为主要的起草者和推动者，功不可没，这印证了一句话，知识的力量是无穷的。

分享一下重庆的实践。吴老师讲到国际发展态势，要求高水平和高效率的知识产权保护，重庆作为内陆开放高地，怎么样用知识产权保护来帮助我们企业走出去，帮助我们招商引资请进来。第一个方面，国际知识产权保护的要求高。目前我们在处理的情况当中，就遇到了大的企业要到重庆投资，先找我们知识产权局签知识产权保护协议。它们知道知识产权的专利、商标、版权、商业秘密在不同的部门，就想签一个协议，所有的知识产权问题出现后，就来找知识产权局负责帮忙协调解决。我们把这个协议签了以后，当时的常务副市长才签主协议。也就是说，现在对我们在知识产权保护方面的要求非常高。

在我们传统的司法保护、行政保护和社会调解的基础上，我们要探索怎样构建大保护的格局。吴教授也讲到他承接了最高人民法院关于知识产权损害赔偿的研究，怎样确定合理的赔偿标准，真正营造知识产权保护的良好氛围。我们要思考在进行招商引资的服务当中怎样保护知识产权。大家都清楚 2006 年贵州的微硬盘事件，当时引进了一个海外学者，他自称有专利，实际上最后出口的时候被美国和日本用 6 件专利给打回来了，造成损失 20 个亿左右。在重庆，我们建立了重大经济科技活动的知识产权分析评议制度。前不久参加了一个我们产业部门的招商引资，涉及 39 亿的技术，谈判中新加坡企业并不提供瑕疵担保，也就是说这个技术如果侵权了，技术方不负责。我就跟他们提到这一点，他们当场就修改了。所以，我们在招商引资中，一方面要提高知识产权保护的水平，另一方面也要提高企业在招商引资中防范知识产权风险的能力。

我们企业在走出去中，也遇到过“337 调查”。企业走出去的海外专利布局，提升应对知识产权纠纷的能力，这方面还有很长的路要走。重庆局极力培育企业提升能力，帮助企业走出去，适应全球一体化的竞争。我分享了一点实际的例子，表明吴教授讲的对全国、重庆都有非常重要的指导意义。

主持人：我先有一个问题想请吴老师回答一下，民法典是现在大家非常关注的，目前主流的是 5+2 模式，在现有基础下，加上人格权法和涉外民事法律篇，也有人提出 5+3 模式，加上知识产权编。我想请吴老师简单谈一下，从法律技术上来看，知识产权篇纳入民法典有没有障碍。

主讲人：我觉得关于知识产权界所关注的知识产权法典化有两层意思：一是知识产权与民法典相连接，成为民法典中的一编，或者是在民法典中做原则性的规定，概称为“入典”；另外是知识产权体系化，整合现有的单行法，设置一个专门法典，我叫作“成典”。现在我们讨论的是李雨峰教授说的第一个问题，“入典”能不能融入，怎么融入，有没有障碍。我十多年来发表了一些文章，专门谈到这个问题。梁慧星老师在最近一篇演讲报告当中说我改变了初衷，由过去的反对到现在变成了主张。我在这里要说明一下，我的观点有所改变，但是没忘初衷。2002 年，在全国人大法工委我们讨论最初的民法典草案的时候，郑成思教授写了一个 20 多个条款的知识产权编。当时我认为时机还不够成熟，并说过一句话：凡是范式民法典都没有知识产权编，凡是规定有知识产权编的民法典都不是范式。这是有历史记录可查的，但我从来不反对知识产权必须在民法典中得到一个规定。

现在是什么情况，《民法总则》用一个条款做了原则性规定。大家都知道总则相对《民法通则》来说，有它的进步之处和可取之处，至少有三点：第一，从客体的角度规定知识产权，而且还有弹性条款，为未来新的知识产权提供了空间。第二，对知识产权所保护的客体及其权利的属性做了比较准确的解释，比如说发明、实用新型和外观设计，没有统称为专利权。在国外只有发明才是真正的专利，实用新型可保护可不保护，外观设计采取证书制度保护。商标不像过去的商标法限定是注册商标，现在的商标还包括未注册商标。第三，没有规定有争议的客体。学界包括张老师和我都不太赞成把科学发现权和科技奖励制度的发明权也写进知识产权。这些被《民法通则》所规定的客体，在《民法总则》中没有规定。

最大的不足在哪里呢，之前我和李雨峰教授一起参加过一个座谈会，后来他的文章也发表了，他主张总则要在各个方面与知识产权对接，现在已经对接好，就一个条款。这个条款具有宣示性，缺乏实际操作的意义，不可能说将来判案就用《民法总则》这个条款，因为它不具备法律适用的意义。所以，未来能不能够再规定一个知识产权编，我们一直在主张。

从国外立法的经验来看，俄罗斯民法典用了 13 年。我们都知道 1994 年俄罗斯民法典，曾经考虑要规定知识产权编，但是迟迟没有完成，一直到 2007 年，才把知识产权整个移植到民法典中。越南用了 10 年，最初把所有的单行法规定在民法典中，同时废止了单行法；十年之后做了一个规定，把行政性、程序性的规定抽出了民法典，民法典的知识产权编只有关于私法的规范，另外还搞了一个知识产权的专门法典。我想通过俄罗斯和越南的例子说明一个事实，所谓知识产权法典化，许多国家都在探索。在 20 世纪 90 年代开始的第二次民法典编纂运动中，凡是后社会主义国家大都在编纂新民法典。所谓后社会主义国家，11 个前东欧国家，有 9 个国家在民法典中规定了知识产权。所以，民法典要保证“古而不老、固而不封”的时代精神，不能对知识产权置之不理。这里有两项选择，一个是俄罗斯的做法，一个是越南的做法。

我的看法是，学者不要把自己想得多么伟大，多么神圣，最后还是立法机关说了算。但我们要论证民法典接纳知识产权的重要性和合理性，是整体移植还是做原则性的私权规定，我觉得都可以。

提问 1：我是一个本科生，我想问关于中美知识产权案的问题。涉及美国企业的一个诉讼案，中国海关作出了修改建议。请问关于中国的执行措施是什么样的，以及这个案件对于中国的海关措施的修改，包括中国以后海关措施应该是怎样的？

主讲人：海关措施写进知识产权的国际公约，这在以往的国际公约中都没有过，但是 TRIPs 开始有关于海关措施的规定。现在我们看到，TPP——《跨太平洋伙伴关系协定》，这里面关于知识产权的内容就包括海关措施。还有 ACTA 协定，虽然没有生效，但是协定的六大部分中就有海关措施。所以，海关措施是边境贸易中非常重要的问题。我想无论是美国还是中国，在不违反 TRIPs 协议规定的情况下，都会采取必要的海关措施，可以高，可以严，但不能低。

中国海关关于知识产权的保护是严格的，我们不仅管进口，而且还管出口，中国海关曾经受到国际海关的褒奖。在知识产权执法当中，一般来说，国际合作是非常重要的一个特点。美国贸易代表办公室在前年曾联合中国的最高人民检察院和中国海关对药品采取了执法行为，专门打击假冒仿制药品的侵权行为。总的来说，对中国海关应该没有太多挑剔的地方。而且，现在几个自贸区，从上海浦东到广东的三个自贸区（深圳、珠海和广州），乃至其他的自贸区试点，其中一个试点内容包括海关执法，并能够采取联合执法行动，我认为这符合国际公约的要求。

提问 2：老师在第二点中提到一个强国发展战略，说知识产权战略就是强国战略，我想问知识产权战略是不是国家强大以后获取更大利益的一个工具呢？

你以近代英国与现代美国的历史为例，说知识产权制度在它们成为一个强国的过程中发挥了很大的作用。我在这里就想问，这到底是科技推动了知识产权制度发展，还是知识产权制度推动了科技水平的提高？我想根本的原因应该是科技水平的提高，促进了知识产权制度的进步，才使一个国家更加强大。以美国的发展为例，其实在第一次和第二次产业革命中，它的知识产权保护水平并不高，相比英国来说低很多，但它需要站在英国的科技之上来提高自己国家的科技水平，直到第二次世界大战以后，美国成为一个大国以后，才慢慢提高自己的知识产权的保护水平。

我觉得西方发达国家，现在提了一个高标准，希望用知识产权制度来谋取更大的利益。知识产权制度是一个国家强国战略，还是发达国家谋取更大利益的一个工具？如果是谋取更大利益的工具的话，那我们国家就不应该那么快提高国家的知识产权保护水平。

主讲人：我听懂了你的意思，你对老师的结论提出反思的看法，我非常赞赏。我先谈理论分析，再做历史考察。在创新领域当中，我们所谈的创新，其实现在很多人有误解，以为创新等于是科技创新。其实按照熊彼特的理论，人类社会从生产力、经济基础到上层建筑的所有创造性活动都是创新。最概括的应该分为两个层面，首先是知识创新，这里面包括了文化创新、科技创新、产业创新、产品创新；另外与知识创新相对的是制度创新，包括法律创新、政策创新、体制与机制创新。

知识产权不到 400 年的历史，是制度创新与科技创新相互作用、相互依赖发展的结果。知识产权是罗马法以来财产权领域的非物质化，因为过去我们的财产权保护的是动产和不动产，看得见摸得着，而知识产权保护的是知识技术和信息。所以，知识产权本身就是一个制度创新，知识产权保障科技创新和文化创新。知识产权是为创新活动提供制度支撑，把无形的知识资源进行一种产权的界定，来激励社会的文化创新、科技创新和产业创新。我非常赞赏你刚才说的意思，科技创新不能跟知识产权的制度创新隔绝开，必须在一起互为作用。知识产权是近代商品经济和科学技术发展的产物，有了科技创新才产生了知识产权制度；反过来说，有了知识产权制度可以保护科技创新，两者相辅相成。

我们再看看历史，其实欧美国家秉持的是国家利益立场、实用主义原则。别看今天美国的知识产权保护水平那么高，想当年也是一种低水平保护。从低水平保护向高水平保护，从选择保护向全面保护，在这些国家经历了几十年甚至上百年的转化过程。1790 年美国制定专利法和版权法，采取的是低水平的知识产权保护。举一个例子，它要求外国人申请美国专利，所交的费用是美国人的两倍，如果英国人申请美国专利，缴纳的费用是美国人的 10 倍；还要求外国人的作品在美国印刷出版才享有美国版权的保护。所以，美国是当时全世界最大的“海盗”国家，以至于英国都看不惯美国这种盗版行为。美国现在强大了才主张知识产权高水平的保护、全面的保护。日本明治维新以后也颁布了专利法，但是其长期不保护药品专利、化学物质专利，达 90 年左右。这些国家的知识产权保护有一个变化的过程。

但是现在不同了，无论是发达国家还是发展中国家都要按照一个标准保护知识产权，这是 WTO 和 TRIPs 在起作用。加入世界贸易组织的国家，可以享有最惠国待遇。不管是发达还是发展中国家，都要按照 TRIPs 协议来保护知识产权。坦率来说，即使有 TRIPs，美国人还不高兴，认为知识产权保护水平太低，知识产权执法不够严格。

知识产权为什么成为国际经贸领域的主战场，因为其中充满了国家与国家之间的利益冲突。过去老说中国知识产权保护是出于国际社会的压力，今天我们要进一步说，有时候是出于国际社会的压力，但更多的是出于自身发展的需要。中国现在已经是大国，正在向强国迈进，必须保护知识产权。

文化创意产业中的知识产权：基本认识、基本态势与基本方略*

一、创新发展与知识产权关系的基本认识

关于创新发展和知识产权的关系，我有两个基本判断：第一，文化创意产业发展的基本特征是创新发展；第二，文化创意产业发展的核心制度是知识产权。

谈到文化创意产业的发展，应充分考量创新发展的时代性、国际性、本土性意义。习近平总书记指出："新一轮科技革命和产业变革与我国加快转变经济发展方式形成历史性交汇。"

我们首先要分析时代情景——新一轮的科技革命。自 18 世纪 70 年代以来，人类社会共经历了四次科技革命：第一次科技革命发生在 18 世纪中叶到 19 世纪中叶，被称为"蒸汽机与钢铁的时代"；第二次科技革命发生在 19 世纪末 20 世纪初，被称为"汽车、电气与化学的时代"；第三次科技革命发生在 20 世纪 50 年代到 80 年代，被称为"新技术革命时代"；自 20 世纪 80 年代以来，全球范围内广泛深入地进行着知识革命，其中以网络技术和基因技术为代表。

---

* 本文系作者 2017 年 8 月在"江苏省版权的法律保护与产业发展论坛"上的主旨演讲，根据录音整理。

当下既是信息革命的时代，也是人工智能的时代。就文化创意产业发展的时代背景而言，是信息文明的网络时代和智能时代。目前，很多新的商业模式、新的产业形态与网络技术密不可分，包括网络文学、网络视频、网络音乐、网络游戏以及网络社交平台，无一不和互联网有关，可谓“无网而不在”。随着互联网的普及以及传感器技术、通信技术、大数据技术的出现，人工智能时代已然来临。智能机器人、智慧家居、无人驾驶、语音识别、图像识别等也会影响文化创意产业的发展。智能机器人在一些领域、一定范围、相当程度、相当水平地代替了人的智力劳动，包括创造文学艺术作品。未来的人工智能领域，不仅涉及专利技术的保护，也涉及信息版权的保护，总的来说，未来是“万物皆互联、无处不计算”的时代。因此说，技术革命给文化创意产业的发展带来了翻天覆地的变化。创新发展也有广泛的国际背景。第四次产业变革对整个国际社会来说既是挑战，也是机遇。2016 年，G20 杭州峰会提出“中国主张”——创新经济发展方式。2017 年，G20 汉堡峰会又深化了这一主题，“挖掘经济增长的潜能，要加大创新发展的投入”。目前，全世界都在关注创新发展的主题，无论是美、日、欧等发达的经济体，还是中、俄、印等新兴的经济体，都在发动本国的科技革命，抢占新一轮产业发展的高地。具体而言，主要是两大领域：首先是高新技术领域，包括智能制造、信息网络、生物技术、清洁能源、新型材料等高新技术产业；另外，还包括网络文化、数字内容、计算机软件、大数据等文化创意产业。

最后，要谈谈创新发展的本土场景。党的十八大以来，我国经济社会发展的宏观思路发生了重要调整：从最初的创新驱动发展，到经济发展新常态，再到供给侧结构性改革，然后到以创新为核心的新发展理念，都贯穿着一个指导思想——改变经济发展的动力，调整经济发展的方式，提高经济发展的质量，我们不能再走资源耗费、环境污染的传统发展老路，也不能走技术依赖型的不可持续发展的死路，而应该走创新驱动发展之路。综上所述，创新发展是时代大潮流、世界大趋势，也是中国大战略。

版权的文化创新与产业发展是整个创新发展的重要方面。其实，创新并不仅仅等同于科技创新。20 世纪 20 年代，美籍奥地利经济学家熊彼特首次提出创新理论，经过多年发展，创新已是一个系统的理论体系。从生产力、经济基础乃至上层建筑，人类所进行的一系列创造性活动都可称为创新。创新主要包括两大部分：一是制度创新，包括法律创新、政策创新、体制机制创新；二是与制度创新相关联的知识创新，包括科技创新、文化创新、产业创新和产品创新。文化创意产业的发展，从内容来说是知识创新，其支撑则是制度创新。

文化创意产业发展离不开知识产权制度。包括著作权在内的知识产权法，是创新之法、产业之法，是制度文明的典范。国家领导人多次讲道，创新是一个民族不懈进步的灵魂，一个没有创新的民族是一个没有希望的民族。其实，保护创新是现代国家的基本法律制度，一个不保护创新的国家是一个没有未来的国家。

文化创新活动、文化创意产业的基本制度支撑是知识产权。为此，必须明确文化创意产业和知识产权密集型产业之间的关系。创意产业是英国科学家霍金于 20 世纪 90 年代提出的概念，是指脑力劳动占主导地位，其智力劳动成果拥有知识产权的先进产业。这一概念与世界知识产权组织提出的核心版权大体相同，也与我国文化产业的主体部分基本相当。这几个概念是相互交叉的。文化创意产业包括新闻出版、文学艺术、广告设计、广播影视、文化娱乐、工艺美术、网络信息和计算机软件等，是一个非常庞大的生产链、产业链。

文化创意产业或者说版权产业属于知识产权密集型产业的范畴。知识产权密集型产业是更为宽泛的概念，是指与专利、版权、商标相关联的新兴产业。此说法是美国于 2012 年率先提出的，欧盟也于 2013 年重申了这一说法。2015 年，国务院印发《关于新形势下加快知识产权强国建设的若干意见》，强调要“培育知识产权密集型产业”。版权产业是知识产权密集型产业的重要组成部分，它与专利产业有所不同，前者产生于文学艺术领域，后者集聚在科学技术领域，两者可以概称为创意产业或知识产权密集型产业。版权业是以法律授予的权利作为产业的名称，突出了其知识产权构成，它有三大特征：一是版权要素的高密集性，版权业以版权的授权为基础；二是版权价值的高成长性，版权业通过作品传播实现价值；三是版权保护的高依赖性，没有版权保护，该产业难以生存、发展。

总的来说，文化创意产业或者说版权产业，是文化与经济的融合，是科技业与服务业的联姻，是 21 世纪知识经济时代发展的动力和引擎。

二、文化创意产业发展的基本态势

版权的创造、运用和保护，事关一个国家的文化主权和文化安全，涉及版权经济规模和社会发展水平。在国际文化市场，世界各国特别是发达国家往往将它的文化传播和产业发展优势，通过法律转变为知识产权优势，并在国际文化经贸领域形成竞争优势。

知识产权优势是一个国家综合国力的体现。一个国家的综合国力包括政治、科技、文化、经济等多个方面，概言之，可分为硬实力和软实力。硬实力是指一个国家关于基本资源、军事力量、科技力量、经济力量等支配性的实力，版权产业所蕴含的科技创新力、经济发展力即表现为硬实力；软实力是20世纪80年代美国哈佛大学教授约瑟夫·奈提出的概念，与“支配性”的硬实力不同，软实力是“同化式”的实力，也就是说，这种实力不能靠武力征服，也不能靠金钱收买，是通过影响力来实现的。软实力主要包括四个方面：一是思想观念的吸引力，二是制度模式的导向力，三是文化价值的影响力，四是国际形象的亲和力。在这个意义上，版权产业所具备的文化传播力、思想影响力就是软实力。版权和版权业表现了硬实力和软实力的双重要素，是其他知识产权领域所不具备的。

目前，我国是世界上最大的发展中国家，正在从世界大国走向世界强国。尽管我国已取得很大的进步，但就综合国力而言，还存在着硬实力不够硬、软实力比较软的问题。通过两个指标和一个评价，可以说明这个问题。第一个指标是文化产业中版权产业对国民经济的贡献率：从世界范围来看，美国的版权产业对GDP的贡献率是12%，日本是10%，韩国大概是9%，而我国是7.3%。第二个指标是版权产品在国际文化市场上的占有率：美国占18.7%，英国占13.3%，日本占10%，而我国仅占4.6%。可见，我国的版权经济、版权产业还有很大的发展空间。这是硬实力的表现。同时，版权还表现为国家的文化软实力，我们的思想观念、文化价值如何通过版权贸易“走出去”，在文化竞争中能够“走上去”，在这方面与其他国家的差距还较为明显。澳大利亚的报纸曾对我国的文化软实力提出质问：“什么时候世界上大多数的精英能愿意把自己的孩子送到中国留学，而不是欧美国家？什么时候能让全世界大多数人特别是青年人，能够阅读中国的小说、观赏中国的电影、欣赏中国的音乐？什么时候能让大多数的消费者在购买商品的时候，选择中国品牌而不是外国品牌?”可见，中国作为全球第二大经济体，作为最大的工业制造国，作为一个有着几千年历史传承的发展中大国，在软实力方面还存在相当的差距。

知识产权战略是一个国家发展路径的选择。从近代英国、德国到现代美国、日本乃至当代韩国来看，创新国家的发展路径大体相同，即以科技为先、以经济为重、以文化为魂，先争当科技强国、经济强国，最后谋求构建文化强国。有政治家说：“科技可以使一个国家强盛，经济可以使一个国家富裕，但文化才可以让一个国家伟大。”文化是我们的根、我们的魂，前联合国秘书长德奎利亚尔曾言：“一个没有文化底蕴的经济发展是一个失去灵魂的发展。”因此，我国要成为创新型国家就不能离开文化发展。知识产权战略特别是版权战略就是文化强国建设的发展战略。文化大发展大繁荣、文化走出去战略以及文化软实力的建设，无一不涉及版权战略的实施、版权产品的传播以及版权产业的发展问题。一些国家的某些经验和做法值得我国借鉴。20 世纪被称为“美国世纪”，两次世界大战后，美国成为独一无二的超级大国。但美国的崛起有一个非常有趣的现象：20 世纪 20 年代经济大萧条，美国 20 多万家企业破产，1 000 多家银行倒闭，在这种情况下，文化的发展却反其道而行之，取得了前所未有的进步。由于新技术的采用（黑白电影被彩色电影技术取代，有声电影代替过去的无声电影）、新资本的投入（摩根集团、洛克菲勒集团等输入资本投资影视业）、新生产组织（好莱坞公司一统美国电影业）的出现，美国的文化产业特别是影视业取得长足进步和发展。可见，在经济不太景气的时候，文化发展也可以一枝独秀。韩国也是如此，1980—1995 年，韩国经济发展神速，被称为“东亚经济奇迹的领航者”，进入到发达国家的行列。但 20 世纪 90 年代中期的金融危机使韩国的经济受到重创，正是在这种情况下，韩国的文化产业成为韩国经济复苏和振兴的引擎。目前，“韩流”不仅占据了本土的文化市场，而且进军中国，辐射亚洲，影响世界。韩国的电影、电视、音乐、动漫、游戏乃至表演，在全球文化市场都有一席之地。韩国人在新世纪的复苏和振兴，在某种程度上得益于以“创意韩国”为指引的版权业发展。可以认为，创新型国家都十分重视知识产权制度建设，把版权战略作为文化强国战略的重要支撑。

知识产权保护是一个国家进行国际竞争的焦点。知识产权制度从产生至今不到400年，知识产权进入国际经贸领域的时间还不足150年。在现代国际经贸领域，知识产权已成为各国实力比拼的主战场。据统计，在WTO的框架之下，知识产权大约控制价值1万亿美元的有形货物贸易和无形服务贸易。目前，贸易战争不再是传统的广告战、价格战，而是专利战、品牌战和版权贸易战。文化领域版权竞争的基本态势表现在两个方面。其一，当代是一个风险文化时代，在经济全球化的今天，欧美文化是强势文化，对发展中国家的民族文化构成威胁。据统计，全世界约有一万个不同的种族和民族，但在过去的100年间，约有40%的种族和民族丧失了自身的语言。没有语言，文化自然会消亡，这是一个值得重视的问题。美国就是以知识产权为后盾，以现代先进的传播技术为手段，以版权贸易、文化贸易为平台，逐步实施其美国文化全球化的战略。当下美国出口量第一的既不是波音飞机，也不是通用汽车，而是版权业。版权产业的发展、版权产品的传播，不仅涉及GDP硬实力的增长，更关乎国家的文化软实力的影响和扩张。其二，当代是一个版权竞争时代，文化之争本质是版权之争。据统计，美国、英国、法国、日本和德国在全球版权贸易中所占的份额是65%，当然，这五大国是贸易顺差。以美国为例，其一年的版权贸易顺差高达811亿美元；美国生产的电影约占全球总量的7.6%，却占全球票房收入的85%；广播、电视（收费电视）的收入占全球总量的56%；唱片发行量占全球总量的20%；计算机软件占全球市场总量的三分之二。而我国则是贸易逆差，逆差额约为63亿美元。目前，我国是全球最大的工业制造国，但使用的高档芯片75%都来自美国。“中国制造美国芯”是中国制造之痛，痛就痛在知识产权，主要是专利。而在版权贸易方面，我国也处于逆差状态，进口多于出口。

三、中国文化创意产业发展的基本方略

党的十九大强调，倡导创新文化，强化知识产权创造、保护和运用。下

面，着重分析文化创新活动、文化发展政策、文化产业保护问题。

促进文化创新有两个目标：一是形成有民族特色、有世界影响的自主文化品牌；二是创造更多的版权增加值。在国际文化市场，美国的大片、日本的动漫、韩国的网游乃至法国的时尚设计，都是拥有世界影响力的文化品牌，其不仅立足于本土市场，还能够影响全球版权贸易。中国在此方面还应更加努力。例如，我国的电视节目模式多是引进外国的版权，《中国星跳水》借鉴于德国星跳水，《爸爸去哪儿》《我是歌手》借鉴于韩国的电视节目。在一些领域，我国还没有形成自主的文化品牌，在国际文化市场，我国文化产品、文化产业的影响与世界大国的地位不相匹配。

美国的迪士尼是一个值得借鉴的对象。迪士尼每出品一个作品，就有 5 种以上的盈利模式：第一轮是票房收入，第二轮是音像、盒带、DVD，第三轮是主题公园，第四轮是特许经营和品牌许可，第五轮是电视媒体、网络传播。这就使得作品通过多种形式的使用产生源源不断的市场价值。目前，中国的文化市场也正在积极推出各种模式，以便最大程度地发挥版权作品的增加值。一个作品可以拍成电影、电视，然后再转为游戏。例如，《花千骨》最初是小说，然后拍成电视剧，后来又推出了游戏。所以，作品采用多种形式来使用、推广，可最大限度地增加产品的附加值。

制定文化发展政策，要有科学、正确的政策导向。关于文化的发展，首先要严格区分文化事业和文化产业。文化事业属于公益型的文化领域，包括作为公共设施的图书馆、博物馆乃至需要政策补贴的剧院等等；文化产业则完全走市场化的发展道路。文化创意产业有两个重要领域：一是传统的文化产业，包括影视、出版、工艺、会展和表演；二是新型的文化产业，包括数字内容和网络文化。虽然文化产业走市场化的发展道路，但必要的战略指引和政策调整也不可或缺。我国过去的投资政策、产业政策有值得检讨之处。房地产投资过热以及政府、企业负债过多，都是导致我国高新技术产业和文化创意产业发展乏力的重要原因。如果中国的首富不是中国的“乔布斯”和“比尔·盖茨”而是房地产商，那么中国高新技术产业和文化产业的发展就没有任何光明前途可言。以版权运用为目的，建立一个科学、正确的公共政策体系。在产业政策方面，着力调整产业结构，促进文化创新成果产业化；在对外贸易政策方面，转变外贸增长方式，扩大拥有自主版权、品牌的文化产品出口；在投资政策方面，加大对文化创意产业的资金投入，细化文化产业创新的政策扶持。

加强知识产权法律保护，塑造良好的文化市场环境。过去，我国在分析知识产权保护时，多强调来自国际社会的压力，实际上，这也是自身发展的需要。

国际经贸体系的规则包括投资规则、贸易规则和知识产权保护规则。国际经贸体系不能只关注贸易和投资，还要关注知识产权保护。目前，我国正在进行第二轮的对外开放，以“一带一路”为载体，中国的产品、中国的技术、中国的服务乃至中国的资本，大踏步地走出国门、走向世界，这里面包括知识产权保护的问题。

习近平总书记不久前在中央财经工作领导小组会议上就知识产权问题做了重要讲话，其中涉及知识产权保护的有三个方面：第一，产权保护特别是知识产权保护，是塑造良好营商环境的重要方面；第二，加强对新领域、新模式的知识产权保护的制度建设；第三，加大对知识产权侵权行为的惩治力度。版权业以版权的存在为基础，以版权的保护为后盾，若不加强保护，以致盗版盛行，版权产业也就失去了生存和发展的必要基础。

总之，文化兴则国运兴，文化强则民族强，知识产权是兴国之器、强民之道。

大湾区创新驱动发展与知识产权保护*

非常荣幸在论坛上做主旨发言，首先谈谈与知识产权有关的发展变革大势。

当下中美之间正在发生贸易纠纷战，来自华盛顿的媒体毫不掩饰地对此评价："美国对中国的301调查绝不止于贸易战，其实质是中美两国在争夺第四次工业革命的主导权。"按照德国学者的研究，"第四次工业革命"，就是"工业4.0时代"。自18世纪70年代以来，人类经历了四次工业革命：开始是"工业1.0时代"，也就是"蒸汽时代"，其最具有代表性的技术就是蒸汽机和钢铁技术。英国作为欧洲工业革命的策源地率先突破，抓住发展机遇，成长为当时的"日不落帝国"。到了19世纪下半叶，人类社会进入"电气时代"，在这一时期最有代表性的技术就是化学、电气与汽车。欧洲大陆国家中，德国和法国异军突起，迅速进入到世界列强的行列。自20世纪50年代以来，世界经历了"信息时代"，此间美国的发展一枝独秀，成为世界领袖，以至于国际媒体把20世纪称为"美国世纪"。21世纪以来，人类社会开启了"智能时代"。对中国而言，我们已经失去了前两次工业革命的宝贵发展机遇，但是中国在信息革命中积蓄了后发优势，在当下的智能时代，正在抢占发展的机遇。我们应该看到，创新发展是一个时代大潮流，也是一个国际大趋势，更是中国发展的大战略。

---

* 本文系作者2018年4月在深圳市"粤港澳大湾区知识产权保护论坛"上的主旨演讲，根据录音整理，有删节。

在一个现代法治化与创新型国家，知识产权是基本的法律制度。我国国家领导人反复强调，创新是一个民族不懈进步的灵魂，一个没有创新的民族是一个没有希望的民族。作为一名法律专家，在此我想说明："保护创新是一个现代国家的基本法律制度；一个不保护创新的国家，同样是一个没有未来的国家。"中国改革开放40年来，我们看到中国的经济社会发展和进步。改革开放离不开一个基本法律制度——知识产权制度。我国的第一轮对外开放，是从1978年开始，以2001年中国加入世界贸易组织作为标志。在这20年间，中国参加了一系列重要的知识产权国际公约，实现了与国际贸易规则的全面接轨，开放市场，引进国外先进的技术和大量的资本；在这20年间，中国成为全球引进外国资本最多、经济发展速度最快的国家。从21世纪初开始，中国开启第二轮对外开放：它以"一带一路"为抓手，让中国融入经济发展全球化的潮流中，在引进外国资本和先进技术的同时，我国的商品、技术、服务和资本也在大踏步地走出国门。中国40年来改革开放的持续推进和格局调整都离不开知识产权，因此，中国的企业和产业，无论是"走出去"，还是"走上去"，都要重视知识产权保护。

知识产权保护是国际经济领域的法律秩序，知识产权国际保护规则与国际投资规则、国际贸易规则共同形成多边体制的国际法律制度。当下，令国际社会不安的是单边主义的思潮和做法开始出现，这是一种逆全球化的做法，政治上的民粹主义，贸易上的保护主义，乃至外交上的孤立主义，都是单边主义做法的反映。今年4月3日，美国开出关于征收大幅关税的中国出口产品目录，涉及半导体、锂电池、平板电脑、医疗器械，乃至飞机零部件，大概有1 300种产品，这是一种简单、粗暴的单边制裁的做法。国际贸易、国际知识产权保护的准据法是世界贸易组织的规则，而不是一国的国内法。单边主义至少在两个方面背离了WTO的规则：第一，以国内法凌驾于世界贸易组织规则，也就是国际法之上，这是不合时宜的；第二，用冲突、对抗来代替合作，完全背离多边争端解决机制的做法是不可取的。我认为，中美之间尽管发生了贸易纠纷和知识产权冲突，但是应回到谈判桌上来磋商解决，这是我不久前在北京举行的知识产权保护论坛上得出的看法。昨天又有消息称，美国的贸易代表准备起程来北京谈判，更说明了该问题只能靠谈，而不能靠打来解决。

对于中国来说，改革开放 40 年来，我国的知识产权保护制度的发展是从无到有，从刚刚起步到全面建设和完善。应该说，中国既是世界上最大的发展中国家，也是最有影响力的知识产权大国；这是一个华丽的转身，是中国 40 年来在对外开放的同时，在发展社会经济的同时，重视法治建设，重视知识产权制度建设的结果。

习近平总书记前不久在博鳌论坛上发表了重要讲话，提出了中国保护知识产权的政策立场、政策主张和政策要求，其核心要义表现在三个方面：第一，强调了知识产权保护的重要性。总书记表示："加强知识产权保护，是完善产权制度最重要的内容，同时也是提高中国经济竞争力最大的激励。"从产权制度和发展动能两个方面强调了知识产权的重要意义。第二，提出了加强知识产权保护的重要政策举措，包括重新组建国家知识产权局，完善执法力量，加大执法力度，提高违法侵权的成本。第三，提出了知识产权保护的政策要求。中国承诺加强保护在华的外资企业的知识产权，同时也要求外国政府对中国企业的知识产权给予保护。我认为，知识产权的保护问题不仅是一个国际问题，也是一个国内问题。总书记是从国际和国内两个大局的角度来谈知识产权保护的重要作用。

下面谈谈大湾区知识产权制度建设。

在中国，粤港澳大湾区建设具有特别重要的意义，是国家推动区域经济发展战略的重要构成，是世界湾区经济发展的中国模式。第一，粤港澳大湾区是世界湾区经济的新高地。世界上有代表性的湾区分别是美国的旧金山湾区、纽约湾区和日本的东京湾区。据本人观察，在世界范围内，60％的经济总量、70％的工业资本、75％的城市和城镇都来自海湾地带和海岸沿线地带，所以湾区具有十分重要的地位。我们的"9＋2"粤港澳大湾区的发展潜质不可限量，它应该是亚太地区最具经济活力的增长带，也是大中华地区引领第四次工业革命的新高地。据统计，2015 年粤港澳大湾区的经济规模已达 1.36 万亿美元，同年中国的 GDP（不含港澳）为 12 万亿美元，粤港澳大湾区 GDP 所占的比例超过中国 GDP 的 1/10，因此，我认为，粤港澳大湾区将在世界湾区经济中具有可观的发展前景。第二，粤港澳大湾区是海上丝绸之路的发祥地。我国对海上丝绸之路的定义是：由中国东部和东南部沿海城市，与东南亚、南亚乃至非洲和欧洲所构筑的海上贸易之路。从某种意义上来说，“一路”比“一带”的内容更为丰富，战略地位更为重要，贸易的规模更为宏大。从历史来看，福建泉州曾是古代海上丝绸之路的发源地；但是到了近代，广州和香港成为中国对外贸易最繁华的港口；而到了现代，深圳大有后来居上的趋势。因此，“9＋2”粤港澳大湾区将会担负起中国对外贸易最重要的任务。据统计，2015 年，粤港澳湾区对外货物贸易额达 2 万亿美元；而 2014 年中国（不含港澳）的对外贸易总额是 4.2 万亿美元，居世界第一。所以说，粤港澳大湾区对我国对外贸易的贡献是非常显著的。第三，粤港澳大湾区是知识产权强国建设的先行地。2015 年，国务院出台了《关于新形势下加强知识产权强国建设的若干意见》；现在，国家正进行《国家知识产权战略纲要》实施十年的评估工作，而我有幸成为该战略总体评估专家组的成员。根据国家安排，下一步我国将要谋划面向 2035 年的知识产权强国建设的战略纲要。因此，广东应该走在前头，粤港澳大湾区应该走在前头。

下面谈谈粤港澳大湾区经贸合作的法律基础。我们看到，大湾区经贸合作的法律基础首先是“一国两制”，这是最重要的宪法规定；其次是 WTO 的协定，中国内地和香港、澳门特别行政区，都是世界贸易组织及其 TRIPs 协议的缔约方，这是我们共同的法律基础；此外还有依照 WTO 的有关规定，在 WTO 的基础上所签订的粤港澳区域合作协议。我认为，要深化“9＋2”的经贸合作品质，急需解决以下问题：一是立法先行。“9＋2”目前还是以政策为主导，没有做到立法先行。现行粤港澳大湾区合作制度的前提条件，是来自国家发改委与粤港澳三地政府签署的区域合作框架协议。虽然该框架协议经过了国务院批准，作为国家发展战略，是没有任何问题的。但我认为，粤港澳大湾区合作制度的开启，必须做到制度或者法律先行，因此我们急需用宪法性的文件来规定粤港澳三地政府的权限。比如说，人大常委会的特别授权，香港、澳门特别行政区的基本法都必须对这个问题有明确规定。二是继续开展法律合作。有人认为现存三个法域：中国内地、香港和澳门，这是没有任何问题的。有人认为现存三大法系：大陆法系、普通法系和社会主义法系。我认为从法律传统来说，应该说是大陆法系传统和普通法系传统。无论何种观点，两大法系、三个法域都不可避免地存在着潜在的和现实的法律冲突。尽管中国内地和香港、澳门都是 WTO 和 TRIPs 协议的缔约方，但在知识产权保护的问题上必定会有不尽一致的地方，关于司法权、管理权、执法权如何协调的问题，急需尽快加以解决。

最后一个问题，着重讲粤港澳大湾区如何建成知识产权首善之区。我认为，应将大湾区打造成一个治理体系健全、服务体系完备、产业集群先进、市场环境优良的先行地：一是治理体系改革的试验区。从党的十八大到十九大，关于国家治理体系和治理能力的现代化与法治化问题，有两个指导性的原则，那就是"良法善治"与"多元共治"。这两个原则都适用于大湾区知识产权保护的治理体系建设。目前，我们首先要注重司法保护，以司法保护为主导；同时，以行政管理、行政执法作为治理体系的基础；此外要采用专业仲裁。无论是香港、澳门还是深圳、广州，都应有相关的仲裁机构以及第三方的调解机构。总而言之，要建立一个以法治为基础的多元化、现代性的知识产权治理体系。二是高端专业服务的中心区。国务院已将知识产权服务列为国家服务业发展的三大关键领域之一。我们现在所提供的知识产权服务，主要为基础服务，包括了咨询、检索、分析和代理服务。但是对于粤港澳大湾区来说，我们的着力点更应体现为增值服务，包括知识产权的评估、鉴定、交易和投融资。这应是粤港澳大湾区知识产权服务大有可为的地方。三是创意产业发展的集聚区。前年，我在深圳法治论坛谈到，知识产权的运用或者是运营，是知识＋资本的结合，是知识力量和资本力量的叠加，是最为重要的。我认为，粤港澳大湾区应服务于国家战略性新兴产业发展的需要，要迅速地建立和完善知识产权密集型产业。"知识产权密集型产业"的概念在 2012 年由美国提出，随后在 2013 年欧盟也有同样的说法。2015 年，中国在国务院文件中明确提出，我国也要发展知识产权密集型产业。知识产权密集型产业首先是高新技术产业，同时也包括以互联网为代表的文化创意产业。在这次中美贸易之战中，美国特别关注由国务院出台的《中国制造 2025》。该文件提出了 10 个战略性新兴产业，包括新一代信息技术产业、先进数控机床、工业机器人、航空航天装备、海洋工程装备、先进船舶、新材料、新能源、新医药等等，这些我国重点发展的新兴产业，也是被美国“301 调查”特别关注的产业。因此，我想，在第四次工业革命这个关键时期，粤港澳大湾区有能力引领中国工业 4.0 的重大突破。四是知识产权保护的示范区。知识产权保护环境建设应从两个方面来发力：第一，我们应该营造一个“健康有序、公平开放”的市场环境，这一点上，港澳地区可以说走在前头；第二，更重要的是培育“尊重知识、崇尚创新”的文化环境，知识产权文化既是创新文化，也是法治文化。

国际贸易体制中的知识产权保护*

今年3月，美国对华发动贸易战。从5月份至今，美国政府对中国出口产品征收高达10%到30%不等的惩罚性关税，规模从最初的500亿美元，到后面2 000亿美元产品。① 无论是这场贸易战的程度还是规模，都是国际社会始料未及的。如何理解这场贸易战的实质？从美国对华展开“301调查”的情况来看，其目的远不止于贸易战。事实上，其真正的目的是要阻止中国雄心勃勃的“中国制造2025”战略。2015年由国务院正式印发了《中国制造2025》文件②，而这份文件的实施就是要发展工业4.0时代的中国产业。③ 美国白宫的鹰派人物、国际贸易委员会主席纳瓦罗曾毫不掩饰地说：“美中两国在关键性的技术领域展开了生死存亡的创新战，这场创新战的结果将会决定两大经济实体发展的未来。”因此，我们今天谈知识产权保护问题，应该说既有着非常鲜明的时代特色，更有着复杂的国际背景。

---

* 本文系作者在2018年知识产权中原论坛上的主旨演讲，东南大学法学院徐岷川博士根据录音整理。

① See Richard Partington，Dominic Rushe，*Trump hits China with $ 200bn of new tariffs as trade war escalates*，The Guardian. 2018－09－14.

② 参见《国务院关于印发〈中国制造2025〉的通知》，中国政府网，2015年5月28日。资料来源：http：//www. gov. cn/zhengce/content/2015-05/19/content _ 9784. htm，最后访问日期：2018－12－16。

③ See Wayne M. Morrison，*The Made in China 2025 Initiative*：*Economic implication for the United States*，Congressional Research Service. 2018－08－29.

一、时代特色：创新与发展

中国当前处于一个创新发展的崭新时代："全球新一轮科技革命、产业变革与我国加快经济发展方式的转变产生历史性交汇。"① 可以说，创新既是时代的大潮流，也是国际的大趋势，更是中国的大战略。自18世纪英国工业革命以来，人类社会的创新活动就在不断地深入和发展。用德国专家的话说，当下我们已经进入"工业4.0时代"②。照此理解，工业社会的发展可以被细分为四个阶段：

工业1.0时代，也即"蒸汽时代"：其时间跨度为18世纪下半叶到19世纪初，这一时期最为重要的两项技术是钢铁冶炼技术和蒸汽机技术。英国作为欧洲工业革命的策源地，也是近代知识产权制度的发祥地，在这一时期率先崛起，成为"日不落帝国"，其国力鼎盛，无人望其项背。

工业2.0时代，也即"电气时代"：其时间跨度为19世纪下半叶到20世纪初，电气、化学、汽车技术引领着这一时代的技术进步。德国和法国在这一时期抓住产业变革的发展机遇，寻求突破，从而迅速成为世界强国。

工业3.0时代，也即"信息时代"：人类社会历经两次世界大战的停滞后，大约在20世纪50年代进入了新一轮的产业升级和变革过程。可以说，信息时代造就了美国，以至于国际舆论认为20世纪是美国世纪——美国成为整个20世纪乃至今天独一无二的超级大国。

工业4.0时代，也即"智能时代"：从21世纪第二个十年开始，相较于前，世界范围内出现了包括信息网络、生物技术、清洁能源、新材料和智能制造等技术在内的产业变革。有专家预测，未来的二三十年间，全球将会在北美、东亚和西欧形成三大科技创新中心。③

实际上，无论是发达国家还是新兴的工业化国家，都在积极推动本国的科

---

① 吴敬琏、刘鹤等主编：《中国经济新方位》，北京，中信出版社，2017。

② Wolfgang Schroeder, *Germany's Industry 4.0 Strategy*, Fes London. 2016.11.

③ 参见白春礼：《未来世界科技创新十大趋势》，载《人民日报》，2017-01-22。

技革命，寻求产业变革的重大突破。2016年召开的G20杭州峰会，中国政府提出了“创新经济增长方式”，这个提议得到了G20其他成员国的响应；2017年的汉堡峰会，G2O成员国又提出了加大对创新发展的投入，以大力促进经济的增长，挽救世界经济发展的颓势，这些都表明了世界各国对创新发展模式的高度重视。

对于中国而言，一方面蒸汽时代、电气时代的历史发展机遇已不可及，全因彼时中国尚未摆脱半殖民地半封建社会的困窘境地；但是，在“工业3.0时代”积累了相当的发展后劲之后，到了如今的“工业4.0时代”，势必要寻求突破，开始崛起。另一方面，创新发展也是中国从一个世界大国走向世界强国的必由之路。2012年，习近平总书记在党的十八大上首次提出创新驱动发展；2013年在中央经济工作会议上提出构建经济新常态；2016年在中央财经领导小组第十二次会议上又提出推动供给侧结构性改革；去年，习总书记在党的十九大上提出以创新为核心的新发展理念。这些都充分说明，党和国家领导人对当下中国经济发展的动力、经济发展的方式、经济发展的质量，均有着高屋建瓴的时代战略眼光：创新发展，同实现中国梦的时代命运紧密相连。

毫无疑问，创新发展是知识经济的基本特征，而这一特征又以知识产权保护为其制度支撑。党和国家领导人多次谈到创新发展对我们这个民族、国家的重要意义，反复告诫我们，创新是一个民族不懈进步的灵魂，一个没有创新的民族是一个没有希望的民族。[①] 同样的，一个不保护创新的国家，是一个没有未来的国家。保护创新，应当成为一个现代国家的基本法律制度。在宏观层面，中国对外开放格局的调整和持续推进，离不开知识产权制度的保障；在微观层面，中国企业的走出去、走上去，更需要知识产权制度保驾护航。

今年是中国改革开放40周年，这是一个与国际贸易规则对接的40年，也是一个知识产权事业持续发展的40年。从1978年到2001年，以中国加入世界贸易组织为节点，是中国对外开放的前20年：在这一轮的对外开放当中，中国与国际经贸规则逐步接轨，参加了一系列重要的知识产权条约。这一时期，我们初步建立了知识产权法律体系，即1982年的《商标法》、1984年的

① 1995年5月26日江泽民在全国科学技术大会上的讲话，载人民网，2008-07-03。

《专利法》、1990 年《著作权法》和 1993 年的《反不正当竞争法》。在与国际惯例接轨、创建法律制度体系的同时，中国也在积极吸收外国资本，引进外国技术，成为这一时期世界上引进外资最多、发展速度最快的国家。以新千年为起点，中国的第二轮对外开放已走过 10 年，是水平更高的对外开放：中国于 2008 年颁布并实施《国家知识产权战略纲要》，并且对《著作权法》《专利法》和《商标法》先后进行修改。中国的知识产权保护在立法这个层面，已经几乎完全与国际保护水平保持一致，满足了我们创新发展的制度需求。在持续引进外国的资本和先进技术的同时，中国的商品、中国的技术和服务，乃至中国的资本，伴随着“一带一路”构想的实施，正大踏步走出国门、走向世界。

也正是在这一点上，美国对中国产生了强烈的战略敌意。美国认为中国重点发展的战略性新兴产业，所针对的正是他们拥有大量知识产权的优势产业。《中国制造 2025》这份文件列举了我们应该优先发展的战略性新兴产业：首先是新一代的信息技术，包括了集成电路、工业软件、信息通信。除此之外，还有数控机床和智能机器人、航天航空装备、海洋工程装备和先进船舶、以高铁为代表的轨道交通以及新材料、新能源、新医药等，不一而足。[①] 但在美国政府看来，中国政府、企业及个人在这些技术领域的发展采取了不正当的手段，侵犯了美国的知识产权，其宣称的罪名包括但不限于强制性技术转让、战略性对美高新技术产业的投资以及通过网络窃取商业秘密。[②] 这充分说明了在当今时代，大国之间较量的核心，实际上是关键技术领域的竞争。

二、国际背景：全球化与逆全球化

20 世纪下半叶以来，世界经济发展的一个基本趋势是全球化。全球化意味着世界市场的开放与联系、国际经济的分工与合作。全球化发展进程中，1947 年的《关贸总协定》及其后继的世界贸易组织发挥了极为重要的作用，

---

① 参见《国务院关于印发〈中国制造 2025〉的通知》，载中国政府网 . http：//www. gov. cn/zhengce/content/2015-05/19/content _ 9784. htm，最后访问日期：2018 - 12 - 16。

② See Shawn Donnan，Jenny Leonard，*U. S. Accuses China of Continuing IP Theft as WTO Launches Probe*，Bloomberg. 2018 - 11 - 21.

为整个国际社会构建了一个新的全球自由贸易体系。

简单来说，这一体系有三点不同于以往之处：

第一，以全球自由贸易为目标。即要在 WTO 框架之下实现货物、服务、劳动力和资本的自由流通，将经济全球化与经济自由化联系在一起。

第二，以全面减让关税为手段。尽管 WTO 未能实现世界范围内零关税的目标，但受其影响，一些区域的自由贸易协定仍积极主张实施零关税。

第三，以提供无差别的最惠国待遇为基础。WTO 框架不仅强调本国企业与外国企业“内外平等”的国民待遇，还强调一个国家对任何一个国家的国民都必须采取“外外平等”的非歧视性待遇。

事实上，WTO 可以被视为由多项法律制度和国际公约支撑的“经济联合国”，其制度基础也即我们所熟悉的《货物贸易协定》《服务贸易总协定》《知识产权协议》，简称为 TRIPs 协议。其构建的一整套全球自由贸易体制和知识产权的国际保护体制有以下特点：

首先是保护规则的一致性。从 19 世纪的《巴黎公约》《伯尔尼公约》，再到 20 世纪的 TRIPs 协议，都将“最低保护标准原则”作为基础性的制度建构：任何一个缔约方提供的知识产权保护水平，只能高于而不能低于这个最低标准。在知识产权具体制度中，无论是授权对象、权利构成乃至保护方式，都由此实现了全球范围内一般性规则的普遍适用：国际法高于国内法，国际法同于国内法，国内法服从国际法。任何一个缔约方均不能过分强调其本国的制度特色，而应该遵守国际规则。

其次是争端解决机制的约束性。凡是 WTO 缔约方之间发生贸易纠纷，当然也包括知识产权纠纷，国家与国家之间必须进行磋商，或者是请第三方进行斡旋。如果磋商不成，也没有第三方斡旋，可以提交专家小组裁定；对裁定不服，可以提请上诉，上诉一旦作出终局裁定，各方必须服从。任何一个缔约方不能在争端中采取单边主义的做法。易言之，从争端解决机制的规则上来看，任何单边制裁都是缺乏国际法依据的。

但 21 世纪以来，整个知识产权的国际保护格局发生了剧烈的变化，这其中有些是积极的因素，而毫无疑问有些是消极的因素。

首先是多极化问题。过去普遍认为知识产权国际保护有两个中心：一个是世界知识产权组织 WIPO，另一个是世界贸易组织 WTO。但现在很多国际组织，比如国际人权组织、世界卫生组织、世界粮农组织、联合国教科文组织等都十分关注知识产权问题，并将知识产权保护与生物多样性、文化多样性、公共健康、基本人权联系起来。应当说这是一个积极因素，能够丰富并完善现有的知识产权国际保护规则，推动知识产权国际保护制度朝多元化方向进行变革。

其次是碎片化问题。“碎片化”指的是一些缔约方绕过世界贸易组织，绕过 TRIPs 协议，签订了许多双边自由贸易协定，也包括区域自由贸易协议。最有代表性的是美国、加拿大和墨西哥签署的《北美自由贸易区协定》。当然，还有东盟十国与中、日、韩、澳、新、印正在谈判的《区域全面经济伙伴关系协定》，简称 RCEP，以及中国政府正在推动的中、日、韩三国的自由贸易协定。可以看到，无论是双边的还是区域的自由贸易协定，都必然包含有知识产权保护条款，而且其保护水平比 TRIPs 协议更高、更严、更为有效。这些规定毫无疑问丰富了现有的知识产权国际保护规则体系，但坦率说，在一定程度上也削弱了 TRIPs 协议乃至 WTO 的权威地位。

诚然，传统国际知识产权保护多边秩序的瓦解，使得未来充满了不确定性、不稳定性因素。这固然是一个值得我们关注的问题，但更应警惕的是逆全球化而动的保护主义、单边主义。以当前美国针对中国开展的“301 调查”为例，一个共识是：美国依照其国内法启动诸多的调查，针对的是它的贸易伙伴，是一种反全球化的贸易保护主义。

20 世纪 80 年代，美国出台了《综合贸易法》，授权美国的贸易代表，每年对全球的贸易伙伴进行各种问题的调查：针对其他国家进入美国市场的产品，如果违反了美国的产业安全，可以进行“201 调查”；如果涉及不公正的贸易，包括侵犯知识产权可以适用“301 调查”；如果涉及侵犯知识产权，还可以启动“特别 301 调查”；另外还有一个兜底的“232 调查”，凡是外国的产品有害于美国国家安全的都可以动用“232 调查”。根据调查报告，某个国家进入了调查名录后，就可以将其列为“重点国家”、“重点观察国家”或是“观察国家”。如果列为“重点国家”，一年之内不改变现状的，美国就可以征收惩罚性关税，实行进口禁止的指令。[①] 这一次对中国开展的“301 调查”，本质仍是贸易争端。但美国一方面向世界贸易组织申请磋商程序；另一方面却直接采取单边制裁措施，开出惩罚清单，实际上是无视 WTO 框架下的争端解决机制，是逆全球化的单边主义行径。

三、中国应对：完善全球知识产权治理

今年 G20 峰会在阿根廷的布宜诺斯艾利斯举行，国内外舆论对此充满期待，希望习近平主席和特朗普总统就中美贸易战能够达成磋商协议。但是这场贸易战折射出来的问题非常复杂，“美国在这场贸易战中充满了战略敌意，是一种全面冷战”[②]。要真正抓住贸易战背后的脉络，就必须了解知识产权在其中所发挥的关键性作用。因为无论最终协议是否达成、什么时候达成，知识产权问题将始终伴随着今后的中美经济交往——这与知识产权问题自身的特殊性有关，故而有必要对此有充分认识。

首先是长期性。中美两国于 1979 年签订双边自由贸易协定至今已 39 年。这 39 年的双边贸易，中国一直是顺差，美国一直是逆差。按照美国白宫的统计口径，中美贸易逆差 5 000 亿美元，这 5 000 亿相当于美国贸易逆差总额的 48%[③]；尽管白宫所谓“中国侵犯美国知识产权的损失高达 3 000 亿”的指控缺少事实依据，但无论如何，它表达出一个信息，即中美知识产权冲突是长期存在的，是从双边贸易开始就有的。早在中国加入世界贸易组织之前，美国就曾先后于 1991 年、1994 年、1996 年，三次把中国列为“重点国家”。20 世纪 90 年代这三次重大的知识产权冲突，两国最后都通过磋商达成了和解协议，可谓有惊无险。2001 年中国加入世界贸易组织以后，中美之间的知识产权冲

---

① See Omnibus Trade and Competitiveness Act of 1988, Pub. L. No. 100-418, § 1301, 102 Stat. 1107, 1164 (1988) (amending § § 301-309 of the Trade Act of 1974, 19 U. S. C. A. § § 2411-2419 (West 1978 & Supp. 1989)).

② 《贸易战唤醒中国，我们的社会在成熟》，载环球网. http://opinion.huanqiu.com/editorial/2018-10/13281298.html，最后访问日期：2018-12-16。

③ See Ana Swanson, *U. S. -China Trade Deficit Hits Record*, *Fueling Trade Fight*, *The New York Times*. 2018-02-06.

突依旧，先后大小有 6 次，其中有 3 次美国都把中国告上了世界贸易组织，直接适用多边争端解决机制，中国也接受终局裁定的结果：2009 年美国指责中国限制好莱坞大片的进口，违反了自由贸易的原则。根据 WTO 的裁决，我们放开对外国大片的进口数量[①]；美国政府说中国《著作权法》“4.1 条款”中“反动、淫秽作品不受著作权法保护”的规定违反了《伯尔尼公约》的精神，因为著作权保护的是作者的思想表现形式，而不涉及思想内容，结果在裁定后 18 个月，中国便将“4.1 条款”予以修改。[②] 这说明中美之间的知识产权纠纷本身并非新事，是伴随着两国贸易长期存在的。只是之前多选择提交磋商机制来解决，或者是由世界贸易组织作出裁定，而这一次美国直接采取了单边主义制裁。考虑到中美贸易仍将继续——两国在国际经济分工合作中是相互依存、不可分割的，因而无论最终达成一个什么样的协议，知识产权问题都会持续存在。

其次是复杂性。应当看到，中美的知识产权纠纷不能孤立地站在法律层面来探讨。中美贸易战首先是经济战，这里面除了贸易逆差，还有政府的出口补贴，以及过剩产能的倾销，这都属于中美两国争论的焦点。毫无疑问，知识产权冲突问题是一场法律战，此外还有人民币汇率的金融战、网络安全的信息战，以及台海问题、南海问题的地缘战。所以中美关系问题实际是政治、法律、经济、产业、科技、文化、军事等诸多问题所交织构成的一个复杂问题。

最后是严峻性。作为最大的发达国家和最大的发展中国家，美中两国应该学会如何相处。过去的国际价值链，美国在上游、中国在下游；而国际制造业，美国在高端，中国在中低端，具有极强的互补性。但中国随着改革开放这几十年发展壮大后，与美国产生了某种程度的竞争性，后者便产生了一定的恐慌心理。有两组数据值得关注：第一是国内生产总值（GDP）。在中国“入世”

---

① 参见《中美就解决 WTO 电影相关问题的谅解备忘录达成协议》，载人民网．资料来源：http：//media. people. com. cn/GB/17152162. html，最后访问日期：2018-12-16。

② 参见《全国人民代表大会常务委员会关于修改〈中华人民共和国著作权法〉的决定》，载中国政府网：http：//www. gov. cn/zhengce/2010-02/26/content_2602241. htm，最后访问日期：2018-12-16。

前一年的2000年，美国GDP占了全球总量的30%，中国只有4%，相当于美国经济总量的1/7。到2017年，全球经济总量中美国占到24.6%，中国则超过了15%。[①] 作为全球第二大经济实体，可以说中国在去年的经济总量相当于美国的65%。显然，中国经济力量的成长，已是一个不容置疑的事实。第二是制造业体量。美国作为第一工业制造大国的地位保持了110年，但在2011年被中国超越。在全球制造业总量中，中国是19.8%，美国是19.2%。到2017年，中国已经跃升到26%。[②] 扼言之，这场贸易战背后其实是大国崛起的对手戏。这一过程中，有竞争，但不应该成为对抗；有冲突，但可以开展磋商。两个大国应当学会如何相处，避免跌入"修昔底德陷阱"[③] 的泥沼之中。具体而言，中国应当在知识产权保护领域积极创造战略和运用战略，以应对当前中美贸易摩擦。

经济的高质量发展必须有高水平的知识产权制度。中国现在是一个知识产权大国，但还远远不是强国。以专利为例，中国发明专利的数量相当可观。根据WIPO统计，去年中国发明专利的申请量达到42.8%，美国20%，日本10%，韩国6.7%，整个欧洲只有5.4%。美国、日本、韩国，包括欧洲地区专利申请的总量，还不及中国的申请量。我们虽然在数量规模上比较可观，但在质量、水平和效率层面，同上述国家、地区间还有很大的差距。2017年中国支付知识产权许可费是286亿美元，其中1/4付给了美国。[④] 换言之，中国是全球最大的技术引入国。而相较于进口，中国的技术出口却不甚乐观。据国际贸易组织2015年的统计，中国出口知识产权收取的许可费只占到美国的

---

① See International Monetary Fund, *World Economic Outlook* (*October* 2018), *https*: //*www. imf. org/external/datamapper/NGDPD@WEO/OEMDC/ADVEC/WEOWORLD*.

② 参见《统计局：中国制造业总量连续多年稳居世界第一》，载人民网 http://industry.people.com.cn/n1/2018/0904/c413883-30271299.html，最后访问日期：2018-12-16。

③ 所谓"修昔底德陷阱"，源自古希腊著名历史学家修昔底德。他认为，当一个崛起的大国与既有的统治霸主国家展开竞争时，正如公元前5世纪希腊人和19世纪末德国人面临的情况一样，多以战争告终。公元前5世纪，雅典急剧崛起挑战了陆地霸主斯巴达的地位，双方之间长达30年的战争结束后，两国均遭毁灭。参见［古希腊］修昔底德：《伯罗奔尼撒战争史》，北京，商务印书馆，2013。

④ 参见《关于中美经贸摩擦的事实与中方立场》，载新华网，http://www.xinhuanet.com/politics/2018-09/24/c_1123475272.htm，最后访问日期：2018-12-16。

0.75%，差距非常明显。[①] 在现代知识经济的大背景中，发达国家的经济发展在很大程度上依赖于某种形式的知识产权，不仅是知识产权的规模和数量，更重要的是质量和水平。美国有所谓的朝阳产业、新兴产业，也即知识产权密集型产业，这其中有人们熟知的谷歌、微软、戴尔、惠普、苹果等超一流互联网、计算机企业，还有以好莱坞、迪士尼为代表的影视娱乐业，以及联合技术、洛克希德和波音等大型装备制造业。这些产业均以版权、专利、商标为重要支撑，是具有高价值成长性的先进产业。其产业发展的高水平，关键在于有高水平的知识产权，特别是高水平的专利技术提供支撑。因而，知识产权的创造战略也是中国应对经济高质量发展所必须具备的一项制度需求。

中国知识产权战略的实施还应特别重视市场主体的作用。政府在战略引导、政策规范和法治保障上充分发挥作用，更多的事情应该让市场主体即企业来做。企业兴则国家兴，产业强则国家强。企业是创新的主体，也是知识产权的主体。中国继美国、欧洲之后，于2015年也提出要发展知识产权密集型产业，但多有未竟之事：首先是产业政策的导向。当前的产业政策在鼓励、保障创新等方面发挥的作用是令人可喜的，但是过去多年的产业政策导向却值得我们反思：房地产投资过热，低端无效产能过剩，政府、企业负债过多，使整个产业的发展变革异常艰难。从某种意义上说，如果中国首富不是中国的乔布斯和比尔·盖茨，那么中国的科技革命和产业变革就没有前途。其次是知识产权的质量和水平的提升。知识产权的获取不是最终目的，必须把它转化为有益的生产力。而要转化为有益的生产力，就必须使得知识产权所保护的知识、技术和信息具备相应的商业价值。比如与同类技术相比的竞争优势，知识产权转化所具有的经济价值，以及可产业化的发展前景。在这一点上，中国需要认清同世界先进水平之间存在的差距，奋起直追，更加注重知识产权的实施发展，为知识产权的全球治理作出自己的积极贡献。

① 参见朱雪忠：《理性看待我国的知识产权贸易逆差》，载《中国知识产权报》，2015-06-04。

四、结语

时代潮流澎湃，国际风云变幻。中国正在转向高质量的发展阶段，保护知识产权不仅是中国扩大开放和融入经济全球化的需要，也是中国经济实现转型升级和高质量发展的需要。中国更高水平的对外开放，更加深入的市场体制和改革，更加有力的科技创新和产业变革，需要更加严格的知识产权保护，从而营造更加公平、更有吸引力的投资环境，实现以高水平开放推动经济高质量发展。

改革开放与知识产权事业发展*

主持人：女士们、先生们，上午好，欢迎大家出席国务院新闻办中外记者见面会。今年是改革开放40年，我们围绕改革开放40年已经请了多方面的代表和大家共话这个主题，今天我们围绕中国知识产权的发展，邀请到五位代表和大家见面，聊一聊改革开放40年来知识产权领域的发展和变化。我先逐一介绍一下他们：国家知识产权局条法司原司长尹新天先生，中南财经政法大学原校长吴汉东先生，中华全国专利代理人协会会长杨梧先生，联想集团知识产权总监陈媛青女士，新中国第一件专利申请的发明人胡国华先生。

吴汉东：大家好，我叫吴汉东，是中南财经政法大学的教授，尽管我有很多学术头衔和社会职务，但是我最看重的就是我这个身份的底色——学者。这一辈子读书、教书和写书，但从来不卖书，至今和知识产权结缘已经快40年了。这辈子有两件事是我感到十分欣慰的，一是我和我的同事在20世纪80年代编写了中国第一本知识产权的教科书，二是90年代开始我去美国留学，专门研究知识产权。在过去二十多年的时间里，我先后参加了国家的知识产权立法活动、国家战略纲要的制定和论证等，用一句话说，与知识产权有着不解之缘。一些国内外的媒体，把我称为“中国知识产权事业发展的见证者和参加者”。作为一个学者，能把我自己所学的专业和我从事的职业，乃至与我一辈子所追求的事业联系在一起，我感到十分欣慰和自豪。在此我非常高兴也很荣

* 国务院新闻办公室于2018年12月11日举行中外记者见面会，约请5位知识产权领域代表围绕“改革开放与知识产权事业发展”与中外记者见面交流。本文根据作者现场发言录音整理。

幸与各位记者朋友交流意见。谢谢。

中央广播电视总台央视记者：改革开放 40 年来，中国的知识产权事业实现了从无到有、从小到大的根本性转变，各位代表作为知识产权事业发展的亲历者、参与者和见证者，最大的感触和收获是什么？有哪些令你们印象深刻的故事，请跟我们谈一谈。谢谢。

吴汉东：中国知识产权 40 年，我觉得进步快、变化大，这是我的民间视野和学者观点。有两件事给我印象深刻。第一，中国的知识产权立法，确实是从无到有，1982 年的商标法，1984 年的专利法，1990 年的著作权法，1993 年的反不正当竞争法，以后又颁布了植物新品种的保护条例、集成电路布图设计保护条例。2001 年，中国"入世"之前又按照国际公约的规定对法律进行了修改和完善。这说明了什么问题？说明中国在立法方面从本土化向国际化的发展。根据我的观察，在国际立法的历史上，从选择保护到全面保护，从低水平保护到高水平保护，欧美国家都走过了漫长的过渡期和准备期，短则几十年，长则一百来年，但中国是不到二十年发生了巨大的变化。对这个问题，我记得世界知识产权组织的前总干事鲍格胥博士有一句评价，说中国用了不到二十年的时间，走过了西方国家两百年的历史进程，这个成就是举世瞩目的。

第二，我想谈谈中国的知识产权文化。四十年前，中国的老百姓不知道什么是知识产权，我记得 20 世纪 90 年代，广泛阅读使用的《现代汉语词典》居然没有知识产权这个词条。但是到今天，我们看到，知识产权成为老百姓生活中的热词，成为大家工作中的关键词。版权意识、品牌观念、专利思维，从政治家、企业家到普通的老百姓都在认知知识产权、了解知识产权。

在这里我要特别说的是，我们国家的领导人带头学法用法，来了解知识产权。2006 年，我和已经故去的郑成思研究员去中南海讲解知识产权，90 分钟的讲解以后，我们和国家领导人讨论知识产权问题，包括国际贸易的知识产权问题、国家知识产权战略的制定、国家管理体制的改革，还有高校的人才培养，应该说是个非常良好的互动。当然我更要说明的是，习近平主席最近几年在一系列重大国际国内场合，都强调了知识产权。在我看来，这是中国领导人对知识产权问题讲得最为集中、最为深刻、最为系统的，涉及了知识产权的制度属性、营商环境、法律体系、政策系统等。我以为，这些重要的思想观念在国际知识产权的话语体系当中，就是一种中国经验的表达、中国思想的主张。谢谢。

中国知识产权报记者：今年11月17日，习近平主席在亚太工商峰会上发表主旨演讲，有这样一句话，说设立知识产权制度的目的是激励和保护创新，而不是制造甚至扩大科技鸿沟，想问一下吴汉东教授，您觉得过去四十年，中国知识产权制度的发展历程是不是印证了这样一句话？未来这项制度的走向是怎么样的，请谈一下您的判断。谢谢。

吴汉东：知识产权制度的立法宗旨，我们应该把握两个要点，第一是保护权利人的专有权利，第二是促进知识的广泛传播。所以国家强调知识产权的创造和运用，并且把它作为战略实施的重点是完全正确的。在过去四十年，中国的立法首先是要保护创造者的权利，来激励他们进行科技创新和文化创新。与此同时，在保护权利的基础之上，我觉得也要对权利人的权利予以必要的限制，那就谈到知识产权运用的问题，来促进知识、技术和信息在全社会的广泛传播。

当下中国的问题有两个，第一就是我们的知识产权创造能力有必要进一步提升。为了适应高质量经济的发展，我们确实需要高水平、高质量的知识产权，特别是专利。第二就是运用的问题，目前我们不仅要考虑知识产权的数量、规模、质量和水平，更要考虑它的附加值和经济效益。因此，我们看到，美国在2012年、欧洲在2013年、中国在2015年都提出一个知识产权密集型产业的发展，也就是要把知识产权所保护的先进技术、优秀作品和知名品牌转化为先进的生产力。所以，中国要从知识产权大国走向知识产权强国，必须把这两个问题解决好。谢谢。

法新社记者：我有两个问题。上周有38个政府部门发布一个新的备忘录，关于惩戒知识产权领域的失信人，这个行动有什么意义？跟中美贸易战有关系吗？第二个问题，中国商标注册条款允许谁先注册就授权给谁，导致不少人会抢先注册欧美品牌的商标，但是他们的目的不是真正的商业用途，而是占用该商标后再卖给该品牌。你们怎么看这个问题？

吴汉东：我试着回答你的问题。关于对知识产权的失信企业建立一种惩戒制度，不是从今天开始的，据我所知，早在“十三五”国家知识产权保护和运用规划里就已经规定了这个制度，我当时参加过这个规划草案的论证和起草。凡是在知识产权方面有不良记录的企业，将会进入“黑名单”，这跟国际惯例、发达国家的做法是完全一致的。我作为一个学者，对这种做法完全予以肯定。

至于说与当下的中美贸易战有何联系，我说有联系，也没有联系。从中国的角度来说，中国的企业要“走出去”，走向国际市场，还要“走进去”，走向知识产权领域，因此当下的中国企业也处在学习和提升的过程，它们需要有一种规则意识，也要有诚信观念。这就是对中国企业的一种自我约束和要求。

第二个问题，关于商标问题，确实存在着你所指出的商标抢注的情况。中国已经是连续 16 年商标注册申请量最多的国家，作为一个学者，我认为，这一方面反映了市场经济关系的活跃，在世界经济不太景气的情况下，商标注册的活跃也表明了市场交易的活跃。但另一方面，也是所有实行注册制国家共同面临的问题，那就是商标抢注。我注意到，国家知识产权局商标局最近采取了一系列举措来限制甚至打击商标抢注的行为。总之，未来的中国应该是个法治化国家，同时也是一个创新型国家，这两个基本特质是不能偏废的。因此，按照国际惯例，按照中国现行的法律，来控制、制裁商标抢注行为，我想是应该做到，也是能够做到的。谢谢。

第一财经日报记者：我有两个问题。第一，关于高通和苹果的诉讼案，高通昨天宣布福州中院授予了高通针对苹果公司四家子公司提出的两个诉中临时禁令，要求他们立即停止针对高通专利，包括在中国进口销售和许诺销售未经授权产品的申请，苹果随即申请复议。这是否意味着中国法院开始更倾向于保护知识产权持有方的利益？这个案例对于全行业会产生什么样的影响？第二，资料显示，中国的发明专利申请受理量自 2011 年起连续七年位居世界第一，2016 年受理量超过了美国、日本、韩国和欧盟专利四方受理量的总和，有人认为这超出了中国实际创新的水平，请问各位如何看待这种情况？中国未来将如何改善知识产权领域申请量大但质量不足的问题？谢谢。

吴汉东：第一财经日报的记者每次提问都非常犀利。我昨天从武汉来北京的路上也看到了这则新闻，两个国际大企业的中国公司选择在中国法院提出诉讼，坦率说我并不感到意外。这个案子释放了很多有趣的信息。目前案件尚在进行之中，为了对司法裁定的尊重，我不对个案发表意见，但是我要讲两个最基本的观点：

第一，在法官的眼中，只有知识产权诉讼当事人的区分，有原告被告、权利人义务人的区分，中国法官如此，美国法官、日本法官也是如此，因此遵循国民待遇原则，对所有的创造主体给予同样的权利保护，没有中外国籍之分，没有大小类型之别，这是法官应秉持的基本立场。

第二，中国是一个人口众多的全球市场，国际企业在中国的投资可以取得最大的回报，同时知识产权的权利人选择在中国诉讼，我以为，他们也能得到最公正的判决。刚才尹司长谈到，就在这个月，要成立最高人民法院知识产权法庭，它意味着什么？意味着中国像美国、日本一样，建立了知识产权上诉案件的集中管辖制度。我们知道，现在有北京、上海、广州 3 家知识产权法院，还有南京、苏州、青岛、武汉、西安、成都等 19 家知识产权法庭。过去 3 家专门法院、19 家法庭所审理的行政确权案件和民事侵权技术类案件的上诉，都由所在地的省、自治区、直辖市的高级法院来审理。根据这样一个新的上诉制度的规定，以后技术类的案件，也就是 3 家专门法院、19 家法庭的上诉案件直接交由最高法院知识产权法庭来审理，这就给中外企业一个非常重要的信号，那就是我们在统一裁判标准，提高司法保护水平。谢谢。

中国新闻社记者：各位代表都是中国知识产权事业 40 年的亲历者和见证者，取得了巨大成就，刚才大家都分享了一些。我想知道，各位代表对中国知识产权事业未来的发展有什么预期？中国现在是知识产权大国，还不是知识产权强国，按照现在的发展态势，中国大概还要多久能够成为知识产权强国？

吴汉东：非常高兴和你交流这个问题。我和杨梧先生今年参加了国家知识产权战略实施十周年的效益评估。我们的基本评价是，国家知识产权战略纲要和“十三五”事业发展规划所设计的目标基本完成，专家组向中央建议，要制定面向 2030 年的知识产权强国建设战略。未来的中国是个什么样子，我 68 岁了，很快进入“七零后”了。在此，我对中国未来的愿景做一个展望。首先我们应该看到，创新发展是时代大潮流，是国际大趋势，也是中国发展的大战略。在此过程中，知识产权起什么作用呢？它是创新发展的制度基础和法制保障。尽管当下人们关注的是中美贸易战，但是中美贸易战给我们一些启示，那就是我们要致力于创新发展，致力于知识产权事业的进步。

今年 9 月份，我在《中国日报》英文版和《人民日报》的中文版发表了文章，我想用四句话作为我最后的结语：当下和未来的中国需要更高水平的对外开放，更加深入的市场体制改革，更加有力的科技创新和产业变革，更加严格的知识产权保护。谢谢。

…………

主持人：时间关系，我们今天的见面会接近尾声了。今天可能大家也注意到，为了帮助大家更好地了解改革开放 40 年中国知识产权的发展变化，我们请到的几位发言人都是非常有代表性的，代表了参与中国知识产权发展各方面工作的从业者，他们共同努力推进了中国改革开放 40 年来知识产权的发展。

通过今天非常简短的交流，我也有几点感想。我觉得，中国保护知识产权的决心是非常坚定的、坚决的，而且会继续下去，中国的创新能力也是非常巨大的，而中国的改革开放一定会继续下去。在这个过程当中，知识产权一定会发挥更大的作用。我们在座的同行们，一定也会继续参与到这个进程中，把我们国家的知识产权工作做得更好。也再次感谢几位辛勤的付出，谢谢你们出席见面会。谢谢大家，今天的见面会到此结束。

关于著作权法修订草案的意见*

——在全国政协双周协商座谈会上的发言

中国著作权法自1990年颁布至今几近30年，此次修订任务艰巨，社会各界高度关注。在这里，我仅就修法指导思想谈三点意见。

一是明确著作权法修订的目标取向。过往著作权法仅修订两次，第一次（2001年）修法是为了加入世界贸易组织《知识产权协议》的需要，第二次（2010年）修法则是履行世界贸易组织关于中美知识产权纠纷的终局裁定。而此次修法背景有所不同，必须考量经济全球化的国际环境、网络技术革命的时代情景和文化强国建设的中国场景。第三次修订草案的目标取向，表现在以下三个方面：第一，为参与建构著作权全球治理体系提供中国方案。关于知识产权保护国际规则，中国已从过去的学习者、遵循者逐渐转变为参与者、建设者。在著作权法的变革和发展中，我们应发出中国声音，贡献中国智慧，彰显制度模式的软实力。第二，为新一代信息技术发展提供现代制度产品。著作权法是传播技术的产物，从“印刷版权”、“电子版权”到“网络版权”，反映制度变迁的历史过程。而当下，著作权法修订要实现“＋互联网”“互联网＋”“人工智能＋”的现代化转型。第三，为文化强国建设提供法律保障机制。著作权法既是“权利保护之法”，也是“文化发展之法”。著作权的制度功能，在于促进版权经济发展的硬实力和提升版权作品交流的软实力。可以认为，著作

---

* 本文系作者2019年5月13日在全国政协主席汪洋主持召开全国政协第22次双周协商座谈会上的发言，根据录音和文字大纲整理。

权法是实现中国文化产业“走上去”、中国文化传播“走出去”这一发展战略的制度支撑。

二是着力著作权法运行的重点环节。党的十九大报告指出，倡导创新文化，强化知识产权创造、保护和运用。在著作权法修订中，我们应围绕高质量发展，抓住著作权运行重点。第一，高质量版权创造。版权创造的高质量，其目的在于形成有民族特点、世界影响的文化产品和文化品牌，促进版权产业和版权经济的健康发展。在当下，互联网产业已成为世界经济的支柱，全球市值排名前十的企业就有 7 家属于互联网企业，包括苹果、谷歌、微软、亚马逊、脸书、阿里巴巴、腾讯，可以想见知识产权特别是著作权的重要价值。第二，高效益版权运用。版权的有效运用就是以版权为纽带的文化传播。文学艺术科学作品的利用、推广和传播，不但在版权市场产生增加值，更在于满足人民群众的文化要求。互联网技术使作品传播更为广泛和便捷。现在，全球互联网普及率平均为 55%，而亚洲仅为 49%，中国则达到 59%，当然还有相当发展空间。在互联网时代，信息传播和文化交流的主要法律形式就是版权运用。第三，高标准版权保护。版权产业和版权经济的生存和发展，是以版权的存在为基础，版权的保护为后盾。必须建立遏制侵权的长效机制，营造有利于版权创造和运用的法治环境。因此，此次著作权法修订的重点领域应该是：(1)“权利的产生”。主要涉及作品定义和权项分类，即明确著作权的客体范围，考虑新技术条件下的新型作品，诸如计算机字体、音乐喷泉、体育赛事直播、人工智能生成物等不断出现，建议采取“概括主义+例示主义”的方法，对作品的独创性适格条件、创作完成认定及原始权利归属作出概括性规定，再采取例示方法描述主要作品类型；简化著作权的权能类型，在传统作品传播媒介与互联网技术深度融合的现实背景下，广播电台电视台可以借助网络形式广播，并且推出“交互式”的自助点播服务；网络直播组织也可以推出“单向度”的作品传播服务类型。因此，可将“广播权”与“信息网络传播权”合并为“公开传播权”。(2)“权利的利用”。在适当调整和修改著作权许可使用、法定许可使用条款的同时，重点工作是修订合理使用规则。可考虑引入“三步检测法”的判断要件，使其在合理使用类型的法律适用中发挥统一性判定或补充性解释的功能。同时重构合理使用的适用范畴，对其中的疏漏而不敷适用、过时而不宜使用的条款进行立法技术层面的补充、删除或变更。（3）“权利的保护”。“加大知识产权保护力度，提高侵权代价和违法成本，震慑违法侵权行为”，这是中央关于严格保护知识产权的总体要求，也是“著作权保护”的修法立场。严格保护著作权的修法重点，在于发挥侵权损害赔偿制度所具有补偿、预防和惩罚的规范功能，具体而言，即提高法定赔偿的上限，增加惩罚性赔偿的倍数。

三是调整著作权法主体的利益关系。在知识产权法律体系中，著作权法是权利主体最为复杂、法律内容最为丰富、国际法律变动最为频繁的领域。在著作权修订中，必须充分考量作品创作者、投资者、传播者、使用者、消费者等多重主体的利益关系，调整权利独占与知识、信息传播之间的矛盾，即在强化著作权保护的基础上，还须重视社会公众对知识、信息的合理分享。除上述说到的合理使用外，诸如传统知识保护、公有领域保留、“开放存取”及“知识共享协议”等，可以作为弥补传统著作权法缺陷的制度替代和补充，或是植入著作权法本身，或是在著作权法之外规定。

严格保护知识产权的司法思考*

这次研讨会的主题“最严格保护知识产权、促进创新发展”，具有特别重要的意义，表现了江苏省高级人民法院关于加强司法保护的问题意识和进取精神。

我国现已形成包括司法裁判、行政执法、专业仲裁、第三方调解的多元共治格局。如何发挥司法裁判在严格保护知识产权中的主导作用，是一个值得思考的大问题。我的基本观点是，严格依法审判，就是最重要、最有效、最权威的严格保护。

一、严格保护知识产权的法治要求

从党的十八大到十九大，中央十分重视知识产权保护工作。十八大提出“加强知识产权保护”的重大命题。十八届三中全会明确了“深化知识产权领域改革，加强知识产权保护”的指导方针。“十三五”国民经济和社会发展规划纲要，对“强化知识产权司法保护，实施严格的知识产权保护制度”进行了工作部署。国务院发布的《关于新形势下加快知识产权强国建设的若干意见》，提出了关于打击侵权、制裁犯罪、建立预警防范机制、加强新业态新领域创新成果保护的一系列任务要求。十九大进一步明确了国家知识产权战略实施的重

* 本文系作者 2019 年 5 月在江苏省高级人民法院举行的“严格知识产权司法保护研讨会”上的主旨演讲，组委会根据录音整理，并发表于 2019 年 5 月 17 日的《江苏法制报》上。

点，“强化知识产权创造、保护、运用”。习近平总书记关于严格保护知识产权作了精辟的论述，“要加大知识产权保护力度，提高侵权代价和违法成本，震慑违法侵权行为”，构成了严格保护的基本要义和法治要求。

二、严格保护知识产权的问题导向

我们应该从国际、国内两个大局看待知识产权问题。首先，知识产权保护是国际经贸体制的“标配”。知识产权国际保护规则，与国际贸易规则、国际投资规则，共同构成了国际经贸领域的制度基础。进入 21 世纪以来，多边机制秩序遭到严重挑战，世界贸易体制充满了不确定、不稳定的因素。当下，中美贸易纠纷并不止于关税清单的贸易战，还包括人民币汇率的金融战、网络安全的信息战、台海南海问题的地缘战，当然还有知识产权冲突的法律战。过去、现在与未来，中美知识产权问题表现了一种长期性、复杂性、严峻性的态势。无论如何，我们应加强知识产权国际保护，成为建构知识产权全球治理体系的参与者、推动者，这是国际义务，也是大国担当。同时，知识产权保护也是中国创新发展的“刚需”。创新是一个民族不懈进步的灵魂，一个没有创新的民族是没有希望的民族。同样，我们应该看到，保护创新是一个现代法治国家的重要制度，一个不保护创新的国家是没有未来的国家。知识产权从法律功能来说，就是创新发展之法。严格保护知识产权，我们要做到高标准立法、有效性执法、普遍性守法，以营造一个良好的法治环境。

三、严格保护知识产权的司法路径

严格保护知识产权的司法问题，主要是举证难、认定难、赔偿计算难，制裁力度和保护水平有待进一步加强。为此提四点建议：

1. 强化诉前救济措施。诉前禁令、诉前证据保全、诉前财产保全等临时保护措施，可以保证司法救济的及时性、有效性。据统计，2013 年至 2017 年法院受理诉前禁令案件 157 件，裁定支持率达 98%。近年来有影响的案件，包括高通诉苹果、优酷诉电视猫等。我认为，诉前救济措施是临时的，但也是及时的、有效的，而且是有威慑力的。在严格保护的司法理念指导下，凡是符合保全条件的案件，均应采取支持态度。当然，适用诉前救济措施是有条件的、受到限制的。申请人必须提供担保，承担相应的诉讼成本。

2. 强化举证责任规则。主要有两个规则，一是有限举证责任规则，解决侵权责任认定问题；二是证明妨碍责任规则，解决损害赔偿认定问题。其目的是保证举证责任分配的合理性、便捷性。对于前者，一般知识产权侵权行为，采取过错责任原则，谁主张、谁举证。对于特殊侵权行为，则原告主张、被告举证，实行举证责任倒置，可适用的具体案件有：方法发明专利侵权、技术秘密侵权、计算机软件侵权。对于后者，是对诉讼失信行为的制裁。在权利人已尽力举证，而与侵权有关的账簿、资料主要由侵权人掌握的情况下，侵权人无正当理由拒不提供或作虚假提供的，法院可参考权利人主张和提供的证据判定赔偿数额。

3. 强化损害赔偿制度。损害赔偿要解决司法定价和市场定价的关系。市场定价是基础，是知识产权的无形资产价值，具有不确定性特点。司法定价是依据，是法院对损害赔偿数额的合理认定。司法定价应具补偿、预防和惩罚的司法功能。坚持以补偿性赔偿为主导，以惩罚性赔偿为补充。赔偿数额认定，应考虑全部损失（直接损失和间接损失）、非法利益（包括可能利益）、合理费用（包括律师费用）。

4. 强化刑事制裁手段。坚持宽严相济的基本刑事政策，保证刑事措施的谦抑性和威慑性。关于知识产权刑事保护的基本走向，一是犯罪化和非罪化，既要采取必要刑事打击手段，又要防止私权领域的过度刑事化；二是重刑化和轻刑化。对于假冒、盗版等犯罪，应为刑事制裁的重点，而对于专利、商业秘密犯罪，可以适当宽缓。关于刑罚措施的配置，可作适当调整，即下调自由刑幅度，提高财产刑力度，增设资格刑内容。

下编　访谈与建言

与学术亲密接触*

问：吴教授，我们看过您的简历。与您同时代的学者相比，您的经历很有代表性。插过队，当过工人，做过办事员，然后在恢复高考后进入大学，您认为这样的人生阅历对您的学术之路有何影响？

答：按照通俗的说法，我们这一代人，是所谓的“老三届”学生，即66、67、68届毕业生，我只是67届初中生；同时也是所谓的“新三级”学人，即恢复高考后的77、78、79级学生，我算是当时第一届大学生。由于历史原因，当时法学教育正处于一个恢复和重新起步的阶段。我们这批人离开学校10年了又重新回来，当时考进大学是以初中学历为背景，心情之激动可想而知；同时也感受到了相当的压力。“为中华崛起而读书”对于我们来讲，不是一句时髦的口号，而是推动我们进步的动力。大学时代的同班同学中不少人现在已是各个学科的带头人，如人大的王利明和余劲松，武大的黄进，我们学校的方世荣等。大家年龄不同，经历相仿，一个共同特点是经过那个年代，都非常珍惜来之不易的学习机会，知道如何勤奋努力去面对新的生活。可以说，这是人生阅历对学术之路的影响之一。就我个人而言，17岁下乡插队做知青，40岁去美国做高级访问学者。有朋友戏称过去是“土插队”，现在又“洋插队”。比较过去的艰苦岁月，如今还有什么苦不能吃呢？做学问苦中有乐，做学问不苦则不能成正果。西方有句谚语，“机遇只会光顾有准备的人”。我以自己的切身经

---

* 本文系《法学家茶座》2005年10月3日对作者的采访，原文载《法学家茶座》，第三辑。

历来感受这句话，认为机遇老人还是很公平的。所以我认为，年轻人一定要勤奋，对于有志于从事法学研究者来说，尤其要注意通过艰苦的努力进行学术积累。

问：大家都知道您既是一位享誉法学界的学者，也是一位很有知名度的校长。但在我们眼里，您首先是一位学者。所以，我们想更深入了解一下您的学术之路。您的研究领域主要是在知识产权法方面，对于有些人来说，这可能是很“前卫”的学科。您能否谈谈您是如何与之结缘的，您在知识产权法里边最关注的问题是什么？

答：中国知识产权法制建设起步于改革开放初期，我的学术生涯有幸与此同步，算是最早从事知识产权研究的一批学者。我的起步稍早，有些地方可能称为“第一”。首先，我的硕士论文据资料统计，是全国第一篇研究知识产权的学位论文；其次，与闵锋于1986年共同编著、1987年出版的《知识产权法概论》是我国第一部知识产权法教材；再次，我的博士论文研究的是著作权问题，获得首届全国百篇优秀博士论文奖，是唯一一篇法学论文。我的学术发展路径始终与知识产权相关，但在80年代和90年代各有侧重。80年代，中国知识产权的研究刚起步，首先是编写教材，构建知识产权体系。90年代则着力于基础理论的研究，承担了两个国家级课题：“西方国家著作权比较研究”和“中国区域著作权比较研究”。2000年前后，主持了4项国家级和部级课题，着重研究知识产权的前沿问题。我认为，在商品经济条件下，财产构成发生变化，知识形态的财产在社会财富中比重增大。过去说，知识就是力量；现在讲，知识就是财富。以知识、技术和信息为对象，以知识产权为表现形式的无形财产，大有超过传统的有形财产的地位的趋势。从事这一领域的研究，兴味无穷，热力无限。

我最近一段时间则比较关注现实问题，近几年到一些省和高校做了许多讲座，宣传知识产权法律知识，介绍加入WTO后知识产权保护的情况。我认为，学者应关注WTO背景下的中国知识产权保护问题。强调知识产权一体化，是讲中国立法达到国际公约规定的最低标准就可以了，但一体化不是“美国化”，不是按照美国标准与做法来规定自己的知识产权制度，而要考虑中国的国情。我对这个问题的立场是，知识产权保护当然要讲“国际话”，但是也要会讲“中国话”。

问：我们在享受网络信息和网络文化的同时，电脑“黑客”会随时侵入，网络“垃圾”、电脑病毒也会不期而至。而掌握高级知识的人们，一旦实施犯罪行为，则给社会造成更大的危害。有人说，信息高速公路是一条没有警察的公路，也有人说“道高一尺，魔高一丈”。您对高科技领域的知识产权怎么看？

答：高科技是双刃剑。我想谈两个问题。一是网络版权问题，二是基因专利权问题。对网络信息、基因技术，知识产权法是否保护，给予何种程度的保护，欧盟和美国对此均有规定，中国也会面对同样的问题。

从制度史看来，著作权法的发展经历了一个从印刷版权到电子版权、最终到网络版权的变迁过程，突出地呈现出科学技术发展与法律制度创新之间的互动关系，也就是说，传播技术的发展带来了新的作品载体和新的作品传播方式，这与整个人类社会从传统产业时代向信息时代的转变也是相一致的。不论是数字化作品还是其他传统作品，其在无国界的网络空间的传播都是对著作权领域的既存利益、平衡机制的冲击。世界知识产权组织的两个新公约与美国千年数字版权法都积极回应了这一问题，规定了著作权人的复制、发行、出租、权利标示、技术措施等权利。中国也适应这一国际趋势修改了著作权法及其实施细则，从而与国际公约保持一致，同时也回应中国网络版权的保护需要，在网络空间建立了作品的创造者、使用者和社会公众之间新的利益平衡机制。可以说，网络环境下的版权保护，是一个技术问题，但更多的还是一个法律问题。

在高科技时代，不仅要考虑网络版权的问题，还要考虑基因专利的问题。基因技术对于人类社会来讲也是双刃剑。基因技术的出现可以使我们治疗疾病，维系人类健康，带来丰富的物种资源，这都可以通过基因技术得到实现。但基因技术如不能有效控制，也会对人类自身安全带来一些危害。比如说，转基因物质的污染、人类基因信息的失控以及克隆人技术的滥用问题，这些都是值得人类社会所警惕的。对基因技术给不给予保护以及给予什么样的保护，是各国法学家、伦理学家、科学家共同关注但又争论不休的问题。目前美国已经率先对转基因动物给予了保护，欧盟也有个“生物技术保护的条例”。这表明新一轮的立法已经启动了，我预期中国立法者将来也要面临相同的问题。对基因技术产品，特别是转基因的植物和动物，法律应该给予保护。

问：我们看到，一些学者在学问作出“名堂”之后，可能会转入“政途”，所谓“学而优则仕”嘛！但是，在他们往上升的时候，往往没有时间或者说没有心思做学问了，学问成了一块“敲门砖”。

答：我曾就任中南政法学院院长，现在担任中南财经政法大学校长。我一直有一个理念：不忘学者本色，牢记校长职责。作为校长或院长可以说是身不由己，我是一介布衣，学者出身，从来没想到要做什么校长，或是以此作为我毕生的全部的职业。但是，一旦进入这个岗位，我必须要为之付出努力，因此我也有一个转型问题。法学教育必须进一步发展，要为国家培养更多的法学人才，为我们的学者做好后勤部长，这一职责对我来讲是非常重要的，我必须尽责尽力。但我要强调，不能忘掉我的学者本色，因为我不是一个做行政出身的，我“学而优则仕”，是学者而做校长。做校长对我来说是短暂的，因为它有任期限制，但做教授、做学问是永恒的。所以不管有多忙我从来没有放弃过对学问的追求，而且自我感觉学问做得越来越好。

问：近年来，您虽政务缠身，却不忘学者本色，不断著书立说，成就也是有目共睹。能否向我们“透露”一下您的治学心得？

答：我年龄过了50，应该说做了二十多年学问。由于“文化大革命”，我出道太晚，28岁上大学，32岁读研究生，40岁读博士。所以我自称“虽非大器，却是晚成”。我觉得，年龄到了这个份上也在悟道，治学之道与为官之道是不同的。为官之道有“三求”，我做校长，要求稳、求同、求实。求稳，就是说工作应该保持它的相对稳定性；求同，就是尽可能争取你的同事、领导班子形成共识；求实，就是说实话、办实事，为师生员工谋利益。做学问就不同了，它也有“三求”：求真、求异、求新。求异，要有独立见解，不能人云亦云；求新，要永远不满足，不要重复别人的结论，不要简单重复别人的研究；求真，就是落脚点是追求真理。这就是我处理从政和治学的两个不同的座右铭。如何来做研究、做学问？我记得我与研究生座谈时讲过，在方法论上应向多学科渗透。为什么有这种感想，这与我从事的研究有关。比如说，著作权与文学艺术相关联，专利与科学技术相关联，商标则与经济学有很多天然的联系。很多知识产权学者比较注重技术规范和规则研究，我与他们不同在哪里呢？我是搞民商法出身的，因此非常自觉地，或者说有意识地把整个知识产权的研究建构在民商法的理论基础之上，同时又要探求有形财产与无形财产的区别，这是我在研究方法上与其他人不一样的地方。

我在学术研究和实务中，有意识地运用多学科知识，比如在我的博士论文里就运用了法历史学、法哲学、法经济学、宪法学、民商法学等多种学科知识来研究一个小小的问题。许多学者认为，这在方法论上是可取的，我觉得方法论上要向多学科渗透，这一点也算是我做学问的心得。

问：近几年来您佳作频出，屡获大奖，您能否谈谈在法学论文写作方面的宝贵经验，给后学指点迷津呢？

答：我很乐意结合个人的一点体会，和大家一起探讨法学论文写作问题。

法学论文的写作，我认为首先要注意选题，我个人把选题分为三种类型：第一种是小题大做，这种选题要求主题思想集中，观点与结论经过提炼。“小题大做”绝非东拼西凑，而是对某一制度，甚至某个制度的一个规则进行研究。第二种是旧题新作，这类选题往往可以从观点阐发到篇章布局发掘新意。第三种我称之为零起点型研究，这类选题难度较大。对于第一类选题，较好的方法是从具体制度引入，从法律价值走出，将对具体问题的分析论证建立在坚实的基础理论之上，使整个论证部分乃至全文的理论层次得到提升；对第二类选题，我则建议在论证过程、论据材料上下功夫，发掘旧题的新意和时代精神；第三类选题因为收集资料等工作的难度较大，不妨大胆假设，适当分为若干问题，在理论预设的背景之下严密谨慎地展开论证。

除了选题之外，学术规范也是一个值得重视的问题，学品也是人品的一面镜子。另外，结构设计要讲究科学性，概念运用要准确，逻辑的严密性、体系的完整性也是不容忽视的问题。我在指导硕士生、博士生写作论文时，听到这样的提问：同样的选题，完成的结果往往差别很大，原因在哪里？我认为是创新性要求不同。创新是学术论文最起码的学术要求，你们也可以理解成作品的原创性要求。谈到原创，不是要盲目拔高，更忌盲目创设新概念、新制度、新理论体系，要量力而行，合理论证。我认为，判断创新性程度的标准有五：一是课题新，是对一个别人没有做过的问题的研究；二是观点新，在前人研究的基础上向前跨进了一大步，旧题新作就属于此类；三是材料新，比方说对重要历史资料的发掘、发现或重新评价；四是视角新，同一个问题往往多人谈到，但你不妨从一个新角度谈别人所没有谈及的东西；五是方法新，借鉴了其他学科的研究方法或结论，运用了多学科的研究方法，并且运用得较为得当。

问：您曾经在中南政法学院攻读研究生，在中国人民大学法学院攻读博士。现在您不仅是中南财经政法大学民商法专业的博士生导师，同时也在中国人民大学兼任博士生导师。我们知道您一直比较注重研究生教育，能否结合您自己当研究生和当导师的经历谈谈我国法学研究生的教育问题？

答：中国的法律类院校有三种类型，一是研究型，二是研究教学型，三是教学型。教学型和研究教学型的法学院校占大多数。对于我们学校来说，一直坚持以本为本、以研为重，就是说把研究生教育作为重中之重。一流的法学院优先发展的应该是研究生教育，我不管过去作为院长还是现在担任校长，都非常关注研究生教育。我自己在80年代做研究生，90年代做博士生，现在作为硕导和博导，觉得研究生教育首先应考虑定位问题。它既是本科生教育基础上的提高教育，也是博士生教育的预备教育，因此它的地位非常重要。从我国现在的需求来看，研究生教育还会进一步发展。作为一个老师和一名校长，我较为关注这个问题，即量的扩张和质的提高问题。现在中国的法律院校有330多所，有研究生招生权的据说有几十所，研究生发展的规模是比较大的。但我又必须坦率地说，研究生培养的规格和层次，各校差别很大。所以我想，在现在的条件下，对研究生的培养质量必须给予高度重视。

研究生的培养涉及学校和学生两个方面。一方面，学校要环境育人，为学生提供教学硬件保障与良好的学习环境，增大对研究生课堂教学、科研活动的软件投入与支持，为研究生的成长提供更多的机遇；另一方面，研究生应该自我塑造，珍惜学习机会，勤奋学习，从知识结构、道德品质、身体素质等多方面对自己提出较高的要求，同时积极思考，要善于“悟道”。法学是一门应用性较强的学科，研究生的培养是专业知识与实践能力并重的培养。在达到这一目标的过程中手段可以多元化，应努力丰富完善知识结构，如补充经济学、社会学、哲学等其他学科的相关知识，多层面地拓展学生的视野，改善分析问题的思维定式，加深对法学知识的理解。研究生的培养同时也是学科建设的一项重要内容，学科建设是一个学校发展的生命线，要达到研究生的培养目标，必须全面提高教师队伍的素质。由于教学活动也是一个互动结构，不能“单打一”，必须考虑到学生的角色与地位，在研究生教育这个阶段更突出，我们过去尝试了课堂讨论、课题参与、协助教学等多种手段来培养法科研究生，应该说还是积累了不少经验的。

关于实践能力的培养，我认为还是不能脱离扎实的专业学习，未来的司法官也应该是学者型、理论型的。我不太主张研究生阶段过多地在外面打官司、代课而荒废学业，这有些急功近利之嫌，不符合社会对他们的期望。

问：我们想问一个敏感的问题。中南政法学院和中南财经大学合并成立中南财经政法大学已经两年有余。您有没有感觉到在合并的过程中，法学教育的资源经历了一些变化？您认为一所综合性大学的法学院和单纯的政法学院相比，各有什么利弊？

答：法学院和政法学院的比较，的确是一个非常敏感的问题。我们学校的合并是一种成功的范例，还是一种无奈的选择，这有不同的说法。首先要看到这一点，高校管理体制改革是中国高等教育发展的必由之路，也是培养现代化人才的一种重要举措。它改变了过去单科性院校培养单一人才的缺陷和不足，应该说我是拥护中央这样的一个决策的。作为我们学校来说，当时是一个两难决策：一个是成建制地保留政法学院的牌子，但是下放地方，作为地方二流甚至三流的学校；另一个就是寻求合并，能够成为教育部直属的院校，就会在经费投入、招生生源乃至于整个学校地位的提升等方面好处良多。综合性高校的法学院与单纯的政法学院相比，主要就是一个学科体系与人才培养的优势问题。单一的政法学院以法学为主体，法学的主导地位是不可动摇的，它的优势是可以取得最好的资源，取得最优先的地位来得到发展。但是在其他相关学科的发展方面，法学院没有得到应有的补充和融合，这首先对人才的培养是不利的。在一个新大学里，经济学、管理学及其他社会科学对法学教育的发展、法律人才的培养是一个非常重要的支撑和补充。

我不讳言，在一个新大学里，法学教师也面临着挑战。因为过去职称的评定、科研项目的投入以及其他方面的资源配备，法学处于一种没有任何挑战的地位，摆在一种优先和首要的地位。现在在新大学里则必须靠竞争去取得，对老师会带来一定的压力。我认为，评教授不能说是按单独一个学院的标准去评，必须放在一个大学里，在学位、学历、外语、科研成果上用同一标准，这对老师也是一种激励与促进。不管是过去的政法学院，还是现在的法学院，法学专业教师出国攻读学位、进修的政策没有变，反而学校资助的力度更大。我校搞了“双百万工程”，每年一百万元送教师出国留学，一百万元送教师攻读博士学位。今年，法学院出国留学的老师占全校的一半，在读和已经毕业的博士生占法学院教师总数的一半。我们在博士点很少的情况下能做到这一点，是非常不容易的。应该说，一个综合性高校的法学院有更多的资源、更多的活力，而且有利于学科建设和人才培养。所以说，当今中国好的法学院，首先还是在综合性高校。我觉得，法学院的老师能够适应这种转变，而且要应对这种挑战，应该说完全有实力和信心来把我们的法学院建设好。

问：每年大学毕业生求职的时候，学生和学校领导都会面临不小的压力。以前法学本科工作好找，现在形势是越来越严峻，并且感觉到“公检法”特别难进，好不容易对外招人了，又是粥少僧多，竞争激烈。我的几个法学本科毕业的同学都是经过了很多渠道才“挤”进法院系统的。对于这种状况，您有什么感想?

答：说实话，作为一名教师，作为一名校长，我非常关注学生的毕业就业问题，这是学校考核各个学院工作目标责任制的一个重要指标，也是衡量我们人才培养质量的一个重要指标。应该说我校学生的就业形势是比较好的，我首先通报一个数据，法学院的学生今年的初次就业率接近90%。在高校扩招、机构改革缩编的情况下，法学院学生就业率高于全国平均水平，是非常不容易的。我觉得，首先是我们的学生有竞争力，当然学校也采取了一些举措。学校要做的事，就是要维护学校良好的社会声誉，保证法科学生的培养规格和水平，只有高水平的人才，才能成为受社会欢迎的人才。法学教育现在已经进入一个“战国时代”，全国有三百多所法律院校，法科人才已经由短线产品变为长线产品了，不会是供不应求，而会是供大于求，这对每个学校、每个学生的考验是非常严峻的。学校当务之急就是保证我们的培养水平和规格，保证我们的学生在这样的竞争状态当中处于一种相对有利的地位和局面。另一方面要说到的是，法科学生的毕业就业问题，与我们现在司法队伍的建设状况是息息相关的。据我的调查和了解，其实在一些中西部地区的检察院、法院和公安机关，连一个像样的法学本科生都没有。当然，学生的择业观念要改变，但我认为更重要的是司法队伍的现状要予以改革。我认为，司法统一考试是一个非常好的信号，未来几年法官、检察官入门的门槛高了，条件统一了，那就为我们正规的法科毕业生迈入这个殿堂大开了方便之门。解决现在就业难的问题应该涉及三个方面：第一，学生要有危机感，改变择业观念，同时具备社会能够接收他的应有水平和能力；第二，从学校来看，必须保证自己的培养规格，扩大学校在社会各界的影响，维持它良好的学术形象和地位。第三，是寄希望于未来司法队伍的重构。

问：您曾经在一些文章中谈到过法学理论的多学科研究方法，这点对我们启发很大，但如何对待法学的理论研究和实践的错位呢？

答：法学是一个实践性的科学，它要求法学家关注现实。马克思曾说，哲学家的任务不仅是解释世界，而且是改造世界。那么，法学家的任务是什么呢？我觉得，它应是解释法律、应用法律、改造法律，这不可避免地要关注现实。我们的学者千万不要把法学搞成一个书斋文化，也就是说，我不太赞成在学术研究的价值取向方面过于追求法律的浪漫主义、法律的唯美主义和法律的空想主义，而忘记了法律的现实主义。我们要告诉人们一个法律的理想，但我们更多地应关注法律的现实。不仅要看到应该是什么，还要看到现实是什么，更重要的是我们能够做什么。这恐怕是每一个有良知的、关注中国发展的法学家所应该做到的。对此，我非常赞同这样的观点：一是告诉人们法治的现实比单纯告诉人们法治的理想更重要；二是融合西方法治理念并与中国法传统相结合，比以西方法治为蓝本更重要；三是发掘传统精华使之成为现实的基石，比一味批判传统更重要。这种看法是值得理论界深思玩味的。为人们构建一个非常美好的、非常理想的法治蓝图是必要的，但不是唯一的。我觉得应该正视我们的现实，纠正存在的不足，更多地进行对策性研究，来改造我们的法律文化，形成公民中的法律意识，所以说，《茶座》这种法律宣传形式、这种法律文化产品是很有意义的。

问：您怎样看待法学的精英化和通俗化问题？

答：关于法学精英化和通俗化的问题，我觉得可否这样表述，不妨说成是学者的精英化和司法官的精英化，这样可能更准确一些。我在德国访问时，曾问萨尔大学的马丁教授："你评价一下，你作为一名法学家在德国社会的地位。"他用一句非常形象的话说："我的头上只有上帝。"在这里，法学家表现出了一种职业的自豪感、神圣感。我觉得从事法学教育的学者、教授们，应该是中国教育界的精英、中国社会的精英。他们只有是精英分子，才能为"人者师"，这是我的一个想法。第二个来讲，谈到法官的职业化问题，我觉得法官的职业化离不开精英化。中国法官人数较之国外不可谓少，但他们的水准相对来说还没有达到精英化的要求，所以我想，谈法学的精英化还不如谈学者的精英化和司法官的精英化。

问：对民众来说，法学的面孔会不会太严肃？您认为怎样才能避免学者在书斋里孤芳自赏呢？

答：当务之急，应把法学从书本里和课堂上解放出来。回到法学知识的通俗化问题，刚才你说的"两化"，我想说成是学者、司法官的精英化与法学知识的通俗化。我觉得《法学家茶座》这个载体非常好。一个国家的社会稳定与秩序安全，需要有一个庞大的、有稳定收入的、受过良好教育的、有相当民主意识和法律观念的中间阶层来支撑。对于中国的大多数国民来说，是不是都对法律知识有足够的了解？虽不能说民智初开，但还处于一种民主观念和法律意识启蒙、普及和宣传的初级阶段。我们国家的法治水平与发展阶段是相适应的。我们的社会主义依然处在初级阶段，那么我们的法治水平也是初级阶段。高水平的法律环境，需要更多地普及和宣传法律知识，《茶座》是非常好的一个形式。

中国知识产权战略的国际战略选择与国内战略安排*

面对新的世纪、新的形势，当今世界各国政府都在认真思考和积极部署新的经济与社会发展战略。尽管各国在历史文化、现实国情和发展水平方面存在着种种差异，但在关注和重视科技进步上却是完全一致的。其原因在于我们面对的是一个以科技创新为主导的崭新时代，是以创新能力决定兴衰的国际格局。一个在科学技术上无所作为的国家，将不可避免地在经济、社会和文化发展上受到极大制约。激励科技发明创造是知识产权法律制度的一项重要目标，而知识产权作为 WTO 的三大支柱之一，在当今国际国内经济生活中扮演着重要的角色。中国“入世”后，中国企业面临的是国际国内两个市场，肩负的是发展壮大自身实力与保护、管理知识产权的双重任务。WTO 本身就是由一系列的协议和规则所构成，其中的知识产权保护不仅是企业经营管理中的法律问题，更是一个重大的发展战略问题。

目前，美、日、欧等发达国家及地区都纷纷制定或即将制定自己的知识产权发展战略。世界知识产权组织、联合国国际贸易与可持续发展中心、英国知识产权委员会等机构，也对知识产权战略问题作了非常深入的研究。面对这种发展趋势，胡锦涛总书记在 2004 年 12 月 27 日主持中共中央政治局第十八次集体学习时指出，科技部今后一个时期的重点任务之一，就是把推动自主创新

* 本文摘要曾以相同题目载于《法制日报》，2005-12-05。此次发表时恢复原文。

摆在全部科技工作的突出位置。要本着远近结合的原则，着力提高解决当前和未来我国经济社会发展的重大科技问题的能力，着力提高为落实科学发展观提供知识基础和技术发展方面的自主创新能力。要进一步突出科技战略导向由跟踪模仿向自主创新的转变，不断凝练关系国民经济发展和社会进步的重大科技项目；切实把加强自主创新能力作为经济结构调整的中心环节，选择重点产业，进行技术引进消化吸收的试点；加强企业自主创新能力，增强核心技术的自我开发能力，充分发挥企业的创新主体作用。

推动自主创新、建设国家创新体系，是一个系统性的工程，而知识产权制度正是这个工程的基石。知识产权发展战略并非发达国家的“专利”，发展中国家更有必要研究、制定、实施知识产权发展战略。

今年1月，国务院成立了以吴仪副总理为组长的国家知识产权战略制定工作领导小组，正在积极谋划并即将出台中国的知识产权战略。作为学者，我认为未来中国的知识产权战略，可包含两个层面，即国际战略层面和国内战略层面。

在国际战略层面，我们要注意把握后TRIPs时代知识产权制度发展的基本动态，积极推动国际知识产权制度的改革，并且针对TRIPs协议执行中的诸多问题，完善知识产权国际保护制度，把发展更公平、更公正、更合理的知识产权制度作为自己的战略目标。自知识产权国际保护制度进入后TRIPs的时代，知识产权国际保护体制与国际贸易体制的一体化、国际知识产权与国际人权的冲突、传统资源保护对现行知识产权制度的影响，就已成为这一时期存在的主要问题之一。

此外，由于科技创新能力是一个国家科技事业发展的决定性因素，是国家竞争力的核心，是强国富民的重要基础，是国家安全的重要保障，所以，我们要坚持把推进自主创新摆在科技工作的突出位置，坚持把提高科技自主创新能力作为推进结构调整和提高国家竞争力的中心环节，加快建设中国特色国家创新体系。就制度层面而言，知识产权立法的一体化寓意着知识产权保护的基本原则与标准在全球范围内的普适性，其实质是知识产权国际保护体制与国际贸易体制的结合。在知识产权法一体化、国际化的潮流中，中国作为世界贸易组织成员，理所当然应遵守《知识产权协议》所规定的国际义务。但是中国是一个发展中国家，应当考虑本国的经济、科技与文化的发展水平，现阶段立法不必过于攀高，而应最大限度地实现法律的本土化与国家化之间的协调。具体来说，中国的知识产权保护应当遵循国际公约规定的最低标准，而不是追随某些发达国家的高标准；坚持打击“盗版”“假冒”等各种侵权行为，在知识产权国际保护中加强合作与理解；适应我国经济与社会发展需要，实施以保护知识财产为重要内容的知识产权战略。

《知识产权协议》作为当代知识产权国际保护的核心法律制度，在其推行过程中也显见种种不足。在国际人权的视野中，《知识产权协议》对作者权利保护的缺失，限制合理使用规定对表现自由的冲击，信息数据库权利的扩张对数据来源者个人隐私的妨害，药品专利垄断对公众健康权利的影响，以及专有技术转让阻滞对发展权行使的制约等，都深刻地说明国际知识产权与国际人权保护在制度层面以及实施结果方面的不协调。自《知识产权协议》生效以来，国际社会充斥的是如何实施协定，如何促使知识产权一体化、高标准保护的声音，对这一协议本身的缺陷重视不够，对协议实施过程中存在的人权问题批评不够，这些并不利于知识产权国际保护制度的健康发展。中国与发展中国家应当积极参与国际知识产权论坛，团结各方力量，通过国际组织的有效运作，推动国际知识产权保护和国际人权保护协调发展。

当代国际竞争归根结底是科技实力和创新能力的竞争。随着经济全球化进程加快，资本、信息、技术和人才等要素在全球范围内的流动与配置更加普遍，科技竞争日益成为国家间竞争的焦点，科技创新能力特别是自主创新能力成为国家竞争力的决定性因素。为此，世界上许多国家都把科技投资作为战略性投资，大幅度增加科技投入，超前部署和开发新兴技术及产业。在新的国际竞争格局中，发达国家及其跨国公司利用自身的技术和资本优势保持领先地位，用技术控制市场和资源，形成了对世界市场特别是高技术市场的高度垄断，知识产权有可能成为影响发展中国家工业化进程的最大不确定因素。

传统知识、遗传资源等新型的财产权制度的出现，对国际知识产权制度的发展产生了重大的推动作用。这使得国际知识产权的保护范围从智力成果本身扩展到对智力成果源泉的保护，使得发展中国家在知识产权资源的国际竞争中取得优势地位成为可能。对传统知识、遗传资源的保护，国际社会正在酝酿一种与“传统”信息及信息材料相关联的、与“现代”知识产权相区别的“传统资源权”制度。传统资源权是一种保护“传统”（即维护文化和生物的多样性）的“新制度”。这种制度可采取专门管理（公法）与权利保护（私法）相结合的法律模式。对传统资源保护的制度选择，既涉及一国自身利益的考量，又事关国际协调机制的运作。在国际领域，它不仅反映了一种新利益格局的形成，同时也昭示着后 TRIPs 时代知识产权制度的发展走向。中国与其他发展中国家应致力于制度创新，对传统资源采用与现代知识产权制度有别的保护机制，避开倾覆知识产权制度根基的法律变动。同时，也应争取更多国家的理解和支持，在达成共识的基础上逐步建立起传统资源知识产权利用与保护的法律制度体系。

在国内战略层面，知识产权战略制定和实施的成功与否也决定了 21 世纪的中国社会发展的最终走向。从战略的主体角度来看，可包括国家知识产权战略、地区知识产权战略、行业知识产权战略、企业知识产权战略四个方面。对四者的关系，要使国家的宏观战略与企业的微观战略相结合，纵向的行业战略与横向的地区战略相协调。国家战略是对地区战略、行业战略和企业战略制定和实施的指导方略，企业战略是对国家战略、地区战略、行业战略最终落实的基础，而行业战略与地区战略则是联系或指导其他战略的桥梁和纽带。

对于国家战略而言，政府在知识产权领域虽不能成为市场参与者，但应是政策的制定者、市场的监督者和全局的指挥者。因为知识产权不仅是一项私权，其更与一国的公共政策密切相关。特别是进入新经济时代后，国家早已由不作为的“守夜人”转变为积极的干预者。以美国和日本为例，在 20 世纪 80 年代，美国就制定了《拜杜法案》等相关法律，对内保护知识产权，确保相关产业的健康发展。同时，针对外国侵犯其知识产权的行为，依据《综合贸易法》的特别 301 条款，实施贸易制裁，维护本国利益。日本更是在近几年相继出台了《知识产权战略大纲》、《知识产权基本法》和《有关知识产权创造、保护及其利用的推进计划》，建立日本内阁直属的知识产权战略本部，并提出“知识产权立国”的口号。

中国不可能只依靠引进技术满足自身发展的科技需求，不能指望别人来解决我们自身发展面临的核心技术和战略性科技问题。实践一再证明，核心技术是资金买不来的，创新能力是市场换不来的。一些人对我国科技人员能否在自主创新的竞争中取胜缺乏信心，认为关键技术也可以通过引进获得。在相当长的时期内，中国的技术来源主要应靠外国，因此，当前主要是抓劳动力密集型的加工工业，先改善产业要素禀赋而不是攻克关键技术。这种结论至少是对未来15年至20年的发展机遇缺乏足够清醒的认识，如果现在不狠抓自主创新，以后就没有我们的机会了。五十多年来，特别是改革开放二十多年的历史告诉我们：实现从“市场换技术”、“资源换技术”到“技术换技术”的转变，是从根本上解决我国面临的资源环境约束和产业由大变强等挑战性问题的必由之路。应该从注重单项技术的研发，向以重大产品和新兴产业为中心的集成创新转变，努力实现关键的技术集成和突破。

当前，已经有很多地区，诸如北京、上海、广州等地，纷纷制定了符合本地区发展的知识产权战略。这些地区知识产权战略的制定和实施，既是良好的实践开端，也最终会为正在制定的国家知识产权战略提供有益的理论总结和经验储备，但是，地区知识产权战略的制定也要避免盲目和跟风，应当契合本地区的实际，更具有实践性和针对性。例如，西部地区的战略制定，可以发挥其传统资源丰富的优势，在地理标志、植物品种保护方面大做文章。而东部沿海地区，则可以在核心技术、关键技术专利和知名品牌的培育和权利取得方面多下功夫。总的来说，要针对不同地区的具体情况，采取不同的战略重点。

行业知识产权战略在各个战略中是关键的中间环节，发挥着桥梁和纽带作用，但也是我们最薄弱的地方。制定行业知识产权战略，最终要由行业组织来具体实施。作为行业组织，对内应当制定行业标准、规范行业秩序、协调内部利益和激励本行业的自主创新；对外应当维护行业利益、表达本行业呼声；在国际贸易的仲裁和诉讼中，代表本行业企业，组织协调谈判，集体协商应对，总之，不应出现在6C联盟起诉国内DVD生产企业专利侵权案中，中国企业盲目应对、不打自降的局面。

企业是知识产权整体战略中的基本元素，是实施知识产权战略的最终主体。在目前以政府主导制定知识产权战略的情况下，我国企业自主战略设计行为的主动性还不强，这也反映了我国许多企业创新能力不够，创新投入不足，还没有形成企业自身的长远发展战略。面对外国政府频频树起的“知识产权壁垒”和跨国公司不断举起的“知识产权大棒”，中国企业只有有效运用知识产权才能够处变不惊、从容面对。

知识产权战略应是一种以权利保护为重要内容的整体战略。从战略内容的角度来讲，知识产权战略应该包括创造战略、保护战略、管理战略与人才战略这四大方面。在创造战略方面，主要是建立起以激励和保障技术创新、自主创新的原创性机制，实现经济增长方式的根本转变。现在企业面对的竞争，已从传统的生产竞争、服务竞争和价格竞争转向具差别性的创新性产品和服务的竞争，经济增长的源泉已从传统的产业投资和竞争转向了以知识生产为基础的技术创新。同时，在保护战略方面，要坚决打击“盗版”“假冒”等各种侵权行为，为保护知识产权营造良好的法制环境。当然，这也是维系社会主义市场经济运行的必要条件，是改善投资环境、维护市场秩序的重要保障。就企业而言，“盗版”“假冒”等侵权行为是一种严重的不正当竞争行为，会严重损害合法企业自主创新的能力，挫伤企业加大自主研发投入的积极性。另外，管理战略对于企业而言也尤为重要，企业对于知识产权的利用既是一种法律对价，也是一个合作博弈的过程。知识产权的作用正是在于通过有限的权利垄断，达到知识资源共享与文化、科技进步的作用，从而避免重复研究、资源浪费。在人才战略方面，就是要以培养具有创新能力、具有知识产权观念的创新性人才为核心，增加人才培养投入，推进人事改革，建立与市场经济和经济全球化相适应的人才机制，并且加大对自主科研成果的激励与奖励力度，营造尊重知识、尊重人才的良好环境。

知识产权涉及一连串的制度安排，绝非像一些企业管理层人士所认为的那样，仅仅是一个法律问题，或是一件由律师与企业法律顾问处理的事情。这种对知识产权的认识，还停留在“重开发、轻保护”的传统战略层次上。由于知识财产的非物质性、容易使技术外溢，避免此类情况的发生，存在着不可能或是成本过于高昂的情形，较为理想的方式是进行管理，融保护于管理之内。以美国企业 IBM 为例，其将专利许可给他人使用，通过收取专利使用费而使企业科技费用增加了 3 300%，由 1990 年的 0.3 亿美元上升到 2000 年的 10 亿美元，这相当于 IBM 税前净利润的 1/9。换言之，IBM 公司需要每年额外销售价值 200 亿美元的产品，才能取得同样数额的效益。从这个案例我们不难看出，知识产权固然重要，但这一制度本身却并非我们追求的最终目标，它只是达到促进国家技术进步、提高民族工业实力和增进社会财富的一种手段。因此，一个结构完整的法律文本、一套可以与国际最新、最高标准接轨的规范文件，并不足以成为衡量一国知识产权制度有效实施的尺度，而只有让企业、大学、研究机构等市场主体掌握和利用这一制度，走产学研三者良性互动的路子，才能实现真正意义上的知识产权发展战略。当然，我们现在还面临着高端人才短缺一问题。这里的人才，包括知识产权的法律人才、管理人才以及各类专门人才。所以当务之急应当在国家战略高度上加快知识产权人才培养，制定人才对策，在全社会提高知识产权保护意识。

总之，知识产权战略是我国21世纪为推动经济和社会发展而做的重大战略决策，也是与我国的科教兴国战略、人才强国战略和可持续发展战略紧密相关的重要战略举措。对于知识产权战略，我们应该积极、缜密地制定，稳妥、有效地实行。应当相信，知识产权战略最终的成功制定和实施，必将为我国的经济发展、社会进步、民族复兴发挥极为重要的作用。

发扬自主创新精神　加快知识产权建设*

党的十六届五中全会通过的《中共中央关于制定国民经济和社会发展第十一个五年规划的建议》（以下简称《建议》）指出："实现长期持续发展要依靠科技进步和劳动力素质的提高。要深入实施科教兴国战略和人才强国战略，把增强自主创新能力作为科学技术发展的战略基点和推进产业结构优化升级、转变经济增长方式的中心环节，大力提高原始创新能力、集成创新能力和引进消化吸收再创新能力。"《建议》还强调知识产权在自主创新中的重要作用，提出"要加大知识产权保护力度，健全知识产权保护体系，优化创新环境"，并将"形成一批拥有自主知识产权和知名品牌、国际竞争力较强的优势企业"作为"十一五"时期经济发展的目标之一。这些论断表明，知识产权为自主创新提供制度保障，知识产权建设必须服务于自主创新的发展目标。

一

科技创新的成果以智力成果即知识产品的形式表现出来，而知识产权制度正是以智力成果作为保护对象的，其本质是以法律形式赋予知识产品的创造者或所有者在一定期限内对知识产品享有排他的专有权，当此权利受到侵害时，权利主体可以使用法律所赋予的手段进行保护与救济。完善的知识产权制度对

* 本文系作者应邀撰写的解读"十一五规划建议"专题文章，原载《光明日报》，2005－12－19。

于自主创新的重要作用，从宏观层面来看，正如《建议》所指出的，是优化创新环境。从微观层面来看，则具体表现在以下几个方面：

——完善的知识产权制度为科技创新提供激励机制，能够保持创新工作的良性循环。创新者的创新活动必然要付出诸如时间、人力、物力、金钱之类的成本。在市场经济条件下，创新者所支付的成本应该能够收回，甚至实现盈利。而知识产权制度赋予创新者在一定时间内对其创新成果享有专有权，其他人或企业要想使用其创新成果，必须征得其同意并支付相应的使用费用。这样不仅为创新者收回成本提供了可能，而且能激励更多的企业和技术人员持续不断地投入到创新活动中去，使创新活动持续进行。

——完善的知识产权制度能够为创新提供智力资源，并且实现创新资源的有效配置。任何创新活动都是在前人的基础之上进行的，因此，创新活动的一个重要前提就是及时获得智力资源。专利权规定了早期公开制度，即发明人如果要使其智力成果以专利的形式获得法律保护的话，就必须将有关的技术信息通过各种方式向社会公开。在创新活动前查询这些已经公开的科研信息，一方面，可以了解世界先进科技发展的最新动态，提高创新活动的起点；另一方面，也能够避免因低水平重复研究造成的浪费，节约研究时间，提高产出效果。此外，引进、消化、吸收再创新也是自主创新的重要组成部分，早期公开制度也能够有效地克服当前技术引进工作中因不了解国际最新科技发展动态而导致的总体水平偏低、重复引进、核心技术和关键装备偏少等缺点。

——完善的知识产权制度是实现创新成果产业化的关键因素。创新不单是指研究开发，而且还是一个从研究开发到产业化和商业化的过程。以往，我们对于科研成果存在着只重视论文、成果鉴定和评奖，不重视市场的倾向，许多新技术完成后就被束之高阁。实际上，只有把创新成果法律化，并将之与产品产业化和企业的品牌商标结合起来，才能最终形成旺盛的生命力。在商业化阶段中必须强调对知识产权的综合保护。我们要想使自己的新技术产品最大限度地占领国内外市场，就必须使之权利化，拥有其专利权或商业秘密权。同时，结合商标权制度、著作权制度以及外观设计权制度，对产品商标、包装装潢、产品说明书、广告图案等进行综合保护，防止被他人不当使用。这样才能够促使创新者积极地将创新成果投入市场运作中去。

——完善的知识产权制度能够有效地保护科技创新成果，从而创造一个公平有序的创新环境。《建议》指出，“技术创新体系必须以企业为主体，市场为导向”。可见，在社会主义市场经济条件下，创新活动主要还是作为一种商业行为而存在，必须在一个公平有序的竞争环境中进行。知识产权制度的重要性就在于，它不仅规定了创新者对自己的创新成果在一定期限内享有排他的专有权，还规定了对侵犯这种专有权行为的各种法律制裁措施，包括民事责任、行政责任和刑事责任。这样，就可以有效地制止未经创新者许可而违法使用创新成果的行为发生，维持创新者之间的公平竞争。此外，知识产权制度在保护创新者个体利益的同时，还通过合理使用、法定许可使用、强制许可使用等制度，对创新者滥用权利的行为进行限制，保证创新者个体利益与社会公共利益之间的平衡，以促进社会整体创新水平的发展。

二

《建议》已经为我国今后若干年的知识产权建设指明了方向。为此，应当根据《建议》要求，从以下几个方面着手，加快建设我国的知识产权事业：

——尽快制定国家知识产权战略。在知识经济和经济全球化的大潮中，知识产权已成为许多国家发展和参与国际竞争的重要手段。20 世纪 80 年代以后，美、日、欧等国家和地区都逐渐认识到知识产权在经济和社会发展中的重要性，并开始将知识产权工作从具体的部门性事物层面提高到国家性事物层面，制定了国家知识产权战略，从而推动了本国科学技术的迅猛发展。党中央和国务院审时度势，准确把握这一世界发展趋势，提出要制定我国的国家知识产权战略。国家知识产权战略应以大幅度提高我国的自主创新能力和国家核心竞争力为目标，既要适应经济全球化和知识产权保护规则国际化的发展趋势，也要适应中国科技文化与经济发展状况，为我国走新型工业化道路、加快全面建设小康社会服务。国家知识产权战略不仅是知识产权各项工作的发展战略，而且还是国家总体战略的重要内容之一，它应当与科教兴国战略、可持续发展战略、人才强国战略等国家总体战略相互补充、相互依存、相互促进。在制定国家知识产权战略的同时，各地区、各行业、各企业也要根据自身的具体情况，抓紧制定本地区、本行业和本企业的知识产权战略，使之成为自身发展战略的组成部分。

——加快知识产权专门人才的培养。《建议》认为，“发展科技教育和壮大人才队伍，是提升国家竞争力的决定性因素”，指出了人才培养工作在我国知识产权事业建设中的重要性。2004 年 12 月 13 日，教育部和国家知识产权局联合下发了《关于进一步加强高等学校知识产权工作的若干意见》，提出要在高校普及知识产权知识。《意见》要求有条件的高等学校要开展知识产权人才培养和专业人才的培训，积极为企业和中介机构培养知识产权专业工作者；通过多渠道、多途径，包括开展中外合作办学，努力建设一支精通国内外知识产权规则的高级专门人才队伍；高校要在《法律基础》等相关课程中增加知识产权方面的内容，积极创造条件为本科生和研究生单独开设知识产权课程；高校将增设知识产权专业研究生学位授予点，鼓励有条件的高校整合教学资源，设立知识产权法学或知识产权管理学相关硕士点、博士点，提升知识产权的学科地位。相信通过这些措施，能够为我国新时期各项知识产权工作的顺利开展提供大量高素质的专门人才。

——大力开展宣传教育活动，提高全社会的知识产权意识。知识产权意识是知识产权工作的思想基础，一国知识产权意识的强弱，直接关系到该国知识产权事业的发展和成败。目前，我国在知识产权方面存在的最大问题仍然是社会公众和企业的知识产权意识不强，导致各项知识产权工作无法圆满展开。因而提高全社会的知识产权意识就成为当前工作的重点。知识产权意识的培养应该针对不同对象，综合运用公众宣传、专题培训、基础教育等形式。要充分发挥新闻媒体的作用，准确报道国内外知识产权重大事件，结合科普与普法宣传，提高全社会的知识产权意识；组织企业负责人参加高层培训和研讨班，以提高知识产权意识；将知识产权知识纳入各级党校领导干部学习和举办高层次专题报告会的内容，以加强对各级领导的宣传培训；将知识产权知识纳入公务员招录考试和中层干部资格考试内容，以加强对公务员和干部的宣传培训；将知识产权课程纳入中小学教育课程中，结合青少年综合素质的培养，提高中小学生发明创造积极性，增强青少年的知识产权意识。

——继续完善我国知识产权保护法律体系。20 世纪 80 年代以来，我国相继颁布实施了《专利法》、《商标法》、《著作权法》和《计算机软件保护条例》、《集成电路布图设计保护条例》、《植物新品种保护条例》等涵盖知识产权保护主要内容的法律法规，并颁布了一系列相关的实施细则和司法解释，使中国知识产权保护的法律法规体系不断趋于完善。在 2001 年中国加入世界贸易组织（WTO）前后，我国又对相关法律法规和司法解释进行了全面修改，在立法精神、权利内容、保护标准、法律救济手段等方面，做到了与 WTO 的《知识产权协议》（TRIPs 协议）以及其他知识产权保护国际规则相一致。当前，国际知识产权保护的重点和热点表现为对遗传资源、传统知识和民间文学艺术的保护，我国作为一个历史文化悠久的发展中国家，在这方面具有一定的比较优势，因此，应当制定和完善相关的法律法规，加大对遗传资源、传统知识和民间文学艺术的保护力度，使其更好地为我国的自主创新工作提供智力资源。在完善知识产权保护法律体系的同时，还要加大知识产权保护的执法力度，通过日常监管与专项治理相结合，真正做到有法可依、有法必依。

——在国际知识产权保护中发出中国的声音。《建议》指出，“要积极参与多边贸易谈判，推动区域和双边经济合作，促进全球贸易和投资自由化和便利化”。在经济全球化和 WTO 的背景下，随着关税壁垒的逐渐降低乃至取消，发达国家更多地依靠知识产权、贸易技术壁垒和反倾销等新的手段来控制市场。以 WTO 的 TRIPs 协议为核心的国际知识产权保护规则主要是以发达国家为主导地位而制定的，发展中国家一般处于被动接受的地位，其中较多地反映了发达国家的权利主张，而相对忽视了发展中国家的利益诉求。发达国家在知识产权上有明显优势，但也存在着滥用知识产权、非法垄断的行为，造成了当前国际贸易中的某些不合理、不公平的现象。我国作为一个在全球有重大政治影响力的发展中大国，应当与其他国家、国际组织和外商投资企业在知识产权领域广泛开展对话、交流与合作，在国际知识产权保护规则的调整和完善中发挥作用，与世界各国共享科技进步带来的成果和利益。

中国保护知识产权的决心与努力*

人类社会已经步入知识经济时代。国民财富的增长和人类生活的改善越来越有赖于知识的积累和创新，因而知识产权制度在经济和社会活动中的地位得到历史性提升，知识产权保护受到国际社会的广泛关注。

从 20 世纪 80 年代到今天，中国在知识产权立法及相关制度建设方面取得了令人瞩目的成就。

世界知识产权组织前总干事阿帕德·鲍格胥博士在回顾该组织与中国合作 20 年的历史时指出："在知识产权史上，中国用 20 年的时间能完成这一切的速度是独一无二的。"

在 2001 年加入世界贸易组织前后，中国及时地对知识产权法律法规和司法解释进行了全面修改，在立法精神、权利内容、保护标准、法律救济手段等方面做到了与世界贸易组织《知识产权协议》以及其他知识产权保护国际规则相一致。中国知识产权保护的法律法规体系得到了进一步完善。

通过建立健全协调、高效的知识产权管理体系，中国形成了行政保护和司法保护"两条途径、并行运作"的知识产权保护模式。2004 年，中国成立了国家保护知识产权工作组，负责统筹协调全国知识产权保护工作。中国知识产权的宏观管理力度得到了进一步加强。

"十五"时期，中国政府在全国开展了保护知识产权专项行动，各有关部

---

* 本文系作者应邀撰写的纪念中国"入世"五周年的专题文章，原载《人民日报》（海外版），2006－03－31。

门积极行动，严格执法，打击侵犯知识产权的违法分子。司法机关依法审理了一大批侵犯知识产权的各类案件，知识产权民事案件中受害人的经济损失及时得到赔偿，侵犯知识产权的违法犯罪行为得到有效打击，知识产权权利人的合法权益得到了更为有效的保护。

“十五”时期，中国加大了对各级官员和企事业单位的知识产权培训力度。各行业也积极开展各类知识产权研讨活动。同时，积极利用报刊、电视、广播、互联网等各种媒体，在全社会开展知识产权保护宣传教育活动，初步形成了尊重劳动、尊重知识、尊重人才、尊重创造的良好社会氛围。公民的知识产权保护意识得到了进一步增强。

中国还积极参加国际知识产权公约，努力在知识产权国际化的过程中发挥自己的作用，以负责的态度应对和处理国际知识产权贸易中的纠纷与摩擦，初步建立起知识产权国际交流与合作的新格局。

从以上事实，我们不难看出中国在强化知识产权保护上的决心与努力。但是，作为一个有 13 亿人口的发展中国家，在经济相对落后和科技水平不高的情况下，中国建立完善的知识产权保护制度，绝非一朝一夕之功。所以，要认识中国知识产权保护的现状，必须从中国的基本国情出发，用发展的眼光来看待问题。在经济发展越来越依赖于知识积累的今天，我们应按照科学发展观的要求，在推进全面建设小康社会和构建和谐社会过程中，在知识产权保护方面采取更为有效的政策措施，通过知识产权制度的现代化去推动科学技术的现代化。

为什么要加强知识产权保护*

从增强自主创新能力，建设创新型国家的要求和目标出发，当前我国知识产权保护仍然存在着诸多不可忽视的问题：

民众知识产权保护意识较为淡薄

知识产权文化强调知识是有价和有偿的，对于知识创造者注重个性发挥，鼓励独立思考和自主创新。但是，当前我国公众和企事业单位知识产权意识比较薄弱的状况还没有从根本上得到扭转，尊重他人知识产权、维护自身合法权益的意识和能力普遍缺乏。

我国关于知识产权保护的宣传教育始于改革开放以后，更多是仓促地应付外部和内部对盗版、假冒等侵权指责的形式性宣传，缺乏理论上的支持。因此我国的立法进程与国民意识的提高存在脱节。在相当多的地区，公民对知识产权保护还普遍缺乏一种较为清晰的共识，“窃书不算偷”这样的意识在民众心目中还占据着“主流”的位置。另外，由于知识产品的特殊性，公民对这种无形财产归属与占有的判断，很难做到像对待有形财产那样有一个直观的感觉，所以许多人将日常生活中诸多侵犯知识产权的行为皆视为“合法”，甚至对政府打击知识产权侵权的执法行为和法院关于知识产权保护的判决持怀疑态度。这也是为何我国在知识产权保护上不断地加大人力、物力和财力的投入，而相当多的地区和领域侵权活动仍然有增无减的重要原因之一。

---

* 本文系专题约稿，原载《人民论坛》，2006（6）。

企业对知识产权保护缺乏足够重视

多数国内企业还没有建立专业的知识产权工作机制，对国际规则的了解还比较贫乏，运用知识产权制度参与市场竞争尤其是国际市场竞争的准备和经验不足。

在国际领域，跨国公司基于研发优势，在我国申请大量专利，积极“跑马圈地”，然后利用手中的专利大棒压制、排斥和打击我国企业。同时其利用对“标准化”的垄断，实施不正当竞争，获取超额利润，中国许多企业因此频频陷入外国企业的知识产权“陷阱”。还有的企业缺乏知识产权保护意识，要么没有及时地将自己的创新性成果产业化，使自己的先进技术被他人低价收购并申请专利，要么本身的商标在国外企业被抢注，辛苦创造和积累的无形资产付诸流水。据统计，在过去的十几年里，中国企业已经将 13 万项发明“奉献”给了外国企业。而在国内，企业长期受“宁可仿制求生存，也不冒风险搞创新”观念的影响，不强调自主创新能力的培养，不重视积累自主知识产权，仅仅靠“出大力，流大汗”，把力量和精力集中在打价格战上，造成低水平重复建设。到最后在价格上无利可图时，就很难摆脱被市场淘汰的厄运。

造成我国企业知识产权保护意识淡薄也存在历史原因。我国自清末以来所发展的知识产权保护制度，基本上都是“强迫性学习”的产物。新中国成立以后，我国长期实行计划经济体制，也使知识产权制度缺乏存在的环境。此外，从一定意义上讲，我国的知识产权保护制度是依靠国家权力机关的立法行为强制推行的结果，并没有使我国企业对知识产权的保护产生切身的体会和积极的要求。

知识产权立法与执法水平有待改进

首先，知识产权执法效果还不甚理想，知识产权执法已经成为制约我国知识产权保护的瓶颈和软肋。我国现行知识产权保护制度处在一种条块分割的管理体制之下，在中央政府层面主管知识产权事务的机构有七八家，这直接导致了执法过程中效率和相互协调性的缺乏。另外知识产权保护信息的公开、披露也无法实现及时和到位。为此，我国应该建立一个统一高效的知识产权行政机关。

其次，我国知识产权立法上存在缺乏统一性、协调性的问题。已有的专利法、商标法和著作权法等知识产权法律制度，也有着共性的内容。但是，由于各部法律实施的时间不同，因而它们在制定目标、司法和行政保护范围和力度上存在着差异。同时，对于专利、商标、著作权之间的交叉问题应适用何种法律也没有较为完善的具体规定，另外，由于高新技术不断涌现，许多无形财产已经超出了原有知识产权法律保护所涵盖的范围，在这方面，我国立法尚显滞后。

最后，我们对知识产权保护缺乏一个清晰的定位。目前关于我国知识产权保护水平的认识，存在着三种截然不同的看法：保护水平过高论、保护水平过低论和保护水平适中论。各方还没有形成统一的共识，这种对定位存在的分歧，直接影响着我国知识产权保护的立法与执法，既不利于改善引进外资环境、提高引进外资质量，也不利于我国拥有自主知识产权的核心技术和配套技术的研发与产业化。

面临国际竞争，知识产权保护制度亟须完善

在知识经济时代，国与国之间的竞争说到底是知识产权的竞争，提前意识到这一点的发达国家，不遗余力地通过保护知识产权来维护其利益。知识产权保护已经成为国际经贸领域的焦点问题所在。

美国在 2005 年 4 月底发布的中国知识产权“特别 301 评估报告”中，将中国放入了“重点观察国家”，知识产权纠纷已经成为中美之间贸易发展的瓶颈，日本在华企业也已经成立了一个名为“IPG”的知识产权联盟，其目的就是联合起来，以知识产权战略抑制中国制造业的竞争力。欧盟商会也在其 2004 年建议书中特别指出了中国知识产权保护中存在的问题。与此同时，印度、越南等其他发展中国家也在积极发展和完善它们的知识产权保护制度。随着我国经济的发展，我国在人力资本上的优势正在逐渐减少，倘若其他发展中国家拥有比中国更为廉价的劳动力，加之知识产权保护水平的提高，其投资与外贸环境可能吸引外商将目光从中国转向它们。因此，中国在面临发达国家压力的同时，更要注意到其他发展中国家的竞争力，所以，我国要建立起完善的现代化的知识产权保护法律与制度，绝非一朝一夕之功。为实现建设创新型国家的战略目标，知识产权保护还任重道远。

知识产权的学科特点与人才培养要求*

知识产权作为一门独立的学科，有自己独特的研究对象，有自己特有的基本范畴、理念、原理、命题等所构成的知识体系；知识产权作为一种特定的专业，有自己特殊的人才培养目标，也有自己特定的人才培养规格。两者相互依存、相互促进。知识产权学科是知识产权人才培养的基础平台，知识产权人才培养则是知识产权学科建设的基本任务。

一、学科特点

1. 以民法理论为基础

首先，知识产权的许多基本范畴和基本理念必须放在民法的语境中，才能够得到合理的、科学的解释。前者如知识产权的私权性、知识产权的主体客体制度、侵害知识产权的归责原则等，都是对民法的理论借鉴，与民法学有着源流的关系；后者如保护专有权利和促进知识传播的“利益平衡原则”，则与民法中的“私权神圣”和“公平原则”等一脉相承。其次，知识产权的一些具体制度依然建立在民法基本规范、基本制度的基础之上。如基于合同发生的知识产权许可和转让，就离不开民法中合同制度的规范，同时也需要民法中权利变动制度的指引。

---

* 本文系作者在中国高校“知识产权学科建设与人才培养”专题研讨会上的书面发言，原载《中华商标》，2007（11）。

2. 以多学科知识为背景

知识产权制度有别于传统的物权制度和其他财产权制度，是最具科技含量、最多知识要素的法律制度。知识产权最具科技含量，因为它的形成和发展与科学技术密不可分。著作权制度在其三百多年的历史中，经历了印刷版权、电子版权、网络版权的不同阶段，深受传播技术变革的影响；现代社会中的基因专利权、植物新品种权、集成电路布图设计权，则与现代生物工程技术、微电子技术紧密相关。同时，知识产权问题还涉及经济、政治、文化、贸易等各个社会领域，与经济学、管理学、政治学、社会学、伦理学以及技术科学等许多学科有着或多或少的联系。

3. 以基本理论问题和实践问题为研究对象

知识产权学科以知识的生产、传播、保护所发生的基本法律问题作为研究对象。这些基本法律问题可以归结为三类：一是理念层面，涉及知识产权的法律价值、法律原则、法律功能等；二是规范层面，包括知识产权法律制度、法律技术、法律规则等；三是操作层面，事关知识产权法律解释、法律适用、法律活动、法律改革等。它既不纯粹地研究基本理论问题，也不局限于具体实践问题。

二、人才培养要求

1. 知识产权人才应当是复合型人才

知识产权归属于法学，但与管理学、经济学、技术科学等有着交叉和融合，因此知识产权人才应当具备多学科的知识背景。他们除了掌握法学的基础知识外，还应当能够理解文、理、工、医、管等学科的基本原理和前沿、动态，成为懂法律、懂科技、懂经济、懂管理的复合型人才。长期以来，我们在知识产权人才培养方面，没有注重多学科的嫁接，学生学科背景单一，难以适应知识产权职业的要求。解决知识产权人才供需矛盾，推动知识产权事业发展，培养知识产权复合型人才，应是我们今后努力的方向。

2. 知识产权人才应当是高端型人才

知识产权跨学科的特点，意味着单一的本科学历根本无法实现知识产权专业的目标要求，要使知识产权人才有较高的起点、较广博的知识，双学士、硕士、博士、博士后等高学历人才应当成为今后知识产权人才培养的主流。为此，应鼓励有条件的高等学校整合教学资源，设立独立的知识产权专业硕士点、博士点，提升知识产权的学科地位。

3. 知识产权人才应当是应用型和国际型人才

知识产权是一门实践性极强的学科。立法、司法机关、行政管理部门、公司企业、中介服务机构等对知识产权人才有着广泛的需求。这些单位和机构注重人才实践操作的能力，要求能够熟练处理各种知识产权实务问题。此外，随着经济全球化和《知识产权协议》的达成，知识产权制度呈现出国际化、一体化的趋势，知识产权领域的对外交流日益频繁，这就要求知识产权人才还应是具有国际视野、熟悉国际规则、能够处理国际事务的国际型人才。

实施知识产权战略　建设创新型国家*

党的十七大报告提出“实施知识产权战略”，虽然只有一句话，但内涵丰富，意义重大。笔者认为，以此为标志，中国的知识产权事业进入了一个新的重要的历史发展时期。对此，我们可以从两个方面来认识：

第一，就知识产权制度建设而言，中国进入了一个战略主动期。中国知识产权制度的历史，是一部从“逼我所用”到“为我所用”的制度变迁史，也是一部从被动移植到主动安排的政策发展史。一般认为，中国知识产权保护制度始于清朝末年。它虽是清政府实行新政，向西方学习的产物，但更多是帝国主义列强施加压力的结果。之后的北洋政府、国民党政府取材于外国法，先后制定了著作权法、专利法和商标法，这些法律都是被动立法的结果。新中国成立后，党和国家着手考虑知识产权保护问题。特别是中国实行改革开放政策以后，从20世纪70年代末至90年代初，加强了知识产权立法工作，先后制定了《商标法》(1982年)、《专利法》(1984年)和《著作权法》(1990年)，初步建立了知识产权法律制度体系。这一时期的知识产权立法，是一种有选择性的制度安排。自90年代初至21世纪初，中国知识产权的制度进入了一个发展与完善的重要阶段。中国在“入世”前，全面修订了《著作权法》(2001年)、《专利法》(1992年、2000年)、《商标法》(1993年、2001年)，颁布了《植物新品种保护条例》(1997年)、《集成电路布图设计保护条例》(2001年)等，

* 本文系作者应邀撰写的“十七大报告”宣传文章，原载《法制日报》，2008-01-31。

使我国知识产权保护标准和水平达到了《知识产权协议》的要求。总之，中国仅仅用了十多年的时间，就实现了从低水平向高水平的转变，完成了本土化向国际化的过渡。为了进一步加大知识产权保护力度，推动知识产权制度建设，中国于 2004 年、2005 年分别成立了“国家保护知识产权工作组”和“国家知识产权战略制定工作领导小组”。以此为契机，中国知识产权制度建设迈入了战略主动的新阶段。2006 年 1 月，胡锦涛总书记在全国科学技术大会上提出了建设创新型国家的战略目标。同年 5 月，胡锦涛总书记在中央政治局集体学习时强调：“加强知识产权制度建设，提高知识产权创造、运用、保护与管理能力，是增强自主创新能力、建设新型国家的迫切需要”。2007 年党的十七次代表大会提出：“实施知识产权战略”。这些论断表明，中国已经站在战略全局的高度，重新审视知识产权制度的功用和地位。基于当今国际科技、经济的发展趋势和创新型国家的发展经验，中国将通过制定和实施国家知识产权战略，有效利用知识产权制度，以此作为缩小与发达国家的差距，实现跨越式发展的政策抉择。

第二，从知识产权制度运作来讲，中国进入了一个关键发展期。我国现在的知识产权立法，已经完全符合国际公约的要求，履行了“入世”承诺，得到世界各国及国际组织的认可。前世界知识产权组织主席鲍格胥博士曾说过：“中国用了不到二十年的时间，走过了西方发达国家一两百年才能够完成的知识产权立法进程，这个成就是举世闻名的。”但是，知识产权制度作为国家公共政策的组成部分，是否能够充分发挥其推动发展、鼓励创新的制度功能，实现预期的政策目标，不仅取决于立法的完善，更决定于制度运作的成功与否。西方国家的知识产权制度已经有三四百年的历史，因此其制度运作经验丰富，而我国知识产权制度发展只有十几年的历程，经验不足，外部环境不利。有鉴于此，我认为当前我国应从国际和国内两个层面来推动我国知识产权制度的运作：

在国际层面，中国应该注意把握后 TRIPs 时代知识产权制度发展的基本动态，积极推动国际知识产权制度的改革，并且针对《知识产权协议》执行中的诸多问题，进一步完善现行知识产权国际公约，把发展更公平、更公正、更合理的知识产权制度作为自己的基本立场。具言之：一是信守国际承诺，推动制度改革。对于我国已经加入的知识产权国际公约，我们必须信守承诺，按照

“条约必须遵守”的国际法基本原则，确保国内立法达到国际公约所确定的“最低保护标准”的要求。同时，在未来国际知识产权制度的变革过程中，我国也应注意发挥建设性作用，推动国际知识产权制度的改革。二是运用国际规则，维护本国利益，自《知识产权协议》生效以来，国际社会充斥的是如何实施该协定，如何促使知识产权一体化、高水平保护的声音。我们要全面解读和合理运用《知识产权协议》条款，维护发展中国家的利益。

在国内层面，紧密结合国家知识产权战略，建立以知识产权为导向的公共政策体系。国家知识产权战略是一种全局性、长期性和国策性的发展战略，它体现的是国家以制度配置为基础，对市场主体自主创新的推动和引导，因此需要集中政府、企业、行业、社会等主体的力量，形成合力，并使之形成一个协调、配合的战略体系。在国家知识产权战略的指引下，知识产权制度应与国家的科技政策、产业政策、文化政策、教育政策、外贸政策相互配合，在有关政策出台时增加知识产权条款。

知识产权制度建设、知识产权战略实施，应服务于建设创新型国家的总政策目标。十七大报告指出：提高自主创新能力，建设创新型国家。中国为什么要走创新型国家的发展道路？我认为，这是由于有两条路是我们不能走也走不了的。第一是资源耗费型的发展道路。我们不能靠牺牲环境、耗费资源、提供廉价劳动力来参加国际的分工与协作，这不利于中国未来的可持续健康发展。中国资源有限、人口众多，这样的国情决定中国不可能走资源耗费型的发展道路。第二是技术依赖性的发展道路。西方发达国家不管是出于维护其技术优势的利益考量，还是出自意识形态的政治偏见，都不可能将核心、关键技术转让给我们。在这样的情况下，提高自主创新能力、建设创新型国家是中国未来发展的必由之路。

在提高自主创新能力、走创新型国家的发展道路上，知识产权起着制度保证、制度支撑作用：

1. 完善知识产权制度是激励自主创新的制度保障

在发达国家的历史进程中，知识产权制度是财产权制度变革与创新的结果，是西方发达国家300多年来不断发展成长的制度文明，对促进经济发展、推动科技进步、繁荣文化和教育起到了重要作用。我们既是一个传统的发展中国家，更是一个新兴的工业化国家，有效利用知识产权这种先进的法律制度，是我们缩小与发达国家差距、实现跨越式发展的战略抉择。在我国当前形势下，知识产权制度已经成为提升我国自主创新能力的重要制度，是实现创新型国家宏伟目标的战略支撑。

2. 拥有自主知识产权是提高国家核心竞争力的战略重点

国家竞争力是反映一个国家在世界经济大环境下，与各国相比较，其创造增加值和国民财富持续增长的能力，包括核心竞争力、基础竞争力和环境竞争力。其中，核心竞争力主要表现为科技实力和经济实力。在知识经济时代，衡量一个国家的科技实力与经济实力，往往就是看它拥有知识产权的数量和质量。从这个意义说，世界未来的竞争就是知识产权的竞争。我国的产业结构调整、经济增长方式转变、技术升级和企业改造已经进入关键阶段。在此关头，引导我国企业学会制定并实施其“专利战略”“品牌战略”，利用其自主知识产权参与国际竞争，逐步减少“血拼价格”这种低水平竞争策略，完成从“中国仿造”到“中国制造”再到“中国创造”的转变，对于中国未来的发展具有重要的战略意义。

3. 加强知识产权保护是促进市场经济健康发展的战略举措

市场经济的健康发展，有赖于明确界定产权，规范产权市场，加强产权的保护与管理。知识产权是市场经济发展的制度产物，同时也是世界市场经济体制的基本规则。无论在国内市场还是国际市场，中国经济的发展都离不开对知识产权的有效保护。从国内市场来说，知识产权是作为市场主体的企业进行市场竞争的法律手段。唯有加强知识产权保护，才能使我们的企业将人力与物力投入技术的创新与品牌的维护上，才能形成健康有序的市场环境，使经济发展实现良性循环。从国际环境来说，知识产权保护状况如何，已经成为国际社会对投资、贸易环境进行评估的重要内容。建立完善的知识产权制度既是技术引进的先决条件，也是外商投资合作的环境要素。

知识产权国际保护制度需要改革*

※20 世纪 80 年代党中央国务院第一次提出关于科学成果商品化的问题，让我有了研究知识产权的冲动

问：当时是一种什么样的机缘，使您开始进入到知识产权的前沿研究呢？

答：我觉得当时有两件事对我影响很深，一个是在 20 世纪 80 年代中期的时候，中央公布了一个关于科学技术体制改革的决定。在这个决定里，党中央、国务院第一次提出科学成果商品化的问题。这个决定告诉人们，越来越多的技术成为知识形态的商品。这种知识形态的商品是什么呢？我想就是知识产权保护的对象。我是研究民法出身的，传统民法保护的是有形的动产和不动产，而知识产权保护的是非物质性的知识、技术和信息。这个文件给我一个重要的启示。第二个原因恐怕是中国法学发展的需要。当时知识产权领域是一个未开垦的处女地，我觉得有很多文章可以做。我这个人对未知领域总是保留一种热情，一种好奇，这就使得我对这个知识产权领域特别地钟情。

※知识产权：世界各国之间竞争的利器

随着社会经济、技术、文化的高速发展，以知识产权为价值标准的知识经济已成为全球经济发展的核心动力，知识产权也已成为世界各国之间竞争的利器。据统计：现今美国的知识产权价值约为 5 万亿美元，约占美国 GDP 的一半、经济增长的 40%，并养活着 1 800 万美国人。

---

* 本文系北京电视台对作者电视专访的文字记录稿，题目及标题均为编者所加，原载《北京日报》，2008 - 02 - 27。

问：现在有一种说法，认为中国的知识产权保护实际上是在西方的枪口，或者说是在西方压力之下开始发展起来的，您怎样看待这种观点？

答：你这个问题很有意思。西方发达国家确实是知识产权制度的最早推行者，更是最大的受益者。它们建立知识产权制度比中国早两百多年，即使是巴西、印度这样的发展中大国的制度建设也比中国早近一百年。中国是从什么时候开始自己立法进程的呢？应该是在清末才引进了近代西方的知识产权制度，这确实是帝国主义列强强加给中国的结果。新中国成立以后，我认为在相当长的时期内，中国制定的一些知识产权法律、法规，有些确实是出于国际社会特别是西方发达国家的压力。西方国家是站在自己的国家利益立场上，采取了实用主义态度，总是在不同的发展阶段来推行不同的知识产权政策。

问：知识产权为什么会成为一个与国家发展战略密切相关的法律？

答：我以史为鉴，以美国为例。美国在1790年就颁布了自己的著作权法，那个时候美国的出版业、文化产业是落后于欧洲大陆的。当时的美国著作权法就要求外国人的作品在美国印刷出版才享有美国版权，所以盗版行为大量存在。文献记载：19世纪的时候，每当欧洲的游轮到达波士顿、旧金山的港口，美国的出版商就驾着马车快速来到港口，抢购欧洲大陆最新出版的书籍，然后自己印刷并公然在书店出售。所以当时狄更斯、雨果这样的大文豪愤怒斥责这种海盗行为，说简直是在他们口袋里头抢英镑、抢法郎。那个时候美国因为它的文化产业、出版业不发达，采取的是一种低水平的知识产权保护。但是现在不同了，美国很牛了，以软件、电影、音像和图书为核心的文化产业的发展在世界上占有十分崇高的地位。美国现在为什么要高水平地保护知识产权，说到底就是为了维护自己的技术优势，为了维护美国在全球的贸易利益。

※振兴文化产业，保护、抢救、挖掘文化资源，这些都离不开知识产权的保护

问：我们有很多人还没有意识到知识和财富之间的密切关系，以及知识怎么变成财富的，而这其中最为主要的就是了解和运用知识产权，是否可以这样理解？

答：是这样的。中国企业与外国企业相比，在知识产权保护方面差距在哪里？问题在于我们运用知识产权制度的经验不足。中国要在2020年建设成为一个创新型国家，没有知识产权制度是不可想象的。建设创新型国家要靠两样东西来支撑，一个是知识创新，一个是制度创新。关于创新问题，我觉得有些专家的理论、有些媒体的观点似乎有所偏颇，把建立自主创新体系、提高自主创新能力等同于科技创新。我认为是不够的，创新应该包括制度创新和知识创新，而知识创新包括科技创新和文化创新。

问：您怎么理解文化创新呢？

答：文化创新属于知识创新的范畴，涉及文化领域里的创新活动和创意产业的发展。我国应重视提升文化创新能力，推动文化产业发展。当然，文化创新需要知识产权制度来支撑。

问：在文化创新中应该怎样运用知识产权这样一种制度呢？

答：首先是应该怎样理解文化发展的问题。我觉得过去认识有偏差，把文化简单看作是一个意识形态的东西，在经济发展中忽视了文化发展。美国在文化方面的做法，可以说是一箭双雕，一举多得。大家都知道美国的大片，在全球总共只有6.7%电影制作份额，但赚取了全球85%的票房收入。据我所知，好莱坞的大片一般制作的费用少则几千万，多则几个亿，最多的是《泰坦尼克号》，投资3亿美元，但是票房收入达到15亿美元。所以说美国的好莱坞大片，不仅输出了美国的文化、美国的价值观念，更赚回了大量的版权收入。

问：中国没有好莱坞，也没有好莱坞大片。那么，我们究竟该怎样使我们的文化、传统文化变成财富呢？以一个法学家的眼光，从知识产权的角度您有没有看到这种商机呢？

答：我觉得应该挖掘、整理、保护我们宝贵的文化资源和传统知识资源。坦率地说，作为一个知识产权学者，我对国际知识产权保护的现状并不是满意的。这是一种失衡的利益格局，它比较多考虑的是发达国家的利益，而没有顾及发展中国家的利益。

我曾去上海开会，有机会看到美国百老汇的歌剧《狮子王》，这里头有一首歌太好听了，叫做《雄狮今夜沉睡》。其实这首歌的音乐元素来自非洲祖鲁族的传统歌曲，据说那个叫林达的歌手，搜集整理改编了这首歌曲，这首歌后被作为主题曲移植到《狮子王》中。《雄师今夜沉睡》这首歌的版权使用费是2 000万美元，而给林达的是象征性的一英镑。这实际上是迪斯尼公司无偿使用了人家的传统歌曲，因为国际上没有这样一种有偿使用传统知识的规定，这就是现行知识产权国际保护制度的一种缺憾。其实中国也有类似的事情，我可以讲两件事儿，第一件事儿就是美国的好莱坞，把我们的木兰从军的故事改为了《花木兰》，票房收入达到20亿美元，我们中国人还要花钱买票看美国人用现代艺术形式表现的中国本土传说，这是一个令人不快的事情。

问：美国不需要向中国付版权税吗？

答：没有，因为没有这个制度。我觉得中国应该尽早制定关于民间文学艺术的保护条例，首先从中国自己开始做起，然后在国际上来推动整个知识产权国际保护制度的改革。在这方面，应团结发展中国家，争取发达国家，把传统知识的保护变成一个国际通行的制度，我认为这就比较合理了。

问：您这一讲，我觉得从知识产权的角度，在文化方面可以看到非常多的商机。

答：没错，我谈谈第二件事：大家都知道中医药在全世界都是有名的，据我所知，国际中成药市场每年的产值是4 000亿美元，而且以每年10%的速度在不断增长，但是中国出口的中成药大概只占国际市场份额的3%，而日本占到了80%。现在国内的中成药市场，三分之一是所谓的洋中药。这些发达国家的医药公司，用我们中国传统的中药配方，甚至使用中国本土出品的中药原料，然后采用先进的加工技术把它制成适合西方人消费和服用的片剂、颗粒剂和胶囊，所以它们占了中成药的大部分的市场份额。其实文化产业商机无限，传统知识提供了创造源泉，我们要保护、抢救、挖掘我们的传统知识资源，这些都离不开知识产权制度，在这个问题上还是任重道远。

※知识产权是一把双刃剑，既不能不保护，也不能保护过度

问：现实的发展对知识产权的立法、执行等方面提出了很高的要求，目前我国的知识产权建设究竟做得怎么样呢？

答：我前面说了，在这一百年里，知识产权制度在中国的命运，过去叫做“逼我所用”，现在可以说是“为我所用”。我以为中国知识产权的春天已经来临，我们要建设一个创新型国家，非常需要知识产权制度来作为政策支撑。

问：您讲中国知识产权的春天已经来临，那么我们还有多少亟待解决的问题呢？

答：现在中国非常重视知识产权制度的建设问题，但是我想它也不是一日之功，它需要一种政策经验的积累，需要一种文化氛围的形成，也需要政府和其他社会组织在制度运作方面给予支持。知识产权是干什么的，说到底是关于知识资源的创造、归属、利用、分配的一种法律制度。我认为，当今世界是一个知识经济的时代，从某种意义来说，也是知识产权的时代。

问：关于知识产权制度，您很多次提到了本土化问题，所以我想在谈知识产权立法以及实施的国际化的时候，一定不能忘了知识产权的本土化的问题。

答：非常正确。我认为，知识产权制度建立的基础应该是国情，因为知识产权可能是一把双刃剑，既不能不保护，也不能保护过度。就一国内部而言，根据现阶段的经济、科技的发展现状来制定知识产权法律是最合适的。17、18世纪的英国就是如此，正是由于英国当时制定了第一部专利法（1623年的《垄断法规》），第一部著作权法（1709年的《安娜法令》），激励和推动了知识创新，才引发了18世纪70年代近代欧洲的工业革命。

问：过去我们在谈英国的工业革命，更多的是看到技术的进步。

答：是的。事实上在技术进步的背后还有制度创新。刚才我说过，根据国情来制定知识产权法律是最合适的，但是对发展中国家来说，这种历史的机遇期已经丧失。为什么呢？因为世界贸易组织成立了，把知识产权保护纳入国际贸易体系之中，所以中国现在知识产权制度的建设，不仅要考虑本土发展的现实，还要考虑国际贸易规则的约束，两者之间必须兼顾。

※面对发达国家的技术优势，我们应该接受全球统一的专利制度吗

问：您刚才讲了知识产权制度建设的本土化是必须的，但是现在由于国际潮流的发展，已经使发展中国家的本土化变得很艰巨了，是这样吗？

答：我觉得本土化有两层意思。第一，就是遵循国际公约最低保护的标准和原则。中国知识产权立法的水平不要超越国际公约，不要超越中国的发展阶段。我们所讲的国际化、趋同化、一体化指的是遵守国际公约规定的标准，而不是要向美国看齐，与西方国家保持一致。我下面讲两个例子，说明中国应该要持一个谨慎态度。比如说，我们对著作权的保护，一般作品是作者有生之年加死后 50 年。对于电影作品、软件作品、音像制品的保护期规定是 50 年。但是美国为了保护迪斯尼的米老鼠、唐老鸭形象，把它们的著作权保护期延长到了 90 年，我们有必要跟风吗？再比如说，包括美国、欧盟和日本在酝酿一个全球的统一专利制度，就是在一个国家申请专利得到批准以后，自动在所有的成员国都享有专利权。发展中国家对此应该谨慎地观察而不要盲目跟进。我讲到本土化的第一个意思，就是要充分考虑中国还是一个发展中国家，只要达到国际公约所规定的最低标准就行了，不要考虑美国标准，不要考虑欧盟标准，这是我的一个基本立场。

第二，就是推动知识产权制度在中国的有效实施，使其真正能够推动科技创新，促进经济发展，繁荣文化与教育。随着人们知识产权保护意识的增强，国内申请专利的企业和个人也越来越多。2006 年年底，中国国家知识产权局宣布，中国专利申请总量已突破 300 万件。自 1985 年《专利法》实施至 2000 年年初，专利申请总量历时近 15 年才超越百万大关，后来是经过 4 年零 2 个月后达到第二个 100 万件，而突破第三个 100 万件仅用了 2 年零 3 个月。如此多的专利申请量带给我们哪些思考？在数字增长的背后到底是什么？对此在感到高兴的时候，还应该作出理性的分析，我们不仅要看数量、规模，也要讲质量、水平。

问：对于中国知识产权的现状，不管是立法，还是实施，您特别担忧的问题是在哪里？

答：中国现在自主知识产权数量急剧增加。就专利申请而言，2005 年的时候，中国排名世界第 10，2006 年跃升到第 8，但是我觉得更重要的是在质量和水平上下功夫，千万不要搞知识产权泡沫。虽然我们专利申请量上升非常快，缩小了跟美、日这些先进国家的差距，但是在核心技术、关键技术的专利授权的取得方面还有差距，特别是在高新技术领域，比如航空航天、高清晰彩电、计算机、汽车等取得中国专利授权的多半是外国公司、跨国公司，它们取得发明专利的授权高达 80%，甚至 90%。所以我觉得数量、规模固然很重要，但质量、水平更重要。再说说商标。中国商标注册申请连续几年全世界第一。但是，中国有多少个注册商标是国际知名品牌呢？世界十大知名品牌，主要归美国，我数数看，第一可口可乐，第二微软，第三 IBM，第四美国通用，第五英特尔，第六才轮到芬兰的诺基亚。到 2005 年的时候呢，发生一个小小的变化，增加一个日本的丰田，但是前五个依然是美国商标。中国商标还没有进入国际知名品牌 100 强，亚洲 7 个最知名的品牌没有一个属于中国。中国的商标注册数量非常可观，但国际知名品牌不多。所以说中国已经将知识产权提升为国家战略并强化实施，这是中国自身发展的迫切需要。

我国知识产权不存在超高或过低保护的问题*

《21世纪经济报道》编者按：

近年来，吴汉东几乎参与了我国知识产权制度构建和完善中所有重要法律文献的制定，更对我国《知识产权战略纲要》制定中所涉争论深有体会，该纲要是我国第一次从国家战略层面明确了我国对知识产权制度的构建和推行。

在众多围绕我国知识产权制度的构建和完善展开的争论中，我国将采取怎样的知识产权保护标准和水平尤其关键和根本，对此，吴汉东一以贯之的观点是，知识产权是政府公共政策的选择，任何国家都有理由根据现阶段的经济、科技发展状况，并且考虑未来社会发展所需以决定适合本国国情的保护标准和水平。而且，他作为一个知识产权制度的研究者，不仅从法学角度，还结合经济学、哲学、政治学等对自己的判断进行了充分的论证。

近日，本报就目前我国知识产权领域一些争议较大的议题专访了吴汉东教授，是为国家智囊系列访谈之六。

我国知识产权不存在过低保护问题

问：胡锦涛总书记在十七大报告中明确提出，要“实施知识产权战略”，今年6月份国务院正式发布了《国家知识产权战略纲要》，中国第一次从国家

---

* 本文系《21世纪经济报道》对作者的专访，刊载于该报2008年12月5日“国家智囊系列访谈”，题目及标题系编者所加。

战略层面明确了我国对知识产权制度的构建和推行，在您看来，此战略选择对于我国当下经济社会发展来讲，其必然性意义如何理解？

答：在法律制度的历史上，知识产权是罗马法以来“财产非物质化革命”的制度创新成果，也是西方国家三百多年来不断发展成长的“制度文明典范”。知识产权对于发展中国家而言是一种制度“舶来品”，最初是被动移植、外力强加的结果；知识产权立法不是基于自身国情的制度选择，往往是受到外来压力的影响。

近十年来，中国站在战略全局的高度，致力于知识产权制度建设，并通过制定和实施国家知识产权战略，有效利用知识产权制度，以此作为缩小与发达国家的差距，实现跨越式发展的政策抉择。

问：在整个《国家知识产权战略纲要》制定过程中，有一个争论就是中国将采取一个怎样的知识产权授予标准和保护水平。您的观点认为知识产权是政府公共政策的选择，任何国家都有理由根据现阶段的经济、科技发展状况，并且考虑未来社会发展所需以决定适合本国国情的保护标准和水平，这一判断能为目前居于强势知识产权地位的发达国家和跨国公司所接受吗？

答：知识产权制度选择的基础是国情。根据国家不同发展阶段的不同发展需求，对知识产权作出选择性政策安排，是以往西方国家的普遍做法。一般来说，在不出现外来压力的干扰下，一国根据自身发展状况和需要来保护知识产权是最为适宜的；在一国经济社会发展水平不高的情况下，从“低水平”保护到“高水平”保护的过渡也是非常必要的。在知识产权制度史上，西方国家大抵奉行实用主义态度，都有一个从“选择保护”到“全方位保护”，从“弱保护”到“强保护”的过渡期。比如，基于文化、教育落后于欧洲国家的考量，美国 1790 年版权法采取的是低水平版权保护；鉴于本国制药及化学产业落后的状况，日本 1885 年专利法实施的是有限范围的专利保护。在这一情况下，一国知识产权的保护状况，不涉及“超高”或“过低”的标准评价问题。

但是，中国知识产权制度建设是在一个新的国际环境中进行的。中国仅仅用了十多年的时间，知识产权制度就实现了从低水平到高水平的转变，完成了从中国标准到国际标准的过渡，作为 WTO 成员的中国已经失去了发达国家所经历的漫长过渡期。也正是由于这一原因，对于中国知识产权保护水平的判断，在政界、商界、学术界都存着广泛的争议。有人认为，我国知识产权保护水平已达到国际公约规定的最低标准，是适合本国国情的，但距离发达国家的高水平保护还有一定差距；也有人认为，我国在知识产权保护问题上存在着“超国际标准”问题，即“现行知识产权保护的一些规定，不适当地超出国际公约的相关要求”；还有人认为，在中国加入世界贸易组织之后，知识产权保护须遵循国际标准，讨论知识产权保护水平“过低”还是“超高”并无意义。

关于知识产权保护水平认识的差异性，其原因在于评价标准的不统一性，即不同的人从不同的角度会得出不同的结论。在我看来，确定中国知识产权保护水准，应结合国际因素和国内因素综合考量。

从国际层面看，与国际公约所规定的最低保护标准相比，我国知识产权保护水平不低。我国在加入世界贸易组织前后，对知识产权法律、法规进行了全面修改，在立法精神、权利内容、保护标准、法律救济手段等方面强调促进科技进步与创新的同时，做到了与《知识产权协议》以及其他知识产权国际公约相一致。我国知识产权保护水平，奉行的是国际公约最低保护标准原则下的一体化，而不是追随发达国家的“西方化”或是“美国化”，以美国标准或西方国家标准来评价中国知识产权保护水平，是极为不当的。但是，与越南、菲律宾、南非等发展中国家相比，我国知识产权法律体系完备，知识产权保护水平较高，其立法走在发展中国家的前列。

从国内层面看，可以从纵向和横向两个角度对中国知识产权保护水平作出判断。从纵向来看，知识产权保护水平逐步提高。我国是在社会、科技、文化和经济不断发展的基础上逐步提升知识产权保护水平，两者是基本适应的。从横向来看，知识产权保护存在行业、区域方面的不平衡。换句话说，国际公约所规定的知识产权保护水准，在一些不发达的地区、一些较落后的产业，超出了自己的实际承受能力。

当然，这些对知识产权保护水平的分析，主要涉及立法规定问题，根据有关学者的论证，在基本没有考虑知识产权执法力度的情况下，我国知识产权保护水平在 1992 年前后及 2001 年前后出现两次快速上升的阶段，在 1993 年和 2001 年期间，保护水平一度超过了绝大部分发展中国家和部分发达国家。

问：如果抛开与世界其他国家的比较，单就中国目前经济社会发展水平的现实适应性而言，您对我国目前知识产权制度中所选择的保护水平如何评价，是“超高”还是“过低”?

答：在中国社会的语境中探讨中国知识产权保护问题，“超高”保护还是“过低”保护的主要判断标准，显然是社会经济发展水平。不同的社会经济发展水平对知识产权保护的要求有所不同。一般而言，社会经济发展水平较高的国家着力于知识创新，对知识产权保护要求高，也有能力承受和调适知识产权制度缺陷带来的负效应；而社会经济发展水平较低的国家则相反，不仅其知识创新的重要性较低，且很难承受和调适知识产权高水平保护带来的负效应。

就现阶段而言，中国对知识产权保护水平的制度选择，其基本依据是本国的社会经济发展状况。知识产权制度的合理性，并不在于为私权保护而保护，而在于实现知识创新、社会进步的政策目标。对此，英国知识产权委员会曾有专门论断，认为“从长远的观点来看，在发展中国家，如果能使文化产业成果的其他条件得到满足，更强的私权保护将有助于当地的文化产业”。这说明，传统的发展中国家要走上新兴的工业化、现代化发展道路，应该通过知识产权保护为本国经济、社会发展提供持久动力，在国际竞争中争取主动。在我国，加强知识产权保护，有效利用知识产权制度，是我们实现跨越式发展的战略抉择，是实现创新型国家建设目标的战略支撑。

所以，单就个别制度而言，我国知识产权法的某些规定虽存在着高于国际规则、超出承受能力的问题，但总体说来，其知识产权保护水平既符合国际公约的最低保护标准，又与本国经济社会发展水平相适应，一般并不存在“超高”保护或“过低”保护的问题。

“中国远不是知识产权强国”

问：但是，从中国近年来的遭遇可以看到，我国在知识产权立法领域表现出的完备性和选择超过了绝大多数发展中国家的水平，但这并没有获得西方发达国家的充分理解，对中国的知识产权保护的指责开始由过去的法律不健全转向对中国知识产权执法不力甚至是整个知识产权制度运行效率不高的指责。在您看来，对于中国这样的发展中国家来讲，对知识产权制度的熟练运用是否可以在短时间内实现，还是说西方国家的指责带有吹毛求疵的知识产权外交博弈意图？

答：知识产权制度在西方国家孕育与成长已有三四百年时间。在近代社会，知识产权是欧美国家促进经济发展、推动科技进步、繁荣文化和教育的法律工具；在当代社会，知识产权则成为创新型国家维系技术优势、保护贸易利益、提升国际竞争力的战略政策。

知识产权制度在发展中国家并没有完全释放应有的功能，中国也面临同样问题。发展中国家知识产权制度失灵的原因主要有两点：一是制度外力强加而造成“水土不服”。英国知识产权委员会曾指出，知识产权体系能够成为发展本土科技能力的一个重要因素，特别是在那些已建立起科技基础结构的国家中。但是对于大多数发展中国家而言，由于其自主创新能力不足，保护知识产权实际上只是保护了外国（主要是发达国家）的知识产权，增加了本国创新的成本。因此，制度强加对于发展中国家并非好事。二是制度运作经验不足而导致“受制于人”。对此，国际知识产权协会主席、美国斯坦福大学教授 John Barton 指出，发展中国家与发达国家在知识产权方面的差距，不在于制度本身，而在于运用制度的经验。在我看来，对于发展中国家而言，制度运用比制度选择更为重要，知识产权的有效运用，需要一系列的社会条件，例如完善的政府公共政策体系、高效而统一的执法体系、健全的中介服务机构以及优秀的专门人才等，而这些正是包括中国在内的发展中国家所欠缺的。

中国对知识产权的制度选择，主要是从自身发展需要出发，相关法律在经济社会发展中发挥了重要作用，这是我对制度实施效果的基本评价。但是，中国知识产权法律创建时间不长，缺乏西方国家那样的过渡期，因此从政府到企业对制度建设准备不足，制度运用经验不足。这是我们必须正视的重要问题。

当然，与世界上其他的发展中国家相比，我国知识产权制度运行总体来说是健康的，正效应是明显的。一是科技创造能力提升，跻身专利申请大国行列。到 2007 年，中国专利申请总量突破 300 万件，仅次于美国、日本，已跃居世界第三，且申请结构发生明显变化，发明专利申请所占比例由 1985 年的 37%上升到 2007 年的 60%，不少发明专利质量很高，诸多专利技术在日内瓦、伦敦、巴黎等国际博览会上获得金奖。二是品牌创建能力提高，商标注册申请量连续六年全球第一。国家工商行政管理总局商标局认定的驰名商标已达1 000余件，涌现了一些具有国际影响力的品牌。三是文化创新能力增强，版权产业发展势头良好。1998年包括图书、报刊、音像、软件在内的版权业产值达到1 433亿元，约占当年国民生产总值的1.8%，而到2005年所占比例已超过6%，其他知识产权获取能力也加大，并带动了相关产业健康发展。

问：但是，具体到最能体现一个国家创新能力的发明专利的申请和持有情况来看，中国目前的水平距离一个知识产权强国的要求还有很大差距。

答：同意你的判断。知识产权对我国经济与社会发展的作用是明显的，但其贡献率尚比较有限，不能过于乐观。从授权数量来看，中国是知识产权大国；但就无形资产质量而言，远不是知识产权强国。在专利领域，中国有95%以上的企业没有自己的专利，拥有核心技术专利的企业仅为万分之三，与此形成鲜明对比的是，外国公司非常注重专利权的取得，将其专利申请的重点集中在发明专利，并将发明专利申请集中在高新技术领域。据统计，在航空航天、高清晰彩电、通信、电子、汽车等领域，外国公司拥有中国发明专利高达80%甚至90%。在商标领域，虽然中国企业商标数量非常可观，但知名品牌不多。在国际知名品牌的排行榜单上，中国企业商标无一进入100强，进入500强的只有12家。就外贸而言，中国企业出口200强，70%以上是定牌生产、加工贸易。在合资企业，90%以上是使用外国投资方的品牌。在版权领域，与世界版权强国则差距明显。中国是工业品的出口大国，2007年有172种产品产量位居全球第一，而在文化领域却出现“版权贸易逆差”，2004年以前版权贸易进出口比例高达10∶1，2005年下降到6.5∶1。中国的电影票房收入较多依赖进口大片，动漫产品近90%来自海外，网络游戏产值的15%要支付外国公司的版税。

所以说，知识产权的有效运用，既涉及知识产权主体（即企业）的培育，又事关一般社会条件的成就，影响知识产品生产、传递、利用的基本条件必须具备。如果上述条件得不到满足，知识产权的社会功能就达不到立法者预期的效果。

问：在此情势下，中国应该如何应对?

答：首先，要建立以知识产权为导向的公共政策体系。在公共政策体系中，促进经济社会发展的“总政策”目标，并不是知识产权制度独立承担的，其目标取向也应体现在其他公共政策中。与知识产权制度相关联的公共政策主要有文化教育政策、产业经济政策、科学技术政策、对外贸易政策等。作为政策决策主体的政府，其任务在于制定和完善政策，统一和协调政策。在过去较长时间里，知识产权在经济、文化和社会政策中的导向作用不甚明显，今后应在国家知识产权战略实施中得到加强。

其次，要增加知识创新所需要的研发资金和物质条件。研发投入规模与水平是知识产权有效运用的物质条件，更是衡量创新型国家的重要指标。2004年我国研发投入占GDP的比重为1.23%，2005年达到1.3%，2007年上升到1.42%。这一投入量低于可统计国家平均1.6%的总体水平，与创新型国家平均2.2%的投入差距更大。由于研发投入不足，直接影响企业知识创新活动，导致很多企业处在有“制造”无“创造”，有“产权”无“知识”的状态。

再次，要建立发达的中介机构及其良好的社会服务。知识产权中介机构是指提供各种知识产权服务，包括咨询、代理、检索、评估、诉讼等的社会中介组织。是否拥有健全、成熟的中介服务体系，也是衡量知识产权制度是否完善的标志。与发达国家相比，我国的知识产权中介机构存在着数量较少、类型发展不均匀、质量参差不齐、服务水平不高、服务内容单一等缺陷，尚不能满足知识产权有效运用的需要，企业“买技术难，卖技术也难”的问题都比较严重。

最后，就是培养高水平的知识产权专门人才。知识产权人才是知识产权事业成功的基本保障。据统计，在发达国家的企业，从事知识产权工作的员工占本企业职工总数的千分之六。按照国际惯例，企业应按技术人员4%的比例配备知识产权人员。我国目前有200多万技术人员，而企业知识产权从业人员估计只有1万人左右。知识产权人才匮乏，影响了我国知识产权事业的健康发展。

“知识产权行政管理体制改革任重道远”

问：已经发布的《国家知识产权战略纲要》，对我国知识产权的保护手段提出了“司法保护”和“行政保护”双轨制的保护规定。但是，世界上已经存在的共识是行政保护将被淡化，我们应该如何理解中国在这一问题上的现实选择？这是对中国目前知识产权行政管理体制的妥协，还是中国发展现实的需要？

答：我国目前有多个部门负责知识产权的行政管理，主要包括国家知识产权局、国家工商行政管理总局商标局、国家版权局、文化部、农业部、国家商品检验检疫总局等国家机关。

行政保护和司法保护“两条途径、并行运作”的知识产权保护模式是在多年的实践中形成的。知识产权行政管理部门在各自领域开展了卓有成效的工作：比如，开展知识产权专项执法活动。在我国的知识产权行政执法体系中，专项执法活动是其一大特色。专项执法活动可以集中执法资源，针对某一时段、某一地域进行大规模、高效率的执法行动；受理和查处多起知识产权行政违法案件；建立高效、合理的知识产权海关保护机制。

尽管国际上对我国知识产权执法尚有激烈批评之声，执法状况逊于立法水平。但是也要看到，我国知识产权行政执法的作用，在许多方面已超越了《知识产权协议》的要求。以商标权保护为例，2000 年～2005 年，全国查处侵权案件 17.4 万件，向公安机关移送涉嫌犯罪案件 559 件，犯罪嫌疑 560 人。其查处案件数量及执法力度为国际社会所瞩目。

问：短期内也许可以用中国特色来解释，从已有的国际经验来看，这一保护模式的选择还是受到了来自学界的诟病。

答：是的，我国知识产权行政管理及执法，虽然取得显著成绩，但在体制及机制上仍然存在一些问题，在我看来，主要有以下三个方面。

首先，“管”“罚”主体同一化，缺乏监督。我国知识产权管理体系的主要特点是行政管理与行政执法一体化，知识产权管理机构不仅享有专利授权、商标注册、版权登记等职权，同时还进行知识产权案件的调解、裁决及知识产权违法行为的查处。也就是说，知识产权的管理授权主体同时也是知识产权的执法主体，集管理和处罚职能于一身，使得其在行政执法时缺乏监督。今后一段时期，我国传统的知识产权司法保护和行政保护的“双轨制”模式要逐渐向前者倾斜，并对行政管理体制进行改革。在理念上，管理体制内应增加“服务”因素。

其次，部门设置分散化，缺乏集中。在我国，知识产权的行政管理工作分别由 10 个部门来负责，各部门分别管理某一领域的知识产权。这种管理模式的优点在于分工较细，职责分工较为明确，但会导致知识产权行政管理的成本过高。此外，在地方知识产权机构的设置上，除了商标局设置有一个自上而下的统一组织和管理体系外，对其他机构法律并无明文规定。这就导致了各地机构设置模式的多样化，致使地区知识产权管理工作差别较大，也给地区之间的协同管理造成一定的障碍。目前全世界实行知识产权制度的 196 个国家和地区里，有 180 个是实行统一的工业产权局进行集中管理；只有不到 10 个国家实行的是分散管理，虽然我国成立了国家知识产权局，但该局主要行使的依然是原专利局的职能，仅增加了其统筹协调的职权，不能视为集中管理。

最后，保护标准多样化，缺乏统一。由于知识产权行政管理机构的职能不同，往往造成“政出多门”，制度不一。例如我国制定了《植物新品种保护条例》，但在具体实施中却是由国家农业部与国家林业局各自制定实施细则，有关农业新品种和林业新品种的规定不尽相同。有时，由于知识产权管理机构职能的不同，还会造成权利的冲突。例如“金华”作为火腿商标被金华市之外的一家浙江企业在国家商标局取得商标权，而作为火腿的地理标记被金华市火腿协会在国家商品检验检疫局取得地理标记权。两项知识产权虽然都是经国家主管机关授权的，但权利主体不同，两者不可避免产生冲突。

推动知识产权管理体制改革是今后一个时期的重要任务。目前公布的《国家知识产权战略纲要》，将“深化知识产权行政管理体制改革，形成权责一致、分工合理、决策科学、执行顺畅、监督有力的知识产权行政管理体制”作为战略重点，但改革之路任重道远，仍需要我们不懈努力。

与研究生谈法学教育与学术研究*

问：现在整个社会学历层次越来越高，您如何看待我国的法学教育？

答：中国的高等教育已进入大众化阶段，这对于我们这样一个人力资源大国是很重要的。法学教育在量的扩张这方面做得很好，我记得21世纪初年全国有260多所法律院校，到现在已有650多所，在校法科学生76万人，其中本科生40万人。在高等教育发展过程中法学教育应该是发展最快的。我对此是忧喜参半：法学教育规模的扩张势在必行，因为要满足人民群众对高等教育的需求。但是，法学教育的兴办必须特别注重质量，注重规格，要实行必要的准入制度，不能过于盲目、过于功利。有些专业是比较热门而且难以入门的，比如计算机专业；有些专业是非常热门也比较容易入门的，比如法学专业。有些学校就“十几个人、七八条枪”，就敢办一个法学专业。所以现在教育部法学学科教学指导委员会也在严格把关，但入门的已有650多所了。我觉得法学教育不能自乱江湖，盲目扩张，到了一个注重质量这样一个重要的发展关口了。对于法学教育，现在从本科到硕士和博士学位的授权单位也有很多了，不同的学历层次应有不同的培养目标，我曾谈到本科生是通才教育，研究生是专才教育，博士生是高才教育。从法学来看，虽然走到了大众化阶段，但依然是一个精英教育。关于这个问题，我在今年写了文章论述过法学教育的大众化与精英化。过去法学教育层次比较混乱，从职高、大专到本科、研究生、博士生

---

* 本文系“中国私法网”2010年1月8日对作者的采访，根据录音整理而成，发表时有删节。

到博士后。我认为法学教育应该以本科为起点，以本科作为进入法律职业共同体的起始资格，以法科研究生、博士生为补充。本科生一定要通过司法考试，研究生阶段增加就业竞争力，这是我对学历层次的看法。我要特别指出博士生阶段主要不是培养法律实务人员，而应是教学与研究人员。人民大学校长说：中国最大的博士群体并不在高校而是在官场。这是中国高等教育的最大悲哀。如果中国最大的法学博士群在官场，这同样也是法学教育的悲哀。

问：法学教育界有这样一种观点，认为在研究生阶段应该将研究生分为法律实务与理论研究两个方向来专门培养，您对此有何看法？

答：我觉得法律硕士培养实务人员，法学硕士培养理论研究人员这种区分不完全准确。其实现在法学硕士培养规模还是大于法律硕士招生人数。法律专业硕士肯定是培养从事实务工作的人才，法学硕士这个群体中除少部分人会攻读博士学位而从事学术研究外，大部分人还是从事法律实务工作。我指的研究人员，不仅仅只是高校的研究人员，还包括政府部门、司法机关从事政策研究和法律研究的人员，这是一个广义的概念。

问：我们想问您一个个人的问题，您认为您求学有哪些重要的阶段？最大的收获分别是什么？

答：我的三个学位都是法学，我认为在本科、研究生和博士生阶段应有不同的要求，这个要求不仅是老师、学校对你的要求，也是自己对自己的要求。我看到一个杂志上报道，在校大学生有明确的人生目标的不到5%，有阶段性目标的不到10%。我觉得不管哪个阶段的学习，都应该有明确的目标。我的经历和你们不同，我是二十七、八岁才上大学。因为十年“文化大革命”大学停办，我当过农民，做过工人，也担任过单位共青团的书记，然后考大学进入了校园。那个时候上大学，用当时的话说，是为中华之崛起而读书。我们那个时候学习都是很勤奋、非常认真的。我认为，本科阶段应该是夯实基础，掌握学习技能。法学本科应具备司法共同体准入的资格和条件；研究生应奠定从事专业工作的目标。就是说，明确专业、奠定方向。博士生阶段，就是提升和凝练自己的学术水准和平台。所以我把本科阶段叫通才教育，硕士阶段叫专才教育，博士阶段叫高才教育。特别是博士生阶段，学的好就长学问，应该是学术生涯的重要转折点。

从我自己来谈，读本科的时候就产生了对学术的兴趣，初步展示了研究的能力。当年我写了一篇论文参加学校大学生论文竞赛，获得了一等奖，写的是用道德和法律来遏制犯罪。通过这个获奖我发觉自己有这方面的才能和兴趣，所以立志要读研究生，从事法学研究；我读研究生的时候，就确定我研究知识产权。当时硕士论文的题目是《论知识产权法律制度》，现在看来这个文章题目好大，但那个时候这个领域没有一个人写。有人做了一个资料统计，收集了新中国成立以来的法律文章和论文，发现这是以知识产权为研究对象的第一篇学位论文。博士生阶段就不同了，我觉得这个阶段是提升水平，也是攀登高峰的重要阶段。我的博士论文，是第一篇全国优秀博士论文。与现在一年一评不同，那时候是把三年的博士论文拿来一起评选，法学方面选了我这一篇。我觉得这三个不同的阶段要有不同的追求，而且尽可能在有限的时间内来实现自己的奋斗目标。回想这三十年啊，我学习的阶段性目标都实现了。阶段性目标加起来，可能就是一个人半辈子的目标。现在我所从事的学术研究，不过是这三个目标的继续、提升和扩展。

问：结合您的求学经历，您还可以给我们一些什么建议或要求？

答：新一代的学子和我们老一代的学人有很大的差别，我从年轻人的身上更多的是看到他们的优点和特长。唐诗有云：“宣父犹能畏后生，丈夫未可轻年少。”说老实话，我绝对不会以九斤老太一样的心态感慨一代不如一代。年轻一代学子身上的优点和长处是我们这一代人所不具备的，比如说他们掌握先进技术的能力和水平要超越我们，获取信息的渠道和办法胜过我们，这是我们这一代人所不及的。他们电脑玩的多好，说什么都知道！现在条件也好，想看什么书都有，我觉得现在年轻人的外语水平、计算机水平、交际能力、组织能力、活动能力，应该说绝大部分都胜过我们老一辈。但是，我觉得年轻一代学子也有不足的地方，吃的苦不多，还有就是潜心学问的劲头不够。我儿子也是三个学历都读法学，现在还在德国读博士。我老说他在学习方面花功夫不多，喜欢上网、聊天，还有很多其他爱好。爱好是要有，但我觉得年轻人要能吃苦。看我们那个时候当农民，连饭都吃不上，但我们还在煤油灯下学习。后来进了城市当了工人，我最初是做投递员，套用鲁迅的话说，“人家喝咖啡谈恋爱的时间我是用来看书、写字的”。现在有些年轻人吃苦精神不够。人还是要经历一些磨难的，我觉得现在的学生心理素质、吃苦的劲头都有待于改善和提高。

关于建议呢，第一个我建议，年轻学子要树立远大目标。刚才我说了，要有目标，有目标才有方向，才有动力。树立目标，追求卓越。第二个我建议，勤奋学习，不断进取。前面讲的是目标，后面讲的是精神。为什么要勤奋学习？有人说法学很容易入门，我认为也很容易“无门”。为什么我要特别强调勤奋学习呢？就是说你要学习真本事，或者说将来成就大事业，那么个人努力就非常重要。

问：您在2009年知识产权研究生入学典礼的时候说过，“方向比想象更重要，见识比知识更重要，成才比成绩更重要，情商比智商更重要”。您能否详细解说下这四句话的内涵？

答：当时讲话没有文字稿，也没有人作记录，有的内容可能忘记了。第一句“方向比想象更重要”说的是，年轻人既有很多脚踏实地的理想，也会有些不切实际的幻想，即使是理想也要建立在现实的基础之上。在这种情况下，确定自己一生哪怕是一个阶段的奋斗目标，是非常重要的。你说读书是为了什么，将来想做什么？有人说我想做教授，有人说我想做法官或律师，我认为这都是方向，一定要有努力的方向。它不是一种浪漫的幻想，也不是一种不切实际的空想，而是一个在现实基础之上的一种职业理想。

第二句话是“见识比知识更重要”。知识是一种简单的接受，或者说是一种被动的接受，作为一种信息储存在我们的脑海之中。很多政治的、历史的、包括法学的知识元素，我觉得并不难掌握，多读多背都可以做到，但形成一种见识是很难的。见识是一种能动的，通过你的知识储备能够去分析、观察、解决问题的独立见解。这个见识是能动的，而知识是被动的。我在做知识产权讲座的时候，曾经讲过两句话：一句是英国著名哲学家、科学家培根在英国工业革命的前夕讲的“知识就是力量”。我觉得这句话不太准确，做了修正，提出“先进的知识才是力量”，才能成为改造社会、推动时代前进的力量。另一句是当代国际社会形成的一个共识，叫“知识就是财富”，我觉得也不准确，我说“有产权的知识才是财富”，我觉得只有赋予私人产权的知识（也就是知识产权），才能成为个人和企业支配的财富。我前引的两句话是经典名言，对我来说就是一种知识，后面通过我的观察和分析，进行一种修正，就是我的一个独到的见识。所以许多知识，可以老师灌输给你，可以从书本上学习获得，但是要形成自己的见识，那就要思考、进行历史和逻辑的分析，形成你对事物的某种看法，而且这种看法还要具有科学性。所谓见识不是说个人的看法就是见识，这也有一个公认的标准，应该有科学性。我的看法为大家所公认，为历史所证明才成为见识。一个人学知识并不难，形成一个独到的正确的见识，那是需要过程、需要历练的。

问：我们之前看到这句话，简单地认为是强调实践的意义，您的解说对我们的启发相当大。

答：第三句话是“成才比成绩更重要”。这是我对学生的期望。成绩好固然重要，也是成才判断的一个标准，但绝不是唯一的标准，成绩好不等于就能成才。我觉得三年的学习一定要成绩好，但是仅仅成绩好是不够的，通过这三年的学习，要塑造自己的人格，提高自己的素质，培养自己的工作能力，训练自己的法律技能。古代关于人的培养有一个很重要的观点，培养的人应是大写的人、全面的人、具有完整人格的人，而不是一个器物、一个会操作的简单工具。

第四句话是“情商比智商更重要”。我对我们学生的智商一点都不怀疑，绝对是时代骄子。但是情商如何呢？我觉得情商非常重要，在学校里面同学之间、师生之间关系应是非常纯洁的，彼此之间的缺点和不足都是可以包容的。但一旦踏入社会，如果缺乏情商、不善于处理人际关系，它往往会给人一生的发展带来消极的影响。根据我的观察，一些大学毕业生在工作岗位上没有产生令人满意的业绩，我认为不是才气不够，而是缺乏情商。希望同学们能够注意到这个问题，我刚才讲了做一个大写的人、全面的人、有完整人格的人，这与具备一定的情商应该是一致的。

问：我们感觉自身进行严格意义的学术训练比较少，您能不能跟我们谈一下，学术研究或者是学术论文的问题？

答：治学与大家将来的实务工作，其实有相通的地方，法学研究和法律工作的要求应该是相通的。

就做学术论文来说，先是选题。好的选题是论文撰写成功的一半。选题最好是零起点研究，此外就是旧题新作。总的说选题一定要注意创新，新路子、新视角、新观点。我曾经说，“劝君莫奏前朝曲，听唱新翻杨柳枝”。研究也要这样。我当年写《著作权合理使用制度研究》，中国的相关文献只有四、五篇文章，每篇文章四、五千字，我把这个写成 26 万字。这里不仅是内容创新，在写作方法上也有创新。

选题之后，就要搜集资料，广泛阅读，要站在巨人的肩膀上进行你的研究。所以说要广泛涉猎各种中西文的文献，这个特别重要。其实不是天下文章一大抄啊，抄起来也很不容易的啊，不是你随便捡两篇文章抄就行了。

然后是结构设计。有些文章写出来百读不厌；常读常新，而有些文章读起来却味同嚼蜡。文科是需要文采的啊，在文章中一定要显示你的文字功底。说句老实话，有时候就业单位就是因为你现场的一篇文章、一番讲话决定是否录用。

再就是观点的提炼。创新思维在这里很重要。不要以为法律就是机械地照章办事，法律问题的解决没那么简单，而你思维能力水平的高低就表现在你的创新观点上。

最后一个问题是写作规范，比如注释、文献都要有，其实一篇学术论文的撰写，可以反映你的治学态度和研究能力。

问：怎么才能达到您刚才所提出的那些要求？需要采取哪些步骤？

答：需要积累和训练。从小文章开始写起，其实我们都不是天才，都不会一开始写文章就举世皆惊，它有个训练的过程。文科与计算机科学不一样，计算机科学在 35 岁前是容易出成绩的，以后据说就不行了。文科则不同，坦率地说，学文科 50 岁以后才有话语权。你必须学养深厚，学养深厚不是简单的知识增加，而是一种学术能力的提升，是学术见解的丰富和完善。这些不要急于求成，也不可能一步登天，先从小文章做起，慢慢地再去写大文章，包括几万字的硕士论文和一、二十万字的博士论文。

同时，要琢磨人家怎么写文章。现在文章和书都太多了，可以通过一些好的表述，去琢磨人家怎么选题、怎么论证、怎么进行结构设计、怎么提炼观点。因此一方面是自身进行学术训练，另一方面是观察人家如何研究。这个是一个积累的过程、一个训练的过程。

问：接下来是比较专业的问题，您一直专注于知识产权的研究，但我们知道您对民法也有很高的造诣，请问您怎样看待民法学与知识产权法学的关系？

答：从我的教学生涯来看，我是研究民法起家的。20 世纪 80 年代初，我给 81 级学生上的第一门课是“罗马法”，在我们学校是率先开设的，在全国高校也是比较早的。后来又讲民法总论。从研究来说，也写过一些有影响的民法论文。在《中国法学》等杂志上发表过“财产权体系”“民法典编纂”等方面的文章。民法的基础理论对知识产权的研究所起的作用是基础性的，知识产权的很多问题要放在民法的语境中去研究，否则就是无源之水、无本之木。关于知识产权研究，我讲三句话来说明，一是以民法学理论为基础，二是以多学科知识为背景，三是以基本理论问题和实践问题为研究对象。我认为知识产权学者要防止两个问题：第一个问题，很多知识产权学者，缺乏民法理论素养，其论点常常背离民法基础理论，这是不合适的。知识产权涉及很多领域，所以法学、经济学、管理学、社会学、政治学都在研究。但我认为，知识产权首先是个法律问题，研究知识产权的学者一定要懂法，特别是民法。第二个问题，研究知识产权仅仅知道法律是不行的，这方面的问题也要防止。知识产权人才应是复合型人才，知识产权研究除了强调以民法学为基础外，它还需要很多知识要素，包括科技知识和其他人文社科的基本知识。近年来我发表的文章，很多涉及知识产权战略、政策、管理、贸易，已经超出知识产权法律。所以我说两种倾向都要避免，一不能背离民法基础理论，二不能仅具有单一的法律知识元素。这是我对知识产权学子的一个建议，也是我对知识产权研究与民法学关系的一个看法。

问：您如何看待知识产权理论对知识产权保护的作用，您如何看待知识产权对建立创新型国家的意义？

答：其实你问到的问题是学科建设与法律制度建设的关系。我觉得理论研究是法制建设的先导和前提。知识产权制度对中国来说是一个制度舶来品，是从西方引进的，很长时间水土不服，不能做到为我所用。这是因为没有必要的社会条件和外部环境，不像西方国家制度创立时已经有一个很深厚的法律学理基础和文化基础。现在中国知识产权的问题不是一个立法问题，不是一个制度创建的问题，而是一个制度运用的问题。在这种情况下，知识产权的理论研究与宣传就起到十分重要的作用，我在很多场合高度评价了郑成思教授当年起到的作用，说他是中国知识产权知识启蒙运动的行动者。当然，今天理论研究的水平有了很大的提高，这些理论研究对知识产权法制建设、知识产权政策制定起到非常重要的作用，很多理论研究成果直接地转变为国家立法和政策决策的思想资料。这几年我们在这些方面还是做了很多的工作的。知识产权研究要为社会服务，一个是“顶天”，即成为国家智库；第二是“立地”，即进行理论普及和宣传。英国《知识产权管理》杂志去年将我列入“全球知识产权最具影响力 50 人”，肯定了我在这方面的作用。我觉得我是中国知识产权事业的一个布道者。有人说我是先行者，其实我的工作就是布道、传教，我真正地感受到知识产权法制对建设创新型国家的重要性。太专业的我就不讲了，近代英国工业革命的发生、现代美国在第二次世界大战后的崛起，它们社会发展的重要制度工具之一就是知识产权。所以我觉得中国在未来一二十年的发展当中啊，一定要把知识产权作为发展的制度支撑，这是国际经验，也是中国国情使然。

问：您认为知识产权保护的制度设计应该遵循哪些原则?

答：这个问题我在去年的《中国法学》发表的《中国知识产权法制建设的评价与反思》这篇文章里讲了很多。文章回答了九个方面的问题。“逼我所用”还是“为我所用”? 这是探讨知识产权的立法背景；“超高”保护还是“过低”保护? 这是对保护水平的评价问题。中国应建立什么样的知识产权保护制度?应考虑两个问题：第一遵循国际公约规定，因为我们现在是世界贸易组织的成员，也参加了相关的国际公约。根据最低保护标准的原则，我们现在关于知识产权的保护不能自设标准，而要遵循国际公约的基本要求。所以在知识产权保护水平的选择上，国际法高于国内法，国内法服从国际法。第二是立足中国国情。现在，有些发达国家超出了国际公约的规定，自行设立很高的保护标准，中国不宜盲目跟风。知识产权的国际化绝对不是西方化，而是说根据国际公约的规定同时立足中国的国情，采用一种适当的保护标准。就是根据中国国情并在国际公约的框架之内，自行规定一些事情，设计一些规范。当然，知识产权的保护啊，不应该是停留在法律文本上的规范，而应该是一个有效实施的制度。在知识产权保护、在打击侵权问题上，我有两个基本观点：就是“外抗强权，内打侵权”。外抗强权，就是我们必须顶住外国施加的压力，因为知识产权侵权是国际性现象，不是中国独有的。一些西方国家总是想在知识产权这个问题上做文章，对中国政府和企业施加压力，想凭借它们的技术优势谋取贸易利益，我认为这是不合适的。内打侵权，就是构建保障知识创新、创意产业发展的法制环境。中国要成为一个创新型国家，成为一个现代法治国家，必须净化市场环境、打击侵权行为，维护一个法治基础上的竞争秩序。

问：您以前说过，知识产权保护不但要讲“国际话”，也要讲“中国话”。您觉得在民法怎么做到讲中国话呢？

答：我觉得民法还不太好这样说，知识产权具有其他民事权利所不具备的特点，我以前用三句话来描述知识产权的特点，一是私有财产形式，二是公共政策工具，三是国际贸易规则。我们可以说知识产权战略，但没有物权战略、债权战略的说法，知识产权的工具属性表现得特别明显。英国知识产权委员会有个论断，就是我们应该把知识产权看成是一种私权，但是更应该把它看成是一种政策工具。授予公司和个人任何的特权，都不是目的而是实现公共利益的一种手段。这就是我为什么要对知识产权进行政策科学分析的原因。我在评价知识产权的时候，用了这样两句话，一是国际思维，一是中国立场，这两个都不能落下。“国际话”要求我们必须熟悉和遵守知识产权的国际游戏规则；“中国话”要求我们从中国国情出发，通过知识产权制度，促进中国发展、维护中国利益。

对民法我却没有讲“中国话”。现代民法有这么几个特点，民法社会化、民法公法化，还有民法国际化。比如说合同法也有国际公约的因素，但不能简单地把既要讲“国际话”又要讲“中国话”套用到民法上。我讲这句话是有背景的，当年我在人民大会堂高层论坛做演讲之后，有记者采访我。因为我们在很长一段时间讲“国际话”，什么知识产权的国际标准啦、国际规则啊，否则你无法进入国际贸易体系、参加世界贸易组织。但是我觉得我们现在可以讲“中国话”了：国家知识产权战略制定和实施，我们就得讲“中国话”；我们现在正在酝酿一些立法保护中国有优势的传统知识和遗传资源，这也是讲“中国话”；不盲目地跟随一些西方国家，我们的知识产权保护标准就低不就高，是在讲“国际化”，更是讲“中国话”。知识产权是个双刃剑，用得好会鼓励创新，提高我们自主创新能力；用得不好，就会阻碍信息传播，妨碍技术利用。

专利法推动经济和社会全面发展*

我国专利法律制度走过了25年的历程。专利法的制定和实施对鼓励发明创造，保护发明创造成果，促进科技进步和技术创新，推动我国经济和社会全面发展发挥了重要作用。

第一，专利法的实施，提升了我国自主创新能力，推动了创新型国家建设。在知识经济时代，经济增长更加依赖于知识的积累与更新，知识也已经成为经济活动中最重要的生产要素。专利制度作为制度创新的结果，保障着知识生产、传播和利用的智力劳动过程，服务于知识社会化、产业化、产权化的发展目标。专利法实施以来，我国专利申请量和授权量持续增长。截止到2009年年底，专利累计申请量达到580多万件，累计授权量突破300万件，PCT专利申请跃居世界第五。这些专利技术有力地提升了我国自主创新能力，增加了自主知识产权的拥有量，提高了我国的科技竞争实力。

第二，专利法的实施，加强了知识产权保护，促进了市场经济的健康发展。市场经济的健康发展，有赖于明晰产权归属，规范产权市场，加强产权保护与管理。知识产权是市场经济发展的制度产物，同时也是世界市场经济体制的基本规则。在全球化的今天，无论国内市场还是国际市场，我国经济的发展都离不开对知识产权的有效保护。就国内市场而言，知识产权特别是专利权是作为市场主体的企业进行市场竞争的法律手段，唯有加强对专利权等知识产权

---

* 原载《中国知识产权报》，2010-04-02。

的保护，才能形成健康有序的市场环境，才能使经济发展实现良性循环。从国际环境来说，知识产权的保护状况已经成为国际社会评估一国投资、贸易环境的重要内容。完善的知识产权制度既是技术引进的先决条件，也是外商投资合作的环境要素。

第三，专利法的实施，提高了企业运用专利制度的能力，增强了企业的核心竞争力。专利作为科技领域最为重要的知识产权之一，是一个企业科技实力、创新能力、核心竞争力的重要体现。世界上技术创新能力强的跨国公司，都拥有属于自己的核心技术，并且重视运用知识产权推动技术的研究、开发和更新，以增强企业的市场竞争力。例如，索尼公司的微型化电子技术、飞利浦公司的光学介质技术、英特尔公司的芯片制造技术、奔驰公司的汽车发动机和整车装备技术等，有“蓝色巨人”之称的 IBM 公司，更是在 2009 年获得 4 914 件美国专利，连续 17 年位居美国企业专利授权量之首。因此，知识产权的质量和数量就是一个企业核心竞争力最为重要的表现。

目前，我国产业结构调整、经济增长方式转变、技术升级和企业改造已经进入关键阶段，在此情况下，以专利为重要内容的知识产权制度作为实现创新型国家建设目标的战略支撑，完成从“中国仿造”到“中国制造”再到“中国创造”的转变，对于我国未来的发展具有重要的战略意义。

创新、知识产权与全球化*

《中国知识产权报》编者按：

在全球化的进程中，创新起到了决定性的作用。400多年前知识产权法出现在西方国家，这一制度创新激励了知识创新，而这两个方面的创新影响了全球化的进程。在此背景下，我们该如何看待全球化与创新及知识产权的关系？中国将如何有效运用知识产权制度？本报特邀著名知识产权学者、中南财经政法大学校长吴汉东与本报记者对话，以期为读者解答这些问题。

※什么是创新

问：今年4·26世界知识产权日的主题是“创新，将全世界联系在一起”。首先请您解读一下什么是创新？

答：美籍奥地利经济学家熊彼特最早把创新理论引入经济学研究领域。20世纪初，熊彼特在《经济发展理论》一书中首先提出了创新理论。在他看来，创新是在生产体系中引入生产要素和生产条件的新组合，包括引进新产品、引用新技术、开辟新市场、控制原材料新供应来源和实现新企业组织。20世纪50年代以来，后人在其创新理论的基础上发展了技术创新理论和制度创新理论两个分支。技术创新理论认为，科学技术对经济发展的作用主要是通过技术创新实现的。制度创新理论认为，技术性因素和制度性因素构成了经济增长的两大要素，而创新的制度是激励技术创新活动、推动经济增长的关键。

---

* 本文系《中国知识产权报》对作者的专访，原载《中国知识产权报》，2010-04-19。

※创新推动全球化

问：形容“将世界联系在一起”最贴切的词可能就是“全球化”了。请您解释一下什么是全球化？技术创新在全球化进程中起到了怎样的作用？

答：目前对全球化还没有统一的定义，但一般说来，全球化以经济全球化为核心，包括科技、政治、法律、文化、环境、社会生活等各个方面的全球化。

技术创新为全球化提供了坚实的物质基础和根本的推动力。在全球化的第一阶段，即从15世纪末的航海大发现到19世纪70年代末，指南针的发明突破海上航行的技术限制，出现了15世纪末航海大发现的空前盛况；新航路的开辟，打破了东西方隔绝的地理屏障，开始了全球范围的相互交往；活字印刷术的问世，促使信息超越时空的广泛传播，加快了智力成果商品化的转换过程；蒸汽机的应用，提高了国际贸易和商品的流通速度，带来了以“蒸汽和钢铁”为标志的社会化大生产时代。

在新技术的推动下，全球各种自然经济的封闭状态被打破，新的经济体系开始建立起来。自1700年开始，英国进口的1/3都来自美洲、印度与非洲，而出口的1/7也流向这些地区。在18世纪，英国的对外贸易总量至少增长了2.4倍，而法国可能增长了3倍。而到1875年，英国对外贸易占经济活动的比重更是高达30%，德国为25%，法国为16%。这种有机联系具体表现为科学发现—技术发明—社会生产的一体化。

在全球化的第二阶段，即从19世纪末到20世纪80年代初，发明并使用发电机和电动机为代表的技术创新，推动了资本主义国家的工业化进程，确立了以资本主义工业为主导的资本主义世界经济体系和殖民体系，加快了全球化的进程；以微电子技术、生物工程技术与新材料技术为代表的技术创新，对社会发展特别是经济成长带来了巨大的影响。

在全球化的第三阶段，即从20世纪80年代一直到现在，以网络技术和基因技术为代表的技术创新，带来了席卷全球的信息革命和知识革命浪潮，推动了世界上的发达国家在实现高度工业化后率先向第三生产力过渡。作为信息技术革命产物的因特网，其所组成的“虚拟空间”是一个无中心的全球信息媒体，以地空合一的信息高速通道作为传输渠道，以渐趋普及的多媒体电脑作为收发工具，极大地改变了人类的生活方式，推动了信息全球化的发展。

问：请您谈谈制度创新中的全球化。

答：从经济学的角度来看，制度创新一般是指制度主体通过新的制度构建以获得追加利益的活动，它是关于产业制度、产权制度、企业制度、经济管理制度、市场运行制度等各种规则、规范的革新。在创新体系中，制度创新居于基础和保障地位。技术创新立足于科技、经济一体化目标，是一种为促进经济发展而进行的新技术应用与商业化的活动，它离不开相应制度的保障、规范和约束。知识产权是私权法律制度创新与变迁的结果，同时也是直接保护科技创新活动的基本法律制度。知识产权法从兴起到现在只有三四百年的时间，但经历了从工业革命到信息革命的不同时期，基于科技革命而生，由于科技革命而变，其制度史本身就是一个法律制度创新与科技创新相互作用、相互促进的过程。科学技术领域的革命带来知识产权法的产生和发展，也可以这样说，知识产权制度创新的历史也是科学技术进步的历史。以 1883 年《保护工业产权巴黎公约》、1886 年《保护文学艺术作品伯尔尼公约》为标志，知识产权保护从国内法走向国际法，由此开启了知识产权制度一体化的进程。

※创新催生知识产权制度

问：科技创新推动了全球化的发展进程，那么科技创新是如何催生知识产权制度的呢？

答：知识产权是罗马法以来财产权制度变革与创新的结果，也是西方国家 300 多年来不断发展成长的“制度文明典范”。其产生原因，可从近代英国寻找到答案。近代英国是传统知识产权制度（主要是专利法和版权法）的发祥地，也是欧洲工业革命的策源地，这些并非历史的偶然。1623 年，英国《垄断法规》最早对新技术、新领域的发明与引进作出了类似专利制度的规定；1709 年，其《安娜法令》则首次授予作者、出版商专有复制权利，保护和激励人们对创造作品和兴办出版业进行投资。这些早期的知识产权立法源于英国 17 世纪、18 世纪的重商主义思想，旨在促进本国相关产业的发展。近代英国知识产权法作为一种产业、商业政策和科技、文化政策的有机组成部分，保护了发明创造者的利益，刺激了发明创造者的热情，为 18 世纪 70 年代开始的工业革命奠定了重要的制度基础。

由此可以看出，知识产权制度的出现，源于对科技创新的保护；科技创新的发展，反过来又推动了知识产权制度的进步。也正因如此，世界各国纷纷利用知识产权制度促进本国的创新，发展本国的优势产业。从世界范围来看，各国都是通过鼓励知识产权创造，形成一大批在全国乃至全球有影响的创新型产业集群；同时加强知识产权的管理和运用，构建以知识产权为导向的创新政策体系，并注重知识产权保护，为科技创新和文化创新营造良好的社会环境。

※全球化中的科技创新

问：全球化中的创新有什么特征？

答：在全球化的背景下，科技的创新呈现出不同于以往的新特征，经济全球化既加强了世界各国政府、跨国公司以及相关组织乃至个人在科技方面的合作和相互影响，更加剧了各个国家之间、区域之间的经济竞争，推动了以经济增长为指向的技术创新活动。首先，科技人才自由流动的全球化。据统计，截至2005年，发展中国家有33%至55%受到高等教育的人才去了“经济合作与发展组织”（简称“经合组织”，即OCDE，是全球34个市场经济国家组成的政府间的国际组织，于1947年由美国和加拿大发起成立）的国家工作。其次，科学研究与发展（R&D）资源配置的全球化。R&D配置的全球化使得原来分散在各个企业的研发优势和生产要素得以重组优化，进而降低了研发成本。据不完全统计，目前，已有200多家跨国公司在中国大陆设立了将近1 000多家R&D机构，投入的R&D经费总计达40亿美元。最后，科技合作与技术转移及利用的全球化。据联合国有关资料统计，全球国际技术贸易总额平均每5年翻一番，其速度不仅大大快于货物贸易，而且快于其他的服务贸易。

在此种趋势之下，世界各国尤其是发达国家纷纷把推动科技进步和文化创新作为基本战略，大幅度提高自主创新能力，从而为经济社会发展提供持久动力，在国际经济、科技竞争中争取主动权。

※全球化中的知识产权制度

问：在全球化背景下，知识产权制度是如何推动科技创新的？

答：过去西方的学者，把今天资本主义经济的发展归功于近代欧洲的工业革命，在分析工业革命发生原因的时候，又把它归结为当时英国所出现的科学发现、技术发明、资本和教育的积累，这是一个历史与逻辑的一般结论。但是现在人们对这个结论提出了质疑，制度经济学派提出了新的看法，14 世纪中叶的中国科学发现、技术发明、教育和资本积累的水平丝毫不亚于 18 世纪的英国，那为什么工业革命发生在英国而不是中国？制度经济学派作出一个非常重要的总结：中世纪中国在向近代中国发展的过程中，缺乏一个必要的前提条件，因为它缺乏一个企业家阶层。熊彼特说企业家是创新精神的人格化，中国就缺乏一个具有创新精神的企业家阶层。美国芝加哥学派的代表人物诺思作出了更有意义的论断。他说中国之所以没有企业家阶层，就在于中国缺乏催生企业家阶层的产权制度，这个产权制度包括以私人制为基础的所有权制度，以及更重要的知识产权制度。在这里，我以一个法学学者的名义，进一步分析在英国发生的制度创新与科技创新之间的关系。英国在 1623 年颁布的专利法实施了一百年，极大地推动了当时英国的工业发展，包括冶炼、采矿、运输、纺织等，所创造的财富是英国建国十几个世纪的总和。所以说知识产权制度对于激励科技创新、推进经济发展起到了重要的作用。

问：经济全球化对知识产权制度带来了怎样的挑战？

答：经济全球化给知识产权制度的发展与变革带来了新的挑战，使知识产权立法步入了一个新的历史阶段，即各国独自制定的知识产权制度，在知识产权国际保护的框架下，逐渐走上一体化、国际化和趋同化的道路。

问：当代知识产权国际保护制度的特点是什么？

答：知识产权的国际化，寓意知识产权保护的基本原则与标准范围的普适性。这一现象虽非始自今日，但当代知识产权制度呈现出一体化趋势并有着自己的显著特征：

第一，以国际贸易体制为框架，推行高水平的知识产权保护。与知识产权国际保护制度的草创阶段不同，以《知识产权协议》为核心的当代国际公约所确定的“最低保护标准”，体现了权利的高度扩张和高水平保护，更多地顾及和参照了发达国家的要求和做法。应该看到，由于知识产权保护制度与国际经贸体制的一体化，国际上已经形成一种有效防止保护领域和保护程度下降的“棘齿机制”。在这种情况下，发展中国家必须以承认高水平的知识产权保护规则为代价，来换取世界贸易组织提供的最惠国待遇。

第二，以执行机制与争端解决机制为后盾，推行高效率的知识产权保护。TRIPs改变了以往注重协调的传统，首次将原本属于国内立法的知识产权保护的程序措施，转化为公约规定的国际规则，从而使它与实体规范一起成为各缔约方必须严格遵守的国际义务。这一变化，使得以往难以实施的国际知识产权规则具备相当约束力的可操作性。

问：知识产权制度的一体化是否对发达国家和发展中国家带来不同的影响，主要原因何在？

答：在全球化背景下，知识产权规则的一体化对发达国家和发展中国家所带来的影响是截然不同的。从知识产权国际规则的制定来看，在世界贸易组织（WTO）的框架内，西方国家才是知识产权国际规则的主导者，发展中国家则只是接受者，充其量是参与者。一揽子协议立法模式，没有解决东西方利益失衡问题；从知识产权国际规则的实施来看，发达国家拥有更多的技术优势，发展中国家则具有相对的资源优势，TRIPs高水平保护的实体规则明显偏袒发达国家，发展中国家对实施协议存在诸多困难。由此可见，在经济全球化的国际背景下，知识产权国际保护既是发展中国家平等地参与国际贸易的先决条件，更是发达国家维持其贸易优势的法律工具，这就导致了国际知识产权领域东西方国家间的利益失衡和权利冲突。

问：知识产权规则的一体化对发达国家带来了怎样的影响？

答：对发达国家而言，知识产权规则的一体化影响至少表现在以下三个方面：第一，实现了美国等发达国家发起乌拉圭回合谈判的最初目的，即保护它们的电影业、音像业和通讯业。第二，TRIPs通篇都是实质性的义务条款，任何一个缔约方不得保留。所以这就迫使缔约方在全球范围内普遍提升了知识产权保护的水准，满足了发达国家所倡导的知识产权强保护的利益需求。第三，形成了一个有效的多边争议解决机制，切实为缔约方之间的知识产权贸易争端提供有效的解决措施。

问：知识产权制度的一体化对发展中国家带来了怎样的挑战？

答：知识产权制度的国际化一直在发达国家利益集团的干预下演进，其过程及结果具有很大的偶然性。发展中国家在经济相对落后和科技水平不高的情况下接受知识产权国际保护体系，究竟是被动接受的无奈之举，还是战略筹谋的合作博弈，对此有相当的弹性空间。

为什么发展中国家要接受 TRIPs 呢？我认为，这主要有三方面的原因。第一，发展中国家在乌拉圭回合谈判中得到了一些诸如市场准入、减税宽限期等优惠条款作为利益的交换。第二，美国“胡萝卜加大棒”政策，一方面表现为有限度的让步，另一方面也扬言所有的框架协议要么接受，要么走开，不允许有所保留，否则美国国会不予批准。第三，提升知识产权的保护水平也是新兴的工业化国家谋求自身经济、科技、文化发展的需要。

我在这里想表达一个观点，这里谈到的一体化，绝对不是西方化，更不是美国化，是要达到、只要达到国际公约所规定的最低保护标准即可。在国际变革大势中，发展中国家如何利用知识产权协调机制谋求自身利益的最大化，走上创新之路仍然面临着困境。有以下问题值得注意：

第一，发展权与专利技术利用问题。发展权是第三代人权即集体人权的重要内容，是所有人民自由谋求他们的经济、社会和文化发展的权利。据资料统计，在全球经济中，世界 97％的专利为工业化国家所有，70％的版权和许可证收入为发达国家的跨国公司所获得。在生物技术领域，美国拥有世界专利总量的 59％，欧洲占 19％，日本占 17％，但包括中国在内的其他国家仅有 5％。

由此可见，发达国家的跨国公司利用其丰厚的技术和资金优势，熟练运用知识产权规则，大力推行专利战略，实现技术专利化、专利标准化，对发展中国家形成了一种技术合围，甚至技术垄断，这在一定程度上阻滞了发展中国家高新技术产业的发展，使得发展中国家无力充分地分享科学技术进步带来的利益。

第二，健康权与药品专利利用问题。对发展中国家而言，现今知识产权制度对健康权的实现带来了一定的消极影响。其一，由于专利权的垄断性，专利药品的昂贵价格通常超出贫困患者的承受能力，从而影响不发达国家的居民获得治疗。其二，由于专利实施的限制性条件，权利持有人可以阻滞他人获得药品专利技术，甚至在其政府的支持下限制贫困国家及其人民获得强制许可。其三，由于专利授予适用于具有新颖性但疗效与在先专利药品相似的产品，从而导致某类专利药品的生产和分配日益集中于少数发达国家的企业之中，这不利于发展中国家制药行业的发展与创新。

第三，传统资源权保护问题。一些发展中国家拥有丰富的传统资源，知识产权的保护范围从智力成果本身发展到智力成果的源泉，使发展中国家在知识产权资源的国际竞争中有可能改变其劣势地位。但是，发达国家对发展中国家传统资源无偿使用的现象比比皆是，这反映了现有知识产权国际规则的制度缺失，同时也反映出对传统资源的保护、开发和利用能力尚待提升。

※中国知识产权制度的方向

问：在国际化趋势的大背景下，中国应如何运用知识产权制度？

答：知识产权对于个人来说是知识财产私有的权利形态，但是从国家层面而言，知识产权是政府公共政策的制度选择。是否保护知识产权，对哪些知识赋予知识产权，如何保护知识产权，是一个国家根据现实发展状况和未来发展需要所作出的制度选择和安排。无论是美国、日本，还是韩国，无一不是以知识产权为战略武器，去占领国际竞争的制高点和提升自己的国际竞争力。

今年世界知识产权日的主题“创新——将全世界联系在一起”，向我们传递两个讯息：第一，知识的创新已成为一国在国际经贸领域中的核心竞争力。正如世界银行副行长瑞斯查德所言，当代社会，知识是比原材料、资本、劳动力、汇率更重要的经济因素。第二，在 WTO 的框架内，知识产权国际化趋势已使一国国内市场与国际市场有机结合在一起。进入 21 世纪以来，我国的国际贸易发展非常快，对外贸易占中国 GDP 比重达到了 70%左右。据海关统计，2009 年，中国的贸易顺差达到 1 960 亿美元。这表明，中国的国内市场与国外市场相互依存，共同支撑国家经济的发展。因此，中国政府与企业必须正视这一现实，学会利用知识产权政策工具，通过实施知识产权战略，提高自主创新能力，进行发展方式的转变和产业结构的调整，进而实现本国利益最大化，促进经济与社会发展战略目标的实现。

问：2008 年 6 月我国正式颁布《国家知识产权战略纲要》，将知识产权战略确立为国家战略。中国为何要制定知识产权战略来促进国家经济、社会的发展？

答：他山之石，可以攻玉。环顾当今世界，西方发达国家不约而同地采取了制定切合本国国情的知识产权战略，用以推动本国经济和社会发展。

在我国，《国家知识产权战略纲要》的颁布与实施，究其根本，源于“建设创新型国家，实现可持续发展战略”的总政策目标之需要。从发展意愿的角度来看，我国要实现可持续发展的战略目标，有一个发展模式选择问题。立足我国的基本国情，既不能走资源耗费型的发展道路，也不能走技术依赖型的发展道路，一句话，自主创新，建设创新型国家是必由之路。

从发展能力的角度来看，根据联合国开发计划署公布的《2004 年人文发展报告》，中国仍属于发展中国家，基本达到世界中等或中等偏下的发展水平。但是，在经济、科技和社会发展的某些领域、某些发面，中国已经取得了明显进步，有些甚至达到世界先进水平。这说明，我国对知识产权制度已有较大需求，对知识产权保护也具备一定调适能力。因此，我国保护知识产权、实施知识产权战略，更多是自身发展的需要。

问：金融危机给中国的产业经济带来巨大的影响，政府和企业应如何利用知识产权战略以促进自身发展?

答：国际金融危机凸显出我国传统经济发展模式的弊端。与发达国家凭借技术优势支撑的“头脑经济”不同，我国目前主要是依赖低工资、低福利、低劳动保障，且污染环境、耗费原材料的“肢体经济”。我国必须坚定不移地推行知识产权战略，将提高自主创新能力视为未来发展的关键，寻求新的发展方式。我认为，在推行知识产权战略的过程中，要特别重视知识产权的质量和效益，以“提高关键领域技术专利获取比例和专利技术的有效应用率”、“提高国际知名品牌的增长率和知名品牌的国际市场影响力”和“提高文化产品的国际市场占有率和版权产业对经济发展的贡献率”为战略目标，在危机中寻转机，实现新的突破。

具体包括：第一，建立以知识产权为导向的公共政策目标。将文化教育政策、产业经济政策等有机联系起来，形成合力，共同促进创新型国家的实现。第二，进一步加大研发投入，拓宽科研融资渠道，从而提升企业自主创新能力，是我国应对危机的根本之道，同时也是建设创新型国家的长远之计。第三，提供发达的中介机构及良好的社会服务。目前，美国一年的专利许可贸易收入达 1 800 亿美元，品牌授权使用金额超过 1 050 亿美元，这些知识产权交易都离不开中介服务活动。反观我国的知识产权中介机构，存在着数量较少、类型发展不均匀等缺陷，尚不能满足知识产权有效运用的需要。因此，要大力发展各种提供知识产权服务的中介机构。第四，培养高水平的知识产权专门人才。按照国际惯例，企业应按技术人员 4%的比例配备知识产权人员。我国目前有 200 多万技术人员，而知识产权从业人员估计只有 1 万人左右。因此，培养高水平的知识产权专门人才，打造知识产权战略人才库是我国知识产权战略实施的源泉所在。

“十二五”专利战略目标解读*

现今世界，国与国之间的竞争，主要表现为经济实力和科技实力之争。从法律层面看，是自主知识产权数量和质量之间的竞争。知识产权战略特别是专利战略实施的成功与否，将决定21世纪中国社会发展的最终走向。加强自主创新，转变发展方式，在关注专利数量和规模的同时，要特别重视专利的质量和效益。当前，我国经济社会发展刚刚步入十二五时期。新的五年既是我国建设创新型国家的攻坚时期，亦是全面深入实施国家专利战略的关键阶段。值此之际，“十二五”规划纲要提出“每万人口发明专利拥有量提高到3.3件”的预期目标，将发明专利拥有量作为经济社会发展综合考核的指标之一，具有重要的战略意义。

“十二五”规划纲要对专利指标的设置虽有“量”上的要求，但更多是对“质”的考量。数据显示，2010年我国年度专利申请量首次突破百万件，达到122.2万件，其中发明专利申请超过39.1万件，居世界第二位。中国毫无疑问是专利申请大国，但远不是专利强国，当前存在着专利结构失衡、发明专利维持时间较短等问题。专利包括发明专利、实用新型专利和外观设计专利，其中最具创新价值、最有战略意义的当属发明专利。截至2010年年底，我国有效发明专利总量达56.476万件，其中国内有效发明专利占总量的45.7%，依

---

* 本文系作者应邀撰写的解读“十二五规划纲要”的专题文章，原载《中国知识产权报》，2011-05-15。

然低于国外有效发明专利的 54.3%；且从有效专利的结构来看，国内发明专利仅占国内有效专利总量的 14.2%，而国外发明专利则占据国外有效专利总量的 78.6%。这种有效专利结构失衡现状的改变，有赖于我国不断提升发明专利的创造水平。此即“十二五”规划将“发明专利”作为衡量指标的主要原因；同时，专利的维持年限，往往代表着专利的附加价值与市场竞争力。国际竞争力研究权威机构、瑞士洛桑国际管理开发研究院将科技竞争力分为 5 大要素 26 项指标，其中即包括每 10 万本国居民拥有的有效专利数量等指标。据统计，在我国有效发明专利中，国内有效发明专利的生命周期多为 3 年至 6 年，有效期低于 5 年的达 53.3%，超过 10 年的仅有 4.6%，而国外有效发明专利平均周期为 5 年到 9 年，且高于 10 年的达 23.8%。有鉴于此，“十二五”规划将“专利拥有量”即截至规划期末其权利处于维持状态的专利数量，作为评价发明专利质量的重要指标。

对专利质量和效益的评价，除以“每万人口发明专利拥有量”为标准外，还应重视以下三个指标：一是关键技术领域的专利授权率。我国虽是世界制造工厂，但在高科技产业依然缺乏核心竞争力。大型民航客机 100%进口，光纤制造设备、高端医疗设备及集成电路制造设备基本进口，大型石油化工装备 80%进口，先进纺织机、数控机床设备 70%依赖进口。在世界知识产权组织划分的 39 个技术领域中，我国仅在食品、化学、药品、材料、冶金等 15 个领域占据相对专利优势。为此，我们要选择一些关键的领域、重点的产业特别是战略性新兴产业作为专利权创造的突破口，建立一批具有代表性的高新技术产业集群。二是专利技术的应用率。我国企业对专利技术的产业化重视不够，应用水平不高。不少企业存在着有技术无专利、有专利无应用、有应用无产业化的现象。目前，我国科技成果的平均转化率为 25%左右，较之发达国家 60%至 80%的水平还存在着很大差距。因此，要加快促进科技成果向生产力转化，提高专利技术的市场化水平。三是专利对经济发展的贡献率。在创新型国家，科技创新对 GDP 的贡献率一般为 70%，美国和德国甚至高达 80%，而中国科技创新对 GDP 的贡献率目前只有 45%。着力提升专利对经济发展的贡献率，是我国建设创新型国家的重要举措。

中国经济社会发展步入十二五规划之时，正值产业结构调整、经济发展方式转变、技术升级和企业改造的关键阶段，我们要进一步完善考核经济社会发展的专利指标体系，提高专利战略实施的质量与效益，从而加快实现建设创新型国家的政策目标。

“三审合一”：知识产权审判改革的特区模式*

20世纪下半叶以来，世界各国纷纷加快知识产权审判机制改革的步伐，韩国、英国、日本、美国等诸多国家，或设置独立法院、专业法庭审理知识产权案件，或成立商业法院处理知识产权诉讼纠纷，抑或组建特别上诉法院受理知识产权上诉案件，呈现出由独立审判机构统一审理知识产权民事、刑事、行政案件的司法变革趋势。在我国，以1996年上海浦东新区法院知识产权庭、刑庭、行政庭联合审理“飞鹰”案为开端，重庆、广东、西安、武汉等地亦积极尝试知识产权审判机制改革，探寻有效的“三审合一”模式。此后，最高人民法院2009年制定的《人民法院第三个五年改革纲要（2009—2013）》明确提出，在直辖市和知识产权案件较多的大中城市，探索设置统一受理知识产权案件的综合审判庭。在这一背景下，深圳市中级人民法院及所有区级法院推行知识产权“三审合一”模式，在知识产权审判改革方面作出了有益的探索。

深圳市全面推行知识产权“三审合一”模式具有相当的优势，主要表现在以下三个方面：一是改革经验优势。早在2006年8月，深圳市南山区人民法院知识产权庭即着手实施“三审合一”新机制，成为全省知识产权审判改革试点工作的排头兵。该院的试点工作实践为深圳市全面推行知识产权“三审合一”模式积累了宝贵经验。二是管辖权限优势。就全国范围来看，知识产权刑

---

* 本文系作者应《人民法院报》之邀，为深圳市法院系统知识产权审判机制改革所撰写的评论文章，原载《人民法院报》，2011-11-24。

事、行政诉讼一审案件基本由基层人民法院审理，民事案件则主要由中级人民法院管辖，而深圳市所有区级法院都已取得部分知识产权一审民事案件的管辖资格，是全国首个市区两级法院均具有知识产权民事案件管辖权的城市。管辖权限的均衡分布有利于“三审合一”改革的全面推动。三是案件资源优势。近五年来，深圳市区两级法院累计审结知识产权民事案件 6 787 件、刑事案件 425 件、行政案件 28 件；同时，知识产权司法保护范围已从著作权、商标权、专利权等传统知识产权延伸至药品专利、集成电路布图设计权等领域。知识产权案件数量较多、涉及领域较广，为深圳市推行“三审合一”模式提供了现实条件。

自 2010 年 9 月全面推行“三审合一”模式以来，深圳市知识产权审判改革取得了可喜成绩：知识产权司法资源配置不断优化，审判效率稳步提升；审理专业化程度明显加强，司法保护水平得以提高；民事、刑事、行政诉讼审查尺度渐趋统一，裁判冲突日益减少。然而，深圳市知识产权审判机制改革仍面临一定的问题。在充分发挥既有优势的同时，应着力从以下几个方面寻求突破：

1. 适当平衡三审之“合一”与“差异”。知识产权审判模式改革旨在协调“行政—司法双轨制”保护带来的行政、民事诉讼裁判冲突，减少知识产权犯罪结果要件权衡与民事侵权责任认定的尺度差异，并应对知识产权审判技术性、专业性强的挑战。可见，三审“合一”更多是侵权认定标准和裁判尺度的统一，而并没有从根本上改变三大诉讼原有的审判理念与基本原则。在追求三审“合一”的同时，要合理兼顾三大诉讼原有的程序内容、举证责任、证明标准，以期实现惩罚犯罪、监督依法行政和保障民事权益的不同诉讼目的。三审“合一”与“差异”的兼顾，有赖于知识产权法官审判素质的提高。据统计，2010 年，深圳两级法院受理知识产权民事案件 5 130 件、刑事案件 245 件、行政案件 16 件。三类案件数量悬殊对知识产权法官的专业素养，特别是刑事、行政审判意识的维系提出了考验。对此，应在知识产权庭引入刑事、行政审判法官，同时加强对知识产权法官的业务培训和指导，形成“合一”思想指导下的多元审判理念。

2. 有效衔接民事、刑事诉讼程序。在民刑交叉知识产权案件中，我国实行传统的“先刑后民”原则。由于知识产权刑事案件审理多先进行确权与侵权判定，而案件事实认定往往又要依赖民事审判法官具有的专业和技术知识，以至于“先刑后民”原则在适用知识产权民刑交叉案件时经常出现“水土不服”。虽然“三审合一”中民事法官参与刑事案件一定程度上弥补了刑事法官的知识结构缺陷，但坚持“先刑后民”诉讼原则，违背了知识产权案件“从确权、认定侵权到确认犯罪”的递进式审理逻辑关系；同时，适用“先刑后民”原则因会阻碍或中止民事程序的进行，甚至影响民事诉前禁令和证据保全制度的功能发挥，从而不利于对知识产权受害者进行及时、充分的救济。鉴于此，在“三审合一”改革进程中，法院审理知识产权民刑交叉案件时可尝试“先民后刑”的方式，先通过民事程序审理，对案件进行全面审查。通过当事人双方举证，理清案件的侵权关系，根据案件审理情况，如果侵权行为较为严重，再由权利人决定提起刑事自诉或由司法机关提起公诉。

3. 建立健全专家辅助制度。知识产权专业性、技术性强的特征，决定了案件调解或审理过程需要外来的智力支持。从国外来看，许多国家通过在诉讼中引入技术专家或技术法官等方式，以提高知识产权的审判质量和效率。例如，英美等国的技术咨询专家、德国联邦专利法院的技术法官、韩国专利法院的审查官、日本知识产权高等法院的技术调查官等。从国内来看，2010 年，最高人民法院建立了特邀科学技术咨询专家库，上海、江苏、河北、青海、广西、山西、浙江等地高级人民法院亦积极探索组建技术咨询专家库，试行专家陪审员和专家证人制度。就深圳而言，南山区法院已成立了全国首个由知识产权法律、技术专家组成的“知识产权专家调解委员会”，构筑了专家审前参与的诉外纠纷解决平台；宝安区法院亦尝试审理方式改革，聘请多位技术专家作为陪审员，参与审理知识产权案件。在推行“三审合一”模式进程中，深圳市法院应结合自身积累的经验和国内外其他地区的做法，建立完善的专家辅助制度。

总体而言，深圳市知识产权审判改革已初显成效，未来应继续发挥特区优势，同时吸收国内外司法改革的有益经验，力争构建行之有效的“三审合一”模式。

知识产权文化建设谈*

溯源篇

问："入世"10年，我国知识产权事业发展迅速。我们知道，在中世纪的欧洲，就已经有一些与现代知识产权制度关联的特权制度出现，如1577年，苏黎世的一个公民获得了一项与喷泉有关的特权保护。这类特权制度与其后产生的知识产权制度有何渊源？

答：知识产权制度的形成经历了一个由封建特许权向资本主义财产权嬗变的历史过程。以英国为例，英国封建特许权包括产品专营权和印刷专有权。产品专营权由皇室授予，成为各种行会垄断生产和流通的特权；印刷专有权仅是一种行政庇护，其受益者主要是出版商。作为私权的知识产权，与封建特许权相比具有不同的特点。首先，知识产权是"天赋""与生俱来"的，它不应由国家特许而产生；其次，知识产权是"普世"的，它是一种"普遍权利要求"，是一种资本主义式的财产权，而不可能是个别的、局部的行政庇护权；最后，知识产权是"法定"的，创造性活动是知识产权产生的"源泉"，它是一种"法定权利"，法律规定是知识产权产生的依据。可以说，近代知识产权制度的确立，将非物质财产的权利形态改造成为私人普遍享有私益的权利，私益受到私法严格保护的权利，这即是从特许权到私权的制度变革。

问：从封建特许权到知识产权制度的建立，确立了对私权的保护，这是一

---

* 本文系《中国知识产权报》对作者的专访，原载《中国知识产权报》，2011-12-13，标题为"吴汉东纵论知识产权文化建设"。

个历史的进步，能否结合知识产权制度产生的思想文化等社会背景，简单介绍其产生的过程？

答：工业革命在观念文化上带给现代社会最大的突破和冲击体现在确立了财产私有、私有财产不可侵犯等重要法律思想。这种思想的确立，与 14 世纪至 16 世纪英国以及西欧各国的资产阶级所发动的文艺复兴运动密切相关。文艺复兴运动倡导以人文主义为中心的新思想，激励人们改造现世，研究自然，重视实际有用的知识。17 世纪中叶，英国资产阶级革命倡导的平等自由，强调私有财产的不可侵犯性等，又为英国制定自己的法律包括知识财产私有的法律提供了重要的政治思想准备。

近代知识产权制度率先在英国形成并产生政策效益，也在于当时英国具备了实施这一制度的一般社会条件：从 15 世纪起，随着资本主义生产关系的形成和工场手工业的发展，英国以及西欧一些国家出现了采用先进技术，制造和使用先进的生产工具和各种机器的市场需求，促使工艺学有了长足的进步。新工艺学为工业文明的出现以及以保护工业文明为使命的知识产权制度的产生提供了坚实的技术基础。在这种情况下，发达的工业经济呼唤专利等法律制度。1623 年，英国颁布的《垄断法规》，限制了以往被国王垄断的与民众生活息息相关的油、盐、醋和淀粉的专利权，保护了真正的发明创造者的利益，刺激了工业革命的产生和发展。《垄断法规》的颁布及其内容对其他国家尤其是美国专利法的制定起到了很好的示范作用。1790 年，美国通过了第一部专利法，该法授予发明者 14 年保护期限的专利权。1791 年法国通过了第一部专利法，德国在 1877 年通过了专利法。

问：在鼓励创新方面，知识产权制度特别是专利制度对工业革命时期的种种重大创新成果给予保护，如蒸汽机、纺织机等，这样的保护如何推动技术的进一步发展？能否列举具体事例予以说明？

答：近代知识产权制度的出现，极大地激励了科技创新活动的进行。英国的《垄断法规》，旨在鼓励新技术发明及其应用，专利的目的不是形成贸易垄断，而是通过暂时的“垄断权”实现技术进步和产业发展。《垄断法规》第 6 条规定：“能够获得专利权或特权的对象为在英国首次采用新生产方式的第一个真正的发明者。”1709 年，英国颁布的《安娜法令》则首次授予作者、出版商专有复制权利，保护和激励人们创造作品和对兴办出版业进行投资。工业革命时期，英国的专利申请量急剧增加，出现了以瓦特蒸汽机为代表的一批重大机器发明。18 世纪末，被称为“工业革命之父”的瓦特制造出带分离冷凝器的蒸汽机样机，获得他的第一项蒸汽机专利。美国则涌现出以爱迪生为代表的一批杰出的发明家，其中，爱迪生一生拥有的专利超过千件。知识产权法律为美国工业革命的进行以及使其快速走上工业化发达国家之路提供了重要的制度保障。

美国经济学家、诺贝尔经济学奖获得者诺思在对 14 世纪的中国与 17 世纪至 18 世纪的英国作出比较分析后指出，工业革命的动向，即那时英国拥有作为产权制度的一种特殊范畴，也就是知识产权制度，保护了发明创造者的利益，刺激了发明创造者的热情，从而使得发明大量涌现并带来浪潮般的技术革新，进而启动了工业革命并创造了现代经济增长的奇迹。

问：可否说知识产权文化的渊源在于对财产私权的确立？这与后来被公众认可的知识产权文化有何联系？工业革命对我国正在进行的创新型国家建设有何借鉴和启示意义？

答：的确如此，西方知识产权法律构造的文化基础，是个人主义、自由主义和理性主义，其知识产权文化所蕴含的核心，在于确认了知识产权是一种私权，并且是基于抽象物而形成的一种新的财产权形式。这种对私权的确认成为推动创新的物质激励基础。知识产权制度从一开始就通过对私权的确认，体现了对权利的尊重和对创造的激励，成为知识产权文化发展的渊源。我们知道，近代知识产权的形成，经历了一个由封建特许权向资本主义财产权嬗变的历史过程。根据国家在不同发展阶段的不同发展需求，对知识产权制度作出选择性政策安排，是西方国家的普遍做法。任何一个国家，在其知识产权制度发展史上，都有一个从选择保护到全部保护，从弱保护到强保护的过渡期。但是，随着新的国际贸易体制的形成，知识产权立法呈现出一体化、趋同化的发展态势。

作为世界贸易组织成员的发展中国家，已经失去发达国家所经历的缓慢过渡期和准备期，中国要建设成为创新型国家，实现长期持续发展的目标，有一个发展模式的选择问题。中国与发达国家的差距，主要在于技术能力、创新能力的差距，说到底也就是自主知识产权数量与质量的差距。因此，对于进入工业化阶段的发展中国家来说，加强知识产权文化建设，对于激励科技创新，促进文化繁荣，实现经济发展大有益处。

现状篇

问：经过三十多年的发展，我国已经形成具有中国特色的知识产权文化，文化通过制度体现，也影响制度的制定和实施。您认为在我国创新型国家建设背景下，知识产权文化现状如何？

答：对外国法制或国际法制的引进，是一个“理性选择”的过程，更是一个法律本土化的过程，即外来制度如何在本国扎根与内化的过程。本土化要求进行法律移植时，不能仅仅是对外来法律规则的形式再现，而且要在研究其法律理念的基础上实现文化再造。在构建中国知识产权法治秩序的过程中，我们引进了这一制度的外形，即法治的“硬件”系统（相对而言这是比较容易移植的），但在知识产权思想领域尚缺乏与之相适应的文化基础，即法治的“软件”系统（法律精神的移植并非短时期可奏效的）。

我国社会的知识产权法律意识还有待加强，知识产权文化还处于形成阶段，这是知识产权法律实施目标的障碍性因素。《我国公民知识产权意识调查报告》显示，近年来，我国在知识产权立法、司法和行政保护方面不断加强投入，社会整体对知识产权认识程度和自我保护意识也明显提升，但在公众尊重知识产权的行为规范的完善方面却未收到明显成效。知识产权意识的淡漠，使得人们对知识产权法律的正义性认同受到消极影响。

问：文化的形成需要有历史的土壤，我国传统文化与现代知识产权文化在某些方面存在分歧，如有人就主张“窃书不为盗”等观念，能否说，目前我国要培养适合知识产权文化生存的意识土壤，还需要较长时间。

答：现代知识产权的文化构建，需要一般社会条件的综合作用，从而形成法律文化再造的运动能量和运动方向。首先是知识经济市场的原动力。基于市场经济的内生力量，必然产生与知识产品商品化、市场化、产业化相适应的知识产权文化。其次是政策制度环境的保障力。政策制度环境的营造，对于良好的法律文化的形成具有重要作用。日本在近代对德国式民法的选择，在现代对美国式宪法的引入，无一不是凭借政治权威，包括相关政策制度的推引，以改造原有法律文化，从而极大地提高日本法律文化的承载力。最后是文化宣传教育的引导力。在全社会普及知识产权法律知识，培养公众的知识产权权利观念和规则意识，是知识产权文化建设的重要目标。在我国，通过学校创建知识产权教育模式，以培养青少年的创新能力、创新思维和变革意识；通过加强知识产权知识宣传，普及和提高全民尤其是企业的知识产权意识和能力，显得特别重要。总之，知识产权文化的培育与养成，是我国三十年来知识产权法治建设的薄弱环节，理应成为现阶段乃至今后相当时期实施国家知识产权战略的一个重要任务。

问：改革开放，为知识产权制度在我国生根、开花、结果带来了机遇。现阶段，对这一制度我们应从知识产权文化层面作出哪些新的解释？

答：2001年中国加入世界贸易组织。“入世”10年来，中国知识产权立法已经摆脱了被动移植的局面，从调整性适用进入主动性安排阶段。对中国知识产权制度，我们应作出新的文化解释，秉持新的思想观念，置身国际化、着力现代化、立足本土化，具体说来就是：

第一，世界眼光。中国知识产权制度建设，不能离开经济全球化的新的国际背景。《知识产权协议》（TRIPs协议）将知识产权保护纳入国际贸易体制之中，知识产权制度一体化、国际化呈现出新的发展趋势。

第二，中国立场。我认为知识产权的制度设计，必须基于中国国情和中国发展的政策需要。也就是说，必须着眼于我国的经济发展现实，在遵守国际公约的前提下尽可能考虑本国的经济、科技和文化的发展水平，最大限度地实现知识产权法律国际化与本土化之间的协调。

第三，与时俱进。知识产权制度基于科技革命而生，源于科技革命而变，其制度本身就是一个法律制度创新与科技创新相互作用、相互促进的过程。因此，知识产权制度是一个最含科技要素、最具科技含量的法律。知识产权制度的现代化必须保持一种与时俱进的时代精神。

第四，为我所用。最近几年，我国社会发展有两个重大目标：一个是全面建设小康社会，再一个是建设创新型国家。我以为，我们目前所进行的知识产权制度建设，要为实现这两个宏伟目标提供战略支撑和政策保障。

问：有观点认为，我国的知识产权制度发展以政府的推动为主，而在社会、在企业，知识产权意识和文化建设还处于一个相对被动的阶段，您是否认可此观点？

答：从私人层面看，知识产权是知识财产私有的权利形式。TRIPs 协议在其序言中宣示“知识产权为私权”，即以私权名义强调了知识财产私有的法律性质；而从国家层面看，知识产权是政府公共政策的制度选择。在政策科学领域里，知识产权制度亦是一项知识产权政策，即政府以国家的名义，通过制度配置和政策安排对于私人知识资源的创造、归属、利用以及管理进行指导和规制，通常表现为一系列的法令、条例、规章、规划、计划、措施、项目等。这就是说，知识产权是实现公共政策的一种手段。因此，知识产权不仅是一种私权，它更与一国的公共政策密切相关。国家在知识财产的私人领域虽然不能直接成为市场的参与者，但国家应承担起政策的制定者、市场的监督者和全局的指挥者的角色。

问：我国知识产权的发展是由内及外、制度先行的一个过程。在 2006 年，党中央和国务院明确提出到 2020 年把我国建设成创新型国家的目标任务，这对我国知识产权文化建设有何影响？综上所述，能否得出这样一个结论，我国对知识产权的需求已经从最初满足“入世”需要发展到我们自身发展的需要？

答：建设创新型国家这一目标任务的提出，对促进知识产权文化建设的积极作用是毋庸置疑的。创新型国家要求创新投入高，自主创新能力强，创新产出多，这必然会要求文化建设更有创新，更加注重知识产权文化建设。

我国知识产权法制的历史是非常短暂的，其真正起步始于 20 世纪 80 年代，但短短的三十年我们却走过了西方发达国家几百年的道路，在这个过程中我们既要考虑发展中国家的基本国情，又要面对国际社会要求高水平保护知识产权的压力，因此我们不得不谨慎地对知识产权进行选择性安排。“入世”之前，迫于外界压力我们接受发达国家在知识产权保护方面的要求，在 2000 年和 2001 年分别对《专利法》、《著作权法》和《商标法》进行了全面修改以满足“入世”需要，可以说这段时间我们对知识产权的选择安排是相对被动的。进入 21 世纪，党和国家领导人多次强调知识产权的重要性，特别是 2006 年“建设创新型国家”目标的提出以及 2008 年《国家知识产权战略纲要》的实施，说明中国正站在战略全局的高度，从自身发展需要出发高度重视知识产权对经济的推动作用，我认为这是一个非常重要的信号，它向世界表明了中国的知识产权政策运用、中国的知识产权制度建设，包括中国的知识产权文化发展，进入了一个战略主动的时期，也就是说，中国今后将会有效运用知识产权制度，以此来缩小与发达国家的差距。

发展篇

问：知识产权制度是“为天才之火，添加利益之油”。您认为弘扬知识产权文化对未来我国创新型国家的建设将有何积极的影响？

答：知识产权文化包含着意识文化、制度文化和环境文化，知识产权文化决定着知识产权制度和创新制度的整体构成，是创新型国家建设的思想基础。成熟的知识产权文化必然助推和促进健全而高效的知识产权制度形成，在知识创新、科技创新活动中发挥思想引导和激励作用，切实保障创新型国家建设的顺利进行。

对于中国而言，实施知识产权制度，培养知识产权文化，对于未来我国创新型国家建设将产生积极影响：一是启迪思想，激励创新，发掘创意，努力创新求生存；促进高新技术产业与文化创意产业发展；二是制度保障，打击盗版、假冒，惩治侵权，给发明创造者、作品创作者提供坚强的后盾，促使全社会尊重知识创新，保护知识产权。三是构建创新环境，形成创新氛围，让整个社会认识到“先进的知识才是力量，有产权的知识才是财富”。

问：要想在中国形成“尊重知识、崇尚创新、诚信守法”的文化氛围，未来政府、社会还需要做些什么？

答：尽管我国实施知识产权制度已有近三十年的历史，但长期以来主要关注知识产权法律制度本身而忽视了知识产权意识和环境的培育与建设，“尊重知识、崇尚创新、诚信守法”的文化氛围仍未真正建立，尚需政府、社会继续努力。

具体而言，国家要将知识产权与文化政策、科技政策、教育政策、外贸政策相结合，积极引导，大力扶持创新产业。相关行政部门要加大执法力度，提高知识产权侵权成本，降低知识产权维权成本；做好知识产权宣传普及工作；设立“知识产权举报热线”等途径切实保护知识产权。教育界应思考如何构建知识产权教育模式，要充分发挥高校作为“思想库”“人力资源库”的优势培养未来所需的各类知识产权人才，与此同时，还要有针对性地开展不同层次、不同水平的知识产权业务培训。文化界应在正确的产业政策指引和知识产权制度庇护下，谋求发展的转机和胜机，增强文化创新能力和知识产权创造力。

问：刚刚结束的中国共产党的十七届六中全会提出文化大发展大繁荣，您认为这对我国未来知识产权文化建设会产生什么影响？能否实现以市场带动形成更尊重创新的社会文化氛围？

答：继十七大报告明确要“提高文化软实力”后，十七届六中全会中共中央又作出“深化文化体制改革，推动社会主义文化大发展大繁荣”的决定，这表明中共中央对文化建设的高度重视。这在一定程度上也对知识产权文化建设提出了更高的要求，不仅要求知识产权文化以创新、创业、创富为主，成为建设创新型国家和文化大发展大繁荣的第一推动力，而且要求知识产权文化建设与国家科技政策、产业政策、文化政策、教育政策、外贸政策相互结合，相互渗透，为文化产业大发展大繁荣提供有力保障，还要求未来知识产权制度运作注重实效，促进人力与物力投入文化活动的创新和文化品牌的维护上，营造健康有序的文化市场环境，使创意经济实现良性发展。

在文化大发展大繁荣政策的推动下，市场必然会出现更多知识产品，来让公众选择。在众多知识产品中，有影响的精品力作、创意作品便会脱颖而出，从而影响文化产业趋势，使知识产品创作者更加愿意创新，更多强调创意，实现以市场带动形成尊重创新的社会文化氛围。当然，这一目标的实现，只有在合理的知识产权制度保障、有力打击盗版侵权的条件下才会实现。

深入实施知识产权战略 加快建设创新型国家*

在经济全球化的国际背景和知识革命的时代背景下，知识产权不仅是一种法律制度，更是一种政策方略。发达国家之间在推进国际知识产权立法与执法水平问题上的战略合谋、发达国家与发展中国家之间在知识产权保护问题上的利益冲突，以及发展中国家自身在寻求符合本国经济发展路径问题上的知识产权政策选择，彰显出一国知识产权战略在解决国际与国内问题上的双重意义。

综观国际变革大势和中国发展大局，知识产权日益成为综合国力的法律表现、强国实现的战略选择与世界未来的竞争焦点。面对这样的情势，我们应积极谋求知识产权国际立法话语权，防止双边机制中的知识产权风险，努力完善国内知识产权法律制度，建立以知识产权为导向的公共政策体系，着力提升我国科技竞争力、文化软实力与品牌影响力，加快实现建设创新型国家的政策目标。

知识产权战略的双重意义

在经济全球化的国际背景和知识革命的时代背景下，知识产权不仅是一种法律制度，更是一种政策方略。发达国家之间在推进国际知识产权立法与执法水平问题上的战略合谋，发达国家与发展中国家之间在知识产权保护问题上的利益冲突，以及发展中国家自身在寻求符合本国经济发展路径问题上的知识产

---

* 原载《中国社会科学报》，第316期，2012-06-13。

权政策选择，彰显出一国知识产权战略在解决国际与国内问题上的双重意义。

在国际战略层面，我国知识产权战略实施应该为应对当今知识产权国际保护制度变革提供政策保障。从国际贸易角度来看，以知识产权为支撑的高新技术产业和文化产业已经成为发达国家的经济支柱，保护知识产权就是维持发达国家及其企业的重大经济利益。但从侵权角度出发，高成本生产的知识产品一旦进入知识产权保护水平不高的国家，就会面临低成本的盗版与仿造。这种高成本生产和低成本复制之间冲突的加深，使推进知识产权保护一体化成为发达国家十分关注的国际问题。发达国家不断通过多边、双边甚至单边途径，提高国际知识产权的保护标准与执法水平，最终目的是为本国的优势产业塑造商业环境、取得竞争优势。面对近年来知识产权问题超越国际经贸领域，在人权、能源、气候等多种国际纷争中呈现的局面，我们必须积极应对发达国家主导的知识产权国际保护规则，把发展更公平更公正更合理的国际知识产权制度作为自己的战略目标，为我国经济发展转型赢得空间与时间。

在国内战略层面，我国知识产权战略实施应该为实现国家经济发展方式转变提供制度支持。尽管知识产权制度的保护水平与保护体制必须适应本国所处的发展阶段，但在当前国际金融危机持续发酵、我国传统经济发展模式弊端日益凸显、国家经济安全面临威胁的情势下，建立以知识产权战略实施为核心的政策体系和完善知识产权战略实施的配套机制，将成为我国建设创新型国家的重要任务和实现经济发展方式转变的关键布局，是摆脱传统资源耗费型与技术依赖型发展道路的制度保障，更是在创新发展道路上实现经济安全、文化主权和科技发展的现实需要。

知识产权战略实施的路径选择

创新型国家建设的关键，就在于提升国家科技竞争力，加强国家文化软实力，扩大国家品牌影响力，集中表现为自主知识产权的数量和质量。中国未来的发展需要知识产权事业的发展，需要实施国家知识产权战略为创新型国家建设提供重要保障。

助推中国创造：专利战略与国家科技竞争力。2010 年，中国以专利申请量达到 122.2 万件、发明专利申请超过 39.1 万件，居世界第 2 位。但从整体水平看，中国并非专利强国：发明专利的授权量比例不高；企业的职务发明专利比例较低；国际专利申请量相对不足；国内知识产权优势企业、高校数量明显不足。为在新一轮产业结构调整和新兴产业发展中实现高新技术产业化和传统产业的高新技术化，中国专利战略应在以下三个方面作出努力：提高研发投入占 GDP 的比例；提高科技成果的转化率；提高科技创新对 GDP 的贡献率。

传播中国创意：版权战略与国家文化软实力。目前我国文化创意产业创新能力不足，文化市场本土化水平不高，缺乏具有国际影响的自主知识产权文化精品。破解上述难题，提升中华文化影响力和国家文化软实力，应从实施版权战略入手：第一，提升文化产品在国际市场上的占有率，打破发达国家的文化垄断。这不仅涉及知识经济时代的经济增长，而且事关国家文化安全问题。第二，注重版权产业的增长率。中国改革开放三十多年来，GDP 平均增幅超过 9%，但文化创意产业增长率只有 5%～6%，这远低于英、美等国 12%～14% 的发展水平。第三，提高版权产业对 GDP 的贡献率。在创新型国家中，版权产业在 GDP 的比重已达到 15%～25%，而我国版权业对 GDP 的贡献率仅有 6.7%，尚有相当的提升空间。

树立中国形象：商标战略与国际品牌影响力。中国现在是商标大国，但远不是品牌强国，国际知名品牌很少。定牌生产、加工贸易以及合资企业大量使用外国品牌等，阻碍了中国自主品牌的创建，不利于中国形象的树立。实施商标战略、打造国际影响力，需要在以下两个方面作出努力：第一，扩大国际知名品牌的增长率。我国经济总量居世界第二，制造业总量居世界第一，货物贸易出口量居世界第一，但 2010 年进入“国际知名品牌 500 强”的只有 17 个中国商标。因此，应将培育知名品牌作为商标战略实施的重点。第二，提升知名商品在国际市场的占有率。中国 500 个最有影响力的知名品牌在国际市场的占有率只有 6.5%，与国际知名品牌的市场占有份额相差甚远。知名商品具有高附加值、高认知度，中国外贸不应是低价倾销，而应是品牌畅销，以此提高产业竞争力和国家影响力。

品牌提升中国“软实力”*

自1982年新中国第一部《商标法》颁布以来，中国商标事业步入了繁荣发展的春天。有了商标国际注册的“绿卡”，中国产品“走出去”才有了法律保障；同时商标也是展示“中国制造”形象的“名片”。在国际制造业中，知名品牌体现了一个国家的经济实力和市场优势。可以说，中国企业品牌的营造，就是国际制造业中国形象的塑造。在知名品牌的背后往往是一个有竞争力的企业，一个有生命力的产业，一个有经济实力的城市，一个有世界影响力的国家。从一定意义上讲，中国企业品牌在世界上“品牌”着中国。

在国际市场，知名品牌的认定有着通行的国际标准，它必须具备以下条件：第一，商标价值在10亿美元以上；第二，使用商标的商品的海外销售额、利润额分别占到销售总额和利润总额的20%和30%以上；第三，该商品在国际市场所具有的影响力、控制力。2012年6月，世界品牌实验室发布的2011年度《世界品牌500强》排行榜显示，包括华为、海尔、联想等21个中国品牌名列其中，其中中央电视台、中国移动、工商银行和国家电网位列前100名。从世界品牌500强排行榜第一届发布至今，中国品牌每年入选的数量分别是1个（2004年）、4个（2005年）、6个（2006年）、12个（2007年）、15个（2008年）、18个（2009年）、17个（2010年）、21个（2011年）。

民族特色品牌的打造，也是塑造国家形象的重要手段。绍兴黄酒、宣威火

---

* 本文应国家工商行政管理总局商标局之邀，为纪念《商标法》颁布30年而作，原载《人民日报》，2012-08-23。

腿、景德镇瓷器、全聚德烤鸭等，不仅驰名国内，也享誉世界。近年来，我国通过认定驰名商标、地方著名商标与地理标志，形成一大批具有国际影响力的民族品牌。截至 2011 年年底，已注册和初步审定国内地理标志达到 1 343 件，涵盖食品、手工艺等多个领域。这些国际知名的民族品牌在凸显“中国制造”经济实力的同时，也让世界感知中国文化的深厚底蕴，感受中国“软实力”的提升。

中国商标法制 30 年的发展历程告诉我们，实施商标战略、打造知名品牌，既是提升企业核心竞争力的必由之路，也是提高“中国制造”国际影响力的重要途径。

实施知识产权战略　实现创新驱动发展*

《中国知识产权报》编者按：本文作者结合贯彻党的十八大报告所提出的实施创新驱动发展战略和实施知识产权战略的方针，从创新驱动与实施知识产权战略、创新驱动与知识产权制度建设两个方面围绕主题进行了分析和阐释。文中，作者理论联系实际，站在经济全球化和可持续发展的高度，针对我国国情实际，提出必须通过实施知识产权战略，大力发展战略性新兴产业、发展文化创意产业、提高国家创新实力。全文说理新颖而独特，蕴含丰富而深刻，兼具学术研究与实际应用价值。

“实施创新驱动发展战略”，是党的十八大提出的国家发展战略。党的十八大报告中强调“实施知识产权战略”，这是党中央总揽全局、深刻分析国内现状和国际形势所作出的重要选择。这一思想应时应势，顺应了时代发展的迫切要求，必将产生广泛而深远的影响。在此，笔者拟对创新驱动发展与实施知识产权战略进行简要分析和阐释。

创新驱动与知识产权制度创新

从党的十六大报告提出“保护知识产权”，到党的十八大报告中强调“实施知识产权战略”，这种与时俱进、一脉相承的思想，不仅在认识上更为深刻，而且是符合科学发展规律和大势所趋的。从某种意义上讲，创新驱动发展的基

---

* 本文系作者应邀撰写的“十八大报告”宣传系列文章之一，文中标题系编者所加，原载《中国知识产权报》，2013 - 01 - 18。

本方略就是知识产权战略。

当今世界，知识产权已经成为国家发展的重要战略资源，知识产权的拥有数量和对知识产权创造、运用、保护和管理能力已经成为衡量一个国家经济、科技实力的核心因素。20 世纪初，美籍奥地利经济学家熊彼特在《经济发展理论》一书中首先提出了创新理论。在他看来，创新是在生产体系中引入生产要素和生产条件的新组合，包括引进新产品、引用新技术、开辟新市场、控制原材料新供应来源和建立新企业组织。20 世纪 50 年代以来，后人在其创新理论的基础上发展了技术创新理论和制度创新理论两个分支。技术创新理论认为，科学技术对经济发展的作用主要是通过技术创新实现的。制度创新理论认为，技术性因素和制度性因素构成了经济增长的两大要素，而创新的制度是激励技术创新活动、推动经济增长的关键。在创新体系中，制度创新居于基础和保障地位。文化创新、科技创新立足于经济、社会一体化的发展目标，是一种新知识的创造和应用的活动，它离不开相应制度的保障、规范和约束。知识产权制度是制度文明的典范，其基本功能是，为创新活动进行产权界定并提供激励机制；为创新产业进行资源配置并提供市场交易；为创新成果进行产权保护并提供市场规范机制。

党的十八大报告同时强调："要增强文化整体实力和竞争力"。其重要举措即是要增强文化创新能力，文化创新能力是文化大发展大繁荣的基础工程。随着现代科技的迅猛发展和知识经济时代的来临，文化创新与科技创新的价值进一步凸显。其实，与创新活动相关的产业都属于智慧密集型产业，具有高技术、高智力、高附加值、高效益、低投入、低消耗、低污染的特点。文化创新主要是思想观念、公共服务和智力产业三个维度的创新；而科技创新更侧重于从生产力层面解决发展的手段和条件问题。文化创新与科技创新在功能定位上有所不同，但是两者之间又有着密切的联系：文化创新与科技创新在一定程度上相互影响、相互作用，科技创新引领、支撑文化创新；文化创新反过来会助推科技创新，两者好比创新驱动发展战略的两翼，只有两者互相取长补短，才能推动我国企业发展、产业进步和国力提升。因此，必须要协调好文化创新与科技创新的关系。

与以往不同，当今的创新是在全球化背景下的创新。在全球化的竞争浪潮中，由于科技人才自由流动的全球化、研发资源配置的全球化、科技合作与利用的全球化，创新注定必须要从全球化的视野出发对创新进行资源配置，是利用现代信息技术、网络技术以适应全球经济一体化的重大变革，由此进行生产要素优化组合，进而带动文化创新与科技创新。“全球化”的概念是1985年由美国经济学家提奥多尔·拉维特在《市场的全球化》一文中率先提出的，其原意是指经济全球化，后来逐渐扩展到其他方面。从领域来看，是指以经济全球化为核心，涉及政治、法律、科技、文化、社会生活等各个方面的全球化；从时空来看，不仅是指当代国际社会的全球化，还可以追溯到中近代时期的全球化。也就是说，从中世纪时代到近代，都出现过宽泛意义上的全球化。在全球化的过程中，知识创新提供了必要的物质基础和根本的推动力。技术在进步、时代在发展，今天的这种全球化背景下的创新完全具有全新的意义。从20世纪末至今，席卷全球的信息革命和知识革命，其创新标志是以计算机及网络为代表的信息技术革命和人类基因图谱破译所带来的生物学革命。这一场知识创新不仅改变了我们的生活、工作方式，而且为经济、科技、文化交往的一体化提供了技术保证。互联网的广泛应用与普及，拓展了人们获取信息的途径，改变了传统的交往方式，增强了知识创新在社会经济发展中的作用，使经济、文化交往的一体化趋势更加明显。同时，基因技术将会促进生命科学与信息科学、材料科学等相关学科的结合，带动一批新兴高技术产业的发展，使生产力得到进一步提升，进而对科技进步、经济发展以及整个社会产生深远影响。

创新驱动与知识产权政策运用

知识产权制度是私权法律制度创新与变迁的结果，同时也是直接保护创新活动的基本法律制度。知识产权法律从兴起到现在只有三四百年的时间，但经历从工业革命到信息革命的不同时期，基于科技革命而生，由于科技革命而变，其制度发展史本身就是一个法律制度创新与科技创新相互作用、相互促进的过程。

近代英国是传统知识产权制度的发祥地，也是欧洲工业革命的策源地，这些并非历史的偶然。1623年，英国《垄断法规》最早对新技术的发明与引进作出了类似专利制度的规定；1709年，其《安娜法令》则首次授予作者、出版商专有复制权利，保护和激励人们对创造作品和兴办出版业进行投资。这些早期的知识产权法律作为科技、文化政策的有机组成部分，为18世纪70年代开始的工业革命奠定了重要的制度基础。美国经济学家诺思在对14世纪中国与17世纪、18世纪英国作出比较分析后指出，当时英国拥有知识产权制度，保护了发明创造者的利益，刺激了发明创造者的热情，从而使发明得以大量涌现并带来浪潮般的技术革新，启动了工业革命并创造了现代经济增长的奇迹。

现代美国是知识产权制度的有效运作者。美国早期的知识产权政策，深刻地贯彻了实用主义的商业激励机制：对内，保护私人知识财产，以暂时的垄断授权换取科技与文化的发展；对外，以知识产权为政策工具维护国家利益，采取了明显的本国保护主义的做法。两次世界大战之后，美国完成了从低水平保护向高水平保护的转变，并力图将知识产权保护的美国标准推行为各国普遍通行的国际标准。20世纪80年代以来，美国对知识产权政策作出了一些重大调整：一是在国内建立了促进知识经济发展、科学技术创新的政策体系；二是在国际上实施知识产权保护与对外贸易直接挂钩的政策举措。进入21世纪以来，美国作为知识产权强国，建立了体系完善的知识产权制度，推动了其高新技术产业和文化创新产业的发展，并在知识产权国际事务中极力推行其价值标准。

21世纪的第二个十年，中国将全面建成小康社会和进入创新型国家行列，由世界大国走向世界强国。其中，健全与完善的知识产权制度，无疑是实现上述战略目标的重要支撑和保障。实现全面建成小康社会和进入创新型国家行列的战略目标，关键在于“创新驱动发展”，而实现创新驱动发展，主要在于实施知识产权战略。2003年至2011年，中国经济年均增长10.7%，中国经济总量占世界经济总量的份额，从2002年的4.4%提高到2011年的10%左右；中国经济总量在世界的排序，从2002年的第6位，上升至2010年的第2位。但人均国民生产总值（GDP）仅位居世界第90位左右，中国仍然是一个发展中国家。同时，我国的能源消耗占到世界消耗总量的15%，钢材消耗占到世界消耗总量的30%，水泥消耗占到全球消耗总量的55%，单位GDP的能耗是国际水平的三至四倍，甚至是日本的八倍。因此，我国通过创新驱动，寻求发展模式转型，而不能靠牺牲环境、耗费资源、提供廉价劳动力来参加国际分工与协作。同时，考虑自身经济安全、文化主权和科技发展的需要，我国应降低对外技术依赖的程度，实现“中国创造”的发展构想，走自主创新、建设创新型国家的发展道路。

创新驱动与知识产权战略实施

实施知识产权战略是我国为推动经济、文化与社会发展而作出的重大政策抉择，其实施的成功与否将决定21世纪中国社会发展的最终走向。唯有大力实施知识产权创造、管理、运用和保护战略，提高文化软实力和科技创新能力，才能在全球化竞争浪潮中立于不败之地。在这个过程中，需要注意三个方面的问题。

第一，以知识产权创造为目标，形成文化、科技创新成果。在知识经济的时代背景下，以版权为制度支撑的文化产业涉及软件、电影、音像、广告、传媒、图书出版等行业。目前，全世界文化产业每天创造220亿美元的价值，并以5%的速度递增，在一些发达国家速度更快，美国达14%，英国为12%，是各行业中发展速度最快、最具增长潜力的产业。根据88个国家和地区专利机构的统计数据，2008年全世界拥有670万件有效专利，比2007年增加5.3%。其中近28%的专利由美国专利商标局授权。时至今日，日本和美国仍然是主要的有效专利持有国，拥有全球47.5%的有效专利。由此可见，合理运用知识产权战略，将一国文化科技创新成果转化为知识产权，对一国的自主创新能力的提升具有重要的推动作用。

第二，以知识产权的管理、运用为重点，构建创意产业群。在国外，诸如美国的硅谷地区、日本的关西地区、德国的巴登符腾堡地区、意大利的都灵和米兰地区、法国的巴黎和英国伦敦等地区，都是通过知识产权的商业化应用来形成在全国乃至在全球有影响的创意产业集聚地。有鉴于此，我国要提高文化创新、科技创新能力，就必须通过实施知识产权战略，建立一批有代表性的创意产业群，形成强势自主知识产权和自主品牌。当前要大力发展战略性新兴产业，立足我国国情和科技、产业基础，重点培育和发展节能环保、新一代信息技术、生物、高端装备制造、新能源、新材料、新能源汽车等产业。同时，还要注重发展软件产业、动漫产业、游戏产业，振兴电影产业、音像产业，促进广播电视业和图书出版业。

第三，以知识产权保护为后盾，营造良好的创新环境。知识产权是文化创新与科技创新发展的制度支撑，同时也是世界市场经济体制的基本规则。无论国内市场还是国际市场，其发展都离不开对知识产权的有效保护。从国内市场来说，知识产权是文化创新、科技创新主体进行市场竞争的法律手段。唯有加强知识产权保护，严厉打击侵权盗版假冒行为，才能使文化与科技创新主体将人力与物力投入创新活动之中，才能形成健康有序的市场环境，使创新经济发展实现良性循环。从国际环境来说，知识产权保护状况如何，已经成为国际社会对投资、贸易环境进行评估的重要内容。良好的知识产权保护环境和文化氛围，既是文化与科技产品引进的先决条件，也是外商投资合作的环境要素。美国只培养了全世界 40%的诺贝尔奖获得者，却有 70%以上的诺贝尔奖获得者在美国工作。根据美国考夫曼基金会的统计显示，在加利福尼亚，外国移民创办的公司比例高达 88%，而在高科技中心的硅谷，有外国移民参与创办的公司竟占全部高科技公司的 52.4%。这都得益于美国良好的创新环境与较为完善的知识产权制度。近年来，伴随着我国招商引资政策的落实以及知识产权战略的实施，知识产权保护环境的改善，吸引外资方面出现新进展，逐步形成了中国研发中心热。目前，全球有 200 余家跨国公司在我国设立了 1 600 余个研发机构，投入的研发经费总额超过 40 亿美元。北京中关村、上海张江高科技园区、苏州工业园区、武汉光谷等一大批备受跨国公司青睐的研发中心聚集地正在逐步形成。

“实施知识产权战略，把全社会智慧和力量凝聚到创新发展上来”，这是党的十八大对中国未来发展的新的战略部署。完成十八大的战略目标，应该坚定不移地实施知识产权战略，不断完善知识产权制度，发挥知识产权制度的作用和优势，重点加强创新成果、创意产业、创新环境三个方面的工作，以科学发展为主题，以转变经济发展方式为主线，着力增强创新驱动发展的新动力，增强我国经济可持续发展的后劲。对于创新驱动发展和实施知识产权战略来说，这不仅有着牢固内在联系的高度统一，也是中国全面建成小康社会和进入创新型国家行列的重要途径。

知识产权战略：创新驱动发展的基本方略*

党的十八大报告提出实施创新驱动发展战略，这是贯彻落实科学发展观的必然要求。在国家创新政策体系中，知识产权为实现创新驱动发展战略目标提供了重要的制度支撑和法律保障。知识产权战略既是国际市场竞争战略，又是中国创新发展战略。

知识产权是维护国家核心竞争力的战略武器，知识产权优势即是国家实力优势。进入知识经济时代，无论是发达国家，还是新型工业化国家，竞相在国际层面对知识产权作出战略谋划。近些年来，知识产权问题不仅凸显于国际经贸领域，而且在人权、能源、气候、环境等多种国际纷争中呈现。我国知识产权战略的实施，必须积极应对发达国家主导的知识产权国际保护规则，把发展更公平、更公正、更合理的国际知识产权制度作为自己的战略目标，为我国的经济发展转型赢得空间与时间。

知识产权战略就是强国富民战略。我国知识产权战略的制定，主要是基于自己经济社会发展需要而作出的战略考量。我国知识产权战略的实施，是实现经济发展方式转变的关键布局，也是摆脱传统资源消耗型与技术依赖型发展道路的制度保障，更是在创新发展道路上实现经济安全、文化主权和科技发展主动权的现实需要。因此，建立以知识产权战略为核心的创新政策体系，完善知识产权战略实施的配套机制，成为我国建成创新型国家的首要任务。

---

* 本文系作者应邀撰写的“十八大报告”宣传文章之一，原载《中国教育报》，2013－02－22。

在知识产权战略实施过程中必须处理好以下关系：一是“政府推动”与“市场导向”的关系，即在建设国家创新体系的同时，着力构建以企业为主体、市场为导向、产学研相结合的技术创新体系，通过科学技术协同创新的有效途径——产学研联盟的协调沟通机制、利益分配与激励机制等运行机制优化，激发自主知识产权的创造。二是“国家发展”和“社会公众利益”的关系，即在完善知识创新体系，强化基础研究、前沿技术研究，加快对新技术、新产品、新工艺研发应用，进行技术集成和商业模式创新的同时，建立社会公益技术创新支撑机制，注重社会公益技术研究的水平提高与成果转化，让科技创新更加惠及民生。三是“整体推进”与“重点突破”的关系，即在通过实施国家科技重大专项、突破重大技术瓶颈的同时，掌握自主知识产权、提升国家竞争力。四是“科技创新”与“机制完善”的关系，即在实施技术创新、知识创新、国防科技创新、区域创新的同时，完善创新评价标准、激励机制、转化机制，从而提高科技管理的水平，推动科研人员的培养以及实现科研成果的产权化、产业化。

实施知识产权战略，将全社会智慧和力量凝聚于创新发展上，是我国建成创新型国家的必要举措，也是走向世界强国之路的必然选择。

版权产业：创新发展的“引擎”*

“实施创新驱动发展战略”，是党的十八大提出的国家发展战略。21世纪的第二个10年，中国将全面建成小康社会，并进入创新型国家行列，由世界大国走向世界强国。实现上述战略目标，关键在于“创新驱动发展”，而版权相关产业则是中国创新发展的“引擎”。

在知识经济背景下，以版权或说是著作权为制度支撑的文化产业，涉及新闻出版、广播影视、文学艺术、文化娱乐、广告设计、工艺美术、计算机软件、信息网络等行业，是为版权相关产业。

版权相关产业属于智慧密集型产业，具有高技术、高智力、高附加值、高效益、低收入、低消耗、低污染的特点。它既是文化与经济的融合，也是高科技与现代服务业的结合，具有极强的渗透性，已将技术、文化和商业紧密地联系在一起。

版权相关产业是知识经济时代产业发展的“引擎”，凡创新型国家都将其置于一个优先发展的战略地位。20世纪被称为“美国世纪”，美国的世纪起步始于影视业的腾飞。面对19世纪初的全球性经济大萧条，美国电影业通过制度创新与文化、技术创新，成为美国产业振兴与崛起的“引擎”。当今美国的版权相关产业与信息产业、飞机制造业并称为“朝阳产业”，其软件、影视、图书等在国际文化市场具有绝对的优势；从20世纪末到21世纪初，日本的经

---

* 本文系应国家新闻出版广电总局之邀撰写的版权产业专题文章，原载《人民日报》，2013-06-27。

济发展一直处于低谷，被称为“失落的20年”，但在这期间，日本的版权相关产业却并没有停步。以“美丽日本”为宣传形象的日本文化产业，既包含动漫、时尚等流行文化产业，也包含茶道、插花、建筑等传统文化产业，尤其是日本的数字内容产业，在全球依然处于领先的地位。版权相关产业成为日本经济复苏和产业振兴的“发动机”。在经历亚洲金融危机的重创之后，韩国提出“创意韩国”的发展战略，于1999年颁布了《文化产业促进法》，通过十几年的发展，现已成为世界第五大文化产业大国。版权相关产业是韩国经济转型发展的生力军和先行者。

中国的创新发展和文化繁荣，关键在于产业创新，而实现创新发展其重心在于相关版权产业的发展。现提出以下三点建议。

第一，激励版权创造，发展具有中国特色和优势的文化创意产业。促进文化创新和文化产业的发展，就要选择一些关键领域，如数字内容产业、网络文化产业、动漫游戏产业等新兴文化产业和新闻出版、影视音像、工艺美术等传统文化产业，寻求重大突破，建立一批有代表性的创意产业群，形成强势自主版权和自主文化品牌。

第二，注重版权管理、运用，构建符合中国国情和战略需求的文化创新政策。在产业政策方面，应着力调整创意产业结构，促进文化创新成果产业化；在科技政策等方面，注重高新技术在文化产业中的应用，促进传统文化与现代技术的结合；在文化政策方面，应鼓励文化创新，推动文化的版权化、市场化；在投资政策方面，应增加对文化产业的资金扶持，细化文化创新的财政投入。

第三，加强版权保护，营造植根中国本土和公众信仰的创新文化环境。版权相关产业的健康发展，有赖于文化产品市场的规范和版权保护与管理的加强。我们必须积极营造“尊重知识、崇尚创新、保护版权”的法律文化环境，构建“文化产品版权化、文化贸易正版化”的文化市场环境，为创新发展与版权相关产业进步提供良好的社会条件。

知识产权运用与保护：中国创新发展的重要节点*

经济与社会的发展，从实质上讲，就是创新发展。创新活动既有制度创新（包含法律创新、政策创新与体制、机制创新），也有知识创新（包含文化创新、科技创新）。对于中国而言，知识产权战略实施，是在全社会进行的一项制度创新实践。作为建设创新型国家的政策支撑和制度保障，知识产权是摆脱“资源耗费型”与“技术依赖型”传统发展方式的战略布局，是实现“创新驱动发展”的战略安排，是保障我国经济安全、文化主权和科技发展主动权的战略举措。

中共中央《关于全面深化改革若干重大问题的决定》强调“加强知识产权运用和保护”，表明了影响（促进或是制约）我国当前创新发展的两大关键重要节点，也指出了未来知识产权战略实施的主要攻坚难点。

知识产权有效运用是创新发展的基本目标。知识产权的获取，并不是战略实施的最终目的，关键在于通过知识产权的取得，在市场中转化利用而形成现实的生产力。就一国知识产权实力优势而言，有三个可以衡量而又相互关联的评价指标：一是数量、规模，二是质量、水平，三是转化、实施。整体而论，我国自主知识产权数量和规模较为可观，但质量和水平尚有差距，其转化运用和实施效益亟待提高。我国是专利申请大国，但并非专利强国。在 2012 年以

---

* 本文系作者应邀撰写的解读十八届三中全会文件的专题文章，原载《中国知识产权报》，2013-11-27。

专利为主要指标的全球创新企业百强排名中，中国企业无一上榜；我国是商标注册大国，但并非品牌强国，在2012年以知名商标为主要指标的世界品牌100强排行榜中，我国仅有4个入列。可以认为，知识产权对我国经济增长和社会发展的贡献度不及美、日等知识产权强国。有鉴于此，我国知识产权战略实施目标，应立足于提升创新型国家所具备的综合实力，即科技竞争力、文化软实力和品牌影响力。与此相应，战略实施指标可作相应调整：如核心技术、关键技术专利的拥有量，专利技术的应用率、产业化率；版权产品在国际文化市场的占有率，版权产业对经济发展的贡献率；商标的附加值构成，知名品牌的数量以及其在国际市场的影响力等，似可作为知识产权战略实施效益的重点评价对象。

知识产权的有力保护是创新发展的基本保障。在国外，高新技术产业和文化创意产业之所以被称为"知识产权密集型产业"，关键在于这些产业的存在和发展，是以权利的存在为基础、权利的维护为保障。简言之，没有知识产权，这些产业将难以维系。就中国知识产权法治建设而言，立法日趋完备，仅用了不到二十年的时间就完成了法律体系构建、法律制度从本土化到国际化的转变；但执法力度不足，导致知识产权实际保护不力，知识产权法律实施效益不高。知识产权领域中反复侵权、群体侵权现象屡禁不止，社会成员对知识产权侵权行为抱有宽容。必须看到，知识产权保护是创新发展的制度保障，同时也是国际经贸往来的基本规则。为此，我们必须加强知识产权执法，健全遏制侵权的长效机制，营造有利于创新驱动的制度环境。有必要开展知识产权保护绩效考核，提升知识产权司法保护效能，提高行政执法能力，针对重点领域、重点产业开展专项保护和维权援助工作。同时，着力营造法律文化环境，形成"健康有序、公平开放"的市场环境与"尊重知识、崇尚创新、保护知识产权"的文化氛围，改变"山寨大国""仿造大国"的国际形象。通过知识产权保护环境治理，推动国内创新发展和对外经贸合作。

当前，国家知识产权战略实施正进入攻坚期。根据党的十八届三中全会精神，我们必须做好知识产权运用和保护两大重点工作，以增强创新能力、健全创新机制、优化创新环境为愿景，实现中国知识产权事业的世纪辉煌。

关于上海发展创意产业与加强版权保护的建议*

党的十七大报告指出，“提高自主创新能力，建设创新型国家。这是国家发展战略的核心，是提高综合国力的关键。要坚持走中国特色自主创新道路，把增强自主创新能力贯彻到现代化建设各个方面”。笔者认为，自主创新应该包括知识创新和制度创新。制度创新涉及知识产权制度建设，包括知识产权立法和知识产权政策。而知识创新应该包括科技创新和文化创新。文化创新的意义主要体现在创意产业中。一般而言，创意产业包括广告、建筑、艺术和文物交易、手工艺品、工业设计、时装设计、电影和录像、互动性娱乐软件、音乐、表演艺术、出版、电脑软件及电脑游戏、广播电视等 13 个行业。除建筑与设计外，其他门类与文化产业所界定的范围是基本一致的。

在知识经济时代，文化竞争力是国家核心竞争力和自主创新能力的重要组成部分，创意产业在所有产业当中已经处于一种领先和主导的地位。与此同时，发展创意产业在当前也有着特别重要的意义。在文化全球化和文化产业全球化的今天，我们面临着一个“风险文化的时代”。西方所谓的主流文化、强势文化正在侵蚀着非主流文化、传统部族文化，导致了民族国家文化主权的弱化和传统文化的边缘化。因此提高文化创新能力、发展创意产业也是维护国家文化主权和文化安全的迫切需要。

---

* 本文系作者应邀向上海市政府提供的政策建议，原载《上海知识产权局专家评论》，2008－01。

著作权或者说版权是文化领域中最重要的知识产权，对创意产业起着一种制度保证和制度支撑作用。版权制度通过授予创作人期限性专有权利之手段，制造作品创作之诱因，激发作品创作之热情，从而实现促进文化进步、知识传播之目的。当前，我国国家知识产权战略的制定工作将告完成，战略实施工作即将全面展开。为此，胡锦涛总书记在党的十七大报告中明确提出要“实施知识产权战略”。针对上海创意产业的发展状况，结合国家知识产权战略，笔者提出如下建议。

第一，以版权创造为支撑，形成上海创意产业群。国外有很多这方面的例子，像美国的纽约地区、英国的伦敦地区、日本的东京地区，都是通过版权来形成一大批在全国，乃至在全球有影响的创意产业群。上海创意产业的发展已经取得了相当大的成绩。据统计，2006 年，上海文化产业总产出达到2 349.51亿元，比上年增长 12.9%；实现增加值 581.38 亿元，按可比价格计算（下同），比上年增长 13%；文化产业增加值占全市生产总值的比重为5.61%，比上年提高 0.05 个百分点；文化产业对全市经济增长的贡献率达到6%。另外，截至 2007 年 1 月，上海已有授牌的创意产业园区 75 个，入驻的各类创意型企业有 3 000 多家，从业人数 2.5 万人。在“2005 年联合国全球创意产业研讨会”上，联合国有关官员曾根据欧洲安博斯公司的研究结果而预言：到 2010 年，上海将与纽约、伦敦和东京一起，成为全球四大创意产业中心城市，而为全球文化创意产业的发展，提供积极的贡献。但是目前上海市创意产业的发展仍然面临一些问题，比如产业集群化的程度仍然不高，多数创意企业处于孤军奋战的状态；自主版权能力相对较弱，版权文化精品太少；自主文化品牌缺失，文化传统屡遭侵蚀。这就需要上海市政府整合相关创意产业资源，提供有力政策扶植，完善相应的创意产业市场机制，从而建立一批有代表性的创意产业群，并且形成强势自主版权和自主品牌。此外，由于纽约、伦敦和东京等发达国家城市是在完成了工业化和城市化后进入“后工业化”时代才发展创意产业的，因而其创意产业重点在娱乐性和时尚性领域。相比之下，上海正处在工业发展阶段，同时跨向后工业化阶段，这就决定了上海发展创意产业应该为发展先进制造业和现代服务业服务。在这个意义上，笔者以为上海应该优先发展研发设计创意产业、文化艺术创意产业、建筑设计创意产业、咨询策划创意产业和时尚消费创意产业等创意产业。

第二，以版权保护为支撑，为创意产业营造创新社会环境。现在知识产权在全球范围内大概控制了一万亿美元的有形的货物贸易和无形的服务贸易，知识产权保护的状况如何，是衡量一个国家、一个地区的投资环境、外贸环境的重要指标。笔者认为，在一个地区，强调对知识产权的保护，杜绝盗版、假冒行为的存在，将有利于提升该地区的国际形象，改善该地区的投资环境和外贸环境。尤其对于创意产业而言，加强版权保护，可以有效地制止未经创新者许可而违法使用创新成果的行为的发生，维持创新者之间的公平竞争，为产业的发展创造一个良好有序的创新环境。在这一方面，上海已经为其他地区树立了良好的典范。有关数据显示，2006 年—2007 年上海市版权局查处一批销售、预装侵权软件案件，办理网络侵权案件 75 起，责令网站停止侵权行为 18 起，关闭了一批“三无”网站；市文化执法机构共检查音像制品、书刊、电子出版物经营场所近 3.5 万家（次），收缴非法音像制品约 1 596 万张，查处侵犯知识产权案件 3 000 多起，移送司法机关案件 7 起；市公安机关积极开展“山鹰行动”，加大打击力度，破获一大批知识产权类案件，涉案总值达 6 亿多元；市海关共查获知识产权侵权案件 589 起，案值人民币 1.23 亿元，查获侵权货物 1 万多件。可见上海市已经采取有力措施，加大执法力度，严厉打击盗版侵权行为，来维护知识产权人的利益。但是也必须看到，人们长期以来过分关注知识产权法律制度本身，而忽视了法律制度以外影响知识产权发展的政治的、意识的、组织的因素，或者说忽视了文化语境下的知识产权，所以如何培育和发展“崇尚创新精神，尊重知识产权”的基本理念，营造良好的舆论氛围和社会环境，仍然是我国知识产权保护工作所面临的重要任务。正是基于此，国家知识产权局专门发文强调知识产权宣传工作，并将 2007 年定为“知识产权文化年”。推动知识产权文化的变革与转型，需要致力于发展知识经济市场，催生知识经济市场条件下的法律文化，这是构建知识产权文化的原动力；需要切实贯彻执行保护知识产权的各项政策与制度，实现政策制度规制与文化理念倡导的结合，这是建立创新型环境的保障力；需要重视知识产权保护的文化宣传教育，培养公众的知识产权的权利观念和规则意识，这是营造知识产权理念的引导力。

第三，以版权的管理、运用为支撑，为创意产业构建创新政策体系。一个良好、有效的创新政策体系对于创意产业的发展至关重要。当前，世界上所谓的创意产业强国，无一不是以知识产权为战略武器，去占领文化竞争的制高点和提升创意产业的国际竞争力。美国主导了全球创意产业的发展，在创意产业的主要领域均居于世界首位；日本在发展创意产业时以工业设计和游戏产业为重点突破口，取得了很大的成就，其中游戏产业已经成为日本重要的经济支柱之一；韩国凭借全球领先的宽带设施，迅速跻身世界网络游戏的前列，成为世界上最大的网络游戏生产和出口国。同样值得注意的是，美国专利商标局已发布了“21 世纪战略纲要”，形成了对知识经济的快速反应机制；日本政府制定了“知识产权战略大纲”，出台了《知识产权基本法》；韩国政府通过有效的知识产权制度，提升本国的科技竞争力，旨在 2015 年成为亚太地区的科研中心，2025 年进入科技领先国家的行列。这些情况表明，知识产权战略的制定和实施同一国创意产业的发展存在着有机的联系。因此笔者主张应该紧密结合知识产权战略，建立以知识产权为导向的公共政策体系。知识产权战略是一种全局性、长期性和国策性的发展战略，它体现的是国家以制度配置为基础，对市场主体自主创新的推动和引导，因此需要集中政府、企业、行业、社会等主体的力量，形成合力，并使之形成一个协调、配合的战略体系。在国家制定知识产权战略的同时，上海市结合自身的情况，也制定了《上海知识产权战略纲要》。当前，国家知识产权战略实施在即，上海市应该以此为契机，在《上海知识产权战略纲要》的指引下，使知识产权制度与国家的科技政策、产业政策、文化政策、教育政策、外贸政策相互配合，并在有关政策出台时增加知识产权条款。具体而言，在产业政策方面，应着力调整创意产业结构，促进文化创新成果产业化；在科技政策等方面，应加大对发明创造者的保护力度，注重创意性科技成果的产权化、产业化；在对外贸易方面，应转变对外贸易增长方式，优化进出口商品结构，扩大具有自主版权、自主品牌的文化产品出口；在文化政策、教育政策方面，应鼓励文化创新，推动文化的版权化、市场化；在投资政策方面，应增加对创意产业的资金扶持，细化文化创新的财政投入。

《知识产权制度变革与发展研究》成果摘要*

知识产权既是全球化时代国际社会的主要争议焦点，也是信息时代经济发展的重要制度保障。现代知识产权制度变革与发展的主要表现是：（1）世界贸易组织《知识产权协议》（TRIPs）的生效，标志着知识产权制度进入统一标准的新阶段，进入后TRIPs时代的东西方国家，基于各自的立场，对于知识产权利益的协调与分享提出了新的要求；（2）当代"知识革命"的出现，使知识产权制度发生了重要变化，各国立法者为了分配新技术带来的收益，纷纷尝试以"修纲变法"回应"知识革命"对知识产权的挑战；（3）面对经济、技术与法律的变革与发展，发达国家以及新型工业化国家将知识产权政策纳入国家发展的战略举措中，通过知识产权制度创新推动知识创新，已形成其核心竞争力；（4）伴随着知识产权制度的逐渐成熟，知识产权法典化活动也初见端倪，一些国家通过各种符合本国传统的方式，试图在建构知识产权法律体系方面作出新的努力。综上所述，国际化、现代化、战略化和法典化，已经成为知识产权制度变革与发展的基本趋势和潮流。以一种全局性、战略性、前瞻性的思维方法，解读知识产权制度国际化趋势中的重大问题，分析知识产权制度现代化进程中的立法设计，探讨本国知识产权制度战略化的政策选择，以及构建知识产权体系化的法典模式，从而把握知识产权法发展变革的规律和趋势，对于作

---

* 本文系作者2008年10月提交的教育部人文社科重大攻关项目《知识产权制度变革与发展研究》的成果摘要。

为传统的发展中国家、正在建设中创新型国家以及世界贸易组织成员的中国而言，具有重要的理论和现实意义。

1. 知识产权国际化中的中国立场

知识产权法的国际化，寓意着知识产权保护的基本原则与标准范围的普适性。首先，以国际贸易体制为框架，推行高水平的知识产权保护。以 TRIPs 为核心的当代国际知识产权公约所确定的所谓“最低保护标准”，更多地顾及和参照了发达国家的要求和做法。发展中国家必须以承认高水平的知识产权保护规则为代价，来换取世界贸易组织提供的最惠国待遇。其次，以执行机制与争端解决机制为后盾，推行高效率的知识产权保护。TRIPs 改变了以往国际公约注重协调的“软法”传统，首次将原本属于国内立法的知识产权保护的程序措施，转化为公约规定的国际规则，从而使它与实体规范一起成为各缔约方必须严格遵守的国际义务。然而，在 TRIPs 的产生与执行过程中，发达国家的绝对主导地位是非常明显的，其结果是发展中世界的智力资源搁在了公共领域，而发达世界的智力产品被紧紧地掌握在私人公司手中。这导致在人权、公共健康与传统知识等多个领域，当今的知识产权国际保护制度存在缺陷与不足。

中国是世界贸易组织成员方之一，理所当然应履行 TRIPs 的义务，但在国际立法谈判中，中国应积极利用知识产权国际协调机制，谋求自身利益最大化。在多样性领域谋求知识产权立法，可以导致新公约的制定、现代协议的重新解释以及新的非约束性宣言的产生，从而以“软法”规则弥补 TRIPs 等“硬法”规则的不足，最终在最大范围内实现发展中国家政治、社会、经济与其他改革目标。因此，中国应充分利用当前知识产权国际立法“两个中心，多种渠道，南北对弈，趋向平衡”的格局，积极反映中国在知识产权领域的基本立场、观点和利益诉求，主动参与相关国际组织针对 TRIPs 的“软法”造法活动，敦促国际社会关注 TRIPs 的消极影响，利用后 TRIPs 时代知识产权国际化进程在生物多样性、文化多样性、粮食和农业植物、遗传资源、公共健康以及国际人权等多个领域齐头并进的有利局面，争取在上述领域的国际立法中赢得主动乃至优势，以扭转其在知识产权制度国际化过程中的不利局面。

2. 知识产权现代化中的中国选择

知识产权制度基于科技革命而生，源于科技革命而变，其制度史本身就是一个法律制度创新与科技创新相互作用、相互促进的过程，其间旧的权利体系捉襟见肘，新的权利制度接替产生。在当代，知识产权已经成为各国高新技术发展的制度基础和政策依托，因此，知识产权制度必须保持其时代先进性，即通过法律制度的现代化去推动科学技术的现代化。如今，面对新知识形式对传统知识产权客体的挑战，新知识财产对传统知识产权范围的突破，以及新知识利用方式对传统知识产权规则的改变，知识产权制度在数字版权、网络商标、基因专利等方面作出了重大制度创新。世界各国特别是发达国家都围绕着高新技术进行了大规模的修法活动，特别是在计算机软件、集成电路、生物技术、网络技术与技术标准等领域，都已出现了重大的理论创新与立法改革。

作为发展中国家，中国有其特殊的社会、经济环境和科技能力，知识产权制度的现代化并不能一蹴而就，立法者必须从本国国情出发，对这一进程的速度、力度作出审慎的考虑。加强知识产权保护，对于激励科技创新、促进文化繁荣、实现经济发展是有益的，中国想要走上新兴的工业化、现代化发展道路，应该通过知识产权保护为本国经济、社会发展提供持久动力，在国际竞争中争取主动。在我国，加强知识产权保护，有效利用知识产权制度，是我们实现跨越式发展的战略抉择，是实现创新型国家建设目标的战略支撑。同时，我们必须看到，虽然知识产权是一种保护私人知识财产利益的产权制度，但其规则所代表的不仅是私人权利主体的利益，更与国家利益、社会群体利益有关，新技术知识产权保护水平及其制度实施，对发展中国家经济与社会发展可能带来一些影响：一方面，技术标准与知识产权制度相结合，会形成以合法形式存在的技术垄断和市场垄断，从而影响发展中国家相关产业发展以及国家经济安全；另一方面，发达国家通过加强智力创新成果的知识产权保护，利用知识产权维护其技术优势和市场竞争力，因而置发展中国家于不利地位。因此，我们在推动知识产权制度现代化建设时，既要从微观上考虑新技术的知识产权保护，也要从宏观上考虑其对本国经济与社会发展的影响；避免因制度外力强加造成的“水土不服”，以及因制度运作经验不足导致的“受制于人”，这样才能形成科学、合理的现代化知识产权制度。

3. 知识产权战略化中的中国方向

从国家层面看，知识产权是政府公共政策的制度选择。是否保护知识产权，对哪些知识赋予私人产权，采取什么水准保护知识产权，是一个国家根据现实发展状况和未来发展需要而作出的公共政策选择和安排。知识产权政策表现了国家一定历史时期对待知识产权事务的基本态度，通过制定法律、法规，提供实施条件与手段，建立相应政策体系等政策活动，以实现有关社会发展的总政策目标。知识产权战略是知识产权制度作为政府公共政策工具的具体表现。知识产权制度的战略化，即主体通过规划、执行、评估等战略举措，谋求战略目标实现而采取的全局性、整体性的谋略和行动安排。这种战略应是一国处理知识产权事务的基本出发点，是促进知识产权事业健康发展的思想灵魂，其目的无一不是通过知识产权制度来提升知识创新能力，形成核心竞争力，实现社会经济跨越式发展。各国对本国知识产权战略的选择与考虑，表现了强烈的国家利益本位和政策立场。

在我国，国家知识产权战略纲要已经正式公布实施，相关产业与行业的配套知识产权战略也陆续出台。我国知识产权战略制定，借鉴了发达国家战略发展的有益经验，但更多的是基于自己社会经济发展需要而作出的战略考量。中国进行知识产权的战略调整，最终是由建设创新型国家的总政策目标决定的。从我国现阶段的经济发展模式出发，国家知识产权战略的实施必须加强知识产权战略实施的政策目标，特别关注重视知识产权的质量和效益，避免盲目追求知识产权的数量和规模：一是提高关键技术领域专利的授权比例和专利技术的转化率，二是提高国际知名品牌的增长率和知识品牌的国际市场影响力，版权产业对经济发展的贡献率。因此，我国应从国情出发，建立以知识产权战略实施为核心的政策体系，以制度创新推动知识创新，加大政府对科技研发的投入与支持，大力提高自主创新能力，完善知识产权战略实施的配套机制，在根本上将国际金融危机的负面效应转变为我国实施知识产权战略、建设创新型国家的战略胜机。

4. 知识产权法典化中的中国步伐

体系化、法典化是立法者对知识财产进行法律构造的基本任务。作为一种动态的立法过程，它既是以往制度变迁的历史活动，也是当代法律发展的未来举措。自《成立世界知识产权组织公约》缔结以后，知识产权学说在国际上广泛传播，以知识产权名义实现知识财产制度体系化的做法得到各国立法者的认同。同时，知识产权法典化是一个复杂而重要的系统工程，从立法任务来看，它是对现有知识产权规范进行抽象化和系统化的过程；从法治目标来看，它是对现有知识产权规范进行价值判断、内部整合、重组执法体系、重构理论体系，实现法律体系现代化和法律制度权威性的过程。自20世纪以来，知识产权制度有了长足的发展：基本规范不断完善，保护范围不断扩大，一体化、现代化趋势日益明显。与此同时，大陆法系的一些国家尝试将知识产权制度编入本国的民法典。法国在法典化的道路上更是独树一帜，率先制定了第一部知识产权法典。这一情形，表现了知识产权制度法典化的发展趋势。

中国经过近三十年时间的努力，建立了较为完善的知识产权法律制度体系，但我国现行的知识产权单行法模式，创始于20世纪70年代末到80年代初，完善于21世纪初。随着我国经济、法制和文化事业的发展，此种模式的弊端便开始显露。首先，一些知识产权法律规定比较分散，尚无统一的法律规范；其次，一些知识产权法律、法规相互冲突、抵触，亟待加以整理和协调。从我国知识产权制度的发展趋势分析，我国知识产权制度的法典化可以分两步走：第一步，民法典仅对知识产权作一般规定，但单行法依然保留。如此立法样式，在适用法律方面较为方便，也不破坏民法典的审美要求。此外也有利于知识产权法律体系的系统化，减少其内部矛盾。第二步，在民法典之下编纂知识产权法典。但无论何时采取何种途径，法典化将是中国知识产权立法的必由之路。

《湖北省知识产权战略纲要》的时代使命与本土特色*

随着知识经济和经济全球化向纵深推进，知识产权已经成为关系国家、地区和企业发展大计的重要战略资源。正是在这样的背景下，党中央、国务院审时度势，作出了实施知识产权战略的重要决定。为深入贯彻《国家知识产权战略纲要》，全面落实科学发展观，2010 年 8 月，湖北省人民政府组织制定并适时发布了《湖北省知识产权战略纲要》（以下简称“湖北纲要”）。“湖北纲要”顺应国际大势、秉持中国立场、彰显湖北特色，必将成为指导我省中长期知识产权工作的纲要性文件。

一、“湖北纲要”的时代使命

“湖北纲要”顺应国际大势，具有国际视野，充分利用我国知识产权发展的关键机遇期，提出了既切合当前实际又富有前瞻性的目标、方针、政策。

首先，制定和实施“湖北纲要”是我省参与国际、国内竞争的迫切需要。随着知识经济和经济全球化深入发展，知识产权在经济社会发展中的地位和作用日益突出，已成为国际国内竞争的焦点。截至目前，全国已有 13 个省市颁布了地方知识产权战略纲要或类似文件。而当前和今后一个时期，是我省经济

* 本文系作者于 2010 年 10 月作为《湖北省知识产权战略纲要》草案首席专家所撰写的评论文章。

社会发展全面转入科学发展轨道的关键时期，也是知识产权事业快速发展的重要阶段。面对国内外发展的新态势，面对我省经济社会转型发展的新形势和知识产权发展的新任务，必须按照党的十七大报告的要求，大力实施知识产权战略，完善知识产权相关政策措施，全面提高自主创新能力，促进全省经济社会又好又快发展。

其次，在应对国际金融危机"乍暖还寒"的大背景下，"湖北纲要"把握时代脉搏，立足产业实际，适时提出建设知识产权强省的宏伟目标，必将有力促进湖北企业提升自主创新水平，增强应对危机的能力。面对全球金融危机的肆虐，传统产业遭遇前所未有的冲击，新兴行业经受着破茧而出的考验。"危机"之下，"危"与"机"并存，只有熟练运用知识产权制度、大力提升自主创新能力，我省企业才能最终化"危"为"机"，成功实现产业转型和升级。根据 2009 年 6 月公布的我国首部《中国知识产权指数报告》，我省知识产权发展水平在全国处于上游地位，而科技创新实力却"屈居"中间梯队。这就表明，湖北科技资源、人力资源和环境资源的优势没有充分显现，知识产权激励创新的作用尚未全面释放。"湖北纲要"的制定和实施必将有效促进我省知识产权事业和科技创新工作的协调发展。

二、"湖北纲要"的现实定位

"湖北纲要"秉持中国立场，充分贯彻国家地区和行业发展政策，全面落实《国家知识产权战略纲要》（以下简称"国家纲要"）的战略要求。

首先，"湖北纲要"贯彻"国家纲要"，致力于谋求知识产权创造、运用、保护和管理各环节的合理平衡。总体来说，我国知识产权事业的发展表现出以下特点：（1）历史纵向分析，保护水平不断提高；（2）区域横向观察，事业发展和制度建设不太平衡；（3）就主要环节而言，创造、运用、保护和管理不尽协调。正因为如此，"国家纲要"将"激励创造、有效运用、依法保护、科学管理"确立为发展我国知识产权事业的指导方针。"湖北纲要"切合我国国情，践行国家立场，从"制度依据""指导思想"到"战略措施"，无不充分贯彻上述指导方针。

其次，“湖北纲要”充分发挥我省资源优势，正确处理知识产权“源”与“流”关系。国际知识产权制度在当代的发展主要表现在两个方面：一是变革传统法律，以便妥善处理基因专利、数字版权和网络商标等新问题；二是建立新型制度，旨在合理保护传统知识、生物多样性和遗传资源。在这样的背景下，发展中国家完全有可能在部分领域的知识产权国际竞争中取得优势地位。就此而言，湖北省具有四大传统资源优势：一是生态资源优势，二是历史文化资源优势，三是工程建设景观资源优势，四是民俗资源优势。上述优势在“湖北纲要”中得到了充分体现，并具体落实到“战略重点”和“专项任务”之中，包括“增加资金投入，做好传统知识、传统文化表达的普查摸底、濒危抢救和名录登造工作”，“完善法规制度建设，运用版权、专利、商标和专门保护制度加强对传统知识、传统文化的知识产权保护”。以上政策措施紧紧围绕化资源优势为产业优势做文章，进一步彰显了“湖北纲要”的国际视野和中国立场。

三、“湖北纲要”的特色呈现

面对知识产权区域竞争，“湖北纲要”立足我省实际，充分依靠优势产业和优势资源，提出了切合省情的知识产权发展战略。湖北特色在“重点产业知识产权战略”、“专项任务”和“战略措施”等内容中得到了充分体现。

首先，实现“湖北纲要”与区域经济发展规划相协调。按照湖北省区域经济发展规划，其战略布局可以概括为“两圈一带”，“两圈”为“武汉城市圈”和“鄂西生态文化旅游圈”，“一带”为“湖北长江经济带”。为了实现“两圈一带”的战略布局，运用知识产权以加强技术创新、转变经济增长方式是关键所在。该“区域知识产权战略”突出了知识产权在武汉城市圈发展中的带动作用，使之成为推动城市圈发展的关键接力点与推进器；凸显了知识产权在鄂西生态文化旅游圈建设中的支撑作用，运用知识产权制度实现鄂西优势资源的权利化和产业化；致力于使知识产权制度成为支撑湖北沿长江经济带发展的重要驱动力量，大力推进湖北沿长江经济带区域知识产权的创造、运用、保护和管理。大力支持沿江先进制造业、沿江高新技术产业等产业集群的知识产权创造、运用和管理工作，提高产业集群的辐射带动能力，实现湖北长江经济带“东引西联”、积极承接产业转移。

其次，实现“湖北纲要”与产业科技发展政策相呼应。新千年以来，品牌、技术等知识产权要素对传统产业发展提出了更高的要求。只有充分依靠知识产权制度，才能通过激励技术创新促进产业升级，进而将传统产业做大做强，在激烈的国际国内竞争中赢得一席之地。为此，湖北省政府专门制定了发展高新技术产业的规划，提出“用高新技术产业来带动传统产业”，并出台《湖北省高新技术产业发展“十一五”规划》和《关于加快十个产业调整和振兴的意见》等政策。“湖北纲要”上承国家知识产权战略，下接地市知识产权战略，完全可以在促进湖北高新技术产业发展中发挥重要作用。正是基于上述考虑，“湖北纲要”将产业知识产权战略提升到“战略重点”的高度，提出以技术创新促进电子信息产业、生物技术产业、新能源技术产业和环保产业的发展。“湖北纲要”还着重强调，拥有大量知识产权和核心技术是高新技术产业发展的重中之重。

“湖北纲要”的成功制定充分反映了我省运用知识产权制度促进经济社会又好又快发展的智慧和决心。以此为契机，湖北省知识产权事业将进入一个全新的发展时期。就此而言，制定是基础，实施是关键。“湖北纲要”的正式发布为分界线，湖北省知识产权战略制定工作领导小组已完成角色转换，成为湖北省知识产权战略纲要实施工作领导小组。有理由期待，“湖北纲要”在贯彻落实的过程中会取得更大成功。

关于武汉市东湖国家自主创新示范区知识产权工作的建议*

自 2006 年 10 月，国家知识产权局批复同意东湖高新区为“国家知识产权工作示范创建区”以来，东湖高新区知识产权管理体系、政策体系、服务体系日趋完善，知识产权意识普遍提高，自主创新能力大幅提高，三年来共有 6 512件专利获得授权，发明专利授权 2 164 件，分别占武汉市同期总量的 40.1%和 71.8%。2009 年 12 月，东湖高新区又获批国家自主创新示范区，成为除北京中关村以外唯一的一个国家自主创新示范区。知识产权对于促进我市东湖高新区的发展具有明显成效，但目前高新技术企业知识产权的贡献率仍然比较有限。

1. 专利领域

（1）发明专利的申请量和授权量均相对比较低。

根据《2009 年武汉市专利申请与授权情况统计分析报告》，2009 年我市专利申请量为 14 600 件，其中，发明专利申请量为 3 927 件，占全市专利申请量的比例为 26.9%。在全国 15 个副省级城市中，武汉市发明专利申请量居第 7 位，与深圳（20 520 件，占比 48.5%）、杭州（6 707 件，占比 25.7%）、南京（6 461 件，占比 45.4%）等城市相比，发明专利申请量相差较大。

2009 年我市专利授权量为 6 853 件，其中，发明专利授权量为 1 262 件，

* 本文系作者 2011 年 4 月应武汉市东湖高新区管委会、武汉市知识产权局之约提交的建议报告。

占全市专利授权量的比例为18.4%，在全国15个副省级城市中居第5位，与深圳（8 133件，占比31.4%）、杭州（2 533件，占比16.4%）、南京（2087件，占比31.4%）等城市相比，武汉市发明专利授权量在数量、比例等方面均有一定的差距。

（2）专利的质量仍待提高，取得国外专利授权的数量太少。

武汉市高新产业专利所控制的核心技术较少，PCT申请与授权数量有待提高。与同属科技大市的深圳市比较，2008年，深圳华为公司的PCT申请数量多达1 737件，居世界企业首位，而武汉市到目前为止的全部申请数则不足100件。

（3）企业与高校间的专利合作不够深入。

根据国家知识产权局网站2009年发布的调查数据，武汉市大专院校专利实施率仅为20.7%，比全国33.9%的平均水平还要低13.2个百分点。这些数据表明，尽管武汉市科教实力优势明显，拥有丰富的高校专利技术资源，然而在武汉市经济发展和企业成长的过程中，这些高校专利技术资源还没有发挥出应有的“助推”作用，武汉企业处于“近水楼台不得月”的状况。武汉市高校与企业间专利技术转化渠道还不顺畅。

2. 商标领域

（1）商标数量可观，但知名品牌不多。根据《中国驰名商标网》发布的数据，截至2009年，武汉市拥有中国驰名商标15件，在全国城市排名中占38名。这与大武汉的区域性中心城市地位不相符合，凸显出武汉市高新技术企业在驰名商标方面的“软肋”。

（2）未及时注册商标，商标抢注时有发生。武汉的“黄鹤楼”“邹紫光阁”等品牌都遭到过抢注。

3. 版权领域

（1）文化创意产业发展薄弱。

创新型产业不仅包括高新技术产业而且包括文化产业。根据中国社科院发布的《2009年中国城市竞争力蓝皮书：中国城市竞争力报告》显示，武汉在中国城市文化竞争力中排名仅为25名。

（2）版权贸易产值低下。

就我市高新企业而言，在注重创造与保护专利、商标的同时，不能忽略对文化创意的开发与保护。以软件业为例，武汉软件业具备技术开发能力，但应用严重不足，许多成果“沉睡”十分可惜。武汉预计2008年软件业产值为150亿元，预计在2010年达到300亿元，而深圳软件产业在2008年就已经达到2 317亿元。

东湖国家自主创新示范区作为探索中国特色的高新技术产业化道路的试验场，其意义在于如何培养集聚一批优秀创新人才特别是产业领军人才，研发和转化一批国际领先的科技成果，做强做大一批具有全球影响力的创新型企业，培育一批国际知名品牌，寻找到具备抗风险能力、人与自然和谐发展、依靠创新驱动的发展之路。就知识产权的获取、运用与保护而言，应从以下几方面着手。

（1）产学研相结合，加强知识产权的创造。在东湖高新区内，聚集了42所高校，拥有中央和省属科研院所56家、两院院士54人。能否充分利用好这些创新资源，关系着知识产权创造的数量与质量。所以，应积极发挥大学和其他科研院所的研究智力优势，引导、鼓励各类企业增加科技投入，使其逐步成为科技投入的主体，利用政府财政与社会公共投入，促进“产—学—研”的良性循环。

（2）加强高科技人才的引进，吸引和聚集产业领军人才和创业投资家在东湖高新区创新创业。围绕重点发展的战略性新兴产业领域，吸引和聚集世界水平的科学家和研究团队到东湖高新区开展重大创新研究。吸引和聚集掌握前沿技术、有成功创业经历的高端人才到东湖高新区创业。加大政策支持力度，将优势资源向高端人才汇集，吸引和聚集更多的高端人才到东湖高新区创新创业。力争通过引进一个高端领军人才团队，带回一批高科技专利，造就一批拥有自主知识产权的高端项目，带动一个战略性新兴产业的发展。

（3）加强知识产权的管理，重视知识产权的获取。支持企业获得核心专利，建立专利池，引导优质专利代理机构为企业提供高质量的专利管理服务。鼓励开发应用现代版权保护技术，支持建立重点行业版权产业联盟。以现有品牌为基础，鼓励企业将品牌做大、做强，打造一批拥有国际知名度的品牌。

（4）有效开展各类知识产权保护专项行动，加强对光电子信息、生物工程与新医药、环保能源、机电一体化、高科技农业等重点行业的知识产权保护，维护权利人的合法权益，进一步优化示范区内的投资环境。

（5）重视知识产权区域合作，充分发挥高新示范区的辐射带动能力。立基于中部崛起，以中部为广阔舞台，加强区域合作。联合中部其他地区开展区域知识产权战略研究和重点科技专项知识产权跟踪研究与合作，建立知识产权公共服务平台，加大区域知识产权宣传教育力度，联合召开区域知识产权新闻发布会。

创新发展的国际经验与上海方略*

——上海市关于知识产权“十二五”规划的战略定位与实施重点

当前，上海市国民经济和社会发展“十二五”规划编制工作已经全面启动。新的五年规划是上海应对国际金融危机、加快经济发展转型和建设创新型国际大都市的关键时期，亦是上海知识产权战略实施全面深入推进的重要阶段。知识产权战略是为推动经济和社会发展而作出的重大战略决策，其实施的成功与否将决定上海未来社会发展的最终走向。有鉴于此，上海知识产权“十二五”规划的制定，既要找准战略定位，发挥知识产权作为“创新之法”与“产业之法”的政策功效，又要明确规划重点，从而实现知识产权对相关产业发展的有力推动和对创新型城市建设的有效引导。

在知识经济时代，经济增长已经从单纯依靠资本的积累转向了依赖知识的积累与更新，知识已经成为经济活动中最重要的生产要素。谁在知识和科技创新方面占据优势，谁就能够在发展上掌握主动。世界各国尤其是发达国家纷纷把推动科技进步和文化创新作为基本战略，大幅度提高自主创新能力，致力于创新型国家和创新型城市建设，从而为经济社会发展提供持久动力，在国际经济、科技竞争中争取主动权。知识产权制度作为制度创新的结果，保障着知识生产、传播与利用的智力劳动过程，服务于知识经济社会化、产业化、产权化

---

* 本文系作者 2012 年 4 月为上海市知识产权“十二五”规划撰写的建议报告。

的发展目标，对于建设创新型国家和城市具有推动和保障作用。

创新型城市是创新型国家的基础。从世界范围来看，无论是美国的硅谷地区、日本的关西地区、德国的巴登符腾堡地区，还是意大利的都灵和米兰地区、法国的巴黎和英国的伦敦等地区，都是通过鼓励知识产权创造，形成一大批在本国乃至在全球有影响的创新型产业集群；同时加强知识产权的管理和运用，构建以知识产权为导向的创新政策体系；并注重知识产权保护，为科技创新和文化创新营造良好的社会环境。

美国硅谷作为世界高新科技的引擎和新经济成功的典范，通过由风险投资公司、银行及纳斯达克市场组成的金融服务体系，为技术研发提供充足的风险投资，从而形成以半导体、生物技术、网络信息技术等为代表的高新技术产业集群；同时汇集法律服务组织、技术评估与转让机构等丰富的知识产权中介服务资源，加快创新成果的产权化和产业化，提升知识产权的运用水平。而作为硅谷中心的圣何塞市政府更是在土地使用、税收等领域，对高科技公司特别是从事环保研究的公司给予优惠政策，鼓励这些企业家来圣何塞创业发展。

日本关西地区作为仅次于东京圈的日本第二大经济圈，通过开展政府、企业、学校之间的研发合作，建立播磨科学公园城市、关西文化学术研究城市等研发机构的集聚地，扶持发展光电子设备、生物技术、新材料等尖端技术产业，最终形成了大阪的家电产业集群、京都的电子技术关联产业集群以及神户的钢铁、时装产业集群。

伦敦是全球三大金融中心之一，但同时也是全球三大广告产业中心之一、三大电影制作中心之一和四大时尚设计中心之一，已经成为享誉全球的“创意产业之都”。伦敦政府将创意产业定义为：源于个人创造力、技能与才华的活动，并通过知识产权加以生成和取用，这些活动可以发挥创造财富与就业的成效。与此相应，政府对创意产业的政策扶持，既突出人才培养的重要性，鼓励知识产权创造，强化产业基地的聚集效应，也重视知识产权应用，建立了技术转移的有效机制。具体而言，2003 年，伦敦发展局发布了《伦敦创新战略与行动计划（2003—2006)》，提出针对中小学校、大专院校和中小企业，设立“伦敦创新奖”“伦敦创新人”等奖项来激励创意研发，搭建“知识天使”网络平台，以协助创新者申请创新基金，同时开展其他类型的创新支持与奖励活动；依托广播、电视、电影、博物馆、时尚等既有的文化资源，着力培育一批创意产业基地；建立研究生和本科生下企业实践计划，促进大学与中小企业之间的技术和知识转移；向中小企业、舆论媒体、中介机构以及普通公民宣传知识产权，培育伦敦的创新文化。2008 年 11 月，伦敦市长发布第二份《伦敦市长文化战略草案》，提出支持草根文化发展，扶持创意产业；提高政府对伦敦文化的支持力度，将伦敦打造成蕴含创意的文化中心。

意大利米兰素有“设计之都”的美誉，是建筑、服装、家具等设计文化创意产业的高度集聚区。米兰政府不断加大对设计产业的扶持力度，通过鼓励设计院校与企业合作，支持相关行业协会发展，注重文化艺术传承，推广设计展览和营造设计文化氛围，形成了良性的设计产业链，从而实现创意产业的聚集。

巴黎是享誉世界的“时尚之都”，拥有顶级的时尚品牌、最出色的服装设计师和最豪华的时尚名流阵容。巴黎政府重点扶持中小型时尚设计企业，鼓励这些企业走出国门，打造国际知名服装品牌。同时，巴黎经济发展局提出所谓的“国际推广计划”，着力于提升展览业的国际化水平，为企业的全球扩张提供便捷渠道。

上述分析表明，无论是建设创新型经济大区还是建设创新型城市，无论是建设高新技术产业区还是建设文化创意产业区，知识产权作为“创新之法”和“产业之法”，对于创新产业集群的形成、创新政策体系的完善以及创新社会环境的营造，具有重要的引导和保障作用。

以激励创新和发展产业作为知识产权战略的基本定位，上海市知识产权“十二五”规划要充分体现知识产权政策在产业结构升级、发展方式转变、建设创新型城市和长三角经济区中的重要作用，在知识产权创造方面多下功夫，在知识产权政策体系构建方面多做文章，在知识产权区域合作方面多出实招。

一是加强知识产权创造，促进发展模式转变。要积极发挥大学和其他科研院所的智力优势，引导、鼓励各类企业增加科技投入，使其逐步成为科技投入的主体，利用政府财政与社会公共投入，促进“产—学—研”的良性循环；壮大航空、航天、生物医药、电子信息等高新技术产业，在财税、信贷和采购等政策上给予重点扶持，高新科技的知识产权申请、管理与利用制度应与财税、信贷等政策置于同等重要的地位；改造汽车、机械、钢铁等装备制造业，加大对核心技术的研发投入，力争在核电、轨道交通装备等项目的研制和生产上取得新突破；发展文化创意产业，增加对创意产业的资金扶持，细化对文化创新的财政投入，推动创新成果的产权化，形成强势自主版权、自主品牌。

二是完善知识产权政策体系，营造创新发展环境。建立以知识产权为导向的公共政策体系。加快发展知识产权代理、信息服务、资产评估、司法鉴定和许可转让等各类中介服务机构。着力培养企业急需的知识产权管理和中介服务人才，重点引进一批熟悉国际知识产权规则、适应国际竞争需要、懂技术的高层次复合型知识产权人才。有效开展各类保护知识产权专项行动，加强对重点行业、领域和地区的知识产权保护，维护权利人的合法权益，进一步优化上海投资环境。转变对外贸易增长方式，优化进出口商品结构，鼓励企业运用知识产权制度参与国际市场竞争，扶持具有自主知识产权的商品扩大出口，实现从贸易大市向贸易强市跨越的战略目的。建立政府主导、新闻媒体支撑、社会公众广泛参与的知识产权宣传工作体系，坚持日常宣传与专项宣传相结合、普及宣传与重点宣传相结合，广泛开展知识产权的宣传普及活动，培育知识产权文化。

三是重视知识产权区域合作，发挥上海在长三角经济区的标杆作用。上海知识产权战略在落实国家战略、协调行业战略、指导企业战略之间具有桥梁和纽带作用。在实施本地战略，推进创新发展的同时，还要以《长三角地区知识产权发展与保护合作框架协议书》为依据，突出上海在长三角经济的知识产权中心城市作用。要联合长三角其他地区，开展区域知识产权战略研究和重点科技专项知识产权跟踪研究，建立长三角地区知识产权执法协作机制，共建知识产权公共服务平台，合力培养知识产权人才，加强各类知识产权人才的优势互补，加大区域知识产权宣传教育力度，联合召开区域知识产权新闻发布会；同时，借鉴日本关西地区的大阪、神户的相关经验，加强组建与产业聚集区、聚集带相联系的区域创新体系，发挥上海作为长三角核心城市的带动作用。

《科学发展观统领下的知识产权战略实施研究》成果简介*

（一）研究目的、研究意义与研究方法

科学发展观是马克思主义世界观和方法论的集中体现，是统领当代中国经济社会发展全局的指导思想。科学发展观是党的第三代领导集体关于发展的重要思想的继承和发展，是马克思主义关于发展的世界观和方法论的集中体现，是同马克思列宁主义、毛泽东思想、邓小平理论和“三个代表”重要思想既一脉相承又与时俱进的科学理论，是我国经济社会发展的重要指导方针。实施知识产权战略，是党中央总揽全局、深刻分析国内现状和国际形势所作出的重要选择，也是贯彻和落实科学发展观的必然要求。国家知识产权战略的实施，既是我国自主创新、建设创新型国家、全面实现小康社会的内在需求，也是转变经济发展方式、推动国民经济又快又好发展的需要。可以说，国家知识产权战略的实施，是科学发展观以人为本的主旨在经济社会发展中的必然选择，本课题致力于在科学发展观指导下研究我国知识产权战略的实施问题，有助于充分发挥科学发展观在知识产权战略中的统领作用，填补知识产权战略实施环节研究的不足，为国家知识产权战略向纵深发展提供理论支持。同时，引入科学发展观，也丰富了知识产权理论的研究范式和价值取向。

---

* 本文系作者2011年12月提交的国家社会科学基金重大项目《科学发展观统领下的知识产权战略实施研究》的成果简介。该项目最终成果以《科学发展与知识产权战略实施》为题入选“国家哲学社会科学成果文库”(2011)。

本课题从科学发展观以人为本的基本主旨出发，坚持全面协调可持续发展，坚持统筹兼顾，正确认识和妥善处理我国知识产权事业中的重大关系，统筹个人利益和集体利益、局部利益和整体利益、当前利益和长远利益，充分调动各方面积极性。既要总揽全局、统筹规划，又要抓住牵动全局的主要工作、事关群众利益的突出问题，着力推进、重点突破。从知识产权战略实施的指导思想、国际环境、组织保障、支撑体系、战略协同与绩效评价六个方面来阐述科学发展观对知识产权战略实施的理论支持。正确处理好战略实施过程中的“整体推进”与“重点突破”的关系；正确处理好战略实施过程中的“政府推动”与“市场导向”的关系；正确处理好战略实施过程中的“创造、运用、保护和管理”的关系。在国际与国内两个层面突出知识产权的“人权观”，一方面，坚持自主创新，重视知识产权战略在国家经济社会全面发展中的重要作用；另一方面，坚持以人为本，重视利益分享机制在知识产权体制建构中的指导意义，保证经济发展的全面性与协调性，保证全社会能够分享知识产权事业带来的经济与社会效益。在国际知识产权背景考量方面，必须深刻认识到人权化知识产权体制模式的兴起，与科学发展观以人为本的主旨在本质上是一致的。坚持以人为本，就是要以实现人的全面发展为目标，从人民群众的根本利益出发谋发展、促发展，让发展的成果惠及全体人民。因此，在知识产权体制的建构与选择过程中，必须牢固树立和坚持以人为本的价值取向，坚持知识产权制度对于发展的工具作用。要始终明确，知识产权制度本身不是目的，而只是促进发展的手段，为了全体人民利益的发展才是知识产权制度的目的。在国内知识产权制度协调方面，我国应提高知识产权战略的法律层级，明细各机构之间联合行为战略的法律依据，建立完善明确的绩效评价或考核标准，同时丰富与民间的互动。通过知识产权创造与协同的有效途径——产学研联盟的协调沟通机制、利益分配与激励机制、约束与监督机制、风险管理与监控机制等运行机制优化，激发自主知识产权的创造。在绩效评估方面，应深刻理解和把握科学发展观的精神实质，认真分析我国经济社会发展状况，借鉴国外先进的绩效评估理论和方法。评估指标的选取，既要有经济指标，也要有社会发展、人才培养、环境建设方面的指标，充分重视公平问题，引入相关指标，推动和谐社会的建立。既要立足于国家知识产权战略目标远景化，也要考虑知识产权战略目标的具体化、战略实施的团队化以及具有战略意义的反馈和学习。

在研究方法上，知识产权问题本身就是一个横跨法律、管理和经济等多学科的复杂问题，知识产权战略的实施问题更涉及法律制度、公共政策、经济贸易、文化建设、战略管理等多个领域。有鉴于此，本课题研究在研究方法上，以科学发展观为根本指导，综合运用法学、管理学、经济学、政治学、社会学的研究方法，将理论研究与实证研究相结合，定量研究与定性研究相结合，国情分析与国外经验相结合；同时，考虑知识产权战略实施的系统性、复杂性和动态性特点，注重系统科学方法和动态战略思想的运用。具体研究方法包括：第一，文献研究法：搜集、整理和分析国内外有关创新型国家建设和知识产权战略实施的学术论文、研究报告等文献。第二，模型分析法：构建知识产权战略的战略管理模型，综合运用战略管理理论、知识产权理论、国家创新系统等相关理论，分析我国知识产权战略实施的影响因素、推进策略。第三，统计分析法：搜集、整理我国知识产权创造、保护、管理、运用和人才培养等各环节的相关数据，运用统计分析工具进行统计分析，对未来发展趋势作出预测。第四，问卷调查法：通过向企业、大学、研究机构、知识产权中介服务机构和社会公众发放调查问卷，就各类主体知识产权工作的现状和发展、法律政策、政府效率、公众的知识产权意识等问题进行广泛调查，取得一手资料。第五，实地调研法：选取不同类型的企业、大学、研究机构、国家和地方知识产权管理部门、典型中介服务机构进行实地调研，探讨提升市场主体的创新能力、产学研合作、提升政府知识产权管理效率和服务水平、知识产权信息服务和交易平台建设等问题。第六，比较研究法：本课题组就美国、日本、韩国等代表性国家的知识产权战略实施的实践进行分析和比较。课题组还邀请了美国、欧盟、日本、韩国、印度等多国（地区）知识产权战略专家通过国际专题会议和邀请访问等方式就知识产权战略的实施问题进行研讨。

（二）主要内容与观点

本项目最终研究成果包括六个研究方向，内容分别是（1）知识产权战略实施的指导思想研究；（2）知识产权战略实施的国际环境研究；（3）知识产权战略实施的组织保障研究；（4）知识产权战略实施的支撑体系研究；（5）知识产权战略实施的战略协同研究；（6）知识产权战略实施的绩效评价研究。

第一，知识产权战略实施的指导思想研究。重在研究如何在知识产权战略实施中以科学发展观为指导思想，将以人为本、全面协调可持续的发展理念，统筹兼顾的根本方法落实到我国知识产权战略的实施环节中去。具体研究内容包括经济发展模式与知识产权体制选择；科学发展观与国家知识产权战略实施的战略体系研究；知识产权战略实施的全面发展观研究；知识产权战略实施的协调发展观研究；知识产权战略实施与可持续发展研究。

第二，知识产权战略实施的国际环境研究。旨在从科学发展观的内涵出发，立足于当今国际知识产权环境变化的新情况，深入研究对我国知识产权战略实施产生影响的关键国际因素及其影响机理，并在此基础上研究我国在实施知识产权战略的过程中如何按照科学发展观的要求，统筹国内发展和对外开放，统筹国内国际两个大局，采取对策以利用国际有利环境和避免国际不利环境。

第三，知识产权战略实施的组织保障研究。鉴于知识产权战略是一个全局性、多层次、跨部门的总体发展战略，它的实施在组织保障和协同机制方面要求更高，难度更大，因此有必要研究如何建立高效的组织体制和协调机制。具体内容包括：知识产权战略实施的领导协调机制；知识产权行政管理机构之间的协调和统一；知识产权司法机关与行政部门之间的分工和协调。

第四，知识产权战略实施的支撑体系研究。旨在根据《国家知识产权战略纲要》所提出的支撑战略实施的若干战略支撑点，尤其是完善制度、配套政策、知识产权文化以及知识产权中介服务等方面，分析相关工作存在的问题，并提出相应的对策。具体内容包括：相关法律制度的完善；相关政策的衔接与配套；知识产权文化建设；知识产权中介服务体系建设。

第五，知识产权战略实施的战略协同研究。旨在以科学发展观为指导，运用协同学理论，重点围绕知识产权战略实施与科教兴国、人才强国与可持续发展等三大战略之间的协同、知识产权战略中国家、地方、行业和企业等不同层次战略之间的协同以及知识产权战略中创造、运用、保护和管理四大环节的战略协同问题展开研究。具体内容包括：知识产权战略实施的协同学理论基础；知识产权战略与三大发展战略的实施协同；知识产权战略实施不同层面间协同机制的构建；知识产权战略实施不同环节间协同机制的构建。

第六，知识产权战略实施的绩效评价研究。推进国家知识产权战略的顺利实施，必须以科学发展观为指导，对国家知识产权战略实施的绩效作出科学、客观的评价。通过评估知识产权战略实施绩效，将有助于有效监控国家知识产权战略实施过程和效果，保证国家知识产权战略有序推进和战略实施的及时反馈、控制和调整。该子课题主要研究国家知识产权战略实施绩效评估的基本理论、评价体系、评价模型、控制调整以及评价制度等。具体包括以下内容：国家知识产权战略实施的绩效评估基本理论；主要国家、组织知识产权（战略）实施绩效评估；国家知识产权战略实施的绩效评估模型；国家知识产权战略实施绩效评估保障体系的完善；国家知识产权战略实施的控制与调整。

在上述子课题的研究过程中，课题组在以下几个方面作出了创新。

首先，本课题将科学发展观导入知识产权战略研究，提出了知识产权战略研究新的价值取向。在以往的知识产权研究中，法学学者们所秉持的理念往往是"公平、正义"。而管理学学者通常追求的是经济效率。本课题研究科学发展观统领下的知识产权战略实施问题，将以人为本、全面协调可持续的发展理念作为知识产权战略实施的指导思想和评判其成功与否的判断标准，从而使知识产权战略研究出现了一种新的价值取向，丰富了原有的知识产权战略价值体系。

其次，本课题聚焦于知识产权战略的实施问题，弥补了现有研究的不足。我国现有知识产权战略的研究大多讨论的是知识产权战略的内涵、意义、目标和内容，而对于知识产权战略的实施问题着墨不多。在我国国家知识产权战略制定工作已基本完成、战略实施即将全面铺开之际，本课题重点围绕知识产权战略的实施环节展开研究，弥补了现有研究的不足，具有一定的前瞻性和新颖性。

再次，本课题以我国知识产权战略实施的绩效评价作为重要研究内容之一，具有一定的开创意义。目前，系统研究我国知识产权战略实施的绩效评价问题尚属首次，此项研究将成为本课题研究的一大特色。相关评价指标体系和评估方法的确立将填补我知识产权战略研究的一项空白。

最后，本课题立足于实证研究，突破了传统知识产权研究以理论研究、定性研究为主的研究范式。本课题研究将侧重于运用实证研究方法，包括数理统计、问卷调查、实地调研、比较研究等手段对知识产权的创造、管理、保护和运用情况，对知识产权的国际竞争态势和国际法律环境，对战略实施绩效评价指标的选取和权重的确定，对国外知识产权战略的实施经验进行广泛的实证分析。这将打破以往知识产权研究偏重于理论研究和定性研究的传统范式，提高研究的科学性。

（三）理论、应用价值与社会影响

2008年6月，国务院正式发布了《国家知识产权战略纲要》，这与本项目研究的启动正相契合，为致力于在科学发展观指导下研究我国知识产权战略的实施问题，课题组在理论研究上进行了积极的探索，并在实践中积极搜集、整理与项目相关的研究素材，并及时将相关研究成果运用到政府决策、企业发展与国际交流中。

在理论探索上，本课题取得了以下积极成果。

第一，本课题有助于充分发挥科学发展观在知识产权战略实施中的统领作用，全面实施知识产权战略，加快经济发展方式的转变。科学发展观是指以人为本、全面协调可持续的发展观，是马克思主义中国化的最新理论成果。实施知识产权战略事关国家的长远发展，涉及科学技术、经济贸易、社会文化等多个方面，自然离不开统领全局的科学发展观的指导。当前，加快经济发展方式的转变是我国各项工作的核心任务，要从主要依靠增加物质资源消耗，向主要依靠智力资源转变。因此，本项目研究有助于推动实施知识产权战略，为转变经济发展方式提供有力支撑。

第二，本课题有助于填补知识产权战略实施环节研究的不足，为正在实施的国家知识产权战略实施工作以及地方、行业和企业知识产权战略实施提供参考。在国家知识产权战略已转入实施阶段的情况下，我们的研究重点应当转到知识产权战略的实施问题上来，弥补战略实施环节研究不足的缺陷，为我国知识产权战略实施工作提供决策参考和理论支持。

第三，本课题有助于增进我国知识产权研究的学科交叉，丰富知识产权理论的研究方法和理论体系。由于科学发展观统领下的知识产权战略实施问题涉及政治、经济、科技、法律、文化等诸多方面，本课题需要综合运用多种学科知识展开研究，包括管理学、法学、经济学、政治学（公共政策）、社会学、战略管理和科技评价等，因而从课题研究内容上决定了本课题必须加强不同学科间的交叉。从研究队伍上看，本课题组汇集了来自五所著名高校以及国家、地方知识产权局的法学、管理学、经济学、公共政策、社会学等不同学科的专家学者，无疑会加强知识产权研究领域的学术融合和学科互补，丰富传统的以规范研究和定性分析为主的知识产权研究范式。

同时，在社会应用方面，本课题回应知识产权战略推进中的疑难，密切联系政府、企业与学界，亦取得了丰硕的成果。

本课题在 2008 年 1 月获得批准立项之后，作为课题责任单位的中南财经政法大学知识产权研究中心于 2008 年 4 月 19 日至 20 日邀请国家知识产权战略办公室、中国法学会知识产权法研究会等单位，发起举办并承办了"实施知识产权战略与知识产权制度完善"国际学术研讨会暨中国企业法律保障高峰论坛。通过此次会议，课题组首席专家吴汉东教授和朱雪忠教授及课题组其他成员同参会的国内外专家就科学发展观统领下的知识产权战略实施问题进行了深入探讨和广泛交流，一方面广泛宣传了国家知识产权战略的成果，另一方面也为本项目的后续研究进一步明确了方向。2008 年 8 月 25 日，课题组首席专家吴汉东教授结合本课题的内容，在《国家知识产权战略纲要》领导干部培训班上作了题为"知识产权制度与创新型国家战略"的专题讲座。2008 年 9 月 29 日，吴汉东教授赴德国慕尼黑参加了由中国国家知识产权局和德国专利商标局共同主办的中德知识产权研讨会，并作了题为"PCT 的运用与中国知识产权战略的实施"的发言。2008 年 11 月 26 日至 28 日，朱雪忠教授率领调研小组对洛阳高新区的知识产权状况进行调查研究，并运用本课题的研究成果，制定了符合洛阳高新区情况的知识产权战略构架。

为配合本课题组关于国家知识产权战略实施的策略研究，2009 年 5 月 9 日至 10 日，由本课题依托单位中南财经政法大学知识产权研究中心发起"'2009'知识产权南湖论坛：国家知识产权战略实施策略与绩效评估"国际学术研讨会。首席专家吴汉东教授和朱雪忠教授，以及曹新明教授、张玉敏教授、冯晓青教授等十余位课题组主要成员均出席了本次会议，并发表了课题组的最新研究成果。2009 年 3 月，课题组成员担纲完成《湖北省知识产权战略纲要》。除此之外，课题组成员还参与了西藏自治区知识产权战略纲要的制定以及新疆维吾尔自治区知识产权战略的研究工作，为推动国家知识产权战略在全国各地的顺利实施献计献策。2009 年 9 月，根据国家社科办的要求，课题组向国家社科办和湖北省社科办分别提交《国际金融危机下的中国知识产权战略实施》和《洛阳国家高新技术开发区知识产权战略研究》的成果要报，得到相关部门好评。

2010 年伊始，课题组继续加大力度，深入展开课题研究。2010 年 4 月，召开了一次主题为“经济全球化背景下知识产权制度完善与战略推进——2010 知识产权‘南湖论坛’”国际研讨会。2010 年 8 月，国家知识产权局批准在本项目依托单位之一——中南财经政法大学知识产权研究中心设立“国家知识产权战略实施研究基地”。2010 年 11 月，吴汉东教授主持的“广播影视知识产权战略纲要建议稿”被国家新闻出版广电总局采纳，成为本课题的又一项社会实践成果。2011 年 12 月，本课题最终成果入选“国家哲学社会科学成果文库”。可以说，本课题在理论研究、政策运用、社会服务等方面都取得了显著成就。

关于创新发展与知识产权战略实施的建言*

一、基本态势

经济与社会的发展，从实质上讲，就是创新发展。创新活动既有制度创新（包含法律创新、政策创新与体制、机制创新），也有知识创新（包含文化创新、科技创新）。知识产权是法律创新与变革的制度产物，具有激励、保护知识创新的制度功能。知识产权制度从其兴起到现在只有三四百年的时间，但历经从工业革命到信息革命的不同时期，其发展史本身就是一个制度创新与知识创新相互作用、相互促进的过程。从世界范围来看，凡是知识进步与经济繁荣的国家，无一不是知识产权制度健全与完善的国家，创新发展列国即是知识产权强国。

在经济全球化的国际背景和知识革命的时代情景下，知识产权不仅是一种法律制度，更是一种政策方略。发达国家之间在推进国际知识产权立法与执法水平上的战略合谋，发达国家与发展中国家在知识产权保护问题上的利益冲突，以及发展中国家自身寻求知识产权政策路径，彰显出一国运用知识产权制度应对国际、国内问题的重大战略意义。

知识产权既是国际竞争战略，更是国内发展战略。在国际战略层面，发达

---

* 本文系作者 2013 年 9 月应“国家创新和发展战略研究会”之约向中央撰写的建议报告。

国家往往将知识产权作为其竞争战略的关键组成部分，不断通过多边、双边甚至单边途径，提高国际知识产权的保护标准与执法水平，其目的是为本国以知识产权为支撑的高新技术产业和文化创意产业发展，塑造商业环境，维持竞争优势。从某种意义上讲，国际知识产权法律的发展史，就是发展在先的国家运用知识产权制约、限制发展在后的国家的变迁史。我国奉行的知识产权外交政策与谋略，必须积极应对发达国家主导的知识产权国际保护规则，将建立更公平、更公正、更合理的国际知识产权制度作为战略目标，为我国的经济发展转型赢得空间和时间。在国内战略层面，知识产权已然成为创新型国家转型发展的战略选择。从近代英国到现代美国、日本，再到韩国，无一不是将知识产权制度置于国家创新体系之中。世界强国的成功发展道路，即是知识产权强国的建设发展之路。对于中国而言，知识产权战略实施，是在全社会进行的一项制度创新实践。作为建设创新型国家的政策支撑和制度保障，知识产权是摆脱资源耗费型与技术依赖型传统发展方式的战略布局，是实现创新驱动发展的战略安排，是保障我国经济安全、文化主权和科技发展主动权的战略举措。

二、外国经验

对于当代世界各国而言，知识产权战略既是对知识经济时代发展趋势的制度回应，也是解决社会重大发展问题的政策举措。自世界贸易组织成立以来，美、日、韩等国竞相确立知识产权战略目标，通过知识产权政策推动，维护本国的技术优势、贸易利益与核心竞争力。

美国是知识产权战略的有效运作者。从卡特总统时期开始，知识产权成为国家发展战略的重要组成部分，即以知识产权政策与产业政策为支撑，助推传统产业结构的调整；克林顿总统时期则将知识产权战略全面贯穿于立法、执法、管理和国际贸易等各个领域，以“信息高速公路”为代表的高新科技发展使美国经济成功转型为知识经济型社会；奥巴马政府更是于2009年和2011年两次发布国家创新战略，将知识产权作为战略重点，其构筑的信息、影视、飞机制造等支柱产业被称为“知识产权密集型产业”。2004年美国政府报告阐明了该国一直秉持的知识产权政策立场：“从本国立国基础来看，保护知识产权始终是一项创新的支柱。”在2011年发布的《美国创新战略：确保我们的经济增长与繁荣》中，知识产权再次被作为实现技术持续创新的主要政策工具，并提出了改革专利审查制度，加强知识产权执法，积极参与国际知识产权合作三大主要目标。

日本是知识产权战略的最早制定者。在经历了“失去的十年”后，日本希望借助知识经济重整旗鼓。小泉纯一郎政府于2001年提出从“教育立国”和“科技立国”转向“知识产权立国”的新国策。以此国策为基础，日本政府在2002年先后制定了《知识产权战略大纲》和《知识产权基本法》，在内阁秘书处成立知识产权战略本部，且由首相亲任知识产权战略本部部长，从国家战略的角度加强对知识产权的保护与利用，为知识产权战略提供法律保障和行政保障。知识产权基本法全面涵盖了知识产权创造、保护、应用和人才战略，在促进大学和企业发明创造，培养知识产权人才，强化知识产权保护，以及参与国际知识产权竞争等方面都做了具体的规定。日本奉行知识产权立国的目标，旨在把日本建设成为一个崇尚发明与创造的国家，将无形财产的创造与保护置于产业基础地位，以保障日本经济和文化的可持续发展。

韩国是知识产权战略的强力推行者。根据本国相关产业的发展趋势，韩国构建了以建设知识社会为目标的21世纪知识产权战略，并确立了2015年成为亚洲地区科研中心，2025年成为科技领先国家的中长期愿景。2004年3月，韩国特许厅发布了“韩国知识产权管理：愿景与目标”的战略总纲。直属总统的国家竞争力强化委员会与政府13个部门于2009年制定了《知识产权强国实现战略》。韩国的战略核心是“将知识产权制度发展成为对新技术的创造、产业化、商业化具有促进功能的系统化社会基础，强化韩国的知识创造力、影响力和知识产权竞争力”。其战略推进计划，包括制定《知识产权基本法》、组建国家知识产权委员会，确立战略近期计划和远期目标。

以上所述表明，创新型国家之所以强国，关键在于知识产权强国：一方面，国家通过知识产权政策的有效实施，以此作为创新驱动发展的制度工具；另一方面，又将其创新发展成果转化为自主知识产权优势，从而实现知识产权兼具国际竞争战略和国内发展战略的政策功用。

三、中国问题

进入21世纪以来，中国作为一个新兴的工业化国家，在知识产权制度建设与政策运作方面，取得了长足的进步：科技创新能力提升，成为头号专利申请大国；品牌创建能力提高，商标注册量全球第一；文化创新能力增强，版权产业发展迅速。但是，中国只是一个知识产权大国，并非知识产权强国，其存在的主要问题如下。

1. 知识产权立法水平尚可，但知识产权保护不力

我国知识产权立法虽日趋完备，仅用了不到20年的时间即完成了法律体系构建、法律制度规范从本土化到国际化的转变，其立法成就为世界知识产权组织所称道；但是知识产权执法力度明显不足，导致知识产权实际保护不力，知识产权法律实施效益不高。长期以来，知识产权领域中反复侵权、群体侵权现象屡禁不止，“维权成本高、周期长、举证难、效果差”等顽疾一直未能有效解决，其结果是对知识产权缺乏认同，对盗版、假冒抱有宽容，整个社会创新乏力、“山寨行为”成风。

2. 知识产权创造数量可观，但质量和效益有待提高

整体而言，我国自主知识产权数量和规模较为可观，但质量和水平尚有差距，其转化运用和实施效益亟待提高。在2012年以专利为主要指标的全球创新企业百强排名中，中国企业无一上榜；在以知名商标为主要指标的世界品牌100强排行榜中，我国仅有4个入列。知识产权对经济增长和社会发展的贡献度远不及美、日等知识产权强国。

这一现状既可归因于我国整体创新能力不足，也与我国当前的一些科技、产业政策存在重数量、轻质量，有研发、缺转化的导向有关。同时，我国知识产权服务水平和审查能力不高也是原因之一。

3. 知识产权战略自上而下推动，但管理体制、机制亟须改革

美、日、韩等知识产权强国均将知识产权问题摆在国家最高战略层面。在美国，从总统到国会，从政界到商界，形成广泛共识，将知识产权视为国家创新战略的核心内容。在日本，首相亲任知识产权战略本部部长，通过官、产、

学、研各界共推知识产权战略实施。在韩国，总理办公室主任亲任知识产权协议会主席；相比之下，我国《国家知识产权战略纲要》仅是国务院颁布的政府文件，缺乏最高政治权威和基本法律权威；战略协调机构只是副部级的国家知识产权局，存在“小马拖大车”的诸多困难。此外，我国知识产权工作为多头管理体制，呈现“九龙治水”之势。这种极具中国特色、实为世界仅有的分散管理体制，与国际上绝大多数国家实行的统一管理体制相悖，十分不利于知识产权工作的管理和协调。

四、应对方略

当前国家知识产权战略实施正进入攻坚期，面临新形势下的新挑战、新问题，根据党的十八大对创新驱动发展和知识产权战略实施的要求，我们必须有重点地做好以下几项工作。

1. 加强知识产权保护环境治理

知识产权保护是科技创新与文化创新发展的制度保障，同时也是国际经贸往来必须遵守的基本规则。为此，我们必须加强知识产权执法，健全遏制侵权的长效机制，营造有利于创新驱动的制度环境。有必要开展知识产权保护绩效考核，提升知识产权司法保护效能，提高行政执法能力，针对重点领域、重点产业开展专项保护和维权援助工作。同时，着力营造法律文化环境，改变“山寨大国”“仿造大国”的国际形象。通过知识产权保护环境治理，推动国内创新发展和对外经贸合作。

2. 提高知识产权创造和运用水平

第一，要提升知识产权创造水平。调整相关产业和科技政策，完善各类知识产权审查管理工作和考核评价体系，引导知识产权创造主体从注重数量向更加注重质量转变，提升知识产权价值。第二，要促进知识产权运用效率。完善以知识产权为纽带和核心的创新成果转化运用机制，实施促进知识产权向企业顺畅转移转化的政策措施，推动知识产权成果产品化、商品化和产业化。第三，要强化重点产业知识产权布局。加大重点产业知识产权布局引导力度，推进重大经济科技活动知识产权审议和风险评估工作，促进知识产权制度与产业政策深度融合。在此基础上，不断提升以专利为核心的科技竞争力、以商标为依托的品牌影响力和以版权产品为载体的文化软实力，加快实现由“中国制造”向“中国创造”的转变。

3. 提升知识产权战略层级

借鉴美、日、韩等国经验，设立知识产权战略委员会，由国家最高层领导亲自担任国家知识产权战略委员会的负责人。同时，改变当前的知识产权分散管理为统一管理，至少应将专利、商标管理合并，设立实质规范意义上的国家知识产权部。

五、目标愿景

我国知识产权事业的发展过程，是迈向科技强国、文化强国、品牌强国的过程，即是建设知识产权强国的历程。这一历史进程，可以分为四个阶段性“十年”：从20世纪80年代初开始的第一个十年，是我国主要进行劳动密集型产品出口的时期，知识产权事业恢复重建，知识产权制度完成现代构建；从20世纪90年代初开始的第二个十年，是我国着手转向知识密集型产品出口的时期，知识产权事业处于快速发展的阶段，知识产权制度实现国际接轨；从21世纪初开始的第三个十年，是我国加入世界贸易组织，成为经济大国的时期，知识产权战略开始实施，知识产权事业长足发展；从当前开始的第四个十年，是我国加大创新发展、知识管理力度，建成创新型国家的时期，知识产权战略稳步推进，国家综合实力全面提升。到2020年，我国将进入知识产权强国之列。实施知识产权战略，建设知识产权强国，这是知识产权事业的中国梦。知识产权强国，即是通过知识产权支撑和保障创新发展的先进国家，其拥有的知识产权优势就是科技竞争力、文化软实力、品牌影响力的综合国力优势。具体而言，将实现如下几个目标。

第一，激励知识产权创造，增强创新能力。到2020年，自主知识产权获取能力和水平全面提高，知识产权密集型产业健康发展。在关键科技领域，拥有核心技术与自主专利，新兴产业实现快速发展，传统产业完成改造提升；在重要文化领域，建立一批具有代表性的产业集群，拥有强势自主版权和形成知名自主品牌。知识产权密集型产业成为国民经济的支柱性产业。

第二，注重知识产权管理，健全创新机制。到 2020 年，知识产权法律制度齐备完善，知识产权政策体系完善，形成以知识产权为支撑的创新机制。在科技领域，以企业为主体、高等院校和科研院所为重要组成部分的产学研创新体系高效运作、协调发展，成果转化率达到发达国家水平。在文化领域，以政府为主的文化管理体制和以企业为主的文化生产经营体系充满活力、富有效率，文化竞争力位居世界前列。

第三，加强知识产权保护，优化创新环境。到 2020 年，各项创新政策得到完善和落实，创新人才大量涌现，公众科学文化素质普遍提高，“健康有序、公平开放”的市场环境与“尊重知识、崇尚创新、保护知识产权”的文化氛围基本形成。

总之，未来 8 年国家知识产权战略实施的基本要求是：以建设知识产权强国为目标，以增强创新能力、健全创新机制、优化创新环境为愿景，实现中国知识产权事业的世纪辉煌。

知识产权战略是中国创新发展的基本方略*

——关于调整知识产权战略的发展定位和实施重点的建议

国家知识产权战略的颁布与实施，使我国知识产权事业步入了一个新的重要历史时期。其中，知识产权制度又是实现经济发展方式转变的战略布局，实现创新驱动发展的战略安排，保障我国经济安全、文化主权和科技发展主动权的战略举措。《中共中央关于全面深化改革若干重大问题的决定》强调“加强知识产权运用和保护”。当前知识产权战略正在进入攻坚期，面临着国际竞争与国内创新发展新形势下诸多问题和挑战，建议突出知识产权战略实施的绩效重点、加强知识产权法治的环境治理、提升知识产权战略实施的领导层级等工作，调整和完善国家知识产权战略。

一、突出知识产权战略实施的绩效重点

知识产权的有效运用是创新发展的基本目标。知识产权的获取，并不是战略实施的最终目的，关键在于通过知识产权的取得，在市场中转化利用而形成现实的生产力。就一国知识产权实力优势而言，有三个可以衡量而又相互关联的评价指标：一是数量规模，二是质量、水平，三是转化、实施。整体而论，我国自主知识产权数量和规模较为可观，但质量和水平尚有差距，其转化运用

---

* 本文系作者 2013 年 11 月在教育部社会科学委员会秘书处《专家建议》上发表的专题报告。

和实施效益亟待提高。我国是专利申请大国，但并非专利强国。在2012年以专利为主要指标的全球创新企业百强排名中，中国企业无一上榜；我国是商标注册大国，但并非品牌强国，在2012年以知名商标为主要指标的世界品牌100强排行榜中，我国仅有4个入列。可以认为，知识产权对我国经济增长和社会发展的贡献度不及美、日等知识产权强国。有鉴于此，我国知识产权战略实施目标，应立足于提升创新型国家所具备的综合实力，即科技竞争力、文化软实力和品牌影响力。与此相应，国家知识产权战略实施指标可作相应调整，如核心技术、关键技术专利的拥有量，专利技术的应用率、产业化率；版权产品在国际文化市场的占有率，版权产业对经济发展的贡献率；商标的附加值构成，知名品牌的数量以及其在国际市场的影响力等，似可作为知识产权战略实施效益的重点评价对象。

二、加强知识产权法治的环境治理

知识产权的有力保护是创新发展的基本保障。在国外，高新技术产业和文化创意产业之所以被称为知识产权密集型产业，关键在于这些产业的存在和发展，是以权利的存在为基础、以权利的维护为保障。简言之，没有知识产权，这些产业将难以维系。就中国知识产权法治建设而言，立法日趋完备，仅用了不到20年的时间完成了法律体系构建，法律制度从本土化到国际化的转变；但执法力度不足，导致知识产权实际保护不力，知识产权法律实施效益不高。知识产权领域中反复侵权、群体侵权现象屡禁不止，社会成员对知识产权侵权行为抱有宽容。必须看到，知识产权保护是创新发展的制度保障，同时也是国际经贸往来的基本规则。为此，我们必须加强知识产权执法，健全遏制侵权的长效机制，营造有利于创新驱动的制度环境。有必要开展知识产权保护绩效考核，提升知识产权司法保护效能，提高行政执法能力，针对重点领域、重点产业开展专项保护和维权援助工作。同时，着力营造法律文化环境，形成“健康有序、公平开放”的市场环境与“尊重知识、崇尚创新、保护知识产权”的文化氛围，改变“山寨大国”“仿造大国”的国际形象。通过知识产权保护环境治理，推动国内创新发展和对外经贸合作。

三、提升知识产权战略实施的领导层级

协调知识产权战略实施事务是创新发展的重大举措。美、日、韩等知识产权强国均将知识产权问题摆在国家最高战略层面。在美国，从总统到国会，从政界到商界，形成广泛共识，将知识产权视为国家创新战略的核心内容。在日本，首相亲任知识产权战略本部部长，通过官、产、学、研各界共推知识产权战略实施。在韩国，总理办公室主任亲任知识产权保护协会主席。借鉴美、日、韩等国经验，可考虑设立国家知识产权战略委员会，由国家最高层领导亲自担任国家知识产权战略委员会的负责人。同时，改变当前的知识产权分散管理为统一管理，至少应将专利、商标管理合并，设立实质规范意义上的国家知识产权部。

知识产权的无形资产价值及经营方略*

党的十八届三中全会审议通过的《中共中央关于全面深化改革若干重大问题的决定》中提出了"加强知识产权运用和保护""促进科技成果资本化、产业化"等重要指导方针，对知识产权的无形资产价值及其经营方略进行探讨和认识，有助于深刻理解及贯彻落实上述精神。

一、知识产权与无形资产关系

知识产权在资本形态上表现为无形资产。严格来说，无形资产是会计学的定义，经济学界往往称其为知识资产或智力资本。在无形资产的框架内，涉及三类非物质形态的财产权：一是知识类财产权利。该类财产主要由知识、技术、信息等无形资产利益所构成，可以分为创造性成果与经营性标记，其权利形态包括专利权、商标权、著作权等，是典型的知识产权。二是资信类财产权利。该类财产主要是经营领域中的商誉、信用、形象具有经济内容的商业人格利益，其权利形态包括商誉权、信用权、形象权等，这些即是与知识产权有关的其他无形财产权。三是特许类财产权。

知识产权成为无形资产，并非天然形成，而是需要实现资产转化，才能作为企业可利用的无形资产。知识产权是法定无形资产的基础。没有知识产权，

---

* 本文原载于《中国知识产权报》，2014－01－29（008）。

就不会有法定无形资产；但有了知识产权，并不当然产生法定无形资产。知识产权的产生，以国家主管机关授权为依据，是一种法律上的认可。而知识产权在企业中成为无形资产，主要以取得经济效益为标准，是一种市场上的认可。可以说，企业拥有知识产权的数量和规模与企业盈利的实际水平并不产生必然关联，要使这种预期收益的可能性变成产生收益的现实性，则要采取措施和创造条件，促使知识产权转化为无形资产。一般应经过应用化、商品化、资产化的过程，知识产权才是完整意义上的无形资产。

二、知识产权与企业战略资源

在现代企业竞争中，无形资产比有形资产更具企业战略资源的特质。进入以知识为基础的时代，知识产权、软资源和其他迅速增长的无形资产，构成了创造财富的主体资源。对于企业而言，知识经济带来的是财产结构的重大变化，企业固定资本、金融资本的重要性已让位于企业所拥有的无形资产。伴随着经济全球化进程的加快，知识产权已经打破了国界在全球范围内活动，促进了全球经济的发展。在世界贸易组织（WTO）框架下进行的国际贸易，无论是货物贸易，还是服务贸易，许多都与知识产权有关。在国际范围，发达国家及跨国公司极力将其拥有的智力成果优势转化为知识产权优势，最终形成国际市场的竞争优势。因此可以认为，企业核心竞争力的形成，在很大程度上取决于企业无形资产中的知识产权。只有那些使企业保持长期竞争优势、获取稳定超额利润、明显优于且不易被竞争对手模仿、能够不断提高顾客价值并使企业获得可持续发展的能力，才是企业最关键的竞争力，即企业核心竞争力。

在市场经济条件下，企业的核心竞争力是围绕消费者的需求而构建的。在核心竞争力的这几大构成要素中，最容易为消费者所感知的就是技术和品牌。所以企业的核心竞争力最终要落实到技术创新和产品品牌上来。现代市场的竞争趋势表明，技术创新需要一定的周期和较大的资金投入，而且需要承担较大的技术风险和市场风险。此外，由于知识产权制度中的专利权和商业秘密的存在，通过合法途径获得与技术创新有关的知识资源的难度和成本都比较大，而这些因素决定了竞争者之间的技术差距。正是技术创新使得企业能够在市场上实现差异化的竞争，不仅能够在竞争中取胜，而且还能够获得足够的利润，保证企业的长久持续发展。

现代市场的消费趋势说明，消费者的消费已经由产品消费转向为品牌消费。一旦品牌在消费者心目中的地位确立，取得消费者的认同，品牌甚至可以成为产品高质量和高技术含量的代名词，在相同质量和技术含量的情况下，是品牌的声誉而不是价格成为影响消费者购买产品的决定性因素。而知识产权制度中的商标权，保证了企业的品牌在正常情况下能够保持“唯一性”。成功的企业大都注重最大限度地发挥技术创新和品牌的竞争力。作为企业的战略资源，无形资产中的知识产权在提升企业核心竞争力方面具有维护企业技术的领先性、保证品牌的独特性等作用。一旦企业商标成为驰名商标，它还能够受到商标法的特殊保护，更能够彰显自己品牌的独一无二。

三、知识产权与无形资产经营

鉴于作为无形资产的知识产权在提升企业核心竞争力中的诸多功用，进入知识经济时代以来，许多跨国公司已经跨越了以往主要依靠物质资源消耗的发展阶段，更多地依赖于“创新研发”与“市场营销”两大主轴，即通过技术与品牌所依附的知识产权去维护和扩展自己的竞争优势。

从 20 世纪 80 年代开始，知识密集型产品和服务在国际贸易中所占的比重逐年上升，涉及的知识产权问题越来越多。在国际市场和对外贸易方面，知识产权控制了每年大约 1 万亿美元的货物贸易和服务贸易，知识产权领域已经成为全球企业竞争的关键战场。对于跨国公司而言，知识产权的作用体现在两个方面。

首先，知识产权是跨国公司进行投资的首要资本，企业的资产构成往往可以反映出该企业的市场竞争力。在知识经济时代，以知识产权为核心的无形资产在企业资产中的比例越重，在某种程度上说明该企业的市场竞争力越强。世界 500 强企业的前十名，无一不是拥有高质量知识产权的企业。

其次，知识产权是跨国公司进行竞争的重要工具。在经济全球化时代，跨国公司之间、跨国公司与本地公司之间的竞争逐渐转化为知识产权的竞争，知识密集型产品和服务在国际贸易中的比例逐年上升。中国“入世”之后，跨国公司频频以知识产权为武器对我国企业实施打压。从 DVD 等专利纠纷到跨国公司挑起的商标侵权案，虽然表面上是知识产权纠纷，但本质上就是国际企业之间的市场竞争。

在具体竞争策略上，跨国公司还通过多种途径来实现自身知识产权利益的保护。

第一是通过知识产权构筑合法贸易壁垒。在国际市场，跨国公司利用其资金和技术优势，熟练运用知识产权规则对中国企业构筑新的但又合法的贸易壁垒。一是技术壁垒，即影响甚至控制国际标准组织的标准化工作，占领产业链的高端区位并获取高额利润，导致使用外国技术标准的中国企业在国际市场遭遇生存困境；二是“绿色壁垒”，即制定国际认可的环保标准和生态标准，提高进入发达国家市场的商品准入标准，导致不符合国际认证标准和缺乏统一质量保证的出口品牌的中国农副产品、电子产品等在出口时屡屡受阻；三是反假冒壁垒，即动用《知识产权协议》新规定的海关措施，对一些冒用他人商标、商号、地理标志的中国出口产品，采取查封、扣押的“反假冒”保护措施。

第二是通过技术转让延长知识产权实际收益期限。由于地区经济发展的不平衡，不同国家对消费品的需求水平也存在着巨大差异。一项在发达国家的前沿技术放在发展中国家可能无法实现其经济价值。但是伴随着发展中国家人民生活水平的提高，一些技术的经济价值会在该地区内逐步得到实现。一般而言，跨国公司往往通过四种途径对外输出技术，即输出产品、出售专利、与政府合作和在外国投资。这四种途径事实上都是在输出的过程中获得较高的企业竞争力的过程。就同一种技术产品而言，在技术水平明显较低的市场上出售就有更强的竞争力。出售专利予第三方也是延续专利寿命的手段。可以说，技术转移是跨国公司全球经营战略的需要；同时，知识产权在技术转移的过程中可以获得很大效益。因此，跨国公司往往利用地区经济的差异性，通过跨国、跨地区技术转移来赚取其知识产权利润的最大化。

面对来自跨国公司的竞争，中国企业要想走出知识产权的国际困境，走向经济全球化的国际市场，有赖于国家宏观政策的调整和企业微观决策的施行。

首先是政府公共政策对企业知识产权运用的指引。企业知识产权运用能力的提高与核心竞争力的增强离不开政府公共政策的指引，即建立一个以知识产权为导向的公共政策体系，建立以政府政策为引导、企业为主体、以市场机制为基础的知识产权体系与机制，提高引进技术的消化、吸收和创新能力，扩大具有自主专利和自主品牌的技术产品出口，转变贸易增长方式，实现从贸易大国向贸易强国跨越的战略目的。

其次是企业知识产权运作一体化战略的实施。企业应提高自身的知识产权运用水平，着力实施以技术和品牌为主导内容的一体化战略。一是中国企业应积极创造、运用、保护和管理好专利，将其作为维护自己技术与市场优势的法律武器。二是以品牌培养为核心，带动企业知识产权的增值。商标的优势来源于产品的多样性和质量的稳定性，而产品多样性和质量稳定性的基础都源于企业的创新。一方面，企业应该以质量为本，不断地为消费者提供创新的产品和高质量的服务。将商标使用到不断推出的不同的高质量商品上，使消费者由对产品和服务的认同进而形成对商标的认同和忠诚。另一方面，企业也可以利用消费者对商标的认同，将成熟的商标不断使用在各种产品和服务上，以带动商品和服务的多元化发展。总之，只有充分认识知识产权的无形资产价值，利用知识产权制度的优势，才能做好知识产权经营，实现知识产权价值，从根本上提升企业的竞争力，并由此提升国家竞争力。

知识产权法院的专门法院属性与未来发展方向*

知识产权法院的成立，是推动司法体制改革的先导举措，是加强知识产权保护的重要标志，在创新型国家建设和法治中国建设中具有特殊的意义。2014年11月3日，在上海“知识产权保护的国际视野”国际研讨会上，世界法学家协会（WJA）主席亚历山大·贝拉洛维克说，中国引入并建立知识产权法院的做法，体现了对知识产权司法保护的高度重视及大胆探索，值得持续关注和期待。

知识产权法院是专门法院。专门法院也称为特别法院，是指法律明确规定授予某类案件管辖权，即管辖范围仅限于某一类或某几类案件的法院。专门法院是法律现代化的产物，从一定意义上说，司法的专门化是法律现代化的前提。司法专门化，就是把本来属于普通法院管辖的事务提取出来，交给特设的法院管辖；或是将新的法律案件交给普通法院以外的法院管辖。专门化管辖是司法现代化可行而又简便的方式，也是对特定司法体系进行现代化改造的重要措施，由此可以提升专业审判的效率和质量，进而促进法律适用的统一和公正。作为严格意义上的专门法院，应具备两个条件：一是独立性。专门法院系独立设置，是一个不依附合成法院的司法单位，拥有自己独立人事、预算和管理制度，裁决不受其他法院干预。在有些国家，虽然没有专门法院，但在合成

* 本文系作者为《中国法治实施报告（2014）》“年度法治实施十大事件”所撰写的评析意见。

法院中分设不同的法庭，某一法庭也有着自己特殊的程序和法官资格要求，但这种特殊的审判法庭并非严格意义上的专门法院。二是统一性。就管辖权而言，专门法院分为有终审权的专门法院和无终审权的专门法院，凡受理同类上诉案件的专门法院，被称为正式的专门法院。虽独立设置但没有终审权的专门法院，被称为非正式的专门法院。与普通法院相比，专门法院对行政、商事等现代诉讼具有专门性、统一性的诸多优势，因而为不同法律传统的现代法治国家采用，从而在各自国家构建了专门法院与普通法院有机结合的法院系统。

自 20 世纪 60 年代以来，一些国家和地区就开始探索成立知识产权法院，谋求知识产权司法的专门化和一体化。世界上公认的第一个知识产权法院是德国于 1961 年成立的联邦专利法院。此后，英国于 1977 年成立了专利法院，美国于 1982 年成立了联邦巡回上诉法院，泰国、日本、我国台湾地区、俄罗斯亦分别于 1997 年、2005 年、2008 年、2013 年成立自己的知识产权法院。此外，韩国、马来西亚、葡萄牙、瑞士、土耳其、智利、巴西等国也相继建立了本国的知识产权法院。上述知识产权法院设置方式不尽相同，但大致分为三种：一是单一行政确权的专门法院（如德国、韩国），二是行政、民事“二合一”的专门法院（如美国、日本、俄罗斯），三是行政、民事、刑事“三合一”的专门法院（如泰国以及我国台湾地区）。无论如何，建立专门法院已经成为知识产权司法现代化的潮流。

在我国，专门法院是法院系统的重要组成部分。凡专门法院都实行集中化管理和专门化司法，其管辖范围一般是全国性或跨区域的。专门法院的设立，来自宪法性文件的授权。《人民法院组织法》第 2 条规定，军事法院、海事法院等是我国的专门法院；第 29 条规定，专门法院的组织和职权由全国人民代表大会常务委员会另行规定。可以认为，《人民法院组织法》关于专门法院的例示主义的立法原则和全国人大常委会的立法授权规则，为我国知识产权法院的建立预留了制度空间。

知识产权法院的设立，不仅是中国知识产权司法保护制度的重大改革，而且也成为中国司法体制改革的先声和前奏。根据最高人民法院院长周强在向全国人大常委会所作的说明，“知识产权法院是全面深化司法改革的重要组成部分”。我国司法体制改革的目标，针对的是妨碍司法独立品格和阻碍司法健康发展这两大症结。超地方化的改革措施，旨在强化司法机关整体独立行使司法权的能力，体现对司法机关外部环境的调整；去行政化的改革措施，旨在破除司法机关行政化结构和行政式运行的毛病，体现对司法机关内部的调整。从司法权的基本属性出发，知识产权司法的权力性质具有两个特征：一是专属性，即有关知识产权的司法权，是为国家专属权和中央事权，具有统一性、专属性的特点。承认知识产权法院的专门法院地位，实行司法区域与行政区域适当分离的错位管辖制度，有助于确立知识产权司法的中央事权属性和促进国家法律的统一实施。这种跨行政区划的错位管辖制度，是未来五年司法体制改革的重要目标，因此知识产权专门法院的设立有着一种示范引导作用。二是裁判性，即有关知识产权的司法权，是一种中立地位的判断权，具有独立性、专业性的特点。从这一特性出发，司法体制改革不仅意味着应赋予知识产权法院以专属管辖职能，建立公正、高效、权威的专门审判制度，而且还要求在知识产权法院内部全面推行各项改革措施，包括司法主体体制改革、司法运行体制改革、司法保障体制改革。从某种意义上讲，知识产权法院的运转效果，将直接影响中国未来司法改革的走向。

社会主义法治的要义是“人民之治”*

党的十八届四中全会强调法治国家建设中的人民主体地位。人民民主与社会主义法治不可分离，民治与法治相结合的政治法治体制是最坚固、最长久、最先进的国家体制，是人类社会政治开明、法治文明的制度典范。没有人民之治的法治会演变成传统统治风格的专制。坚持人民主体地位，是社会主义法治的基本要义，在法治国家、法治政府、法治社会的一体建设中必须秉持“人民之治”的基本原则。

法治国家的实质，是主权在民的国家。人民意志是立法之源，人民主体是法治之本：第一，一切权力属于人民。人民依照宪法和法律规定通过各种途径和形式行使权力，管理国家事务，管理经济、文化事业，管理社会事务。第二，社会主义法治的要义是“人民之治”，人民一切权力受到保障。国家权力的行使既要充分地尊重和保障人民的各项权利，又要为人民权利受到侵害时提供各种救济途径，同时人民还可以对国家权力的行使进行有效的监督。

法治政府的根本，是以民为本的政府。依法治国的本意，在于“民治”而不是“治民”，这是现代法治与传统人治的本质区别所在。依法行政，建立法治政府，其重点是治官限权，即依法制约和治理行政权力。现代意义的法治政府，就行政活动规则而言，是合法政府、有限政府和责任政府；而就行政活动目标来说，是民本政府、人民政府。依法治国的精髓在于维系法治主体之公民

---

* 本文原载《人民法治》，2015 年第 1 期。

的广泛权力，并通过民主透明的政治制度和宪法法律的有效实施来制约政府的权力。

法治社会的基础，是民主自治的社会。建立法治社会，其目标任务是“深化基层组织和部门、行业依法治理，支持各类社会主体自我约束、自我管理，发挥市民公约、乡规民约、行业规章、团体规章等社会规范在社会治理中的积极作用”。社会治理强调主体的多元参与，主要是鼓励和支持社会各方面参与。社会治理既要制度化、规范化、科学化的依法治理，也要人民广泛参与、自我约束、平等协商的自我管理。一个依法自治的社会领域是法治国家的根基。人民主体地位贯穿于社会主义法治方针之中，人民是科学立法之源、严格执法之体、公正司法之维、全民守法之基。社会主义法治的真谛就是“人民之治”。

知识产权是创新发展的制度支撑和法律保障*

——解读《中共中央国务院关于深化体制机制改革加快实施创新驱动发展战略的若干意见》

“创新驱动发展”是党的十八大为推动经济和社会发展而作出的重大战略部署。日前，《中共中央国务院关于深化体制机制改革加快实施创新驱动发展战略的若干意见》印发，旨在深化体制机制改革，加快实施创新发展战略。为贯彻上述战略构想，文件明确提出，“让知识产权制度成为激励创新的基本保障”。这一规定彰显了知识产权制度在国家创新体系中的重要地位，也指明了今后知识产权制度建设的发展方向。

在国家创新体系中，知识产权为创新发展提供了重要制度支撑和基本法律保障。创新是指人们在生产力、生产关系和上层建筑全部领域中进行的创造性活动，既包括制度创新，也包括知识创新。在上述创新体系中，制度创新居于基础和保障地位；科技、文化创新立足于经济、社会一体化发展目标，是一种新知识创造和应用的活动，它离不开相应制度的保障、规范和约束。创新理论告诉我们，经济发展、知识创新和法治建设应是一个相互作用、相互促进的协调机制。其中，经济发展对社会变革起着决定性作用，它带来社会物质财富的快速增长，也会引起社会生活方式的巨大变化，因而在三者的协调机制中处于

---

* 本文原载《中国知识产权报》，2015-04-10。

中轴的位置，而知识创新与法治建设围绕它进行曲线摆动。具言之，知识创新是经济发展的动力机制。在当今社会，经济发展越来越依赖于以科学技术为主要内容的知识，或者说，创新驱动是经济提质增效、持续健康发展的重要依托和动力源泉。概言之，知识创新已成为生产力和经济发展的发动机，而法治建设则是经济发展的保障机制。在一国法律体系中，知识产权制度更多地承载着激励知识创新、推动国家创新发展的时代使命，具有“创新之法”和“产业之法”的基本功能：为创新活动进行产权界定并提供激励机制；为创新产业进行资源配置并提供产权交易规范；为创新成果进行产权保护并维护市场环境。简言之，知识产权制度是创新活动和知识经济的保护神，而创新驱动发展的制度保障是知识产权。

纵观知识产权制度近四百年产生、变革和发展的历史，人们不难发现这样一个事实：凡是科技进步和经济繁荣的国家，无一不是知识产权制度健全和完善的国家。在近代社会，知识产权制度是欧美国家推动科技创新、促进经济增长的政策工具；在当代社会，知识产权制度成为创新型国家凝聚知识优势、实现创新发展的战略武器。从世界范围看来，创新大国或是世界强国，大抵是知识产权强国。知识产权强国，即是通过知识产权支撑和保障创新发展的先进国家。知识产权强国具有创新型国家和法治化国家的基本品质，具有物质文明建设、精神文明建设、生态文明建设和制度文明建设的现代化属性。知识产权强国建设，既是欧美国家推行创新发展战略的通行版，更是当下中国深入实施知识产权战略的升级版。对于中国而言，知识产权制度建设的本身就是一场以制度创新推动知识创新、以法治建设保障创新发展的伟大社会实践。

从国家现代化发展和国家治理法治化的要求出发，当下乃至未来的知识产权制度建设应注意以下几个问题：一是完善创新制度体系。法律和政策构成了现代知识产权制度的完整内容。首先，要加强知识产权立法。其主要任务是围绕知识产权保护和运用，进行法律增补和修改，例如建立对恶意侵权行为的惩罚性赔偿制度，完善知识产权举证责任规则，改进知识产权实施和运用规范等。其次，建立知识产权公共政策体系。概括说来，包括促进科技成果产权化、市场化、产业化的知识产权关联政策，以及涉及财政扶持、税收优惠、金融投入的知识产权支持政策。二是加强创新环境治理。在知识产权环境的治理体系中，灵活有力的行政执法和公正高效的司法是保护知识产权的主要手段。知识产权环境治理体系建设的重要任务，就是促进知识产权行政执法与司法的有效衔接和相互协调，降低维护成本，提高法律效率。同时，建立和完善仲裁机构和调解机构，发挥其解决知识产权纠纷的“准司法”和“自治”作用。总之，知识产权法治体系是以司法为主导、行政执法为基干、仲裁和调解为补充的现代治理系统。三是营造创新文化基础。知识产权文化是一种以激励和保护创新为核心的创新文化，其实质是知识有产权的价值取向和心理认同，表现为“尊重知识、崇尚创新、诚信守法”的思想观念和行为模式。知识产权法治运行和法治秩序的形成，需要人们自觉遵守和真诚维护。可以说，加强知识产权文化建设，提高民众知识产权文化素养，才能为知识产权法治提供广泛而坚实的思想基础。

总之，未来 6 年知识产权制度建设的基本要求是：以建设知识产权强国为目标，以增强创新能力、健全创新体制机制、优化创新环境为愿景，实现中国知识产权事业的世纪辉煌。

公证制度保护知识产权作用应引起重视*

《中国公证服务知识产权发展情况报告》，从社会经济发展的多种要素出发，利用第三方数据，对公证服务知识产权，特别是2006年至2014年间的情况进行了系统分析与总结。这份报告从另一个层面全面、客观地反映了改革开放以来我国知识产权的发展情况与未来的发展趋势，对公证如何服务知识产权的发展进行了有益的探讨。

我国知识产权的发展，与社会经济发展密切相关。自改革开放至今，我国的知识产权发展大致经历了三个阶段，公证服务知识产权发展也从无到有，逐步深入和扩展：

第一阶段，从改革开放初期至20世纪90年代初，知识产权在国内仅仅是一个概念，只为少数法律人所熟悉，大多数民众包括企业并不了解知识产权制度，也没有知识产权意识，更谈不上对知识产权的管理、运用和保护。在这一阶段，国内有关知识产权的纷争较少，知识产权相关的公证也寥寥无几。

第二阶段，20世纪90年代中期至21世纪初，经过十几年的改革开放，我国的社会与经济较以前有了长足的发展，国外的技术、品牌、电影、电视等文化产品纷纷进入中国，民众对知识产权价值的认识不断提高，但对知识产权运用、保护处于一种混沌的状态。在这一时期，我国出现了大量的假冒商标、

---

* 本文原载《法制日报》，2015-06-25。

盗版、山寨模仿等大肆侵犯知识产权的现象。权利人认识到保护知识产权的重要性，知识产权诉讼案件大幅上升。基于整顿国内知识产权的秩序，遵守我国加入世界贸易组织对知识产权保护承诺的需要，我国对有关的知识产权法律作了大量的重大修改，逐步完善了知识产权制度。与此相适应，这一时期我国与知识产权相关的公证业务大量增加，而业务类型主要是与知识产权维权相关的保全证据公证等。

第三阶段，国家制定颁布国家知识产权战略前后至今。在这一阶段，我国的科技创新极大地推动了社会与经济发展水平，我国跃居世界第二经济大国地位，国家推出了一系列激励创新的政策，知识产权成为国家的战略和国策，全民的知识产权意识有了普遍的提高，创造、运用、管理和保护知识产权的热情被极大地激发，我国的专利、商标申请量和授权量连续多年世界第一。我国的知识产权制度实现从被动接受外国规则到主动制定规则的转变，对相关知识产权法律制度作适合我国国情的重大修订。这一阶段，与知识产权相关的公证业务大幅增加，业务类型和范围从以往的保全证据为主的知识产权维权公证拓展到知识产权的创造、运用、管理如主体资格、权利归属、转让许可、合法性证明、保管服务等多类型、大范围的转变。

报告所描述的公证服务知识产权发展的历程与我国的知识产权发展历程是吻合的，是我国知识产权发展、变革的一个缩影。

对知识产权本质的认识，有一个由浅到深的过程。就知识产权本身而言，它是一种财产，是相对于有形财产的一种无形财产。知识产权有价值和价格，可以用来买卖、融资抵押等。在现代创新型科技企业中，以知识产权为代表的无形资产远远超过传统企业以厂房、机器设备为代表的有形资产。知识产权是这些企业的主要资产和核心竞争力。创造知识产权并有效地管理和运用，既是这些企业的生命线，也会给企业带来巨大的经济效益。从法律而言，知识产权是私权，是一种重要的财产权。无论是从财产的角度还是法律的角度，人们对知识产权的重视和关注的焦点主要集中在知识产权的归属、运用、管理和保护上。

权利人和相关利益人会充分利用现有的法律制度和手段，努力实现知识产权权属明确、充分利用、有效管理、避免侵权和纷争的目的。而公证是有效实现这一目的的法律武器和法律手段之一。公证可以对知识产权的创造行为、在先权利、申请人资格、权利归属、授权委托、许可转让等的真实性和合法性进行证明，也可以进行证据的保全和证明。报告统计和显示的2006年至2013年公证业务类型的发展变化与业务范围扩大的数据曲线，真实地反映了人们对知识产权本质价值的认识过程和对知识产权功能的利用过程，也反映了我国知识产权事业的进步步伐及不断增长的对知识产权创造、运用、管理、保护的强劲需求和发展趋势。

知识产权要真正地发挥其功能，实现价值，重点在于对知识产权的保护。前些年，我们在探讨如何保护知识产权、知识产权保护的模式等过程中，重点放在了如何加重对侵犯知识产权行为的惩罚力度，如何提高知识产权侵权成本，如何强化知识产权的司法保护和行政保护模式等方面，而忽视了公证制度在知识产权保护中的地位和作用。在对专利法、商标法、著作权法等有关知识产权法律的制定和修改中，也没有给予公证保护知识产权以应有的重视。我国的公证法、民事诉讼法等有关法律赋予公证以证据效力、执行效力和合同要件效力。公证的运用可以起到定分止争的作用。公证制度可以成为也应该是保护知识产权的法律武器和法律手段。报告显示，我国公证机构从事的与知识产权相关的公证业务最主要的是有关知识产权保护的证据固定和保全业务。这些保全和固定的证据被各级法院认定的采信力高达98%以上。这足以证明公证在知识产权保护中所发挥的重要作用。

创新是知识产权的源泉，知识产权的现实价值是创新的原动力。在大众创业、万众创新的背景下，可预期知识产权的量将会大幅度地增长，我国知识产权事业发展又将达到一个新的阶段。公证服务知识产权也需要创新，需要有全新理念以适应科学技术发展所带来的知识产权制度的变革。可喜的是，我国的公证机构在网络环境下，对以电子数据为表现形态的知识产权的创造、运用、管理和保护模式的变化，创造出了如北京“智慧保险箱”、上海“公证证据宝”、厦门“公证云”等公证服务模式，说明我国的公证机构能够适应科技的发展所带来的制度变革。

虽然我国的公证服务知识产权有了长足的发展，但从业务的量来看，还相对较少，没有达到与知识产权发展速度相适应的业务量。从业务的类型看，也还有许多如植物新品种、原产地标记、非物质文化遗产等知识产权类型业务空白的地方。如果能将报告中公证服务知识产权发展规划和基础建设投入、人才培养等制度和措施落到实处，我国公证服务于知识产权发展将会取得更大的成效。

论知识产权事业发展新常态*

当前，我国经济发展进入新常态，实施创新驱动发展战略成为时代主题。在国家创新政策体系中，知识产权为实现创新驱动发展战略目标提供了重要的制度支撑和法律保障。可以认为，经济发展的新常态有赖于知识产权事业同步进入新常态。在这样的新背景下，知识产权制度要适应新形势，作出新贡献，就必须谋划新思路，采取新举措。

认识知识产权事业发展新常态，首先要理解经济发展新常态。经济发展新常态是我国谋划经济与社会发展的新思维，其核心要义是转型升级、创新发展。近年来，党中央着眼我国经济社会发展的现实与未来，作出了一系列新的重大决策，提出了一整套新的发展构想，并且将其概括为经济发展新常态。经济发展进入新常态，表明经济发展方式正从规模速度型粗放增长转向质量效率型集约增长，经济结构正从增量扩能为主转向调整存量、做优增量并存的深度调整，经济发展动力正从传统增长点转向新的增长点。认识新常态，适应新常态，引领新常态，是当前和今后一个时期我国经济发展的大逻辑。因此，围绕着经济发展新常态，知识产权事业发展的各项工作，包括知识产权制度建设与知识产权战略实施，都需要与时俱进，作出相应的调整。知识产权事业发展新常态，意味着中国知识产权事业进入一个新阶段，即面临着一个创新驱动发展的重要机遇期，也进入一个知识产权强国建设的转折期。因此，知识产权事业

* 本文原载《中国知识产权报》，2015－07－03。

发展新常态至少应包括制度建设的本土化、创新成果的产业化、环境治理的法治化等方面的内涵。

一、制度建设的本土化

制度建设是知识产权事业发展的基础。知识产权制度的产生、发展到今天已有近400年历史，从17世纪至19世纪以英国为先导的欧洲中心，到20世纪以美国为主导的欧美中心，再到21世纪以中国为代表的亚洲中心，国际知识产权格局发生了重大变化。面对这样的新变化，我国知识产权理论建树和制度建设理应服务中国发展大局，体现中国特色，讲好中国故事。

中国知识产权制度的发展史，是一部从“逼我所用”到“为我所用”的法律变迁史，也是一部从被动移植到主动创制的政策发展史。从清朝末年到新中国成立之前，我国知识产权制度始终处于“被动性接受”阶段；从新中国成立到中国加入世界贸易组织（WTO）的50多年间，我国知识产权立法则处于“调整性适用”阶段。这一时期，经历了20世纪80年代至90年代初的“法律本土化”阶段，草创了知识产权法律体系；度过了20世纪90年代初到20世纪末从本土标准到国际标准的转化阶段，逐步顺应“知识产权制度一体化”潮流，按照国际公约要求全面修改了本国法律。自21世纪初以来，特别是《国家知识产权战略纲要》颁布实施后，中国知识产权制度建设进入了战略主动期，即根据自身发展需要，通过知识产权制度创新去推动和保障知识创新。当前，我国进入了知识产权事业发展的新时期，知识产权制度建设经历了从本土化到国际化、再回到本土化的过程。再回到本土化不是之前本土化的简单重复，而是更高层次的上升。有中国特色的知识产权制度，即是在满足甚至超越知识产权国际保护要求的基础之上，更好地把这一制度与中国的现实国情结合起来，与中国未来的发展需求结合起来，从而实现了由“逼我所用”到“为我所用”的制度跨越。

在此情形下，我国正面临新一轮知识产权立法、修法高潮。笔者认为，其主要任务有四：一是要启动知识产权“法典化”和“基本法”制定工作。在即将开展的民法典编纂活动中，应考虑知识产权制度中的私权性规范作为“一般规定”写进未来民法典之中。同时，从知识产权政策法治化目标出发，将国家的战略构想、政策立场等规范化，即制定中国的《知识产权基本法》。二是要加快进行知识产权主要法律修订工作，以此适应“后《知识产权协议》时代”知识产权制度制定变革趋势和知识革命条件下知识产权保护的新需要。在完成商标法第三次修改后，应加快著作权法第三次修改、专利法第四次修改以及反不正当竞争法修改的立法进程。三是要对一些知识产权专门法规进行清理，使其体系化、科学化和合理化，包括制定商业秘密保护法、商号法、特殊标志保护法等。四是要开展民间文艺、传统知识和遗传资源保护的立法工作，着手制定专门法律，建立符合国际知识产权制度发展趋势、体现我国知识产权制度优势的新的知识产权制度体系。

二、创新成果的产业化

应该说，知识产权作为制度工具，有其自身的目标。知识产权制度被普遍认为是创新激励之法、产业促进之法，即知识产权的获取并不是知识产权制度创设的最终目的，通过知识产权制度的设计，鼓励更多的人从事创新，才是知识产权制度最直接的价值目标。通过知识产权实现的创新包括科技创新和文化创新，并通过这些创新来实现知识产权的商品化、市场化和产业化，把知识产权转化为有形的生产力，方为知识产权制度创设实施的最终目的。

知识产权的商品化是知识产权制度的逻辑起点。现代知识产权制度是财产非物质化革命的结果，其最直接的作用便是将原本属于人类共有的知识转化为可被私人独占使用的经济资本进行规模生产。财产非物质化革命促使知识产权以私权为其本质属性。《知识产权协议》序言中提及“知识产权是私权”，正是对这一普遍共识的承认。知识产权的私权本质使知识产权呈现出私权所具备的一般品质，即知识产权是私人的权利、私有的权利与私法上的权利。在私权法律框架内，私人被赋予对知识产权合法独占支配的法律地位，并使私人可以以自己的自由意志支配知识产权的利用方式，保障私人经济利益的实现，激励其创新热情并不断促使新的知识产品出现。可以说，知识产权的商品化以知识产权私权本质为理论基础，为促进创新价值目标的实现提供了制度保障。

知识产权的市场化是知识产权商品化的高级形式，是知识产品形成规模生产与产权交易的必由之路。在积极的知识产品创造与活跃的知识产权交易中，分散的、多元的市场主体之间通过不断的博弈实现利益平衡，最终推动创新价值目标的实现。对利益平衡的效率追求，在法律规范设计中主要表现为三个方面：一是知识产权保护与创新激励机制。知识产权制度是一种对知识产品有效的产权制度选择。这一制度通过授予发明创造者以产权，为权利人提供了最经济、有效和持久的创新激励，保证了创新活动在新的高度上不断向前发展，从而促进创新成果所蕴藏的先进生产力的快速增长。二是知识产权限制与社会创新发展机制。知识产权的限制，是对权利人专有权利的行使限制，其功能在于通过对产权的适度限制，平衡权利人与社会公众之间的利益，确保社会公众接触和利用知识产权的机会。三是知识产权运用与创新成果交易机制。知识产权运用是连接知识产品创造者、传播者和使用者之间的法律纽带，旨在规制不同主体的产权交易行为，促进知识产品的动态运用和精神财富的流动增值，其主要制度就是授权使用、法定许可使用和合理使用。

知识产权的产业化是知识产权创新价值目标的最终表现形态。产业化作为经济概念，是指某种产业在市场经济条件下，以行业需求为导向，以实现效益为目标，依靠专业服务和质量管理形成的系列化和品牌化的经营方式和组织形式。产业化的核心目标，在于使知识产权市场能够依靠自身力量维持生产链条的持续。中央经济工作会议指出，要把创新成果变成实实在在的产业活动。这实际上指出了当前知识产权产业化的现实短板。目前，我国是世界上发明专利申请量第一大国，但成果转化率不高。按照统计数据来看，科技成果的转化率只有10%左右，低于发达国家40%的水平；科技创新对经济增长的贡献率只有51.7%，远远低于发达国家80%的水平。这说明在创新成果，主要是知识产权的转化、运用方面还有相当大的差距。所以，如何有效提高知识产权在市场运行中的效率，是今后深入实施知识产权战略的关键。

三、环境治理的法治化

知识产权制度被赋予促进科技进步、推动国家创新发展的功能和使命。在国家治理现代化和法治化的战略布局中，知识产权法治体系的建设既是法治国家建设之构成，亦是知识产权强国建设之必要。以上述战略目标为指引，知识产权法治环境具体表现为政策环境、市场环境和文化环境三个层面。

关于知识产权实施的政策环境。知识产权从创造到实施均需以良好的社会环境为依托。尽管知识产权是法律制度体系，但知识产权的有效实施仅依靠知识产权法律是不够的，还需要建立以知识产权为导向的公共政策体系。"提高创新能力""促进科学技术进步和经济发展"等立法目标的实现，离不开相关公共政策提供的制度支撑、协助和保障。可以说，知识产权政策与知识产权法律构成了现代知识产权制度的完整内容。知识产权政策包括两方面的内容：一是知识产权关联政策，涉及智力劳动成果商品化的促进政策、知识产品市场化的促进政策与知识产权产业化的促进政策。通过商品化、市场化和产业化的知识产权政策，解决知识产权的产权运用和利益实现问题。二是知识产权支持政策，涉及投资政策、金融政策、税收政策、科技政策、文化政策、教育政策、贸易政策等。通过上述经济政策，促进智力劳动成果转化实施，扶持以知识产权为主导的产业成长，为知识产权制度实现创新价值目标与形成产业规模发展提供政策保障。总之，知识产权政策与知识产权法律在协同与联动中推动国家的创新发展。

关于知识产权实施的市场环境。我国经济发展进入新常态，更需要加强知识产权保护和运用。加强知识产权保护，是形成公平竞争、合法有序的市场环境的必然选择。我国知识产权法律救济历来依靠的是行政与司法并行的路径。加强知识产权保护，进而充分激发创新产业创造热情，为实施创新驱动奠定基础、保驾护航，是知识产权制度发挥作用的应有之义。总之，通过严格的知识产权保护所形成的良好市场经济秩序，能够让创新主体和市场主体依法、安心开展创新活动和市场竞争，有利于大众创业、万众创新。

关于知识产权实施的文化环境。我国现在知识产权立法建设已日臻完善，但法律制度的建设属“硬件”，而相应的法律文化环境“软件”的建设同样不容忽视。知识产权法律文化，首先是以法治信仰为核心的法治文化。法治意识、法治观念、法治理想，对于知识产权法治运行具有重要作用。从根本上说，全社会的法治意识是法治的思想源泉。可以认为，知识产权法治文化的形成，需要更多的自觉意识，而法律的权威则源于人们的内心拥护和真诚信仰。同时，知识产权文化是以激励和保护创新为核心的文化，实质上是知识产权的价值取向和心理认同，表现为“尊重知识、崇尚创新、诚信守法”的价值观念和行为模式。加强知识产权文化建设，提高民众知识产权文化素养，可以为知识产权的有效实施提供广泛而坚实的思想基础。

总之，知识产权法律制度不仅是立法的文件，而且应是具有鲜活生命力和执行力的法律，更应是激发创新活力的制度保障，从而为经济社会创新发展作出更多的贡献。

知识产权强国建设应成为国家“十三五”规划的战略任务*

2014年年末，国务院办公厅发布《深入实施国家知识产权战略行动计划（2014—2020年）》，首次提出“努力建设知识产权强国”的战略构想，为“十三五”期间我国从“经济大国”向“经济强国”迈进，由“知识产权大国”向“知识产权强国”跨越提出了新的奋斗目标。“十三五”是我国知识产权强国建设的基础期和准备期，未来五年我们应该对知识产权强国建设的路径、模式作出全面的部署和规划，从而推动国家“十三五”发展。

一、知识产权强国建设的背景

改革开放三十多年来，我国知识产权事业走过了西方国家上百年的发展历程，为知识产权强国建设奠定了坚实的数量基础、规模基础和制度基础，我国已经成为知识产权大国。然而，我国在知识产权质量、布局、效益等方面与知识产权强国相比有较大差距。建设知识产权强国，是知识产权国际竞争的“中国版”、创新驱动发展的“综合版”和《国家知识产权战略纲要》实施的“升级版”。概言之，“十三五”期间，知识产权事业的发展应以建设知识产权强国为总体方向。

---

* 本文系作者2015年9月呈送教育部社会科学司的咨询报告。

二、知识产权强国建设的愿景

建设知识产权强国，应达致“制度完善、产业发达、环境优良和文化先进”的发展目标。

（1）知识产权制度完善。知识产权强国应具有良好运行的知识产权法规政策体系。一方面，建立了以知识产权为导向的公共政策体系，国家知识产权经济调节、市场监管和公共服务措施得力，知识产权治理能力和治理水平较高，政府和各类社会主体共同参与的知识产权多元共治体系较为完善，充分发挥知识产权对经济社会发展的促进作用；另一方面，建立和完善了具有中国特色的知识产权法律制度，在制度建设方面既要讲求“国际水平”，也要立足“中国特色”。

（2）知识产权产业发达。知识产权强国应充分发挥知识产权对产业转型升级、经济提质增效的促进作用，拥有对经济增长、就业贡献较高的知识产权密集型产业，同时，知识产权对传统产业转型升级的促进作用较为明显，产生一批具有国际竞争力的知识产权优势企业。从动态意义上讲，知识产权强国建设就是运用知识产权促进国家形成新的竞争优势、国家产业竞争力全面提升的过程。

（3）知识产权环境优良。知识产权强国应形成优良的法治环境和市场环境，知识产权领域“科学立法、严格执法、公正司法、全民守法”的法治环境全面完善，知识产权保护取得明显实效，知识产权保护社会满意度较高；知识产权高效运用的市场环境不断完善，市场在创新资源配置中起到决定性作用，知识产权成为市场决定创新资源配置的根本手段。

（4）知识产权文化先进。知识产权强国拥有良好的知识产权文化环境，创新文化与法治文化成为知识产权领域的主体文化。全民知识产权意识显著增强，尊重知识、崇尚创新、诚信守法的知识产权文化理念深入人心。

三、知识产权强国建设的思路

“十三五”期间知识产权强国建设的主要思路体现为“五个坚持”。

（1）坚持市场配置知识产权创新资源的决定性作用。“十三五”期间，我们要消除各种制度障碍和制约因素，以促进知识产权资源高效流转，实现知识产权活动经济绩效的全面提升；进一步明晰政府与市场的边界和关系，充分释放出市场配置资源的决定性力量；规范有序竞争，从根本上激发全社会知识产权活动的动力和活力；健全知识产权运用的市场导向机制，发挥市场对科技成果产权化、知识产权产业化、知识产权产业贸易化的导向作用，使市场成为引导知识产权资源流动的关键力量。

（2）坚持国家知识产权治理体系和治理能力的现代化路径。坚持把知识产权公共政策体系建设作为提高国家知识产权治理能力的重要途径，推动实现国家知识产权治理能力现代化。深化政府职能由知识产权管理向知识产权治理转变，提升政府治理能力，创新政府治理手段；理顺政府与市场、政府与社会的关系。政府主要通过提供政策供给等方式参与创新，为创新主体的知识产权能力提升提供制度保障。

（3）坚持市场主体知识产权能力建设的跨越式突破。一方面，要强化企业知识产权运用主体地位，以企业和市场为核心健全知识产权运用的市场导向机制，大幅提升企业的创新成果产权化能力、知识产权产业化能力和知识产权商品化能力，充分调动企业的积极性和主动性；另一方面，要注重高校和科研院所、知识产权服务机构等其他主体的能力建设，形成围绕企业提供支撑和服务的知识产权网络。

（4）坚持中央与地方知识产权水平的统筹化发展。要理顺中央统筹与地方发挥自主性的关系，促进中央与地方合理分工，形成有机协调联动的格局。国家层面要强调宏观统筹，加强整体布局，完善中央与地方的协调沟通机制，突出政策的规范性和指导性，机制和政策设计要能够充分激发地方创造性和主动性，为区域发展留有充分的空间；区域层面要在与国家宏观发展战略、布局设计有机衔接的基础之上，强调区域特色差异化发展，根据地方知识产权资源分布特点设定适宜的知识产权综合实力提升路径，积极支持知识产权强省、强市、强县和强企建设，在主导知识产权密集型产业选择、知识产权密集型产业集群发展等方面要积极发挥地方主观能动性。

（5）坚持未来知识产权事业发展的全球化视野。随着全球化进程的加速，创新活动的国家边界日益模糊，国与国之间的竞争越来越体现在各国知识产权资源的整合和利用。与此同时，各国的基本国情、资源禀赋、发展阶段都存在差异，这就要求知识产权强国建设既要深度挖掘和激活国内需求，又要以积极的姿态和有效的策略参与国际分工和竞争；既要重视内部结构的调整和优化，又要强调主动布局全球知识产权体系。

2020 年，我国将全面建成小康社会并进入创新国家行列。知识产权强国建设，应适应创新驱动发展的需要，为国家发展战略目标的实现提供战略支撑和制度保障。

最高人民法院再审“乔丹”商标争议系列案评析*

2012年，美国篮球运动员迈克尔·乔丹以争议商标的注册损害其姓名权，违反《商标法》等为由，向商标评审委员会提出撤销争议商标的申请。商标评审委员会裁定争议商标予以维持。乔丹不服，提起行政诉讼。北京市第一中级人民法院判决维持商标评审委员会的裁定。乔丹不服，提起上诉，北京市高级人民法院判决驳回上诉。乔丹不服，向最高人民法院申请再审。2015年12月，最高人民法院裁定提审乔丹与被申请人国家工商行政管理总局商标评审委员会、一审第三人乔丹体育公司的商标争议行政纠纷案件。2016年12月8日，最高人民法院作出公开宣判。在涉及“乔丹”商标的10件案件中，法院认定乔丹公司的3件“乔丹”商标应予撤销，并判令商标评审委员会重新作出裁定；在其余7件案件中，认定再审申请人对“QIAODAN”“qiaodan”不享有姓名权，驳回其再审请求。

乔丹案再审，在最高人民法院公开审理，并通过新浪网视频向全球现场直播，其最后判决在国内外产生了重要影响。尽管学术界、律师界有人对权利人怠于行使权利、权利人与争议商标构成唯一对应关系等问题存有疑虑，但判决体现的“尊重在先权利”立场和“商标注册善意原则”，对商标授权确权规则的构建与企业品牌运营的方略调整极具参考价值和指导意义，受到社会广泛好评。

---

* 本文系作者为《中国法治实施报告（2016）》“年度法治实施十大事件”所撰写的评析意见。

乔丹案判决确立了在先姓名权保护的基本标准。姓名权是《民法通则》明确规定的人格权，商标领域主要涉及的是未经许可将他人姓名注册为商标并使用的行为，涉及在先权利保护问题。该判决为相关案件裁判给出了明确的法律适用标准：（1）权利人所主张的姓名在我国具有一定知名度，为相关公众所知悉；（2）该特定名称已经与权利人之间建立了稳定的对应关系，相关公众使用该特定名称指代该权利人；（3）商标申请人明知上述情形仍注册相同商标，且不能就该商标使用缘由给出合理的解释。乔丹案判决对《商标法》第 32 条关于保护在先权利的规定作出具有在先判决意义的解释，其基本思想为 2017 年 1 月发布的《最高人民法院关于审理商标授权确权行政案件若干问题的规定》所吸收。该规定第 20 条第 1 款从“相关公众认为商标标志指代了该自然人，容易认为标记有该商标的商品系经过该自然人许可或者与该自然人存在特定联系”的角度，认定了对姓名权的侵害；对于实践中并非以自然人的户籍姓名，而是以笔名、艺名、译名等特定名称来主张姓名权的情形，该条第 2 款规定，“如果该特定名称具有一定知名度，与该自然人建立了稳定的对应关系，相关公众以其指代该自然人的，人民法院应当予以支持”。外国自然人姓名的部分译名，即属于特定名称范畴。可以认为，上述规定的特定名称保护条件，即是对乔丹案判决所体现规则的归纳和确认。

乔丹案判决秉持了商标注册中的诚实信用原则立场。该判决以 2013 年《商标法》修正案规定的诚实信用原则为依据，以商标申请人的主观恶意为基础，明确了对在先姓名权侵害的适用条件：（1）明知权利人及其姓名具有较高知名度，但未能与其协商和取得授权；（2）擅自注册大量与之密切相关的商标，意图不付出成本却取得由权利人为其“代言”的效果。判决认为“即使系争商标申请人经过多年的经营为该商标的商誉累积作出一定贡献，仍不能赋予其恶意注册行为以合理性”。判决对于一些中国企业的品牌运营路径与谋略具有警示意义，即不能以“搭便车”、打“擦边球”的方式，简单模仿国际名牌和攀附明星而谋取不正当利益。在经济全球化和知识产权保护一体化的背景下，中国企业应当提高商标法律意识，加强品牌运营能力，通过产业技术创新和产品品质革命培育出具有市场影响力、国际知名度的本土商标和民族品牌。

推动供给侧改革需要知识产权发力*

今年是推进供给侧结构性改革的攻坚之年，也是加快知识产权强国建设的关键一年。实施创新驱动发展战略、推进供给侧结构性改革，都需要知识产权提供良好的保障和支撑。

新形势下，知识产权工作需要有新思路、新方法、新举措。就整个宏观经济来说，从生产到流通再到消费，是一个供给与需求各处一端的完整链条。在过去的三十多年间，中国经济一直保持较高的增长率，且主要是依靠需求侧的拉动，即倚重“投资、消费、出口”这三驾马车。不断扩大的投资在拉动经济高速增长的同时，也带来供需之间的不平衡，产生了结构性矛盾，其重要问题就是一些行业的产能过剩，主要表现为产品价格指数下滑、企业盈利能力下降、行业供给超过需求。2008 年前，我国行业产能利用率达 80％左右，位于全球产业的平均值，而近年来出现了较为严重的产能过剩。实质上，产能过剩是低端产能过剩，其背后的要害问题是产业创新乏力。推进供给侧结构性改革，将聚焦生产要素的有效供给和利用，通过创新驱动解放生产力、提高效率，促进经济发展。

供给侧结构性改革的一个重要方向，就是调整产业间要素的配置，即通常所说的产业结构调整和优化，要让资源更多地流向有需求、有前途、效益高的产业类型和经济形态。经济结构调整与产业创新，有着密切的联系、广阔的国

---

* 本文原载《中国知识产权报》，2016－05－20。

际背景和强烈的时代需求。习近平总书记在中央经济工作会议上指出，全球新一轮科技革命和产业变革与我国加快转变经济发展方式形成历史交汇。经济新常态的基本要求，是经济发展的动力应来源于创新驱动，经济发展的方式需进行结构性改革。经济新常态的出现，其动因是科技革命，其表现是产业创新。创新是人类在生产力、生产要素和上层建筑全部领域中进行的创造性活动。从创新体系来说，既包括科技创新、文化创新、产品创新、产业创新等知识创新活动，也包括法律创新、政策创新、体制机制创新等制度创新活动。知识产权本身既是法律制度创新的产物，也是激励和保障知识创新的工具。

产业创新的引擎是科技革命，科技发展的智能化、数据化、网络化、绿色化以及科技中心多元化、科技生产一体化，成为新一轮全球科技革命的显著特点。无论是美日欧等传统经济体，还是中俄印等新兴经济体，都在发动本国（地区）的科技革命，抢占全球创新的制高点，将信息网络、生物技术、清洁能源、新材料与先进制造等作为研发投入最集中的领域。可以认为，全球创新中心正由大西洋向太平洋扩散，由欧美走向亚太。未来的二三十年间，北美、东亚、欧洲三大世界科技中心将鼎足而立，主导全球创新格局。新一轮技术革命将带来世界各国的产业变革，这在科技创新领先型国家中表现会特别明显。

知识产权是产业创新和发展的核心制度。知识产权将企业的创新、研发、制造和营销等有效地连接起来，既可以引领创新和创业的发展，又可以推动传统产业转型升级。产业创新的过程和结果，是知识产权密集型产业的发展。在发达国家和地区，现代经济整体依赖于某种形式的知识产权，与专利、商标、版权相关联的知识产权密集型产业是一国经济的支柱。其实，知识产权本身就是一种产权化的创新，其构成了经济增长的原动力。在某种意义上看，创新驱动就是知识产权驱动，知识产权密集型产业是实现上述创新发展的内在要求和外在表现。

知识产权密集型产业是一种特殊的产业分类，是以法定权利作为相关产业命名，强调了该类产业中的知识产权构成：一是知识产权要素的高密集性，该类产业是以专利、商标、版权等无形资产要素组合，依靠知识产权的专业服务和质量管理而发展；二是知识产权保护的高依赖性，该类产业是以权利的存在为基础，以权利的保护为后盾，依赖健康有序、公平开放的法治环境而生存；三是知识产权价值的高成长性，以知识产权为实质的创新与经济增长之间具有正相关性，知识产权本身成为知识经济时代财富创造的主体资源。在2015年12月出台的《国务院关于新形势下加快知识产权强国建设的若干意见》中，以“培育知识产权密集型产业”为专项任务，提出了规划指引、市场投入、政策扶持、示范引导、管理服务等知识产权密集型产业发展的若干措施。各国发展态势表明，知识产权密集型产业已成为拉动世界经济增长的主导力量。推进供给侧结构性改革的要义，在于改变依赖资源和投资驱动的传统经济发展模式；知识产权强国建设的重要任务之一，就是以发展知识产权密集型产业作为结构性改革的新“供给”，两者有着很强的内在逻辑关系。

供给侧结构性改革背景下实施知识产权战略，应强调以制度产品的有效供给作为产业创新及知识产权密集型产业发展的基础。截至目前，中国知识产权事业取得长足进步：发明专利申请量连续5年位居世界第一，注册商标申请量也是多年稳居国际首位，同时成为版权大国。但是，目前仍然存在着知识产权大而不强、多而不优、效益与贡献不足等问题。在数量方面，2015年我国发明专利申请量达110.2万件，占全球申请量的近1/3，但仍存在结构不尽合理的问题。在世界知识产权组织划分的35个技术领域中，国内权利人较国外权利人在拥有专利数量上占优势的有28个，但在光学、发动机、运输、半导体、基础通信、音像、医学等领域与国外存在差距。同时，中国在3D打印、纳米技术、机器人工程等少数尖端前沿领域表现强劲，但在大多数核心技术领域的创新总体偏少，80%的高档芯片、近100%的大型发动机依赖进口。这些现状，都需要调整知识产权发展的重心，在坚持“数量布局、质量取胜”的同时，要更多强调质量和水平、结构和布局、实施和效益。在知识产权制度产品的新“供给”中，要注重核心技术的专利拥有量、发明专利的域外布局、专利运用及产业化率，商标的附加值构成、知名品牌的拥有量及其在国际市场的影响力，版权产品在国际市场的占有率、版权产业对国内生产总值（GDP）的贡献率等。

对于当代中国而言，着力深化改革刻不容缓，创新驱动发展势在必行。创新发展，当然包括关键领域的技术创新、全面性的产业创新以及现代化治理的制度创新。面对推进供给侧结构性改革带来的新机遇和新挑战，需要通过加快知识产权强国建设寻求创新发展的新路径，攀登创新发展的新高度。

关于湖北省知识产权密集型产业发展的若干建议*

知识产权密集型产业是以高科技产业、创意产业、战略新兴产业为代表，以专利、商标、版权等无形财产为核心要素，以法定权利保护为后盾的高价值成长性产业。在全球范围内，知识产权将企业的创新、研发、制造和营销等有效连接起来，既可引领创新发展，又能推动传统产业转型升级，是产业创新和发展的核心制度。同时，各国政治家、企业家以及战略科学家一直密切关注新一代技术革命带来的发展机遇，充分发挥知识产权对经济发展的引领作用，以适应新的产业革命并形成新的竞争优势。知识产权密集型产业的发展，是我省供给侧经济结构性调整，淘汰落后、低端产能，增强产业竞争力的关键，也是产业创新的过程与结果。

根据 2015 年数据，我省以信息技术、文化娱乐、科研技术服务等为代表的知识产权产业形成了新的增长点，显现出良好发展态势（见下页图）。其中科研服务业注册资本达 2 772.64 亿元，比上年增长 38.74%；信息技术产业注册资本 678.08 亿元，比上年增长 64.82%；文化教育行业注册资本 27.17 亿元，比上年增长 55.18%。[①] 2014 年全省高新技术产业产值达 4 451.16 亿元，占全省 GDP 的 16.3%。全省初步形成了以太阳能、电动汽车与燃料电池、

---

* 本文系作者 2016 年 5 月呈送湖北省委的咨询报告。

① 参见《2015 年度湖北省市场主体发展情况分析报告》，载 http：//www. egs. gov. cn/info/nIndex. jsp? node _ id=GKegs。

LED与光伏构件、建筑节能等八条特色产业链。

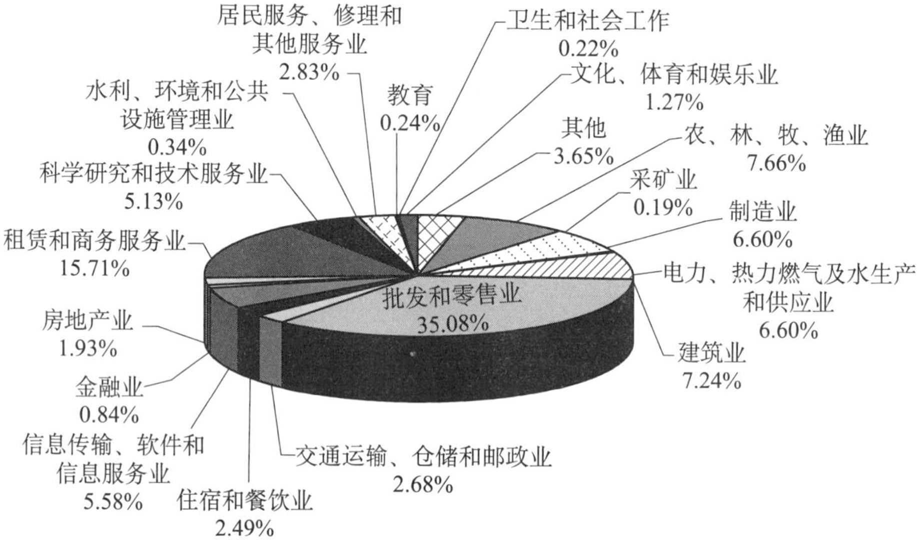

2015全省新登记企业类市场主体户数行业分布

与此同时，我省知识产权密集型产业发展仍然存在以下问题和不足：一是生产要素有待整合、优化。在市场主体中，个体工商户占77%，而企业只占21%，低于全国28%的平均水平。这意味着企业规模较小，企业生产要素整合优化不足，产业综合效益不高。二是高校、科研单位专利产业转化率有待提高。我省科研人员总量全国排名第9，而在2015年全国27省高校科技创新效率排名中仅排15名，高校科研机构专利收入增长率无法匹配专利申请增长率。[①] 三是风险投资资金体系有待健全。高新技术企业在起步阶段往往是中小型企业，而融资难是中小企业发展普遍面临的瓶颈。根据2015年国务院《关于新形势下加快知识产权强国建设的若干意见》关于知识产权密集型产业发展的“规划指引”“市场投入”“政策扶持”“示范引导”“管理服务”五大方针，结合湖北省产业发展和创新的基本省情，现提出如下建议：

① 参见宋维玮、邹蔚：《湖北省高校科技创新效率评价研究》，载《科研管理》，2016（4）。

一、制定创新产业目录，规划指引产业创新

湖北省对创新产业的规划指引应以供给侧经济结构性调整为重点，即调整、优化产业结构，培育知识产权密集型产业，让更多资源流向有需求、有前途、有效益的产业类型和经济形态，最终形成相应的产业集群，实现产业整体的创新。因此，政府应当制定创新产业目录与发展规划，遵循市场与产业规律，科学指引。

首先，结合本省实际，制定知识产权密集型产业目录。湖北省知识产权密集型产业目录的制定，应当立足于第三次工业革命和新一轮科技革命的时代背景，并且结合本省的高新技术产业发展现实情况，建议将新能源、大数据、新媒体、智能制造、集成电路、生物技术等技术产业列为优先、重点发展领域。

其次，建立以绩效为导向的知识产权密集型产业发展规划。本省知识产权资源总体呈现出总量大、影响力小，投入高、效益低的特点。知识产权密集型产业发展应当注重绩效，具体而言即是：加强产学研创新体系的建设，以产业化需求推动专利申请，促进专利质量的提升；改善商品质量、服务，增强提高商标影响力和知名度；积极进行文化创新，推动促进版权相关产业的发展，提高版权产出。

最后，遵循市场与产业规律，提供科学指引。一方面应结合本省产业优势，以国家、国际知识产权重点创新领域为切入点，引导本省知识产权密集型产业进行技术、管理等方面的创新，占领国家、国际创新制高点；另一方面，应当引导高校、科研机构加强同产业之间的联系，充分发挥省内国家级实验室、产业孵化器的作用，减少产业创新成本与风险。

二、充分发挥市场作用，引导社会创新投入

2016 年第一季度，湖北省高技术产业投资 291.75 亿元，增长 19.6%。可以认为，我省高新技术产业发展迅猛，投资动力强劲。知识产权密集型产业发展需要资金、研发、运营、管理为一体的创新投入。就目前来说，科技产业与

金融业融合度不够，这固然有双方信息不对称的因素，但主因仍是企业知识产权运用经验不足。因此，在促进金融业应对知识产权融资管理经验积累的同时，应更加注重社会多元化创新投入。加大市场的创新投入，应当综合企业、科研单位、金融机构各方面的创新资源形成合力，进而促进知识产权密集型产业的发展。

首先，重视产业孵化器的建立。产业创新应是风险资金、运营经验、企业管理、信息咨询等多位一体。对于创新产业来说，产业孵化器的成立能够降低产业的市场风险，增加产业之间的互利共赢，进而形成相关的产业联盟。因此，应以武汉高校为纽带，增加基础设施与公共服务建设，建设适合湖北省知识产权密集型产业的孵化器，为中小企业初期成长提供保障。

其次，充分利用湖北省的创新资源，完善产业创新体系。以科研机构为基础，以产业为导向的产学研体系，是我省知识产权密集型产业发展的关键。依据湖北省知识产权局的统计以及相关学者的抽样调查，2014 年与 2015 年湖北省科研机构申请的专利授权占总授权量比重分别为 15.63%和 18.74%，但专利真正投入产业实施的仅占授权量的 20%左右。我省应当以知识产权密集型产业为中心，联手科研单位、中介服务机构、行业协会、供应商等，形成智力支持、产品开发、市场运营、风险规避为一体的产业创新生态体系。

最后，重视知识产权密集型产业融资体系的建立。充分调动市场，建立以国内、国外金融、企业、个人等多方资金来源组成的股权投资基金，并完善风险投资的退出机制，为我省知识产权密集型产业发展提供充足的资金保障；建设知识产权价值评估、市场化运作、标准认证机构，并完善管理，为知识产权密集型产业融资提供良好的信用制度作保证；针对相关的融资机构，提供优惠的税收、配套公共服务等政策，吸引更多融资机构的设立。

三、支持知识产权密集型产业全面发展，加大产业政策扶持

依据企业“微笑曲线”，处于两端的技术研发与品牌营销、服务均是高附加值产业链端，而制造、组装为低附加值价值链端。产业创新发展应当是技术创新、品牌打造、服务优化的有机结合。同时，知识产权密集型产业发展，应

当兼顾劳动密集型产业的转型，不能造成社会总体福利的下降。对于政府政策扶持而言，一方面应当加大政府采购，直接增加产业需求；另一方面也应当注重采取市场化的扶持政策，促进知识产权密集型产业可持续性健康发展。因此，湖北省知识产权密集型产业政策扶持应当坚持以下几点：

首先，注重扶持政策的体系化、均衡化。其中，体系化即立足于宏观创新产业角度，结合农业、养殖业、工业、信息技术产业、金融业、商业、服务业的产业特征，制定相互补充、相互促进的产业扶持政策，延长知识产权密集型产业链；均衡化即改变单一的技术扶持政策，转向以产业技术研发、品牌培育、服务完善为一体的均衡化产业扶持政策，促进创新产业向高端产业价值链攀升。

其次，产业扶持政策应当坚持稳中求进，尊重市场规律，充分发挥政府对创新资源配置的能力。首先，"稳中求进"即是要注重依靠知识产权生产要素淘汰落后、过剩的产能。从源头出发加大产业研发投入和创新项目投入；引导企业拓宽市场营销、售后服务的完善。其次，产业扶持政策要坚持以市场为导向，遵循市场规律，改善市场环境，增加社会公共服务的扶持；政府联合各部门共同促进知识产权密集型产业发展以及知识产权与产业、经济政策的相互融合。最后，充分发挥政府对创新资源的配置能力。政府应当协调其与企业、科研单位的关系，以企业为创新主体，以科研单位为辅助，走科技成果产权化、知识产权产业化、知识产权产业贸易化道路；政府以高新技术产业园区为单位，推动湖北省知识产权产业同全国其他示范性产业园区进行交流合作。

最后，扶持政策应促进劳动密集型产业专业化、创新化，知识密集型产业体系化。知识产权密集型产业发展的扶持政策，应当平衡好劳动密集型产业的转型与知识密集型产业的创新。一方面，促进劳动密集型产业专业化、创新化，即需要促进劳动密集型产业信息化升级，降低产业创新转型的风险；促进优秀人才的输入，注入产业创新活力；促进传统产业与创新型产业之间的联合，优化结构，提升竞争力。另一方面，促进知识密集型产业体系化，即以企业为主体，以科研单位为辅，促进技术、创新成果生产力转化；加大创新人才的引进政策，落实创新激励，培育创新文化；重视知识产权保护、崇尚创新的社会观念。

四、打造示范性产业链、产业园区，引导产业创新

高新技术开发区是知识产权密集型产业的示范区。湖北省现拥有7个国家级高新技术开发区，数量位居中部省份第一。其中东湖高新区形成了以光电子信息为特色的产业集群，而其他高新区特色产业不明，创新后劲有待加强，产业链尚需进一步培育。因此，我省知识产权密集型产业发展，应以各市高新区为基本单位，以东湖高新区为知识产权密集型产业示范区和产品示范基地，带动全省产业的创新性、持续性发展。

首先，共享创新资源，增加创新交流。充分发挥东湖高新区的国家实验室、科技企业孵化器、创新人才的作用，加强创新资源的共享，引导创新辐射作用；协调、整合不同高新区之间的资源、管理，做好创新资源的对接与共享；引导高新区之间建立相关的创新信息平台，创新人才培养、交流机制，增加高新区的创新后劲。

其次，以高新区为单位，打造特色产业链、形成特色产业集群。依各高新区的区位、自然资源、产业效益优势打造高新区特色主导产业；加强高新区及其企业之间的融合、合作，提升产业竞争力，发挥产业之间的协同作用；围绕特色产业打造上下游产业链，完善产业结构，形成相互支撑、相互促进的产业集群。

最后，培育创新文化，树立创新意识。增加企业创新的宣传，突出技术创新的重要性；规范企业创新制度，培育产业创新人才，促进企业管理模式的创新；加强产业的国际、国内交流，引导产业树立长远发展战略，跟进产业动态，实现经营模式、经营理念的创新。

五、创新管理方式，加强服务型管理

从知识产权密集型产业发展需要出发，我省知识产权集群管理，应当包含知识产权密集型产业集群化、信息集中化、创新机制体系化等内容。

首先，知识产权密集型产业集群化。加强创新行业的孵化器建设，加强产

业创新、管理、经验的共享，促进产业间的融合创新；积极推进优势企业上市融资，参与国际、国家行业标准制定，提升企业的影响力；规范省域知识产权行政管理，培育创新文化，树立尊重知识产权的观念，增强优势企业的软实力。

其次，知识产权密集型产业信息集中化。加强产业技术联盟建设，促进产业信息分享与管理，加强企业应对市场风险的能力，避免产能过剩；加强创新成果交易平台的建设，将创新的供需信息化、公开化，促进创新成果向生产力的转化，同时为科研单位的创新提供市场化指针；积极发展与知识产权密集型产业相适应的代理、鉴定、评估、分析、预警机构，实行规范化管理和一体化专业服务。

最后，创新机制体系化。对作出突出贡献的科技人员实行技术入股、报酬、分红权益等方式进行奖励，完善创新激励机制；加强高校优势学科、国家实验室、科研中心与企业、产业园的合作，进一步加强产学研主体的融合度；在高校、科研机构中，适当引入科技成果市场竞争、企业化运作等市场化机制，激发高校与科研单位产业创新热情；加强企业与高校、科研机构的项目合作，支持企业依托高校设立人才培养基地，加强应用型人才培养。

知识产权法治发展和法学进步中的司法判例制度*

2010年11月，最高人民法院出台了《关于案例指导工作的规定》，标志着我国案例指导制度的正式建立。2015年6月，最高人民法院公布了《〈关于案例指导工作的规定〉实施细则》，就如何参照适用指导性案例作了具体规定，明确了"类似案件"的判定标准，要求各级法院在"审理类似案件"时，应当参照指导性案例的裁判要点，并应当将其作为裁判理由予以援引。[①] 知识产权案件多为技术类民事案件，属于专属管辖的范围，北、上、广知识产权法院和各地法院知识产权审判庭在面临新型、疑难、复杂的案件审判时，迫切需要司法适用中的判例指导。

司法判例是蕴含了法律原理与规则的法院判决，即是一个国家或地区中涉及司法判例的选编、发布、内容、效力、引用、推翻之规则的总和。[②] 司法判例制度的确立，并不只是判例法国家独有的"专利"，换言之，实现司法裁判标准的统一性，是不同法律传统国家共同的制度追求。正如有的学者所言，英美法系国家中的判决以及"遵循先例"的原则，只是司法判例制度的一种形式而已。[③] 中国特色的指导案例制度，以案例引证制度为核心，透过对司法案例

---

* 本文系作者为吴汉东、宋晓明主编的《人民法院知识产权案例裁判要旨通纂》撰写的前言。

① 参见最高人民法院《〈关于案例指导工作的规定〉实施细则》第9条、10条规定。

② 参见宿迟、杨静：《建立知识产权司法判例制度》，载《科技与法律》，2015（2）。

③ 参见何然：《司法判例制度论要》，载《中外法学》，2014（1）。

的选编、发布，对“类似案件”进行指导性约束，是一种值得肯定的“中国式判例”制度，也是值得推广的审判制度改革成果。可以认为，在两大法系传统出现融合的大趋势中，在中国司法体制改革的大背景下，建立中国特色的案例指导制度，不仅体现了人民法院在审判工作专业化和审判标准统一性上的目标追求，而且凸显司法体制改革对司法裁判权有效运行和审判文书说理性论证的具体要求。

现代知识产权是一个庞大的制度体系，著作权发生在文化创作领域，与文化创新、文化产业发展息息相关；专利权产生于技术应用领域，与科技创新、科技产业进步紧密相连；商标权则运作于工商经营领域，涉及商品销售、市场竞争等诸多问题。可以说，在财产权体系中，知识产权最具科技含量、最多知识要素，且具有权利类型多样性、权利客体复杂性的特点。因此，在知识产权领域建立司法判例制度，其意义更为特殊，作用更为重要，下面试分述之。

1. 促进司法裁判统一。司法判例作为司法实践中法官智慧与经验的凝结，不仅可以弥补立法滞后性所带来的不足，而且有利于限缩法官的自由裁量权，促进司法审判标准的统一。“类似案件”判定标准的明确，作为案例引证制度的前提性要件，发挥着避免“同案不同判”的事实约束力。从指导性案例的适用效力上讲，其并非法律适用上的正式法律渊源，而主要是发挥案例引证制度的指导性约束，并可以为司法裁判活动的说理性论证提供一定的事实论据。因此，促进和完善我国案例引证制度的有效实施，就需要在案例引证的适用范围、引证程序、引证方法，以及引证来源等方面作出具体规定，以此来服务于司法判例制度的指导性功能。我国知识产权法官不断提高识别和创设判例的技术能力，为推动司法裁判的统一作出了许多努力。例如“实质性相似＋接触”是美国判例创设的著作权侵权认定规则。我国司法实践不仅将其广泛用于著作权、专利权、技术秘密等领域，而且在司法认定逻辑、对比测试方法、举证责任分配等方面丰富和完善了这一规则。通过一致性和稳定性的裁判，提高了知识产权司法保护水平。

2. 促进理论研究创新。司法判例研究对法学理论发展的促进作用，取决于判例与学说的相互影响。[①] 首先需要肯定的是，判例的形成与发展离不开理论的支持，知识产权学说思想是审判文书进行说理性论证的基础，是司法判例得以证成的思想资料；从另一方面说，司法判例制度的建立和发展，有助于中国知识产权理论创新和思想自立。当下中国知识产权事业发展和法治建设是一场伟大的制度创新实践，知识产权保护在中国既具有与各国共同面对的国际背景和时代情景，又具有自身立足的本土国情以及解决中国问题的实践经验。司法判例蕴含着知识产权保护的司法理念，凝结着知识产权案件审判的司法经验，为知识产权理论研究提供了丰富的思想资料。例如为理论研究提供具体的案例，检验理论的正确性，促进理论研究与实践结合，从而推进知识产权理论的发展。知识产权是一个实践性极强的法律部门，关注创新实践、关注法治实践，是理论工作者的应有之责。在此，我们需要总结、归纳、挖掘本国知识产权司法实践所蕴含的法治思想和经验，以丰富和发展中国知识产权学说思想。

3. 促进法律制度完善。司法与立法有着密切的联系。法律一经公布实施，其条文是固定的，在这种情况下，司法判例具有两种功用：一是通过鲜活的案例维系法律的生命力，使其成为实践中的法律；二是通过具体的裁判以弥补法律的疏漏性、模糊性和不周延性，使其成为变动中的法律。我国知识产权审判以制定法为依据，但其立法相对滞后、修法进程缓慢，因而法律不敷使用的情形在知识产权领域最为严重。具有漏洞补充意义的判例，不仅可以产生以司法补充解释制定法的作用，而且判例规则一经稳定并成熟，还能够成为未来法律条文的雏形。例如，实施了二十多年的《反不正当竞争法》，采取列举主义方法来规定不正当竞争行为类型，不能过大解释适用范围；而"一般条款"对竞争规则作了过于抽象的规定，又难以具体适用于个案。在司法实践中，法官通过总结不正当竞争行为特征和裁判规则，在诸多判例中丰富和充实了法条内容。未来《反不正当竞争法》修正案在不正当竞争行为方面，应采取概括主义和列举主义的做法，即引入判定要件的"一般条款"与重构适用范围的"兜底

---

① 参见刘士国：《中国民事法律与司法判例》，载《山东警察学院学报》，2006（2）。

条款”。上述判例所形成的规则提供了较好的修法思想资料。

4. 促进实践教学改革。我国法学教育正处于改革之期，在理论教学、课堂教学的基础上，业已强化实验、实训、实践等环节的教学。知识产权教学不能满足于理论法学，不能停步于讲义授课，其改革的重大途径之一就是重视判例教学。经典判例可以为专业教师提供课堂讲授案例资源，有助于培养学生对法律事实的认定能力和对司法裁判的预见能力。可以说，师生在判例课程中得以实现教学相长的目的。台湾学者王泽鉴先生曾经这样介绍法律研习之途径：学习法律的最佳方法，是先读一本简明的教科书，期能通盘初步了解该法律的体系结构及基本概念。其后再以实例作为出发点，研读各家教科书、专题研究、论文及判例评析等，作成解题的故告。①

知识产权司法判例制度建设还在路上，《指导案例裁判要旨》的编纂是制度建设的有益尝试。近年来，最高人民法院的知识产权庭、应用法学研究所、国家法官学院等单位先后编译出版了《知识产权审判指导与参考》《中国知识产权指导案例评注》《人民法院案例选》等著述。本书案例来源即为最高人民法院正式发表的指导性案例、前述各业务庭室编纂的案例选编，以及最高人民法院网、中国知识产权裁判文书网等人民法院官方网站发布的司法判决，并延续了最高人民法院相关出版物关于“指导案例”的名称，以此强调本书案例不同于一般案例，这些指导案例对于知识产权审判工作具有相当指导意义，对于知识产权案例教学具有重要参考价值。

本书所援引的指导案例，包括案情叙述、裁判结论和裁判理由等内容，可以概括为“基本案情”和“裁判要旨”两大部分，其“裁判要旨”是本书的关键词。在编写体例上，依知识产权诸法有关章节次第展开，并在相关案例中特别标注案件类型及其适用的法律条款，以便于读者查找和阅读。

本书由最高人民法院知识产权庭的实务工作者与中南财经政法大学知识产权研究中心的理论工作者联袂完成。特别需要指出的是，宋晓明庭长、金克胜副庭长给予了大力支持，审读了书稿，宋晓明庭长亲自为本书作序，对此深表

---

① 参见王泽鉴：《法律思维与民法判例》，17～18页，北京，中国法制出版社，2001。

感谢。参与校稿、承担编务工作的还有本校知识产权专业博士生贺鸣、张惠瑶、鲁甜以及研究生李梦蝶等，对他们的辛勤劳动，在此一并感谢。最后，还要感谢北京大学出版社蒋浩副总编辑、陆建华编辑，没有他们的专业贡献，本书也许难以付成。

谨以此为前言。

知识产权综合管理改革与治理体系现代化*

知识产权综合管理是政府治理体系的重要变革。在现代国家里，治理体系包含了与治理活动有关的一整套制度安排、组织形态和治理体制机制所构成的制度系统。在知识产权治理活动中，政府治理较之市场治理、社会治理具有更为重要的地位和作用。从分散管理向综合管理转变，由简单管控向科学治理转变，即构建一种与创新驱动发展要求相匹配、与强化政府公共服务职能相一致、与国际运行规则相接轨的知识产权集中管理体制，是建构知识产权制度文明的必然选择，是推进国家治理现代化的重大举措。

一、和谐善治：知识产权治理现代化的目标追求

国家治理体系的现代化，是人类政治文明发展的必然选择。关于知识产权事务的国家治理方式，其现代化改造的一个重要目标是“和谐善治”。达到“善治”目标的国家治理，是一种达成和服务于某种良好目标模式的现代化国家建构过程和方式。追求“善治”被视为世界各国政府的共同目标，即政府希望有更高的行政效率，更低的行政成本，更好的公共服务，更多的公民支持。“善治”与“和谐”相联系而存在，即现代化国家的治理应是“和谐善治”的治理。“和谐”作为法的终极价值，表现了一种配合适当、协调有序的理想状

---

* 本文根据作者在中共中央党校《学习时报》上发表的专题文章，以及接受《人民日报》《光明日报》《中国知识产权报》访谈的记录整理而成。

态，而在治理语境下也是一种科学有效的目标系统。

实现知识产权事务的“和谐善治”，其中一个重要路径是实现国家知识产权综合管理。作出此种选择，主要是基于以下两点考虑：一是超大型崛起的本土国情。作为有世界影响力的发展中大国，超大型的人口规模、经济规模以及相应的知识产权事业规模所形成的中国崛起是史无前例的。超大型社会本身不仅蕴藏着巨大的发展力量，更会产生超大型社会治理所带来的困难。2016年，我国发明专利申请已占据全球申请总量的35%，连续6年位居世界首位；注册商标申请量、有效注册商标量、累计注册商标量已连续15年稳居世界第一；版权产业对经济发展的贡献率达到7.2%，超过世界平均水平。面对如此庞大的知识产权事务，其行政管理和法律治理，须体现“效率、稳定、公正、严谨”的现代化要求。二是知识产权管理的客观规律。知识产权是在知识形态资源之上所设置的私人产权，但更是服务于公共政策目标的制度工具。作为公共政策组成部分的知识产权制度，与经济、科技、文化、贸易、教育等公共事务有着广泛的联系。基于各项知识产权的特别属性，以及与国家某一公共事务的关联性，将某一知识产权事务置于某一部门管理，是国家治理方式的一种选择，但未必是科学而明智的制度选择。基于知识、技术、信息资源而产生的知识产权，在现代化社会中已经形成一个有机而统一的法律体系。在世界范围内，相关国际组织和国家管理部门，都是将知识产权事务作为一个整体看待并建立起统一集中或相对集中的体制。

国家治理体系包括知识产权治理体系的现代化，是一个现代化制度体系成长和成熟的过程。对于近代中国而言，知识产权包括其法律规范和治理方式都是移植而成的“舶来品”。在当下中国，我们正致力于知识产权强国建设，理所当然需要建立相应的现代化治理体系。这是基于中国发展战略要求和知识产权自身规律而作出的制度安排。我们必须达成共识的是：知识产权强国之基本蕴意，不仅在于有着先进的发展实力，而且也要求具备先进的治理能力。可以认为，实行知识产权集中管理体制，是一场历史跨越的社会变革，也是一个治理能力的现代化提升。

二、世界大势：知识产权集中管理的基本样态

知识产权是知识经济时代的主要制度基础。知识产权治理体系的形成，经历了制度文明成长的长期孕育。可以认为，坚持自身的制度创新与促进社会的知识创新，是知识产权治理的历史过程和时代使命。

对知识产权事务实行集中统一的行政管理体制，是现代政府治理的基本选择。大体而言，主要有两种模式：一是“三合一”模式，即集专利、商标和著作权为一体的集中统一管理模式；二是“二合一”模式，即专利和商标为一体，著作权另行分设的相对集中的管理模式。在世界知识产权组织 188 个成员中，有 181 个实行综合管理体制，其中采“三合一”模式的近 40%，采“二合一”模式的占 55%，而实行分散管理模式的仅有埃及、希腊、沙特、朝鲜、中国等个别国家。在知识产权大国中，英国、加拿大、俄罗斯等实行集中统一管理；美国、法国、日本、韩国等实行相对集中管理。例如，美国专利商标局负责专利和商标的审批注册，提供知识产权政策制定和执法保护等方面建议，参与著作权立法的相关活动，统筹知识产权国际谈判等；日本特许厅负责专利与商标事务、法律政策制定以及国际合作协调等；英国知识产权局负责专利、商标和著作权的管理事务；俄联邦知识产权局负责专利、商标（包括地理标志）、集成电路布图设计的审批和注册以及著作权事务。上述情形表明：采取集中管理模式是绝大多数国家基于各类知识产权相同属性、科学配置治理结构、保障本国创新发展的普遍选择。

知识产权集中管理体制的成因，受到早期知识产权二元类分的历史影响，更出于现代知识产权一体化的战略需求。在知识产权法律产生之初，因应国家授权和促进工商业发展之需要，基于工业产权与文学产权类分的权利样态，从而形成专利、商标“二合一”的管理模式。自 20 世纪以来，知识产权已经成为涵盖专利、商标、著作权、地理标志、商业秘密、植物新品种、半导体芯片等各类无形财产的法律体系。英国专利局由世界上最早的专利注册机关（1852 年）演化为国家知识产权局（2007 年），反映了权利类型化走向一体化、权利管理分散转而统一集中的历史进程。还有一些国家，基于发展战略和国际合作

的需要，在“二合一”管理模式之外，又设立了国家知识产权战略本部（日本）、知识产权委员会（韩国）、“首席创新与知识产权协调员”（美国）等机构，意在构建一个知识产权与科技、文化、经济、贸易、外交相关的统一运行机制。

三、中国问题：分离式中央管理格局与多样化地方管理体系

当前，我国中央层面知识产权管理涉及知识产权局、工商总局、版权局、农业部、林业局、国防知识产权局等十多家部门和单位，存在“各管一摊，分立并行，职能交叉”的情况。知识产权局负责专利、集成电路布图设计的管理和审批；工商总局商标局负责商标（包括地理标志）的注册和管理；新闻出版广电总局（国家版权局）负责版权相关管理；农业部负责草本的植物新品种及农产品地理标志相关管理；林业局负责木本的植物新品种相关管理；质检总局负责地理标志产品相关管理。除此之外，海关总署、文化部、科技部、商务部等分别承担与其业务相关的知识产权管理工作。

由于中央层面分立式的管理格局，地方知识产权管理机构在机构性质、行政级别、职能配置、隶属关系等方面“五花八门”，有的是行政单位，有的是事业单位；有的是正厅级，有的是副厅级，甚至是处级；有的是独立机构，有的是地方科技厅（局）内设机构等。地方专利、商标、版权等管理部门各自都有执法队伍，版权执法由文化大队执行，专利有单独执法队伍，商标执法由工商行政管理机构负责，“分兵把守”情况突出。

当下中国承载着许多非现代化的历史负担，缺乏治理体系理性化的积累和治理方式科学化的传承。在知识产权领域，中央管理格局的分立与地方管理体系的多样，即是我们面临的中国问题；其主要表现及其结果是：（1）分头管理对知识产权治理绩效的制约。目前知识产权管理部门繁多，诸多可以由部门内部协调的事项变为部门之间协调，可以由一个部门与多部门进行协调的事项变为多部门与多部门之间协调。例如地理标志工作，工商总局、质检总局和农业部均在进行管理，并分别就地理标志商标、地理标志产品和农产品地理标志进行审批认定，职能上交叉重叠，认定和审批结果又互不相认，相关工作开展还

需要几个部门协调推动。这既增加了部门间的协调成本，又在重复交叉管理中浪费了大量行政资源。（2）政出多门对知识产权集成运用的限制。由于“多头分散”的管理现状，各部门出台的扶持和监管政策存在目标不尽统一、内容不相衔接、实施不够协调等问题，导致了知识产权集成运用效果不能充分显现，知识产权价值实现成为社会难题。对于新出现的知识产权问题，由于涉及部门多，存在协调困难、进展缓慢和管理空白的状况。（3）分散服务对企业知识产权成本的负担。分散的知识产权公共服务与企业对知识产权一体化服务的需求严重脱节。企业不得不将一件事分成多件事来办，往返于多个政府部门，但问题还未必能够得到解决，生产经营成本大为增加。（4）多头对外对知识产权国际事务的影响。处理知识产权国际事务，需要统一的涉外方略和集中的实施部门。由于管理分散，其他国家和国际组织在与我国进行知识产权交流合作时，不得不面对多个知识产权管理部门，而我国在开展对外交流合作时，也需要多个部门参与，容易造成发声不一的情况。针对上述问题，我们需要以科学合理、协调高效为目标，进行政府治理结构的权力配置，即推进知识产权综合管理改革。

四、综合管理改革：制度设计与试点样本

知识产权综合管理改革，意味从以往的“九龙治水”的分散管理，走向“三合一”或“二合一”的集中管理体制，鲜明地表现了“政府再造”的有效性目标和国家治理的现代化特征。

实现知识产权的综合管理，是治理体系变革的重要制度设计。2015 年 12 月，国务院发表《关于新形势下加快知识产权强国建设的若干意见》，提出“有条件的地方开展知识产权综合管理改革试点”。2016 年 12 月，习近平总书记主持中央全面深化改革领导小组第三十次会议，审议通过了关于开展知识产权综合管理改革试点总体方案。由此可见，综合管理改革，是党中央、国务院对深化知识产权领域改革的重大决策部署。同时，知识产权管理“三合一”或“二合一”，也是各地改进分散管理模式的试点样本。在全国范围内，江苏省苏州市于 2008 年推行专利和著作权综合管理模式，上海市浦东新区自 2015 年以

来首创专利、商标和著作权的集中管理机构，此外深圳、长沙以及各自贸区也开展了试点改革。上述地区和地方都积累了许多经验并取得明显成效，为将来知识产权的深化改革、全面改革提供了有益的范本。可以认为，知识产权综合管理，是战略目标要求、改革制度设计与“自下而上”试点共同作用的结果。

深化知识产权领域的体制改革，是加快推动知识产权强国建设，实施创新驱动发展战略和供给侧结构性改革的迫切需要。从现代国家治理的角度来看，管理体制改革是作为治理主体的政府对其治理体制的重构和治理能力的再造，从而实现依法行使国家管理职能、有效提供公共服务的目标。就其改革的主要任务和内容而言，有以下三个方面：（1）建立综合型的知识产权管理体制。按照精简、统一、效能的原则，组建统一的知识产权行政管理部门，负责专利、商标、版权等知识产权行政管理职责，统筹协调涉外知识产权事宜。在综合管理体制下，新的管理部门应以提高授权审查质量、推动知识产权运用、营造知识产权环境为工作重点，逐渐实现从“管理”向“治理”的转变。（2）构建统一性的知识产权执法体系。在以司法为主导的知识产权保护体系下，推进专利、商标、版权等知识产权综合行政执法，统筹行政执法与司法保护衔接，集中处理专利、商标、版权以及多种知识产权交叉的纠纷案件。加强知识产权行政执法能力建设，明确各级执法部门的工作职责和工作重点。（3）提供一体化的知识产权公共服务。在知识产权综合管理体制下，界定政府知识产权公共服务的职责，整合知识产权公共服务资源，优化知识产权公共服务供给，实现知识产权信息等各类服务的便利化、集约化、高效化。在改善政府治理的同时，还要引导市场治理，加强统筹规划和创业管理。此外，应该扶持社会治理，发挥社会组织、企业和公民作用，完善知识产权维权援助机制。

参考文献

1. 吴汉东．国家治理现代化的三个维度：共治、善治和法治．法制与社会发展，2014（5）．

2. 吴汉东．国家治理能力现代化与法治化问题研究．法学评论，2015（5）．

3. 易继明．国家治理现代化进程中的知识产权体制改革．法商研究，

2017（1）.

4. 吕若溢．中国（上海）自贸区知识产权行政管理体制述评．中国法律，2015（2）.

5. 宋世明，张鹏，葛赋斌．中国知识产权体制演进与改革方向研究．中国行政管理，2016（9）.

6. 王淇．知识产权集中管理改革的法制方向研究．科技促进发展，2016（3）.

关于社会主义文化强国建设的四点思考*

社会主义文化强国建设，是全面建设小康社会的战略构成，也是经济新常态下文化发展改革的目标指向。日前发布的《文化部“十三五”时期文化发展改革规划》明确指出，到2020年，社会主义强国建设取得重要进展，国家文化软实力进一步提高。规划着眼世界变革大势，立足中国发展大局，以社会主义文化强国建设为战略指引，提出了发展改革的路线图和任务书，是指导“十三五”时期文化系统工作的总体谋划和行动纲领。

社会主义文化强国建设，是谋划国际国内两个大局的重要战略决策。在国际上，各种思想文化交流交融交锋更加频繁，综合国力竞争更加激烈，文化安全形势更加复杂，提高国家文化软实力、增强国际话语权的任务日趋紧迫；从国内来看，经济发展进入新常态，文化创新与文化建设空间更加广阔，文化事业和文化产业发展势头更加迅猛，文化在稳增长、促改革、调结构、益民生方面发挥着更加重要的作用。在世界范围内，创新型国家的发展有一个共同的路径选择，即以经济为重、科技为先、文化为魂，先是经济大国与科技大国，而后谋求成为文化大国。现阶段，中国正处在从经济大国向经济强国过渡、从科技大国向科技强国转变、从文化大国向文化强国跨越的重要时期。对于中国而言，以新发展理念引领文化建设，是一场以文化创新提升文化软实力、以文化建设实现创新发展的伟大社会实践。

---

* 本文原载《中国文化报》，2017-03-16。

文化强国是具有强大的文化凝聚力和引领力、创新力、发展力以及影响力的先进国家。中国社会主义文化强国，既有世界文化强国的一般构成要素，也有中国自身的基本属性和鲜明特色。从上述战略目标要求出发，当下以及未来一段时期，我国的文化强国建设应该把握以下基本要点。

一是“双效统一”，把握文化凝聚力和引领力。文化发展应注重凝聚民族文化价值灵魂和坚持先进文化前进方向，把中国梦和社会主义核心价值观贯穿到文化建设各领域各环节。坚持把社会效益放在首位，社会效益和经济效益相统一。规划强调，“十三五”时期，力争创作生产更多传播当代价值观念，体现中华文化精神，反映中国人审美追求，思想性、艺术性、观赏性相统一的优秀作品。

二是“两业并举”，提升文化发展力。文化发展力的体系建构，既包括文化产业市场体系建设，也包括公共文化服务体系建设。“十三五”时期的文化建设，须“两业并举”，实现文化产业与公共文化的融合发展，其要求有二：第一，“公共文化服务体系基本建成”，即以基本公共文化服务标准化、均等化为抓手，建立覆盖城乡、便捷高效的保基本、促公平的现代公共文化服务体系；第二，“文化产业成为国民经济支柱性产业”，即以文化产业转型升级为突破口，形成新的增长点和增长极，全面提升文化产业发展的质量和效益。文化建设的重要目标是服务于全面建成小康社会，实现文化建设与经济建设、社会建设的有机统一。

三是“求精创优”，增强文化创新力。解放和发展文化生产力，提高文化创新力，增强文化软实力，是国家创新驱动发展战略的重要内容。规划强调“坚持改革创新”的原则，深化文化体制改革，探索推进文化创新的新举措、新途径，包括创作生产优秀文艺作品的“精品战略”、以导向激励为主旨的“文艺评价激励机制”、以“多渠道、多平台、多终端”为手段的文艺作品传播体系等，以此推动社会主义文化大发展大繁荣。

四是“开放包容”，提高文化影响力。中华民族文化影响力不仅表现为能在本土被传承和发展，而且能够产生相应的世界影响，为他国文化所接受或吸收。规划提出“坚持开放包容”，以提高文化开放水平为着力点，既要吸收借鉴人类优秀文明成果，更要推动中华文化走向世界。力争到“十三五”时期末，形成更加完备的全方位、多层次、宽领域的对外和对港澳台文化交流格局，包括开展文化外交、加强国际汉学交流和中外智库合作，推进海外中国文化中心建设和发展，推动对外文化贸易等。

规划所勾画的中国社会主义文化强国建设蓝图，承载了国家富强、民族振兴、人民幸福的中国梦。我国的文化发展改革事业，应该为初步建成创新型国家和全面建成小康社会提供有力支撑，为实现中华民族伟大复兴的中国梦作出更大贡献。

知识产权综合管理势在必行*

知识产权综合管理是治理体系的重要变革。在现代国家里，治理体系包含了与治理活动有关的一整套制度安排、组织形态和治理体制机制所构成的制度系统。在知识产权治理活动中，政府治理较之市场治理、社会治理具有更为重要的地位和作用。从分散管理向综合管理转变，由简单管控向科学治理转变，即构建一种与创新驱动发展要求相匹配、与强化政府公共服务职能相一致的知识产权集中管理体制，是推进国家治理现代化的重大举措。

一、综合管理与国际视野

知识产权是知识经济时代的主要制度基础。知识产权治理体系的形成，经历了制度文明成长的长期孕育。可以认为，坚持自身的制度创新与促进社会的知识创新，是知识产权治理的历史过程和时代使命。

对知识产权事务实行集中统一的行政管理体制，大体可分为两种具体模式：一是“三合一”模式，即集专利、商标和著作权为一体的集中统一管理模式；二是“二合一”模式，即专利和商标为一体，著作权另行分设的相对集中的管理模式。在世界知识产权组织 188 个成员中，有 181 个实行综合管理体制，其中采“三合一”模式的近 40%，采“二合一”模式的占 55%。在知识

---

* 本文原载《中国知识产权报》，2017-03-29。

产权大国中，英国、加拿大、俄罗斯等实行集中统一管理；美国、法国等实行相对集中管理。采取集中管理体制是基于各类知识产权相同属性、科学配置治理结构、保障创新发展的一种选择。

知识产权集中管理体制的成因，受到早期知识产权二元类分的历史影响，更出于现代知识产权一体化的战略需求。在知识产权法律产生之初，因应国家授权和促进工商业发展之需要，基于工业产权与文学产权类分的权利样态，从而形成专利、商标“二合一”的管理模式。自 20 世纪以来，知识产权已经成为涵盖专利、商标、著作权、地理标志、商业秘密、植物新品种、半导体芯片等各类无形财产的法律体系。基于此，有必要构建一个知识产权与科技、文化、经济、贸易、外交相关的统一运行机制。

二、深化改革与现实需求

当前，我国国家层面知识产权管理涉及国家知识产权局、国家工商行政管理总局、国家新闻出版广电总局（国家版权局）、农业部、国家林业局等 10 多家部门和单位，存在“各管一摊，分立并行，职能交叉”的情况。国家知识产权局负责专利、集成电路布图设计的管理和审批；国家工商行政管理总局商标局负责商标（包括地理标志）的注册和管理；国家新闻出版广电总局（国家版权局）负责版权相关管理；农业部负责草本的植物新品种及农产品地理标志相关管理；国家林业局负责木本的植物新品种相关管理；国家质量监督检验检疫总局负责原产地地理标志产品相关管理。除此之外，海关总署、文化部、科技部、商务部等分别承担与其业务相关的知识产权管理工作。

由于国家层面分立式的管理格局，导致地方知识产权管理机构在机构性质、行政级别、职能配置、隶属关系等方面也较为复杂：有的是行政单位，有的是事业单位；省一级知识产权管理机构，有的是正厅级，有的是副厅级，甚至是处级；有的是独立机构，有的是地方科技厅（局）内设机构等。地方专利、商标、版权等管理部门各自都有执法队伍，版权执法由文化大队执行，专利有单独执法队伍，商标执法由工商行政管理机构负责。

在知识产权领域，中央管理格局的分离与地方管理体系的多样，是当前面临的突出问题。其主要表现在：一是分散管理对知识产权治理绩效的制约。目前知识产权管理部门繁多，诸多可以由部门内部协调的事项变为部门之间协调，可以由一个部门与多部门进行协调的事项变为多部门与多部门之间协调。二是政出多门对知识产权集成运用的限制。由于“多头分散”的管理现状，各部门出台的扶持和监管政策存在目标不尽统一、内容不尽衔接、实施不够协调等问题，导致了知识产权集成运用效果不能充分显现。三是分散服务对企业知识产权成本的负担。分散的知识产权公共服务与企业对知识产权一体化服务的需求严重脱节。企业不得不将一件事分成多件事来办，往返于多个政府部门，生产经营成本大为增加。四是多头对外对知识产权国际事务的影响。处理知识产权国际事务，需要统一的涉外方略和集中的实施部门。由于管理分散，其他国家和国际组织在与我国进行知识产权交流合作时，不得不面对多个知识产权管理部门，而我国在开展对外交流合作时，也需要多个部门参与，容易造成发声不一的情况。针对上述问题，我们需要以科学合理、协调高效为目标，进行政府治理结构的权利配置，即推进知识产权综合管理改革。

三、管理改革与治理体系

实现知识产权的综合管理，是治理体系变革的重要制度设计。2015 年 12 月，《国务院关于新形势下加快知识产权强国建设的若干意见》印发，其中提出“有条件的地方开展知识产权综合管理改革试点”。2016 年 12 月，习近平总书记主持召开中央全面深化改革领导小组第三十次会议，审议通过了《关于开展知识产权综合管理改革试点总体方案》。由此可见，知识产权综合管理改革是党中央、国务院对深化知识产权领域改革的重大决策部署。同时，知识产权管理“三合一”或“二合一”，也是各地改进分散管理模式的试点样本。在全国范围内，江苏省苏州市于 2008 年推行专利和著作权综合管理模式，上海浦东新区自 2015 年以来首创专利、商标和著作权的集中管理机构。此外，长沙市、成都市郫都区以及各自贸区等也开展了试点改革。上述地区和地方都积累了一定经验并取得明显成效，为知识产权深化改革、全面改革提供了有益的范本。可以认为，知识产权综合管理是战略目标要求、改革制度设计与“自下而上”试点共同作用的结果。

深化知识产权领域的体制改革，是加快知识产权强国建设、实施创新驱动发展战略和推进供给侧结构性改革的迫切需要。从现代国家治理的角度来看，管理体制改革是作为治理主体的政府对其治理体制的重构和治理能力的再造，从而实现依法行使国家管理职能、有效提供公共服务的目标。就其改革的主要任务和内容而言，有以下三个方面：一是建立综合型的知识产权管理体制。按照精简、统一、效能的原则，组建统一的知识产权行政管理部门，负责专利、商标、版权等知识产权行政管理职责，统筹协调涉外知识产权事宜。在综合管理体制下，新的管理部门应以提高授权审查质量、推动知识产权运用、营造知识产权环境为工作重点，逐渐实现从“管理”向“治理”的转变。二是构建统一性的知识产权执法体系。在以司法为主导的知识产权保护体系下，推进专利、商标、版权等知识产权综合行政执法，统筹行政执法与司法保护衔接，集中处理专利、商标、版权以及多种知识产权交叉的纠纷案件。加强知识产权行政执法能力建设，明确各级执法部门的工作职责和工作重点。三是提供一体化的知识产权公共服务。在知识产权综合管理体制下，界定政府知识产权公共服务的职责，整合知识产权公共服务资源，优化知识产权公共服务供给，实现知识产权信息等各类服务的便利化、集约化、高效化。在改善政府治理的同时，还要引导市场治理，加强统筹规划和行业管理。此外，应该扶持社会治理，发挥社会组织、企业和公民作用，完善知识产权维权援助机制。

总而言之，按照党中央、国务院部署开展知识产权综合管理改革，意味着将从以往的知识产权分散管理，走向“三合一”或“二合一”的集中管理体制，鲜明地表现了“政府再造”的有效性目标和国家治理的现代化特征，对于国家深化改革、创新发展具有重要意义。

知识产权运用和保护模式的重要改革和突破*

2016年，国务院正式批复同意在中新广州知识城开展知识产权运用和保护综合改革试验，中新广州知识城（以下简称知识城）成为我国首个且是唯一的知识产权改革试验田。这个试验田在广东开先河，有望为我国知识产权事业发展提供样板经验，对于广东知识产权强省建设具有典型推广意义。

2015年的中央经济工作会议指出，全球新一轮科技革命和产业变革与我国加快经济发展方式形成历史交汇。在这一国际背景、时代情景和本土场景中，知识产权事业发展具有重要的战略地位，知识产权法是国际贸易体制的“标配”，也是本土创新发展的“刚需”。对于我国当下以及未来而言，创新是一个时代新潮流，也是一个国际大趋势，更是中国转型发展的内在需求。从一定意义上看，创新驱动就是知识产权驱动，知识产权形成的科技创新力、文化软实力和产业发展力就是国家拥有的核心竞争力。在这样的形势之下，我国知识产权工作需要有新思路、新方法、新举措。中新广州知识城以知识产权为核心元素，以运用和保护为切入点，探索知识产权综合改革，为知识产权战略推进提供了一个很好的试点和落点。

试验田落户广东，以广州开发区为深耕地，具备天时地利人和的基础条

* 本文原载《科技日报》，2017-04-28。

件，为知识产权引领型强省建设提供了很好的工作抓手。从改革开放到创新发展，广东一直以敢为天下先的胆识和魄力探索发展新路径，在知识产权的创造、保护、运用、管理等方面走在全国前列。广州开发区作为我国有资历的国家经济开发区，经济基础雄厚，产业体系完善，坐拥中新合作等国际资源，集聚了多元化的知识产权政、企、学、研、用等机构资源，这些都为改革试验工作的推进提供了坚实的现实基础。基于此，知识城的建设以国家战略为指导思想，从知识产权保护、运营、产业发展和制度创新实践等四个方面着手，提出要打造“四区”，即知识产权保护样板区、知识产权运营业发展先行区、知识产权引领型产业高端发展示范区、知识产权制度创新实践探索区的建设目标，既具有战略高度也具有现实意义。着眼于未来发展，我以为，以区域为落点的试验发展，一定要关注落地、关注实效，对于知识城综合改革试验的推进，提出如下建议。

一是有特色。这里的特色既是新时代背景和国际环境下，我国知识产权事业发展的总体要求，更是广东知识产权及相关经济、产业发展实际的需求特色。广东是我国典型的外贸大省，也是泛珠合作的关键区域。综合改革以广州开发区为建设依托，首先要充分考虑广东的特色、优势和需求，打造知识产权促进经济、产业发展的国际贸易交流区和区域经济合作区。

二是有突破。这里的突破既包括宏观的探索，也包括微观的实施。从知识产权事业发展的大趋势来说，18、19 世纪是以英国为先导的欧洲中心，20 世纪是以美国为主导的北美中心，21 世纪将会出现以中国为代表的亚洲中心。中国的商品、技术、服务、资本正在走向世界，必然会出现一个知识产权问题。无论是全球贸易协议，还是多边、双边贸易协议，都离不开知识产权保护规则。对中国而言，知识产权体制的变革是一个难得的历史机遇。知识城应充分把握“综合改革试验建设”这一契机，先行先试，勇于研究和适用知识产权运用和保护的国际经验，探索中国本土应用模式。

三是有重点。试验区的建设以知识产权为核心元素，要强调市场导向，强调产业发展与落地。知识产权作为产业发展的重要制度，将企业的创新、研发、制造和营销等有效地连接起来，既可以引领创新和创业的发展，又可以推动传统产业转型升级。产业创新的过程和结果，带来的是知识产权密集型产业的发展。在发达国家和地区，现代经济整体依赖于某种形式的知识产权，与专利、商标、版权相关联的知识产权密集型产业是一国经济的支柱。知识产权本身就是一种产权化的创新，其构成了经济增长的原动力。知识城的建设要与产业发展紧密结合，规划知识产权密集型产业的发展布局，发挥以知识产权运用和保护为核心的区域公共服务中心功能，营造良好的创新发展氛围和环境。

腾讯网诉“今日头条”287起侵权纠纷案评析*

2017年4月26日，深圳腾讯计算机系统有限公司（以下简称腾讯公司）在北京市海淀区人民法院提起系列诉讼，起诉“今日头条”经营者北京字节跳动科技有限公司（以下简称字节跳动公司）侵害其作品信息网络传播权。

同年6月29日，法院对287起案件作出判决，认定构成侵权，判决被告赔偿原告损失。判决书认为：字节跳动公司在“今日头条”网站和“今日头条”手机客户端上向公众提供涉案文章，使公众可以在其个人选定的时间和地点获得相关资讯，侵害了腾讯公司享有的信息网络传播权。字节跳动公司主张部分文章不构成作品，本方对来源于第三方的涉案作品仅提供链接服务，法院对以上抗辩理由均不予采信。法院在综合考虑涉案文章的类型、知名度、被告侵权情节等因素，判决被告就每部作品赔偿经济损失及合理开支810元至1 980元，涉诉287案共计获赔27万余元。

腾讯网与“今日头条”关于抓取资讯类作品之争，经本案判决有了法律上的认定：后者通过算法向用户推荐兴趣内容的商业模式，虽为网络用户获取资讯内容提供了便利，但这一商业模式的运行不应直接搬运他人版权作品，即不能以损害前者信息网络传播权益为“代价”。

该系列案件的判决，对于规范网络新闻资讯领域的内容分发产生了重要影响。尽管算法和个性化推荐技术在网络新闻领域已经大行其道，但正如《人民

---

* 本文系作者为《中国法治实施报告（2017）》“年度法治实施十大事件”所撰写的评析意见。

日报》所指出的：“技术再怎么变，传播渠道再怎么变，内容为王的地位没有变，也不会变。”在“内容为王”的时代，加强版权保护显得尤为必要。传统媒体与互联网媒体之间、互联网媒体之间相互转载已经发表的作品，应该遵循“先授权后使用”的原则，同时互联网媒体应充分借助媒体融合之机和自媒体的创作热情，积极扶持原创内容。

该系列案件备受行业关注，其反映的不仅是原告和被告两家公司间的商业竞争关系，更是网络新闻行业版权侵权乱象的一个缩影。网络新闻领域的侵权盗版情况十分严重，互联网媒体之间非法转载，甚至传统媒体非法转载互联网媒体新闻作品的情况频繁发生。据第41次《中国互联网络发展状况统计报告》统计，截至2017年12月，我国网络新闻用户规模为6.47亿，网民使用率达到80%以上。网络新闻一直是互联网、手机互联网中应用率最高的领域之一，网络新闻行业以及相伴生的广告市场已经成为一个巨大的市场。对于制止网络“搬运新闻”乱象，整顿网络新闻行业秩序，该系列案件的判决发出了司法正义的强音。

腾讯网诉“今日头条”侵权案已经落幕，但网络新闻资讯保护工作有待进一步加强，为此笔者提出两点建议：一是加大新闻作品的司法保护力度。目前，新闻作品的侵权成本很低，维权成本很高，已难以满足保护新闻作品的需要。因此，只有加大保护力度，产生足够的法律威慑力，方能遏制网络新闻行业的盗版势头。二是严格遵守《关于规范网络转载版权秩序的通知》有关规定。相关行业应落实“许可＋支付稿酬＋注明出处”的转载要求，规范互联网资讯内容分发行为。

积极应对国际知识产权制度变革*

知识产权问题是国际社会普遍关注的重要问题。国际经贸规则包括贸易规则、投资规则和知识产权保护规则，它们共同构成各国经济、科技、文化交往的法律秩序。进入21世纪以来，世界贸易组织各缔约方对知识产权利益的协调和分享提出了新要求，围绕《知识产权协议》进行的国际磋商以及绕过这一协定的双边机制，使得国际知识产权制度出现了新的变革态势，需要我们积极研究和应对。

当前，知识产权的国际格局已经发生变化，以中国、印度、巴西等为代表的新兴经济体的经济和科技发展水平迅速提高，纷纷把强化知识产权创造、保护、运用作为创新发展的基本方略，改变了知识产权国际秩序的动力结构。同时，知识产权立法的国际机制正在发生变化，世界贸易组织和世界知识产权组织在知识产权立法中继续发挥主导作用，而联合国计划开发署和教科文组织、世界卫生组织等国际组织也开始在知识产权立法中扮演重要角色，因而出现了多元立法机制。在这种国际机制下，不同国家的立场和利益诉求得到反映，但知识产权争端的国际应对也在发生变化。世界贸易组织成立后，知识产权争端绝大多数是通过双边、多边自由贸易协定加以解决的，但近年来开始出现通过单边制裁来处理双边知识产权争端的现象。比如，美国依据其国内法，启动针对作为贸易对手国家的“301调查”、针对进入美国市场企业的“377调查”、

---

* 本文原载《人民日报》，2018-03-30。

针对外国电商和实体市场的“恶名市场调查”。

面对国际形势的深刻复杂变化，我们必须坚持以习近平新时代中国特色社会主义思想为指导，秉持共商共建共享的全球治理观，基于我国作为发展中国家的国际地位，发挥我国作为国际体系参与者、建设者、贡献者的重要作用，推动知识产权全球治理体系和国际规则朝着更加公正合理的方向发展。

坚持发展中国家的基本立场。加入世界贸易组织以来，我国经济发展取得长足进步，在世界创新体系中占有重要位置，但人均收入和经济社会发展综合指标依然不高，仍处于发展中国家行列。我们必须继续坚持发展中国家立场，代表广大发展中国家的利益参与知识产权国际秩序构建。

承担知识产权大国的国际责任。我国已成为名副其实的知识产权大国，我们应从国际规则的被动接受者转变为有影响力的积极参与者。积极推动知识产权全球治理体系变革，扩大发展中国家在相关国际事务中的代表性和发言权；在知识产权国际规则制定中提出更多中国方案、贡献更多中国智慧；促进南北对话和南南合作，妥善解决知识产权国际争端。承担知识产权大国的国际责任，需要推动国际体制适当转换。体制转换在知识产权国际秩序建构中屡见不鲜。比如，美国曾长期游离于世界知识产权组织管辖的《伯尔尼公约》之外，但在 20 世纪 50 年代，通过主导联合国教科文组织制定《世界版权公约》，实现了体制转换。现阶段，可以利用国际组织、国际论坛来促进体制转换。

助力“一带一路”建设。在“一带一路”建设中，我国产品和服务、技术和资本走出国门，必须注意国际规则问题。在知识产权方面，应联合广大发展中国家、团结欧美发达国家，制定区域性国际经贸规则。一是建立区域性国际协商对话机制。以“东盟知识产权合作框架协议”组织、欧亚专利组织、欧洲专利组织等为依托，协调区域性知识产权事务。二是建立区域性知识产权争端解决机制。坚持突出重点、协调差异，完善区域性知识产权保护制度。三是建立区域知识产权事务合作机制。以知识产权为制度工具进行技术、能源、信息、资金、劳务等资源配置，推动区域经贸合作。

人工智能的数据垄断与反垄断法的时代使命*

走过10年光辉历程的中国反垄断法，肩负着推陈出新的新使命。当下是一个“万物皆互联”的互联网时代，更是一个“未来已来”的人工智能时代。完善的互联网基础设施，推动着中国从“人口大国”走向“数据大国”；相应地，中国经济的新增长点，也将从互联网经济的“人口红利”转变为智能产业经济的“数据红利”。用户数据因其鲜活性、即时性和多样性，正成为炙手可热的大数据资源。在人工智能时代，深度学习算法和计算能力的进步，为海量用户数据提供了完美的商业可能。可以认为，用户数据将是人工智能时代最为重要的生产要素，也将是人工智能产业主体最为关键的市场竞争要素。毫无疑问，研究人工智能产业主体通过数据垄断而限制、排除竞争的行为，也将成为反垄断法面临的新的时代课题。

一、数据收集与数据使用

数据收集是数据使用的前提。在人工智能时代，用户数据产生于互联网平台，应用于人工智能产业。有基于此，数据收集的垄断与互联网平台经济的网络效应、多边市场密切相关。第一，数据聚集具有网络正效应。一方面，互联

---

* 本文原载《光明日报》，2018-07-23，11版。

网平台自身发展具有网络效应，即平台已有的用户优势会吸引更多的潜在用户加入进来，新用户的增加又进一步对已有用户产生锁定效应，而用户的集中也意味着数据的集中；另一方面，平台的数据积累具有网络效应，即平台数据越多，则由算法定义的产品就更加智能化，从而吸引更多的用户，产生更多的数据，如此循环，将导致数据市场出现严重分化。第二，数据收集平台拥有多边市场。互联网平台在为用户提供免费产品服务的同时收集用户数据，并将数据运用到其他市场进行盈利，从而构成所谓的多边市场，这对反垄断法提出了挑战：首先，数据收集不存在金钱交易的价格竞争，因此反垄断法的价格分析工具将无用武之地；其次，在多边市场中，单边市场的数据优势会向其他市场跨界传导，增大了反垄断执法的复杂性。

数据使用是数据收集的目的。在人工智能时代，数据的经济价值将被深度挖掘和充分释放。但是，应该看到，数据既是推动智能产业创新发展的重要资源，也可能是产业主体排斥市场竞争、谋求垄断利益的利器。具体来说，需要关注的垄断行为主要有以下三类：一是数据与算法叠加的 AI 合谋。近来，媒体报道的网络约车等平台“杀熟”事件，实质上是平台利用用户的消费数据，通过算法实行歧视性价格。以数据为基础的价格算法，也预示着采用相同定价算法的机器之间有可能达成自主合谋。二是数据驱动型的经营者集中。以数据整合为目的的企业并购，被称为数据驱动型经营者集中。目前，国际层面已经出现了类似的并购反垄断审查案件，如“Facebook/WhatsApp”并购案、“Microsoft/LinkedIn”并购案。可以预见，在人工智能时代，数据驱动型经营者集中将成为全球并购的新趋势。三是数据市场支配地位的滥用。人工智能产业体系中，有数据控制者与数据使用者之分。具有数据市场支配地位的上游数据控制者，如果不合理地拒绝下游数据使用者获取数据，可能构成对数据市场支配地位的滥用。

二、理论创新与立法变革

人工智能的数据垄断为反垄断理论提出了新的实践问题，换句话说，反垄断法的理论创新是一种现实的实践需求。具体而言，反垄断法的理论创新需求主要有以下几个方面：第一，双边市场理论。与单边市场相对应，经济学家所提出的双边市场理论，能够为多边性数据市场的反垄断执法提供有益思路。当前的双边市场理论，一方面需要关注实践动向进一步完善理论自身，另一方面需要探索双边市场理论如何转化为可供操作适用的反垄断法律法规。第二，相关市场理论。人工智能的数据反垄断，需要探讨单独界定“数据市场”的必要性和可行性，还需要正视传统相关市场界定工具（如 SSNIP 测试法）在数据市场的无能为力，进而积极探索可替代性的分析工具。

人工智能时代的数据垄断案件急需立法变革。在人工智能的数据垄断案件中，法律本身的滞后性被进一步放大，反垄断法的变革势在必行。笔者主要提出以下两点：其一，调整经营者集中反垄断审查的申报门槛。企业的数据资产，在时间上有延迟收益的特点；在空间上有从其他市场交叉收益的特性。因此，企业并购时的账面营业额并不能真实地反映企业数据资产的真实价值。为了防止数据驱动型经营者集中从反垄断审查中“逃逸”，有必要调整单一的营业额申报门槛，考虑增加并购交易额作为申报门槛。其二，考虑将消费者隐私保护纳入反垄断法。在商业模式多样化的今天，价格不再是市场竞争的唯一要素，反垄断法还需要关注非价格竞争因素，而隐私就是重要的非价格竞争因素。垄断行为导致的平台用户隐私保护水平的降低，应该属于反垄断法中可认知的竞争损害。用户是整个数据生态的基础，其隐私保护具有重要意义，我国反垄断法应该对用户隐私保护给予关注。

为数字中国建设提供法律保障*

党的十九大报告提出建设数字中国。2017 年 12 月 8 日，中共中央政治局就实施国家大数据战略进行第二次集体学习，习近平同志在主持学习时强调，“加快建设数字中国”，“构建以数据为关键要素的数字经济”。2018 年 4 月 22 日，习近平同志在致首届数字中国建设峰会的贺信中再次强调，“加快数字中国建设”。建设数字中国、发展数字经济，既需要技术支撑，也需要法律保障，完善的权利体系和良好的法治环境是建设数字中国的必要条件。

其一，建设数字中国需要构建以个人信息权和知识产权为核心的权利体系。

建设数字中国的关键是发展数字经济。数字经济是信息革命在经济领域的最新发展形态，其核心要素是以信息内容为价值基础的数据资源，关键技术是以信息处理为主要特征的数字技术。从经济学视角看，数字经济所依赖的数据资源和数字技术均是“信息产品”，在实践中表现为个人信息、技术信息、事实信息等多种形态。这些信息既具有人格利益，也具有经济效益。因此，在法学理论层面上，其权利体系是人格权和财产权的有机统一；在法治实践层面上，其权利构建应以完善个人信息权和知识产权相关制度为主要着力点。

数字中国建设中各种数字信息的人格权属性，主要表现为个人信息权。个人信息是指与特定个人相关联、反映个体特征、具有身份可识别性的数据资

* 本文原载《人民日报》，2018-08-19。

料，包括但不限于姓名、性别、年龄、职业、家庭、财产等信息，既涵盖直接指向个人的身份信息，也包含经过整合分析而间接指向个人的零碎信息。这些个人信息毫无疑问具有人格利益。在传统民法中，隐私权具有保护个人信息利益的制度功能，但是互联网、数据挖掘、智能算法等技术的发展，使隐私权在个人信息利益保护方面显得捉襟见肘、力有不逮。在建设数字中国、发展数字经济的大背景下，制定个人信息保护法、保护个人信息权，既是现实所需，也是大势所趋。保护个人信息权，既要充分保护个人信息所承载的人格利益，也要有效发挥个人信息的经济效益。

数字中国建设中各种数字信息的财产权属性，主要体现为知识产权。知识产权法律体系的开放性，为各种知识信息、事实信息等数字信息的权利保护提供了可能。首先，未公开的技术信息和经营信息，在符合经济性、秘密性、保密性的条件下构成商业秘密，信息主体对该信息享有商业秘密权。其次，公开的知识信息，可以是享有专利权的技术信息，也可以是享有版权的数字化作品。再次，经整理编排的事实信息，可享有相应的数据库权利，在我国选择编排具有独创性的数据库可以获得版权保护。最后，根据已有的司法判例，企业对自有的大量数据信息（如用户数据）享有竞争利益，受反不正当竞争法保护。可以认为，以知识产权为核心的非物质财产权，是数字中国建设不可或缺的法治资源。

其二，建设数字中国的法治运作应聚焦权利的保护、规制与协调。

权利保护是建设数字中国的法治基础。数字信息的权利保护工作主要涉及两个部分：一是权利内容体系，即构建以个人信息权和知识产权为核心的权利体系，其权项或为人格权，或为财产权；二是权利保障体系，即健全权利纠纷解决机制。实践中，新型、复杂的数字经济权利纠纷凸显法律的滞后。对此，要发挥司法的能动性，在合理的限度内通过法律解释创造性地适用法律。此外，在强调科学立法和能动司法的同时，还要健全行业规范、引导企业自律，努力建设一个多元共治的权利保护体系。

权利规制是建设数字中国的法治要求。权利具有滥用的倾向，因此必须强调权利的相对性和权利规制的必要性。数字经济时代的信息权利同样具有行为边界。然而，在实践中广泛存在信息垄断。常见的信息垄断有以下两种类型：

一是法律上的信息产权垄断，主要指构成专利权和版权的知识信息；二是事实上的信息资源垄断，主要指企业依靠数据竞争优势所形成的市场优势地位。对于滥用数字信息垄断权利（地位）的行为，法律理应进行规制。

权利协调是建设数字中国的法治主题。法律是利益关系的调适器，更是利益冲突的协调器。在建设数字中国过程中，信息权利冲突的协调原则可以概括为以下三点：第一，注重权利平等。在立法过程中，应平等对待各方特别是数字经济主体的利益诉求，做到民主立法；在司法过程中，应平等适用法律，做到公正司法。第二，明晰权利位阶。权利位阶是对权利平等的有益补充，强调权利价值的位序和权利实现的次序。在权利冲突中，处于高位阶的权利可优先实现。一般认为，具有人格利益的个人信息权优先于信息财产权。第三，尊重私权自治。鉴于司法资源的有限性，应尊重数字信息主体对权利纠纷作出的不具有显著负外部性的意思自治。

今年以来，美国指责中国存在“强制性技术转让”问题，并单方面挑起对中国的贸易战。保护知识产权是中国一以贯之的鲜明立场，美国对中国保护知识产权不力的指责与事实不符。美国的做法是出于一己之私，也给国际知识产权保护带来消极影响。目前国际上通行的知识产权保护规则，是国际经贸领域经过多年实践形成的法律秩序。尽管这一体制还存在不尽完美、不尽合理之处，但在推进经济全球化和维系知识产权国际秩序方面发挥了积极作用。各缔约方应致力于改革完善这一体制，使其更加公平公正，不应为了自身的狭隘利益而弃之不顾。今后，中国将更加重视知识产权保护，并为完善知识产权全球治理作出积极贡献。

中国是推动知识产权国际保护的重要力量*

今年以来，美国单方面挑起对中国的贸易战，不仅对来自中国的商品加征关税，还公布所谓“301调查报告”，指责中国实施了与知识产权有关的“不公平贸易”做法。美国拿出这种不符合客观事实的依据作口实，与其对中国保护知识产权法律和实践的误读误判有关，从更深层次看则与美国只考虑自身利益的狭隘立场有关。

一、保护知识产权是中国的一贯主张

中国早在2001年加入世界贸易组织前后，就对相关法律法规、政策规章和司法解释进行了修订，使得中国知识产权保护在立法精神、权利内容、保护标准、法律救济手段等方面实现了与国际通行规则的一致。这些规则包括《与贸易有关的知识产权协议》以及世界贸易组织投资规则、贸易规则等。这充分体现了中国开放的胸襟和自觉的担当。

应当明确的是，当前国际社会并没有形成技术转让的多边规则。即便如此，中国在加入世界贸易组织时仍作出承诺，政府审批外商投资不以技术转让为前提。但对于合资双方的自主合作行为，政府则不加干预。中国相关法律中没有任何强制性技术转让的规定。《中外合资经营企业法实施条例》第43条，

* 本文原载《人民日报》，2018-09-14。

对技术转让协议有技术使用费、协议期限、期满后技术继续使用以及双方对等交换改进技术等约束性条款，但并无强制外国企业必须将其技术转让给中国企业的规定。《技术进出口管理条例》第 27 条规定，在技术进口合同有效期内，改进技术的成果属于改进方。根据谁创造谁享有的原则，改进方对改进技术成果享有权益的条款无可指摘，况且这里的改进方可以是技术出让方，也可以是技术受让方，也可能是协议双方。《技术进出口管理条例》第 29 条是技术进口合同的限制性条款，诸如不得限制受让人改进让与人提供的技术或者限制受让人使用所改进的技术，不得限制受让人从其他来源获得与让与人提供的技术类似的技术或者与其竞争的技术等。这些都是国际技术转让的通例，不涉及强制性技术转让问题。

中国政府和司法部门严格履行中国加入世界贸易组织的承诺，称得上是世界贸易组织中的模范生。十多年来，中国知识产权保护不断加强，营商环境明显改善。早在 2008 年 6 月，中国就发布《国家知识产权战略纲要》，专门作出实行严格保护知识产权制度的战略部署。在法律制度建设方面，相继对专利法、著作权法、商标法、反不正当竞争法等进行修订，构建了符合世界贸易组织规则和中国国情的知识产权法律体系，为知识产权保护提供了法律保障。在司法体系建设方面，中国分别在北京、上海、广州成立知识产权法院，并在 15 个城市设立知识产权法庭，“三审合一”在全国法院普遍推行，促进了知识产权案件裁判标准、尺度的统一和质量提升。特别是在过去 5 年中，全国法院审结知识产权民事、行政和刑事案件近 80 万件。在行政执法方面，重新组建国家知识产权局，加强执法力量，加大执法力度，建立了行政联合执法、跨区域执法协作机制。可以说，知识产权大保护、严保护、快保护、同保护的格局已基本形成。2018 年，国务院发布《关于积极有效利用外资推动经济高质量发展若干措施的通知》，强调加大知识产权保护力度，严厉打击侵权假冒行为，加大对外商投资企业反映较多的侵犯商业秘密、商标恶意抢注和商业标识混淆不正当竞争、专利侵权假冒、网络盗版侵权等知识产权侵权违法行为的惩治力度，重申外商投资过程中技术合作的条件由投资各方议定，各级人民政府工作人员不得利用行政手段强制技术转让。

可以看出，保护知识产权是中国政府一以贯之的鲜明立场。在涉外投资活动中，中国并没有通过法律政策规定和行政审批程序来实施强制技术转让。至于一些企业或个人的技术转让，属于正常商业行为，是市场主体意思自治的表现。如果这些行为涉及知识产权争议，也是个案问题，理应交由相关司法机关在查明事实的基础上进行裁决。美国对中国保护知识产权不力的指责与事实不符。

二、单边主义做法不利于知识产权全球治理

美国单方面挑起贸易争端，主要依据其国内法《1974 年贸易法》和《1988 年综合贸易法》，启动所谓“301 调查”和“特别 301”调查。其中，“301 调查”涉及一切“不公平贸易”做法，“特别 301 调查”则是关于知识产权的专门调查。这些调查报告往往强调美国利益的实现，并不客观公正，而美国政府就依此来判断外国的政策和行为是否损害其贸易利益，并决定是否采取制裁措施。一旦与其他国家发生知识产权方面的冲突，在世界贸易组织成立之前，美国以其国内法为依据实施单边制裁；在世界贸易组织成立之后，美国在多数情况下诉诸世界贸易组织的多边争端解决机制加以解决。

近年来，一些国家单边主义、贸易保护主义抬头，成为影响国际知识产权保护的消极因素。目前国际上通行的知识产权保护规则，是国际经贸领域经过多年实践形成的法律秩序，知识产权国际保护规则与国际贸易规则、国际投资规则一起构成世界贸易组织的基本规则。

知识产权国际保护制度以《与贸易有关的知识产权协议》为中心，具有两个特点：一是保护规则的一致性。根据国际公约的“最低保护标准”原则，各缔约方在其国内法中提供的知识产权保护不能低于公约规定的最低标准。“最低保护标准”就是一种一致性标准，涉及知识产权对象、取得、内容以至保护等基本规范。正是这一原则的普遍适用，促进了国际上知识产权一体保护格局的形成。二是争端解决机制的约束性。《与贸易有关的知识产权协议》规定了磋商、斡旋、裁定、上诉、执行的纠纷调处程序。凡是缔约方发生知识产权纠纷，双方应先行磋商或请第三方斡旋；磋商或斡旋不成，可以申请专家小组裁定；对专家裁定不服，可以请求上诉机构作出终局裁定；一旦作出最终裁定，

双方必须服从。这一规则说明，任何缔约方都必须按照世界贸易组织争端解决机制处理知识产权纠纷，而不能采取单边主义的贸易报复。

近四十年来，在中美经贸关系发展中，与知识产权相关的争议时有出现。在 2001 年中国加入世界贸易组织之前，中美也曾发生多次知识产权冲突，但最终都达成了协议。中国加入世界贸易组织后，中美之间所发生的知识产权纠纷大多通过磋商解决，磋商不成则提交世界贸易组织裁定。但今年 3 月以来，美国直接采取贸易报复举动。这种抛弃争端解决机制的单边主义做法，背离了世界贸易组织的基本精神，令国际社会十分失望。

美国和中国分别是世界上最大的发达国家和最大的发展中国家，在经济、科技和知识产权等方面都处于不同发展阶段。中国自改革开放以来，从国际规则的遵循者、追随者逐步变为参与者、推动者，为国际社会不断作出积极贡献。美国一直标榜自己是经济全球化和知识产权一体化进程的引领者、主导者，时至今日却出于一己之私，屡屡成为国际规则的破坏者。这不仅影响到相关国际规则的有效性和权威性，也给知识产权国际保护体制带来极大的不确定性。

谈谈美术馆运营中的知识产权保护*

我国美术馆的建制基本形态脱胎于西方现代博物馆，这便形成了博物馆以历史年代久远的文物为基本收藏对象，美术馆以近现代艺术品为收藏对象。一般而言，美术馆运营主要是通过对艺术品载体的所有权主张法律权利，进而实现对馆藏品的利用。由于美术馆馆藏品的年代属性，也使得美术馆中的大量馆藏品是在《中华人民共和国著作权法》（以下简称《著作权法》）保护期内的作品。在运营实践中，不少美术馆重点关注了馆藏品物质载体所有权的归属，却忽视了在物质载体之上作为作品的艺术品权属问题。如此一来，有必要从美术馆基本工作环节的具体内容出发，细化各环节中的著作权保护问题，为美术馆全面提升知识产权综合保护能力进行法律依据上的梳理，以精准提升美术馆的公共文化服务质量，避免不必要的知识产权风险。

当前，美术馆公共文化服务的核心功能主要包括收藏、展览、学术研究、公共教育、文化交流五个方面，围绕美术馆核心工作环节的内容，与之相关的知识产权利用与保护问题主要有以下几个。

一、美术馆收藏活动中的知识产权保护

收藏是美术馆的基本使命之一，是美术馆进一步开展其研究、展示、教

---

* 本文原载《中国文化报》，2019－04－24。

育、服务等一系列核心功能的前提。就美术馆收藏的合法性问题，国务院及有关行政管理部门制定了《美术馆藏品征集工作管理办法》、《美术馆藏品收购、捐赠实施办法》和《美术馆藏品收藏利用和出版管理实施办法》等制度。但是，这些规范主要针对的是美术品物质实体的所有权问题，对承载于美术品物质实体之上的作品权属问题尚没有专门规定。根据《著作权法》第 18 条的规定，美术馆取得美术作品原件或复制件的所有权时，便同时享有美术作品的展览权。这在很大程度上简化了美术馆利用作品的程序，但是展览权只是《著作权法》第 10 条赋予作者 17 项具体权项中的一种，美术馆在取得馆藏品所有权的同时并没有额外取得更多的著作权。当前，我国美术馆藏品普查工作正在有序推进，以美术馆藏品普查数据为基础，可对美术馆藏品的著作权权属进行系统的统计。

二、美术馆展览活动中的知识产权保护

美术馆对美术品进行展览的法律权源是《著作权法》所规定的展览权。但是，美术馆在展览过程中应当尊重作者其他著作权。例如对展览中作者的信息标识。由于署名权所具备的人身权属性，使得署名权不能转让，故美术馆无论通过何种形式取得美术品载体所有权及部分著作权，美术品署名权都是作者保有的基本权利。因此，美术馆在展品展示过程中应当准确、充分、主动标识作者身份信息。应当注意的是，作者署名权被限定在“在作品原件及复制件上”行使署名权，如果作者主张进行署名，美术馆不得拒绝，更不能通过设置标牌、提示卡等其他形式替代。

三、美术馆学术研究活动中的知识产权保护

美术馆的艺术研究特点在于面对丰富的馆藏和展览，有较多的机会接触到传统经典作品和当代创作现状。可以说，美术馆开展的学术研究一方面依托的是美术馆所有的各类藏品，这为美术馆开展研究工作提供了研究对象和研究资料；另一方面，美术馆对各类藏品展开的研究也必然涉及对藏品知识产权的利

用，甚至在研究中创造出新的自主知识产权。譬如，美术馆研究部门会对馆藏品以特定的收藏方向进行收集、整理，形成大致的馆藏体系，在其中体现学术性的梳理。在此过程中，尽管美术馆所利用的是作者的作品，但对作品的选取、排列、整理体现了美术馆自身独特的审美取向和艺术目标，进而形成著作权法上的汇编作品。美术馆对自己独特的汇编形式享有完整的著作权。

四、美术馆公共教育活动中的知识产权保护

美术馆教育的内容建立在藏品的基础之上，但并非仅限于单一将艺术作品直接呈现在观众面前这一种形式。目前常见的国内美术馆公共教育主要有以下几个方面：展览展示本身；语音导览和志愿者讲解服务；举办讲座，组织学生及学龄前儿童到美术馆参观临摹作品等教育活动；开放美术馆内部的图书馆、资料室等资源；利用公众媒体，开展宣传的同时进行教育普及等。可以说，美术馆公共教育是一项特殊的利用馆藏品的活动，而这类特殊活动也会促进新的知识产权产生。例如在公共教育过程中会涉及公共宣传、网站及域名管理、纪录片或宣传片的制作与传播、公众艺术体验、讲座培训服务等。

五、美术馆文化交流中的知识产权保护

美术馆的馆际交流主要是通过联合展览实现文化交流的目的。美术馆展览的类型主要有三种：自己主办的展览、合作举办的展览、承接申报的展览。在展览工作中加强学术性，尤其体现在前两种类型展览的举办上。为了凸显藏品体系的学术完整性与艺术深度性，往往无法由一家美术馆自身藏品独自呈现，而需要通过借展甚至复印其他美术馆藏品复制件的形式进行藏品补足。此时，要特别关注对艺术品进行复制的合法性问题。《著作权法》第 22 条第 8 项规定美术馆可以为了保存版本的需要复制本馆收藏的作品，但是对复制他馆收藏的作品以及将本馆收藏的作品复制后借出展览则需要单独获得作者的授权。

通过简要梳理，在美术馆的五个核心工作环节中，不同的馆藏品利用形式会引发不同的知识产权问题。总的来说，有两个关键点：一是美术馆是以艺术

品收藏为一切利用形式的起点，在艺术品收藏过程中美术馆依据法律直接取得的是作品的展览权，而不意味着可以自由行使除展览以外的其他知识产权。美术馆在以展览以外的形式利用作品时，应当注意知识产权的保护问题。二是美术馆在利用馆藏品的过程中，还会因自身的投入而产生新的自主知识产权。也就是说，美术馆不仅是馆藏作品的使用者，也是新作品的创作者，在强调尊重和保护他人知识产权之外，也要善于保护自身知识产权。

我的学术人生选择*

我与知识产权结下不解之缘，是学术人生的重大选择。

人的一生有很多的选择，求学的选择、职业的选择、家庭的选择、栖居的选择……这些似乎构成了人生命运的选择。我等凡夫俗子，不能坐等生活选择自己，而只有自己去选择生活。人生的道路上，无可选择中也有选择，多种选择中只有一种选择，今天的选择决定着明天的生活。

17岁那年，正值“文化大革命”时期，我作为1967级初中毕业生与同时代的大学生、高中生，都卷入了“上山下乡”的洪流之中。大学停办，工厂停招，到农村做“知识青年”是中国历史命运的安排，弱小无助的个体无从选择。在乡村的两年间，我赶车驾辕，插秧割谷，修堤筑坝，度过了一段艰苦的岁月。一年到头，虽有劳作之累和生活之困，但农闲之夜煤油灯下的阅读——读文学、读历史、读政治，就成为自己的一种生活享受。19岁时，我有幸被招工进了湖北边城的邮政部门，总算有了稳定的工作和固定的收入，这是没有职业选择时的最好选择。从投递员、办事员以至共青团干部，我在那里工作了八年。在独居异乡的日子里，生活是平寂的，但也有些许色彩，两本读书笔记和一些文学创作是我的青葱年代最重要的收获。借用鲁迅先生的话说，“人家喝咖啡、逛马路的时间，我是用来读书看报的”。感念生活道路的艰辛，在求索中学会选择。

---

* 本文系作者专著《知识产权精要：制度创新与知识创新》之自序。

1977年恢复高考，生活让我有了新的选择。时年，我以27岁的“高年龄”、初中两年的“低学历”考取了大学。中南政法（时称湖北财经学院法律系）77级，聚集了不同年龄、不同经历的“新三级学人”。经历过社会动荡的十年，青春荒废的十年，我们渴望走进校门重新学习。对于我们来讲，“为中华之崛起而读书”不是一句时髦的口号，而是50位同学的共同选择。四年大学生活结束后，大多数同学选择了法律实务，日后出了两位部长、十几位厅局长、几位大律师。一部分同学选择了执教，成了今天中国法学界的大家，包括王利明（中国人民大学，民法学）、黄进（中国政法大学，国际私法）、余劲松（中国人民大学，国际经济法）、方世荣（中南财经政法大学，行政法）、邵沙平（中国人民大学，国际法）、李仁真（武汉大学，国际经济法）等。毕业当年我已过“而立”之年，既没有进入政界，也没有走向京城，而是选择了在本校教书。留校既有家庭之累的考虑，更有职业取向的选择，由此实现了农民—工人—职员—教师的人生转型。感念高考制度改革，我等有了选择的机会。

1986年，我完成了研究生学业。由于硕士授权点的限制，我报考的是法学理论专业，师从法理学家章若龙先生；出于对民法学的偏好，又在民法学家李静堂先生和罗玉珍先生指导之下，专攻民法基础理论；最终在老师们宽广的学术胸襟中，自己选择了知识产权制度作为学位论文。在读期间，时逢中央发布《关于科学技术体制改革的决定》（1985年），明确承认技术在商品价值中的作用，肯定了技术作为知识形态商品的属性。我意识到知识、技术创新的重大社会价值，并痛感当时中国知识产权研究基础的薄弱，于是选择以此作为自己的学术努力方向。可以说，我的研究生阶段学习，是以法理学为学科平台，以民法学为专业基础，以知识产权为研究方向。据资料统计，我的硕士论文是新中国第一篇研究知识产权的学位论文（参见杜学亮主编：《著作权研究文献目录汇编》，北京，中国政法大学出版社，1995）。在三十年前的那篇学位论文中，我提出知识产权客体的“非物质性本质特征”、主体的“有条件国民待遇原则”、权源的“法律事实构成理论”等观点，得到了担任评委的著名民法学家戴錞隆先生、经济法学家凌相权先生的好评。感念学术自由的宽松环境，使选择成为创新。

1991年秋，我以“不惑之龄”、有惑之心，开始了在中国人民大学攻读博士学位的学习生活。次年8月，我旋即作为教育部委派访问学者前往美国Syracuse大学进修，为期近一年。后来完成的《著作权合理使用制度研究》，即是我旅居美国访问研究的课题，也是我在国内攻读博士学位的成果。“合理使用”曾被美日学者称为著作权领域的世界性难题。在民法大家、导师赵中孚先生的悉心指点下，我选择其为题，进行“理论分析、制度分析、规范分析”，“将我国这一问题的研究提升到接近发达国家和地区的崭新水平”［参见《1999年全国优秀博士论文介绍》，载《中国人民大学学报》，2000（2）］。由著名法学家谢怀栻先生、王立英先生、郭寿康先生、沈仁干先生等组成的答辩委员会对论文给予了高度评价。1999年，经两位著名法学家——法学院院长曾宪义先生和学术委员会主席高铭暄先生的推荐，该文获得首届百篇优秀博士论文奖，是唯一一篇受奖的法学论文。感念国外留学的滋润和本土学术平台的涵养，使选择取得了成功。

自20世纪80年代以来，我的学术研究从罗马法到民法都有涉猎，但大部分时间专治知识产权。从某种意义上说，我是“中国知识产权事业的见证者和推动者”（《光明日报》语），也愧被媒体称为“中国知识产权研究的先行者”（英国《知识产权管理》杂志语）。80年代，中国知识产权教学与研究刚刚起步，我的工作目标是编写专业教材、构建知识产权体系。我与同学、同事闵锋（后成为执业律师）于1986年合著、1987年出版的《知识产权法概论》，是我国第一部知识产权法教材。该书除述及知识产权各基本制度外，还草创了知识产权“总论”的内容框架。90年代，我着力于基础理论研究和比较法研究，早期承担的两项国家级课题“西方国家著作权制度比较研究”和“中国区域著作权制度比较研究”，后期完成的“优秀博士论文作者基金项目”《无形财产权制度研究》，是本人在那一时期有代表性的著作。进入新世纪以来，凭借教育部人文社会科学重点研究基地、国家知识产权战略实施研究基地、国家版权局国际版权研究基地、国家文化部知识产权研究基地等学术平台，我又先后主持了三项国家级重大研究项目，包括“知识产权制度变革和发展”“科学发展与知识产权战略实施”“中国特色社会主义知识产权理论体系研究”，发表了一批有一定显示度和影响力的学术成果，对国家知识产权制度建设和战略实施提供了有益的思想资料，相关著述还获得首届中国出版政府奖（图书类）、入选

“国家哲学社会科学成果文库”。感念新的时代，使理论创新的选择具有价值。

学术人生的过程必有选择。从谋生的选择到职业的选择，从学业的选择到专业的选择，我的人生过程与学术人生就行走在不断的选择之中，但布衣学者是为底色。对于自己而言，漫漫人生道路上其实并没有多少机遇可以挥霍，从草图到画卷，从初排到演出，我最初的选择几乎就是最后的选择。在缤纷变换的几十年里，我练就了一种职业惯性和学术定力。记得20世纪90年代初，一些同事不忍清贫走出校门，在南方闯出一番天地。在这股被称为“胜利大逃亡”的浪潮中，我选择了坚守。21世纪初，时逢高校管理体制改革之际，有中央部委和司法部门领导对本人表示延揽之意（此处略去一百字，以避标榜之嫌），自以为志趣在学术江湖以远，不敢高攀于庙堂之上，我选择了坚持。自己大半辈子都在知识产权园地耕耘，职业、专业与事业相通相融。微博言：今天做了明天还想做的是事业，今天做了明天还得做的是职业。我有幸将自己能追求的事业与所喜欢的职业合为一体，因而是苦中有乐、乐此不疲。

学术生命的意义在于选择。奥地利心理学家维克多·弗兰克说道，“一切自由、一切真理和一切意义都依赖于个人作出并予以实施的选择”。在学术活动的过程中，选择是方向，也是兴趣使然。只有选择了自己感兴趣并适合自己的东西，才愿意为之付出努力，这就是选择。厘定长期的研究方向并形成自己的研究风格虽非易事但非常重要，这些无一不在选择之中。三十余年来，我致力于知识产权问题研究，专注于两个方面：一是知识产权制度的基础理论研究，其研究方法和内容包括但不限于法学，间或涉及经济学、管理学、社会学、政治学等领域；二是知识产权制度的重要现实问题研究，该研究注重社会需求和问题导向，或立法或司法，或战略实施或知识创新或产业发展等。坚持自由探索与问题导向、坚执学理探究与术用应对、坚守专业研究与学科融通，这是知识产权学人应有的学者品格和学术素养。我自诩学术中人，是为学术共同体的成员。按照马克斯·韦伯的说法，学术共同体的成员，必须以“学术为志业”。在这里，学术是一种存在方式，学术是一种事业追求，学术甚至是一种精神境界。自己人生道路的学术选择，不以仕途为图，不为稻粱所谋。我已过耳顺之年，但学术生涯还在继续。在此我有两句感言：“读书、教书、写书，不卖书，以书为伴；学法、研法、立法，不违法，与法同行。”这就是我的选择。

《知识产权精要》是在责任编辑吴昉女士的热情邀约和严格要求中完成的，本人心存感激。做研究，写文章，是为学者的本分。从教三十五年来，我一直努力践行之。除十多部著作、教材外，还有两百来篇论文、一百多万文字，有的忝列权威学术刊物（其中发表于《中国社会科学》《法学研究》《中国法学》三大刊的共计26篇），也有的见诸重要新闻媒体（包括《人民日报》《光明日报》《法制日报》《中国知识产权报》等）。在众多的著述中，摘取知识产权研究的“精要”，是件困难的事情，不同的学者对此可能有着不同的认识。但我以为，知识产权的“精要”之处应归结为“创新”。“创新”这一概念，既是对知识经济全面而深刻的解读，也是对知识产权法价值灵魂的精要概括。知识产权法的创新意义，表现为其本身的制度创新和所追求的知识创新两个方面，概言之，创新是知识产权法的历史过程与时代使命。基于此，此部代表作以“知识产权制度创新与知识创新”为主题，选择了二十多篇有较高引注率和影响力的学术论文，集中表现了作者关于知识产权的主要学说思想。文集虽是精选，但不敢妄称精品。编选成书时，对原来的论文标题作了适当修饰，力图聚焦主题、形成体系并便于阅读。

谨向学术界奉献我的选择，期待各位读者审视和指正。

吴汉东 2017年元旦于武昌

图书在版编目（CIP）数据

我为知识产权事业鼓与呼/吴汉东著．--修订本．--北京：中国人民大学出版社，2020.1
（中国当代法学家文库．吴汉东知识产权研究系列）
ISBN 978-7-300-27887-2

Ⅰ.①我… Ⅱ.①吴… Ⅲ.①知识产权法-研究-中国 Ⅳ.①D923.404

中国版本图书馆 CIP 数据核字（2020）第 010483 号

"十三五"国家重点出版物出版规划项目
中国当代法学家文库·吴汉东知识产权研究系列
我为知识产权事业鼓与呼（修订版）
吴汉东　著
Wo Wei Zhishi Chanquan Shiye Gu Yu Hu

出版发行	中国人民大学出版社		
社　　址	北京中关村大街 31 号	邮政编码	100080
电　　话	010－62511242（总编室）		010－62511770（质管部）
	010－82501766（邮购部）		010－62514148（门市部）
	010－62515195（发行公司）		010－62515275（盗版举报）
网　　址	http://www.crup.com.cn		
经　　销	新华书店		
印　　刷	北京联兴盛业印刷股份有限公司		
规　　格	170 mm×228 mm　16 开本	版　　次	2020 年 1 月第 1 版
印　　张	40.25 插页 4	印　　次	2021 年 4 月第 2 次印刷
字　　数	625 000	定　　价	268.00 元